Susanne Marschall / Rada Bieberstein (Hrsg.)
Indiens Kino-Kulturen

Panorama – Film im Kontext

Folgende Bände sind bisher erschienen:
1. Sven Herget: Spiegelbilder. Das Doppelgängermotiv im Film
2. Rada Bieberstein: Lost Diva – Found Woman
3. Katrin Bornemann: Carneval der Affekte
4. Susanne Marschall / Rada Bieberstein (Hrsg.): Indiens Kino-Kulturen
5. Olga Havenetidis: Der religiöse Refrain
6. Sofia Glasl: Mind the Map. Jim Jarmusch als Kartograph von Popkultur

Susanne Marschall / Rada Bieberstein (Hrsg.)

Indiens Kino-Kulturen

Geschichte – Dramaturgie – Ästhetik

Bibliografische Information der Deutschen Nationalbibliothek
Die Deutsche Nationalbibliothek verzeichnet diese Publikation in der Deutschen
Nationalbibliografie; detaillierte bibliografische Daten sind im Internet über
http://dnb.d-nb.de abrufbar.

Schüren Verlag GmbH
Universitätsstr. 55 · D-35037 Marburg
www.schueren-verlag.de
© Schüren 2014
Alle Rechte vorbehalten
Gestaltung: Erik Schüßler
Umschlaggestaltung: Wolfgang Diemer, Köln, unter Verwendung
von Filmstills aus (von oben links nach unten rechts) KABHI ALVIDA NAA KEHNA (Rapid Eye Movies), OM SHANTI OM (Red Chillies Entertainment), FIZA (Video Sound), BHARAT MATA (Neu Delhi: Moser Baer Entertainment Limited), FANAA (Rapid Eye Movies), SALAAM BOMBAY (Universum Film), LAGAAN (Rapid Eye Movies), VANAJA (Deutsche Kinemathek / Pressefoto Hr. Peter Latta)
Druck: druckhaus köthen, Köthen
Printed in Germany
Wir verwenden Papiere aus nachhaltiger Waldwirtschaft.
ISBN 978-3-89472-637-9

Inhalt

Vorwort der Herausgeberinnen
100 Jahre indische Filmgeschichte – Ein Buch über den Plural 9

Teil I
Filmkultur Bollywood: Der indische Unterhaltungsfilm im Wandel

Hannah Birr
Wechselbad der Gefühle
Überlegungen zum Masala Film 17

Susanne Marschall
Vielfalt und Synthese
Indische Schauspielkunst als Paradigma der Transkulturalität 45

Daniel Devoucoux
Historizität und Modernität
Kostümstrategien in Bollywood-Filmen seit den 1990er Jahren 69

Andrea Nolte
Wo du nicht bist, kann ich nicht sein?
Darstellungen von Heimat und Lebenswelt im populären Hindi-Film 93

Alexandra Schneider
Zur Migration von Darstellungsverfahren
Das kommerzielle Hindi-Kino als Weltkino zwischen Ost und West 111

Katja Molis
Exotisch, unreif, kitschig?
Wie ‹westliche› Indienbilder und Bewertungen populärer Kultur den Diskurs
über Bollywood prägen 127

Teil II
Im Fokus: Figuren – Figurationen – Motive

Irene Schütze
Wasser, Wind und Regen
Bildwissenschaftliche Überlegungen zur Symbolik und Ästhetik der
Naturphänomene in indischen Liebesszenen — 149

Rada Bieberstein
Göttin – Mutter – Frau – Wasser – Erde – Farbe
Sechs Elemente aus dem Bilderbuch Indiens — 163

Adelheid Herrmann-Pfandt
Frauen mit Dreizack
Die Göttin Kālī und das Motiv des weiblichen Rachefeldzuges im
zeitgenössischen Hindi-Film — 175

Florian Krauß
«Dil Dosti Etc»
Männerbilder im zeitgenössischen Hindi-Kino — 193

Meike Uhrig
Ins Blaue hinein
Übergangsmotive und Farbsymbolik kind(gött)licher Welten des indischen Films — 211

Vera Cuntz-Leng
Kriket-Kriket
Cricket im zeitgenössischen indischen Kino — 223

Bernd Zywietz
Terrorismus in Bollywood
Die tragische Gewalt im populären Hindi-Kino — 241

Teil III
Vielfalt entdecken: Exemplarische Studien

Rada Bieberstein, Susanne Marschall
Start a Debate
A Conversation with Mrinal Sen — 265

Daniel Wisser
The Fourth Reel
Nationale Identität und Verwestlichung in den Filmen Guru Dutts — 269

Jennifer Bleek
Trainspotting
Das Bildmotiv der Eisenbahn in Satyajit Rays Apu-Trilogie und die westliche Technologie des Films — 279

Rada Bieberstein, Susanne Marschall
Tell a Story First
A Conversation with Loveleen Tandan — 293

Lisa Gadatsch
«Bollywood» als Lebensretter in Mira Nairs Salaam Bombay! — 297

Zlatina Krake-Ovcharova
«I'm just a mere technician»
Über die Choreografie- und Regiearbeit von Farah Khan — 319

Rada Bieberstein, Susanne Marschall
Cinema Is Us
A Conversation with Javed Akhtar — 335

Anhang
Autorenviten — 339
Zusammenfassungen der Aufsätze auf Englisch — 344
Abbildungsnachweis — 355

Bonus-DVD: Talking about Indian Cinema

100 Jahre indische Filmgeschichte – Ein Buch über den Plural

Es ist bunt, schrill, laut, sentimental, lustig, traurig, mitreißend, erotisch und zugleich prüde und wird in den Studios der Megacity Mumbai gedreht. Dann wieder zeigt es sich sensibel, subtil inszeniert, literarisch, gesellschaftskritisch und entstammt zum Beispiel der Arthouse-Filmszene in Kalkutta. Und als südindische Antwort auf die Hindi-Filme des Nordens kann es gelegentlich noch bunter, noch schriller ausfallen, eine hybride Mischung zwischen Musical- und Martial-Arts-Film jenseits aller westlichen Kinokonventionen und Genrekategorien: Das indische Kino ist so komplex und heterogen wie der Subkontinent selbst, seine Menschen und ihre Lebensweisen. Nur in einem Punkt führt alles zusammen: Film-*Kultur* in Indien ist Film-*Kult*, pures Cineastentum. Filmstars rangieren als Helfer in der Not und Idealfiguren neben den Göttern, die sie im Übrigen auch auf der Leinwand immer wieder symbolisch verkörpern dürfen. Shiva und Parvati, Sita und Ram, Krishna und Radha erweitern die Filme aller Stilrichtungen um die Dimension des Spirituellen, ohne das in Indien selten Geschichten erzählt oder auf die Leinwand gebracht werden. Der indische Mainstreamfilm unterhält nur scheinbar mit deutlichen Mitteln, in Wahrheit ist er in seiner eigenwilligen Gestalt, seinen feinen Differenzen, seinen Subtexten und kulturellen Bezügen, für Uneingeweihte nicht leicht zu verstehen. Seinen Weg in den Westen bahnte im Übrigen ein australischer Film, der die Formensprache des Masala Movies zum transkulturellen Stilprinzip erhob.

«Could we create a cinematic form like that?»[1] 2001 beantwortete sich der Opern- und Filmregisseur Baz Luhrmann diese Frage nach der Möglichkeit, den hybriden Stil des indischen Masala-Movies zu imitieren, durch seinen neuen, vom indischen Kino inspirierten Film MOULIN ROUGE! (USA/Australien) selbst.[2] Wer noch nie zuvor eine Begegnung mit dem filmkulturellen Vorbild dieses fulminanten Werks gemacht hatte, war im Kino dann doch ein wenig verblüfft: Die Leinwand explodiert geradezu im Wirbel leuchtendbunter Stoffe. Berühmte Songs der Popgeschichte werden ebenso wild ineinander montiert wie Tanzstile quer durch Zeiten und Kontinente. Ein Regisseur aus Australien kombiniert das Künstler- und Dirnenmilieu von Puccinis Oper *La Bohème* mit der Figurenkonstellation und Dramaturgie der Verdi-Oper *La Traviata* nach der Vorlage des Romans *Die Kameliendame* von Alexandre Dumas dem Jüngeren, mit dessen Werk im Jahr 1848 der Realismus in die französische Literatur des 19. Jahrhunderts Einzug gehalten hat. In diesen Plot integriert Luhrmann als Spiel im Spiel ein knalliges Bühnenspektakel mit Hindi-Filmplot und inszeniert das Ganze als Musical im Bollywood-Stil: laut und ironisch, komisch und

---

1 o. Autor: «Baz Luhrmann Talks Award and ‹Moulin Rouge›». http://movies.about.com/library/weekly/aa030902a.htm (13.5.2013).

2 Im gesamten Band wird immer der Originalfilmtitel genannt, gefolgt vom offiziellen deutschen oder englischen Titel. Sollte keine Übersetzung vorliegen, wird nur der Originaltitel angeführt.

schrill, sentimental und pathetisch. MOULIN ROUGE! endet mit einer Aufführung des Bollywood-Varietéstücks *Spectacular, Spectacular* zu dem Hindi-Film-Song *Chamma Chamma* aus Rajkumar Santoshis Film CHINA GATE (Indien 1998). Knapp sieben Wochen nach der Uraufführung auf dem Cannes Film Festival fand die Premiere von MOULIN ROUGE! in Indien statt und begeisterte nicht nur das indische Publikum, sondern auch dessen größten Star, Shah Rukh Khan, der Luhrmanns Hommage an den indischen Mainstream-Film zu seinem persönlichen Lieblingsfilm erkoren hat.

Erst 2003, also knapp zwei Jahre danach, erreichte mit Karan Johars Blockbuster KABHI KHUSHI KABHIE GHAM (IN GUTEN WIE IN SCHWEREN TAGEN, Indien 2001) ein echter «Bollywood-Film» ein breites Publikum in Deutschland. Nach den ersten Ausstrahlungen von kommerziellen Hindi-Filmen im Kino und vor allem auch im Fernsehen bildete sich durch die neuen Kommunikationsmöglichkeiten des Web 2.0 eine stabile Fankultur, die im Kino den geografisch und kulturell fernen Subkontinent einmal mehr entdeckte. Indien-Renaissancen ziehen seit der literarischen Romantik in regelmäßigen Wellen über die westliche Kultur: Angeregt durch Persönlichkeiten wie den Indologen August Wilhelm Schlegel, den Philosophen Arthur Schopenhauer oder den Schriftsteller Hermann Hesse beflügelte Indien die Lebensreformbewegung um 1900, die Hippiebewegung nach 1968, die Beatles und die Popkultur.

1913, genau vor 100 Jahren, drehte der Regisseur Dhundiraj Govind Phalke den ersten indischen Film: RAJA HARISHCHANDRA (Indien). In der Stummfilmzeit zog es den deutschen Regisseur Franz Osten nach Indien, ab den 1950er Jahren rezipierte der Westen voll Hochachtung das bengalische Kunstkino eines Satyajit Ray. 1984 dreht der Brite David Lean seinen letzten Film A PASSAGE TO INDIA (REISE NACH INDIEN, GB/USA) über die psychologische Dimension eines Culture Clashs und die Deplatziertheit der englischen Kolonialmacht innerhalb der indischen Lebenswelt. Nach der politischen und wirtschaftlichen Öffnung Indiens in den 1990er Jahren und in Folge des globalen Medienwandels, der Filme aus aller Welt für ein Weltpublikum verfügbar macht, erobert nun auch das indische Masala-Movie mit Gesang, Tanz, Farbe und Gefühl das westliche Publikum, zumindest zum Teil. Denn Bollywood-Filme lösen bei manchen Zeitgenossen Befremden aus, vor allem, weil sich ihre inhaltliche, narrative und symbolische Tiefe ohne breite kulturelle Vorkenntnisse nicht erschließt und weil die in Indien geliebte filmische Berg-und-Talfahrt der Gefühle gelegentlich schwindelerregend sein kann.

Das vorliegende Buch will einen Einblick in die reiche Geschichte des indischen Kinos mit seinen vielfältigen ästhetischen Gestaltungsformen und kulturell-religiösen Verweisen geben. Neben dem bereits genannten Hindi-Kino bzw. Bollywood-Kino des Nordens und dem bengalischen Arthouse-Kino des Ostens gehören zum Kino des Subkontinents u.a. auch das tamilische Kino des Südens sowie die Filme der über den ganzen Erdball verstreuten indischen Diaspora. Das westliche Publikum indischer Filme wird mit einer Fülle an filmischen und künstlerischen Traditionen, Sprachen, Schauspiel- und Tanzstilen, Themen und Motiven konfrontiert, die es sich erst einmal erschließen muss. Aus dieser Fülle greifen die Autoren des Buchs *Indiens Kino-Kulturen* – stets im Bewusstsein der unerreichbaren Komplexität der Realität – exemplarische Themen und Beispiele heraus, um interessierten Leserinnen und Lesern einen Anreiz zu eigener Beschäftigung mit der indischen Filmgeschichte zu geben. Der Band beginnt mit einer Einführung in das Konzept des Masala

Films, dessen narrative Struktur und besondere emotionale Wirkungsstrategien von Hannah Birr an ausgewählten Beispielen verdeutlich werden. Wie definiert man den blumigen Begriff des Masala Films? Welche Bedeutung haben Filmgenres nach westlichem Muster für indische Filmemacher und wie funktioniert die indische Inszenierungsstrategie der intensiven Emotionalisierung des Zuschauers? Der folgende Aufsatz von Susanne Marschall über Vielfalt und Synthese der transkulturell lesbaren indischen Filmkulturen greift diese Frage auf, fokussiert vor allem die Einflüsse traditioneller Formen von Schauspielkunst und Tanz und wählt zur Verdeutlichung überwiegend südindische Filmbeispiele. Dominanz und Art der Gestaltung von Song-and-Dance-Sequences kann bei einem kulturell unkundigen Publikum zu Irritationen führen, da gerade diese Schlüsselszenen symbolisch überaus dicht komponiert werden. In Indien entscheiden diese Szenen über den Erfolg eines Films. Großen Anteil an der Akzeptanz beim Publikum haben auch die Filmkostüme mit ihren berauschenden Farben und Mustern. Daniel Devoucoux gibt anhand detaillierter Kostümanalysen von Hindi-Filmen seit den 1990er Jahren einen Einblick in die Bedeutungen und historischen Verweise der kulturell kodierten Kleidungsstücke, die in den verschiedenen Regionen des Landes eine Vielzahl von Eigennamen und besonderen Formen ausgeprägt haben.

Auf den permanenten Dialog des indischen Kinos mit anderen Kino-Kulturen und die damit einhergehende Integration von neuen ästhetischen Darstellungsformen in den aktuellen Hindi-Film konzentriert sich Alexandra Schneider in ihrem Aufsatz. Aber auch in vielen älteren Beispielen der nationalen Filmgeschichte finden sich solche Wechselwirkungen und Einflüsse wie Daniel Wisser an den Filmen Guru Dutts nachweisen kann. Jennifer Bleek konzentriert sich auf eine kunst- und filmhistorische Analyse des Motivs der Eisenbahn, eine englische Erfindung aus der Zeit der industriellen Revolution, die in der APU-Trilogie des bengalischen Regisseurs Satyajit Ray zum Leitmotiv aufgebaut wird. Das zeitgenössische indische Kino sucht sich seine Schauplätze zunehmend im Ausland, nicht zuletzt, um neben spektakulären Schauwerten und Reiseanreizen auch die neuen Lebenswelten der indischen Diaspora zu berücksichtigen. Andrea Nolte greift diese, gezielt für die sogenannten Non-Resident Indians (NRI) produzierten Hindi-Filme auf, um das allgemein schwierige Konzept der Heimat an diesen besonderen Beispielen zu problematisieren. Um die Auseinandersetzung mit der Heimat, die man verlassen hat, drehen sich in besonderer Weise auch immer wieder die Werke von indischen Filmemacherinnen, die in den USA, Kanada oder England leben. Dabei fällt gerade an den Filmen von Frauen eine fundamentale Kultur- und Gesellschaftskritik auf. Regisseurinnen wie Mira Nair, mit deren Frühwerk sich Lisa Gadatsch befasst, setzen sich mit der eigenen Kultur und fremden Kulturen auseinander, zu der im Falle der indischen Filmemacherinnen auch immer wieder die Auseinandersetzung mit der eigenen Filmkultur und ihrem Wandel gehört. Da sich das indische Kino auf der Suche nach neuen Zuschauergruppen auf Weltreise begeben hat, bieten sich aufgrund der Verbreitung der Filme im Westen neue und heterogene Medien-Diskurse zur Analyse an. Katja Molis widmet sich diesem Phänomen und den ambivalenten Debatten um das Bollywood-Kino mit den Methoden der Kommunikationswissenschaft.

Liebes- und Tanzszenen prägen als Standardszenen des indischen Mainstream-Films nicht nur die westlichen Vorstellungen über Bollywood, sondern genießen auch in Indien große Aufmerksamkeit. In Indien werden die in diesen Schlüsselszenen geballt auftretenden Anspielungen auf die wichtigen Themen Religion und Kunst verstanden, die vom westlichen Publikum gerne übersehen werden. Gerade die Inszenierungen von Liebesszenen lohnen darum eine bildwissenschaftliche und kunsthistorische Analyse wie sie von Irene Schütze am Beispiel der von Regen und Wasser umspielten Liebenden im Film vorgenommen wird. Aus dem Bildfundus der moghulischen Malerei stammen z. B. die intimen Momente von Radha und Krishna im Regen, die offen dargestellt oder als Subtexte von Filminszenierungen bis in unsere Gegenwart weiter leben. Nicht zu vergessen ist bei diesen thematisch fokussierten Auseinandersetzungen, dass auch die indische Filmlandschaft von Künstlerinnen und Künstlern mit erkennbarer Handschrift geprägt wird. Zu den Virtuosen der Filmchoreografie zählt Farah Khan, mit deren opulenten und preisgekrönten Tanzinszenierungen sich Zlatina Krake-Ovcharova im Detail auseinandersetzt.

Das vorliegende Buch greift aus der Vielfalt der Künstlerinnen und Künstler, Themen und Motive ausgewählte Fallbeispiele heraus, die im Übrigen auch in anderen Kino-Kulturen von elementarer Bedeutung sind. Zu den global zentralen Aspekten mit eigener indischer Note gehören Muster der Geschlechterbilder, die häufig auf historische Vorbilder rekurrieren. Der Diversität der Männerbilder im Hindi-Kino und den hegemonialen Konstruktionen familiärer Ordnungssysteme geht Florian Krauß in seinem Text auf den Grund, um zugleich auf die kulturspezifischen Möglichkeiten queerer Lesarten zu verweisen. Genderkonstruktionen des Weiblichen kommen in vielen indischen Filmen nicht ohne Verankerung der Frauenfiguren in der Göttinnenwelt aus, wobei die Spiritualität der Frauenfiguren gelegentlich auch gefährliche Züge annehmen kann. Zu den beliebtesten Göttinnen mit einem großen emotionalen Spektrum, gelegentlich aggressiv und auf jeden Fall mächtig, gehört die hinduistische Göttin Kālī, die auch im Bezug auf andere religiöse Gemeinschaften in Indien einflussreich ist. Diesem Phänomen widmet sich Adelheid Herrmann-Pfandt in einer Studie über die filmische Rezeption der Kālī anhand markanter Beispiele. Auf Göttinnen wird im indischen Kino immer wieder auch in ihrer Funktion als Identifikationen mit und Identitätsstifter für die indischen Menschen und den indischen Subkontinent verwiesen. Weibliche Filmfiguren werden dabei mit den Göttinnen und den göttlich konnotierten Elementen des Subkontinents, den Farben, der Erde, den Gewürzen, den Pflanzen und Tieren verbunden. Diese vielen religiösen und mythologischen Verweise in der filmischen Inszenierung weiblicher Figuren analysiert Rada Bieberstein vor allem im Bezug auf die visuellen und elementaren Attribute der Protagonistinnen, die in Filmklassikern wie BHARAT MATA (MOTHER INDIA, Indien 1957) ebenso präsent sind wie in aktuellen Hindi-Filmen.

Nicht nur Frauen, auch Kinder werden im indischen Kino zu den symbolischen Verbündeten der Götter. Aus zwei herausragenden Beispielen des indischen Kinderfilms greift Meike Uhrig die poetische Grundfigur der Kind-Gottheiten heraus und skizziert die Kontexte, in denen das göttliche Kind im Kino agiert. Männer, Frauen und Kinder ergeben Familien und somit den emotionalen Kern der indischen Gesellschaft, in deren alltäglicher Wirklichkeit viele Gefahren lauern. Religiöse Konflikte, von den Engländern über Jahrhunderte geschürt, motivieren terroristische Gewalt, die so allgegenwärtig ist, dass das indische Kino fast ein eigenes Subgenre des Terrorfilms ausgebildet hat, mit dem sich Bernd Zywietz befasst. Zur spielerischen Auseinandersetzung transformiert, artikuliert sich die postkoloniale Differenz aber auch auf dem Cricketfeld, da diese beliebte Sportart einen wesentlichen Beitrag zum indischen Selbstverständnis leistet. Auch dieses weltliche Phänomen hat reichen Niederschlag im indischen Film gefunden, ein historisch und politisch dicht beschriebenes Blatt, dessen Facetten Vera Cuntz-Leng an ausgewählten Beispielen herausarbeitet.

Auf unseren Reisen nach Indien hatten wir die große Ehre, Menschen aus der Filmbranche kennenzulernen und zu ihrer Arbeit befragen zu dürfen. Einige dieser besonderen Begegnungen konnten wir sogar mit der Filmkamera festhalten. Das vorliegende Buch endet mit Auszügen aus diesen umfangreichen Gesprächen und einer DVD, die ausgewählte Höhepunkte der Interviews in filmischer Form zugänglich macht. Der schon zu Lebzeiten legendäre, über neunzigjährige Regisseur Mrinal Sen gewährte uns trotz der Beschwerden des Alters eine einstündige Audienz, für die wir unendlich dankbar sind. Nicht nur auf der politischen Bühne, sondern auch im Kinofilm zählt der Filmpoet Javed Akhtar zu den großen Persönlichkeiten Indiens, die wir zu unserer großen Freude treffen durften. Seiner Feder entstammen viele der schönsten Songs des zeitgenössischen Hindi-Films in der Sprache Urdu und deren besonderer Tradition der Liebeslyrik. Und schließlich wurde durch eine Reihe von Begegnungen in Deutschland und Indien die Co-Regisseurin des Oscar-gekrönten Films SLUMDOG MILLIONAIRE (SLUMDOG MILLIONÄR, GB 2008, R: D. Boyle, L. Tandan), Loveleen Tandan, zu einer wichtigen Freundin, die uns gerne vor der Kamera einen Einblick in die Bestseller-Verfilmung gab, aus dem ein global erfolgreicher Blockbuster wurde. Die Zusammenstellung dieser drei Interviews ist zwar dem Zufall unserer Begegnungen in Indien geschuldet, sie demonstriert aber zugleich unser wichtigstes Anliegen: Die indische Filmgeschichte ist geprägt von herausragenden Künstlerinnen und Künstlern, deren Werke nach und nach auch auf den Kinoleinwänden und vor allen in den DVD-Regalen im Westen ankommen. Mit unserem Buch möchten wir einen Beitrag dazu leisten, dass die Inhalte des indischen Kinos, dessen besondere Gestaltung und filmkultureller Reichtum auch in unseren Köpfen einen Platz finden darf.

Dieses Buch ist das Ergebnis einer kollektiven Anstrengung. Nach einer lebendigen und ergebnisreichen Konferenz an der Johannes Gutenberg-Universität in Mainz haben wir die Beiträge zusammengetragen, die in diesem Sammelband vereint sind. Die Konferenz, eine Forschungsreise und die hier vorliegende Publikation wurden durch das Zentrum für Interkulturelle Studien der Universität Mainz gefördert, wofür wir uns an dieser Stelle sehr herzlich bedanken möchten. Während einer von der Forschungsförderung, den Freunden der Universität Mainz sowie vom Forschungsschwerpunkt Medienkonvergenz der Universität Mainz geförderten Indienreise konnten wir die Interviews mit Mrinal Sen und Javed Akhtar führen, die unseren Band um die Perspektiven der künstlerischen Praxis bereichern. Für die Hilfe bei der Kontaktaufnahme und die Organisation dieser Reise danken wir Dr. Ajit Sikand-Singh. Das Interview mit Loveleen Tandan entstand im Kontext der durch den Kultursommer Rheinland-Pfalz geförderten Filmreihe «New British Cinema» am Mainzer Seminar für Filmwissenschaft. Die Kamera bei allen Interviews führte der Filmemacher Albert Beckmann, wofür wir an dieser Stelle unseren Dank aussprechen möchten. Außerdem half uns die Tübinger Doktorandin Vera Cuntz-Leng (M.A.) bei der ersten Redaktionsrunde des Bandes, wofür wir uns an dieser Stelle ebenfalls sehr bedanken möchten.

Dann wechselten wir als Professorin und Akademische Rätin in das neu gegründete Institut für Medienwissenschaft an die Eberhard Karls Universität in Tübingen, wo wir seither mit intensiver Unterstützung des Rektorats und auf hohem Niveau unsere Forschungen in und zu Indien fortsetzen können. Mehrere durch die Universität Tübingen sowie die Deutsche Forschungsgemeinschaft geförderte Reisen brachten uns in engen Kontakt mit der indischen Hochschullandschaft und der Filmpraxis. Für diesen universitären Rückhalt möchten wir vor allem dem Rektorat der Universität Tübingen unseren großen Dank aussprechen. Für unseren Forschungsschwerpunkt zur indischen Film- und Mediengeschichte und Praxis haben wir in Tübingen viele aktiv zum Thema forschende Kolleginnen und Kollegen, beste Arbeitsbedingungen und im Bezug auf das alte und das moderne Indien eine hervorragend bestückte Bibliothek vorgefunden. Bei der Endredaktion des Bandes unterstützten uns die Tübinger Medienwissenschaftlerinnen Johanna Katharina Herrmann (Text) und Rebekka de Buhr (Videoschnitt), wofür wir beiden zu großem Dank verpflichtet sind. Die Buchgestaltung dieses Bandes lag in den Händen von Erik Schüßler, dem wir für die kreative Umsetzung ebenfalls unseren großen Dank aussprechen möchten. Bei der Bildrecherche unterstützten uns die Deutsche Kinemathek Berlin und der Filmverleiher rapid eye movies in Köln, wofür wir herzlich danken möchten. Last but not least ist es uns ein sehr großes Anliegen, für die überaus geduldige Begleitung des Projekts und die Anstöße zur Fertigstellung unserer Verlegerin Dr. Annette Schüren von ganzem Herzen zu danken.

Susanne Marschall und Rada Bieberstein
Tübingen im Dezember 2013

Teil I
Filmkultur Bollywood:
Der indische Unterhaltungsfilm im Wandel

Hannah Birr

Wechselbad der Gefühle
Überlegungen zum Masala Film[1]

> «...we are working with three cameras, a Satyajit Ray angle,
> a Bimal Roy angle and a Guru Dutt angle!»
> «Make sure to get a Manmohan Desai angle as well,
> then it's going to be a hit.»[2]

Man stelle sich folgende Filmhandlung vor: Ein Mann, Kishinlal, wird aus dem Gefängnis entlassen. Es stellt sich heraus, dass er sich vor Jahren unschuldig hatte verhaften lassen um seinen kriminellen Arbeitgeber, Robert, zu decken. Dieser hatte im Gegenzug versprochen, Kishinlals Familie finanziell zu versorgen. Kishinlal findet seine Familie jedoch verarmt vor. Seine Ehefrau, Bharati, leidet an Tuberkulose, die Kinder hungern. Als Kishinlal Robert daraufhin zur Rede stellt, demütigt ihn dieser und will ihn durch seine Handlanger ermorden lassen. Kishinlal entkommt in einem Auto der Gangster (in dessen Kofferraum sich zufällig eine Kiste voll Gold befindet). Zuhause stellt er fest, dass Bharati ihm einen Brief hinterlassen hat, in dem sie Selbstmordabsichten offenbart. In der Erwartung, dass Robert Kishinlal finanziell entschädigen würde, will sie nicht, dass das gesamte Geld für die Behandlung ihrer Krankheit ausgegeben wird. Kishinlal, der immer noch von Gangstern verfolgt wird, versteckt daraufhin seine drei Söhne zum Schutz in einem Park. Bevor Kishinlal zu ihnen zurückkehren kann, werden die Brüder versehentlich voneinander getrennt und von einem hinduistischen Polizisten, einem muslimischen Schneider und einem katholischen Priester aufgenommen. Bharati irrt unterdessen verzweifelt durch den Wald, es herrscht ein Unwetter und als ein plötzlich herabfallender Ast sie trifft, verliert sie ihr Augenlicht. Während der parallelen Autoverfolgungsjagd zwischen Kishinlal und den Gangstern kommt es zu einem Unfall. Kishinlal kommt scheinbar ums Leben (tatsächlich kann er mitsamt dem Gold entkommen). Bharati, die ihre Blindheit als Strafe Gottes für ihre Selbstmordabsicht deutet, wird von einem Polizeibeamten irrtümlich informiert, dass ihr Ehemann und ihre Söhne bei dem Autounfall ums Leben gekommen sind. Auch Kishinlal glaubt seine Frau und Söhne verloren. Nach einem Zeitsprung von

---

1 Bei dem vorliegenden Beitrag handelt es sich zum Teil um einen überarbeiteten und ergänzten Auszug meiner Magisterarbeit «Masala Pur? Emotion und Genre im zeitgenössischen Hindi-Mainstreamkino», vorgelegt an der Universität Hamburg, 2008, (unveröffentlicht).
Mein Dank gilt den Herausgeberinnen für zahlreiche wertvolle Anmerkungen und Hinweise.

2 Zitiert aus OM SHANTI OM (Indien 2004). Der Regisseur Manmohan Desai galt als Spezialist für das Masala Genre.

22 Jahren wird die Entwicklung der drei Söhne präsentiert, der Älteste, Amar, ist Polizist geworden, Anthony ist ein kleinkrimineller Schnapsbrenner und Akbar ein aufstrebender Qawwali-Sänger, von ihrer Verwandtschaft ahnen die drei nicht. Als eine alte blinde Frau (ihre Mutter Bharati) auf der Straße angefahren wird, sind zufällig alle drei Brüder anwesend und erklären sich spontan bereit, zur Rettung der alten Frau Blut zu spenden.

Der nach dieser kurzen Zusammenfassung möglicherweise entstehende Eindruck, genug Stoff für einen Langspielfilm sei bereits geboten, täuscht. Erst an dieser Stelle beginnt die eigentliche Titelsequenz des Films, die bisherigen 25 Minuten stellen lediglich den Prolog dar. Im Verlauf der weiteren zweieinhalbstündige Handlung des Films werden Menschen aus brennenden Häusern gerettet, erlebt man Aufstieg und Fall zweier Gangsterbosse, geschehen Wunderheilungen, tauchen unerwartete Doppelgänger auf und die jeweiligen (religiös und ethnisch entsprechenden) Liebesgeschichten der drei Brüder werden ausführlich geschildert, ehe Kishinlal Rache an Robert nehmen kann und die schlussendliche Familienzusammenführung der Söhne mit ihren Eltern gelingt.

Ein weiteres Beispiel: Eine Gruppe indischer Terroristen um den Anführer Raghvan will die Durchführung eines Gefangenenaustausches (Projekt Milaap) zwischen Indien und Pakistan verhindern und droht deshalb dem Initiator des Projekts und Oberbefehlshabers der indischen Armee, General Bakshi, damit, seine Tochter Sanjana zu ermorden. Die Beziehung zwischen General Bakshi und seiner Tochter, die in Darjeeling das College besucht, ist seit Jahren angespannt. Sanjana fühlt sich vom Vater, der sich immer einen Sohn gewünscht hat, abgelehnt und vermeidet jeden Kontakt. Beide leiden unter der Situation. Ram Sharma, Major der indischen Armee, vereitelt einen ersten Anschlag der Terroristen, doch Raghvan kann entkommen und Rams Vater Shekhar, der ebenfalls in der Armee dient, wird tödlich verwundet. Am Sterbebett seines Vaters erfährt Ram, dass er einen Halbbruder hat. Shekhars Ehefrau, Madhu, hatte ihn vor 20 Jahren zusammen mit ihrem gemeinsamen Sohn Lakshman verlassen. Ram ist das Resultat eines Seitensprungs Sharmas, eine Tatsache, die Madhu nicht ertragen konnte. Sharmas letzter Wunsch ist es, dass Ram die Familie wieder vereint und dass seine Söhne die Asche ihres Vaters gemeinsam verstreuen mögen. Für Ram beginnt eine doppelte Mission. Im Auftrag Bakshis schleust er sich *undercover* als Student an Sanjanas College ein, um sie rund um die Uhr vor den Terroristen beschützen zu können. Zudem erfährt Ram, dass am selben College auch Lakshman (Lucky) studiert, der mit seiner Mutter inzwischen in Darjeeling lebt. Nach einigen Schwierigkeiten freundet sich Ram mit Sanjana und Lucky an und zieht sogar bei seinem Halbbruder und seiner Stiefmutter ein, auch wenn er sich zunächst nicht zu erkennen gibt. Am College verliebt sich Ram darüber hinaus in seine Lehrerin, Ms. Chandni. Im Laufe des Films, durchkreuzt Ram die Pläne der Terroristen, rettet die gesamte Studentenschaft aus einer Geiselnahme, nimmt Rache an Raghvan, dem Mörder seines Vaters und rettet das Projekt Milaap. Er versöhnt General Bakshi und seine Tochter und vereint, als ihn Stiefmutter und Halbbruder schlussendlich lieben lernen, auch seine eigene Familie.

Diese Zusammenfassungen – zum einen ein Klassiker der indischen Filmgeschichte, AMAR AKBAR ANTHONY (Indien 1977), zum anderen ein Film neueren Datums, MAIN HOON NA (ICH BIN IMMER FÜR DICH DA, Indien 2004) – übertreiben in der scheinbar absurden Vielzahl verschiedener Handlungselemente keineswegs und vermögen doch nur unzulänglich das Erlebnis wiederzugeben, das ein Masala Film bieten kann. Dieser Beitrag möchte sich mit den besonderen affektiven Wirkungsstrategien eines distinkten Genres im populären indischen Film auseinandersetzen, das zum einen für die (insbesondere westliche) Wahrnehmung des gesamten indischen Films charakteristisch ist, zum anderen interessante rezeptionstheoretische Fragen nach der kulturellen Spezifik audiovisueller Emotionserzeugung aufwirft.

Begriffsmasala

«...[D]ie wilde, irgendwie auch anarchistische und verspielte Aneignung aller möglichen Filmtrends, Theatertraditionen, Sujets und Kinomoden, die zu etwas unverkennbar Indisch-Synkretistischem vermischt werden.»[3] (m. Hervorhebung). Den Masala Film zu definieren, bereitet offenbar gewisse Schwierigkeiten, zwar scheinen die Filme als ‹typisch indische Mischung› erkennbar zu sein, aber die Reduzierung auf eine gewissermassen eklektische Exotik ist als Definitionsansatz sicherlich sowohl unzulänglich als auch wenig hilfreich. Der Begriff des Masala Films, treffend geprägt in Anlehnung an die charakteristisch vielfältigen indischen Gewürzmischungen, hebt die hervorstechendste Eigenschaft der Filme heraus, ihre variantenreiche und zugleich unverwechselbare Mischung verschiedenster ‹Zutaten›. Insbesondere im deutschen Sprachraum wird der Begriff oft fälschlicherweise synonym für den gesamten populären indischen Film benutzt, in dem Bemühen, die stärker delinear geprägte Erzählweise der Filme und ihre Synthese verschiedener westlicher Genreversatzstücke mit einem Oberbegriff zu erfassen. Meist steht in diesem Zusammenhang die Betonung der grundlegenden Andersartigkeit, der Abgrenzung von vertrauten Konventionen des Darstellens und Erzählens im Vordergrund. Dabei wird in der scheinbaren Notwendigkeit, auf die als fremd wahrgenommene Natur des indischen Films hinzuweisen, nicht immer differenziert und wertfrei formuliert. So findet wie etwa bei Uhl in Strukturmerkmalsauflistungen eine weitgehende Gleichsetzung von Masala Filmen und dem gesamten populären indischen Kino statt. Die «Standardbausteine» dieser «spezifisch indischen Form der Massenunterhaltung» seien «Liebesszenen, Actionszenen, Comedyszenen, Gesangs- und Tanzszenen, Kampfszenen und Verfolgungsszenen. Die Ausarbeitung dieser Komponenten und ihre Verbindung ist es, die das indische Kino so eindeutig von den westlichen Produktionen unterscheidet.»[4] Als Beschreibung einzelner Komponenten eines Masala Films ist die Aussage zwar treffend, in allzu normativer Formulierung aber vereinfachend, enthalten doch längst nicht alle indischen Mainstreamfilme eine solche (für westliche Sehgewohnheiten tatsächlich zunächst fremde) Mischung.

Die Wahrnehmung des indischen Films unter Genregesichtspunkten ist zumeist recht diffus, zumal selbst der Begriff ‹Bollywood› hierzulande – zwar weniger im wissenschaftlichen Diskurs aber doch im Alltagsgebrauch – oftmals noch im Sinne eines Genres verwendet wird. Zum einen ist dies sicherlich auf die ungenaue Begriffsverwendung an sich

---

[3] Dorothee Wenner: «Das populäre Kino Indiens». In: Alexandra Schneider (Hrsg.): *Bollywood – Das Indische Kino und die Schweiz.* Zürich 2002, S. 24.

[4] Matthias Uhl / Keval J Kumar: *Indischer Film – Eine Einführung.* Bielefeld 2004, S. 20.

zurückzuführen, zum anderen hat die eingeschränkte Auswahl der von RTLII vor einigen Jahren ausgestrahlten Filme[5] unter deutschen Rezipienten unter Umständen die Wahrnehmung verstärkt, der populäre indische Film sei auf romantische Familiendramen zu reduzieren, in denen Shah Rukh Khan die Hauptrolle spielt. Des Weiteren entsteht eine gewisse Problematik dadurch, dass selbst indische Filmwissenschaftler den Begriff nicht einheitlich benutzen, so wird Masala zum Teil auch verstanden als die Bezeichnung der einzelnen Versatzstücke, die ein Film kombiniert: «Hindi films had never been strictly genre specific. They employed a genre hook and then added several anything-goes box-office ingredients commonly bracketed as ‹masalas›».[6] Dieser Beitrag will aufzeigen, dass ein förderlicheres Begriffsverständnis den Masala Film als ein eigenständiges Genre innerhalb eines indischen Genresystems begreift, zu dessen Besonderheit und Abgrenzungsmöglichkeit gegenüber anderen indischen Genres die Kombination unterschiedlicher generischer Motive zählt (über das für westliche Rezipienten befremdliche, genreungebundene Vorkommen der Song-and-Dance-Sequences hinaus).[7]

Betrachtet man die (produktionstechnisch sowie demografisch bedingten) Entstehungshintergründe des Masala Genres dürfen pragmatische Aspekte sicherlich nicht unterschätzt werden, ein solches Kino der Attraktionen[8], dessen viele Schaueffekte hohe Herstellungskosten bedeuten, musste von jeher ein großes Publikum erreichen. Gerade angesichts hoher Analphabetismusraten in der indischen Bevölkerung lassen sich Geschichten, die auf komplizierten Zusammenhängen basieren, ohne kostspielige Synchronisation nur schwer in andere Sprachregionen übertragen, wohingegen visuelle Schauwerte sozusagen nicht an Einfluss verlieren. Dementsprechend bedienen sich die Masala Filme, in Anlehnung an ihre Vorgänger, die indischen Stunt-Filme der 1920er und 1930er Jahre, gelegentlich auch all-action films genannt, einer Vielzahl von Elementen der Popkultur um Wirkung zu erzielen, wobei eine stringente Kausalkette der Handlungselemente im Gegensatz zu spektakulären Schauwerten nicht zwangsläufig vonnöten ist. Doch auch wenn der Begriff des Attraktionskinos Assoziationen zur Neuzeit des Kinos weckt, muss festgehalten werden, dass Masala als Bezeichnung nicht pejorativ zu verstehen ist, oder ein gegenüber stärker narrativen Filmen, ‹primitives› Kino impliziert. Die scheinbar abrupten Wechsel zwischen verschiedenen generischen Modi sind für den (westlichen) Zuschauer oftmals

---

5   Vgl. Birgit Pestal: *Faszination Bollywood – Zahlen, Fakten und Hintergründe zum «Trend» im deutschsprachigen Raum*. Marburg 2007, S. 139. Zusammen mit der für den Vertrieb zuständigen REM (der in Köln ansässigen Rapid Eye Movies) war das sehr enge Spektrum der Auswahl des Senders maßgeblich für die deutsche Rezeption populärer indischer Filme. Bisher werden vor allem einzelne Schauspieler als Erfolgsgaranten angesehen, wodurch die Auswahl sicherlich keinen repräsentativen Ausschnitt darstellte. Vgl. www.rapideyemovies.de.

6   Dinesh Raheja / Jitendra Kothari: *Indian Cinema – The Bollywood Saga*. London 2004, S. 123. Vgl. auch Manjunath Pendakur: *Indian Popular Cinema – Industry, Ideology and Consciousness*. Cresskill, New Jersey 2003 (bes. Kapitel 4) für ein weites Begriffsverständnis, das nahezu synonym mit dem gesamten populären Film verwendet wird.

7   Zum Aspekt der Song-and-Dance Sequences vgl. Lalitha Gopalan: *Cinema of Interruptions – Action Genres in Contemporary Indian Cinema*. Berkeley 2002 und meinen eigenen Beitrag: «‹Put Your Hands Up And Sing...› Cross-Cultural Film Reception and Fandom». In: *Projections – the Journal for Movies and Mind*. Vol. 3, Issue 2, Winter 2009, S. 37–55.

8   Begriff nach Tom Gunning. «The Cinema of Attractions: Early Film, Its Spectator and the Avant-Garde». In: Thomas Elsaesser (Hrsg.): *Early Cinema: Space, Frame, Narrative*. London 1990, S. 56–62.

irritierend und der wahrgenommene Mangel an Kontinuität wird demzufolge als qualitatives Defizit angesehen, doch ein solches Werturteil verkennt (neben der Urteilsfähigkeit der indischen Zuschauermassen, die das Genre stetig am Leben erhalten) nicht nur die nötige Handwerkskunst, sondern auch die affektive Wirkungskomplexität der dramatischen Struktur des Masalas. Ein gelungener Masala Film stellt vielmehr ein Prädikat dar, das den Regisseur auszeichnet, da es ein hohes Maß an Expertise erfordert, den richtigen Mix einer Abfolge unterschiedlicher Modalitäten zu finden, von der Komödie zur Romantik zur Action.[9] Die Geschwindigkeit des Übergangs von einer Form zur nächsten, die einem westlichen Zuschauer unmöglich erscheinen mag, ist Zeichen der künstlerischen Fähigkeit eines Regisseurs, ‹von allem etwas› zu kombinieren, ohne dabei die Balance des Films zu verlieren. Nicht von ungefähr zieht Dudrah den Vergleich zu einem über alle Zweifel erhabenen Dramatiker, wenn er nach westlichen Entsprechungen dieser speziellen Erzählform sucht: «Perhaps the only Western analogy for such an omnibus form is Elisabethan drama, as seen in Shakespeare's plays.»[10]

Anhand der eingangs versuchten inhaltlichen Beschreibung lässt sich bereits erahnen, wie unmittelbar sich die Wechsel der verschiedenen generischen Ebenen abspielen. In AMAR AKBAR ANTHONY erlebt der Zuschauer in einem Moment noch die verzweifelte Situation der Familie und ist entrüstet über Roberts Verhalten, da fiebert er (im Idealfall) schon in Kishinlals Kampf mit den Gangstern mit und hält während der Autoverfolgungsjagden den Atem an. Kurze Zeit später lacht er über den Bombay-Slang Anthonys (gespielt von Superstar Amitabh Bachchan) und klopft den Takt des ersten Songs mit, ehe ihn schon wieder die Tapferkeit der blinden Mutter zu Tränen rührt (Abb. 1–3).

Dennoch kommt es im Filmerleben für den Zuschauer offenbar nicht zum Bruch, daher erscheint es naheliegend, die Rezeption der Filme unter dem Gesichtspunkt der zugrunde liegenden affektiven Wirkungsstrategien zu untersuchen. Im Gegensatz zu den filmischen Konventionen des klassischen Hollywoods, dessen *continuity editing* dem Ideal narrativer Kontinuität und Stringenz folgend die westlichen Sehgewohnheiten prägt, ist der populäre indische Film durch Unterbrechungen, Einschnitte und Wechsel der Erzählebenen gekennzeichnet. Die indische Filmwissenschaftlerin Lalitha Gopalan hat in diesem Zusammenhang den Begriff des «cinema of interruptions»[11] geprägt. In einer solchen Erzähltradition, die oftmals elliptisch, non-linear und episodenhaft ist, gepaart mit einer opulenten Ästhetik des ‹visuellen Überschusses›, gekennzeichnet durch bunte, hochgesättigte Farben, durchgehende High-Key Ausleuchtung etc. ist es sinnvoll, von einem weniger stark an narrative Auslöser

---

9   Vgl. Rajinder Kumar Dudrah: *Bollywood: Sociology Goes to the Movies*. Neu Delhi 2006, S. 48.
10 Dudrah, Bollywood: Sociology Goes to the Movies, S. 49. Der Vergleich findet sich auch bei Lothar Lutze: «From Baratha to Bombay: Change and Continuity in Hindi Film Aesthetics». In: Beatrix Pfleiderer / Lothar Lutze (Hrsg.): *The Hindi Film – Agent and Re-Agent of Cultural Change*. Neu Delhi 1985, S. 8. Ein als Forschungsgegenstand sicherlich interessanter Untersuchungsansatz zu westlichen Analogien des Masala Films bietet der Vergleich seiner Wirkungsstrategien mit denen des in Hollywood erfolgreichen *Blockbuster-Family-Adventures* oder Filmreihen wie etwa JAMES BOND.
11 Vgl. Gopalan, Cinema of Interruptions – Action Genres in Contemporary Indian Cinema. Zu den Merkmalen des populären Hindi-Films vgl. auch Alexandra Schneider: «‹Ein folkloristisches Strassentheater, das unbeabsichtigt einen Brecht oder Godard gibt›: Zur Kodierung von Emotionen im Hindi-Mainstream-Film». In: Matthias Brütsch et al. (Hrsg.). *Kinogefühle – Emotionalität und Film*. Marburg 2005, S. 137–152.

1 Bharati offenbart ihre Selbstmordabsicht in einem Brief.

2 Noch auf der Flucht kommt Kishinlal zu unerwartetem Reichtum.

3 Kishinlal versucht, seine Söhne in Sicherheit zu bringen.

gebundenen Verständnis der Emotionserzeugung auszugehen, das die Wechselwirkung verschiedener Faktoren berücksichtigt. Ein Modell, welches die Gefühle eines Zuschauers auf vornehmlich bewusste Vorgänge beschränkt, und die Bindung der erzeugten Emotionen an handlungs- und figurenbezogene Auslöser in den Mittelpunkt stellt, ist reduktiv und vernachlässigt leicht die tatsächliche Komplexität der Abläufe.[12] Vielmehr ist eine Loslösung der Koppelung der Emotionen an die Ebene der Narration und eine andere Konzeption des Zusammenhangs von filmischer Ästhetik, Emotion und Affekt notwendig, die mehreren Ebenen Gewicht zugesteht. Dies ist für den populären indischen Film und besonders für den Masala Film von Belang, denn angesichts der Beschreibungsproblematik des ästhetischen Exzesses, dem scheinbar übertriebenen Einsatz der darstellerischen Mittel und wenig psychologisierter Figuren, scheint gerade die Artefakt-Ebene von Bedeutung zu sein, wenn man Funktion und Steuerung von Emotionen in der Rezeption der Filme genauer erfassen möchte.[13]

Ehe nun die Besonderheiten der affektiven Wirkstruktur des Masala Films untersucht werden, ist es zunächst nötig, einige genretheoretischen Überlegungen voranzustellen. Zum einen stellt sich die Frage nach der Rolle des Genres im indischen Film generell und der damit einhergehenden Situierung des Masala Films, zum anderen muss die Frage nach der Funktion von Genres an sich und dem Zusammenhang zwischen Genrefilmen und Emotionserzeugung betrachtet werden.

---

12 Vgl. Jens Eder: «Die Wege der Gefühle – Ein integratives Modell der Anteilnahme an Filmfiguren». In: Matthias Brütsch et al. (Hrsg.): *Kinogefühle – Emotionalität und Film*. S. 225–242, hier S. 228. Zur Unterscheidung zwischen Fiktions- und Artefakt-Emotionen vgl. Ed Tan: *Emotion and the Structure of Narrative Film – Film as an Emotion Machine*. Mahwah, New Jersey 1996.

13 Vgl. auch Patrick Colm Hogan: «On the Meaning of Style: Cognition, Culture, and the Visual Technique in Bimal oy's Sujata». In: *Projections – the Journal for Movies and Mind*, S. 71–90.

Indische Genres?

Genres bieten im indischen Film scheinbar einen weniger zentralen Orientierungspunkt, innerhalb des indischen Starsystems sind die Gratifikationserwartungen der Zuschauer eher an die Darsteller eines Films als an die Zugehörigkeit zu einem bestimmtem Genre geknüpft, dennoch kennt die indische Filmindustrie durchaus ein Genresystem, auch wenn gelegentlich das Gegenteil unterstellt wird.[14] So werden die bei Uhl erwähnten Genres als «per se nicht spezifisch indisch» bezeichnet, vielmehr sei die Art und Weise der Adaption durch indische Filmemacher entscheidend, die einer «importierten Technologie den unverwechselbaren Stempel der indischen Kultur aufgedrückt»[15] haben. Dieser Argumentation soll zumindest in Teilen widersprochen werden, da sie eine recht eurozentristische Perspektivierung vornimmt und die Frage nach originär indischen Elementen und Einflüssen unterschlägt. Um eine Einordnung des Masala Films vornehmen zu können, erscheint es deshalb sinnvoll, einen kurzen Abriss zum Genregefüge des indischen populären Films zu geben, dessen Thematiken sich zum Teil von westlichen Genres recht deutlich unterscheiden.[16] So differenziert etwa Dudrah zwischen fünf unterschiedlichen indischen Genres, dem *devotional* oder *mythological*, dem *historical*, dem *social* (auch als *topical* bezeichnet), dem *muslim social*, und den Masala Filmen (die den Stunt-Film beinhalten[17]). Ein sechstes Genre, der romantische Film, kann hinzugefügt werden.[18]

---

14 Vgl. etwa Pestal, *Faszination Bollywood – Zahlen, Fakten und Hintergründe zum «Trend» im deutschsprachigen Raum*, S. 139 und Raheja, Kothari, *Indian Cinema – The Bollywood Saga*, S. 123.
15 Uhl/Kumar, *Indischer Film – Eine Einführung*, S. 19.
16 Je nachdem, welche Gewichtung man zugrunde legt, entstehen zahlreiche unterschiedliche Kategorisierungen, so dass die folgenden relativ konsensfähigen Bezeichnungen als eher lose Identifizierung unterschiedlicher generischer Schemata verstanden werden müssen und gleichsam das Kondensat der unterschiedlichen individuellen Einteilungen bilden. So führt z. B. Ashok Da Ranade in seiner Einteilung neben dem *mythological*, dem *costume drama* und dem *social film* statt des romantischen Films explizit das *family melodrama* auf und nennt statt des Masala Films den *spy-film* oder *action-film*. (*Hindi Film Song – Music Beyond Boundaries*. Neu Delhi 2006, S. 422.) In der Einteilung der indischen Genres bei Uhl fällt auf, dass der *muslim social film* ganz fehlt, ebenso wie der Begriff Masala weitgehend gleichgesetzt wird mit dem *stunt genre*. Vgl. auch Rachel Dwyer: *All You Want Is Money, All You Need Is Love – Sexuality and Romance in Modern India*. London/New York 2000, S. 106ff. für eine weitere Diskussion der Genrekategorien. Wie es typologischen Einteilungen inhärent ist, hängt es davon ab, wie eng oder weit die jeweiligen Kategorien gefasst werden, ob bspw. thematische Subgenres wie der Kurtisanen-Film berücksichtigt werden (Das bekannteste Beispiel ist sicherlich die Figur der Chandramukhi in den Verfilmungen von DEVDAS (DEVDAS – FLAMME UNSERER LIEBE, INDIEN 2002), als weitere Beispiele zählen: AADMI, (1939), SADHNA (Indien 1958), PAKEEZAH (Indien 1972), UMRAO JAAN (Indien 1981). Zur Diskussion vgl. Dwyer, *All You Want Is Money, All You Need Is Love – Sexuality and Romance in Modern India*, S. 125–129; Mihir Bose: *Bollywood – A History*. Brimscombe Port 2006, S. 235ff. und Richard Allen / Ira Bhaskar: «Pakeezah: Dreamscapes of Desire». In: *Projections – the Journal for Movies and Mind*, S. 20–36.
17 In den 1970/1980er Jahren dominierten Gewalt- und Actionfilme die indischen Leinwände, Dudrah ordnet sie dem Masala Genre zu, allerdings bilden die *angry young man* Filme schon fast ein eigenes Subgenre und werden in der nachfolgenden Analyse nicht behandelt. Die Wurzeln liegen zum einen in den damaligen politischen und sozialen Veränderungen der indischen Gesellschaft: Nach dem Tod Nehrus, dem ersten indischen Präsidenten des befreiten Indiens, war Indien durch politische und ökonomische Krisen geschüttelt und herrschte eine Stimmung der Instabilität und Desorientierung. Zum anderen im Erstarken der neuen Konkurrenz des Kinos durch Farbfernsehen und Videorekorder. Die wachsende urbane Mittelschicht konnte sich entsprechende Geräte leisten und konsumierte Filme

Die *devotional films* bzw. *mythologicals* stellen das früheste indische Genre dar, der erste (erhaltene) Langspielfilm RAJA HARISCHANDRA (King Harischandra, Indien 1913) ist dem *mythological* zuzuordnen. Die zentrale Thematik basiert auf hinduistischen Götter- (und Reinkarnations-) Mythen und Legenden, oder dem Leben religiöser Männer und Frauen, insbesondere in diesem Genre sind die Storylines deswegen meist direkt dem reichen Erzählfundus der Nationalepen entlehnt.[19]

Die *historical films*, die sich maßgeblich nach der Ankunft des Tonfilms entwickelten, sind am ehesten mit dem westlichen Genreverständnis des Historien- bzw. Kostümfilms vergleichbar. Die Geschichten der durch aufwändige Ausstattung geprägten Filme thematisieren die Schicksale realer historischer Persönlichkeiten unterschiedlicher Epochen. Der in der Mogulzeit angesiedelte Film MUGHAL-E-AZAM (Indien 1960) oder JODHAA AKBAR (Indien 2008) wären als Beispiele zu nennen.[20]

Die weiteste Kategorie stellen die *social films* (*topicals*) dar, die den anteilig größten Teil von Filmen im Zeitraum 1947 bis 1960 ausmachen. Die Filme greifen meist zeitgenössische, oft gesellschaftskritische, Themen auf, z. B. gesellschaftliche Missstände, Korruption, das Kastenwesen, die Rolle der Frau und dergleichen. Neben den Filmen von Raj Kapoor, Guru Dutt und Mehboob Khan exemplifiziert DEVDAS (Indien 1955) dieses Genre, das meist einen «proletarian point of view» einnahm.[21]

Ein bedeutsames Subgenre des *socials* bildet der *muslim social film*, der einen spezifischen sozio-politischen Hintergrund der indischen Gesellschaft aufgreift und Spannungen zwischen Hindus und Muslimen thematisiert. Die historische Zäsur der Trennung von Indien und Pakistan oder die Situation der muslimischen Minderheit im hinduistischen Mehrheitsstaat stehen im Zentrum, während die Figurenkonstellationen oft durch muslimische Tradition der Urdu-Liebespoesie inspiriert sind, UMRAO JAAN (Indien 1980) ist diesem Genre zuzuordnen.

---

lieber zu Hause und blieb dem Kino fern, so dass das Publikum zunehmend aus jungen Männern der unterprivilegierten gesellschaftlichen Schichten bestand, die actionreiche Kost bevorzugten. Die filmischen Charaktere in dieser Phase sind geprägt von der Suche nach einem Anti-Helden, der jenseits des Gesetzes und gesellschaftlicher Norm steht (dabei aber unkorrumpierbar nach seinen eigenen Prinzipien handelt.) Wie keine zweite Strömung des indischen Films ist diese mit der Person Amitabh Bachchans verbunden, die mit Erfolgen wie DEEWAAR (I'LL DIE FOR MAMA, Indien 1975) und MUQADDAR KA SIKANDAR (Indien 1978) den Eindruck einer «One man industry» prägte. Vgl. Rachel Dwyer / Divia Patel: *Cinema India – The Visual Culture of Hindi Film*. London 2002, S. 22., Florian Krauß: *Männerbilder im Bollywood-Film – Konstruktionen von Männlichkeit im Hindi-Kino*. Berlin 2007, S. 80.

18 Dudrah, *Bollywood: Sociology Goes to the Movies*, S. 33 und S. 175ff.

19 Uhl unterscheidet die Genres des mythologischen und des religiösen Films voneinander. Der mythologische Film stellt übernatürliche Kräfte im Kampf gegeneinander dar, wohingegen der religiöse Film die spirituelle Erfahrung des einzelnen Menschen zum Thema hat.

20 Besonders in Bezug auf die Genres des *mythological* und des *historical* ist der sozio-historische Entstehungshintergrund von Bedeutung. Im kolonialisierten Indien eröffneten die Filme angesichts des in den 1930er Jahren erwachenden Nationalbewusstseins mögliche ‹Kommentar-Räume› an der britischer Zensur vorbei. Die mythologischen bzw. historischen Settings ließen Anspielungen auf die Fremdherrschaft zu, die den britischen Zensoren verborgen blieben, vom indischen Publikum jedoch als solche erkannt wurden.

21 Vgl. Raheja/Kothari, *Indian Cinema – The Bollywood Saga*, S. 112. Besonders die Filme dieses Genres waren prägend für die «golden era of Bollywood» der späten 1950er und 1960er Jahre (vgl. Bose, *Bollywood – A History*, S. 190ff.). Die Adressierung gesellschaftlicher und sozio-politischer Themen macht das *social* auch zu dem Genre, das neben dem populären bzw. Mainstreamfilm eine große Schnittmenge mit dem indischen Arthouse- oder Parallel Cinema aufweist.

Die Kategorie der *romantic films* wird von Dudrah als spätestes Genre hinzugefügt, und hat besonders seit den 90er Jahren größere Bedeutung in der indischen Filmproduktion. In der Weiterentwicklung zu den *family dramas* wandte sich der Film in dieser Phase inhaltlich der wohlhabenden bürgerlichen Mittelschicht zu (und griff vermehrt NRI-Szenarien auf.) Als paradigmatischer Film kann in diesem Zusammenhang HUM AAPKE HAIN KAUN...! (Indien 1994) genannt werden, der die Verwicklungen innerhalb einer *joint family* ins Zentrum der Handlung stellt.[22] Dudrah zufolge wären Familienmelodramen, je nach Gewichtung, dem romantischen Genre bzw. dem *social* zuzuordnen.

Es ist auffällig, dass die zentralen Genres des indischen Systems rect wenige Überschneidungen mit den westlichen bzw. amerikanischen (filmhistorischen) Klassifizierungen aufweisen. Besonders die Komödie oder der Actionfilm, die ihre Wirkung oftmals aus besonders spektakulären Einlagen beziehen, existieren nicht als separate Genres, vielmehr sind komische und actionreiche Elemente innerhalb der episodischen Erzählstruktur in die unterschiedlichen Genres integriert.[23] (Eine Ausnahme bilden vielleicht die Filme Govindas, der in seiner Doppelrolle als komischer Schauspieler und Hauptdarsteller jedoch eine Ausnahmeposition inne hat.) Besonders in den letzten Jahren lässt sich in der indischen Filmindustrie eine Entwicklung beobachten, die im Zuge der zunehmenden Orientierung an Hollywoods Industriestandards auch die Entstehung neuer Genres bzw. die engere Übernahme westlicher Erzählformen beinhaltet. So feierte zum Beispiel KOY MIL GAYA (STERNENKIND, Indien 2003), ein an E.T. – THE EXTRATERRESTIAL (E.T. – DER AUSSERIRDISCHE, USA 1982) angelehnter Film mit relativ vielen Special Effects große Erfolge.[24] Andere Filme, (die im Übrigen auch im deutschen Vertrieb gewisse Erfolge erzielen konnten), wären DHOOM (DHOOM – DIE JAGD BEGINNT, Indien 2004) für das Actiongenre und KAAL (Indien 2005) für den Horrorfilm.[25] Es wird deutlich, dass das indische Genregefüge anders geartet ist als es westlichen Gewohnheiten entspricht und dass eine differenzierte Betrachtung indische Genres in ihrem kulturellen Kontext verorten muss.

Genres – Entstehung, Funktion, Wirkung

Die Schwierigkeit der Genreklassifizierung liegt darin, dass sie keine statischen Kategorien bilden, sich verschiedener Attraktionsebenen bedienen, ihre Motive und Themen nicht exklusiv sind.[26] Ein kognitionstheoretischer Ansatz bietet Erklärungspunkte, warum Gen-

---

22   Für eine ausführliche Untersuchung des Aspekts des Neotraditionalismus in den *family dramas* in Beziehung zur *Hindutva*-Bewegung vgl. Sonja Majumder: *Der Hindi-Film als Spiegel der politischen und wirtschaftlichen Umstände seiner Zeit untersucht anhand der Filme «Hum Aapke Hain Koun...!», «Dilwale Dulhania Le Jaenge» und «Kuch Kuch Hota Hai»* (Magisterarbeit, vorgelegt an der Universität Hamburg, 2003).
23   Vgl. hierzu Bose, *Bollywood – A History*, S. 245.
24   Vgl. Pestal, *Faszination Bollywood – Zahlen, Fakten und Hintergründe zum «Trend» im deutschsprachigen Raum*, S. 139.
25   Bezüglich genauer Einschaltquoten und DVD-Verkaufszahlen im deutschsprachigen Raum vgl. die Angaben in Pestal, *Faszination Bollywood – Zahlen, Fakten und Hintergründe zum «Trend» im deutschsprachigen Raum*, S. 127ff. Die vereinzelte Übernahme westlicher Vorbilder lässt sich auch in früheren Epochen der indischen Filmgeschichte belegen. Der Klassiker SHOLAY (Indien 1975) gilt gemeinhin als bekanntestes Beispiel eines *Curry-Western*, der durch Veränderung der ursprünglichen Genrekomponenten, ähnlich dem Italo-Western, ein neues Subgenre entstehen ließ.
26   Es besteht die Notwendigkeit, statt einem theoretischen einen historischen Genrebegriff zu verwenden,

res, obwohl sie solch vermeintlich diffuse Kategorien darstellen, auf Seite der Produzenten und der Rezipienten einen derartigen Einfluss haben und scheinbar unverzichtbare Kategorisierungshilfen bzw. Muster bilden. In Anlehnung an die Arbeit George Lakoffs zum Erfahrungsrealismus erklärt Jörg Schweinitz über Argumente der kognitiven Psychologie entscheidende Aspekte der Genre-Bildung.[27] Lakoff begreift die Kategorienbildung des alltäglichen Denkens als prototypisch organisiert, wobei dieser Prozess weitaus komplexer ist als eine bloße Sortierung nach Merkmalsübereinstimmungen. Zusammengefasst erfolgt die mentale Kategorieentwicklung durch die Bildung von Clustermodellen. Entscheidend ist dabei, dass keine Kette von Abstufungen, sondern ein komplexeres Netzwerk von Zusammenhängen und Assoziationen zwischen den einzelnen Kategorien besteht, die Grundlage lässt sich eher als radiale Struktur beschreiben, ausgehend von exemplifizierenden zentralen Fällen. In diesem Zusammenhang kann man auch von der prototypischen Funktion einzelner «paradigmatischer» Filme für bestimmte Genres sprechen, die durch durchschlagenden Erfolg quasi selbst industrielle Standards bzw. filmkulturelle Stereotypen setzen und zahlreiche Nachahmer hervorbringen. Zumindest für eine gewisse Zeitspanne stellen sie sozusagen den zentralen Fall eines Genres dar, bis sie sich letztlich «abnutzen» oder durch andere Filme ersetzt werden. Gerade diese Assoziationen eines bzw. einiger weniger solcher Filme konstituieren meist die diffuse Vorstellung eines Genres, wobei die zugrundeliegenden Assoziationsmuster stark geprägt sind von individuellen Affinitäten und kultureller Normung. Welche Filme einen solchen Zentralfall bilden, ob man also zuerst Psycho (USA 1960), Scream (Schrei!, USA 1996) oder Swamp Thing (Das Ding aus dem Sumpf, USA 1982) mit dem Horrorgenre assoziiert, hängt in entscheidendem Maße von individuellen Filmpräferenzen und durchlaufener (medialer) Sozialisierung ab. Ebenso wie die gesellschaftliche filmkulturelle Prägung davon beeinflusst wird, welche Filme innerhalb des Filmkanons der Kritik Klassiker sind und wiederholt kulturell aufgearbeitet werden. Während der spontanen Klassifizierung eines Films durch einen Zuschauer läuft also ein Generalisierungsprozess ab, der Filme eines Genres sozusagen hinter einem bestimmten prototypischen Beispiel verschmelzen lässt, (und damit auch die Neigung erklärt, Filme eines Genres als ähnlicher wahrzunehmen, als sie, im Detail betrachtet, tatsächlich sind). Die Vorstellungen von Genrefilmen bzw. Systemen bilden in ihrer Struktur das assoziative, prototypisch geprägte mentale Netzwerk ab, dessen Teil sie wiederum selbst sind.

In der Auseinandersetzung mit Genres und ihrer affektiven Wirkung ist zu beobachten, dass die Grundannahme einer relativ «sortenreinen» Reaktion vorherrscht, zumal Unter-

---

der keine logisch rein formal einwandfrei konstruierbare Klasse von Filmen erstellen will, sondern Genres als historisch veränderliche Konstrukte ansieht, eingebunden in praktische kulturindustrielle und sozialpsychologische Zusammenhänge, und das Genresystem als einen Komplex begreift, der von einem «filmkulturell verankerten Genrebewusstsein» (Jörg Schweinitz: ««Genre› und lebendiges Genrebewußtsein – Geschichte eines Begriffs und Probleme seiner Konzeptualisierung in der Filmwissenschaft». In: *Montage AV* 3/2 1994, S. 99–118, hier S. 113) zusammengehalten wird, das erst im Zusammenspiel von Produktion und Rezeption eine kommunikative Orientierungsgröße bildet. Wie in der Auseinandersetzung mit dem Masala Film zu sehen ist, wird die Beschaffenheit der Genres als kulturelle Konstrukte, die auf einem geteilten Bewusstsein der Zuschauer (und Filmemacher) basieren, relevant, versucht man die Hintergründe der (emotionalen) Zugangsschwierigkeiten eines kulturfremden Rezipienten nachzuvollziehen.

27 Vgl. Schweinitz, ««Genre› und lebendiges Genrebewußtsein – Geschichte eines Begriffs und Probleme seiner Konzeptualisierung in der Filmwissenschaft», S. 110ff.

suchungen ihren Fokus zumeist auf die Wirkung einzelner Genres richten, etwa des Horrorfilms oder der Komödie.[28] Wie etwa Noël Carroll anhand des Horrorfilms, Melodrams und des Thrillers (*suspense*) argumentiert, ist die Rezeption eines Genrefilms geprägt durch die Stimulierung relativ spezifischer Emotionen.[29] Genrekonventionen und korrespondierende Zuschauererwartungen, und der Kreislauf aus Erwartung, Hypothesenbildung und Bestätigung dienen letztlich der Intensivierung eines durch spezifische Emotionstypen geprägten Involvements. Ohne dieser Argumentation generell widersprechen zu wollen, wird deutlich, dass der Masala Film in dieser Hinsicht Fragen aufwirft.

Genrehybride

Der interessanteste Aspekt der Anziehungskraft des Masala Films liegt zweifelsohne in dem ständigen Wechsel seiner affektiven Wirkung. Der Begriff des Spektakels greift all dies nur unzulänglich auf, der Masala Film kann nicht auf eine visuell überwältigende Nummernrevue reduziert werden, es geht vielmehr um das Gefühls-Erlebnis Kino in Reinform. Masala Filme sind in all ihren Komponenten auf maximale Intensität angelegt, in einer filmischen Logik des ständigen Wechsels zwischen Ebenen von Emotionsauslösern, kann sich das Reifenquietschen einer atemberaubenden Autoverfolgungsjagd abwechseln mit der Großaufnahme des weinenden Helden in der Familien-Versöhnungsszene, jede einzelne Emotion soll in größtmöglicher Wirkungsstärke erlebt werden. Wie greift man nun aber ein Genre, das scheinbar alles beinhalten muss, inhärent hybrid ist, und dem Filmemacher nicht nur die Möglichkeit bietet, sondern fast schon die Pflicht auferlegt, möglichst viele generische Versatzstücke zu kombinieren? Der entscheidende Punkt ist eben die angestrebte affektive Wirkung des Masala Films. Der Aspekt des Masalas bezeichnet mehr als die bloße Mischung unterschiedlicher filmischer Elemente, der emotionale Effekt dieser Kombination ist entscheidend, Masala Filme haben sozusagen das Wechselbad der Gefühle perfektioniert. Dies bezeichnet auch den (intendierten) Erwartungshorizont der Rezipienten, im Gegensatz zu der ‹eingeschränkten› emotionalen Erwartung des Sich-Gruselns oder des Gespannt-Seins, das den Rezipienten in einen Horrorfilm oder Thriller führt, will der Zuschauer eines Masala Films sinngemäß alles fühlen.[30]

---

28 Vgl. etwa Dirk Eitzen: «The Emotional Basis of Film Comedy». In: Carl Plantinga / Greg Smith (Hrsg.): *Passionate Views – Film, Cognition, and Emotion*. Baltimore/London 1999, S. 84–99.

29 Vgl. Noël Carroll: «Film, Emotion and Genre». In: Carl Plantinga / Greg Smith (Hrsg.): *Passionate Views – Film, Cognition, and Emotion*, S. 21–47, bes. S. 34ff.

30 In Bezug auf die *Ganzheitlichkeit* der Erwartungshaltung des indischen Publikums bezüglich eines Kinobesuchs sind die Unterschiede der Rezeptionspraktiken zu beachten. So kann man einer indischen Kinovorstellung die Intensivierung des Erlebens durch eine ‹aktive› Teilnahme der Zuschauer unterstellen. Mit-Singen, Mit-Tanzen, das lautstarke Kommentieren der Handlung, Anfeuern oder Ausbuhen von Figuren stellen gängige Praktiken dar, die sich von der westlichen Norm der Verhaltensweisen in der Sphäre des Kinobesuchs deutlich unterscheiden. Schilderungen indischer Kinovorstellungen finden sich etwa bei Uhl/Kumar, *Indischer Film – Eine Einführung*, S. 11–15 oder Wenner, «Das populäre Kino Indiens», S. 25. Vgl. zum Aspekt der *somatic empathy* im Rahmen der Filmrezeption auch Birr, «Put Your Hands Up And Sing… Cross-Cultural Film Reception and Fandom», S. 46.

Im Zuge der theoretischen Auseinandersetzung mit Genres sind Genrehybride durchaus untersucht worden, schließlich bietet der Hollywoodfilm ebenfalls zahlreiche Beispiele für Filme, die sich nicht präzise einem Genre zuordnen lassen.[31] Hier steht jedoch weniger die problematische Zuordnung eines einzelnen Films als die Erfassung eines inhärent hybriden Genres im Fokus. In diesem Zusammenhang sollen die Überlegungen von Ralf Kinder und Thomas Wieck aufgegriffen werden, die sich in ihrer Beschäftigung mit unterschiedlichen Genres auch deren Mischformen widmen und einige treffende Beobachtungen bezüglich der (idealen) emotionalen Wirkung eines genrehybriden Films machen,

> «Die Genrewechsel sind handlungsimmanent, die erzählten Situationen erzwingen je eine andere emotionale Steuerung und Beleuchtung und sollen beim Zuschauer andere, neue Emotionen hervorrufen. Diese neuen Emotionen aber, und das ist entscheidend, sollen die vorhergehenden nicht auslöschen. Ein «innerer Strom» der unterschiedlichsten Gefühle und emotionalen Bewertungen soll den Zuschauer erstaunen und verwundern [...] er soll die Kompliziertheit und die Komplexität seiner Gefühle staunend erkennen und genießen lernen. Dieses ideale, weil selbstbefreiend und selbstreflexiv wirkende Rezeptionserlebnis kann der Zuschauer aber wahrscheinlich nur haben, wenn er einen Film sieht, der souverän mit den Möglichkeiten des Systems spielt.»[32]

Mit dieser Beschreibung des Wechsels von einer Emotion zur nächsten, die den Genuss der eigenen affektiven Erfahrung, bis hin zur möglicherweise kathartischen Wirkung des intensiven emotionalen (Film-)Erlebnisses schildert, liefern die Autoren praktisch die Darstellung eines idealen Masala Films, ohne diese jedoch als solche zu verstehen. Stattdessen entsteht der Eindruck, dieser optimale Rezeptionsverlauf stelle eine rein theoretische Möglichkeit dar, die in der filmischen Praxis meist unerreicht bleibt. Denn bedauerlicherweise ziehen Kinder und Wieck in der Folge dieser Beschreibung nur negative Hollywoodbeispiele für genrehybride Filme heran und begreifen das Mischen von Genres in der Regel eher als Verlust an künstlerischer Qualität, (als ein Beispiel wird die technische Überfrachtung der Handlung in ENEMY OF THE STATE (STAATSFEIND NR.1, USA 1998) genannt), der von der Ideenlosigkeit der Filmemacher zeugt und lediglich die Verlegenheit ausdrückt, Plotmängel durch Spektakel übertönen zu müssen. Der Wechsel zwischen unterschiedlichen generischen Ebenen erfolgt laut Kinder und Wieck meist aus «erzählerischer Not». Die Notwendigkeit, emotional wirksame Techniken anderen Genres zu entlehnen, entsteht erst dadurch, dass dem «Mainplot der Atem ausgegangen ist»[33]. Als gelungenes Beispiel der Genremischung erkennen die Autoren höchstens Hitchcocks Entwicklung des Psychothrillers an, der erfolgreich das Melodrama mit dem Aspekt der Suspense verbindet.[34]

---

31 Vgl. neben den genannten genretheoretischen Beiträgen etwa Jörg Schweinitz: «Von Filmgenres, Hybridformen und goldenen Nägeln». In: Jan Sellmer / Hans J. Wulff (Hrsg.): *Film und Psychologie – nach der kognitiven Phase?*. Marburg 2002, S. 79–92 oder Claudia Liebrand / Ines Steiner: *Hollywood hybrid – Genre und Gender im zeitgenössischen Mainstream-Film*. Marburg 2004.

32 Ralf Kinder / Thomas Wieck: *Zum Schreien komisch, zum Heulen schön – Die Macht des Filmgenres*. Bergisch Gladbach 2001, S. 381.

33 Ebd.

34 Andere etablierte Beispiele für Genrehybridität in Hollywoodfilmen wären die Verbindung von Horror und selbstreflexivem Humor in der SCREAM Reihe, ebenso wie sämtliche romantische Subplots in Ac-

Letztlich «votieren» Kinder und Wieck also in qualitativer Hinsicht für «eine Konzentration der Emotionen im filmischen Erleben»[35], wobei unter Konzentration eine Intensivierung durch Ausschließlichkeit zu verstehen ist, nicht die Akkumulation verschiedener emotionaler Erlebnisse, wie sie dem Masala Film eigen ist.

Da nun aber, zugespitzt formuliert, ein Hollywoodfilm, der aus Einfallslosigkeit oder Attraktionsgier Versatzstücke aus Genres mischt, nicht automatisch zu einem Masala Film wird, bedarf es offenbar der genaueren Untersuchung dieses essenziell hybriden und dennoch eindeutig funktionalen Genres abseits solcher Werturteile. Die Anziehungskraft der Filme lässt sich erst dann erklären, wenn man ihren Hang zum Spektakel nicht als einen bloßen Mangel an Kontinuität oder womöglich das Ergebnis der Unfähigkeit ihrer Filmemacher auffasst, sondern als Teil einer anderen, nicht weniger intentionalen Wirkungsstrategie betrachtet. Dabei soll der Argumentation, dass Genres anhand ihrer spezifischen Wirkung klassifizierbar sind, gar nicht widersprochen werden. Wenn man davon ausgeht, das Masala Genre über seine spezifische affektive Resonanz greifbar machen zu können, stellt sich die Frage, mit welchen Ansätzen sich der Rezeptionsvorgang konkreter nachvollziehen lässt.

Rezeptionsschwierigkeiten und emotionale Orientierung im Film

Begreift man Genres als kulturell geprägte Kategorien, deren Konventionen in bestimmten Erzähltraditionen und Ästhetiken verhaftet sind, bestehen – neben den grundsätzlichen Aspekten wie etwa Aufmerksamkeit, Interesse und in gewissem Rahmen Sprachverständnis etc. – Voraussetzungen für eine ‹erfolgreiche› (hier verstanden als gemäß der von Produzentenseite intendierten) Rezeptionsleistung durch den Zuschauer. Im Rahmen einer zum Weltwissen gehörenden filmischen Sozialisierung verfügt der Rezipient über ein komplexes, assoziativ verknüpftes Vorwissen über frühere Filme, Star-Images, Regisseure und dergleichen, das den jeweiligen Erwartungshorizont prägt. Im Gegenzug kann das Fehlen einer vergleichbaren Vertrautheit mit den ‹Regeln des Spiels› erläutern, an welchen Stellen (insbesondere im Rahmen einer transkulturellen Rezeption) Brüche entstehen können. Die eingangs versuchte inhaltliche Wiedergabe diente demzufolge nicht der bloßen Paraphrase, vielmehr wurde in der Versprachlichung die verschlungene Erzählstruktur ebenso wie die abrupten generischen Wechsel innerhalb der Filme deutlich. Betrachtet man das Ausmaß, in dem die narrative Struktur der Filme geprägt ist von dramatischen Wendungen, unerwarteten Sprüngen und parallel verlaufenden Handlungssträngen (im Fall AMAR AKBAR ANTHONY auch noch um eine Vielzahl gleichwertiger Hauptfiguren zen-

---

tionfilmen etc., vgl. hierzu etwa David Bordwell: «Classical Hollywood Cinema: Narrational Principles and Procedures». In: Philip Rosen (Hrsg.): *Narrative, Apparatus, Ideology – A Film Theory Reader*. New York 1986, S. 17–34, hier S. 19. Interessant ist, dass Kinder und Wieck JAMES BOND als ein *Nicht-Genre* erwähnen, dessen revuehaft aneinandergereihte Genreversatzstücke ihre jeweilige (affektive) Eigenwirkung behalten und durch einen ironischen Kommentar verbunden sind, zur Gesamtwirkung der Filme dann aber kaum Aussagen machen.

35 Kinder/Wieck, *Zum Schreien komisch, zum Heulen schön – Die Macht des Filmgenres*, S. 382.

triert), erscheint es wahrscheinlich, dass die resultierende emotionale Struktur der Filme eine ähnliche Komplexität aufweist.

Geht man, wie etwa Carroll davon aus, dass affektive Reaktionen im Filmerleben «nicht durchgehend in gleicher Weise filmisch stimuliert werden, sondern punktuell ‚on a moment-to moment basis› [...] lassen sich Emotionen beim Gebrauch unterschiedlicher Genremuster im Verlauf eines Films auch in unterschiedliche Richtungen lenken.»[36] Hierin besteht sicherlich die direkteste Konsequenz der genrehybriden narrativen Struktur für die affektive Rezeption der Masala Filme. Der rapide, unmittelbare Wechsel zwischen einzelnen Emotionen lässt es sinnvoll erscheinen, das emotionale Erleben im Kontext der Zeitlichkeit der Filmrezeption zu betrachten und Zusammenhängen zwischen Dauer, Rhythmus und Intensität der einzelnen Emotionen und daraus entstehenden möglichen Ergänzungen und Kontrastwirkungen nachzugehen.

Der Mood-Cue Approach

Greg Smith' *mood-cue approach* stellt einen Ansatz dar, der die Zeitlichkeit der affektiven Filmrezeption betont.[37] In der Analyse der emotionalen Struktur eines Films unterscheidet Smith zwischen *moods* (Stimmungen) und *emotions*. Die Dauer der jeweiligen affektiven Phänomene ist entscheidend, Stimmungen stellen länger andauernde, weniger intensive affektive Zustände dar, die in Wechselwirkung mit verhältnismäßig kurzen, aber intensiven Emotionsepisoden stehen. So bereitet die jeweilige Stimmung den Rezipienten auf bestimmte Emotionen vor, prädispositioniert ihn sozusagen in eine bestimmte affektive Richtung, und wird gleichzeitig durch die Momente intensiver Emotionen bestärkt (bzw. in neue Bahnen gelenkt) wodurch der Prozess aufrecht erhalten wird.[38] Dabei verläuft die emotionale Orientierung des Zuschauers gerade im Genrefilm anhand wiederkehrender narrativer und ikonografischer Strukturen und Muster.[39]

Der Zuschauer verfügt über unterschiedliche prozedurale Skripts für Situationen im (Genre)film, ob es sich um den *shoot-out* am Ende des Westerns, Schwertkämpfe in asiatischen Kung-Fu Filmen, Autoverfolgungsjagden im Polit-Thriller, romantische erste Begegnungen im Liebesfilm oder um tränenreiche Versöhnungsszenen nach einem Familienzwist im Drama handelt. «These micro-scripts encourage the viewer to anticipate what will happen next narratively, stylistically and emotionally.»[40] Für die Entwicklung dieser Hypothesen bezüglich des Fortlaufs der Handlung, in dramaturgischer, stilistischer und emotio-

---

36   Knut Hickethier: «Genretheorie und Genreanalyse». In: Jürgen Felix (Hrsg.): *Moderne Film Theorie*. Mainz 2002, S. 62–103, hier S. 89.
37   Vgl. Greg Smith: *Film Structure and the Emotion System*. Cambridge 2003.
38   Vgl. ebd., S. 42ff.
39   Vgl. ebd., S. 48: «Genres are composed of narrative and iconographic patterns, but they also specify patterns of emotional address, providing the viewer with scripts to use in interpreting a genre film. [...] The most significant genre scripts with relation to emotion are not the broad expectations for the overall shape and form of a film, but genre micro-scripts, intertextual expectation sets for sequences and scenes.»
40   Ebd.

naler Hinsicht, sind laut Smith besonders die Filmanfänge von entscheidender Bedeutung. Die Anfangssequenzen eines Films arbeiten darauf hin, eine Stimmung zu etablieren, die als Basis der emotionalen Orientierung des Zuschauers dient. Im weiteren Verlauf des

4 Die Titelsequenz aus MAIN HOON NA.

Films wird der Rezipient dann in der Regel die Hinweisreize aufnehmen, die mit der etablierten Stimmung in Einklang stehen, wodurch die emotionale Wirkung des Films kontinuierlich aufrechterhalten und intensiviert wird.[41] Ruft man sich den eingangs geschilderten Prolog von AMAR AKBAR ANTHONY in Erinnerung, bestätigt sich die Annahme einer Phase dichtester Informationsvergabe zu Beginn des Films, versucht man jedoch zu beschreiben, welche durchgehende Stimmung evoziert werden soll, zeigen sich schon allein aufgrund der Vielzahl dramatischer Wendungen deutliche Schwierigkeiten. Es kommt kaum zu redundantem *emotive cuing*, dazu sind die Wechsel der affektiven Ebenen zu extrem.

Wie gestaltet sich die Situation im zweiten Beispiel? Betrachtet man die Gestaltung der Anfangssequenz in MAIN HOON NA entsteht durchaus ein (zunächst) kongruenter Genreeindruck. Bereits die Titelsequenzen sind sehr einheitlich gestaltet. Die vorherrschenden Farbtöne sind kühl, die Schriftzüge tauchen aus graublauen Nebelschwaden auf. Eine Frauenstimme in hoher Tonlage singt ein dramatisches musikalisches Motiv, welches mit dem Erscheinen des Titels (die Lettern sind in einer Metalloptik gestaltet und von weißen Lichtblitzen begleitet (Abb. 4) von einem militärisch schnellen Techno-Beat überlagert wird. Der maschinenähnliche, Schlagzeug-lastige Rhythmus erinnert entfernt an Schüsse. Der erste Schnitt erfolgt direkt in ein modernes TV-Studio, ebenfalls in Blautönen gehalten. Glasfronten und Videobildschirme sind zu sehen. Während hektische Mitarbeiter den Start einer Sendung vorbereiten, weist der Moderator energisch einen Redakteur zurecht. Ein Kommando der indischen Armee unter der Führung Shekhar Sharmas betritt das Studio, um die Umgebung für den Auftritt des Oberkommandeurs abzusichern. Die Männer sind schwer bewaffnet, tragen schusssichere Westen und beziehen mit militärischer Effizienz ihre Posten, während der Moderator vor den Kameras General Bakshi ankündigt und in das (politisch kontroverse) Thema der Sendung, Projekt Milaap, einführt. Der Zuschauer erkennt die verschiedenen Hinweisreize aus Mise-en-Scène, Tongestaltung und dergleichen, die konstant auf eine bestimmte (Genre-) Umgebung hindeuten. Smith spricht hier von «Genre-signposts»[42], die prototypische Skripts für bestimmte narrative Situationen aktivieren. Im Falle MAIN HOON NA führen die Signale zunächst recht eindeutig zu der Hypothese, einen Actionfilm oder politischen Thriller zu sehen (Abb. 5–7).

---

41 Greg Smith: «Local Emotions, Global Moods, and Film Structure». In: Plantinga/Smith: *Passionate Views – Film, Cognition, and Emotion*, S. 103–126, S. 120ff. Vgl. auch Carrolls Verständnis des «criterially prefocused films», im selben Band in Carroll, «Film, Emotion and Genre», S. 30ff.
42 Smith, *Film Structure and the Emotion System*, S. 48.

5 Soldaten marschieren im Fernsehstudio ein.

6 Die Terroristen übernehmen die Kontrolle.

7 Sharma offenbart seinem Sohn auf dem Sterbebett die Wahrheit.

Während der General spricht, übernehmen Terroristen das Studio. In kurzer Folge werden mehrere Wachen erschossen. In Großaufnahme sieht man die Einschüsse und das spritzende Blut. Von Schüssen getroffene Soldaten werden in extremer Zeitlupe durch Wände geschleudert, die Zuschauer im Studio fliehen panisch. Die Schnittfrequenz steigert sich kontinuierlich, auch der Rhythmus der Musik beschleunigt sich, passt sich dem Maschinengewehrfeuer an. Der Einmarsch des maskierten Terroristen Raghvan wird ebenfalls in Zeitlupe gezeigt, von einem Rockmusik Motiv begleitet. Die anschließende Einführung des Helden bestätigt die bisherigen Genrevermutungen des Rezipienten zusätzlich. Nachdem sich Major Ram der direkten Anweisung, auf die nahende Verstärkung zu warten, widersetzt hat, schaltet er im Alleingang zahlreiche Terroristen aus. Von einem Glassplitterregen begleitet, stürzt er, seine Waffe im Anschlag, durch die Decke des Studios und erschießt noch im Flug nacheinander mehrere Angreifer. Mit der Verwundung Shekhar Sharmas entwickelt sich die Handlung allerdings in eine der bisherigen Hypothese widersprechenden Richtung. Der Zuschauer erfährt erst in diesem Moment, dass Sharma Rams Vater ist. Eine unmittelbar anschließende achronologische Montagesequenz wechselt zwischen der Verbrennungszeremonie für den verstorbenen Sharma und seiner dramatischen Offenbarung gegenüber Ram (im Krankenwagen und auf dem Sterbebett) hin und her (Abb. 8). In einer Rückblende wird geschildert, wie Ram zur Familie stieß und dass Shar-

8 Das erste Treffen von Vater und Sohn in der Rückblende.

mas Frau ihren Ehemann daraufhin mit dem gemeinsamen Sohn verließ, da sie ihm die Untreue nicht verzeihen konnte. Der Held wandelt sich vom toughen Soldaten zu einem trauernden, gehorsamen Sohn, der seine vermeintliche Schuld am Zerwürfnis der Familie erkennt und schwört, diese wieder zu vereinen. Die melodramatische Ebene wird zudem noch um einen zusätzlichen Handlungsstrang erweitert, denn General Bakshi erteilt Major Ram nicht nur einen neuen Auftrag, er schildert auch ausführlich den Konflikt zwischen ihm selbst und seiner Tochter. Über eine ausgedehnte Song-and-Dance-Sequenz werden im Anschluss unvermittelt der neue Handlungsort des Colleges und die Figur Sanjanas eingeführt. Die Terroristen aus der Anfangssequenz treten erst nach 45 Minuten wieder in Erscheinung.

Es wird deutlich, dass die Anfangssequenzen als Basis einer emotionalen Orientierung des Zuschauers irreführend sind. Die Hypothesen über den Handlungsverlauf und die zu erwartenden emotionalen *cues* erweisen sich mit jedem erneuten generischen Wechsel als trügerisch. Sicherlich besteht in diesem Spiel mit der Überraschung des Zuschauers auch ein angestrebter Effekt, man muss allerdings berücksichtigen, dass die Erwartungshaltung des indischen Publikums mit hoher Wahrscheinlichkeit anders filmisch vorgeprägt ist. Zum einen existieren durch mediale Berichterstattung und Werbung ausführlichere Paratexte im Vorfeld des eigentlichen Films, zum anderen ist das indische Publikum (ebenso wie europäische oder amerikanische Fans) durch vorige Filmerfahrungen in größerem Maße mit den Machern und Stars des Films vertraut. Mit Farah Khan[43] als Regisseurin und Shah Rukh Khan als Hauptdarsteller werden in der Regel keine Actionfilme assoziiert, so dass die Rezipienten angesichts des Einstieges in die Handlung gewissermaßen emotional ‹vorgewarnt› sind. Die Vertrautheit mit den Prinzipien des Masala Genres ist in diesem Zusammenhang von Bedeutung, da sie dazu beiträgt, die generischen Wechsel nicht als Irritationsmomente oder gar unlösbare Brüche der Kausalzusammenhänge zu empfinden. Nähmen die wahrgenommenen Unstimmigkeiten einen zu großen Raum ein, würde ein empathisches Erleben des Films so gestört, dass durch die einsetzende Distanz des Zuschauers zum Geschehen allenfalls noch (ungewollt) komische Effekte entstehen oder aber das Interesse des Rezipienten vollends erlischt.

---

43 Main Hoon Na stellte Farah Khans erste eigene Regiearbeit dar, insofern konnte man dem Publikum keine ausgeprägte Erwartungshaltung bezüglich eines bestimmten Stils unterstellen, in ihrer sehr erfolgreichen Arbeit als Choreografin hatte sich Farah Khan allerdings als äußerst vielseitig und kreativ bewiesen. Berücksichtigt man, dass dem Choreographen in der indischen Filmproduktion meist die alleinige künstlerische Leitung in der Inszenierung der Song-and-Dance-Sequences obliegt, war Farah Khan im Regiefach sozusagen bereits in Erscheinung getreten.

Möglichkeiten des Masalas

Die verschiedenen generischen Handlungselemente sind dabei durch audiovisuelle Marker recht deutlich von einander abgegrenzt. Unterschiedliche musikalische Motive und Veränderungen der Farbgestaltung verdeutlichen die jeweilige Ebene. So werden die Terroristen von einem Rockmusik Soundtrack begleitet, während den verschiedenen Familienbeziehungen ein sanftes Geigenmotiv (Main Hoon Na) zugeordnet ist. Der Einsatz der Farbwerte markiert den generischen Wechsel besonders deutlich. Blau und dunkles Grün bestimmen die Ausleuchtung der Terroristen-Szenen, im Gegensatz zu den warmen, erdigen Farbtönen des Familienwohnhauses und den bunten, fröhlichen Neon-Farbwerten der College Szenen. Es geht aber weniger um das kontrastive Spiel mit unterschiedlichen generischen Elementen, der Wechsel wird nicht an einigen wenigen Stellen bewusst zum Erzeugen eines Überraschungseffekts eingesetzt oder als Mittel einer bewusst unzuverlässigen Erzählung verstanden (wie es in modernen Hollywoodfilmen, wie etwa Memento (USA 2000) oder Adaptation (Adaption, USA 2002), seit einiger Zeit zu beobachten ist) vielmehr ist der Wechsel inhärent in der Struktur des Genres eingeschrieben und passiert fortwährend. Die einzelnen *micro-scripts* werden im Masala dabei durchaus befolgt, eine Autoverfolgungsjagd entspricht in Ablauf und visueller Inszenierung in etwa auch den Erwartungen eines durch westliche Darstellungsprinzipien geprägten Rezipienten. Die Irritation entsteht erst dadurch, dass die aus der Szene resultierende Erwartungshaltung nicht erfüllt wird. Ob im Anschluss an die Verfolgungsjagd in ein polizeiliches Verhörzimmer geschnitten wird, oder in den Klassenraum eines Colleges ist nicht mit eindeutiger Sicherheit vorauszusagen. Dabei werden im Masala Film nicht, wie Smith für den Hollywoodfilm am Beispiel Ghost Busters (USA 1984) erläutert, widersprüchliche *micro-scripts* innerhalb einzelner Sequenzen gemischt, und so z. B. gleichzeitig auf Horror und Komödie verwiesen.[44] Im emotionalen Mischungsverhältnis solcher «genre blends»[45] ist laut Smith in der Regel nach einiger Zeit eine Hierarchie der Genreanteile erkennbar. Um eine kongruente Stimmung zu erzeugen, bleibt eine generische Ebene dominant und wird durch andere Elemente ergänzt. Im Masala Film stehen die verschiedenen Genre Elemente vielmehr gleichwertig nebeneinander. Die Mischung ergibt sich sozusagen erst in der Retrospektive.

Es muss betont werden, dass es im Masala Film nicht um den intendierten, bewusst eingesetzten Bruch mit Genrekonventionen geht, wie er z.B. im Arthouse-Kino mit dem Ziel der Verfremdung eingesetzt werden kann. Die Kombination der verschiedenen Versatzstücke dient nicht der abstrakten filmischen Selbstreflexion, die einen Distanzeffekt braucht, es geht zweifelsohne um die maximale Auswertung verschiedener Schauwerte. Dies bedeutet aber nicht, dass die Möglichkeiten des «Spiels» nicht andere Wirkungsebenen eröffnen, die das Vehikel des Masala Films reizvoll für Filmemacher und Zuschauer machen. So lassen sich in Main Hoon Na Momente der ironischen Brechung aufzeigen, ein Element, das sich auch in späteren Arbeiten Farah Khans findet.[46] Die Übernahme einzelner Effekte des Holly-

---

44 Vgl. Smith, *Film Structure and the Emotion System*, S. 49ff.
45 Edb., S. 49.
46 Auch Farah Khans aktuellster Film, Om Shanti Om (2007), enthält viele Beispiele dieses selbstreflexiven Spiels mit filmhistorischen Anspielungen und dergleichen. Unter anderem werden Filmausschnitte

woodkinos wird dabei bis zur Parodie übertrieben. MAIN HOON NA zitiert dabei aus Hollywoodfilmen ebenso wie aus dem reichen Fundus des populären indischen Films, neben Dialogzeilen und musikalischen Zitaten aus SHOLAY (Indien 1975) zeigt besonders die Übernahme des erstmals in den Filmen der MATRIX Trilogie (USA, Australia 1999, 2003) eingesetzten *bullet-time* Effekts (bei dem die Kamera scheinbar in Normalgeschwindigkeit um ein Objekt in extremer *slow motion* kreist) in MAIN HOON NA besonders deutlich parodistische Züge. So wird der Effekt zunächst in komischer Manier umgesetzt, als Ram nicht Kugeln ausweicht, sondern der Spucke eines ihn anbrüllenden Lehrers und durch die anschließende Häufung des Effekts schlägt die Wirkung

9–11 Der Bullet-Time Effekt aus MATRIX in der Parodie.

endgültig ins ironisch Überhöhte um (so wird der Effekt in rasch aufeinanderfolgenden Szenen noch zweimal eingesetzt). Das Zitat wird dabei für alle Publikumsschichten als solches erkennbar. Um sicherzugehen, dass nicht nur ein urbanes Mittelschichtpublikum oder Diaspora-Gemeinden, die MATRIX wirklich gesehen haben, die Verbindung herstellen, sondern auch ein Publikum, das mit dem Hollywood-Ursprung vielleicht nicht vertraut ist, wird der Hintergrund des Effekts zusätzlich durch die konkrete Nachfrage einer Figur («Hey, this was in the ‹Matrick›?» – «You mean The Matrix?») verbalisiert. Es wird deutlich, dass die modernen Hindi-Filme in der Umsetzung der Ästhetik Hollywoods nicht nur den Anspruch verfolgen, technische Standards halten zu können, sondern durch die gleichzeitige Umformung der Übernahmen auf ironische und selbstreferenzielle Art und Weise mit den vermeintlichen Vorgaben umgehen. Das (indische) Publikum erkennt nicht nur den Effekt, sondern auch das bewusste Spiel mit Hollywoods Stilmitteln[47] (Abb. 9–11).

---

aus Hindi-Film Klassikern in die Handlung eingebettet und eine Tanzszene mit 31 Stars der Industrie inszeniert. Vgl. Birr, «Put Your Hands Up And Sing... Cross-Cultural Film Reception and Fandom».

47 In diesem Zusammenhang bieten Homi K. Bhabhas Arbeiten zu Aspekten der *kulturellen Mimikry* (zitiert aus Dudrah, *Bollywood: Sociology Goes to the Movies*, S. 143ff.) einen möglichen Erklärungsansatz: «The conventions of mimicry, coupled in this instance with humour, serve to *illustrate and*

Zweierlei ist in der bisherigen Betrachtung ersichtlich geworden, zum einen kann die Ursache einer erfolgreichen oder fehlschlagenden Rezeption des Masala Films in der Konzeption seiner emotionalen Struktur begründet liegen. Der Rezipient eines Masala Films ist mit einem Nebeneinander der Emotionen konfrontiert, das ein gewisses Maß an Gewöhnung bzw. filmischer Sozialisierung voraussetzt. Dabei liegt in den Tücken der kulturfremden Rezeption (Irritationsmomente durch Erzählstruktur und Wirkungsintention), zugleich erhebliches Attraktionspotenzial und Anziehungskraft für den (kompetenten) Zuschauer – der narrationsbezogene Spannungseffekt darüber, was als nächstes passieren möge, die eigene Überraschung und auch Bewertungsprozesse darüber, wie gut es gelungen ist, die erstaunliche Handlung zum Abschluß zu führen. Zum zweiten scheint der *mood* Gedanke im Masala Film als Konzeption eines länger andauernden, weniger intensiven affektiven Zustands des Rezipienten nicht aufrecht zu erhalten sein. Es erscheint plausibel, dass die Anziehungskraft genau in der Tatsache liegt, dass keine kongruente Stimmung erzeugt wird, stattdessen aber die Möglichkeit besteht, eine Bandbreite verschiedener, nicht ‹artverwandter› Emotionen zu durchleben. Um dieser kennzeichnenden Hybridität der emotionalen Struktur des Masala Films näher zu kommen, soll deshalb zum Abschluss ein traditionelles indisches Konzept der Kunsttheorie aufgegriffen werden, das die Spezifik des Masalas in seiner kulturellen Kunsthistorie verortet und Erläuterungen für Grundprinzipien der affektiven Gestaltung bieten kann.

Die *rasa*-Theorie und die Harmonie der wechselnden Emotionen

> «We make films which provide wholesome entertainment and films that are made from the heart. Indians are open with their emotions and we express a range of them in every film.»
> *Yash Chopra, Regisseur*[48]

Die in Bharatas *Nāṭyaśāstra* begründete *rasa*-Lehre ist Ausgangspunkt einer Theorie der Kunsterfahrung, die den direkten Zusammenhang von Ästhetik und Emotionen thematisiert.[49] Ursprünglich bezogen sich die Überlegungen nur auf die Wirkung des klassischen

---

 dismantle textual power relations as one way from Hollywood to Bollywood, or from West to East, and allow audiences a space in which to marvel and mock at the characters and themselves as a simultaneous and double articulation», S. 147 (m. Hervorhebung).

48 Vorwort zu Claus Tieber: *Passages to Bollywood – Einführung in den Hindi-Film*. Wien/Berlin 2007, S. 7 (m. Hervorhebung).

49 Zur *rasa*-Theorie vgl. den Sammelband von Vaman Mahadeo Kulkarni (Hrsg.): *Some Aspects of the Rasa Theory*. Neu Delhi 1986; José Luiz Martinez: *Semiosis in Hindustani Music*. Imatra 1997, S. 195ff.; Hari Ram Mishra: *The Theory of Rasa in Sanskrit Drama – with a Comparative Study of General Dramatic Literature*. Chhatarpur 1964. Dabei geht es hier weniger darum, eine kunsthistorische Untersuchung der Verlagerung und Entwicklung einzelner Merkmale durchzuführen oder Industrie und Filmemachern zu unterstellen, sie richteten sich in ihrer Arbeit bewusst und ausschließlich seit Jahrhunderten alten Darstellungstraditionen. Vielmehr soll anhand der Übereinstimmungen zu Beispielen aus den indischen literarischen und performativen Künsten und über Rückgriffe auf traditionelle Regelwerke

Sanskrit Theaters, später sind sie auf Poesie und andere Kunstformen übertragen worden.[50] Die Theorie des *rasa* nimmt in der klassischen indischen Kunstphilosophie einen herausragenden Stellenwert ein und kann in diesem Rahmen nicht in ihrer ganzen Komplexität wiedergegeben werden. Es sollen lediglich zwei Aspekte herausgegriffen werden, die für die Beschreibung der emotionalen Struktur des Masala Films von Interesse sind, zum einen die Schichtung der Emotionsauslöser über verschiedene Ebenen, zum anderen die Harmonie des Wechselspiels unterschiedlicher Emotionen. Die zentrale Bedeutung der Emotionen im Sanskrit Theater ist im *Nāṭyaśāstra* dezidiert beschrieben:

> «According to Bharata, portrayal of the emotions of various characters is the main business of a play. A drama necessarily deals with the emotional ups and downs and emotional conflict in the minds of various characters. For many of the thoughts and most of the actions of human beings are prompted directly and indirectly by some emotion or the other in their minds.»[51]

Bharata führt in seiner Poetik des Theaters die Grundlage der Emotionserzeugung auf die Standardisierung der verwendeten Techniken zurück[52]. Durch festgelegte Gesichtsausdrücke und Gesten sollte die affektive Resonanz im Zuschauer erzeugt werden. «‹Generalization› – of character, of event, of response – is thus the key to understanding the continuing Indian esthetic.»[53] So listet das *Nāṭyaśāstra* eine Reihe von Basisemotionen auf, denen jeweils ein verschiedenes *rasa* zugeordnet ist. Bharata spricht zunächst von acht *rasa*, später wurde das *shanta rasa* als Neuntes ergänzt. (Die Einteilung der Emotionen ist komplex, Bharata spricht von acht dauerhaften, 33 vergänglichen und zusätzlichen transitorischen Emotionen, die zueinander in komplexen Wechselwirkungen stehen.) Amrit Gangar gibt folgende Auflistung des Navarasa (der neun rasa)[54]: Sringana (der Eros), Hasya (das Komische), Rudra (der Zorn), Karuna (der Kummer), Veera (das Heroische), Adbhuta (das Stau-

---

und Theorien ein kulturell verankertes Verständnis aufgezeigt werden, das die Herausprägung einer anders akzentuierten filmischen Bildsprache beeinflusst hat.

50 Schon allein aus pragmatischen Gründen muss die Beschäftigung mit der *rasa*-Lehre im Rahmen dieses Beitrags in gewissem Maße relativiert werden. Die Theorie geht zurück auf einen Sanskrit Text (und kann im Original nicht Grundlage der Arbeit sein), die Ausführungen beziehen sich auf interpretierende Arbeiten, die wiederum zum Teil aus dem Hindi ins Englische übersetzt wurden. Die Problematik kann nicht umgangen werden und nur im Versuch möglichst differenzierter Verwendung der Begriffe münden. Zu den Prozessen der korrupten Überlieferung des Ursprungstextes durch spätere Ergänzungen und Kommentare und dergleichen vgl. Martinez, *Semiosis in Hindustani Music*, S. 209.

51 M.V. Patwardhan: «Germs of the Later Rasa Doctrine in Bharata's Natyaśastra». In: Kulkarni, *Some Aspects of the Rasa Theory*, S. 6.

52 Vgl. Lalita Pandit: «Von der Verzweiflung zum Staunen: Szenen der Transzendenz im indischen Kino». Übersetzt von Kathrin Fahlenbrach und Maike Reinerth. In: Anne Bartsch et al. (Hrsg.): *Audiovisuelle Emotionen – Emotionsdarstellung und Emotionsvermittlung durch audiovisuelle Medienangebote.* Köln 2007, S. 382–401, hier S. 184f.

53 Dwyer, *All You Want Is Money, All You Need Is Love – Sexuality and Romance in Modern India*, S. 30. Vgl. zum Begriff der *sadharanikarana*, (generalisation/universalisation) auch Patwardhan, «Germs of the Later Rasa Doctrine in Bharata's Natyaśastra», S. 7 und den Beitrag von R.B. Patankar: «Does the Rasa Theory Have Any Modern Relevance?» im selben Band, S. 110–120.

54 Vgl. Amrit Gangar: «Mythos, Metapher, Masala – Kulturgeschichtliche Aspekte des Bollywood Films». In: Schneider, *Bollywood – Das Indische Kino und die Schweiz*, S. 40–53, hier S. 49.

nen), Bibhatsa (der Ekel), Bhaya (die Furcht) und Shanta (der innere Frieden). Zu Bharas Katalogisierung und Standardisierung stilistischer Elemente (Gestik, Mimik, Intonation etc.) fügte später der Theoretiker Abhinavagupta, dessen Kommentare und Arbeiten einen der bedeutendsten Beiträge zur *rasa*-Theorie darstellen, weitere kognitive und psychologische Komponenten hinzu.[55] Das Verhältnis zwischen Alltagsemotionen und filmisch (bzw. medial) erzeugten Emotionen ist von zentraler Bedeutung. So ist *rasa* als ästhetische Empfindung zu verstehen, die jeweils einer konkreten realweltlichen Emotion zugeordnet ist, mit der sie aber nicht identisch ist. (Diese strikte Unterscheidung geht in großem Maße auf Abhinavagupta zurück, das Verhältnis von *bhava* zu *rasa* stellt allerdings einen strittigen Punkt der *rasa*-Theorie dar.)[56] *Bhava* bezeichnet die reale Emotion des Drehbuchautors, Schauspielers oder Betrachters (und auch die Gefühle der dargestellten Figuren), *rasa* die korrespondierende ästhetische Emotion des Autors, Schauspielers, Zuschauers.[57]

Von Bedeutung in Bezug auf die Beschäftigung mit dem Masala Film ist zunächst einmal die Tatsache, dass das *Nāṭyaśāstra* die verschiedenen Ebenen der Emotionsauslöser betont. So sind die Emotionen in der Standardisierung der Techniken durch alle Aspekte der Inszenierung auszulösen, was sich auf die filmische Affektlenkung übertragen lässt. Lalita Pandit stellt zum Beispiel in der Untersuchung der filmischen Erzeugung des *shanta rasa* fest, dass sensorische Informationen aus mise-en-scène, Farben, Klang, Gesten und dergleichen gemeinsam mit kognitiven *appraisals*, also hauptsächlich handlungsbezogenen Bewertungen, zum Entstehen der ästhetischen Emotion (in diesem Fall des Zustands der inneren Ruhe) beitragen.[58] Keijo Virtanen, der das *rasa*-Konzept im Vergleich zu Aristoteles' Überlegungen zur Katharsis untersucht, bestätigt die Relevanz der

---

55 Vgl. Pandit, «Von der Verzweiflung zum Staunen: Szenen der Transzendenz im indischen Kino», S. 385. Auf das Konzept des *dhvani*, der verbalen und non-verbalen Suggestion, wird an dieser Stelle nicht weiter eingegangen, da es nicht in unmittelbarem Zusammenhang mit dem Erkenntnisinteresse der Ausführungen steht.

56 Die Definition des *rasa* ist kontrovers diskutiert worden, da der überlieferte Sanskrittext teilweise ungenaue Begriffsverwendungen aufweist, wie etwa Richmond anmerkt: «At one point in the *Natyaśasta*, the emotions and sentiments seem to refer to the same thing. Indeed, it is somewhat difficult to distinguish between them.» (Farley P. Richmond: «Characteristics of Sanskrit Theatre and Drama». In: Richmond et al. (Hrsg.): *Indian Theatre – Traditions and Performance.* Honolulu 1990, S. 33–85, hier S. 82). Der ontologische Status des *rasa* als ‹weltlich› oder sui generis (*alaukika*, ‹außer-weltlich›) stand im Zentrum der kunstphilosophischen Diskussion zwischen unterschiedlichen theoretischen Schulen. Vgl. dazu Kulkarni, *Some Aspects of the Rasa Theory*, S. 28–42, der Abhinavaguptas Position nachvollzieht und T.S. Nandi: «The Worldly Nature of Rasa». S. 43–53, der die gegnerische Argumentation schildert (beide Beiträge in *Some Aspects of the Rasa Theory*). Auch Martinez (*Semiosis in Hindustani Music*, S. 210 f.) stellt die Positionen der unterschiedlichen Theoretiker und die argumentative Entwicklung ihrer jeweiligen Ansätze dar.

57 Vgl. Pandit, «Von der Verzweiflung zum Staunen: Szenen der Transzendenz im indischen Kino», S. 385. Patrick Hogan unterscheidet hier begrifflich zwischen *bhava* als *emotion* und *rasa* als *sentiment*. Vgl. *The Mind and Its Stories – Narrative Universals and Human Emotion.* Cambridge 2003, S. 47 ff. Vgl. auch Patwardhan, «Germs of the Later Rasa Doctrine in Bharata's Natyaśastra», S. 6. Auch das Konzept des *bhava* ist komplex aufgeschlüsselt, so werden die Determinanten bzw. Ursachen einer Emotion als *vibhava*, ihre Konsequenzen als *anubhava* und transitorische Zustande als *vyabhicaribhavas* bezeichnet. Erst in der Interaktion der drei Elemente entsteht die andauernde Emotion, *stayibhava*. Die Komplexität des Konzepts kann hier ebenfalls nur vereinfacht wiedergegeben werden.

58 Vgl. Pandit, «Von der Verzweiflung zum Staunen: Szenen der Transzendenz im indischen Kino», S. 383.

unterschiedlichen Wirkungsebenen. «Rasa is not limited to just one genre (as katharsis is to tragedy), but is valid for all genres of literature. According to Aristotle the success of katharsis is strictly connected with the plot-structure of a play: whereas rasa is not limited just to the plot, but depends on all elements of the play.»[59] Der Anspruch, die (filmische) Emotionserzeugung stärker losgelöst von narrativen Strukturen zu betrachten und Elementen der artefaktischen Ebene eine gleichwertige Rolle zuzusprechen, kann in der Berücksichtigung der *rasa*-Theorie also erfüllt werden. Die Funktionen der erzeugten affektiven Resonanz im Rezipienten, also des empfundenen *rasa*, geht über die Unterstützung narrativer Informationsvermittlung hinaus, vielmehr stellt ihre Erzeugung (im multimedialen Ereignis des Sanskrit Theaters, das Dichtung, Musik, Tanz und Schauspiel zu einem Gesamtkunstwerk integriert, ebenso wie im modernen Kinofilm), das entscheidende Integrationsmoment dar.

> «It is precisely the idea of rasa that promotes this integration. The quality of feelings in a play perfuses all its elements, and finally leads to the goal, which receptive and learned spectators experience in their minds [...] an awareness that rises above the circumstances that awakened it [...] and generalizes the individual emotional states of the spectators.»[60]

Reddy versteht *rasa* in diesem Zusammenhang als Ausdruck sozialer Konstruktionen, da sie in kollektiven Performanzsituationen entstehen, und sich das Erleben des *rasa* weniger auf die individuellen Gefühle des Einzelnen bezieht. Sie entstammen vielmehr einem generalisierten System, das durch geordnete, standardisierte Auslöser überindividuelle affektive Reaktionen hervorruft. «The feelings of an individual are based on personal, accidental, incommunicable experience. Only when they are ordered, depersonalized and rendered communicable by prescriptions do they participate in rasa.»[61] Bereits Abhinavagupta bemerkte diesbezüglich, dass die Kollektivität der Rezeptionssituation ein entscheidendes Intensivierungselement des emotionalen Erlebnisses darstellt, wie Patwardhan anmerkt, «[t]he consciousness that several other people are having the same aesthetic experience heightens the intensity of that experience.»[62]

Das *rasa*-Konzept liefert darüber hinaus die Möglichkeit, das nötige Zusammenspiel unterschiedlicher Emotionen zu begründen. «The performance is intended to lift the spectator out of his or her ordinary, particular feelings [...] and into the realm of rasa. By identifying with the characters, and feeling emotions inspired by their actions and the twists of the plot, spectators come to feel a dominant rasa.»[63] Ein Kunstwerk soll ein dominantes *rasa* haben, dieses wird allerdings, ob über Ergänzung oder Kontrastwirkung, konstant von anderen *rasa* beeinflusst, erst durch ihre harmonischen Wechselwirkung entsteht die intendierte emotionale Reaktion, dezidiert angelegt in der spezifischen Struktur

---

59 Keijo Virtanen: *The Concept of Purification in the Greek and Indian Theories of Drama.* Jyväskylän 1988, S. 27, vgl. auch Gangar, «Mythos, Metapher, Masala – Kulturgeschichtliche Aspekte des Bollywood Films», S. 49.
60 Martinez, *Semiosis in Hindustani Music*, S. 197.
61 William M. Reddy: *The Navigation of Feeling.* Cambridge 2001, S. 57.
62 Patwardhan, «Germs of the Later Rasa Doctrine in Bharata's Natyaśastra», S. 8.
63 Reddy, *The Navigation of Feeling*, S. 57.

des Theaterstücks oder Films.[64] Das Zusammenspiel der *rasa* (die wörtlich etwa mit «Saft» oder «Geschmack» übersetzt werden können) ist von Bharata mit der Zubereitung eines Mahls verglichen worden.[65] Die Analogie der Inszenierung unterschiedlicher *rasa* mit der Komposition unterschiedlicher Ingredienzen und Geschmäcke, greift Keijo Virtanen auf,

> «as the preparing of food starts from raw materials and spices which are treated and combined, analogously, the work of art arouses and deals with different emotions which are moving, varying, joining larger feelings, and uniting into one. The final outcome of both processes is the combination of different and contrary ingredients (e.g. the sour and the sweet, the disgusting and the pleasurable) into an inseparable unity, the taste of food and the sentiment pervading the work of art in their totality.»[66]

Auch Richmond greift auf das Bild eines Menüs der *haute cuisine* zurück, um die Wechselwirkung zweier Aspekte der ästhetischen Erfahrung zu beschreiben, zum einen das Gericht an sich, zum anderen der Kontext, in dem es serviert wird. Die unterschiedlichen Gänge werden dabei bewusst ausgewählt, um Kontraste und Ergänzungen zu schaffen, jeder einzelne Gang wird dabei sorgfältig und regelkonform zubereitet und zusätzlich ansprechend angerichtet. Die Gesamtheit der Erfahrung entsteht allerdings erst im Zusammenspiel mit Zeit und Ort der jeweiligen Umgebung, in der sich der Gast befindet. «All these conspire to influence the outcome of the gastronomical event.»[67] Dudrah hat den impliziten Zusammenhang von ästhetischer und gleichzeitig körperlicher *Genusserfahrung* auf folgende Beobachtung zugespitzt: «As many critics have noted before, Bharat-munia's sixth century *Natya shashtra* provides South Asians with a ready matrix with which to experience not only Bollywood but a good samosa as well.»[68]

Besonders in der Hervorhebung der ästhetische Erfahrung nicht nur als intellektuell, sondern emotional ansprechend, steht die *rasa*-Theorie also im deutlichen Gegensatz

> «zu einer rein kognitiven Betrachtung der Dichtung (und aller anderen Künste), die die emotionalen Aspekte ausschließt. Der Rasa-Theorie zufolge hebt die Dichtung unsere Erfahrungen – auch profane oder auf Fakten beruhende – auf eine höhere Ebene, eine Art emotionaler Einsicht. [...] zielt mit anderen Worten weniger auf bloße Erkenntnis ab als vielmehr auf ein Beschwören von Emotionen. Für Sanskrit-Kenner ist Kunst weniger ein Medium zur Vermittlung metaphysischer Visionen als vielmehr ein Gegenstand der Erbauung. Die ästhetische Erfahrung ist einfach die Freude, ein Kunstwerk wahrzunehmen; das Lustprinzip ist ein integraler Bestandteil der ästhetischen Kontemplation.»[69]

---

64 Vgl. Richmond, «Characteristics of Sanskrit Theatre and Drama», S. 81. Hogan gibt ein Beispiel dafür, wie sich *erotic* und *pathetic rasas* ergänzen können, vgl. *The Mind and Its Stories – Narrative Universals and Human Emotion*, S. 47.
65 Übersetzung von Gangar, «Mythos, Metapher, Masala – Kulturgeschichtliche Aspekte des Bollywood Films», S. 49. Vgl. auch Patwardhan, «Germs of the Later Rasa Doctrine in Bharata's Natyaśastra», S. 8.
66 Virtanen, *The Concept of Purification in the Greek and Indian Theories of Drama*, S. 18.
67 Richmond, «Characteristics of Sanskrit Theatre and Drama», S. 80.
68 Dudrah, *Bollywood: Sociology Goes to the Movies*, S. 103. Dudrah erweitert das Bild des Schmeckens, indem er aus der Übersetzung von *rasa* als Saft die Analogie zu Speichelsäften als Geschmacksüberträger ableitet und der Sinneserfahrung des *rasa* eine geradezu haptische Qualität zuspricht. Vgl. S. 103ff.
69 Gangar, «Mythos, Metapher, Masala – Kulturgeschichtliche Aspekte des Bollywood Films», S. 49.

Berücksichtigt man, dass nicht der Erkenntnisgewinn im Zentrum der ästhetischen Erfahrung steht, sondern das Spiel der Emotionen,[70] erscheint das Nebeneinander der Emotionen umso plausibler. Indem verschiedene *rasa* auseinander hervor und ineinander übergehen, macht die kunstvolle Mischung das ‹Geschmackserlebnis Film› emotional erfüllend. In der Betonung der ästhetischen Genusserfahrung liegt die Idee von der Harmonie des emotionalen Wechsels begründet, die den Masala Film prägt.

Wechselwirkungen zwischen Melodrama und rasa in Main Hoon Na

Mithilfe der *rasa*-Theorie lässt sich eine ästhetische Gefühlserfahrung beschreiben, die über die narrative Koppelung der Emotionserzeugung hinausgeht und zugleich einen Analyseansatz für das hybride Zusammenspiel der Emotionen im Masala Film bietet. Ruft man sich Kinder und Wiecks Aussagen zur emotionalen Wirkungsweise des genrehybriden Films in Erinnerung, dessen handlungsimmanente Genrewechsel verschiedene Emotionen hervorrufen, kann das *rasa*-Konzept, verstanden als Harmonielehre der Gefühle, die emotionalen Effekte des Masala Films illustrieren. Die Komposition unterschiedlicher Emotionen steht gegenüber der Intensivierung einer kohärenten Stimmung im Vordergrund. So lassen sich in Main Hoon Na Beispiele für die Inszenierung der verschiedenen *rasa* finden. Das *sringana rasa* steht in der Beziehung zwischen Ram und Ms. Chandni im Vordergrund, (auch im Sinne einer artefaktischen Emotion, z. B. durch die körperliche Darstellung attraktiver Schauspieler wie Shah Rukh Khan oder Sunil Shetty kann das erotische *rasa* ausgelöst werden[71]). Das Komische, *hasya*, wird in den Slapstick Einlagen der Lehrer am College betont, während die *rudra* und *bibhatsa rasas*[72] hauptsächlich in der Figur Raghvans Ausdruck finden und das *bhaya rasa* etwa durch Angst und Sorge um die Geiseln entsteht. Die tapferen Taten des Helden (Ram stellt sich Raghvan allein entgegen und ermöglicht dadurch den Gefangenenaustausch) können das heroische *rasa* (Veera) auslösen, während

---

70 Vgl. Schneider, *Bollywood – Das Indische Kino und die Schweiz*, S. 152.
71 In der Analyse der Artefaktebene können auch die traditionellen Farbzuordnungen der *rasa* berücksichtigt werden. (Zur Kodifizierung der Farben gemäss der *rasa* vgl. Gangar, «Mythos, Metapher, Masala – Kulturgeschichtliche Aspekte des Bollywood Films», S. 49.) Auch wenn diese Zuordnungen im Film nicht immer stringent eingesetzt werden, bietet sich dennoch die Möglichkeit, zusätzliche Bedeutungsebenen der mise-en-scène aufzuzeigen. So geht die Inszenierung des *bibhatsa rasa* (Ekel) oft mit dem Einsatz entsprechender Farbfilter einher – in der Szene, in der Ram zum zweiten Mal verstossen wird, finden sich (für die Ausleuchtung des familiären Sphäre eigentlich ungewöhnliche) Blautöne wieder, die die Abscheu des Halbbruders und der Stiefmutter gegenüber Ram möglicherweise unterstützen. Zusätzlich trägt die Mutter einen grauen Sari (eine Farbe, die dem *karuna rasa* (Kummer) zugeordnet ist). Ohne aus diesen Beispielen feste Inszenierungsprinzipien ableiten zu wollen, kann den Filmemachern zumindest eine unterbewusste Orientierung an kulturell verankerter Farbsymbolik unterstellt werden. Zum Zusammenhang zwischen Farbgestaltung und Artefakt-Emotion vgl. Lalita Pandit Hogan: «Color and Artefact Emotion in Alternative Cinema: A Comparative Analysis of Gabbeh, Mirch Masala, and Meenaxi: A Tale of 3 Cities». In: *Projections – the Journal for Movies and Mind*. S. 105–123.
72 Zur Inszenierung dieser *rasa* vgl. auch Gangar, «Mythos, Metapher, Masala – Kulturgeschichtliche Aspekte des Bollywood Films», S. 50ff.

12 Das Interval als Moment des Melodramatischen.

die erneute Ablehnung durch seine Familie das *karuna* (den Kummer) inszeniert. Die Spezialeffekte des Films ermöglichen das *adbhuta rasa* (Staunen) und die Lösung des familiären Konflikts, im gemeinsamen Ritual der nun vereinten Brüder mündend, (die die Asche ihres Vaters gemeinsam verstreuen) kann mit der Entstehung des *shanta rasa* einhergehen.[73]

Das Konzept einer harmonischen Komposition der verschiedenen Emotionen impliziert, dass die Wechsel nicht willkürlich erfolgen. Betrachtet man die emotionale Organisation in MAIN HOON NA, lässt sich eine gewisse Struktur in der Abfolge der Genre Modi erkennen, innerhalb welcher dem melodramatischen Handlungsstrang besondere Bedeutung zukommt. In diesem Zusammenhang ist nicht das Melodramatische als Qualität des erzählerischen Modus' gemeint, sondern die inhaltliche Kategorie, die in der Gesamtdramaturgie des Masalas eine bestimmte Funktion inne hat. Auf der Handlungsebene bietet der melodramatische Handlungsstrang (durch die mit ihm verbundenen fiktionsbezogenen Emotionen des Rezipienten[74]) offenbar einen ‹emotionalen Anker›, eine Art «Kitt» zwischen den unterschiedlichen generischen Modi, der die fehlende Kohärenz des Handlungsverlaufs durch eine emotionale Grundierung auszugleichen vermag.[75] Ähnlich wie Dudrah den Song-and-Dance-Sequences im populären indischen Filme eine integrative Funktion zuspricht,[76] kann argumentiert werden, dass im Masala Genre der melodramatische Handlungsstrang eine durchgehende Empathie mit den Figuren ermöglicht und verhindert, dass die Rezeption in einer Collage-haften Reihe von Einzeleindrücken endet. Betrachtet man die Familienszenen losgelöst von den anderen Handlungssträngen in direkter Folge, ergibt sich eine kohärente Einzelgeschichte, die für die Heldenfigur das größte Identifikationspotenzial beinhaltet und die Momente größter Nähe im Film darstellt. Der einzelne Handlungsstrang wird in regelmäßigen Abständen innerhalb des Films aufgegriffen und folgt einer klassischen Dramaturgie aus Exposition bzw. Schilderung des Konflikts, steigender Handlung, dramatischem Klimax und schließlicher Lösung. Dies lässt sich auch daran erkennen, dass der Einzug Rams in das Haus seiner Stiefmutter den dramaturgischen Höhepunkt vor der Unterbrechung des Films durch das *interval* setzt, wodurch der melodramatische Handlungsstrang als bedeutendster innerhalb des Films markiert wird[77] (Abb. 12).

---

73 Eine detaillierte Untersuchung der filmischen Erzeugung des *shanta rasa* bietet Pandit. Die hier vorgenommene Einteilung dient lediglich der Veranschaulichung und bleibt in hohem Maße schematisch.
74 Vgl. Tan: *Emotion and the Structure of Narrative Film – Film as an Emotion Machine*.
75 Vgl. Vijay Mishra: *Bollywood Cinema. Temples of Desire*. New York, London 2002, S. 39.
76 Vgl. Dudrah, *Bollywood: Sociology Goes to the Movies*, S. 48. Vgl. hierzu auch Patrick Colm Hogan: *Understanding Indian Movies. Culture, Cognition, and Cinematic Imagination*. Austin 2008, bes. Kapitel 4.
77 Zu den Funktionen des *intervals* vgl. Gopalan, *Cinema of Interruptions – Action Genres in Contem-*

Im Sinne der Idee des dominanten *rasa* ließe sich demzufolge argumentieren, dass in MAIN HOON NA nicht, wie man aufgrund der vordergründigen Action-Storyline vermuten könnte, Rams Mut (*virya*) (oder sein Zorn – *krodha*) die zentrale Emotion in Bezug auf den Helden (*bhava*) darstellt und somit das Heroische zum dominanten *rasa* des Films wird, sondern die Liebe (*raga*),[78] mit deren Darstellung das *sringara rasa* korrespondiert (in erotischer Hinsicht, in der Beziehung zwischen Ram und Ms. Chandni, und platonisch, gegenüber der Familie). Die emotionale Gesamtwirkung entsteht jedoch erst im komplementierenden Zusammenspiel der unterschiedlichen *rasas*, der melodramatische Handlungsstrang steht in Wechselwirkung zu den vorhergehenden und nachfolgenden generischen Episoden. Durch die Kontraste zwischen den unterschiedlichen Sequenzen kann eine Intensivierung der ausgelösten Gefühle erreicht werden, besonders actionlastige Szenen wechseln sich häufig mit melodramatischen ab, die wiederum durch komische Episoden abgelöst werden. Darüber hinaus kann in der Kombination verschiedener Modi eine Art emotionaler Nachklang erzeugt werden.

Betrachtet man in der Konsequenz der genrehybriden Struktur die Figuren des Masala Films, so fällt entsprechend auf, dass der Held durch eine (emotionale) Mehrfachbelegung gekennzeichnet ist. Major Ram übernimmt im Wechsel der generischen Ebenen verschiedene Funktionen, wie bereits in der klaren Anknüpfung der Figur an den archetypischen Helden des *Ramayana*, Rama, zu erkennen ist.[79] Die besondere Qualität der Figur liegt darin, dass sie zugleich als Actionstar, Komiker und leidender melodramatischer Held fungiert. Ähnliche Beobachtungen lassen sich auch in Bezug auf die drei Brüder in AMAR AKBAR ANTHONY anstellen, die in dramatischen und komischen Situationen bestehen müssen, wobei hier Unterschiede in der Gewichtung zwischen dem Ältesten und den jüngeren Brüdern auszumachen sind – die Persönlichkeit des Helden sozusagen in drei Typen (ernstverantwortungsvoll, leidenschaftlich-romantisch, draufgängerisch-komisch) aufgesplittet wird. Zum einen kennzeichnet Rams Verhalten ihn als tragischen Helden, er will das Schalten und Walten der Welt durchbrechen und nach eigenen Vorstellungen umformen, wägt in seinem Tun Alternativen ab und handelt aus eigener Entscheidung heraus. Zum anderen bricht den Konventionen des Melodrams folgend die zentrale Problematik (in Form der Offenbarung durch den Vater) unverschuldet über ihn herein, er ist vom Schicksal erwählt, mit dem zurechtzukommen, was ihm widerfährt.[80] Die unterschiedlichen Aspekte der Fi-

---

porary Indian Cinema, S. 19ff. Eine interessante Randbeobachtung ist, dass in der Fernsehausstrahlung im deutschsprachigen Raum (neben drastischen Änderungen der Übersetzung zur Erklärung/Vermeidung kultureller Anspielungen) das *interval* zumeist ausgelassen wird; so wurde etwa der entsprechende Freeze Frame in MAIN HOON NA mit der Einblendung «Interval» aus dem Szenenverlauf herausgeschnitten und der Moment nicht als Unterbrechung im Erzählfluß markiert.

78 Zu den indischen Bezeichnungen der Emotionen vgl. Pandit, «Von der Verzweiflung zum Staunen: Szenen der Transzendenz im indischen Kino», S. 384.

79 Die gesamte Figurenkonstellation des Films ist in vereinfachter Form der zentralen Geschichte des *Ramayana* entlehnt, in der Rama mit Hilfe seines jüngeren Bruders, Lakshman, den Dämonenkönig Ravana (Raghvan) besiegt. Dabei ist kennzeichnend, dass der Heldentypus im Epos bereits mehrere Aspekte enthält, Rama steht sowohl für den kriegerischen Kämpfer, als auch den gehorsamen Sohn und den liebenden Ehemann. Vgl. etwa J.L. Brockington: *Righteous Rama – The Evolution of an Epic*. Neu Delhi 1985.

80 Vgl. Kinder/Wieck, *Zum Schreien komisch, zum Heulen schön – Die Macht des Filmgenres*, S. 39.

gur stehen dabei durchaus nebeneinander, doch in der Gesamtwirkung ergibt sich durch die Einbettung in den melodramatischen Handlungsstrang eine durchaus kohärent motivierte Figur. Die durch die Wechsel der generischen Modi entstehenden Brüche auf der narrativen Ebene werden sozusagen emotional überlagert.

Schlusswort

Aufgrund seiner besonderen affektiven Wirkungsstrategie bewegt sich der Masala Film als Genre ständig im Spannungsfeld von kultureller Spezifik und universalen Prozessen der audiovisuellen Emotionserzeugung. Der Beitrag versucht, den komplexen Rezeptionsvorgang nachvollziehbar zu machen und im Rückgriff auf Aspekte altindischer Kunsttheorie und Verortung in einer genuin indischen Tradition möglicherweise resultierende Schwierigkeiten in der transkulturellen Rezeption zu erläutern.

Das Genre bietet die Möglichkeit der Auseinandersetzung mit einer Vielzahl an Themen, vor dem Hintergrund ein größtmögliches Publikumssegment anzusprechen. Das vereinende Element, im sprichwörtlichen Sinne etwas für jeden Zuschauer bereit zu halten, eröffnet im massentauglichen Unterhaltungsformat durchaus gesellschaftspolitische Bedeutungsebenen, sei es das in AMAR AKBAR ANTHONY propagierte friedliche Nebeneinander der Religionen oder die angestrebte Versöhnung zwischen Indien und Pakistan in MAIN HOON NA. Reduziert man den Masala Film auf eine «spielerische» Form der reinen Unterhaltung, vernachlässigt man darüber hinaus leicht die Kraft des Kinos als identitätsstiftendes Medium. In diesem Zusammenhang kommt der Regisseurin Farah Khan eine Sonderrolle zu, deren Inszenierungen durch das offensichtliche Spiel mit Popkultur-Versatzstücken besonders deutlich gekennzeichnet sind und zwischen Spektakel und ironischer Anspielung wechselnd das kulturelle Selbstverständnis zwischen West und Ost aushandeln.

Die zukünftige Bedeutung des Masala Films innerhalb sich dynamisch verändernder Rezeptionsstrukturen wird zu beobachten sein. Im Zuge der zunehmenden Angleichung an westliche Produktionsformen wandeln sich auch Zuschauerbedürfnisse. Neben dem in Zeiten des Internets selbstverständlichen Konsums aktueller internationaler Filme haben auch mit relativ kleinen Budgets produzierte Independent-Filme wie etwa UDAAN (FLIGHT, Indien 2010), TERE BIN LADEN (Indien 2010), TANU WEDS MANU (Indien 2011) insbesondere beim jungen (urbanen) Publikum wachsenden Erfolg. Der heutige Zuschauer ist medial anders geschult als vorige Generationen, so lässt gerade die besondere Anziehungskraft des Masala Films als Mittel der kultur-ironischen Selbstbetrachtung den Schluss zu, dass es den Filmen gelingen wird, gleichbleibend große Resonanz zu erzeugen.

Gerade im Rahmen einer transnationalen Mediengesellschaft bietet die Auseinandersetzung mit Phänomenen wie dem Masala Film Gelegenheit zur Aneignung von interkulturellen Kompetenzen, zumal die mögliche Übertragbarkeit der Erkenntnisse auf westliche Filme mit ähnlich breit gefächerter Wirkungsstruktur im Umkehrschluss interessante Forschungsansätze verspricht.

Susanne Marschall

Vielfalt und Synthese

Indische Filmschauspielkunst als Paradigma der Transkulturalität

as Kino Indiens erfreut sein Publikum mit leuchtenden Farben (Sanskrit = *varna*, Hindi = *rañg*), virtuos choreografierten Gesangs- und Tanzszenen (Sanskrit = *natyam*, Hindi = *nāc*) und intensiven Gefühlen (Sanskrit = *rasas*, Hindi = *jazbāt*), deren Zusammenspiel auf jahrtausendealten Theaterpraktiken[1] beruht. Indiens zum Overacting neigende Filmschauspielkunst kann darum unter Umständen auf ein westliches Publikum befremdend wirken oder – auch das Gegenteil ist möglich – die Filme entfalten gerade aufgrund dieser Intensität eine besondere Kraft. Dieses vermeintliche Paradoxon verdient angesichts eines seit der letzten Jahrtausendwende stetig wachsenden und mittlerweile stabilen Interesses an indischen Filmen Beachtung. Als im Jahr 2003 Karan Johars Bollywood-Blockbuster KABHI KHUSHI KABHIE GHAM (IN GUTEN WIE IN SCHWEREN TAGEN, Indien 2001) in die deutschen Kinos kam, rezipierten Filmfans – und dies wurde mir in vielen persönlichen Gesprächen seither immer wieder bestätigt – das indische Masala-Movie[2] mit einer seltsamen Form von Ambivalenz.[3] Man spürt jede filmische Absicht und ist dennoch (meistens) nicht verstimmt. Die monumentale Familienoper um ein von seinem tyrannischen Vater verstoßenes Adoptivkind, den daraus resultierenden Zerfall der Familie und schließlich die glückliche Wiedervereinigung bietet (Selbst-)Ironisches und Überspanntes, reizt hier zum Lachen und drückt dort wieder gewaltig auf die Tränendrüsen – und das im permanenten und oft unerwarteten Wechsel. Karan Johar geizt auch in keinem seiner an-

---

1 Eine umfangreiche Einführung in die indische Theatergeschichte und Praxis findet sich in: Farley P. Richmond / Darius L. Swann / Phillip B. Zarrilli (Hrsg.): *Indian Theatre. Traditions of Performance.* Delhi 1993.

2 Vgl. hierzu meinen ausführlichen Lexikon-Artikel: «Bollywood»: «Auf diese Eigenart (der emotionalen Brüche, *Anm. d. Autorin*) verweist der Begriff «Masala»-Film in Anlehnung an eine indische Curry-Mischung und dient als sinnliches Bild für die wild wirkende Mixtur an Gefühlen und Darstellungsformen in Hindi-Filmen, welche wie die Aromen eines gutes Currys in Wahrheit genau aufeinander abgestimmt werden müssen.» In: Thomas Koebner (Hrsg.): *Reclams Sachlexikon des Films.* 2., aktualisierte und erweiterte Auflage, Stuttgart: Reclam 2007, S. 91–97, S. 93.

3 An dieser Stelle möchte ich vor allem auf die kommunikationswissenschaftliche Diplomarbeit von Birgit Pestal hinweisen: *Faszination Bollywood. Zahlen, Fakten und Hintergründe zum «Trend» im deutschsprachigen Raum.* Wien 2006. Die Autorin setzt sich mit der ambivalenten Rezeption des indischen Mainstream-Films in Deutschland auseinander und gibt im Übrigen einen interessanten Hinweis auf die positive Wirkung von Bollywood-Filmen, der an dieser Stelle nicht weiter verfolgt werden kann. Laut Pestal wurden im therapeutischen Bereich positive Reaktionen von autistischen Kindern auf Bollywood-Filme beobachtet (S. 120f.). Dies spricht für die besondere emotionale Wirkung des Masala-Movies.

deren Filme mit den filmischen Mitteln zur Emotionssteigerung, doch seine Eintrittskarte in den westlichen Markt übertrifft in diesem Punkt seine früheren und späteren Werke eindeutig um ein Vielfaches.[4] Selbst einem filmanalytisch nicht geschulten Zuschauerauge und -Ohr können derartig exzentrisch ausgestellte Mechanismen der Stimulation nicht verborgen bleiben – und wie oben bereits angemerkt – eigentlich müsste das ‹deutlich Allzudeutliche› einer emotionalen Identifikation im Wege stehen. Entscheidend ist die Qualität der Umsetzung dieses Prinzips der Intensivierung der filmischer Mittel – eine Ästhetik, die künstlerisch beherrscht werden muss.[5]

Die folgende Studie nähert sich ihrem Gegenstand nicht nur auf dem Weg der Filmanalyse, sondern unternimmt den Versuch einer multiperspektivischen Annäherung und kontextuellen Bestimmung, um die Komplexität der Wirkung indischer Filme zu erschließen. Ausgehend von einer ersten Einführung in die kulturspezifischen Traditionen indischer Filmkunst, die den Hintergrund der verschiedenen Modelle der Kombination von Schauspiel und Tanz innerhalb der Narration bilden[6], stehen im zweiten Teil des Textes konkrete Beispiele und deren transkulturelle Dimension im Zentrum der Analyse. Dabei liegt der Fokus auf Filmbeispielen aus dem Süden des Subkontinents, die sich allerdings bei näherer Betrachtung als Musterbeispiele einer transkulturellen Synthese präsentieren. Die Definition von ‹Transkulturalität› in Abgrenzung von dem Begriff der ‹Interkulturalität› ist Teil eines komplexen Theoriediskurses innerhalb der Kulturwissenschaft und der postkolonialen Theorie, an deren kulturkritischem Diskurs neben Edward W. Said vor allem indische Intellektuelle wie Gayatri C. Spivak, Homi K. Bhabha und Arjun Appadurai beteiligt sind.[7] Transkulturalität beschreibt eine fortgeschrittene Stufe der Synthese, in der sich kulturelle Differenzen zunehmend auflösen. Der Begriff wurde von Wolfgang Welsch in den 1990er Jahren geprägt, um den etablierten, an dem Bild der Insel orientierten Kulturbegriff einer kulturellen Ein- und Abgrenzung abzulösen und durch ein an realen historischen Pro-

---

4   Karan Johar (*1972) konnte bereits mit seiner ersten Regiearbeit Kuch Kuch Hota Hai (Hochzeit auf Indisch, Indien 1998) einen großen Zuschauererfolg erzielen. Gleiches gilt auch für Kal Ho Naa Noo (Lebe und denke nicht an morgen, Indien 2003), Kabhi Alvida Naa Kehna (Bis dass das Glück uns scheidet, Indien 2006) und My Name is Khan (Indien 2010), wobei zu beobachten ist, dass sich der Filmemacher immer mehr von den Prinzipien des Masala-Movies entfernt. My Name is Khan kommt schließlich sogar ohne Tanzszenen aus. In allen seinen Filmen agiert Superstar Shah Rukh Khan in der Hauptrolle.

5   Vgl. Rachel Dwyer / Divia Patel: *Cinema India. The Visual Culture of Hindi Film*. London 2002. Vgl. hierzu auch zwei eigene Texte, in denen ich die besondere Ästhetik des Bollywood-Blockbusters exemplarisch beschreibe: Susanne Marschall: «Metamorphosen. Farbe – Raum – Bewegung im indischen Film». In: Reinhold Görling / Timo Skrandies / Stephan Trinkaus (Hrsg.): *Geste. Bewegungen zwischen Film und Tanz*. Bielefeld 2009, S. 83–100; Susanne Marschall / Irene Schütze: «Das Ornament der Farben: Bildästhetik im Hindi-Kino». In: Susanne Marschall (Hrsg.): *Filmkonzepte 4. «Indien»*. München 2006, S. 19–37.

6   Patrick Colm Hogan: *Understanding Indian Movies. Culture, Cognition, and Cinematic Imagination*. Texas 2008; hier speziell das Kapitel: «'So, what's the Deal with All that Singing?' The Cognitive Universality of the Hindi Musical», S. 160–193, in dem der Autor im Detail auf die komplexe narrative Struktur der Tanzszenen in Johars Kabhi Khushi Kabhie Gham und deren Ambiguität eingeht.

7   Vgl. hierzu die grundlegenden Texte von Gayatri Chakravorty Spivak: *Can the Subaltern Speak? Postkolonialität und subalterne Artikulation*. Wien 2008 und *Death of a Discipline*. New York 2003; Homi K. Bhabha: *Die Verortung der Kultur*. Tübingen 2007; Arjun Appadurai: *The Future as Cultural Fact. Essays on the Global Condition*. London/New York 2013.

zessen und an der globalisierten Gegenwart orientiertes Modell zu ersetzen.[8] Selbst wenn Welschs Ansatz im Rahmen der Postkolonialismus-Debatte kritisiert wurde, weil die realen Verhältnisse auch in Zeiten der Globalisierung von kulturell bestimmten Hegemonien regiert werden und Subsysteme entstehen, die in Konflikt geraten, während der Transkulturalitäts-Begriff eine Nivellierung von Differenzen zu suggerieren scheint, stellt dieser auf ästhetische Prozesse bezogen eine wichtige Leitkategorie dar. Mit welchen kreativen Effekten «kulturelle Hybridität» (Homi K. Bhabha) künstlerische Prozesse prägt, lässt sich an vielen Beispielen der Mediengegenwart im Bereich der Künste Film, Theater, Literatur, Musik oder Bildende Kunst darstellen.

Transkulturalität – und diesen Punkt halte ich für einen entscheidenden Faktor – entsteht aufgrund von wechselseitiger Beeinflussung und wirkt insofern immer auf alle an einem Kommunikationsprozess beteiligten Kulturen zurück. Zum einen öffnet sich das amerikanische Kino für indische Themen mit Filmen wie Wes Andersons THE DARJEELING LIMITED (USA 2007) oder romantischen Komödien zum Culture Clash wie John Jeffcoats OUTSOURCED (AUF UMWEGEN ZUM GLÜCK, USA 2006). Zum anderen wirkt das internationale Kino auf die Inhalte und Gestaltung indischer Produktionen zurück. Immer mehr indische Filme kommentieren und erklären die eigene Filmkultur innerhalb des Plots. Eine Sonderform stellen selbstreferenzielle Filme wie Zoya Akhtas Film LUCK BY CHANCE (LIEBE, GLÜCK UND ANDERE ZUFÄLLE, Indien 2009) dar, welcher in der indischen Filmindustrie spielt, deren Regelwerk dem westlichen Publikum erst einmal erklärt werden muss. Ein in Deutschland bekanntes Beispiel für diese Form der Selbstreferenzialität ist Farah Khans auf der Berlinale uraufgeführter Blockbuster OM SHANTI OM (Indien 2007), in dem die Regisseurin kräftig an indischen Wertvorstellungen rüttelt, welche sie zugleich immer auch offensiv erklären muss. Signifikant in den Filmen der beiden Regisseurinnen ist die Kritik an traditionellen Geschlechterbildern, oft verbunden mit der Umdeutung religiöser Rituale. In ihrem Debütfilm MAIN HOON NA (ICH BIN IMMER FÜR DICH DA, Indien 2004) verwandelt Khan ein Quawali, spirituelles Liedgut der Sufis, in einen Minnesang an das weibliche Geschlecht, um dann in ihrer zweiten Regiearbeit OM SHANTI OM ein giftiges Spiel mit dem Sindur, der roten Farblinie, die verheiratete Frauen im Scheitel tragen, zu spielen. Unabhängig von diesen Beispielen kennt das indische Blockbusterkino die westliche Filmgeschichte sehr genau und veranstaltet mit dieser ein postmodernes Quiz, dessen Entschlüsselung zum Verständnis der indischen Filme nicht immer unbedingt notwendig ist, aber Vergnügen bereitet. Das indische Mainstreamkino macht auf diese Weise gleichermaßen Angebote an ein internationales Publikum wie an die wachsende Mittelschicht Indiens, welche über Geldmittel verfügt, um zu reisen und somit auch die westliche Kultur kennenzulernen. Indiens populäre Filmkultur ist selbstreferenziell, formal-ästhetisch experimentell und spielfreudig und zudem ein Musterbeispiel für eine transkulturelle Zeichenwelt von kulturell dennoch definierbarer Herkunft. Dies ist eigentlich ein Paradoxon, das aus der bewegten Geschichte Indiens erwachsen ist. Die indische Kultur integriert seit Jahrtausenden freiwillig und unfreiwillig neue Kunstformen (zum Beispiel der Moghulen), neue kulturelle Codes (zum Beispiel der Briten), neue Rechtssysteme und Technologien,

---

8   Wolfgang Welsch: «Transkulturalität – die veränderte Verfassung heutiger Kulturen». In: Freimut Duve (Hrsg.): *Sichtweisen. Die Vielheit in der Einheit.* Weimar 1994, S. 83–122.

ohne sich von ihren uralten Traditionen zu verabschieden. Manches existiert einfach unverbunden nebeneinander, anderes findet zu einer Synthese.

Eine weitere Besonderheit der indischen Filmkulturen, welche sich vor dem Hintergrund regionaler Muster einerseits eigenständig entwickelt haben, besteht andererseits in ihrem grundsätzlichen ästhetischen Synkretismus untereinander, aber auch in ihrer Offenheit für externe Einflüsse aus dem europäischen, US-amerikanischen oder panasiatischen Raum. Diese heterogene Stilvielfalt bei einer zugleich deutlichen kulturellen Prägnanz findet sich auch in der indischen Filmmusik wieder, die sich seit der Einführung des Tonfilms dadurch auszeichnet, dass sie ebenso unverwechselbar wie stilistisch vielfältig oder sogar hybrid ist. Die Geschichte des Bollywood-Songs ist geprägt durch eine kreative Aneignung berühmter Klassiker der westlichen Musikgeschichte, des amerikanischen Jazz oder der Popmusik. Und auch in diesem Punkt gilt ebenso das umgekehrte Prinzip: Wie in den 1960er Jahren die traditionelle indische Musik den Stil der Beatles stark beeinflusste, wirken indische Filmsongs auf eine junge globalisierte Musikszene und erreichen schließlich durch die digitale Verfügbarkeit von Film und Sound auch auf direktem Weg neue Fangruppen.[9]

Entscheidend für die Aufmerksamkeit des Westens für das Kino Indiens – und diese Überlegung trifft auch auf andere asiatische, arabische, afrikanische oder australische Filme zu – ist der globale Medienwandel mit seinen Folgen durch die teilweise produzentengesteuerte und teilweise durch illegale Praktiken (Raubkopien etc.) erzwungene Öffnung der Medienmärkte. Dieses Kapitel der Entstehung einer Bollywood-Fan-Kultur in Deutschland entfaltet sich unter der Überschrift «Medienkonvergenz», denn Kino, Fernsehen, digitale Speichermedien (DVD, Blu-ray, Festplatte etc.) und Internet (Web 2.0) eröffnen durch die Digitalisierung neue Zugriffsmöglichkeiten auf indische Filme und bieten erweiterte Möglichkeiten zur Kommunikation ohne räumliche oder sonstige Einschränkungen. Verglichen mit anderen asiatischen Filmkulturen aus China, Japan oder Korea hat der indische Film bei der Erschließung globaler Fan-Netzwerke einen Vorteil durch die Dominanz der englischen Sprache in Indien, z.B. durch entsprechende Untertitelungen, auf die auch das indische Publikum aufgrund der Sprachenvielfalt des Subkontinents angewiesen ist. Da sich Fan-Kulturen im Netz zumindest in den Industrienationen, in denen die meisten Menschen einen permanenten Zugang zum Internet haben, in einem geografisch offenen Kommunikationsraum bilden, entstehen von sozialer, kultureller und ethnischer Diversität geprägte Gruppen, die – im Falle des hier behandelten Themas – in erster Linie das besondere Interesse an indischen Filmen verbindet. Bezogen auf Bollywood ermöglichen empirische Untersuchungen dieses Paradigmas digitaler Medienkultur Einsichten, die auch für das Verständnis anderer Beispiele von Fan-Kultur aufschlussreich sein dürften. Die in über zehn Jahren gewachsene westliche Bollywood-Fan-Kultur ist alles andere als im soziologischen Sinne homogen: In ihr treffen am Welt-Kino interessierte Cineasten auf heranwachsende Mädchen, die nicht selten einen Migrationshintergrund haben.[10] Die esoterische Yoga-Ayurveda-Meditations-Szene überschneidet sich mit der in

---

9 Vgl. hierzu: Anustup Basu: *Bollywood in the Age of New Media. The Geo-televisual Aesthetic.* Edinburgh 2010 / New Delhi 2012, S. 156 ff.

10 Florian Krauß: *Bollyworld Neuköln. MigrantInnen und Hindi-Filme in Deutschland.* Konstanz/München 2012.

sich ebenso heterogenen Zielgruppe der kulturinteressierten Globetrotter. Dazu kommen die Non-Resident Indians (NRI), die den Entwicklungen des indischen Kinos vom Ausland aus folgen.[11] Und schließlich reflektiert seit über einem Jahrzehnt auch die akademische Welt in verschiedenen Disziplinen wie Medien- und Filmwissenschaft, Theaterwissenschaft, Literaturwissenschaft, Religionswissenschaft oder moderne Indologie die komplexe Entwicklung der Filmkulturen in Indien.[12]

Im Zentrum der hier dargestellten Kontexte muss meines Erachtens allerdings auch immer wieder die eingangs gestellte Frage nach der unmittelbaren Wirkung indischer Filme stehen. Ohne intensive emotionale Effekte hätte das Interesse von Zuschauergruppen außerhalb Indiens vermutlich nicht geweckt werden können, schließlich lassen sich viele Schlüsselszenen ohne kulturhistorische Kenntnis auf einer rationalen Ebene nicht oder nur teilweise verstehen: Als empirische Basis der nachfolgenden Überlegungen dient eine kontinuierlich aufgebaute Sammlung von Filmsequenzen, deren intensive, kognitiv-emotionale Stimulation des Zuschauers durch ausgefeilte synästhetische Inszenierungsstrategien zustande kommt. Mit diesem wahrnehmungspsychologischen Fokus auf das Maß bzw. Übermaß an crossmodaler Stimulation des Filmrezipienten schließt sich der Kreis zum Ausgangspunkt meiner Studie: Subtil wirksame Kombinationen von visuellen und auditiven Reizen, von Farben, Klängen, Rhythmen sowie Mimik und Körperbewegungen überlagern sich zu dichten Gegenwartsempfindungen[13], die den Zuschauer emotional binden. Für eine solche szenische Verdichtung hält die indische Filmkultur verschiedene Inszenierungsformen bereit, die dezidert intermedial erzeugt werden. Die einzelnen Künste Schauspiel, Tanz, Musik und Malerei fließen in einer filmischen Inszenierung ineinander und werden durch Licht, Schatten, Farbe, Perspektive, Distanz und Nähe der Kamera sowie Montage intensiviert. Augenfällig ist in diesem Zusammenspiel vor allem das visuelle Gewicht der Farbe, die in der indischen Kultur einen hohen symbolischen Stellenwert einnimmt und darum auch die besondere Ästhetik indischer Farbfilme bestimmt.

Indische Filme zeigen kulturell kodierte Farbkompositionen, die für unsere Augen ungewöhnlich, aber in ihrer Leuchtkraft und ihren Kontrasten stark stimulierend sind. Diese werden in ein subtiles Verhältnis zu den anderen Elementen der Bild- und Tonästhetik gebracht, dessen synästhetische Wirkung auf den Zuschauer bereits an anderer Stelle untersucht wurde.[14] Die leuchtenden Farben korrespondieren mit rhythmischen oder

---

11 Rini Bhattacharya Mehta / Rajeshwari V. Pandharipande: *Bollywood and Globalization. Indian Popular Cinema, Nation and Disapora*. London/New York/Delhi 2011.
12 Bollywood ist mittlerweile nicht nur Teil der globalen Unterhaltungsindustrie, sondern auch weitweit zum Gegenstand der kultur- und sozialwissenschaftlichen Forschung avanciert: In Deutschland publizieren u. a. Matthias Uhl und Keval J. Kumar (*Indischer Film – Eine Einführung*. Bielefeld 2004), Claus Treber (*Passages to Bollywood. Einführung in den Hindi-Film.* Wien 2007), Myriam Alexowitz (*Traumfabrik Bollywood. Indisches Mainstream-Kino*. Bad Honnef 2003) und selbstverständlich alle Autoren des vorliegenden Bandes. Auffallend ist auch die signifikante Zunahme an Promotionen und Abschlussarbeiten auf BA- und MA-Niveau zur indischen Filmgeschichte und ihrer globalen Rezeption.
13 Ich verwende diesen Begriff im Sinne von Daniel N. Sterns psychoanalytischem Ansatz, den er unter anderem in seinem Buch *Der Gegenwartsmoment. Veränderungsprozesse in Psychoanalyse, Psychotherapie und Alltag* (Frankfurt am Main 2005) dargestellt hat.
14 Synästhetische Filmwirkungen sind schwer bestimmbar, stellen aber ein kognitionswissenschaftlich äußerst reizvolles Forschungsthema dar, das die Auseinandersetzung mit der Filmästhetik bereichert.

mit unterschwellig schwebenden Toninszenierungen. Dazu führen die Schauspieler häufig tänzerisch stilisierte Bewegungen aus, auch wenn sie gerade nicht tanzen. Durch die subtile Verschmelzung von Bildkomposition und Tongestaltung kann kein Zweifel daran bestehen, dass diese beiden Inszenierungsebenen in der Aufmerksamkeit des Zuschauers mindestens so viel Raum beanspruchen sollen wie die Narration, mit der sie im Übrigen eng verbunden sind. Während das chinesische Kino Szenen der Kampfkunst derart verlangsamt, dass jede Bewegungsphase, jedes Schwingen des Kostüms, jede Berührung mit scharfem Blick beobachtet werden kann, bevorzugt das indische Kino Szenen somatischer Erregung, die den Blick wie in einem Wachtraum in eine Aisthesis der Langsamkeit hinabziehen, umspielt von intensiven Farbtönen, fließenden Lichtstimmungen und unterschwelligen Klängen. Aus nächster Nähe beobachtet die Kamera Berührungen der Haut, eines Arms oder eine Nackenlinie, studiert gleichermaßen die Körper der weiblichen wie der männlichen Darsteller und setzt diese Wind und Wetter, Regen und Sonne aus. Die Schauspieler akzentuieren in ihrem Spiel den eigentlich unsichtbaren sensorischen Einfluss von Wärme und Nässe auf den Körper. Dazu kommen Gesangs- und Tanzszenen, die extrem rhythmisch und vital geschnitten sind und durch farbiges Licht, Kostüm- und Setdesign zu einer Faroper aufgebaut werden, die Auge und Ohr herausfordert. In der globalen Geschichte des Kinos nehmen der panasiatische und vor allem der indische Film eine Sonderstellung aufgrund dieser intensiven Bild-, Ton- und Bewegungsinszenierungen ein, die Gefühlssynästhesien stimulieren. Vielleicht sind uns diese zwischen den Reizen schwebende Wahrnehmungsformen trotz des nachgewiesenen Verlusts der frühkindlichen Befähigung zur Gefühlssynästhesie in der Tiefe unserer Erinnerung noch vertraut.[15] Zu fragen wäre, welche Mittel Filme einsetzen müssen, um uns durch die Narration hindurch auf gegenstandslose Empfindungsebenen hinab zu ziehen und zugleich in ein bewusstes Staunen über das virtuose Zusammenspiel des Visuellen und des Akustischen zu versetzen? Die Verbindung von Musik, Tanz und Farbe entfesselt Emotionen, die den Wunsch nach einem besseren Verständnis der indischen Filme wecken können. Im Zentrum der tänzerischen und musikalischen Szenen steht der menschliche Körper als Teil einer ausgesprochen eigenwilligen Kultur des Psycho-Somatischen, die sich auch durch eine jahrhundertelange Praxis der Körperentfremdung unter dem Druck der Kolonialmächte nicht vollkommen verdrängen ließ.

Vergleich hierzu die beiden aufeinander aufbauenden Untersuchungen: Susanne Marschall: «Die Symphonie der Empfindungen – Synästhesie als Filmerfahrung». In: Arnold Groh (Hrsg.): *Was ist Farbe? Bunte Beiträge aus der Wissenschaft*. Berlin 2011, S. 85–110; Susanne Marschall: «Fließende Farben – tanzendes Licht. Empfindungsräume im Film». In: Robin Curtis / Marc Glöde / Gertrud Koch (Hrsg.): *Synästhesie-Effekte. Zur Intermodalität der ästhetischen Wahrnehmung*. München 2010, S. 207–223.

15 Vgl. hierzu Hinderk M. Emmerich / Udo Schneider / Markus Zedler: *Welche Farbe hat der Montag? Synästhesie: das Leben mit verknüpften Sinnen*. 2., überarbeitete und aktualisierte Aufl. Stuttgart/Leipzig 2004.

Tanz-Schau-Spiel: Traditionen der indischen Darstellungskunst

Basis der indischen Schauspielkunst ist wie in allen anderen Theater- und Filmkulturen das Psychophysische, der natürliche Leib des ausgebildeten Schauspielers, der sich auf der Bühne oder der Leinwand in einen Zeichen-Körper verwandelt, um eine Figur zu erschaffen. Diese ist Teil einer Figurenkonstellation und somit einer Geschichte mit symbolischem Charakter.[16] Doch auch außerhalb der Rolle, die der Schauspieler ausfüllt, ist seine psychophysische Natur nicht nur kulturell, sondern auch historisch bis in die Details seiner Physiognomie, seiner Proportionen, seiner Mimik und Gestik geprägt. Die indische Kultur setzt sich seit Jahrtausenden mit den Sinnen, Ernährung, Bewegung, Balance und Kraft und vor allem dem Atem (Sanskrit = *prāṇā*) des Menschen intensiv auseinander und hält dieses Wissen – eine Kultur der besonderen Aufmerksamkeit für das Psychophysische und den Körper – bis in die Gegenwart wach. Exemplarisch verdeutlicht sich diese kulturelle Besonderheit Indiens u.a. in der körperliche und geistige Prozesse integrierenden Praxis des Yoga, welche bereits in den ältesten Schriften Indiens – zum Beispiel ca. 700 v. Chr. in den *Upanishaden* – beschrieben und in ihren unterschiedlichen Ausprägungen mittlerweile auf der ganzen Welt ausgeübt wird. Die ursprünglichen Yoga-Lehrsätze (Sūtren) wurden – so vermutet die Indologie – im 2. Jahrhundert v. Chr. von dem Gelehrten Patañjali zusammengetragen und kommentiert.[17] In dem seither zu verschiedenen Schulen ausgeprägten Yoga, z. B. Hatha-Yoga, Sivananda-Yoga, Kundalini-Yoga, wurzeln viele Elemente der performativen Kunsttraditionen von Musik, Tanz und Schauspiel. Die ältesten Zeugnisse der Götterkunde, des Yoga, der Tanzkunst und der damit verbundenen erotischen Praktiken finden sich vor allem an den Tempelbauten durch die üppige Bildhauerkunst, die unter anderem auch die Funktion eines Notationssystems erfüllt: «Mit ihren Darstellungen von Körpern in Bewegung sind die Reliefs ein Lexikon dieser Kultur. Sie haben damit eine vergleichbare Funktion wie die Bücher im alten Europa.»[18] Kulturell signifikant und einzigartig sind die fließenden Übergänge zwischen spiritueller, künstlerischer, tänzerischer, akrobatischer und erotischer Praxis und deren rituelle Verankerung im Alltag.[19] Selbst wenn dies vielleicht nicht immer bewusst geschieht, prägen die Traditionen des Yoga und des Tanzes indische Menschen- und Körperbilder, die bis in die populäre Filmkultur hinein wirken. Spuren der Bewegungsformen einzelner Posen, Sitzhaltungen und Handgesten

---

16 Eines der besten Grundlagenwerke zur Theorie der Filmfigur stammt von Jens Eder (*Die Figur im Film. Grundlagen der Figurenanalyse*. Marburg 2008), nicht nur darum, weil das von Eder in diesem Buch erarbeitete analytische Modell der «Uhr der Figur» im Detail verdeutlicht, dass eine Filmfigur ein äußerst komplexes Konstrukt ist, sondern weil es als methodisches Werkzeug zu hohem Erkenntnisgewinn führt.

17 Diese Sūtren sind unter anderem in folgender deutscher Übersetzung zugänglich: Patañjali: *Die Wurzeln des Yoga. Die klassischen Lehrsprüche des Patañjali – die Grundlage aller Yoga-Systeme*. Hrsg. v. Bettina Bäumer. 12. Aufl., Bern 2007.

18 Michael Giesecke: *Die Entdeckung der kommunikativen Welt. Studien zur kulturvergleichenden Medienengeschichte*. Frankfurt am Main 2007, S. 333.

19 Dies verdeutlicht in besonderer Weise das *Kāmasūtra* von Vātsyāyana, eine philosophische Schrift zur Kunst der Erotik, die vermutlich zwischen 200 und 300 n. Chr. entstanden ist.

lassen sich auf jeden Fall in vielen bekannten Filmen identifizieren. Dagegen ist die Praxis der psychologischen Charakterdarstellung auf der indischen Bühne und im indischen Film seltener anzutreffen. Allerdings gilt auch diese Aussage nur bedingt: Gerade die bengalische Filmgeschichte hält – auch über das filmische Vermächtnis der Regieikonen Satyajit Ray, Ritwik Ghatak oder Bimal Roy hinaus – viele Beispiele für eine subtile Charakterinszenierung und psychologischen Realismus bereit. Vor allem mit der politischen und damit auch medialen Öffnung Indiens seit dem Jahr 1991 lassen sich nach und nach auch im Mainstreamfilm Beispiele für einen Wandel der Schauspielkunst finden, der vor allem durch die Distribution US-amerikanischer, aber auch europäischer Filme zustande kommt. Diverse Zwischenstadien und Mischformen sind zu beobachten, die nicht zuletzt ein Effekt des «Mediascape» (Arjun Appadurai), also der Globalisierung durch den Medienwandel sind.[20] Im vorliegenden Zusammenhang signifikant sind die stilistischen Mischungen im Bereich der Tanzkunst, die sich vor allem an den Song-and-Dance-Sequences im indischen Blockbuster-Kino abzeichnen. Umgekehrt sind indische Inspirationsquellen u. a. in der US-amerikanischen Renaissance des Filmmusicals ebenso deutlich spürbar.

Der amerikanische Kulturwissenschaftler Patrick Colm Hogan widmet den Song-and-Dance-Sequences des indischen Kinos eine kognitionswissenschaftliche Analyse, weil gerade diese Szenen äußerst sorgfältig komponierte narrative und emotionale Höhe- und Wendepunkte bilden, denen das indische Publikum oftmals mehr Aufmerksamkeit schenkt als den übrigen Teilen des Films. Als zentrale Passagen der Filme stoßen die Tanzszenen in Deutschland oft auf Unverständnis und werden für überflüssiges Beiwerk gehalten, weil Tanz verglichen mit Indien hierzulande einen wesentlich geringeren kulturellen Stellenwert hat und noch dazu die besonderen Traditionen asiatischer Theaterkulturen beim durchschnittlichen Publikum unbekannt sind. Hogan beschreibt die Ambiguität der Tanzszenen, die in ihrer emotionalen Intensität dem Publikum zugleich verschiedene Interpretationsangebote machen und Raum für das Unausgesprochene und die Andeutung bieten. Das indische Kino verbindet mit den Song-and-Dance-Sequences eine Vielzahl von dramaturgischen Sonderfunktionen. Ein Beispiel sind die sogenannten Silent-Lips-Scenes, die von der unerlaubten Kommunikation des liebenden Paares unter den tausend Augen des Familienkollektivs handeln und deren Lyrics an die Motive persischer Liebesgedichte in Urdu, der Sprache der Poesie, anknüpfen.[21] Zur Darstellungspraxis indischer Filmschauspieler gehören demnach musikalische und tänzerische Virtuosität, deren kulturhistorische Quellen vor allem im Bollywood-Film weitverzweigt sind. Die verschiedenen Stilformen der indischen Theater- und Tanzkunst, z. B. Bharat Natyam, Kathak, Kuchipudi, Kathakali oder Kutiyattam, verwandeln den Körper – unter anderem durch die Integration verschiedener Klangkörper in das Tanzkostüm – in ein Instrument der Musik. Im Bharat Natyam, einer südindischen Form des erzählenden Tanzes, die einen hohen Stellenwert für das indische Kino hat, folgen die Tänzerin und der Tänzer in ihren Bewegungen einem Rhythmus, den sie zugleich akustisch erzeugen, so dass Körperkunst und Musik zu einem unzertrennlichen Paar verschmelzen. Zugleich durchbricht der Körper die musikalische Abstraktion,

---

20 Arjun Appadurai: «Disjuncture and Difference in the Global Cultural Economy». In: *Public Culture* Spring 1990 2 (2), S. 1–24.
21 Hogan, *Understanding Indian Movies*, S. 170.

weil er mit Hilfe eines Lexikons an Ausdrucksgesten zum Erzähler der Mythen, der Götter-, Dämonen- und Menschheitsgeschichten wird. Die Gesten der Hände (*mudrās*), das subtile Spiel der Mimik, das stilisierte Laufen, Stampfen und Springen sowie die Akzentuierung des Bewegungsflusses durch ruhende Körperposen befinden sich im Tanz in einem äußerst komplizierten Wechselverhältnis, dessen Gelingen auf jahrzehntelange Übung angewiesen ist. Dazu kommen vor allem in alten Formen wie z. B. dem ebenfalls südindischen Kutiyattam-Theater aufwändige Masken und Kostüme, expressiv geformt und stark verfremdet, die sich einem unkundigen Zuschauer in ihrer Bedeutungsvielfalt genauso wenig unmittelbar erschließen können wie die Tanzbewegungen. Auch keralesische Kathakali-Aufführungen gehören zu dieser Gattung des narrativen Tanztheaters, denn auch sie stellen die großen hinduistischen Epen dar. In der Regel benötigen die Guten (Pacha, Minukku) eine ganze Nacht, um schließlich in der Morgendämmerung den erwarteten Sieg über die Dämonen zu erringen. Entscheidend für den Erfolg dieser Aufführungen ist weniger die Originalität der Geschichten, die das Publikum aus der Mythologie bereits kennt und auch kennen muss, um der Aufführung zu folgen, als die Perfektion der ritualisierten Ausführung. Virtuosität und spiritueller Ernst zeichnen die Performer aus, in deren Kunst Ausdruck (*bhāva*) und Tanz (*nātyām*), Melodie (*rāga*) und Rhythmus (*tāla*) zu einem Gesamtkunstwerk choreografiert sind. Entscheidend für die Qualität der Aufführung ist zum einen die Vorstellung, dass der Schauspieler/Tänzer mit der Rolle vollkommen verschmilzt, d. h. der einen Gott darstellende Mensch verwandelt sich für die Dauer seines Tanzes in einen Gott und versenkt sich während der Kunstausübung vollkommen in sich selbst:

> «Dancing is an ancient form of magic. The dancer becomes amplified into a being endowed with supra-normal powers. His personality is transformed. Like yoga, the dance induces trance, ecstasy, the experience of the divine, the realization of one´s own secret nature, and, finally, mergence into the divine essence. In India consequently the dance has flourished side by side with the terrific austerities of the meditation grove-fasting, breathing exercises, absolute introversion. To work magic, to put enchantments upon others, one has first to put enchantments on oneself. And this is affected as well by the dance as by prayer, fasting and meditation. Shiva, therefore, the arch-yogi of the gods, is necessarily also the master of the dance.»[22]

Quelle und Lehrbuch der performativen Künste in Indien ist das im Abendland meist nur in indologischen und theaterwissenschaftlichen Fachkreisen bekannte Werk *Nātyaśāstra*, eine Textsammlung zur altindischen Ästhetik von Schauspiel, Tanz und Musik, deren Entstehung zwischen dem 2. Jahrhundert v. und dem 2. Jahrhundert n. Chr. datiert wird. Diesem grundlegenden Lehrbuch zufolge ist das Drama «visible poetry»[23], womit eine grundlegend andere Auffassung der Elemente des Schauspiels, von Sprache, Mimik, Gestik, Bewegung im Raum usw. zum Ausdruck gebracht wird. Im Zentrum der klassischen indischen Ästhetik stehen neun Basisemotionen, auf denen die Ausdruckskunst

---

22 Heinrich Zimmer (hrsg. von Joseph Campbell): *Myths and Symbols in Indian Art and Civilization.* 1. Aufl., 1946, New Jersey 1992, S. 151.
23 Adya Rangacharya (Hrsg.): *The Nātyaśāstra. English Translation with Critical Notes.* New Delhi 2007, S. 356.

des Schauspielers aufbaut und die dem Publikum je nach regionaler Theatertradition in unterschiedlichen Stilformen präsentiert werden. Die Bhāva-Rasa-Theorie reflektiert beide Seiten des Theaterereignisses, d.h. die mimische und gestische Ausdruckskunst des Schauspielers als «Auslöser» (*bhāva*) der Gefühle (*rasas*) auf der Seite des Zuschauers. Als primäre Basisemotionen gelten Liebe/Erotik (*śāngāra*), Heldentum (*vīra*), Wut (*raudra*) und Ekel (*bībhatsa*), wovon die sekundären Basisemotionen Humor (*hāsya*), Mitgefühl/Pathos (*kāruna*), Verwunderung/Verzückung (*adbhuta*) und Furcht (*bhayānaka*) abgeleitet werden. Der neunte *rasa sānta* (Frieden, Stille) wurde durch den Philosophen Abhinavagupta erst im 11. Jahrhundert hinzugefügt, dessen Einfluss eine noch deutlichere Konzentration auf die Gefühlsreaktionen des Zuschauers zu verdanken ist.[24] Kennzeichnend für die indische Schauspielkunst und ihre Rezeption sind demnach folgende Besonderheiten, deren Spuren sich bis in die Filme der Gegenwart nachverfolgen lassen:

1. Die im Westen etablierten Konzepte von Realismus finden in den alten Künsten Indiens, die im Kino nachwirken, kein vergleichbares Pendant, so dass eine Bewertung auf dieser Basis mit falschen Kategorien operiert. Allerdings zeichnet sich mit der Globalisierung des indischen Films seit der politischen Öffnung des Subkontinents gerade in diesem Punkt auch ein Wandel ab.
2. Die indische Filmkunst wurzelt in einer alten und ausgefeilten Emotionstheorie, deren innovatives Potenzial in der Berücksichtigung beider Seiten des Kommunikationsprozesses, d.h. der Reflexion der Kunstproduktion sowie der Kunstrezeption, besteht.
3. In der komplexen indischen Theatertradition bilden Schauspiel- und Tanzkunst eine Einheit, die aus der Introspektion des Darstellers und dessen künstlerischer Virtuosität entsteht. Im indischen Theater, das im Falle des Kutiyattam immer noch weitgehend an den Aufführungsort des Tempels gebunden ist, sind Schauspiel, Tanz, Ritual und religiöse Praxis untrennbar miteinander verbunden.

Diese Mehrdimensionalität prägt auch die verschiedenen Film-Kulturen Indiens und findet sich ebenso im Mainstream- wie im Autorenfilm, im Blockbuster- wie im Kunstkino wieder. Aus diesen Gründen stellt die Analyse indischer Filme eine besondere Herausforderung dar, denn es gilt zum einen die immer noch gültigen, regionalen Besonderheiten der indischen Schauspielkultur zu berücksichtigen. Zum anderen aber und bezogen auf das Kino als Kunst der globalisierten Gegenwart finden sich diese traditionellen Elemente neben zahlreichen aktuellen Einflüssen aus dem US-amerikanischen oder dem europäischen Kino auf der Palette von Filmkünstlern, deren Werke schließlich auch als ein dynamisches Ergebnis individueller Bildungs- und Ausbildungswege bewertet werden müssen. Dies gilt gleichermaßen für die Akteure vor und hinter der Kamera. Bollywood-Stars wie Rani Mukherjee, Aishwarya Rai Bachchan, Tabu, Ajay Devgan, Saif Ali Khan oder Irrfan Khan brechen zum Beispiel in Rituparno Ghoshs bengalischen Autorenfilmen (CHOKHER BALI (CHOKER BALI: A PASSION PLAY, Indien 2003) oder RAINCOAT (Indien 2004)) oder den Shake-

---

24 Eine Übersicht über die neun Basisemotionen sowie eine systematische Zuordnung gibt u.a. P.R.S. Appa Rao in: *Special Aspects of Nātya Śāstra.* New Delhi 2001, S. 97. Die Bhāva-Rasa-Theorie des *Nātyaśāstra* und deren Bezüge zum Ritual reflektiert u.a. Richard Schechner in seiner *Performance Theory* (1977), neu aufgelegt bei Routledge Classics, New York 2003, S. 306 ff.

speare-Adaptionen des Regisseurs Vishal Bhardwaj (MAQBOOL [DER PATE VON MUMBAI, Indien 2003], OMKARA [Indien, 2006]) aus ihrem Starimage aus und verwandeln im Gegenzug manchen Independent-Film in Starkino. Dabei dürften einer vergleichenden Analyse auch die markanten stilistischen, durch die Regie bestimmten Differenzen des Schauspiels zwischen Mainstream- und Arthouse-Filmen nicht verborgen bleiben. Am besten lässt sich die Komplexität divergierender Einflüsse an konkreten Beispielen verdeutlichen.

Fallstudie 1: **Rajnesh Domalpallis Debütfilm VANAJA**

Mit einem in den USA absolvierten Filmstudium in der Tasche drehte der in Chennai geborene Software-Ingenieur Rajnesh Domalpalli seinen vielfach preisgekrönten Debütfilm VANAJA (Indien 2006). Die 111 Minuten lange, in Domalpallis Muttersprache Telugu gedrehte Geschichte spielt in armen, ländlichen Verhältnissen in Andhra Pradesh und handelt von einem 15-jährigen Mädchen, das sich gegen die sozialen Verhältnisse auflehnt und die

1 VANAJA: Tiefe Konzentration und intensiver Unterricht…

2 …führen zu einem ersten Auftritt vor Publikum.

3 VANAJA: Begeisterung für die Kunst.

Kunst des Kuchipudi-Tanzes erlernen will. Zu gleichen Teilen Sozialdrama, Künstlerfilm und Coming-of-Age-Story sind Gesang und Tanz integraler Bestandteil der Handlungsebene und nicht – wie gelegentlich im Masala-Movie – aus der Narration teilweise losgelöste und eskapistische Szenen. Vanaja arbeitet als Dienstmädchen im Haushalt der reichen Landlady Rama Devi (Urmila Dammannagari) und darf neben ihrer Tätigkeit im Haushalt als Schülerin Rama Devis die Grundlagen der Musik und des Tanzes erlernen, weil ihre Leidenschaft und Begabung nicht zu übersehen sind. Gelegentlich kommt der Sohn des Hauses zu Besuch. Zwischen der pubertierenden Vanaja und dem attraktiven Shekhar (Karan Singh) entstehen gegenseitige erotische Spannungen, allerdings missachtet der erwachsene Mann die Verletzlichkeit und Unantastbarkeit des Mädchens und vergewaltigt Vanaja, die daraufhin schwanger wird. Sie bringt einen Jungen zur Welt und schließt gegen jede Erwartung das Kind sogar ins Herz. Vanajas Vater – liebevoll, aber ein Trinker und Unglückswurm – verkauft das Baby an die reiche Familie, für die ein männlicher Nachkomme wertvoll ist; auch wenn er etwas zu dunkelhäutig geraten ist. Zwar darf Vanaja ihrem Sohn im Haushalt der Landlady inkognito als Kindermädchen nahe sein, allerdings provoziert diese Situation permanent innerfamiliäre Spannungen, so dass Rama Devi die angehende Künstlerin dazu überredet, Dorf und Kind zu verlassen, um – vielleicht – eine große Tänzerin zu werden.

In Domalpallis Film verbindet sich die Coming-of-Age-Geschichte der 15-jährigen Vanaja mit der Initiation in die Kunst des Kuchipudi-Tanzes, der mythologische Stoffe in narrative Gesten und rhythmische Bewegungen übersetzt. Es handelt sich bei allen Tanzszenen in VANAJA um Lehr- oder Aufführungssituationen, d.h. diese zu inszenatorischen Höhepunkten aufgebauten Szenen werden stets aus der Handlung heraus motiviert. Zu den hervorstechenden Qualitäten des vielfach preisgekrönten Erstlingswerks gehört die in den Tanzszenen zum Ausdruck gebrachte psychologische Entwicklung der Hauptfigur, deren Erlebniswelt in die streng ritualisierten Bewegungen integriert ist, so dass ihre Tanzkunst an der Lebenswelt reift. Mamatha Bhukya muss durch die ritualisierten und stilisierten Ausdrucksformen der Mimik und der Tanz-

4 VANAJA: Präsenz der Götter und Dämonen.

5 VANAJA: Kopfbewegungen und Handgesten.

bewegungen wie durch eine Maske hindurch spielen, um die ambivalenten Gefühle ihrer Figur sichtbar zu machen, während sie sich in der Kunst des Kuchipudi perfektioniert. Dabei ist nicht zu übersehen, welch große Nähe zwischen der realen Ausbildungssituation der Debütantin eines Spielfilms und deren fiktionaler Rolle besteht, nicht zuletzt durch die hinter und vor der Kamera angeleitete Einübung des Kuchipudi-Tanzes.

Mamatha Bhukya wurde von dem Regisseur während einer Casting-Tour in ihrer Schule entdeckt und kam sofort in die engste Wahl, obwohl ihr Haar für die Rolle zu kurz war. Schließlich tragen die Frauen auf dem Land traditionell einen sehr langen Zopf. Aber die Laiendarstellerin, die weder über künstlerische Praxis als Schauspielerin noch als Tänzerin verfügte, bewies bereits nach einem Jahr hartem Training ein außergewöhnliches Talent für Tanz und Leinwand. Mamatha Bhukya, ein schmales Mädchen mit zartem Gesicht und provokant offenem Blick, agiert überraschend kraftvoll und direkt. Entgegen des Rollenklischees der demütigen indischen Frau senkt die Figur Vanaja das Haupt selten und stets widerwillig vor den Mächtigen beiderlei Geschlechts. Erlittenes Unrecht setzt sie in physischen Widerstand um, wird sie – was mehrfach im Film geschieht – in die Enge getrieben, findet sie stets verblüffende Auswege. In einer Szene wird sie sexuell bedrängt und bedient sich einer Handgeste, einer Mudrā, zur Anrufung der Göttin Parvati, um den Angreifer abzuhalten. Die Tanzszenen, in denen Vanaja kämpfende Götter und Dämonen in einer Person verkörpert, gliedern den Film und bilden den Leitfaden der Dramaturgie. Als Rama Devi während eines Festes die Gäste belügt und behauptet, die Mutter ihres Enkels sei verstorben, präsentiert Vanaja ihre anschließende Tanzaufführung zwar technisch perfekt, aber unter dem Druck des Zorns über die Demütigung zugleich auch erstarrt wie eine Tote. Bhukyas, das erlittene Unrecht kommentierende Spiel ist fein und doch deutlich wahrnehmbar und ausdrucksstark. Obwohl im Kuchipudi-Tanz Mimik, Gestik und jeder Schritt vorgegeben sind, weil dessen Technik auf unumstößlichen Regeln basiert, entfesselt sich von Tanzszene zu Tanzszene das persönliche Psychodrama einer jungen Frau unter dem Druck der sozialen Verhältnisse.

Auf der Ebene des Schauspiels erweist sich der Film VANAJA zum einen als Paradigma transkultureller Filmkultur, da der in Amerika ausgebildete Regisseur auch in den tradi-

6 Enge Bindung: Guru und Schülerin (VANAJA).

tionellen Künsten seiner südindischen Heimat versiert ist und diese Einflüsse den fertigen Film deutlich prägen. Zugleich besteht aber auch eine intermediale Spannung zwischen den Theatertraditionen Südindiens und dem psychologisch ausgerichteten, filmischen Schauspiel der Darstellerinnen und Darsteller, eine Differenz, die in dem Film VANAJA mehrmals inszenatorisch zu ausdrucksstarken Höhepunkten ausgebaut wird. Domalpallis Debüt wird aber vor allem durch die mehrfach preisgekrönte Darstellungskunst der Hauptdarstellerin zum filmischen Kleinod, da in Mamatha Bhukyas Spiel filmisch inszenierte Psychologie und theatralische Performance aufs Beste ineinandergreifen.

Fallstudie 2: **Mani Ratnams Trilogie** ROJA – BOMBAY – DIL SE

Vergleichbare Spannungsmomente kultureller und stilistischer Art prägen auch das umfangreiche und aus der indischen Filmproduktion hervorstechende Werk des Regisseurs Mani Ratnam, das mittlerweile 24 Filme umfasst und eine Produktionsreise vom Süden in den Norden des Subkontinents angetreten hat. Ratnams Filme kreisen immer wieder um Terrorismus und Gewalt in dem von Attentaten, politischen und sozialen Spannungen geplagten heterogenen Land.[25] In Deutschland wurde der Regisseur durch seinen ersten in Hindi

---

25 Einen sehr wertvollen Einblick verschafft ein neuer Interviewband, der Material zu allen bisher erschienenen Filmen enthält: Baradwaj Rangan: *Conversations with Mani Ratnam*. Indien 2012.

7 Tanzszenen: Bruch mit der Narration und zugleich Kontinuität (DIL SE).

gedrehten Film DIL SE – FROM THE HEART (DIL SE – VON GANZEM HERZEN, Indien 1998) bekannt, allerdings erst im Jahr 2005 mit dem Erscheinen der DVD bei Rapid Eye Movies in Köln. Für den globalen Durchbruch des Films sorgte nicht zuletzt die Besetzung mit dem Bollywood-Superstar Shah Rukh Khan. In Indien wurde DIL SE aufgrund seiner grausamen Thematik zunächst nicht zum Publikumserfolg, erreichte aber dafür im Ausland eine größere Aufmerksamkeit als andere in Mumbai gedrehte Großproduktionen. DIL SE handelt von den traumatischen Gewalterfahrungen der Bevölkerung im Kashmir-Gebiet und der daraus resultierenden Radikalisierung der Opfer.

Ein Mann verliebt sich unsterblich in eine fremde Frau und gerät durch seine Liebe mit den Folgen der Weltgeschichte in Konflikt. Der tamilische Regisseur Mani Ratnam drehte mit dem damals 34-jährigen muslimischen Schauspieler Shah Rukh Khan als Radiojournalisten Amarkanth Varma und der 1970 in Kathmandu/Nepal geborenen Manisha Koirala in der weiblichen Hauptrolle seinen fünfzehnten Film, allerdings zum ersten Mal in Hindi, der Sprache des populären Bollywood-Films. Zudem produzierte er eine in seiner Muttersprache Tamil synchronisierte Version mit dem Titel UYIRE und eine Fassung auf Telugu (PREMA THO). Der 166 Minuten lange Film berührt die wunden Punkte der indischen Geschichte und Gegenwart und endet fatal. Sechs Filmfare Awards[26] und zwei weitere Nominierungen bezeugen den Kritikererfolg der Tragödie, mit der Ratnam thematisch an seine tamilischen Produktionen ROJA (Indien 1992) und BOMBAY (Indien 1995) anschließt, so dass zusammen mit DIL SE eine Trilogie über Terrorismus und religiös motivierte Gewalt entsteht. Die Wurzeln dieser Konflikte sind vor allem in der seit der Teilung schwelenden Kaschmir-Krise im Norden des Landes zu suchen.

Wie Rajnesh Domalpalli stammt auch Mani Ratnam aus dem Süden Indiens und wurde 1957 in der tamilischen Stadt Madura geboren. Er studierte an der renommierten University of Madras (seit 1996 offiziell Chennai), also im Zentrum der südindischen Filmindustrie, die – in Abgrenzung zu dem in Hindi gedrehten und mit dem Etikett «Bollywood» versehenen Mainstreamkino Mumbais – auch «Kollywood» (nach dem Stadtviertel Kodambakkam, in dem die Filmstudios angesiedelt sind) genannt wird. Die Filme werden überwiegend in der dravidischen Sprache Tamil gedreht und gelangen immer noch selten und vor allem nicht in synchronisierter Fassung auf den internationalen Filmmarkt. Aus diesem Grund sind die frühen Werke Ratnams nach wie vor schwer zugänglich, während vor allem seine in Hindi produzierten oder synchronisierten Filme durch die Entdeckung «Bollywoods» im Westen populär wurden.

---

26 Der Filmfare Award ist die indische Form des Oscars. DIL SE erhielt den Award für Choreografie, Kamera, Lyrics, Musik, das Debüt von Preity Zinta und den Playbackgesang von Sukhwinder Singh.

Susanne Marschall

8 Dil Se: Verborgene Innenwelten.

Mit seinen Filmen bewegt sich Mani Ratnam zwischen den verschiedenen Filmkulturen der beiden indischen Produktionsstandorte Mumbai und Chennai (weitere befinden sich in Kolkata, Kerala und Hyderabad) und berücksichtigt zugleich neue Erzählformen und ästhetische Tendenzen des nord- und südamerikanischen Kinos. Letzteres zeigt sich vor allem in den jüngeren Filmen des Regisseurs: Dramaturgisch beerbt der 2004 gedrehte, episodisch aufgebaute und verschachtelt montierte Politthriller Yuva (The Youth of the Land, Indien) die global bekannte Erfolgsproduktion Amores perros (Amores perros – Von Hunden und Menschen, Mexiko 2000) des mexikanischen Filmemachers Alejandro González Iñárritu, allerdings nicht ohne die Besonderheiten der indischen Filmkultur beizubehalten. Denn in Ratnams filmischem Werk mischen sich zugleich die Themen und Inszenierungsvorlieben des südindischen Kinos und des «Bollywood-Stils»: Diese beiden größten Kino-Kulturen Indiens treffen sich in ihrer Leidenschaft für Gesang und Tanz, wobei das südindische Kino beeinflusst durch den chinesischen Film eine Vorliebe für Martial-Arts-Szenen zeigt, welche in die Hindi-Filme erst in jüngster Zeit verstärkt Eingang finden. Generell beobachten die Filmproduzenten in Mumbai den internationalen sowie den südindischen Markt genau und adaptieren erfolgreiche Stoffe für den Hindi-Film. Saathiya (Saathiya – Sehnsucht nach dir, Indien 2002), ein Remake nach einer tamilischen Produktion von Ratnam, ist hierfür nur ein Beispiel von vielen. Mani Ratnams Handschrift ist nicht nur durch seine Offenheit für die dramaturgischen Innovationen des internationalen Kinos, sondern auch durch seine Schauspielregie charakterisiert, die meines Erachtens ein Qualitätsmerkmal seiner Filme darstellt. Es gelingt ihm nicht zuletzt gerade in Dil Se einen psychologischen, zum Naturalismus tendierenden Schauspielstil mit der Expressivität der indischen Ausdruckstraditionen zu verbinden und zwar angepasst an die jeweilige dramaturgische Funktion einer Szene. Vergleicht man Shah Rukh Khans Art des Spiels in Dil Se mit zeitnah entstandenen anderen Filmen des Stars, wird diese Differenz augenfällig, weil Khan auch während der emotionalen Höhepunkte des Films mit ungewöhnlicher Zurückhaltung vor Ratnams Kamera agiert. Zugleich zeichnen sich gerade die typisch indischen Song-and-Dance-Sequences in Dil Se und allen anderen mir bekannten Filmen von Ratnam nicht nur durch die musikalische Virtuosität des Komponisten Allah Rakha Rahman, sondern auch durch eine narrative Verdichtung der aufwändig in Szene gesetzten Choreografien aus.

Für ein westliches Publikum bilden bei den politischen Stoffen, die Ratnam bevorzugt, die in Europa und den USA relativ unbekannten historischen Hintergründe und politischen Kontexte der indischen Kultur zunächst eine Verständnishürde. Diese zu nehmen lohnt sehr, will man auch die aktuelle Nachrichtenberichterstattung über die Krisengebiete

Vielfalt und Synthese

9–16 DIL SE: Der stumme Schrei.

im nahen und fernen Osten besser verstehen. Ratnams Geschichten drehen sich häufig um religiöse Konflikte, die nicht nur in den asiatischen und arabischen Teilen der Welt toben. Fundamentalistisch gesteuerte Gewalteskalationen gehören ebenso wie religiös motivierter Terrorismus zu den Topthemen der internationalen Presse. Eingeklemmt zwischen Afghanistan, der Hochburg der Taliban, und Indien, dem militärisch überlegenen Gegner im Kaschmir-Konflikt, trägt vor allem Pakistan schwer an den Folgen der von den Kolonialmächten gesteuerten Weltgeschichte und zählt zu den gefährlichsten Staaten der Welt. Für die menschlichen und unmenschlichen Konsequenzen dieser besonderen Situation interessieren sich neben Mani Ratnam viele indische Filmemacher.

An den Filmen Mani Ratnams, der nach seinem Management-Studium eher zufällig im Filmstudio landete, aber als autodidaktisches Regie-Talent und als Drehbuchautor unmittelbar Erfolge feiern konnte, haben feste künstlerische Partnerschaften in Bezug auf Musik und Kamera maßgeblichen Anteil. Ratnams Filme sind vor allem durch die Musik des tamilischen Komponisten Allah Rakha Rahman geprägt, der seit seinem Debüt in ROJA im Jahr 1992 mit bislang über einhundert Filmkompositionen unaufhaltsam in den Zenit der indischen Filmmusikszene und zum globalen Star aufgestiegen ist. Für den zum Sufismus konvertierten Rahman, der als Komponist für SLUMDOG MILLIONAIRE (SLUMDOG MILLIO-

17 ROJA: Dorfidylle und pure Lebensfreude.

NÄR, GB 2008) zwei Oscars gewonnen hat, gilt ähnlich wie für Ratnams Filme, dass er aus einer bisweilen wild anmutenden Mischung von Stilelementen etwas einmalig Neues kreiert, dessen emotionale Kraft unüberhörbar ist. Kongenial zu Ratnams Regiestil, energiegeladen und mit physischer Präsenz agieren die Kameramänner Santosh Sivan (ROJA und DIL SE), Rajiv Menon (BOMBAY und GURU, Indien 2007) sowie Ravi K. Chandran (YUVA), der unter anderem Sanjay Leela Bhansalis Ausnahmefilm BLACK (Indien 2005) fotografiert hat.

Indische Filme treiben häufig mit den im Westen standardisierten Formeln des Genrekinos ein wildes Spiel.[27] Die Inszenierung riskiert lebensnahe Brüche, in denen sich Lachen und Weinen, Glück und Schmerz keiner dramatischen Gattung zuordnen lassen. Eine gewisse Lust an der Anarchie innerhalb der filmischen Erzählung ist unübersehbar, weshalb das Kinoerlebnis auf unterschiedlichem Niveau zur emotionalen Berg- und Talfahrt geraten kann und soll. Mani Ratnam nutzt die kreativen Möglichkeiten dieses radikalen Bruchs der Ebenen, weil er das Idyllische, das er liebt, gegen die Katastrophen verteidigt, die aus dem Fanatismus entstehen, den er ablehnt. ROJA ist Liebesgeschichte und Entführungsdrama zugleich: Die blau eingefärbte Exposition des Films zeigt eine militärische Einheit bei der Jagd auf Terroristen in den Wäldern Kaschmirs und wird unmittelbar mit einer ersten Musiknummer konfrontiert, die jene in rotgoldenes Licht getauchte tamilische Dorfidylle feiert, in der die junge Heldin lebt. Rahmans Ohrwurm *Dil Hai Chota Sa* gibt den Takt der euphorisch gefeierten Utopie eines idealen Indiens vor, in dem Jung und Alt, Frau und Mann glücklich vereint leben und inmitten der ländlichen Einfachheit Bildung und Wohlstand in vollen Zügen genießen. Die aufgehende Sonne symbolisiert tamilische Unabhängigkeitsbestrebungen, und die gelben Felder werden in Erinnerung an Mehboob Khans Filmklassiker BHARAT MATA (MOTHER INDIA, Indien 1957) passend zur geografischen Form des Subkontinents abgeerntet, wobei bei Ratnam die Südspitze nach oben zeigt. Dort singt, tanzt und spielt die selbstbewusste Dorfschönheit Roja (Madhoo) zwischen Himmel und Erde, auf reichen Feldern, in glasklaren Quellen und unter einem majestätischen Wasserfall, der im zweiten Song *Rukmani Rukmani* als Kulisse der Hochzeitsnacht zugleich die Elementarkraft der Sexualität symbolisiert, die tänzerisch recht derb und frech dargestellt

---

27 Zum Thema der narrativen Brüche vgl. Latitha Gopalan: *Cinema of Interruptions. Action Genres in Contemporary Indian Cinema.* London 2002.

18 ROJA: Das Naturkind in seinem Element.

19 ROJA: Mani Ratnams indischer Traum.

wird. Anders als in vielen Hindi-Filmen beherrschen auch in den Hauptrollen nicht die normierten Körperbilder der üblichen dekorativen Bollywood-Schönheiten, sondern im Sinne eines Realismus der Erscheinungen dicke, mittlere, dünne und Menschen jedweden Alters die Leinwand. Auch wenn Ratnams Figuren in den Musikszenen von Liebe und Harmonie träumen, stehen sie immer mit beiden Füßen fest auf dem Boden der gesellschaftlichen Realität. Das Naturkind Roja heiratet den Stadtmenschen Rishi Kumar (Arvind Swamy), folgt ihm in den Norden und lernt den warmherzigen Mann lieben. Rishi wird Roja von Terroristen entrissen und entführt. Die Tragödie bricht in die romantische Komödie ein: Mit äußerstem Einsatz und Risikobereitschaft kämpft Roja um Rishis Leben, um ihn am Ende verwundet und geschunden wieder in die Arme schließen zu dürfen. Das Schlussbild greift das Naturphänomen des Wassers wieder auf, allerdings hat dieses – zum Staudamm geworden – im Norden seine fließende Harmonie und Freiheit an eine riesige Betonwand verloren.

Dorfleben und Megacity stehen sich auch in Ratnams Film BOMBAY gegenüber, dessen ausgefeiltes Drehbuch wie im Falle seiner anderen Filme aus eigener Feder stammt. Die historische Realität beansprucht ihren Anteil an der grenzüberschreitenden Liebesgeschichte zwischen Shekhar Mishra Narayan (Arvind Swamy), dem Sohn einer streng religiösen Hindu-Familie, und Shaila Bano (Manisha Koirala), einer von den Eltern sorgsam bewachten Muslima. Deren Liebe auf den ersten Blick stiftet wie in DIL SE der Monsun, der Shailas Burka für einen Moment lüftet und Shekhar einen verbotenen Blick in das zarte Gesicht der jungen Frau zum Geschenk macht, das ihm nicht mehr aus dem Sinn gehen wird. Auch der in Tamil gedrehte Film BOMBAY verdankt seine musikalische Qualität A. R. Rahman, der – wie für die Figur Roja – auch für Shaila ein Lied der aufblühenden Liebesgefühle (*Kannalanae*) komponiert hat, das zu den schönsten Songs des indischen Films gezählt werden kann. Shaila und Shekhar werden gegen den Willen der traditionsverhafteten Väter zum Liebespaar, fliehen aus der engstirnigen Dorfkultur in die scheinbar tolerante Großstadt Bombay (heute Mumbai), heiraten dort und bekommen die eineiigen Zwillinge Kamal und Kabir. Im Zuge der familiären Gerechtigkeit nennen sie ihre Söhne nach den störrischen Großvätern, die sich im Verlauf der Geschichte immer mehr in liebenswert-komische Sidekicks verwandeln, bevor die Handlung eine letzte tragische Wendung nimmt. Kamal und Kabir werden in beiden Religionen erzogen. Ohne zu ahnen, in welch große Gefahr die Kinder dadurch einmal kommen werden, erschaffen Shaila und Shekhar ein lebendes Zeichen der Toleranz, das gleichermaßen fanatische Hindu-Nationalisten wie radikale Muslime zu Gewaltausbrüchen provozieren wird.

Als Ratnams Film BOMBAY in die indischen Kinos kam, saß der Schock über die Zerstörung der Babur-Moschee durch radikale Hindu-Nationalisten in Ayodhya am 6. Dezember 1992 noch tief. Das Attentat hatte in vielen Städten und Regionen Indiens religiöse und nationalistische Unruhen ausgelöst und führte unter anderem auch in Bombay zu regelrechten Straßenschlachten. Davon handelt der zweite Teil des Films und gibt zugleich überraschende Antworten auf die innerfamiliären Konflikte im ersten Teil, vor allem, weil sich die wegen der Unruhen besorgten Großeltern nach vielen Jahren der Trennung von ihren Kindern und Enkeln auf die Reise nach Bombay begeben. Sie statten dort einen Überraschungsbesuch ab, der zur Versöhnung in der Familie führt, während draußen auf der Straße ein besinnungsloser Mob tobt. Die Großelterngeneration wird mit den blutigen Konsequenzen ihrer unreflektierten Traditionsverbundenheit konfrontiert. Und doch lässt sich deren Starrköpfigkeit und Engstirnigkeit innerhalb der dörflichen Welt in ihren Folgen durch das Eingreifen von Freunden und Nachbarn immer noch steuern und sogar bremsen, während der anonyme Ausbruch des irrationalen Volkszorns in der Großstadt nur durch staatliche Gewalt niedergeschlagen werden kann. Diese Momente des Films sind schonungslos: Durch die Dynamik einer in die Attacken des wütenden Mobs involvierten Kamera packt die Inszenierung den Zuschauer regelrecht am Kragen und zerrt ihn mitten in das Chaos der Kämpfe. Der Film BOMBAY mündet in ein ebenso überraschendes wie entschiedenes Bekenntnis zu Humanität und Frieden. DIL SE und damit der Schlusspunkt der Trilogie endet dafür mit einer denkbar schrecklichen Wendung für das liebende Paar.

Das Drama um die unerfüllbare Liebe zwischen Amarkanth – im Film Amar gerufen – und Meghna spielt in den Krisenregionen des indischen Bundesstaates Jammu und Kashmir, außerdem in den Bergregionen Ladakhs, die zwischen Pakistan, Indien und China aufgeteilt sind. Dort arbeitet der charmante Radiomann Amar für den staatlichen Sender AIR (All India Radio), der in ganz Indien und vor allem in vielen verschiedenen Sprachen und Dialekten empfangen werden kann. Dies ist für die weitere Handlung von entscheidender Bedeutung, denn es ist tatsächlich realistisch, dass Amars musikalische Liebesbotschaft *Ae Ajnabi* (Tamil = *Poongkaatrile*) und seine anspielungsreichen Hörspiele ihr Ziel, die Ohren Meghnas, auch erreichen. Während seiner Reisen bleibt Amar nachts an einem Bahnhof hängen. Es regnet in Strömen als der Wind einen schwarzen Umhang von den Schultern eines in der Kälte kauernden Menschen weht und Amar in das traurige Gesicht einer jungen, schönen Frau blicken lässt. Zu den Standardsituationen des Kinos allgemein, aber vor allem des indischen Films, gehört die Verbindlichkeit einer Liebe auf den ersten Blick. In der indischen Kultur stehen zudem häufig die Naturgewalten mit der unmittelbar ausbrechenden Liebe in einem geheimen Bündnis, beflügeln sie und bilden ihre bildhistorisch weitreichende Kulisse. Allem voran das lebenswichtige, aber phasenweise auch gefährliche Wasser in einem entweder von Hitze und Trockenheit oder von den Fluten des Monsunregens gebeutelten Land eignet sich als ambivalentes Symbol für Liebesszenen.

In seiner weichen und warmen Form spielt das Regenwasser mit den Körpern von Mann und Frau sein erotisches Spiel, vor allem in den sogenannten «Wet-Sari-Scenes», die im indischen Mainstream-Kino als Vehikel der Darstellung von Liebesszenen dienen und im Übrigen gleichermaßen den männlichen wie den weiblichen Körper im nassen Kostüm zur Schau stellen. So kalt, hart und ungemütlich wie der Regen Amar und Meghna bei ihrer ersten Begegnung beutelt, lässt dies nichts Gutes erahnen. Landschaften, Naturereignisse und eben die komplexe Wassersymbolik bilden vor allem in den Gesangs- und Tanznummern, die für den Hindi-Film obligatorisch sind, eine eigene Erzählebene, die das indische Publikum zu entschlüsseln versteht. Da diese Natursymbolik auch in der indischen Kunstgeschichte eine zentrale Rolle spielt und auf jahrhunderte alte Vorbilder bezogen ist, sind bestimmte Bildmuster in Indien bekannt und rufen die Erinnerung an die mythischen Paare in den alten Epen *Rāmāyana* und *Mahābhārata* wach, die in vielen Gemälden u. a. aus der Zeit der moghulischen Malerei abgebildet wurden.

Auf religiöse und mythologische Quellen bezogene Vorbilder bestimmen die Figurenzeichnungen in vielen indischen Filmen. Dazu zählen auch die Verhaltensgrundmuster des romantischen Helden, seine Strategien der Eroberung der geliebten Frau. Amar entspricht dem von dem indischen Psychoanalytiker Sudhir Kakar beschriebenen Typus des «Majnun»-Liebhabers, dessen Verzückung so unendlich ist wie seine Leidensbereitschaft.[28] Die aus der persischen Literatur des 12. Jahrhunderts stammende Geschichte von Laila und Majnun ist in verschiedenen Varianten überliefert und nimmt den tragischen Verlauf und die Dramaturgie des späteren Shakespeare-Dramas *Romeo und Julia* vorweg. Kulturhistorisch mischen sich in der traurigen Liebesgeschichte von Laila und Majnun islamische und hinduistische Strömungen.[29] Auch in dieser Beziehung passt der Mythos zum Plot von DIL SE, wobei sich indische Filme zwar auf bestimmte narrative Muster beziehen, diese aber selten komplett umsetzen, sondern überwiegend frei variieren. Dies gilt auch im Besonderen für DIL SE. Die unbekannte Schöne, von der Amar seit seinem ersten Liebesblick besessen ist, taucht immer wieder unter mysteriösen Umständen unter, aber der Zufall stiftet weitere Begegnungen mit dem romantischen Helden, der nach und nach registrieren muss, dass er durch Meghna in Gefahr gerät. Denn diese ist Teil einer Terroristengruppe, deren Protagonisten sich als Revolutionäre begreifen und mit extremen Mitteln darum kämpfen, dass die Problematik ihrer Heimat, des Krisengebiets Kaschmir, öffentlich wahrgenommen wird.

Mit der Teilung Britisch-Indiens im Jahr 1947 endete die Kolonialisierung durch die englische Krone, deren Politik seit langem darauf aus war, die muslimischen und die hinduistischen Bevölkerungsgruppen Indiens voneinander zu trennen. Auf dem Subkontinent herrschte zwischen den religiösen Gruppen traditionell überwiegend Toleranz, doch der Teilungsprozess bereitete diesem Zustand ein Ende. Die Kaschmir-Region liegt zum einen geografisch an einem zentralen Knotenpunkt, zum anderen erheben Indien und das neu gegründete Pakistan Anspruch auf das Gebiet, das zudem durch die Mythologie symbo-

---

28 Sudhir Kakar: *Intime Beziehungen. Erotik und Sexualität in Indien.* Frauenfeld 1994, S. 51. Den Hinweis auf Sudhir Kakars Interpretation verdanke ich Florian Krauß: *Männerbilder im Bollywood-Film. Konstruktionen von Männlichkeit im Hindi-Kino.* Berlin 2007, S. 90.

29 Florian Krauß: *Männerbilder im Bollywood-Film. Konstruktionen von Männlichkeit im Hindi-Kino.* Berlin 2007, S. 90.

lisch aufgeladen ist. Unter dem militärischen und politischen Druck von mehreren Seiten lebt die Bevölkerung Kashmirs im permanenten Ausnahmezustand und wird nicht zuletzt auch durch die indische Armee grausam attackiert. Mit dem Generalverdacht des Terrorismus belastet, werden ganze Dörfer niedergemetzelt. Der indische Schriftsteller Salman Rushdie widmet sich in seinem Roman *Shalimar der Narr* (2005) dieser Konfliktlage, welche dazu führt, dass die unter anderem aus dem Nachbarstaat Afghanistan stammenden «Jihadis» im Kashmir-Gebiet Anhänger für ihren radikal-islamischen Krieg rekrutieren können. Ein weiterer zentraler Schauplatz des Films DIL SE ist die Metropole Delhi, in der das Parlament seinen Sitz hat. In dieser brisanten Gemengelage spielt Mani Ratnams Liebestragödie DIL SE, wovon sogar die Song-and-Dance-Sequences – vor allem das zweite Lied *Dil Se* – affiziert sind.

DIL SE enthält fünf Song-and-Dance-Sequences, die grundsätzlich Teil der Erzählung sind, auch wenn sie in der Imagination des Helden spielen. Vor allem die erste Musik- und Tanzszene *Chal Chaiyya Chaiyya* (Tamil = *Thaiyya Thaiyya*), mit der die Exposition des Films schließt, wurde berühmt. Regisseurin und Choreografin Farah Khan arrangierte die virtuose Szene auf einem fahrenden Zug und wurde für die artistisch gefilmte Choreografie ausgezeichnet. Der dänische Regisseur Lars von Trier zitierte den Tanz der Männer auf dem fahrenden Zug zwei Jahre später in DANCER IN THE DARK (Dänemark u. a. 2000). Der Minnesang in Anlehnung an die persische Liebeslyrik, die vor allem die Poetik der Sprache Urdu beschwört und in einer langen indischen Tradition steht, wird von einer Männergruppe – angeführt von Shah Rukh Khan – einer unbekannten Schönheit dargebracht. Diese ist im Übrigen nicht mit der Heldin identisch, die erst in den späteren Tanzszenen auftritt. Im Mittelpunkt des Interesses trägt die Tänzerin der ersten Szene eine Tracht von muslimischer Herkunft und betört ihren Galan abwechselnd durch weiche und rhythmische Bewegungen, die an arabischen Bauchtanz erinnern. Immer wieder tauchen der Zug und seine tanzenden Reisenden, die durch eine weitläufige, idyllische Bergregion fahren, in die Dunkelheit langer Tunnels ein und aus der Unsichtbarkeit wieder auf. Dadurch ändert sich die Atmosphäre der Szene permanent, wechselt zwischen der Euphorie der Liebe und deren Bedrohung durch ein dunkles Element. Die Landschaften in den Tanzszenen entsprechen im Übrigen im indischen Kino oftmals nicht den Handlungsorten: In DIL SE ist dies allerdings überwiegend der Fall. Erst in einer späteren Tanzszene bricht Ratnam aus dem Zusammenhang zwischen Geschichte und Ort aus und nutzt einen Schauplatz in Kerala, der auf der Handlungsebene nicht von Bedeutung ist.

Zu den visuellen Attraktionen des Films gehören generell die expressiven Lichtstimmungen, mit denen Kameramann Santosh Sivan die Körper der Schauspieler umgibt. Das Licht dringt in dramaturgisch exponierten Dialogszenen tief in die Innenwelt der Figuren ein, zum Beispiel als Amar und Meghna in einem Studioraum des Radiosenders eine intime Aussprache haben und die Lichtstimmung mit jedem Auf- und Zuklappen der Tür zwischen den Farben Rot und Blau kippt. Plötzlich jedoch ist der Raum vollkommen schwarz, bis auf eine schmale weiße Lichtkontur, die Meghnas vordere Silhouette im Profil wie in einem umgekehrten Schattenriss hervorhebt. Immer wieder integriert die symbolische Lichtkomposition Meghnas moralisches Dilemma ins Bild, macht so ihre innere Not und Zerrissenheit sichtbar. Meghna ist durch die Erlebnisse ihrer Kindheit so sehr traumatisiert, dass sie ihre Erinnerungen auch als Erwachsene nicht in Worte fassen kann. Wie in

Bombay, als einer der beiden Jungen, die in letzter Sekunde vor dem wütenden Mob gerettet wurden, aus seinen Albträumen nicht mehr erwachen kann und einen Starrkrampf seines Gesichts erleidet, bleiben Meghnas Schmerzensschreie buchstäblich in ihrem Hals stecken. Meghnas und Kamals Schreie sind stumm. Für beide Szenen hat deutlich erkennbar Edvard Munchs berühmte Bilder-Serie *Der Schrei* Pate gestanden: Der Druck eines Schreis, der sich nicht mit Hilfe der Stimme entladen kann, ist unerträglich schmerzhaft – auch für den Zuschauer. Durch derartige Zitate erweitert Ratnam seine Geschichte um eine Metaebene, die das individuelle Leid exemplarisch für die kollektive Not verstanden wissen will.

Auch andere Filme dienen als Referenzen. Amar und Meghna entstammen unterschiedlichen Kulturen und Regionen Indiens, die unvereinbar zu sein scheinen, auch wenn die gegenseitigen Gefühle heftig sind. Wie Harrison Ford als Polizist John Book die für ihn unerreichbare Amish-Frau Rachel Lapp (Kelly McGillis) in Peter Weirs Film Witness (Der einzige Zeuge, USA 1985) beobachtet auch Amar Meghna im Bad und sie schenkt ihm einen direkten Blick, stolz, ohne Scheu und Scham. Während diese Schlüsselszene in ihrer Inszenierung direkt auf Weirs Film verweist, erinnert sich das mit den indischen Mythen vertraute Publikum an eine der bekanntesten Episoden des blauen Gottes Krishna, der die Hirtenmädchen heimlich beim Baden beobachtet. In der Tanzszene *Satrangi Re* (Tamil = *En Uyire*) zitiert die mit der internationalen Tanzgeschichte vertraute Choreografin Farah Khan den Serpentinentanz der amerikanischen Tanzreformerin Loïe Fuller und schließt die Sequenz mit der Bildformel der christlichen Pietà ab: Meghna hält Amar wie einst Maria ihren gekreuzigten Sohn Jesus auf dem Schoß. Alle Tanzszenen des Films verlangen in ihrer dichten Choreografie nach wiederholter Anschauung. Wie zu Beginn ausgeführt, wurzeln die indischen Filmtänze unter anderem in der Praxis des Yoga und den traditionellen Tanzstilen, was unter anderem in der Tanzszene *Jiya Jalay* (Tamil = *Nenjinile Nenjinile*) deutlich zu erkennen ist. Zur Geschichte des Tanzes im indischen Film gehört neben dieser komplexen Basis aber stets auch die ästhetische Integration aller möglichen kulturellen Erscheinungsformen von Tanz. Gleiches gilt für die Musik und letzten Endes auch für die Inszenierung. Dil Se ist ein herausragendes Beispiel für die Offenheit der indischen Filmkultur für andere Muster und zugleich für ihre Beharrlichkeit in Bezug auf eigene Inszenierungs- und Bildtraditionen. Regisseur Mani Ratnam demonstriert in seinen Filmen eine bewusste Vermischung verschiedener kultureller Formen, in dem kein Bild und kein Zeichen beliebig bleiben.

An diesen und vielen anderen möglichen Beispielen kann verdeutlicht werden, mit wieviel Komplexität eine Analyse indischer Filme zu rechnen hat, auch wenn dies für Uneingeweihte auf den ersten Blick zunächst nicht so aussehen mag. Gerade in den in Indien überaus beliebten Tanzszenen verdichten sich die Hinweise auf traditionelle Körperbilder und Bewegungsformen aus den bildenden und darstellenden Künsten, die im indischen Kontext eng mit spirituellen Ritualen und religiösen Praktiken verbunden sind. Durchaus in Analogie zu der gegenseitigen Durchdringung traditioneller und moderner, östlicher und westlicher Lebenskonzepte und Anschauungen im indischen Familien- und Berufsalltag, bewegen sich auch die Filme in einem semiotischen Zwischenraum, in hybriden Zeichenwelten, die innerhalb neuer Symbolsysteme zwar umgedeutet werden können, aber die Spuren ihrer Herkunft dennoch nicht verlieren. Bezogen auf die Kunst des Schauspiels und somit auch auf die dargestellten Körperbilder, wird diese Mehrdimensionalität nicht selten durch Spannungen zwischen indischen und westlichen Filmtraditionen markiert. Diese ästhetische Hybridität oder Transkulturalität kann auch dann, wenn sie im Ergebnis gelegentlich brüchig erscheint, als ein kultureller Reichtum der Filme begriffen werden. Ob in Theater oder Film, Literatur, Musik oder bildender Kunst: Kunstwerke und Kunstereignisse leben von kultureller Vielfalt, die vielen Künstlern als ein Fundus neuer Ausdrucksmöglichkeiten dienen.

Daniel Devoucoux

Historizität und Modernität

Kostümstrategien in Bollywood-Filmen seit den 1990er Jahren

मumbai ist das Ziel zahlreicher westlicher Reisender geworden, angezogen vom Mythos Bollywood; und zur Freude der Tourismusbranche, die damit lukrative Geschäfte machen kann. Die ideale Lage einiger luxuriöser Hotels wie das Sun'n'Sand oder das JW Marriott in Juhu Beach, einer Art Beverly Hills von Mumbai, bietet sich dafür den reicheren Besuchern geradezu an. Interessiert scheinen diese Besucher aus dem Westen vor allem daran, die Stars der Bollywood-Filme leibhaftig zu erleben. So ist es nicht verwunderlich, wenn das Thema Kino heute in sämtlichen Reiseführern über Indien seinen festen Platz findet. Zum Vergleich: Der *Viva Guide Indien* (RV-Verlag) von 1998 erwähnt das Thema Kino noch mit keinem Wort. Mittlerweile gehören die Blockbuster Bollywoods zur westlichen Kinolandschaft und indische Stars wie Shah Rukh Khan, Preity Zinta, Abhishek Bachchan, Rani Mukherjee oder Aischwarya Rai Bachchan finden sich im cineastischen Repertoire westlicher Jugendlicher.[1] Der Erfolg Bollywoods im Westen wirkt in einer Zeit der «Entzauberung der Welt» in unserer Gegenwart wie eine Rückkehr des Orientalismus, dementsprechend auch ohne Rücksichtnahme auf die unterschiedlichen Wahrnehmungsweisen, Sinnwelten oder kulturell verschiedenen Raum- und Zeitvorstellungen. Auch Bühnenshows mit Stücken wie *Bollywood* oder *Bharati* tragen zu dem zwiespältig erscheinenden Erfolg Bollywoods bei, der weniger ein Indiz für das Interesse an Indien zu sein scheint als ein Hinweis auf die Sucht nach immer neuen Bilderwelten.

Europäer schickt ein Bollywood-Film auf eine Art Zeit- und Weltreise – und zwar auf der Ebene der Rezeption ebenso wie in ihrer narrativen Konstruktion. Nach Auffassung des Filmtheoretikers Christopher Vogler, der sich auf die Überlegungen des Mythenforschers Joseph Campbell von 1949 bezieht, folgen narrative Filme fast immer dem mythologischen Grundmuster der Reise, im westlichen Unterhaltungskino wie im Bollywood-Kino, unabhängig von Filmdauer oder realer bzw. fiktiver Vorlage.[2] Der Monomythos der Heldenreise

---

1 Ein Beispiel für die Popularität indischer Stars im Westen ist Shah Rukh Khan, «der größte Star der Welt», der 2007 anlässlich einer Eröffnung eines Megastores in Paris vom Fernsehen interviewt wurde, das dafür wiederum ein Interview mit Tom Cruise absagte. Vgl. Michael Zirnstein: «Die sind Helden». In: *Süddeutsche Zeitung*, 3.4.2008.

2 Vgl. Joseph Campbell: *The Hero with a Thousand Faces*. New York 1996, S. 56; Christopher Vogler: *Die Odyssee des Drehbuchschreibers. Über die mythologischen Grundmuster des amerikanischen Erfolgskinos*. Frankfurt am Main 1999.

1 Gayatri Yoshi in Luzern während der Dreharbeit von SWADES.

ist ein zentrales Motiv im Erzählrepertoire der Menschheit[3], welches mittlerweile vollständig vom touristischen Blick vereinnahmt zu werden droht.[4] Auch dem indischen Publikum werden Landschaftsbilder aus der Schweiz, Bayern, Österreich, Neuseeland oder Südafrika dargeboten, sowie Reiseeindrücke des eigenen Subkontinents (Abb. 1). Umgekehrt wurde Indien bereits seit dem 19. Jahrhundert mit dem europäischen Blick durch eine kolonial geprägte Bild- und Schriftwelt erschlossen: Reisefotografien, Reisebücher, Zeitschriften und Fernsehreportagen haben eine regelrechte Ikonografie touristischer Bilder hervorgebracht und mit ihr die entsprechenden Stereotypen wie die von «l'Inde perpetuelle» (Ewiges Indien): In vielen Bildern, Vorstellungen und Stereotypen verkörpert sich idealtypisch das Konzept des Orientalismus im Sinne Edward Saids.[5] Dieses kolonialistisch konstruierte Bild Indiens ist aber heute – so scheint es – selbst zum Bestandteil der Bollywood-Fantasien geworden. Ich gehe daher auf zwei scheinbar gegenläufige Aspekte ein:[6] die Tendenz zur Selbstorientalisierung und jene zum Okzidentalismus.

Mit dem Begriff der Selbst-Orientalisierung wird in den postkolonialen Studien ein Prozess der modernen Aneignung von alten kolonialen Bildern unter globalen Bedingungen beschrieben, der allerdings eigene Ziele und Absichten verfolgt und dessen Strategien variieren. Diese Perspektive betrifft nicht nur westlich-östliche Beziehungen. Dorinne Kondo spricht beispielsweise in ihrer Untersuchung über moderne japanische Designer und Designerinnen von einem so genannten Counter-Orientalismus, worunter sie die Methode der kritischen Hinterfragung japanischer Identität mittels asiatischer Stereotype versteht.[7] Sandra Niessen, Ann Maire Leskovich und Carla Jones sehen in dieser Selbst-Orientalisierung ein Resultat der aktuellen Globalisierung, in der durch heimliches Gendering traditionelle Bewertungsmuster vor allem im Bereich von Konsum und Mode wiederbelebt werden, wie z. B. das Bild der unterwürfigen, passiven Asiatin. In der Realität wird dieses Klischee von den betroffenen Akteurinnen unterlaufen und mithilfe anderer Praktiken und neuer Selbstbilder konterkariert. Die Folgen sind zu vielfältig, um sie auf einen generalisie-

---

3 Campbell, *The Hero with a Thousand Faces*, S. 43.
4 Vgl. John Urry: *The Tourist Gaze*. London 2002.
5 Vgl. Edward Said: *Orientalism. Western Conceptions of the Orient*. Middlesex 1995.
6 Weitere Aspekte des indischen Kinos bietet z. B. die Fusionsperspektive (Gertrud Lehnert und Gabriele Mentges (Hrsg.): *Fusion Fashion. Culture beyond Orientalism and Occidentalism*. Frankfurt am Main/ Bern u. a. 2013), die sich an die Vorstellung der Fusionskultur orientiert, die integrierende Perspektive, worunter ich die realistische Bezugnahme der Filme verstehe oder die optionale Perspektive, die Kleidungskulturen als Optionen verhandeln wie z. B. im Film RANG DE BASANTI (DIE FARBE SAFRAN / JUNGE REBELLEN, Indien 2006).
7 Dorinne Kondo: *About Face. Performing Race in Fashion and Theater*. New York 1997, S. 55–58.

renden Nenner zu bringen.⁸ Den Gegenpart zum Orientalismus neuer Prägung bildet der Okzidentalismus, d. h. die Vorstellungs- und Denkmuster, die sich z. B. die indischen oder japanischen Kulturen vom Westen ausmalen, wobei dieser nicht einfach als symmetrische Umkehrung des Orientalismusphänomens oder als Gegenstrategie zu lesen ist, sondern als Resultat eines Zusammenspiels vieler Elemente (Abb. 2). Dieser Begriff des Okzidentalismus ist mit Sicherheit mit Edward Saids Schema nicht zu verwechseln, so Irmela Huiya Kirschnereit⁹, aber stellt in jedem Fall eine «Antwort auf die Herausforderung durch den Westen» dar. Beide Phänomene sind im aktuellen Bollywood-Film präsent. Meine Untersuchung geht am Beispiel der Kostümbilder und der Kostümdramaturgie daher folgenden Fragen nach: Wie manifestiert sich dieser Selbst-Orientalismus? In welchen Konstellationen tritt er auf? In welcher Weise erzeugt er einen indisch-spezifischen Okzidentalismus?

2 Aamir Khan (DJ) und Alice Patten (Sue) in RANG DE BASANTI.

Die Beschäftigung mit Filmkostümen gestattet eine privilegierte Perspektive: Kleidung geht eine symbiotische Verbindung mit dem menschlichen Körper und so auch mit dem Schauspieler ein. Durch Kleidung erfindet sich die Kultur neu und zwar durch sinnliche Veranschaulichung. Filmkostüme und modische Konsumwelten greifen gerade am Beispiel Indiens eng in einander: Prächtige traditionelle Filmkostüme, Ethno-Kleidung auf Modenschauen, Textilien aus Indien, Kashmir-Mode, cross-kulturelle Einflüsse und unzählige Werbe- und Tourismusfotos von Saris¹⁰, Shalwar Kameez¹¹, Lehenga Choli¹² und Dhotis (Wickelhosen). Sowohl für den westlichen wie indigenen Blick entfaltet sich ein schillerndes kulturelles Panorama an Farben, Ornamenten und Formen, in dem Realität, Fantasie und Fremdenverkehr miteinander zu verschmelzen scheinen. Bollywood übernimmt in diesem Kontext eine besondere Aufgabe.¹³ Ich wähle bewusst den Begriff der Aufgabe, weil das Vor-

---

8   Vgl. Sandra Niessen / Ann Maire Leskovich / Carla Jones (Hrsg.): *Re-Orienting Fashion. The Globalization of Asian Dress*. Oxford/New York 2003; vgl. Emma Tarlo: *Clothing Matters. Cloth and Identity in India*. London 1996, S. 33–42.
9   Irmela Huiya Kirschnereit: «Okzidentalismus. Eine Problemskizze». In: Dirk Naguschewski / Jürgen Trabant (Hrsg.): *Was ist hier «fremd»? Studien zur Sprache und Fremdheit*. Berlin 1997, S. 154–159.
10 Gewickeltes, ungenähtes und ungeschnittenes indisches Kleid der Hindufrau.
11 Indische Gewandform, die aus drei Teilen besteht: ein langes Hemd, eine Hose und eine Dupatta (Schal).
12 Indischer eleganter Frauenrock mit kurzem Mieder.
13 Allerdings kennt das indische Kino verschiedene Blickregime, die ihresgleichen im Westen suchen (so *nazar*, Blickregime, manchmal auch böser Blick, oder *drishti*, ein religiös geprägtes Blickregime). Vgl. Woodman Tylor: «Visual Display in Popular Indian Cinema». In: Sumathi Ramaswamy (Hrsg.): *Beyond Appearances? Visual Practices and Ideologies in Modern India*. New Delhi/London 2003, S. 301–306. In ähnlicher Weise sind auch die Blickregime in Bezug auf Kleidung, Formen, Farben oder Stoffe verschieden.

gehen der Hindi-Filmproduzenten – so meine These – eine planvolle und zielorientierte Kostümstrategie erkennen lässt. Selbst-Orientalisierung und Okzidentalisierung kommen dabei in unterschiedlichen Konstellationen zum Zuge: z. B. in Form von Historienfilmen oder in unmittelbarer Auseinandersetzung mit der Modernität. Illustriert und diskutiert werden soll diese Beobachtung am Beispiel stilprägender und kommerziell erfolgreicher Filme.

Krisenbewältigung als Chance

Die dargestellte Strategie muss im Kontext der tiefen Krise verstanden werden, in der sich das Bollywood-Kino Ende der 1980er und in den 1990er Jahre befindet. Das Filmgeschäft verschlechtert sich radikal, so dass eine inhaltliche Neuausrichtung zwingend notwendig ist. Aus ihr resultiert auch die langsame «Eroberung des Weltmarktes». Vergleichbare Prozesse durchlaufen alle populären Kino-Kulturen der relevanten Produktionsstandorte.

Die Krise der 1990er Jahre hat verschiedene Gründe: Einer davon liegt in der inhaltlichen Ausrichtung der meisten Bollywood-Filmproduktionen, in denen aus Angst vor finanziellen Misserfolgen zunehmend eine Konzentration auf Liebes- und Actionfilme mit zunehmenden Gewaltexzessen und billig dargestellter Sexualität zu beobachten ist. Zielgruppe ist das männliche Publikum der ärmeren Schichten. Das aus der wachsenden Mittelschicht stammende, zunehmend kaufkräftigere junge Publikum fühlt sich dagegen von vielen Filmen dieser Art befremdet und sogar abgestoßen.[14] Eine zweite Ursache liefern die undurchsichtigen Verhältnisse Bollywoods, das durch seine Verbindung zur Mafia eine Zeitlang regelmäßig für negative Schlagzeilen sorgt. Noch im Jahr 2000 schlagen trübe Geschäfte Bollywoods mit der Unterwelt Wellen in der Öffentlichkeit. Im Januar 2001 wird der Filminvestor, Immobilienspekulant und Diamantenhändler Barat Shah verhaftet: «Bollywood Godfather II» und zwei Wochen später «Bollywood. The Plot Thickens» – so titelt die Wochenzeitschrift *India Today*.[15] Nicht nur seine von ihm finanzierten erfolgreichen Filme wie Hum Tumhare Hain Sanam (Indien 2000), Chori Chori Chupke Chupke (Indien 2001) oder Devdas (Indien 2002) geraten dadurch ins Zwielicht. Aufregung entsteht vor allem durch die Entdeckung, dass der «Pate» die Ermordung Shah Rukh Khans und Hrithik Roshans geplant hat, weil sich beide Filmstars geweigert haben, mit der Mafia zu kooperieren. Kurz zuvor ist der Filmproduzent Rakesh Roshan, Vater von Hrithik, knapp einem Anschlag entgangen, weil er sich dem Druck der Mafia widersetzt und sich geweigert hat, Schutzgelder zu bezahlen. Barat Shahs Nähe zu den Kreisen der Macht – er lässt sich mit Vorliebe mit hohen Politikern oder Superstars fotografieren – macht seine Verhaftung umso spektakulärer.[16] Durch die unterdessen erfolgte staatliche Anerkennung der Filmpro-

---

14 Vgl. Manjunath Pendakur: «Zur Ökonomie der indischen Filmproduktion». In: Jörg Becker / Werner Oesterheld (Hrsg.): *Realität und Illusion. Der indische Film im Globalisierungsstrudel*. Düsseldorf 2004, S. 17–20, siehe auch Statistik, S. 17.
15 Vgl. Sheela Raval / Anupama Chopra: «Bollywood Body Blow». In: *India Today*, 16. bis 22.1.2001, S. 24–30.
16 Vgl. Sheela Raval, Shankar V. Aiyar: «Return of the Dons». In: *India Today*, 26.12.2000 bis 1.1.2001, S. 20–26; Vgl. *Frontline. India's National Magazine* (The Hindu), Vol. 19, Issue 17, 17. bis 30.8.2002, ohne Seitenangabe. Mehr über die Verstrickung der Mafia im öffentlichen Raum Bombay in Suketu Mehta: *Bombay. Maximun City*. Frankfurt am Main 2008, S. 201–364.

3 Shah Rukh Khan (Rahul) und Rani Mukherjee (Tina) in KUCH KUCH HOTA HAI.

duktionsbranche, die eine leichtere und vor allem legale Beschaffung von Produktionsmitteln ermöglicht, allerdings auch den Sponsoren größeren Einfluss sichert, haben sich die strukturellen Rahmenbedingungen deutlich verändert mit entsprechenden Nebenwirkungen. Eine davon ist das Product-Placement: «Die Werbeindustrie subventioniert die Filme, indem sie den Lebensstil der Stars finanziert. Umgekehrt sorgen die Filme für den Umsatz des Produkts. Das Product-Placement in indischen Filmen hat Dimensionen erreicht, die in Hollywood völlig unbekannt sind».[17]

Mittlerweile hat sich der Bollywood-Film durch die Erweiterung seiner Themenfelder und die damit verbundene Neuausrichtung auch ein neues Profil geschaffen. Der Erfolg von Produktionen wie HUM AAPKE HAIN KOUN! (WHAT AM I TO YOU...!, Indien 1994), KUCH KUCH HOTA HAI (UND GANZ PLÖTZLICH IST ES LIEBE, Indien 1998) (Abb. 3) oder von DDLJ – DILWALE DULHANIA LE JAYENGE (WER ZUERST KOMMT, KRIEGT DIE BRAUT, Indien 1995) bestätigt die strukturellen Veränderungen und die Suche nach innovativen Wegen auf positive Weise.

Doch eine zweite, durch den technischen Medienwandel bedingte Krise muss nach der Jahrtausendwende bewältigt werden. Zwischen 2003 und 2004 melden 80% der Filme in Bollywood Verluste an. Verantwortlich dafür sind die in Indien spät einsetzende Entwicklung und der Erfolg des Privatfernsehens sowie die DVD-Piraterie.[18] Die Filmindustrie reagiert mit dem Bau von Multiplex-Kinos, welche die großen traditionellen Kinosäle verdrängen. Die in Technik und Komfort besser ausgestatteten Multiplex-Säle werden zum Lieblingsfreizeitziel der zahlungskräftigen Mittelschicht. Konsequent werden auch die Filmproduktionen auf den Geschmack eines segmentierten und in sich differenzierten Publikums ausgerichtet, dessen Kernstück die Mittelschicht bildet. Damit ist das Ende des traditionellen Musterfilms für die indische XXXL-Familie und die Reform des Masalafilms eingeläutet. Um der DVD-Piraterie vorzubeugen, starten kommerzielle Filme nun häufig in 400 bis 600 Kinos gleichzeitig in ganz Indien – vor allem in den urbanen Zentren.

Diesen Wandel im Hinblick auf Inhalt und Look zeigte als eine der ersten Produktionen der Film HUM AAPKE HAIN KOUN von Sooraj R. Barjatya, ein Meilenstein der neuen

---

17 Mehta, *Bombay. Maximum City*, S. 524.
18 Vgl. Vanita Kohli: *The Indian Media Business*. Neu Delhi 2003, S. 126 f.

4 Anupam Kher (Pr. Choudoury) in HUM AAPKE HAIN KOUN.

Bollywood-Ära. Trotz eines bescheidenen Budgets wurde die schlichte Familienromanze um eine utopische Gemeinschaft in ganz Indien zu einem riesigen kommerziellen Erfolg, durch den Bollywood sich von den Action- und Gewaltorgien distanzierte. Die Figurenkonstellation des Films verkörpert die indische Gesellschaft in ihrer ungeheuren Vielfalt an Kulturen, Sprachen, Traditionen und Religionen. Noch sind Bildsprache und Kostümdramaturgie unsicher, doch Bollywood sucht deutlich einen Anschluss an die neue (Post)Modernität. Neben der im Mittelpunkt des Films stehenden Liebesgeschichte gibt es kaum Auseinandersetzungen, sondern konfliktfrei ausgetragene Dialoge zwischen den Polen Modernität und Tradition. Die Kostüme symbolisieren dabei die inneren Merkmale der Familienstruktur. Mit der Typisierung der Charaktere durch die Kostüme schließt sich der Film westlichen Inszenierungsmethoden an, wenngleich nach gröberem Muster gearbeitet wird. Ältere, d.h. zumeist verheiratete weibliche Familienmitglieder treten als Zeichen ihres Status im Sari auf, junge Frauen wiederum tragen Jeans und T-Shirts, während die Männer – hier Wissenschaftler – in Anzügen oder *khadis* zu sehen sind.[19] Jüngere Männer wie auch der Held Prem (Salman Khan) tragen bunte westliche Kleidung. Die Farben der Kostüme bieten für westliche Zuschauerinnen und Zuschauer einen regelrechten Augenschmaus und auf sexuelle Anspielungen und Gewalt wird verzichtet (Abb. 4).[20] Der Film ist insgesamt ein «clean family movie». Er erzählt nicht nur von einer «joint-family», sondern vielmehr von einer bestimmten indischen Familienmoral und der Bewahrung von Traditionen im Kontext heutiger Urbanisierung. Im Kleidungsstil äußert sich die traditionelle Rollenverteilung von Geschlecht und Alter mit ihren unterschiedlichen Anpassungsgraden an die Modernität. Der Filmstar Madhuri Dixit lieferte selbst einen treffenden Kommentar zum Film, als sie 1994 den Filmfare Award als beste indische Schauspielerin erhielt: Der Film «presents a perfect Utopia about simple values and guileless people».[21] Dieses neue Kino der Mittelschichten ist trügerisch, weil sich bei genauer Betrachtung die Liebesge-

---

19 Vgl. Julia Leslie: «The Significance of Dress for the Orthodox Hindu Woman». In: Ruth Barnes / Joanne B. Eicher (Hrsg.): *Dress and Gender. Making and Meaning in Cultural Contexts*. Oxford/New York 1992, S. 198–213; Vgl. Daniel Millers / Mukulika Banerjee: *The Sari*. Oxford/New York 2003; Vgl. P. Joshi: «Continuity and Change in Hindu Women's Dress». In: Ruth Barness / Joanne B. Eicher (Hrsg.): *Dress and Gender. Making and Meaning in Cultural Contexts*. Oxford/New York 1992, S. 214–231.
20 Vgl. Daniel Devoucoux: *Mode im Film*. Bielefeld 2007, S. 237f.
21 Moti Gokulsings / Wimal Dissanayake: *Indian Popular Cinema. A Narrative of Cultural Change*. Neu Delhi 1998, S. 44.

schichte zwischen Prem und Nisha (Madhuri Dixit) «ausschließlich innerhalb des neuaristokratischen und religiösen Raums einer endogamen Familie und völlig konform an den Diktaten der Hindu-Ideologie»[22] entfaltet.

Historizität

Im Internet boomen heutzutage Webseiten, die im großen Stil und in sämtlichen Variationen Kleidung und Mode aus Bollywood anbieten: Saris, Dupattas (Schal), Cholis (kurzes Mieder), Lehengas[23], Lehenga-Cholis, Salwar Kameez, Churidars[24], Ghagras[25], Georgettes oder Kurtis[26], Lungis[27] mit all den Halsketten, Armreifen, Ohrringen und Fußkettchen – ganz wie sie die Stars der indischen Megapole tragen. Für Männer bietet sich eine ebenso breite Auswahl an Dhotis, Lungis, Pyjamas (lockere Hose), Kurtas[28], Jamavars (Schal), Ghatcholas, Sherwanis[29] oder Khantas. Aber sehen die Stars Bollywoods wirklich so aus? Als Aishwarya Rai 2002 in Cannes einer Kutsche entsteigt, um in einem elegant bestickten, orange-gelben Sari den roten Teppich entlang zu schreiten und dabei allen anderen Stars die Schau zu stehlen, bestätigt sich dieser Eindruck. In fast identischem Kostüm spielt sie in einer Szene des Films DEVDAS, welcher beim gleichen Festival präsentiert wird. Preity Zinta und Rani Mukherjee tragen hingegen den moderneren urbanen Salwar Kameez, als sie gemeinsam mit Shah Rukh Khan und dem Regisseur Yash Chopra im April 2006 im Pariser Grand Rex den Film VEER–ZAARA (Indien 2004) präsentieren. Die männlichen Stars erschienen in westlicher Kleidung. In ihrem nuanciert mit Differenzierungen spielendem Erscheinungsbild versinnbildlichen die prominenten Akteure jene, im heutigen Bollywood-Film angelegten verschiedenen vestimentären Diskurse und verweisen auf neuartige Bilderwelten. Ein solcher Weg wird z. B. mit dem bereits erwähnten Film DEVDAS nach Sharat Chandra Chattopadhyays (1876–1938) Romanvorlage (1917) eingeschlagen, bei dem Sanjay Leela Bhansali Regie führte. Die Geschichte handelt von der tragischen Liebe des Helden Devdas (Shah Rukh Khan) zu seiner Jugendfreundin Paro (Aishwarya Rai) und spielt in den ersten Jahrzehnten des 20. Jahrhunderts. Devdas' erster Auftritt – er kehrt von seinem Studium aus England zurück – erfolgt in der Aufmachung des weltmännischen Großstadtbewohners von westlicher Herkunft mit Gehstock, Zigarre, Fliege und Hut. Allmählich jedoch findet Devdas zu den traditionellen indischen Kleidungsgewohnheiten wie Dhoti und Kurta zurück. In Bhansalis Film werden sämtliche indische Kleidungsklischees abgerufen: Am deutlichsten kommt dies in der Tanzszene mit der schönen Prostituierten Chandramukhi (Madhuri Dixit) (Abb. 5) zum Ausdruck, als sie barfüßig vor Devdas ihren

---

22 Valentina Vitali: *Socio-cultural Dimension (Portraying Family as a Code) in Hindi Cinema.* Neu Delhi 1995, S. 8.
23 Eleganter langer Frauenrock.
24 Indisches Frauengewand ähnlich den Shalwar Kameez, jedoch enger und kürzer.
25 Langer, weiter Rock mit vielen Falten.
26 Kurze, ärmellose Tunika.
27 Indisches dhotiähnliches Beinkleid der Männer.
28 Indische Tunika der Männerkleidung.
29 Nationalkleid in Pakistan bestehend aus einer eng passenden Hose und einen Oberteil.

5   Madhuri Dixit (Chandramoukhi) in DEVDAS.

Tanz vorführt: prächtig gekleidet in einem erotisierten, islamisch inspirierten Shalwar Kameez, reich behangen mit Ringen an Armen und Füßen, dazu der lang herab fallende Schleier über der leicht transparenten Kleidung, außerdem die mit Henna bemalten Hände und Füße – diese Accessoires lassen in der Figur der Tänzerin das alte Indien wieder auferstehen. Sie verkörpert mithilfe der modernsten Technik eine der ältesten Figur der indischen Kulturen, die dem Kino eine reiche und vielfältige Projektionsfläche angeboten hat[30]: Tänzerinnen, zugleich auch Kurtisanen, waren fester Bestandteil der traditionellen Festkultur und die einzigen Frauen, die öffentlich auftreten durften. Sie genossen teils sogar einen angesehenen, doch sozial prekären Status.[31] Bhansali ging es keineswegs um eine werkgetreue Umsetzung des Romanstoffs. So erfindet der Film einen monumentalen upper class Self-Orientalismus für die indischen Mittelschichten. Bereits die Häuser der Mittelschichten wie das Haveli (indische Villa, kleiner Palast) von Paro, oder der Kotha (ein Freudenhaus oder Etablissement), in den Chandramukhi tanzt, – er hat allein 120 Millionen Rupien gekostet [32] – konkurrieren mit den prachtvollsten Paläste der Maharadschas (vor Indira Gandhi).[33] Dekor wie Kleidung evozieren ein sinnliches, üppiges und luxuriöses Indien, wie es seit Beginn der Mogulherrschaft im 11. Jahrhundert in Erscheinung getreten war und im 18. Jahrhundert dann den endgültigen Niedergang erlebte.

Selbst wenn Devdas' Kleidung im Film moderat bleibt, nimmt ihn die indische Stimmung zunehmend gefangen. Regie, Ausstattung und Kostümdesign, Kamera und Licht ziehen sämtliche Register für eine unglaublich aufwändige, geradezu traumhaft anmutende Prachtentfaltung (Abb. 6). Nicht zufällig gilt dieser Film als einer der teuersten der indischen Filmgeschichte. Dass diese sinnlich inszenierten Dekorationen und Kostüme ihre Wirkung auf das indische bzw. internationale Publikum nicht verfehlt haben, bezeugt das Beispiel der Hochzeit der Schauspielerin Liz Hurley mit dem indischen Millionär Arun Nagar im März 2007 in Jodhpur. Die Feierlichkeiten wurden detailgetreu nach dem Muster von Bollywood, vor allem was die Kleidung anging, arrangiert. DEVDAS scheint genau jene Bildwelten anzubieten, die den Sehnsüchten eines breiten Publikums entsprechen und gleichzeitig auf dem globalen Markt erfolgreich ein neues indisches Selbstverständnis ver-

---

30 Das bekannteste Filmbeispiel liefert UMRAO JAAN (Indien 1976) von Muzaffar Ali.
31 Zur gesellschaftlichen Rolle dieser Kurtisanen in Indien vgl. Margrit Pernau: *Bürger mit Turban. Muslime in Delhi im 19. Jahrhundert*. Göttingen 2008, S. 124–140.
32 In den Film City Studios von Mumbai gedreht. Mehr Information auf http://www.imdb.fr.
33 Siehe dazu ergänzend meinen Vortrag (in französischer Sprache) mit anderen Schwerpunkten «Bollywood ou la réinvention de l´orientalisme et de l´occidentalisme dans le cinéma indien actuel». Vortrag zur Tagung: *Fusion Culture*. Universität Potsdam 7.11.2009. Publikation «Bollywood, ou la réinvention de l'orientalisme et de l'occidentalisme dans le cinéma indien actuel.» In: Gertrud Lehnerts / Gabriele Mentges (Hrsg.): *Fusion Fashion. Culture beyond Orientalism and Occidentalism*. Frankfurt am Main/Bern u.a. 2013, S. 131–149.

mitteln, welches mit Recht als «Selbst-Orientalisierung» bezeichnet werden kann. «In meiner weitläufigen Verwandtschaft in England und Amerika», schreibt Suketu Mehta, «haben die Filme die alten Traditionen der Hindu-Hochzeit ersetzt. Die Kostüme, Dekorationen und viele Zeremonien werden aus den Filmen übernommen, die man sich jeden Abend auf Video ansieht».[34] Filme wie Devdas untermauern dazu die Bemerkung des Soziologen M. Prasad, dass der Diskurs der indischen Mittelschichten in der Welt der Upper-Class stecken geblieben sei.[35] Mit der Verlagerung des Geschehens in eine historisch nicht bestimmbare «nahe Ferne» werden Kolonialgeschichte und modernisierte Gegenwart verknüpft und gleichzeitig global konsumierbar gemacht. Durch den Verzicht auf jegliche soziale, kulturelle wie historische Differenzierung, versehen mit einer durchaus subtilen Ambivalenz, entsteht das Bild einer homogenen indischen Kultur, die Identifikationsangebote für alle bereit hält. So birgt die in Devdas dargebotene spannungsfreie Vermischung des muslimisch geprägten Stils mit der hinduistischen Kultur – die Männer tragen die gewickelte Kleidung hinduistischen Ursprungs – auch ein integratives Potenzial für die religiös gespaltene indische Gesellschaft von heute.

6 Madhuri Dixit (Chandramukhi) und Aishwarya Rai (Paro) in Devdas.

Wie Devdas bedienen auch Lagaan: Once Upon a Time in India (Lagaan – Es war einmal in Indien, Indien 2001) und Mangal Panday (Mangal Pandey: The Rising, Indien 2005) erfolgreich das Thema der sozialen und religiösen Integration. Erleichtert wird dies durch den Umstand, dass die Handlung beider Filme im 19. Jahrhundert angesiedelt ist und so Raum für Kritik an der Kolonialzeit bietet. Auch Umrao Jaan (Indien 2006) von J. P. Dutta, ein Remake des legendären Klassikers von Muzzafar Ali, gehört in diese Reihe.

Moghul Pracht

Mit dem Monumentalfilm Jodhaa Akbar (Indien 2008) ging man noch weiter in der Geschichte zurück, um das Leben Jalaluddin Muhammad Akbars im 16. Jahrhundert mit prachtvollen Bildern, Ausstattungen und Kostümen zu verfilmen – «der definitive Film

---

34 Mehta, *Bombay. Maximum City*, S. 502.
35 M. Madhava Prasad: *Ideology of the Hindi Film*. Oxford/Neu Delhi 1998, S. 163. Dies umfasst auch die Strategien von Netzwerkbildung, darunter von Familiennetzwerken, die immer wieder den Kastendiskurs im urbanen Umfeld fortsetzen. Ebd., S. 163.

7 Akbar steht einer religiösen Versammlung in der Ibadat Khana von Fatehpur Sikri vor. Miniatur von Nar singh (Ca. 1605). Die zwei Jesuiten in Schwarz sind vermutlich Rodolfo Acquaviva und Francisco Henriques.

über das Mughal Reich.»[36] Offenbar in Anlehnung an die Ästhetik der zahlreichen überlieferten und detailverliebten Miniaturmalereien der Mogulzeit entfaltet der Film den ganzen Reichtum der Kleidungskultur der Mogulherrscher, welche hier in allen Facetten inszeniert wird (Abb. 7): Die männlichen Figuren tagen ein Katzeb bzw. eine Patka (Schurz) oder die Jamah, einen langen Rock, der bis zur Mitte der Waden reicht, mit dem Pashvaz, einer Art Kurta, darüber, gelegentlich dazu ein Farji (langer Rock) oder eine Nimtana (Jacke) und ein Shalwar sowie Turbane, welche die soziale und berufliche Stellung anzeigen. Spätestens hier wird ersichtlich, dass nicht nur Miniaturmalereien als Vorlagen dienten, sondern viel mehr noch das indische nationalistische «Genre», d. h. Bilder von nationalen Helden aus dem späten 19. und frühen 20. Jahrhundert.[37]

Bei der herrschaftlichen Kleidung Akbars (Hrithik Roshan) handelt es sich hauptsächlich um prachtvolle Chogas (weites Oberteil) aus Zirabrokat oder um Khilats (Ehrenröcke), die in den herrschaftlichen Karkhanas (Manufakturen) hergestellt wurden. Dazu wurden Pantoffel kombiniert, die bereits unter dem Herrscher Humayun die Schaftstiefel ersetzt hatten, und der Siqamash, ein reich mit Knöpfen besetzter Gürtel. Bei den weiblichen Figuren sind es lange, bis zu den Knöcheln reichende Röcke, Ghagras oder Lehangas (der obere etwas kürzer und mit weiten Ärmeln), ein Shalika (Jäckchen), ein langer breiter Shalwar und ein Stirnband. Auch der Brustschlitz bis zur Nabelhöhe durfte nicht fehlen. Eine Art Stirnband oder Diadem (Taq) zierte das häufig offen getragene Haar, darüber ein weites schleierartiges Tuch, eine Chitragupita (Schleier).[38] Die hinduistische Rajputīn-Prinzessin Jodhaa (Aishwarya Rai) dagegen trägt entsprechend prachtvolle Saris (Abb. 8). Abu'l Fazl Allami im *Akbarnama* erwähnt im dritten Band seines Werkes Ain-i-Akbari zahlreiche historische Details aus der

---

36 Marco: *Filmkritik Jodhaa Akbar.* http://molodezhnaja.ch/jodhaaakbar.htm (16.2.2008).
37 Vgl. Christopher Pinney: «‹A Secret of Their Own Country› or How Indien Nationalism Made Itself Irrefutable». In: Sumathi Ramaswamy (Hrsg.): *Beyond Appearances? Visual Practices and Ideologies in Modern India.* Neu Delhi/Thousand Oaks/London 2003, S. 113–150.
38 Vgl. Hermann Goetz: «Kostüm und Mode an den indischen Fürstenhöfen in der Großmogul-Zeit (16./19. Jh.)». In: *Jahrbuch der asiatischen Kunst* 1/1924, S. 72–75; vgl. Anamika Pathak: *Les costumes de l'Inde.* Neu Delhi 2007.

8 Hrithik Roshan als Akbar und Aischwarya Rai (inzwischen Aishwarya Rai-Bachchan) als Jodhaa Bai in JODHAA AKBAR.

Zeit und dem Leben Akbars. Von ihm erfahren wir, dass die kaiserliche Garderobe genauestens in Bezug auf Tage, Monate und Jahre und die Kleidung nach Farbe, Wert und Gewicht organisiert war.[39]

Die Mogulherrschaft war geprägt von einer persisch-islamischen Kultur, die vor allem unter Akbars Herrschaft (1556–1605) einen besonderen kulturellen Höhepunkt erlebte. Er betrieb eine systematische Integrationspolitik von Muslimen und Hindus. Unter diesem Einfluss entwickelte sich ein von der gewickelten hinduistischen Kleidung unabhängiger und in manchem sogar bewusst entgegen gesetzter Kleidungsstil für Männer und Frauen mit gazeartig gewebten, luftigen, weiten, stoffreichen Röcken – bei Frauen als Ghagra bezeichnet – worunter lange Hosen getragen wurden.[40] Wenngleich der Film nicht unbedingt der kostümhistorischen Wahrheit folgt und gelegentlich mehr an die stilistische Sensibilität des 21. Jahrhunderts appelliert, beeindruckt er dennoch durch seine offenbar gründlich geführte Recherche, ein Zeichen dafür, wie ernst der Regisseur die historische Rekonstruktion nahm. Allerdings wurde die Jamah[41] – in der Zeit Akbars besonders kurz getragen – im Film für den groß gebauten Hrithik Roshan erheblich verlängert. Dieser Film widmet der Kostümausstattung eine ganz besondere Aufmerksamkeit, um deren Bedeutung in der Kultur der Mogulherrscher deutlich sichtbar zur Geltung zu bringen.

Zugleich wird dadurch aber auch Akbars Haltung der religiösen Toleranz verdeutlicht. Die Mogulzeit fand unter ihm zur höchsten Blüte.[42] Vor dem Hintergrund der indischen Geschichte wird diese filmische Strategie verständlich. Die Mogulherrscher, obschon in ihrer Gesamtheit alle relativ tolerant gegenüber der mehrheitlich hinduistischen Bevölkerung, wurden dennoch als Eroberer und Fremdherrscher betrachtet, zum einen weil sie

---

39 Abu'l Fazl Allami: *Ain-i-Akbari*. Übers. H. Blochmann. Neu Delhi 1965, S. 97.
40 Vgl. Rita Kumar: *Costumes and Textiles of Royal India*. London 1999; Bernd S. Cohn: «Cloth, Clothes and Colonialism. India in the Nineteenth Century». In: Annette B. Weiner / Jane Schneider (Hrsg.): *Cloth and Human Experience*. Washington/London 1989, S. 303–353.
41 Eine knielange Männerjacke mit langen Ärmeln.
42 Vgl. Annemarie Schimmel: *Im Reich der Großmoguln*. München 2000; vgl. Hermann Kulke / Dietmar Rothermund: *Geschichte Indiens. Von der Induskultur bis heute*. München 2006, insbesondere Kap. V: Aufstieg und Zerfall des Mogulreiches, S. 251–302.

sich tatsächlich seit dem 14. Jahrhundert nordindische Gebiete durch Krieg angeeignet hatten und weil sie den islamischen Glauben vertraten.

Angesichts der religiösen Spannungen, vor allem angesichts der Politik der radikal nationalistischen Hindu-Partei Bharatiya Janata Party (BJP), die noch bis 2004 an der Macht war und weiterhin von großem Einfluss bleibt, erinnert der Film an jene historischen Zeiten religiöser Toleranz, die unter einer Herrschaft des Islams möglich waren. Trotz einer einseitigen Verherrlichung Akbars als männlichem Helden liegt es offenbar in der Intention des Filmemachers, die muslimische Kultur und Geschichte als Bestandteil der Gesamtgeschichte Indiens darzustellen. Insofern kann man durchaus von einem politischen Film sprechen. Nicht die filmische Rekonstruktion der Vergangenheit steht daher hier zur Debatte, sondern die quasi exotisch-historische Stilisierung von Indienbildern, vor allem die der Ausstattung und der Kostüme, die fast mit den orientalischen Bildern zu verschmelzen scheinen.

Cricket und Kolonialismus

Ähnliches gilt für den Film LAGAAN. Eine hinterhältige, launische Entscheidung Captain Russels (Paul Blackthorne) liefert das Motiv zum Film. Verärgert darüber, dass ihm der Held des Films, Bhuvan (Aamir Khan), die Jagd verdorben hat, macht er folgenden Vorschlag: Falls die Leute von Champaner, einem fiktiven Dorf bei Kanpur in der Provinz Awadh, die Briten im Cricket besiegen, soll ihnen die Steuer für drei Jahre erlassen werden. Verlieren sie, müssen sie umgekehrt das Dreifache an Steuern zahlen. Bei diesem «spielerischen Widerstand» gegen die Kolonialmacht England geht es darum, aufzuzeigen, wie die vielen kulturellen, sozialen und religiösen Vorbehalte und Differenzen sowie die durch sie bedingten Exklusionen (Kastenzugehörigkeit) durch ein gemeinsames Ziel und eine effektive Zusammenarbeit überwunden werden können. Besonders eindringlich wird dieser Appell in jener pathetischen Szene artikuliert, in der der behinderte Dalit Chakra (Aditya Lakhia) aller Vorurteile zum Trotz und nach einer leidenschaftlichem Rede Bhuvans an die Dorfbewohner – und damit stellvertretend an das indische Publikum – in die Cricketmannschaft aufgenommen wird. Die bunt zusammen gewürfelte Cricketmannschaft symbolisiert auf diese Weise ein utopisches Indien, das alle Mitglieder der Gesellschaft für das gemeinsame Ziel eines freien Indiens mobilisiert und integriert (Abb. 9).

9 Dashankar Pandey (Goli), Aamir Khand (Bhuvan), Aditya Lkhia (Kachra) und Raj Zutshi (Ismael) in LAGAAN.

In der Vielfalt und Differenziertheit der indischen Kleidungskulturen spiegeln sich auch die unterschiedlichen religiös wie kulturell geprägten Bekleidungspraktiken. Denn sie stehen mehr als vieles andere für die Unterschiedlichkeit zwischen hinduistischer und muslimischer Kultur: Ist für Hindus genähte und zugeschnittene Kleidung besonders im religiösen Raum verboten und untragbar, so gilt für den Islam das Gegenteil – der Zuschnitt und die Nähte gelten als Merkmale guter Kleidung. Ähnliche konträre Bewertungen werden auch für Stoffe vorgenommen: Schätzt die hinduistische Kleidung Seide als feinsten, reinsten Stoff,

10 Die Cricketmannschaft um Bhuvan (Aamir Khan) und der Dorfoberst in LAGAAN. Arjan (Akhilendra Mishra), Ihwar Kaka, der Arzt (Sri Vallabh Vyas), Ismael (Raj Zutshi) und Lakha (Yashpal Sharma).

so sollte der fromme Muslim darauf verzichten.[43] Das eigentliche Interessante bei den Kostümen in LAGAAN liegt weniger in ihrem psychologisierenden Charakter, sondern dass sie vor allem das Archetypische der Figuren unterstützen (Abb. 10). Der Dhoti des Helden mit einer kurzen, offenen Jacke, welche großzügig die Brustmuskeln sichtbar werden lässt, die kleine Kette am Hals als romantischer Stimmungsgeber und das Stirnband, das seine rebellische Natur betont: Alles verweist auf die Entschlossenheit der Inder. Dhotis, die von allen unterschiedlich getragen werden, stehen hier als Symbol für die dörfliche Gemeinschaft. Dass der große Sikh Deva (Pradeep Rawat) aus dem Nachbardorf mit Tunika, Pyjama und Turban ebenso wie der muslimische Töpfer Ismael (Rajendranath Zutshi) visuell und kostümlich aus dem Rahmen fallen, soll in diesem Fall die panindische Solidarität unterstreichen.

Die spärlich bekleideten Spieler werden im Film bei ihrem Training strategisch eingesetzt. Dies nimmt Bezug auf die traditionell ablehnende Haltung der prüden englischen Besatzungsmacht, welche die Inder als «nackt» wahrgenommen haben. Mit diesem Argument behaupteten die Engländer die Minderwertigkeit der indischen Kultur.[44] Geschickt kehrt der Film das Argument um, indem er aus der «Nacktheit» der spärlich bekleideten Spieler ein Zeichen ihrer Stärke macht. Nur eine Figur wirkt auf den westlichen Zuschauer – jedoch nicht für das indische Publikum – unrealistisch und übertrieben: der Wahrsager Guran (Rajesh Vivek). Mit seiner Figur wird augenzwinkernd an die Tradition des früheren Theaters angeknüpft. Sein eindringliches Spiel mit den Augen, die beharrlich die Biene verfolgen – sie stört die indischen Spieler bei ihrer heimlichen Beobachtung der eng-

---

43 Vgl. Christopher Bayly: «The Origins of Swadeshi (Home Industry). Cloth and Indian Society 1700–1930». In: Arjun Appadurai (Hrsg.): *The Social Life of Things. Commodities in Cultural Perspective*. Cambridge 1986, S. 285–321; vgl. Susan S. Bean: «Gandhi and Khadi. The Fabric of Indian Independence». In: Annette B. Weiner / Jane Schneider (Hrsg.): *Cloth and Human Experience*. Washington/London 1989, S. 355–376; vgl. Mohandas Karamchand Gandhi: *Khadi (Hand-Spun Cloth). Why and How*. Ahmedabad 1959.

44 Vgl. Tarlo, *Clothing Matters. Cloth and Identity in India*, S. 33–61. Diese Wahrnehmung der indischen Bevölkerung durch die Engländer gehört zu den gängigen kolonialen Stereotypen. Die Engländer machten aus der Kleidung eine gezielte koloniale Abgrenzungsstrategie.

lischen Cricketmannschaft – erinnert an verschiedene Theaterformen, wie z. B. Katakali, ist aber auch ein Verweis auf die Bedeutung von C'ERA UNA VOLTA IL WEST (ONCE UPON A TIME IN THE WEST, Italien/USA 1968) für Gowarikers Film.

Entsprechend dichotomisch sind die Filmkostüme zugeordnet: einerseits die kolonialenglische Kleidung, steif und völlig unangepasst an die Klimabedingungen, andererseits die stilisierten indischen Kostüme. Besonders signifikant wird diese durch die Kostüme vermittelte Botschaft bei der Feier für Krishna im Tempel, wo Elizabeth alleine zurückbleibt, nachdem die Menge nach der Zeremonie den Tempel verlassen hat. Bhuvan bemerkt ihre Einsamkeit und erzählt ihr – eifersüchtig von seiner künftigen Ehefrau Gauri (Gracy Singh) bewacht – die Geschichte der idealen Liebe des unverheirateten Paares Radha und Krishna: ein Gott und ein Hirtenmädchen. Durch den gleichzeitigen Zoom der Kamera auf die anwesenden Personen wird die Verbindung zwischen Mythos und Realität hergestellt, während die unterschiedlichen Farben der Kleidung die kulturelle Distanz zwischen ihnen betonen. Das weiße Kleid Elizabeths hebt sich deutlich von der orange-gelben Kleidung von Bhuvan und Gauri ab. Bhuvan steht auch räumlich zwischen den beiden Frauen. Selbst diese Dreieckskonstellation mit Held, Elizabeth und Gauri – wobei der Film offen lässt, ob sich Bhuvan zu Elizabeth hingezogen fühlt, auch wenn diese Lesart eben jene Vermutung stützt – knüpft demnach an den religiösen Motivschatz von Radha und Krishna an, was schließlich in der folgenden Tanzsequenz vertieft wird.[45] Nicht nur die äußerst präzise Kameraführung, sondern die Kostüme und die Musik sind als meisterhaft zu bezeichnen. Der Kostümbildner des Films Bhanu Athaiya ist auch der einzige Inder, der je einen Oscar für seine Kostüme im Film GANDHI (GB/Indien 1982) erhalten hat (Abb. 11). Mit musikalischen Leitmotiven unterstützt und begleitet der Komponist A. R. Rahman das Filmgeschehen und betont diskret die Rhetorik vieler Szenen, so bei der Gesangssequenz jenseits der Realität, in der Elizabeth im englischen Palast von Bhuvan träumt, während sich Bhuvan und Gauri bei dem Lied *O Rey Gori* näher kommen. Beginnend bei den Kostümen greift die Musik auf die

11 Aamir Khan (Bhuvan) und Gracy Singh (Chauri) in LAGAAN.

---

45 Vgl. Susanne Marschall: «Metamorphosen. Farbe – Raum – Bewegung im indischen Film». In: Reinhold Görling / Timo Skrandies / Stephan Trinkaus (Hrsg.): *Geste. Bewegungen zwischen Film und Tanz.* Bielefeld 2009, S. 83–100, hier S. 87.

Tanzbewegungen, Orte, Zeit, Tag und Nacht, schließlich sogar auf die Personen über, um am Ende die Grenzen zwischen Traum und Realität verschwinden zu lassen: Elizabeth im Sari «wird» zu Gauri und Bhuvan verwandelt sich in einen englischen Offizier in Uniform.

Gerade solche Filme wie LAGAAN lassen an der harschen Bewertung durch die indische Filmsoziologin Ahis Nandy, der populäre indische Film sei in erster Linie ein Spektakel mit geringem künstlerischem Anspruch, erhebliche Zweifel aufkommen.[46]

Dennoch ist der kulturelle Nationalismus des Films unübersehbar. Denn trotz seines Erfolgs beim Locarno Festival zielt der Film keineswegs auf ein internationales westlich orientiertes Publikum, sondern auf das Publikum der indischen Mittelschichten sowie das der im Ausland lebenden Inder, der *Non-Resident Indians* (NRI). Man könnte also für diesen Film von einem *self-*, *counter-* oder *reverse-orientalism* sprechen, der eine kulturelle Innenperspektive voraussetzt.[47]

Figuren der Modernität

Eine andere wichtige Strategie der Neuausrichtung des indischen Mainstreamfilms möchte ich hier unter dem Begriff der Modernität zusammenfassen. Er umfasst verschiedene Komponenten, die je nach Film unterschiedlich stark zur Geltung kommen.

Konsum und Mode

Mode- und Konsumfragen gehören nicht nur zum Standardrepertoire von Bollywood-Filmen, sondern sind selbst Symbol und Vehikel der Modernität. Daher verändert sich mit der Verlagerung der Produktion in Richtung der konsumkräftigen Mittelschicht grundsätzlich der Look der Filme. Die Galionsfigur dieses Publikums bleibt Shah Rukh Khan. Ein sinnfälliges Beispiel dafür liefert der Film OM SHANTI OM (Indien 2007) von Farah Khan. Den gestählten Körper mit halb offenem Hemd in rotes Licht getaucht, verkörpert Shah Rukh Khan ein neues Männerbild im indischen Kino, dessen Präsentation sich an ein junges weibliches Publikum richtet. Im Film zeigt Khan der selbstbewussten indischen Mittelschicht unter anderem, wie man als besonders erfolgreich gestylter Yuppie zugleich ein bescheidenes Kind Indiens sein kann (Abb. 12). Wobei das mit dem Outfit eindeutig wichtiger ist. Die Verleiher fragen, bevor sie Khans Filme kaufen, welche Kleidung er trägt. Khan im Anzug oder Sweatshirt erzielt höhere Preise als Khan im traditionellen Dhoti-Gurta.[48]

OM SHANTI OM ist eine knallbunte Persiflage und zugleich eine Hommage an die letzten dreißig Jahre Bollywood und an das Kino, in dem Shah Rukh Khan eine Doppelrolle spielt. Er sei – so Anapurna Chopra – das allgegenwärtige Symbol und Zugpferd der neuen Kon-

---

46 Diese Bemerkung stammt allerdings aus den 1980er Jahren. Ashis Nandy: «The Popular Hindi Film. Ideology and First Principles». In: *India International Center Quaterly*, March 1980, Bd. 8, Nr. 1, S. 89.
47 Siehe z. B. Shimona Kanwar: *Orientalism in Reverse. Indian Nationalism in the Work of M.K. Gandhi and Jawaharlal Nehru.* http://purja.puchd.ac.in/articlepdf/shimona.pdf (6.12.2009). Siehe auch Timothy Weiss: *Translating Orients. Between Ideology and Utopia.* Toronto 2004.
48 Alex Rühle: «King Khan. Vom Außenseiter zum Konsum-Symbol». In: *Süddeutsche Zeitung* 10.3.2008, S. 13.

12 Deepika Dapukone und Shah Rukh Khan in OM SHANTI OM.

sumgesellschaft[49], nicht zuletzt, da er für mehr als vierzig unterschiedliche Produkte wirbt. Damit steht er nicht allein da. Auch Amitabh Bachchan wirbt für zahlreiche Produkte und Aischwarya Rai – die seit ihrer Hochzeit mit Abhishek zum Bachchan-Clan gehört – lässt sich für l'Oréal, De Beer Diamanten oder Coca Cola und andere Produkte vermarkten.[50]

In anderen Filmen – besonders auffällig MAIN HOON NA (ICH BIN IMMER FÜR DICH DA!, Indien 2004) – werden die Filmkostüme dem Stil und Geschmack kommerzieller Fernsehsender wie MTV, Viva und Co. «à la lettre» angepasst (Abb. 13). Als besonders gut geeignet für solche Adaptionen bieten sich Filme an, die im Schul- oder Universitätsmilieu spielen wie MAIN HOON NA. Da traditionelle Kleiderregeln für Jugendliche der indischen Mittelschicht weniger verbindlich gelten, sind die vestimentären Spielräume hier größer. Bei den hier vorkommenden Tanzeinlagen werden westliche und indische Kleidung gern kombiniert, gelegentlich sogar mit der ländlichen Kleidung der indischen Ureinwohner, den *Adivasis*. Dabei vollzieht sich der Wechsel der Kleidung von einer Einstellung zur nächsten in einer derartigen Schnelligkeit, dass sie kaum als Einzelelement erkennbar bleibt.

13 Zayed Khan (Lakshmann) und Amrita Rao (Sanju) in MAIN HOON NA.

---

49 Anapurna Chopra: *King of Bollywood – Shah Rukh Khan und die Welt des indischen Kinos*. Köln 2008, S. 26.
50 Man braucht nur in den indischen Wochenzeitschriften zu blättern, um dies bestätigt zu finden, wie *Vogue India, The Hindu, Indian Times* usw. zwischen 2007 und 2009.

Okzidentalismus

Mit diesem Modernitätsanspruch geht die Bildung eines indischen Okzidentalismus einher. Der Begriff geht auf das 1992 erschienene Buch *Okzidentalismus* des ägyptischen Philosophen Hassan Hanafi zurück, das heftige Diskussionen auslöste und dessen Quintessenz die Japanologin Irmela Huiya Kirschnereit folgendermaßen zusammengefasst hat: Erst wenn der «Osten» im Westen ein Objekt der Erkenntnis und nicht nur eine Quelle von Wissen sähe, könne er sich von dessen geistiger Dominanz befreien.[51] In ihrer kritischen Auseinandersetzung mit dem Begriff zeigt Kirschnereit jedoch, dass diese Kategorie in den asiatischen Ländern sehr unterschiedlich zur Anwendung kommt bzw. ausgelegt wird und keineswegs nur als eine Komplementärbildung zu Saids Orientalismusbegriff zu verstehen ist. Japan setzt den Begriff des Okzidentalismus strategisch anders ein als andere Länder, z.B. in kulturell-historischer Abgrenzung zu China, eine Differenzierung, die natürlich auch für Indien gelten muss. Im vorliegenden Rahmen kann diese Problematik nur vorsichtig und unter Vorbehalten angerissen werden. Dennoch scheint mir, dass gerade der Bollywood-Film ein wirksames Medium liefert, um Bilder eines «indischen» Okzidentalismus zu erschaffen.

Mode und Konsum sind zu einem Ausweis der Modernität geworden.[52] Dies erklärt auch, warum ein großer Teil der Produktionen Bollywoods, die sich an diesem wohlhabenden Publikum orientieren, die Garderobe und den Lebensstil seiner Filme seit DDLJ – Dilwale Dulhania Le Jayenge radikal geändert haben. Für den Film Kuch Kuch Hota Hai unternahmen der Regisseur Karan Johar und der Kostümbildner und Freund Manish Mahotra mehrere Reisen nach London «um die passenden Formen zu suchen», erzählt Anupama Chopra. «Um sicherzustellen, dass das Publikum erkannte, welche Mühen und wie viel Geld aufgewendet wurden, wählten Karan und Manish bewusst Kleidungsstücke aus, denen man deutlich ansah, dass sie von ausländischen Designern stammten».[53] Kopien und Fälschungen würden heute diese Mühe zur Nichte machen. Man braucht auch nicht mehr. Das Publikum ist genauestens informiert.

Die indische Perspektive des Okzidentalismus generiert sich nicht zuletzt aus den Filmen der indischen Diaspora. Die Gemeinschaft der NRIs sorgt in der Tat nicht nur für den Erfolg des indischen Kinos im Ausland, sondern übernimmt durch eigene Produktionen eine Stellvertreterrolle für die Repräsentation Indiens im Westen und des Westens in Indien: ein Kino der zwei Kulturen, das innerhalb Indiens immer beliebter zu werden scheint. Für die NRI «sind Hindi-Filme schon immer mehr gewesen als bloße Unterhaltung. Sie bieten eine Möglichkeit, die Gemeinschaft zusammenzuhalten, eine emotionelle Verbindung mit dem fernen Vaterland aufrecht zu halten».[54] Diaspora-Filme zeigen ein Bild vom Leben in und von der Fremde (Abb. 14). Der Okzidentalismus wird in dieser Weise hier zum Pendant des Orientalismus. Denn eine Auseinandersetzung mit den westlichen kulturellen Milieus findet nicht statt. Die fremden Orte bleiben nur materieller Dekor. Jedoch findet sich ein fundamentaler Unterschied zum Diskurs des

---

51 Vgl. Kirschnereit, «Okzidentalismus. Eine Problemskizze», S. 155.
52 Pavan K. Varma: *The Geat Indian Middle Class*. Neu Delhi/London/New York 1998, S. 156,
53 Chopra, *King of Bollywood. Shah Rukh Khan und die Welt des indischen Kinos*, S. 202.
54 Ebd., S. 199.

14 Keira Knightley (Jules) und Parminder Nagra (Jess) in BEND IT LIKE BECKHAM.

Orientalismus (Abb. 15). Beim Okzidentalismus sprechen die Inder für sich und von sich selbst, während beim Orientalismus der Westen sich die Stimme des anderen aneignet.

Manche Bollywood-Filme vermarkten heute eindeutig exotische Bilder des Westens. Daraus jedoch die Folgerung zu ziehen, dass mit der westlichen Kleidung auch die westlichen Werte übernommen werden, vereinfacht den komplexen Prozess der Aneignung und Umdeutung. «Kleidungsverhalten wird zu einer Arena», schreibt Gabriele Mentges, «in der sowohl individuelle als auch kulturelle Modernisierungskonflikte ausgetragen und verhandelt werden. Das hat unter anderem zur Folge, dass die westliche Mode in andere Kontexte transferiert und mit neuen Bedeutungen generiert wird [...] Da durch Kleidung Fragen zu Körper und Geschlecht konkret thematisiert werden, sind Konflikte in diesem Zusammenhang besonders virulent.»[55] Dies verhindert jedoch nicht neue Optionen, die langfristig auch die Sensiblitäten verändern. «Indien hat schon immer mit großem Appetit fremde Kultureinflüsse absorbiert», kommentiert die Filmregisseurin Mira Nair. «Die Mischung von allem mit allem ist ein Lebens-Grundrezept. (...) Es ist normal, dass wir – wie in meinen Film [gemeint ist hier MONSOON WEDDING (Indien/USA/Frankreich/Italien/D

15 Saif Ali Khan (Rohit) und Preity Zinta (Naina) in KAL HO NAA HO.

---

55 Gabriele Mentges: «Maßgeschneiderte Identität». In: *Zeitschrift für KulturAustausch* 4/2002, S. 54.

2001)] – Englisch, Hindi und Punjabi durcheinander reden. Es ist normal, dass eine junge Frau morgens einen Minirock und abends einen Sari trägt.»[56]

Wie für den Orientalismus beinhaltet der indische Okzidentalismus auch eine erotische Dimension, die sich mit Erfolg kommerzialisieren lässt. Die Häufung von Mini- und Mikroröcken in den Filmen der 1990er bis heute, die man mühsam oder gar vergeblich auf den Strassen von Chennai, Kalkutta oder Neu Dehli suchen würde, – ist als eine erotische Anreicherung zu verstehen. Sie bringt die Frage nach der Strukturierung der Geschlechterbeziehungen in den Vordergrund. Sie wiederum ist ein Schlüssel zum Verständnis einer Gesellschaft, die in ihrem Verhältnis zur Sexualität gespalten bleibt. Es oszilliert zwischen den Bildern der Vergangenheit (die Stadt Khajuraho) und der ablehnenden Einstellung zum Sex durch Gandhi, dem Mangel an egalisierenden Geschlechternormen und der realen Bedeutung der Frauenbewegungen, zwischen der dramatischen Erfahrung von Frauen in Bezug auf Scheidung oder dem Status als Witwe und auf der anderen Seite geschönten Bildern von MTV und Bollywood.

Selbstreflexivität

Eine selbstreflexive Strategie äußert sich in der bewussten Bearbeitung der eigenen, indischen Filmgeschichte: OM SHANTI OM, um bei diesem Beispiel zu bleiben, spielt unaufhörlich mit Selbstreferenzen und Zitaten aus der gesamten indischen Filmgeschichte und schafft es, für ein einziges Lied 31 Stars dieser Filmgeschichte gemeinsam auftreten zu lassen.

Im Film SWADES: WE, THE PEOPLE (SWADES – HEIMAT, Indien 2004) geht es im Gegensatz dazu vor allem um eine Auseinandersetzung mit der indischen Gegenwartsproblematik der Armut. Im Mittelpunkt der Geschichte steht der NASA-Projektmanager Mohan Bhagava (Shah Rukh Khan), der seine Ersatzmutter Kaveriamma (Kishori Ballal) nach Amerika holen möchte. So landet er eines Tages in Charanpur. Das Dorf – als allegorisches Dorf – spiegelt die erschreckenden Zustände im ländlichen Uttar Pradesh wieder, in dem Armut und Analphabetismus weit verbreitet sind und in dem das seit 1948 gesetzlich abgeschaffte Kastensystem völlig intakt überlebt hat. Eine Szene macht dies exemplarisch deutlich: Als im Dorf die Stromversorgung während einer öffentlichen Filmvorführung zusammenbricht, reißt der Protagonist Mohan (Shah Rukh Khan) die Leinwand nieder, die hier die sozialen Gruppen wie eine Wand voneinander trennt: Den Ärmeren ist nur der Blick auf die Leinwand aus der Rückansicht gestattet. Die dörfliche Hierarchie wird zuerst an der unterschiedlichen Kleidung ersichtlich: Saubere weiße Tuniken und Pyjamas für die männliche Oberschicht; einfache, oft verschmutzte Dhotis für die unteren Schichten. Gowariker ist einer der wenigen Bollywood-Regisseure, der immer wieder die Kastenproblematik frontal aufgreift. Die Kinder der verschiedenen Kasten sind die ersten, die zusammenfinden und tanzen (Abb. 16). Die Leinwand als trennende Wand spielt auf die unterschiedlichen sozialen Rezeptionsweisen des Kinos an – ein hochsymbolisches Bild und zugleich eine Reflexion auf die Bedeutung des Kinos. Die Szene wird durch die Musik A. R. Rahmans komplettiert.

---

56 Urs Jenny: «Mein Blick ist nicht operettenhaft. Interview mit Mira Nair». In: *Der Spiegel*, 16.4.2002.

16 Shah Rukh Khan (Mohan) in SWADES.

SWADES greift in vielen Details die Geschichte und Kleidungskultur Indiens auf, wie man z. B. einen Dhoti plissiert und um den Körper arrangiert. Zudem spricht der Film mit dem Besuch bei dem verarmten Weber, der aus Not zum Bauer werden musste, den Niedergang des lokalen textilen Handwerks an. Der Dhoti erhält hier politische Bedeutung. Übrigens wurde er von Ministerpräsident Manmohan Singh wie auch von seinem Vorgänger Atal Bihari Vajpayee getragen. In der Tat: Diese einfache, ländlich-dörfliche Kleidung ruft Gandhis politische Kampagne «Swadeshi» in Erinnerung, bei der er gezielt und mit großem Erfolg das Thema Kleidung in den Vordergrund stellte. Sein Bild mit Dhoti vor dem Spinnrad sitzend ist fester Bestandteil der politischen Ikonografie Indiens und Teil von Gandhis gezieltem Kampf für die wirtschaftliche Unabhängigkeit durch die Herstellung der Textilien im eigenen Land. Im Zuge der Swadeshi-Bewegung[57] verbrannten in ganz Indien immer mehr Menschen ihre europäische Kleidung und ersetzten sie durch einfache indische Gewänder, so dass bald auch in den großen Städten durch diese Neuindisierung, wie es Emma Tarlo bezeichnet, «alle wie Dorfbewohner aussahen.»[58]

Die Textilkultur Indiens ist eine der ältesten und traditionsreichsten der Welt: Berühmt sind die Kunstwebarbeiten Assams, die spiegelbesetzten Stickereien von Kutch, die Kaschmirschals aus dem Himalaya, die Bandhani-Seide aus Rajasthan, die feine Stickerei aus Bengalen und aus Gujarat, die handgesponnenen und gewobenen Musseline (glatter Stoff), die Brokate aus Ahmedabad und Varanasi, die Chintz[59] aus Kozhokode (Calicut), die Ikat-Seidensaris aus Andra-Pradesh usw. Vermutlich liegt in dieser Vielfalt begründet, warum Indien bis heute über eine hoch entwickelte Textil- und Bekleidungsindustrie verfügt und von der Konkurrenz durch China, im Vergleich zu Europa oder den USA, noch wenig berührt wird. Gowariker bezeugt nebenbei mit SWADES auch Mut, da er seine Geschichte «mit einer Absage an ein in Indien weit verbreitetes kulturelles Überlegenheitsgefühl gegen den Westen verbindet.»[60]

---

57 Vgl. Sumit Sarkar: *The Swadeshi Movement in Bengal 1903–1908*. Kalkutta 1973.
58 Vgl. Emma Tarlo: «Ethnic Chic. The Transformation of Hauz Khas Village». In: *India International Center Quaterly*, Bd. 23, Nr. 2/1996.
59 Baumwollgewebe, meist als Deckstoff verwendet.
60 Ekkehard Knörer: «Ashutosh Gowariker: SWADES: WE THE PEOPLE (Indien 2005)». In: *Jump Cut Magazin*. http://www.jump-cut.de/filmkritik-swades.html (10.10.2009).

Zur selbstreflexiven Debatte im Film gehört auch die kritisch-vorsichtige Auseinandersetzung mit der Genderproblematik, vor allem mit dem immer noch ausgeprägten Patriarchat der indischen Gesellschaft. Gerade in den Bekleidungspraktiken spiegeln sich Status, Räume, Situationen und Positionen der indischen Frau wieder (Abb. 17). Im Kontext der indischen (Hindu-)Kultur wird die Femininität besonders «geschätzt und verehrt, wenn sie die Form einer Göttin annimmt», schreibt die Anthropologin Helene Basu, «während Weiblichkeit in Gestalt von Frauen im Alltag abgewertet wird.» Dies «wird auf vielfältige Weise durch Dominanz über weibliche Lebensumstände inszeniert,

17 Straßenszene in Jaipur.

aber bietet Frauen die Möglichkeit zur Identifikation mit einer Göttin.»[61] Einerseits wird die Frau allgegenwärtig als erotische Garnitur des Films inszeniert – vor allem werden weibliche Beine (vor nicht allzu langer Zeit noch ein völliges Tabu) zur Schau gestellt, andererseits wird bei allen seriösen Angelegenheiten der Sari, das Gewand der orthodoxen Hindu-Frau, wieder angelegt. Der Verbreitung des großstädtischen, modischen Shalwar Kameez, der inzwischen wegen seiner modernen Funktionalität emanzipatorische Bedeutung angenommen hat, nimmt überall zu.

Bei Männern spielen die Patriarchen, die das Schicksal ihrer Familien auf Kurs zu halten versuchen, die weisen Großväter, die Machos, die Paten (Abb. 18), die liebenden Söhne oder die sinnlichen Sexobjekte immer noch eine große Rolle. Das neue Bollywood hat jedoch Zwischentöne und neue Figuren eingeführt, die das alte patriarchale Gebäude zwar nicht zum Einsturz bringen, aber doch wanken lassen. Es gehört zum Spezifikum der indischen Kultur, dass Männer demonstrativ Gefühle zeigen dürfen und sich nicht dafür schämen müssen, dass sie als Supermachos zugleich Muttersöhnchen sein dürfen oder gar homoerotische Beziehungen pflegen können. In ihren Kleidungspraktiken sind sie sowohl westlich wie indisch orientiert, aber im Unterschied zu den Frauen sind ihre Spielräume umfassender. Indische Kleidung steht in SWADES

18 Irfan Khan (Maqbool) und Tabu (Nimmi) in MAQBOOL.

---

61 Helene Basu: «Göttin in Indien – Indien als Göttin?» In: *Historische Anthropologie*, 1/2004, S. 123.

für einen anders verlaufenden kulturellen Aneignungsprozess: Sie bedeutet die symbolische – meist zeitweise – Rückkehr in das «alte Indien» oder seine Wiederentdeckung in einem modernen Indien.

Fazit

Emmanuel Grimaud hat in seiner ethnografischen Untersuchung minutiös aufgezeigt, dass Bollywoods Filmproduktion eher mit einem chaotischen handwerklichen Mosaik vergleichbar sei, das von einer Vielfalt von sich täglich ändernden Berufen und Handwerken durchdrungen ist, als mit einer rational funktionierenden gigantischen Kinomaschinerie, die eine lineare und mechanische Umsetzung von Ideen vornimmt.[62] In diesem Sinne sollen die hier besprochenen Strategien von Historizität durch Selbst-Orientalisierung und Modernität mittels Mode und Konsum, Okzidentalisierung und Selbstreflexivität nicht als strenge Kategorisierungen verstanden werden, sondern als momentane Achsen der Orientierung. Dennoch haben sie als Teil der Marktsegmentierung mit dazu geführt, dass das Bollywood-Kino an finanzieller Kraft gewonnen hat und sich besser in den Westen exportieren lässt. Dieser Erfolg belegt aber auch, dass die touristischen Blickregime nicht mehr das exklusive Monopol des Westens sind, sondern in gleichem Maße auch die Blickrichtung der indischen Mittel- und Oberschichten beherrschen, die durch diese Außenperspektive ihre eigene Kultur entdecken und diesen Paradigmenwechsel für ihre Identitäts-

19 Rani Mukherjee (Lachchi, Mitte) mit einer Gruppe von Tänzerinnen in PAHELI.

62 Vgl. Emmanuel Grimaud: *Bollywood film studio, ou comment les films se font à Bombay.* Paris 2007.

Historizität und Modernität

20 Mumbai.

findung nutzen (Abb. 19).⁶³ Indische und westliche Sichtweisen sind aus dieser Perspektive daher nicht mehr so deutlich voneinander zu trennen. Die hier besprochenen Strategien funktionieren im Hinblick auf diese Positionierungen und vor allem in Bezug auf die Positionierung Indiens im globalen Spiel. Offen bleibt damit für uns die Frage, ob die Bollywood-Filme dazu beitragen, dass der Osten im Westen ein Objekt der Erkenntnis entdeckt und umgekehrt der Westen den Osten endlich in anderer Weise wahrzunehmen in der Lage ist. In diesem Fall könnte Bollywood ein Tor zu den indischen Kulturen und seinen großen Filmkulturen öffnen (Abb. 20).

---

63 Dean MacCannell und John Urry betonen den Aspekt, dass im Unterschied zu Pilgern, die mit Bescheidenheit und Respekt ihr Interesse auf einen einzigen Ort konzentrieren, der touristische Blick im Gegenteil sich oft respektlos an viele Objekte heftet. (MacCannell, Dean: *The Tourist. A New Theory of the Leisure Class.* Berkeley 1999, S. 58; Urry, *The Tourist Gaze*, S. 10) Was Pilger und Touristen zusammenbringt und zugleich trennt ist die Erfahrung des Ortes, die Zäsur zwischen dem Alltäglichen, dem Vertrauten und dem Ungewöhnlichen und Außergewöhnlichen. Das touristische Blickregime ist also vor allem ein semiotischer Blick, die Touristen daher Semiotiker, die überall die Zeichen sehen, die sie selbst platziert haben. Sie sind alle, wie einige Filmwissenschaftler, Zeichenfanatiker. Ein gutes Beispiel liefert dafür die hohe Besucherzahl indischer Touristen auf der Brooklyn Bridge, die von ihnen KAL HO NAA HO-Bridge genannt, der Name des Bollywood Blockbuster, der diese Besuchermenge zuerst ausgelöst hat.

Andrea Nolte

Wo du nicht bist, kann ich nicht sein?

Darstellungen von Heimat und Lebenswelt im populären Hindi-Film

Indien ist überall und überall ist Indien, so scheint es seit geraumer Zeit. Der südasiatische Subkontinent hat in den letzten Jahren seine Statistenrolle im Weltgeschehen abgelegt und einen handlungstragenden Part im Prozess fortschreitender Globalisierung übernommen.[1] Dabei macht sich Indiens wachsender Einfluss nicht allein im Rahmen ökonomischer oder politischer Entwicklungen bemerkbar, sondern auch innerhalb kultureller Kontexte, wie Mira Kamdar konstatiert:

> «Evidence of India's renaissance is everywhere. Once again, the world thrills to Indian fashion, Indian music, and Indian inspired clothes. Indian actors are on television and movie screens across the United States and around the world. Forty years after the Beatles put India on the map of Western consciousness, Indians are situating the West on a new global topography. Indian movie directors and producers are tying up deals with Hollywood heavies. [...] Indian audiences and Indian consumers have the numbers and are beginning to have the money to command the attention of media companies around the world, while Indian entertainment companies are taking their talent and vision global.»[2]

Die indische Filmindustrie ist heute durchaus in der Lage, dem weltumspannenden Kulturimperialismus des amerikanischen Mainstream-Kinos die Stirn zu bieten. Hollywood als westliche Traumfabrik sieht sich mit einer kulturell einzigartigen und ökonomisch prosperierenden Konkurrenz konfrontiert, deren Potential sie lange unterschätzt hat. Die farbenprächtigen Filmfantasien Bollywoods sind inzwischen weltweit verbreitet, ihre kommerziell ausgerichteten Produktionen erfreuen sich auch außerhalb Indiens wachsender Popularität und erschließen der heimischen Kinoindustrie globale Märkte und neue Publi-

---

1 Bislang sahen sich die westlichen Industriestaaten als unanfechtbare *global player*, die das weltwirtschaftliche Geschehen kontrollierten. Deshalb bereitet ihnen das rapide Wachstum der asiatischen Ökonomien zunehmend Sorge. Die Nachhaltigkeit, mit der sich die bisher manifesten ökonomischen Ordnungen der Weltmärkte verschieben, stellt eine ernsthafte Bedrohung des etablierten globalen Status Quo dar. Vgl. exemplarisch Wolfgang Hirn: *Angriff aus Asien. Wie uns die neuen Wirtschaftsmächte überholen.* Frankfurt am Main 2007.
2 Mira Kamdar: *Planet India. How the Fastest-Growing Democracy Is Transforming America and the World.* New York/London/Toronto/Sydney 2007, S. 14.

ka. Während Vijay Mishra die Relevanz medientechnischer Neuerungen für den weltweiten Erfolg der in Mumbai (Bombay) produzierten Hindi-Filme betont[3], hebt Kamdar die Bedeutsamkeit der weit zurückreichenden Kulturgeschichte des Landes hervor: «India's rich cultural heritage provides a deep well of creative material from which to craft art and entertainment for the world's first global audience.»[4] Dieser kulturelle Reichtum gilt dem indischen Kino zweifelsohne als einzigartiges kreatives Kapital, um unterschiedlichste Zielgruppen in aller Welt zu begeistern. Gleichzeitig wiegt er aber auch als eine bislang verkannte Hypothek, denn um die erfolgreiche Etablierung indischer Produktionen auf globaler Ebene dauerhaft zu stabilisieren, müssen auf den eigenen Kulturfundus fokussierte filmische Festschreibungen revisioniert und ggf. modifiziert werden. Somit führt ihre Einbindung in westliche kulturelle Kontexte zwangsläufig zu Rückwirkungen auf bisher manifeste narrative Muster und distinktive ästhetische Merkmale. Den daraus resultierenden Herausforderungen muss sich das populäre Hindi-Kino stellen. Die Partizipation an den filmindustriellen Möglichkeiten globaler Märkte bedingt einen Balanceakt zwischen kulturellen Wurzeln, filmischen Traditionen und ökonomischen Interessen, bei dem die Sehgewohnheiten des heimischen Publikums ebenso wenig aus dem Blick geraten dürfen wie die Rezeptionserwartungen der Zuschauergruppen im Ausland.

Besonderes Augenmerk gilt dabei den rund 24 Millionen *Non-Resident Indians* (NRIs) bzw. *People of Indian Origin* (PIO), die innerhalb der indischen Filmindustrie eine Doppelrolle spielen.[5] Sie sind nicht nur eine zahlungskräftige Zielgruppe und kalkulatorische Masse. Sie gehören zum festen Figurenensemble Bollywoods, ihre Lebensumstände zum narrativen Repertoire. Stets wiederkehrende Themen sind der Umgang mit kulturellen Werten und Traditionen sowie die Bewahrung bzw. der Verlust einer auf ihnen fußenden indischen Identität. Die Geschichten der Auslandsinder handeln von ihrem alltäglichen Bemühen, sich als ethnische Minorität in der Diaspora zu positionieren, die Mishra in ihrer gegenwärtigen Form als ein «post-1960s phenomenon»[6] bezeichnet. Entstanden ist sie durch eine vornehmlich ökonomisch motivierte Migration «into the metropolitan centers of the former empire as well as the New World and Australia.»[7] Auf der Suche nach einem (materiell) besseren Leben haben sich an diesen weltweit verstreuten Orten «complex and often internally fissured communities of Indians»[8] gebildet, die aber letztlich mit derselben Realität konfrontiert sind, denn «the dreams of wealth are often tempered in the

---

3   Seit den 1990er Jahren fungiert neben dem Kino insbesondere das Fernsehen via Kabel und Satellit, ergänzt durch Video und DVD, als technischer Motor für die globale Distribution. Vgl. Vijay Mishra: *Bollywood Cinema. Temples of Desire.* New York 2002, S. 2f., S. 238f.

4   Kamdar, *Planet India. How the Fastest-Growing Democracy Is Transforming America and the World*, S. 14. Einen Überblick bietet Amrit Gangar: «Mythos, Metapher, Masala. Kulturgeschichtliche Aspekte des Bollywood-Films». In: Alexandra Schneider (Hrsg.): *Bollywood. Das indische Kino und die Schweiz.* Zürich 2002, S. 40–53.

5   Vgl. Mishra, *Bollywood Cinema. Temples of Desire*, S. 236.

6   Ebd.

7   Ebd., S. 235. Er unterscheidet sie damit von der Diaspora des späten 19. bzw. frühen 20. Jahrhunderts. Diese entstand durch «the movement of indentured labor to the colonies (South Africa, Fiji, Trinidad, Guyana etc.) for the production of sugar, rubber, and tin for the growing British and European markets. I have called this the old Indian diaspora of plantation.»

8   Mishra, *Bollywood Cinema. Temples of Desire*, S. 236.

new diasporas by the rise of a neo-racism even as the nation-state redefines itself through an idealized project of multiculturalism [...].»[9] Wenn das Fremde nicht länger einfach ‹das Andere› ist, sondern Feindseligkeit ausstrahlt und als Bedrohung empfunden wird, führt das unweigerlich dazu, sich umso mehr des Eigenen zu vergewissern. Die kulturellen Wurzeln bilden das Fundament einer auf geachteten Werten und gelebten Traditionen beruhenden kollektiven Identität, die unabhängig ist von räumlicher Entfernung und vergangener Zeit.

Heimat und Lebenswelt: Imagination, Realität und filmische Transformation

Würde man die NRIs und PIO fragen, was «Heimat» für sie bedeutet, ergäbe sich ein disparates Gefüge individueller Bedeutungen, das trotz aller Unterschiede auf gemeinsamen Grundlagen beruht. Unabhängig davon, welchen sozialen Status sie haben, ob sie aus dem Punjab oder Kerala stammen, in London oder New York leben, einen indischen Pass besitzen oder nicht; für die meisten von ihnen ist Indien nicht nur das Land ihrer Geburt oder familiären Herkunft. Viele Elemente ihrer gelebten Alltagskultur sind internalisierte Momente einer mehr oder minder bewussten, kollektiven Heimatpflege, auch wenn diese manchmal schwerlich mit den Gegebenheiten der Diaspora, d.h. ihrer «Lebenswelt», in Einklang zu bringen ist.

Alfred Schütz beschreibt mit dem Begriff der Lebenswelt das gesellschaftliche Umfeld, in dem ein Individuum sich bewegt, als gegebenes intersubjektives Kollektiv, an dem «der Mensch in unausweichlicher, regelmäßiger Wiederkehr teilnimmt.»[10] Zusätzliche Komplexität entsteht für den Einzelnen durch die der Lebenswelt innewohnenden Prozesshaftigkeit, durch die auch seine Selbstverortung einem steten Wandel unterworfen ist. Den aus diesen Zwängen resultierenden Routinen können sich auch die NRIs und PIO nicht entziehen, wenn sie sich als Individuen im gesellschaftlichen Kontext positionieren wollen. Indem sie sich entsprechend verhalten, bewegen sie sich in einem komplexen Spannungsfeld zwischen Begrenzungen und Freiräumen:

> «Die alltägliche Lebenswelt ist die Wirklichkeitsregion, in die der Mensch eingreifen und die er verändern kann [...]. Zugleich beschränken die in diesem Bereich vorfindlichen Gegenständlichkeiten und Ereignisse, einschließlich des Handelns und der Handlungsergebnisse anderer Menschen, seine freien Handlungsmöglichkeiten. Sie setzen ihm zu überwindende Widerstände wie auch unüberwindliche Schranken entgegen.»[11]

Den vorbefindlich fixierten Maßregeln der Lebenswelt steht die kaum fassbare Bedeutungsvielfalt von Heimat gegenüber. Gunther Gebhard, Oliver Geisler und Steffen Schröter stellen fest, dass der Begriff eine hohe «definitorische Widerständigkeit»[12] besitzt. Sie

---

9   Ebd.
10 Alfred Schütz / Thomas Luckmann: *Strukturen der Lebenswelt*. Konstanz 2003, S. 29.
11 Ebd.
12 Gunter Gebhard / Oliver Geisler / Steffen Schröter: «Heimatdenken: Konjunkturen und Konturen.

schlagen daher vor, Heimat eher funktionsorientiert als eine Art «Assoziationsgenerator»[13] zu denken. Konträr zur Lebenswelt bietet sie Individuen ebenso wie Kollektiven ein «Behältnis, das Ordnungsmodelle und Grenzziehungen, soziale und politische Utopien, Erinnerungen, Prognosen und Versprechen aufzunehmen und zu transportieren vermag [...].»[14]

Die Konzepte *Lebenswelt* und *Heimat* werden im Folgenden anhand der Bollywood-Blockbuster KAL HO NAA HO (LEBE UND DENKE NICHT AN MORGEN, Indien 2003) und KABHI ALVIDA NAA KEHNA (BIS DASS DAS GLÜCK UNS SCHEIDET, Indien 2006) konkretisiert. Ihre Handlung ist jeweils durchgängig in der New Yorker Diaspora angesiedelt[15], so dass sie sich für eine vergleichende Analyse unterschiedlicher Einschreibungen imaginierter Heimat und realer Lebenswelt in filmische Texte des populären Hindi-Kinos in besonderer Weise eignen.

KAL HO NAA HO: Heimatgefühl und innere Sicherheit

Naina (Preity Zinta), eine junge Frau indischer Herkunft, lebt mit ihren zwei jüngeren Geschwistern, ihrer Mutter und der Großmutter väterlicherseits in New York. Ihr Alltag ist geprägt von den andauernden Streitigkeiten zwischen den beiden Frauen und der Sorge um die finanzielle Existenz der Familie. Das ändert sich, als sie dem lebensfrohen Inder Aman (Shah Rukh Khan) begegnet. Er scheint für jedes ihrer Probleme eine Lösung zu haben und nach anfänglicher Ablehnung verliebt sie sich in ihn. Aman erwidert ihre Gefühle, gesteht ihr diese aber nicht, da er unheilbar krank ist und Naina den schmerzhaften Verlust ihrer ersten großen Liebe ersparen will. Er gibt vor, bereits verheiratet zu sein und überzeugt ihren besten Freund Rohit (Saif Ali Khan), dass sich hinter der für Naina empfundenen Freundschaft seine große Liebe verbirgt. Die beiden werden ein Paar und heiraten, obwohl Naina inzwischen von Amans Gefühlen und seinem nahen Tod erfahren hat.

New York ist Nainas Lebenswelt. Nach einigen sonnig-beschaulichen Establishing Shots aus der Vogelperspektive verwandelt sich die Stadt mit ihrem aus dem Off gesprochenen Kommentar in eine der

«[...] größten Metropolen und Geschäftszentren der Welt. Schnelligkeit beherrscht jeden Atemzug, jeden Herzschlag dieser Stadt. Die Menschen hier haben es immer eilig. Schnell

---

Statt einer Einleitung». In: dies. (Hrsg.): *Heimat. Konturen und Konjunkturen eines umstrittenen Konzepts*. Bielefeld 2007, S. 9.
13 Ebd.
14 Ebd., S. 12. Insgesamt versuchen sie so, Heimat eher wertfrei zu betrachten. Der ideologisch-pathologische Missbrauch, den dieses offen gedachte Konzept aber auch ermöglicht, ist allein durch die Historie deutscher «Heimat-Bilder» mehr als deutlich dokumentiert. Das soll an dieser Stelle nicht unerwähnt bleiben.
15 KAL HO NAA HO gilt als erster Bollywood-Film, der ausschließlich in der amerikanischen Diaspora spielt. In den letzten Jahren dominiert New York als Symbol westlich-kapitalistischer Urbanität das auf die Gruppe der NRIs und PIO zielende Hindi-Kino. Demgegenüber ist London als prominenter Handlungsort außerhalb Indiens nach Filmerfolgen wie DDLJ – DILWALE DULHANIYA LE JAYENGE (WER ZUERST KOMMT, KRIEGT DIE BRAUT, Indien 1995) oder KABHI KHUSHI KABHIE GHAM... (IN GUTEN WIE IN SCHWEREN TAGEN, Indien/GB 2001) in den Hintergrund getreten. Ein möglicher Grund dafür könnte sein, dass Bollywood die Bearbeitung postkolonialer Themen abgeschlossen und sich folgerichtig auch geografisch von ihnen gelöst hat.

aus dem Haus. Schnell ins Büro. Dem Leben immer einen Schritt voraus sein. Wer langsam ist, hat hier keinen Platz.»[16]

Saskia Sassen bezeichnet New York als *global city*[17], deren rasanter ökonomischer und sozialer Wandel sich von dem anderer weltwirtschaftlich relevanter Zentren abhebt. Städte dieser Kategorie steuern die Globalisierung und werden gleichzeitig von ihr gesteuert. Sie lösen sich aus eng definierten nationalen Kontexten und bilden ein transnationales Netzwerk, das auf lokaler Ebene globale Prozesse anstößt und vorwegnimmt. Diese Funktion verändert das Erscheinungsbild einer Stadt nachhaltig und dokumentiert die Relation zwischen ökonomischem Progress, sozialem Wandel und permanenter urbaner Restrukturierung. Dabei haben alle Menschen die Möglichkeit, am wirtschaftlichen Fortschritt zu partizipieren, sofern sie die notwendigen Voraussetzungen erfüllen. Das gilt auch für Migranten, wenn sie entsprechend flexibel, ausbildet und weitgehend integriert sind. Gleichzeitig ist die Existenz «aller» Bewohner abhängig von Parametern, die sie nicht beeinflussen können. Abstrakte ökonomische Umformungen haben immer auch konkrete soziale Folgen für die Menschen in einer *global city*, unabhängig von ihrer ethnischen Herkunft.

Nainas Kommentar beschreibt zunächst ihre Sicht auf New York als «Arbeitswelt». Zeitraffer zeigen das Leben zwischen den Wolkenkratzern und visualisieren die pulsierende Rastlosigkeit eines urbanen Organismus, dessen Bewegungsdrang sich auf die Protagonistin überträgt. Als sie im Bild erscheint, fügt Naina sich nicht in die anonyme Menschenmasse, sondern läuft gegen den Strom durch die Straßen der Stadt, bahnt sich symbolhaft ihren eigenen Weg, bis sie zur Brooklyn Bridge gelangt. Hier wird aus der gerade noch so dynamischen jungen Frau unerwartet ein trauriges Mädchen:

«Diese Stadt lehrte mich, unabhängig zu sein, Verantwortung zu übernehmen, mich dem Leben zu stellen, aber nicht wie man liebt, dazu war keine Zeit. Wenn ich die Stadt aus der Ferne sah, war mir mein Vater immer ganz nah. Wenn er mir fehlte, kam ich hierher.»[18]

In einem Moment untröstlicher Sehnsucht stellt sich Naina an dem von ihr aufgesuchten Ort und durch die Gedanken an den verstorbenen Vater dem emotionalen Defekt ihrer Identität und dem Mangel an vertrauter Zugehörigkeit. Gerade der vermeintlich kalte urbane Raum schafft Platz für die an den Vater geknüpften Erinnerungen. Ein kurzes Fühlen vergangener Nähe und Geborgenheit erzeugt ein Moment von Heimat. Bernd Hüppauf erklärt diesen Zusammenhang wie folgt:

«Die räumliche Beschränkung auf einen konkreten Ort ist für das Entstehen von ‹Heimat› und Heimatgefühlen eine notwendige Bedingung. Heimat war stets die Region der eigenen Kindheit. Diesen *Raum* kann man als geographischen Punkt auf der Landkarte bestimmen und auch abschreiten. Der Ort ist aber noch nicht Heimat. Zu ihr gehört notwendig die Imagination. Die räumliche und zeitliche Bestimmung des Wortes Heimat überschreitet

---

16 Zitat aus den deutschsprachigen DVD-Untertiteln von KAL HO NAA HO. DVD. Köln: Rapid Eye Movies 2005.
17 Ausführlich vgl. Saskia Sassen: *The Global City. New York, London, Tokyo.* Oxford 2001, S. 3ff.
18 Zitat aus den deutschsprachigen DVD-Untertiteln von KAL HO NAA HO. DVD. Köln: Rapid Eye Movies 2005.

1 Glückliche Zeiten: privates Erinnern im öffentlichen Raum.

das Faktische. [...] Sie bildet sich nicht ohne die Beteiligung der Einbildungskraft und ist ohne Bilder [...] nicht möglich. Erst affektiv besetzte Bilder im Kopf machen aus einer geographischen Region eine Heimat.[19]

An diesem ungewöhnlichen Rückzugsort im öffentlichen Raum dauert Nainas Erinnerung an sorglose Zeiten nur einen Augenblick und wirkt doch länger als es scheint, denn nach Hüppauf sind heimatliche Gefühle anachron. Die Gedanken an sie liegen «nicht als eine abgeschlossene Phase außerhalb der Gegenwart. Heimat bleibt, anders als viele Erinnerungen, Gegenwart. Sie ragt in die jeweilige Gegenwart hinein und ist an deren Strukturierung beteiligt.»[20] Das gilt auch für Naina, denn der für sie unverständliche Freitod des Vaters hat die Grundfesten ihrer Kindheit erschüttert, ihr Urvertrauen sowie das Gefühl heimatlicher Geborgenheit in der familiären Umgebung nachhaltig zerstört. Aus diesem Grund kann sie ihre Erinnerung auch nur außerhalb des häuslichen Rahmens zulassen (Abb. 1). Identitätsstiftende Stabilität scheint sie außerhalb der Familie gefunden zu haben. Die Stadt mit ihren funktionsorientierten Regeln und wiederkehrenden Routinen erzeugt in ihr eine Art rationalen Vertrauens und automatisierter Sicherheit, ohne Emotionen und Enttäuschungen. Für Nainas lebensweltliche Gegenwart scheinen ihre indischen Wurzeln daher bedeutungslos. Sie konzentriert sich auf ihr MBA-Studium und die zukünftigen beruflichen Möglichkeiten in einem globalen Finanz- und Wirtschaftszentrum wie New York. Sie hat die Regeln des sie umgebenden ökonomischen Systems akzeptiert und handelt danach. Damit entspricht sie Richard Sennetts Bild des «flexiblen Menschen», der sich den Wandlungen der kapitalistisch geprägten Kultur des 21. Jahrhunderts stets neu anpassen muss.[21] Ihr persönlicher *american dream* manifestiert sich auf visueller Ebene nicht zufällig an urbanen Orten wie z.B. der Skulptur des *Charging Bull* im Finanzdistrikt, die nicht nur in Amerika als Symbol kapitalistischer Aggressivität und ökonomischer Überlegenheit identifiziert wird, sondern auch in Indien als solches erkannt wird.

Nainas Großmutter wählt gegenüber der «unausweichlichen Wirklichkeitsregion» New York eine andere Verhaltensstrategie, die Mishras Beobachtungen in der Diaspora eindrücklich widerspiegelt:

---

19 Bernd Hüppauf: «Heimat – die Wiederkehr eines verpönten Wortes. Ein Populärmythos im Zeitalter der Globalisierung». In: Gebhard, Geisler/Schröter/*Heimat. Konturen und Konjunkturen eines umstrittenen Konzepts*, S. 109–140, hier S. 112.
20 Ebd., S. 115.
21 Vgl. Richard Sennett: *Der flexible Mensch. Die Kultur des neuen Kapitalismus*. München 2000.

2 Begrenzte Auswahl: die arrangierte Ehe als Idealvorstellung.

«[...] first-generation NRIs desperately try to hang on to values that mark their differences from the rest of the nation-state. These differences are generally about tradition, continuity, family, and, often, the importance given to arranged marriages. A diasporic imaginary thus grows out of a sense of being marginalised, of being rejected outright by the nation-state [...].»[22]

Sie meidet den öffentlichen Raum der westlich geprägten Außenwelt, sehnt sich nach dem Punjab und träumt von Aloo Parathas, einem typischen Gericht traditioneller indischer Küche. Mit Heimat verbindet sie «Erinnerungen an eine regionale Sprache, Geräusche, Gerüche, Farben, Gesten, Stimmungen»[23] ebenso wie folkloristische Bräuche und normative Ideale. Auf letzteren beruhen ihre unverrückbaren Vorstellungen davon, was richtig und falsch ist. Falsch ist z. B., dass ihre Enkelin Naina immer noch nicht verheiratet ist. Richtig wäre, wenn sie sich der Tradition beugen und einen von ihr ausgewählten Sikh als Ehemann akzeptieren würde. Für sie stellt Heimat einen idealisierten Fluchtraum dar, in dem ideologisch-nationalistische Tendenzen durchaus ihren Platz haben (Abb. 2). Obwohl Naina und ihre Großmutter sich gegenüber derselben Lebenswelt konträr verhalten, beruht beider Handeln auf einem von Schütz beschriebenen Mechanismus, der für die individuelle Verortung im gesellschaftlichen Umraum ein Gefühl von Selbstsicherheit bietet:

«Die in meinem Wissensvorrat sedimentierten Auslegungen haben den Status von Gebrauchsanweisungen: Wenn die Dinge so und so liegen, dann werde ich so und so handeln. Durch die erfolgreiche Anwendung von Gebrauchsanweisungen brauche ich nicht an jeweils neue Problemlösungen, Horizontauslegungen usw. zu gehen, sondern ich kann handeln wie ich schon eh und je ‹in solchen Lagen› gehandelt habe.»[24]

Für Nainas Mutter stellt sich die Situation anders dar. Die lebensweltlichen Konflikte und Probleme, mit denen sie täglich konfrontiert wird, lassen sich nicht mit simplen Gebrauchsanweisungen lösen. Die Schwiegermutter wirft ihr ständig vor, dass sie im Hinblick auf die Pflege kultureller sowie moralischer Traditionen versagt und ihre Haushalts- bzw. Familienführung nicht dem Idealbild einer indischen Frau und Mutter entspricht. Als Inhaberin eines kleinen Lokals steht sie kurz vor der Pleite, denn die Bank verweigert ihr die drin-

---

22 Mishra, *Bollywood Cinema. Temples of Desire*, S. 236f.
23 Hüppauf, «Heimat – die Wiederkehr eines verpönten Wortes. Ein Populärmythos im Zeitalter der Globalisierung», S. 112.
24 Schütz/Luckmann, *Strukturen der Lebenswelt*, S. 43.

3 Ankunft in Amerika: der indische Held vor der New Yorker Skyline.

gend notwendige Verlängerung eines Kredits. Dass unter diesen Umständen die gesamte Familie leidet, begreift sie als persönliches Versagen. Gefangen zwischen den kulturellen Traditionen indischer Lebens*art* und den ökonomischen Zwängen westlicher Lebens*welt* sieht sie keinen Weg, sich aus ihrer Situation zu befreien. Erst mit Hilfe von Aman schafft sie es im Verlauf der Handlung, sowohl ihre privaten als auch geschäftlichen Probleme zu lösen, und sich in ihrer Lebenswelt erfolgreich neu zu positionieren.

Trotz des nach Außen getragenen westlichen Erscheinungsbildes ist Aman im Inneren ein echter Bollywood-Held, der dafür sorgt, dass die ideale indische Heimat auch in der realen amerikanischen Fremde nicht vergessen wird. Bezüglich der Funktion dieser filmischen Figur stellt Mishra fest:

> «[...] there is something rather artificial about the culture that Bombay Cinema constructs – a culture that is build around a (male) North Indian Hindi-speaking subject – it does give rise to the possibilities of a ‹shared experience› that [...] seems to have transcended class and even linguistic difference by emphatically stressing «the myths on which the Indian social order survives in spite of changes [...].²⁵
>
> The structure of the film is therefore designed to accommodate deep fantasies belonging to an extraordinary varied group of people, from illiterate workers to sophisticated urbanities.»²⁶ (Abb. 3)

Die Schlagkraft dieser so erzeugten pan-indischen Mentalität wird von Aman in einer Song-and-Dance-Sequence beschworen, die in ihrer aggressiven Inszenierung einem musikalischen Kulturkampf gleicht. Dabei werden auditive und visuelle Elemente effektvoll eingesetzt, um bestimmte emotionale Assoziationen zu initiieren. Das hier verwendete Lied *Chale Chalo – Packen wir's an* stammt ursprünglich aus dem Film LAGAAN: ONCE UPON A TIME IN INDIA (LAGAAN – ES WAR EINMAL IN INDIEN, Indien 2001). Dort wehrt sich eine Gruppe indischer Bauern erfolgreich gegen die Steuerforderungen englischer Kolonialherren und spricht sich in Textpassagen wie diesen kollektiven Mut zu:

---

25 Mishra, *Bollywood Cinema. Temples of Desire* zitiert hier M.L. Raina: «‹I'm All Right Jack›: Packaged Pleasures of the Middle Cinema». In: *Journal of Popular Culture*, 1986, S. 131–141, hier S. 131.

26 Mishra, *Bollywood Cinema. Temples of Desire*, S. 3. Myriam Alexowitz bemerkt, wie weitreichend – nicht nur im Hinblick auf die Rezeption, sondern auch auf die Produktion – Bombays internationaler Einfluss ist: «Bollywood gilt als Vorbild nicht nur für die regionalen Filmstätten Indiens, sondern auch für Großteile des gesamtasiatischen Raums. Viele Regisseure und Künstler aus Nepal, Sri Lanka und Pakistan zieht es in diese Filmkapitale.» Myriam Alexowitz: *Traumfabrik Bollywood. Indisches Mainstream-Kino*. Bad Honnef 2003, S. 17f.

4 All India: die gemeinsame Herkunft als Moment der Stärke.

«Wir werden die Sieger, sie die Verlierer sein. Auf dass wir immer furchtlos sind. Packen wir's an! [...]. Den Finger, der auf uns zeigt, haben wir gebrochen. Nimm' fünf von unseren zusammen und wir haben eine Faust [...]. Wer sich uns in den Weg stellt, hat nichts zu lachen [...]. Wir lassen die Erde beben, und alle werden vor uns erzittern.»[27]

Aman folgt diesem Vorbild und findet sich mit dem drohenden finanziellen Ruin der Familie nicht einfach ab. Er sieht in ihm einen «zu überwindenden Widerstand»[28] und stellt sich dem

«[...] Bereich der Wirklichkeit, in dem uns natürliche und gesellschaftliche Gegebenheiten als die Bedingung unseres Lebens unmittelbar begegnen, als Vorgegebenheiten, mit denen wir fertig zu werden versuchen müssen. Wir müssen in der Lebenswelt des Alltags handeln, wenn wir uns am Leben erhalten wollen.»[29]

Er beschwört Nainas Mutter, ihre kulturelle Herkunft nicht länger hinter der Fassade eines *American Diner* zu verbergen, sondern sich offen zu ihr zu bekennen und durch sie einen Ort indischer Lebensart zu schaffen. Nur diese Rückbesinnung auf das Eigene kann die «Gefahren der Ver-Änderung»[30] abwehren (Abb. 4).

Diese Form des Heimatschutzes beschränkt sich nicht nur auf Inneneinrichtung und Speisekarte. Dass die Grenzen zwischen kulturellem und nationalem Selbstverständnis fließend sind, wird deutlich, als die amerikanische Flagge als patriotisches Symbol der Diaspora Lebenswelt den heimatlichen indischen Nationalfarben weichen muss. Gleichzeitig findet eine Abgrenzung gegenüber anderen Minoritäten statt. Der chinesischen Familie, die ein Lokal auf der gegenüberliegenden Straßenseite betreibt, wird durch entsprechende Mimik und Gestik deutlich vermittelt, wer sich im Wettstreit um die Gunst potentieller Gäste durchsetzen wird.[31]

Insgesamt wirkt die äußere Veränderung des Diners wie ein innerer Befreiungsschlag, und aus der selbstbewussten Präsentation der heimatlichen Kultur im öffentlichen Raum erwächst scheinbar wie von selbst der ökonomische Erfolg. Die Sequenz dokumentiert, was für Gebhard, Geisler und Schröter letztlich den Kern eines jeden Heimatdenkens aus-

---

27 Zitat aus den deutschsprachigen DVD-Untertiteln von LAGAAN. DVD. Köln: Rapid Eye Movies 2009.
28 Schütz/Luckmann, *Strukturen der Lebenswelt*, S. 447.
29 Ebd.
30 Gebhart/Geisler, Schröter, *Heimat. Konturen und Konjunkturen eines umstrittenen Konzepts*, S. 27.
31 Dieses Detail weist über die Filmhandlung hinaus und spielt auf die Konkurrenz zwischen Indien und China im Globalisierungsprozess an.

5 Triumph der Tradition: Mutter und Held führen die Braut.

macht: «eine Bewegung der Rezentrierung»[32], aus der «die Reetablierung der *menschlichen Handlungsmächtigkeit*»[33] erfolgen kann. Das Lokal fungiert dabei als Symbol einer selbst geschaffenen Heimat, die sich zwischen «*Offenheit* und *Geschlossenheit*»[34] bewegt, wie auch das Ladenschild mit den Aufschriften «open» und «closed» andeutet. Der heimatlich gestaltete Innenraum öffnet sich nach außen, indem er Gäste aufnimmt und sie mit der indischen Kultur vertraut macht. Er kann sich aber auch jederzeit schließen, d.h. «Identität kann sich als Abgrenzung gegen alles Fremde oder aus der Offenheit für das Fremde oder den Fremden ergeben […].»[35] Der daraus ableitbare Verdacht, alles Heimatdenken sei letztlich ein «Denken in Ausschlüssen»[36] stellt nach Hüppauf aber ein ebenso «unreflektiertes Stereotyp»[37] dar. Seiner Ansicht nach ist Heimat nicht «unausweichlich ein Wort der Anti-Vernunft.»[38] Dennoch scheint es zumindest im Film so eine Sache mit der Ratio zu sein. Wie engstirnig bzw. weitherzig und letztlich situativ wandelbar die Idee der Heimat gedacht und eingesetzt werden kann, dokumentiert das Verhalten von Nainas Großmutter. Während sie zu Beginn mit punjabischer Arroganz das finanzielle Hilfsangebot des Gujaraten Rohit für das Lokal ablehnt, wischt sie vor seiner Verlobung mit Naina alle regionalen Ressentiments mit einem lapidaren «It's just geography!» vom Tisch. Diese Haltung gilt letztlich auch für New York als Lebenswelt. Sennett stellt fest: «Der Ort wird von der Geografie definiert, die Gemeinde beschwört die sozialen und persönlichen Dimensionen des Ortes. Ein Ort wird zu einer Gemeinde, wenn Menschen das Pronomen ‹Wir› zu gebrauchen beginnen.»[39] Was letztlich zählt, ist der indisch geprägte familiäre Verbund, aus dem heimatliche Gefühle wie Stabilität und Geborgenheit erwachsen. Zur Freude der Großmutter manifestiert die traditionelle Hochzeit von Rohit und Naina eben diese Konzepte von Familie und Heimat als ineinander greifende Elemente des indischen Selbstverständnisses (Abb. 5).

Naina lässt ihre bisherige Lebenswelt schweren Herzens hinter sich, auch wenn sie ihr in Momenten der Sehnsucht auch eine Art von Heimatgefühl vermittelt hat. Ihre emo-

---

32 Gebhart/Geisler/Schröter, *Heimat. Konturen und Konjunkturen eines umstrittenen Konzepts*, S. 45.
33 Ebd.
34 Ebd., S. 44.
35 Ebd., S. 45.
36 Hüppauf, «Heimat – die Wiederkehr eines verpönten Wortes. Ein Populärmythos im Zeitalter der Globalisierung», S. 120.
37 Ebd.
38 Ebd.
39 Sennett, *Der flexible Mensch. Die Kultur des neuen Kapitalismus*, S. 189.

tionale Verschlossenheit löst sich auf, die Bilder von einer am beruflichen Erfolg ausgerichteten, unabhängigen Zukunft verblassen, die Orte ihres persönlichen amerikanischen Traums treten in den Hintergrund. In den am Ende dominierenden, gleichermaßen geschützten und schützenden Innenraum des Elternhauses, in dem «echte» Heimatgefühle entstehen und erhalten werden können, wird die Familie als identitätsstiftende Institution durch den indischen Helden Aman reetabliert.

Kabhi Alvida Naa Kehna: Heimatverlust und Neubeginn

Maya (Rani Mukherjee) ist gemeinsam mit ihrem Bräutigam Rishi (Abhishek Bachchan) aufgewachsen. Nun soll sie ihren besten Freund heiraten und fragt sich, ob diese Entscheidung richtig ist. Unmittelbar vor der Trauung lernt sie Dev (Shah Rukh Khan) kennen und vertraut ihm ihre Zweifel an: «Manchmal nimmt Freundschaft den Platz von Liebe ein, und dann ist für die Liebe kein Platz mehr. [...] Was ist, wenn ich ihr begegne, wenn ich verheiratet bin?»[40] (Abb. 6) Dev, dessen Ehe nach eigener Aussage ebenfalls auf Freundschaft beruht, entgegnet ihr, dass nur derjenige Liebe findet, der willentlich danach sucht. Als die beiden einander nach Jahren wiedersehen, ist Dev ein verbitterter Mann. Seine Karriere als Sportler wurde durch einen Unfall mit bleibender Gehbehinderung zerstört, der berufliche Erfolg seiner Frau Rhea (Preity Zinta) mindert sein Selbstwertgefühl. Auch Maya ist in ihrer Ehe unglücklich. Sie kann keine Kinder bekommen und daher weder ihren ganz eigenen Wunsch nach einer Familie erfüllen, noch dem Ideal einer indischen Ehefrau, die immer auch Mutter ist, gerecht werden. Beim gemeinsamen Versuch, ihre belasteten Beziehungen zu retten, verlieben sich Dev und Maya ineinander. Als sie Rhea und Rishi die Affäre gestehen, folgt für beide die Scheidung. Im Glauben, dass der jeweils andere seine Ehe erhalten konnte, verheimlichen sie das voreinander und finden erst Jahre später zusammen.

Die nach dem indischen Wertesystem idealen Lebensformen Ehe und Familie werden in ihrer an der Realität zu messenden Tragfähigkeit gleich zu Beginn des Films von Maya infrage gestellt.[41] Im Verlauf der Geschichte bestätigen sich ihre anfangs diffusen Zweifel,

6 Zweifelnde Braut: der Blick in den Spiegel als Symbol der Selbstsuche.

---

40   Zitat aus den deutschsprachigen DVD-Untertiteln von Kabhi Alvida Naa Kehna. DVD. Köln: Rapid Eye Movies 2007.
41   Kabhi Alvida Naa Kehna beginnt mit einer Einstellung auf die Skyline Manhattans – grau und menschenleer. Bewegung entsteht lediglich durch vom Wind bewegte braune Blätter. Vor dieser Kulisse spielen im Folgenden die entscheidenden Szenen ihrer verbotenen Liebe, die im Ehebruch gipfelt und ihre bisherigen Existenzen zerstört. Hier beginnt ihr freundschaftliches Zweckbündnis und endet ihre scheinbar unmögliche Beziehung.

dass Dinge außer Kontrolle geraten können, sofern die «routinemäßige Abfolge unproblematischer Erfahrungen unterbrochen wird und sich gegen einen Hintergrund von Selbstverständlichem ein Problem abhebt.»[42] Bereits das hinduistische Hochzeitsritual, mit dem sie und Rishi ihre Ehe besiegeln, scheint die Tradition lediglich zu simulieren und wirkt wie eine folkloristische Reminiszenz an die nicht nur räumlich, sondern auch biografisch ferne Heimat, die zur tatsächlichen Lebenswelt der Beteiligten kaum in Verbindung steht.

Die Innenräume ihrer luxuriösen Häuser, Lofts und Appartements gleichen den identitätslosen Kulissen westlicher Konsumkultur, einen schützenden Rückzugsraum bieten sie nicht. Die urbane Außenwelt erscheint mit ihren Orten, Bildern und Symbolen als etwas «eigendynamisch Funktionierendes»[43], zu dem man sich zwar verhalten muss, aber kein Verhältnis hat. Sennett sieht das in der architektonischen Gestaltung der öffentlichen Lebensräume westlicher Metropolen begründet:

> «Als Stoff für die Kultur sind die Steine der modernen Stadt [...] wie es scheint, schlecht gesetzt, denn das Einkaufszentrum, der Parkplatz, der Aufzug im Apartmenthaus verraten in ihrer Form nichts von der Komplexität möglichen Lebens in ihnen. Aus dem, was einmal Erfahrung öffentlicher Räume war, sind heute, so scheint es, schwebende Vorgänge in der Psyche geworden.»[44]

Mit diesem psychischen Zustand müssen sich die Menschen in urbanen Kontexten demnach arrangieren. Diese lebensweltlichen Strukturen haben in der Folge aber auch Auswirkungen auf das soziale Verhalten, und so scheint es fast zwingend, dass die partnerschaftlichen Beziehungen in KABHI ALVIDA NAA KEHNA im Verlauf der Handlung ebenfalls in die Schwebe geraten und eine Eigendynamik entwickeln. Es stellt sich die Frage, ob die Suche nach individueller Stabilität in einer globalisierten Welt zwangsläufig das Verschwinden von inzwischen fremd erscheinenden, nur rudimentär mit einer Heimat assoziierten, kollektiven Werten nach sich zieht.

Im lebensweltlichen Alltag der Familien von Dev und Maya sind kaum noch Bezüge zu indischen Traditionen und Werten erkennbar. Rishis Vater (Amitabh Bachchan) inszeniert sich als alternder Playboy und personifiziert zu Beginn des Films in seiner Rastlosigkeit noch deutlicher als die jüngere Generation das Klischee der «Großstadt mit ihren Verwerfungen wie Dekadenz bzw. Kulturverfall.»[45] Nach dem Tod seiner Frau, der das Moment eines Heimatverlustes in sich trägt, hat er die Rolle des indischen Patriarchen, der die Familie zusammen- und die Moral hochhält, abgelegt. Das wird besonders deutlich, als er von Mayas Affäre mit Dev erfährt. Er weist sie nicht wie erwartet zurecht, sondern bittet sie, sich von Rishi zu trennen, um ihn und sich selbst nicht länger unglücklich zu machen. Damit stellt er seinen väterlichen Wunsch nach persönlichem Glück für seinen Sohn – und auch für sie – über die in der kulturellen Tradition unhinterfragbare Institution der Ehe.

Die Kulturpflege von Devs Mutter (Kiron Kher) besteht hauptsächlich in der Zubereitung traditioneller Gerichte aus der Heimat. Sie betreibt einen Cateringservice, der westliche Fei-

---

42 Schütz/Luckmann, *Strukturen der Lebenswelt*, S. 37.
43 Gebhard/Geisler/Schröter, *Heimat. Konturen und Konjunkturen eines umstrittenen Konzepts*, S. 35.
44 Richard Sennett: *Civitas. Die Großstadt und die Kultur des Unterschieds*. Frankfurt am Main 1994, S. 11.
45 Ebd., S. 25.

7 Emotionales Scheitern: Entfremdung und Sprachlosigkeit.

erlichkeiten mit indischem Ethnofood beliefert, so auch die Hochzeit von Maya und Rishi. Ihr gelingt es, im Vater des Bräutigams eine sinnliche Erinnerung an Indien zu wecken. Als er das hausgemachte Suji Ka Halva probiert, führt der Geschmack ihn für einen Moment in das punjabische Chandigarh, seine Heimatstadt, zurück. Doch so schnell der Grießpudding verzehrt ist, so schnell verflüchtigen sich auch die Gedanken an seine indische Herkunft. Dass die emotionale Bindung an Indien aber nie gänzlich verloren gegangen ist, sondern durch die westliche Lebenswelt eher an den Rand der Wahrnehmung gedrängt wurde, zeigt sich im Moment seines Todes, als er sich ein letztes Mal an Chandigarh erinnert.

Rhea, Dev, Maya und Rishi hingegen sind so sehr mit den realen Problemen ihrer komplexen Lebenswelt beschäftigt, dass sich für einen Ort imaginierter Heimat, wie ihn das Bollywood-Kino der Diaspora bislang vermittelte, kein Platz mehr findet – weder topografisch noch emotional. Rhea z. B. hält zwar trotz aller Differenzen an ihrer Ehe mit Dev fest, aber die Rollenmuster innerhalb der Beziehung haben sich in einer Form verschoben, die einen partnerschaftlichen Umgang miteinander kaum noch zulässt (Abb. 7).

Durch ihren beruflichen Erfolg definiert Rhea sich eher als emanzipierte Geschäftsfrau denn als Ehefrau und Mutter. Ihr Habitus[46] repräsentiert prototypisch den flexiblen Menschen der *global city*, ihre Karriere zeichnet die damit verbundene ökonomische Beschleunigung nach. Dev kann mit dem Tempo, das seine Frau beruflich und privat vorgibt, nicht Schritt halten – weder im wörtlichen noch im übertragenen Sinn. Sein ambitionierter Lebensentwurf als Profisportler ist gescheitert, seine Tätigkeit als Fußballtrainer stellt keine adäquate Alternative dar. Er wird weder den Erwartungen an sich selbst noch den Anforderungen der ihn umgebenden Lebenswelt gerecht. Das Scheitern seines Traums, die äußerlich erkennbare Verletzung und im Inneren verborgene Verletztheit sowie seine Verzweiflung darüber, als Mann nicht angemessen für die Existenz der Familie sorgen zu können, bringen ihn in eine ähnlich ausweglose Gefühlslage wie Nainas Mutter in KAL HO NAA HO. Seine direkte Umgebung führt ihm permanent sein Versagen vor Augen, so dass der «unverdiente» materielle Wohlstand eine emotionale Leerstelle erzeugt, die in besonders belastenden Situationen durch offen artikulierten (Selbst-)Hass ausgefüllt wird.

---

46 Habitus kann hier im Sinne Pierre Bourdieus verstanden werden, wonach das Auftreten einer Person in ihrer Gesamtheit, das Zusammenspiel aus Elementen wie z. B. Kleidung, Sprache oder Lebensart, Aufschluss über den Status eines Menschen gibt und eine gesellschaftliche Einordnung ermöglicht. Ähnlich wie Schütz verortet Bourdieu die freiheitlichen Möglichkeiten eines Menschen in einem Raum vielfältiger Beschränkungen historischer, sozialökonomischer oder auch ethnischer Art. Vgl. ausführlich Pierre Bourdieu: *Die feinen Unterschiede. Kritik der gesellschaftlichen Urteilskraft*. Frankfurt am Main 1982.

8 Befreiendes Lachen: Flucht vor familiären Zwängen.

Devs Charakter etabliert einen bislang im populären Hindi-Kino weitgehend unbekannten Typus des Anti-Helden, «marked by strong ambiguity and self-contradiction, by a double subjectivity, a double consciousness.»[47] Im Gegensatz zum klassischen Bollywood-Helden verfügt er nicht über die Fähigkeit, seine «Handlungsmächtigkeit» zurückzuerlangen, um seine Lebenswelt nach eigenen Vorstellungen zu gestalten.

Stattdessen flüchtet er vor seiner Hilf- und Haltlosigkeit in den öffentlichen Raum und in das Zusammensein mit Maya. Hier wirkt er befreit und findet sogar sein Lachen wieder, wie er selbst überrascht feststellt. In ihrer Gegenwart muss er nicht dem Idealbild eines Ehemanns und Vaters entsprechen, sondern kann er selbst sein, mit körperlichem Defekt und charakterlichen Schwächen (Abb. 8). Ähnlich ergeht es Maya, deren Ehe durch die unfreiwillige Kinderlosigkeit belastet ist. Die tradierte Rolle einer Frau als Mutter füllt sie nicht aus, da sie keine Kinder bekommen kann, und ihre Arbeit als Lehrerin schließt diese Lücke nicht. Die persönliche Trauer verbindet sich mit einem diffusen Gefühl persönlicher Unzulänglichkeit, insbesondere gegenüber ihrem Mann, von dem sie weiß, dass er sich immer ein Kind gewünscht hat. Wenn sie bei Dev ist, spielt das keine Rolle, denn anstatt mit einer nicht erfüllbaren Zukunft zu hadern, kann sie mit ihm den Augenblick genießen. Langsam entwickeln sie alltägliche Routinen und Rituale außerhalb ihrer Familien. Auf dem Weg zur Arbeit z. B. treffen sie sich jeden Tag am Bahnhof, einem öffentlichen Ort urbaner Mobilität, dessen Symbolcharakter mehr als deutlich zu Tage tritt. Als zentraler Verkehrsknotenpunkt der Stadt bildet er ein komplexes System aus Fahrplänen und Schienensträngen, in dem man das richtige Gleis finden muss, um das gewünschte Ziel zu erreichen. Für Dev und Maya wird er zum Dreh- und Angelpunkt ihrer Beziehung, die sie beide lange Zeit ohne Orientierung und Plan in der Schwebe halten, weil sie in ihrer Paralyse nicht entscheiden können, wohin sie führen soll. Je mehr sie sich in ihrer Freundschaft gegenseitig Halt geben, desto stärker wird in beiden das vage Gefühl eines anderen, glücklicheren Lebens, welches sie zwar nicht gesucht haben, aber nach dem sie sich sehnen. Als sie realisieren, dass sie es im jeweils anderen unwillentlich gefunden haben, manifestieren sich bei beiden die zu Beginn von Maya geäußerten Zweifel, die nach Schütz häufig Entscheidungen mit offenem Ausgang begleiten:

> «Könnte man denn etwas tun, damit das Gewünschte sich doch noch einstellt? Und wenn man glaubt, daß dies möglich sei, sollte man es schließlich und endlich doch lieber bleiben lassen [...]? Ist man denn sicher, daß man das, was man ursprünglich wollte, auch noch

---

47 Mishra, *Bollywood Cinema. Temples of Desire*, S. 238.

9 Traumhafte Berührung: die Imagination einer anderen Realität.

wirklich will, unter Einschluß all der Folgen, welche die Verwirklichung des Wunsches mit sich bringen könnte?»[48]

Von diesen Hoffnungen und Ängsten handelt das Lied *Mitwa – Freundin*. In ihm gesteht Dev sich selbst gegenüber ein, dass er Maya liebt, und sie seinem Leben eine neue Perspektive gibt. Die Sequenz ist als Mischung aus filmischer Realität und Tagtraum angelegt. Aus der Zeit, die sie miteinander verbringen, entstehen in seiner Phantasie immer wieder Situationen, die ihm zeigen, dass aus der Freundschaft zu Maya eine Liebe entstanden ist, die sie zumindest in seiner Vorstellung zu erwidern scheint (Abb. 9).

So eindrücklich sich diese Gefühle im Traum für ihn darstellen, so sehr zweifelt er weiterhin an der realen Erfüllung seines individuellen Glücks, das für ihn inzwischen untrennbar mit Mayas Liebe verbunden ist: «Ist sie die eine, die im Leben fehlte? Ja, sie ist die eine. […] Deine Augen haben die Vorbestimmung gesehen, aber du denkst, soll ich gehen oder nicht? Wenn das Leben davon tanzt, warum sind deine Füße gefesselt?»[49] Diese Frage spiegelt sich in einigen Szenen, die Dev allein an verschiedenen Orten der Stadt zeigen. In ihnen kommt sein realer Drang nach Bewegung und Befreiung deutlich zum Ausdruck, doch sie sind Elemente eines Traums, denn in diesen Momenten bewegt er sich ohne Behinderung. In der Realität symbolisiert sie als äußeres Zeichen nach wie vor einen Widerstand, der ihn daran hindert, seinen eigenen Weg zu gehen. Solange es ihm nicht gelingt, seine innere Blockade zu lösen, kann er keine Entscheidung über sein weiteres Leben und für seine Liebe zu Maya treffen. Spätestens als es zum Eklat kommt und sie Rhea und Rishi ihre Affäre gestehen, hat die von Dev in einem Streit mit Maya zynisch eingeworfene Floskel – «After all family is family!»[50] – keinen Bestand mehr. So sehr Dev und Maya das Geschehen aus Angst vor der eigenen Courage wieder rückgängig machen wollen, so wenig können Rhea und Rishi darüber hinwegsehen. Sie haben sich in ihrer jeweiligen Lebenswelt eingerichtet und so stabil positioniert, dass sie ohne den vordergründigen Halt erzwungener familiärer Zusammenhalte auskommen. Sie entscheiden sich gegen die Aufrechterhaltung ihrer Ehen und für den Versuch, einen neuen Alltag im Rahmen ihrer Möglichkeiten weitgehend nach eigenen Vorstellungen zu gestalten, auch wenn er in seiner Struktur zunächst fremd erscheinen mag, und es Zeit braucht, ihn sich anzueignen.

---

48 Schütz/Luckmann, *Strukturen der Lebenswelt*, S. 486.
49 Zitat aus den deutschsprachigen DVD-Untertiteln von Kabhi Alvida Naa Kehna. DVD. Köln: Rapid Eye Movies 2007.
50 Ebd.

10 Glückliches Ende: Anfang einer gemeinsamen Zukunft.

Die Gesetzmäßigkeiten, deren eine Heimat bedarf, werden in KABHI ALVIDA NAA KEHNA ebenso aufgehoben wie die Gefühle, aus denen sie erwächst. Normen, Werte und Traditionen, die ihr eine Kontur geben könnten, existieren nicht mehr. Das Zerbrechen der Institutionen Ehe und Familie besiegelt ihren endgültigen Verlust. Dadurch ergeben sich aber auch «Möglichkeiten der Distanzierung und Reflexion»,[51] so dass die entstandene Leerstelle nicht zwangsläufig als Trauma empfunden werden muss, sondern als Chance für einen lebensweltlichen Neubeginn begriffen werden kann, jenseits von heimatlich anmutenden Mustern. Nach der Trennung von Dev entscheidet sich Rhea z. B. bewusst gegen eine neue Partnerschaft und widmet ihrem Sohn mehr Zeit und Aufmerksamkeit als bisher. Rishi gelingt es, seine gescheiterte Ehe mit Maya zu überwinden und sich mit ihr auszusöhnen. Er verliebt sich in eine Amerikanerin und heiratet ein zweites Mal – ohne traditionell hinduistisches Ritual. Maya und Dev hingegen erfahren die veränderte Situation als Trauma, ihnen erscheint ein Neuanfang nach eigenen Vorstellungen unmöglich. Getrennt voneinander fühlen sie sich gleichermaßen schuldig wie einsam. Ihre Handlungsfähigkeit beschränkt sich einmal mehr auf eine Fluchtbewegung. Beide versuchen ihren Erinnerungen zu entkommen, indem sie New York verlassen. Letztlich sind es ihre Ex-Partner, die sie wieder zueinander führen und ihnen die Chance auf ein gemeinsames Leben eröffnen. So kann aus dem schuldbehafteten Ende der alten Beziehungen der Freiraum für eine neue entstehen. Dass Dev und Maya mit diesem Neubeginn viele Wege offen stehen, impliziert der Bahnhof als Ort ihres Wiedersehens (Abb. 10).

Auch wenn die Vorstellung, das Leben räumlich und zeitlich als Reise zu betrachten, dem Heimatgedanken entgegensteht, so legt dieses Schlussbild doch nahe, dass auch Dev und Maya etwas finden werden, das ihnen genug Stabilität und Geborgenheit bietet, um den Unwägbarkeiten einer letztlich nicht beeinflussbaren Lebenswelt standzuhalten.

Schluss

Tejaswini Ganti beschreibt das populäre Hindi-Kino als «product of specific social, cultural, historical, and political contexts. While some themes and issues seem universal or timeless, others may be more specific to a particular context.»[52] Der bis dato zeitlose Topos der indischen Heimat als identitätsstiftendes Zentrum eines über den Globus verstreuten

---

51 Gebhard/Geisler/Schröter, *Heimat. Konturen und Konjunkturen eines umstrittenen Konzepts*, S. 45.
52 Tejaswini Ganti: *Bollywood: A Guidebook to Popular Hindi Cinema*. New York/London 2004, S. 23.

ethnischen Kollektivs scheint sich der Grenze seiner Haltbarkeitsdauer zu nähern. Das populäre Hindi-Kino galt bislang als «crucial in bringing the ‹homeland› into the diaspora as well as creating a culture of imaginary solidarity across the heterogeneous linguistic and national groups that make up the South Asian (Indian) Diaspora.»[53] Dieses Vermögen Bollywoods scheint nicht länger gewährleistet, denn zu der räumlichen Distanz zwischen Indien und der Diaspora kommen immer mehr weltanschauliche Diskrepanzen. Abgesehen von den wenigen nach Westen hin orientierten Metropolen des Subkontinents orientieren sich weite Teile der Bevölkerung nach wie vor an althergebrachten Wertesystemen und pflegen ein großes Traditionsbewusstsein. Beides verliert in der Diaspora zusehends an Bedeutung. Dieses Spannungsverhältnis berührt Bollywood im Kern, denn

> «[...] the recent diaspora [...] has radically reconfigured Indian readings of the diaspora and redefined as well cultural forms that see the diaspora as one of their important recipients. [...] The diaspora of late capital has now become an important market of popular cinema as well as a site for its production.»[54]

Für die nordindische Kinoindustrie wird es zunehmend schwer werden, Filme zu produzieren, die in Indien und der Diaspora gleichermaßen als «all-India cinema»[55] wahr- und angenommen werden, insbesondere da immer weniger NRIs und PIO sich mit der Idee eines globalen indischen Kollektivs identifizieren. Die ökonomische Relevanz dieses Zuschauermarktes hat aber dazu geführt, dass international ausgerichtete Blockbuster des Bollywood-Kinos vermehrt Themen verhandeln, die eher an den Lebenswelten der Diaspora als an denen Indiens orientiert sind, was durchaus Probleme in sich birgt:

> «It is one thing for the homeland to be constructed through the dream machine of Bombay Cinema. It is quite another for Bombay Cinema to create its version of the diaspora itself and, through it, tell the diaspora what it desires. Or, in an ironic echo of Marx, to display the diaspora better than it displays itself.»[56]

Mit Filmen wie KAL HO NAA HO und KABHI ALVIDA NAA KEHNA hat das populäre Hindi-Kino in den letzten Jahren seinen Fokus auf die Diaspora verlagert. Die dort angesiedelten Geschichten konkretisieren abstrakte Prozesse wie «the expansion of capital and capitalism, the compression of time and space, increased cultural commodification, the interactions between the local and the global [...] and the social condition of the diaspora.»[57] Das setzt zwar neues narratives Potential frei, birgt aber auch die Gefahr, aufgrund nicht zuletzt ökonomisch motivierter Überlegungen die erzählerischen Traditionen der eigenen langen Filmgeschichte zu vergessen.

Dem Helden Aman gelingt es in KAL HO NAA HO noch, Nainas an westlichen Maßgaben konstruiertes Selbstbewusstsein, das ihrem Leben sowohl Stabilität als auch Sinn zu verleihen scheint, durch sein Erscheinen ins Wanken zu bringen. Er irritiert ihre bisheri-

---

53 Mishra, *Bollywood Cinema. Temples of Desire*, S. 237.
54 Ebd., S. 236f.
55 Ebd., S. 3.
56 Ebd., S. 247.
57 Rajinder Kumar Dudrah: *Bollywood: Sociology Goes to the Movies*. Neu Delhi 2006, S. 40.

gen Weltvorstellungen durch sein Verhalten derart, dass sie sich in ihrer Verunsicherung schließlich den indischen Wurzeln der Familie zuwendet und ihre innere Umkehr durch eine quasi arrangierte Hochzeit mit Rohit nach außen hin kenntlich macht. So definiert sich ihr individuelles Selbstverständnis nicht länger durch die Strukturen einer urbanen Lebenswelt, sondern manifestiert sich schlussendlich in den Regeln eines heimatlichen Kollektivs.

Bei Rhea, Rishi, Dev und Maya erscheint Heimat bereits als ein Fremdwort, das nicht in ihren aktiven Wortschatz passt. KABHI ALVIDA NAA KEHNA inszeniert die Lebensräume der jungen Generation von NRIs und PIO wie in einem Hochglanzmagazin und wirkt insgesamt desillusionierter als KAL HO NAA HO. Indien wird zur narrativen Nebensache in einem Drama um große Gefühle und persönliches Glück, wie es auch in Hollywood hätte entstehen können. Am Ende finden alle Protagonisten ihre individuellen Wege in der westlichen Lebenswelt, die Heimat bleibt dabei auf der Strecke. Das kommerzielle Hindi-Kino wird sie als Konzept zwar im Blick behalten müssen, um weiterhin den Sehgewohnheiten der großen Masse heimischer Rezipienten gerecht zu werden. Als identifikatorisches Element eines globalen Publikums scheint sie allerdings ausgedient zu haben.

Alexandra Schneider

Zur Migration von Darstellungsverfahren

Das kommerzielle Hindi-Kino als Weltkino zwischen Ost und West

> «Was wissen wir in Europa mit Hilfe unserer westlichen Begriffe von der Produktionsweise in Asien, vom Raum dort [...]?»
> *(Henry Lefebvre:* La production de l'espace, *1974)*

Wie jede Kino-Kultur fordert uns auch das kommerzielle Hindi-Kino heraus, darüber nachzudenken, ob und inwieweit es überhaupt sinnvoll ist, dieses in nationalkinematografischen Kategorien zu betrachten. Diese Frage stellt sich in mindestens zweifacher Hinsicht: Wie schon der Titel dieses Bandes nahe legt, haben wir es beim indischen Kino nicht mit einer homogenen Filmkultur, sondern mit verschiedenen regionalen Filmkulturen zu tun. Dass ich mich mit dem kommerziellen Hindi-Kino beschäftigen werde, verweist zudem darauf, dass es in Indien nicht nur verschiedene regionale Kinotraditionen gibt, sondern auch unterschiedliche Produktionszusammenhänge, die gängigerweise als unabhängig bzw. kommerziell bezeichnet werden. Nun könnte man argumentieren, dass gerade das kommerzielle Hindi-Kino aufgrund seiner geografisch breiten Rezeption auf dem indischen Subkontinent so etwas wie ein panindisches Kino darstellt. Dies ist im Grunde nicht falsch. Allerdings wäre es schon aus systematischen Gründen nicht zutreffend, das Hindi-Kino als Vehikel einer nationalen Kultur zu verstehen. Die Filmwissenschaftlerin Natasa Durovicova weist in ihrer grundlegenden Kritik an nationalkinematografischen Ansätzen in der Filmgeschichtsschreibung darauf hin, dass sich der Film einer Indienstnahme durch nationale Kultur tendenziell immer schon entzieht, was insbesondere für das populäre bzw. vor allem für das kommerzielle Kino gilt.[1] Nationale Kultur konstituiert sich über die Pflege von Erbe und Tradition; Film ist ein Medium der technologischen Innovation und ein Konsumgut, das Teil eines kommerziellen, tendenziell grenzüberschreitenden (oder wie es mittlerweile heißt: globalisierten) Kreislaufs der Herstellung und Vermarktung von Gütern ist. Das Konzept einer nationalen Filmkultur ist so gesehen widersprüchlich, oder zumindest stellt es ein Kompositum aus zwei widerstrebenden Tendenzen dar.[2] Wohl eignet sich der Film als Instrument der Erfindung von Traditio-

---

1   Vgl. Natasa Durovicova: «Some Thoughts at an Intersection of the Popular and the National». In: *The Velvet Light Trap*, Nr. 34, 1994, S. 3–9.
2   Vgl. Vinzenz Hediger / Alexandra Schneider: «Wie Zorro den Nationalismus erfand: Film, Kino und

nen und der Konstruktion nationaler Identität. Er gehört aber auch zu einer Logik des Fortschritts und der Überwindung von Tradition. Dieser Widerspruch prägt auch das Kino in Indien. Abgesehen von dieser diachronen, modernitäts- und modernifizierungsspezifischen Spannung ist die nationale Filmproduktion in Indien auch synchronen, geografisch bedingten Widersprüchen ausgesetzt, die es erschweren, das indische Kino als authentischen Ausdruck einer nationalen Kultur zu verstehen. Wie viele nationale Filmproduktionen in anderen ehemaligen Kolonien, und sehr viel ausgeprägter als vergleichbare westliche Filmnationen, ist die Filmproduktion in Indien von einer konstanten Spannung zwischen dem, was man als das Eigene und dem, was man als das Fremde bezeichnen könnte, geprägt.[3] Das Problem setzt schon auf der Ebene der technischen Infrastruktur an, die in postkolonialen Ländern zumindest in den Anfangsjahren der indigenen Filmproduktion in der Regel nur limitiert vorhanden ist und importiert werden muss. Gleichzeitig stehen die Filmproduktionen in Konkurrenz, aber auch in stetigem Austausch mit anderen Unterhaltungstraditionen, zu deren Formen sie sich affirmativ, kritisch oder anverwandelnd verhalten müssen. Die Vorstellung einer genuin nationalen, authentischen Filmsprache, auf deren Spuren sich nationalkinematografische Studien gerne begeben, wird so schon im Ansatz hinfällig.

Gleichwohl sind wir gerade dann, wenn es um so genannte ‹fremde› Kinotraditionen geht, gewohnt, diese in erster Linie unter länderspezifischen Gesichtspunkten zu betrachten, oder zumindest indirekt in Abgrenzung und in Differenz von westlichen Kinotraditionen zu denken. Man schaue sich angelsächsische Publikationsreihen zum Film an, die mit Studien zu nationalen Filmtraditionen gleichsam systematisch die Weltkarte abarbeiten und dabei ‹fremde› Kinotraditionen ebenso selbstverständlich unter der Rubrik der nationalen Kinematografie verhandeln wie die Produktion sämtlicher europäischer Filmländer. In ähnlicher Weise steht ein guter Teil der Arbeiten, die in der französischen Filmwissenschaft geleistet werden, im Horizont der Diade von *auteur* und *nation*, wobei das Schema umstandslos auch auf postkoloniale Filmproduktionen angewandt wird.

Ich möchte im Folgenden nun einen alternativen Ansatz zur Diskussion stellen, um über das kommerzielle Hindi-Kino nachzudenken. Ich gehe dabei von einem methodologischen Vorschlag aus, den ich vom italienischen Literaturwissenschafter Franco Moretti leihen und auf die Untersuchung des Kinos übertragen und kritisch erweitern möchte.[4] Moretti hat zwar auch selbst schon einen Versuch unternommen, seinen literaturwissenschaftlichen Ansatz am Kino zu erproben, aber ich werde mich nicht auf diesen Kinotext sondern auf seinen «Weltliteratur-Aufsatz» beziehen.[5] Obwohl ich mich im Folgenden zunächst relativ eng an Morettis Vorschlag anlehne, seinen Vorschlag also «stark» zu machen versuche, werde ich nicht umhinkommen in einem letzten Teil dieses Textes, ein paar Probleme mit Morettis Ansatz anzusprechen. Meine Coda erklärt sich nicht zu letzt durch die Genese des vorliegenden Textes, der in seiner ersten Fassung im wesentlichen Ende 2006

---

   das Konzept der Nation». In: Vincent Kaufmann (Hrsg.): *Medien und nationale Kulturen*. Bern 2004, S. 203–230.
3 Vgl. Priya Jaikumar: *Cinema at the End of Empire. A Politics of Transition in Britain and India*. Durham/London 2006.
4 Vgl. Franco Moretti: «Conjectures in World Cinema». In: *New Left Review*, Nr. 1, 2000, S. 54–68.
5 Vgl. Franco Moretti: «Planet Hollywood». In: *New Left Review*, Nr. 9, 2001, S. 90–101.

konzipiert wurde. Gerade in den letzten fünf Jahren sind aber einige Publikationen zum kommerziellen Hindi-Kino und auch zu Fragen des so genannten *world cinema* erschienen, die mich angeregt haben, meinen eigenen Vorschlag von damals kritisch weiter zu denken und auch in einen größeren Kontext zu stellen. Dazu gehören insbesondere die Arbeiten von Bhaskar Sarkar, dessen Forderung nach einer globalen Medientheorie von einem theoretischen Unbehagen bzw. methodologischen Frage ausgeht: Wie lassen sich jenseits eines nationalkinematografischen Paradigmas unterschiedliche Kinotraditionen als historische und geografische Formationen nicht nur vergleichen sondern v. a. auch als Ergebnisse gegenseitiger Austausch- oder Zirkulationsprozesse verstehen?[6]

Vor allem in populärwissenschaftlichen Darstellungen wird das kommerzielle Hindi-Kino gerne als exotisch und einzigartig dargestellt, womit lediglich das kulturelle Stereotyp des «Indischen» als etwas, was sich dem Verständnis entzieht, reproduziert wird. In der Filmwissenschaft trifft man bislang im Wesentlichen auf zwei Positionen: Eine erste, die an einer Differenz-Behauptung festhält und betont, dass das Hindi-Kino seine eigene Sprache und Semiotik entwickelt habe, die danach verlange in eigenen Begriffen beurteilt zu werden. Damit wird aber, wie etwa Corey Creekmur kritisiert, eine Ausnahme-Behauptung aufgestellt, die dazu führt, dass das euro-amerikanische Unterhaltungskino als normativer Standart perpetuiert wird, weshalb Creekmur für filmtheoretische Modellierungen des Mainstreams plädiert, die auch das kommerzielle Hindi-Kino einschließen und dieses nicht einfach als Abweichung erscheinen lassen.[7] Sarkar fügt hierzu an, dass man Creekmurs Ablehnung von Theorien, die das kommerzielle Hindi-Kino (oder andere nichtwestliche Kinematografien) immer nur als Ausnahme sehen, nur unterstützen könne, aber deswegen nicht gleich jegliche kulturelle Spezifik in Abrede stellen müsse. Sarkars selbst hält also am Konzept der kulturellen Spezifik fest. Gleichzeitig fordert er, diese nicht nur in ihrem Verhältnis zu internationalen Einflüssen, sondern auch im Vergleich zu lokalen kulturellen Traditionen zu untersuchen «und» zu historisieren. Austauch- bzw. Zirkulationsprozesse, gehen, so Sarkar, nämlich weder ganz im Nationalstaat noch im globalen Kapitalismus auf:

> «[R]ather, they operate at the level of the translocal-popular – the level which, while largely complicit with hegemonic apparatuses, continues to hold as-yet-unrealized promises of democratic imaginations and interventions. By examining this translocal-popular exchange, we can avoid slipping into the problems of exceptionalism, exoticism and containment associated with the multiculturalist paradigm.»[8]

Dies bringt mich zurück zu Moretti, der im Ansatz etwas Ähnliches vertritt: In Bezug auf den modernen Roman formulierte er nämlich die These, dass der moderne Roman immer

---

6   Ich beziehe mich im Folgenden vor allem auf den folgenden Text: Bhaskar Sarkar: «Tracking ‹Global Media› in the Outposts of Globalization». In: Natasa Durovicova / Kathleen Newman (Hrsg.): *World Cinemas, Transnational Perspectives*. New York 2010, S. 34–58. Siehe aber auch: Bhaskar Sarkar: *Mourning the Nation. Indian Cinema in the Wake of Partition*. Durham 2009 und «The Melodramas of Globalization». In: *Cultural Dynamics*, Nr. 1, 2008, S. 31–51.

7   Corey Creekmur: «Picturizing American Cinema: Hindi Film Songs and the Last Days of Genre». In: Pamela Robertson Wojcik / Arthur Knight (Hrsg.): *Soundtrack Available. Essays on Film and Popular Culture*. Durham 2001, S. 375–406.

8   Sarkar, «Tracking ‹Global Media› in the Outposts of Globalization», S. 49.

als Kompromiss zwischen einer fremden Form und lokalem Material und lokalen Formen entstehe. Diese These versuche ich im Folgenden am populären indischen Kino fruchtbar zu machen. Einen Gedanken von Moretti paraphrasierend, lässt sich sagen, dass die entscheidende Frage nicht lautet, ob und inwiefern sich indische Filme an westlichen Vorbildern messen lassen. Vielmehr gilt es zu untersuchen, welche Verbindung so genannte «östliche» Erzähl- und Darstellungsformen und «östliche» Stoffe mit westlichen Formen bei der Entstehung moderner Kunst- und Unterhaltungsformen wie dem Hindi-Kino eingehen. Konkreter noch gilt es im Umgang mit dem Hindi-Kino nach dem Einfluss der spezifischen Situation Indiens mit seiner kolonialen Vergangenheit zu fragen, und es gilt zu begreifen, wie das indische Kino mit seinen Erzählformen aus der Konfrontation einer auf Selbstbehauptung bedachten Kultur mit der westlichen Technologie des Films entstehen konnte.

Die skizzierte Problematik soll am Beispiel der Raumkonstellation von PAKEEZAH (PURE ONE, Indien 1972) exemplarisch zur Diskussion gestellt werden. In einem ersten Schritt rekapituliere ich dazu den Ansatz von Moretti, um sodann eine ausgewählte Szene von PAKEEZAH zur Diskussion zu stellen. In einem weiteren Teil möchte ich aus dem Vorausgehenden das Projekt einer transkulturellen filmwissenschaftlichen Komparatistik des populären Kinos skizzieren. Eine der theoretischen Pointen eines solchen Ansatzes besteht, wie ich darlegen möchte, darin, dass er zumindest in gewissen Aspekten dem entgegen zu arbeiten vermag, was Dipesh Chakrabarty als «asymmetrische Ignoranz»[9] bezeichnet hat. Unter asymmetrischer Ignoranz versteht der Historiker Chakrabarty das Problem, dass Generationen von Denkerinnen und Denkern, «welche die Sozialwissenschaften prägen, Theorien aufgestellt [haben], die für die gesamte Menschheit Gültigkeit beanspruchen.»[10] Diese Theorien finden auch in den postkolonialen Ländern Aufnahme und Verbreitung. Wie Chakrabarty lakonisch feststellt, geht es beim Problem der asymmetrischen Ignoranz aber «nicht bloß um ‹kulturelle Kriecherei› unsererseits [...] oder um kulturelle Arroganz europäischer HistorikerInnen.»[11] Vielmehr geht es um «das ganz alltägliche Paradoxon der Sozialwissenschaften in der Dritten Welt [...], das darin besteht, dass ‹wir› diese Theorien – trotz ihrer Ignoranz ‹uns› gegenüber – für das Verständnis unserer Gesellschaften enorm hilfreich finden.»[12] Dieses Paradox entfaltend, plädiert Chakrabarty dafür, die großen europäischen Denkmodelle hinsichtlich ihrer Gültigkeit für die so genannte Dritte Welt zu hinterfragen. Die Denkbewegung auf dem Weg dorthin besteht darin, Europa im übertragenen Sinne zu einer theoretischen Provinz zu erklären – zumindest lässt sich auf diese Weise sein für die postkoloniale Theorie so wichtig gewordenes Buch *Provincializing Europe* aus dem Jahre 2002 auf einen – zugegebenermaßen vereinfachenden – Nenner bringen.[13] Insbesondere geht es ihm darum, der auch unter Sozialwissenschaftlern in den postkolonialen Ländern verbreiteten Haltung entgegen zu wirken, die gesellschaftliche Entwicklung am Maßstab europäischer theoretischer Modelle zu messen, vor deren Hin-

---

9   Dipesh Chakrabarty: «Postkolonialität und die List der Geschichte». In: Shaheen Merali (Hrsg.): *Re-Imagining Asia. A Thousand Years of Separation.* Berlin 2008, S. 64–79, hier S. 66.

10 Ebd., S. 67.

11 Ebd., S. 66.

12 Ebd., S. 67.

13 Für eine Kritik an Chakrabarty siehe Kuan-Hsing Chen: *Asia as Method. Toward a Deimperialization.* Durham 2010.

tergrund etwa das Ausbleiben der Entfaltung einer Bourgeoisie im europäischen Sinne in Indien als «Mangel» gedacht werden muss. Die Provinzialisierung Europas besteht in diesem Fall darin, den universalen Geltungsanspruch europäischer Denkmodelle auf ihren regionalen Geltungsbereich zurückzuführen: Das Ausbleiben der Bourgeoisie kann nur dort als Mangel gedacht werden, wo sich diese Gruppe rechtens hätte einstellen «müssen». Ihr Fehlen in Afrika oder Indien muss anders gedacht werden, und zwar zunächst einmal nicht als Fehlen. In ganz ähnlicher Weise stellt Franco Moretti in seinen Arbeiten den normativen kanonischen Anspruch bestimmter europäischer literarischer Traditionen, namentlich der französischen und der englischen Literatur seit der Renaissance, in Frage. Wenn die Literaturwissenschaft alles, was anderswo an Literatur produziert wird, an den Gipfeln misst, welche die englische und die französische Literatur seit Shakespeare und der Klassik erreicht haben, dann übersieht sie dabei für Moretti einen entscheidenden Punkt: dass diese Traditionen zwar bedeutend, aber für eine universale Normsetzung schon deshalb nicht geeignet sind, weil sie auf die Geschichte der Literatur im globalen Maßstab gerechnet hinsichtlich der Kohärenz ihrer Formen eine absolute Ausnahme darstellen. Entsprechend gilt es in Morettis grunddemokratischer und die europäische Tradition provinzialisierender Sicht die literarische Produktion anderer kultureller Kontexte nicht einfach als – zumeist defizitäre – Derivate der großen europäischen Literatur zu denken, sondern als Traditionen eigenen Rechts, und diese in ihren eigenen Formlogiken und Genreentwicklungen zu verstehen. Diesen Gedanken will ich nun aufgreifen und für die Analyse von Filmen fruchtbar machen.

Franco Morettis *Conjectures on World Literature* (Vermutungen über Weltliteratur)

Franco Moretti geht in seinem Aufsatz von der Frage aus, was es heißt, sich «Weltliteratur» zu widmen. Wie er festhält, fühlt er sich als Spezialist für die westeuropäische Erzählliteratur zwischen 1790 und 1930 – also für den bürgerlichen Roman – schon als Scharlatan, wenn er als Wissenschaftler geografisch Großbritannien oder Frankreich verlässt. Er diskutiert kurz die Frage, ob dem Problem «Weltliteratur» dadurch beizukommen wäre, dass er einfach mehr Bücher lesen würde, kommt dann aber zum Schluss, dass Weltliteratur nicht einfach ein neues Objekt, sondern ein neues Problem sei, das entsprechend auch einer neuen kritischen Methode bedürfe. Frei nach Max Weber hält Moretti fest, dass es nicht die aktuellen Verbindungen zwischen Dingen, sondern die konzeptuellen Bezüge von Problemen sind, die den (Geltungs)bereich von verschiedenen Wissenschaften ausmachen. Anders etwa als der Komparatist David Damrosch, dessen Arbeiten zur Weltliteratur wesentlich zur Etablierung dieses Feldes beigetragen hat, geht es Moretti weniger um die Bestimmung einzelner Werke, die durch ihre Rezeption Weltliteratur sind – als vielmehr um die globale und lokale Zirkulation von bestimmten ästhetischen Verfahren.

Für seine Überlegungen zur Weltliteratur borgt sich Moretti zunächst eine Arbeitshypothese aus der Geschichte der Ökonomie, genauer aus dem Umfeld der «Weltgesellschafts-Schule». Für diese ist der internationale Kapitalismus ein System, das simultan «ein» System ist und Ungleichheiten aufweist, ein System mit Zentrum und Peripherie (bzw.

Semiperipherie) also, welche durch zur Peripherie hin zunehmende Ungleichheit miteinander verbunden sind. So überträgt etwa der brasilianische Literaturwissenschafter Roberto Schwarz die Frage der Auslandsschuld auf die Literatur.[14] Die Auslandsschuld, so Schwarz, ist in der brasilianischen Literatur so gegenwärtig wie in allen anderen Bereichen der Gesellschaft.[15] Sie ist dies aber weniger als Thema eines bestimmten Werks. Vielmehr stellt sie eine komplexe Eigenschaft der brasilianischen Literatur dar, ein Teil ihrer Produktionslogik, wenn man so will: Es handelt sich um eine Literatur, die mit geliehenem Kapital aus dem Ausland arbeitet. Der israelische Literaturwissenschaftler Itamar Even-Zohar wiederum verhandelt die Beziehungen zwischen «Weltliteratur» und nationalen literarischen Traditionen, indem er auf die Theorie der Übersetzung zurückgreift und von «*source literature*» und «*target literature*» spricht. Dabei hält er bezüglich der gegenseitigen Beeinflussung fest, dass diese als solche nicht existiert: «There is no symmetry in literary interference. A target literature is, more often than not, interfered with by a source literature which completely ignores it»[16] – was auf eine Applikation von Chakrabartys Problem der asymmetrischen Ignoranz auf den Bereich der Literatur hinausläuft. Genauso hat man sich nach Moretti die Ungleichheit vorzustellen, die nach dem Muster des globalen Kapitalismus die Verhältnisse unterschiedlicher Kulturen reguliert: Das Schicksal einer Kultur (meistens einer so genannten peripheren Kultur) überkreuzt sich und wird durch eine andere Kultur (meistens aus dem Zentrum) verändert, die diese wiederum komplett ignoriert. Nun kann man zu Recht einwenden, dass sich Wallersteins Modell von Zentrum und Peripherie weder mit einer postkolonialen Position wie etwa die Chakrabartys in Beziehung setzen lässt, und auch nicht (mehr) komplex genug ist, die gegenwärtigen sozioökonomischen Realitäten theoretisch abzubilden (so kann man etwa behaupten, dass es eben nicht nur ein Zentrum, sondern viele gibt). Ich werde am Schluss meines Beitrags auf diese Kritik zurückkommen, doch zunächst als Gedankenmodell an Morettis Grundkonzeption festhalten.

Aber welche methodologischen Konsequenzen bringt eine Erklärungsmatrix der Sozialgeschichte mit sich, wenn sie auf die Literaturgeschichte angewendet wird? Dazu zitiert Moretti den Sozialhistoriker Marc Bloch, der im Zusammenhang mit komparativer Sozialgeschichte schreibt: «Jahre der Analyse für einen Tag Synthese.»[17] Würde man so wieder Moretti, Fernand Braudel oder Immanuel Wallerstein lesen, sei sofort klar, was damit gemeint ist: Solcherlei Forschung bedarf einer breiten empirischen Grundlage. Wenn wir nun Morettis Modell ernst nehmen, ist diese Losung zu beherzigen. Die Literaturgeschichte würde sich entsprechend anders präsentieren, als sie dies heute tut, da sehr viel mehr Quellen zu bearbeiten wären. Durchaus in diesem Sinne hat die französische Filmhistorikerin Michèle Lagny – ebenfalls in Anlehnung an Braudel – einen Ansatz der seriellen Filmgeschichtsschreibung entwickelt, der für die Filmgeschichte ähnliches einfordert wie Moretti für die Literaturgeschichte.[18]

---

14 Vgl. Roberto Schwarz: *Misplaced Ideas. Essays on Brazilian Culture.* London 1992.
15 Vgl. ebd., S. 50.
16 Itamar Even-Zohar: «The Laws of Literary Interference». In: *Poetics Today*, 1990, S. 53–72, hier S. 62.
17 Marc Bloch: «Pour une histoire comparée des sociétés européennes». In: *Revue de synthèse historique*, 1928. Zitiert nach Moretti, «Conjectures in World Cinema», S. 57.
18 Vgl. Michèle Lagny: *De l'histoire du cinéma. Méthode historique et histoire du cinéma.* Paris 1992.

Für die Literaturwissenschaft bedeutet Morettis Ansatz zunächst aber vor allem dies: Abschied vom *close reading* von kanonischen Texten zu nehmen, um zu einem – wie er es nennt – *distant reading* zu gelangen.[19] Unter *distant reading* versteht er eine serielle Textanalyse, die es erlaubt, sich auf Einheiten einzulassen, die entweder sehr viel kleiner oder sehr viel größer sind als ein einzelner Text, wie etwa ästhetische/narrative Verfahren, Themen, Tropen oder Genres und Systeme, wobei es wie gesagt einer großen Datenmenge bedarf. Dazu gilt es nochmals anzumerken, dass zumindest gewisse Schulen und Ansätze in der Filmwissenschaft dazu beigetragen haben, dass unsere Disziplin hier schon weiter ist als die Literaturwissenschaft. Soweit sich die Filmwissenschaft noch nicht auf der Höhe einer solchen Reflexion bewegt, rühren ihre Defizite teilweise auch aus der Privilegierung eines Kanons des Weltkinos; problematischer scheint mir aber, dass sich die Filmgeschichtsschreibung nach wie vor weitgehend im Horizont nationalkinematografischer Ordnungskategorien bewegt.

Wie weiter oben skizziert, stellt Moretti ferner die Frage, ob der westeuropäische Roman eher als Regel oder als Ausnahme zu betrachten sei, wobei er gegen die allgemeine Lehrmeinung behauptet, dass letzteres der Fall sei, der westeuropäische Roman also eine Ausnahme in der Geschichte der Literatur darstellen würde. Er schreibt, es sei, als ob sich ein Gesetz literarischer Evolution feststellen lasse:

> «[I]n cultures that belong to the periphery of the literary system (which means: almost all cultures, inside and outside Europe), the modern novel first arises not as an autonomous development but as a compromise between a western formal influence (usually French or English) and local materials.»[20]

Der moderne Roman entsteht in Kulturen der Peripherie also nicht als autonome Entwicklung, sondern als Kompromiss zwischen westlichem formalem Einfluss und lokalem Material. Eine Durchsicht diverser Literaturgeschichten bestätige diesen Befund. Moretti erweitert und präzisiert Moretti später im Aufsatz wie folgt: Der Kompromiss, um den es geht, ist ein Kompromiss aus einer fremden Form, lokalem Material und lokalen Formen, oder noch genauer: eine Mischung aus fremdem Plot, lokalen Charakteren bzw. Figuren und einer lokalen Erzählstimme.[21] So gesehen lässt sich durchaus folgern, dass der französische, englische oder spanische Roman nicht die Regel bildet, sondern eben die Ausnahme. Diese treten historisch zwar zuerst auf, aber sie sind nicht typisch. Typisch sind die anderen Romanformen. Die gewonnenen Einsichten verlangen für Moretti nach weiterführenden Studien in komparativer Morphologie, also nach systematischen Untersuchungen darüber, wie Formen in Raum und Zeit variieren beziehungsweise wie ich sagen würde: wie diese in Raum und Zeit reisen.

Schließlich geht Moretti der erkenntnistheoretischen Frage nach, ob sich Kulturgeschichte eher in Form eines Baumes oder wellenförmig entwickle bzw. in welchem Verhältnis die beiden kognitiven Metaphern, diejenige des Baumes und der Welle, stehen, in denen Historiker globale Kultur bislang analysiert hätten.[22] Der Baum beschreibt eine

---

19   Vgl. Moretti, «Conjectures in World Cinema», S. 57.
20   Ebd., S. 58.
21   Vgl. ebd., S. 65.
22   Vgl. ebd., S. 66f.

Bewegung von der Einheit zur Vielfalt und die Welle das Gegenteil, indem mit ihr eine Uniformität beobachtet wird, die eine Vielfalt umhüllt. Der moderne Roman wäre so gesehen eine Welle, aber eine Welle, die sich in verschiedene Äste von lokalen Traditionen verzweigt und immer von diesen verändert wird. So könnte man also die Arbeitsteilung zwischen nationaler Literatur und Weltliteratur sehen: die nationale für diejenigen Leute, die Bäume sehen, Weltliteratur für diejenigen, die eher Wellen sehen würden. Dass nun beide Metaphern funktionieren, bedeute aber nicht, dass beide gleichermaßen gut funktionieren würden. Der Komparatist Moretti fordert seiner Neigung entsprechend auf, das Konzept der Weltliteratur als Stachel, als intellektuelle Herausforderung für die Nationalliteratur zu begreifen, speziell für die lokale Literatur.[23]

Für die Filmgeschichte könnte dies folgendes bedeuten: Sich dem komparatistischen Studium von so genannten *world cinemas* zu widmen, ohne insgeheim wieder die Ordnung der Nation oder des Autors in neuem Gewand durch zu deklinieren – eine Aufgabe, die weniger einfach ist, als man meinen könnte.

Das kommerzielle Hindi-Kino als Erzählkino der Semiperipherie

Vor diesem theoretischen Hintergrund möchte ich nun zu meiner Frage nach der ästhetischen Beschaffenheit des kommerziellen Hindi-Kinos kommen. Ich möchte dieses im Sinne einer Applikation von Morettis Überlegungen als Erzählkino der Semiperipherie behandeln, wobei ich mir der Problematik dieser Bezeichnung durchaus bewusst bin. Im Sinne einer exemplarischen Analyse, in der die Parameter für eine Bearbeitung größerer Datenmengen vorbereitet werden, soll nun der Frage nach der Migration von Darstellungsverfahren und -konstellationen zwischen Ost und West in PAKEEZAH von Kamal Amrohi nachgegangen werden. Als exemplarisch ist das Beispiel in einem methodologischen Sinne zu verstehen. Es überrascht nicht, dass Moretti dezidiert eine serielle Geschichtsschreibung fordert, die nicht den herausragenden Einzelfall, sondern eine möglichst große Menge an möglichst durchschnittlichem oder repräsentativem Material durchforstet. PAKEEZAH ist entsprechend auch nur als ein mögliches und einigermaßen zufällig ausgewähltes Beispiel für meine Untersuchung zu verstehen und weniger als das herausragende, von künstlerischer Eigenwilligkeit geprägte Werk, mit dessen Ausdeutung man alleine schon zwei Vorträge bestreiten könnte.[24]

Der Film bietet sich aus verschiedenen Gründen als Beispiel für die gewählte Thematik des Zusammenkommens – oder der Migration und Mischung, wenn man so will – von verschiedenen Darstellungsverfahren und -traditionen an. Einen durchaus handfesten Grund

---

23 Vgl. ebd., S. 68.
24 Zu PAKEEZAH gibt es einige Publikationen, wobei sich diese in der Regel mit dem Film als Vertreter des so genannten Kurtisanenfilms befassen. Eine gute Zusammenstellung dieser Literatur findet sich auf: http://filmstudiesforfree.blogspot.com/2009/05/heart-of-gold-pakeezah-and-hindi.html (7.9.2011). Ein aufschlussreiches *close reading* ist zudem Richard Allen, Ira Bhaskar: «PAKEEZAH: Dreamscape of Desire». In: *Projections*, Nr. 2, Winter 2009, S. 20–36.

liefert die Liste mit dem Stab der technischen Mitarbeiter. Die Kamera führt der ursprünglich aus Österreich stammende Joseph Wirsching.[25] Wirsching hatte bei einigen Filmen von Franz von Osten mitgewirkt und arbeitete in den 1920er und 1930er Jahren in Deutschland und in Indien als Kameramann. Ab Mitte der 1930er Jahre war er ausschließlich für indische Produktionen tätig. Als Kameramann von Emelka kam Joseph Wirsching zusammen mit Franz von Osten zum ersten Mal nach Indien, um als Assistent von Josef Kiermeier an der Kamera für PREM SANYAS (DIE LEUCHTE ASIENS, Indien/D 1925) mitzuarbeiten. Zwischen ihm und von Osten entwickelte sich eine enge Zusammenarbeit, deren fruchtbarste Zeit in den Jahren zwischen 1935 und 1939 lag, als von Osten für BOMBAY TALKIES sechzehn Tonfilme realisierte, wobei Wirsching für die meisten davon die Kamera führte.[26] Anders als einige seiner Kollegen, die nach dem Krieg wieder nach Europa zurückkehrten, wie etwa der Dokumentarfilmer Paul Zils, der 1958 wieder nach Westdeutschland kam, oder Franz von Osten, der aus gesundheitlichen Gründen schon vorzeitig aus der Kriegsinternierung entlassen wurde, setzte Wirsching seine Laufbahn auch nach dem Krieg in Indien fort.[27] PAKEEZAH sollte sein letzter Beitrag zur indischen Filmgeschichte werden. Wirsching starb 1971 noch vor der Fertigstellung des Films, die von seinem Kameraassistenten R.D. Mathur zu Ende gebracht wurde. Mathur hatte sein Handwerk in fotografischen Labors in den USA erlernt, bevor er 1935 als Assistent von Wirsching zu den Arbeiten an BOMBAY TALKIES kam. Berühmt machte ihn nicht zuletzt seine Kamera für Karim Asifs Monumentalepos MUGHAL-E-AZAM (THE GREAT MUGHAL, Indien 1960).

Die Mitarbeit nichtindischer Techniker an indischen Filmen, insbesondere hinter der Kamera, ist nicht unüblich, stellt aber auch nicht die Regel dar. Abgesehen von der wissenschaftlichen Auseinandersetzung mit den Teams von Franz von Osten bleibt der europäische Einfluss auf die indische Geschichte auch noch weitgehend aufzuarbeiten. Ästhetische bzw. narrative Verfahren, die im westlichen Erzählkino entwickelt wurden, wandern nur zum Teil über westliche Techniker in Filme aus Indien ein. Gerade in den Anfängen der indischen Filmgeschichte absolvierten verschiedene indische Filmschaffende ihre Ausbildung zumindest teilweise im Ausland.[28] Wie diverse Quellen belegen, sind es vielmehr Bemühungen indischer Filmemacher und Filmtechniker um ein genaues Studium bestimmter Verfahren und Konstellationen der westlichen Filmgeschichte, die zu deren Übernahme und Einarbeitung in den populären indischen Film führen. So erzählt etwa Riyad Wadia, der Großneffe bzw. Enkel von Homi und Jamshed Wadia, den Studiochefs von Wadia Movietone, wie diese in den 1930er Jahren englische und amerikanische Stunt- und Abenteuerfilme sowie Western aufs Genauste studierten, um dann für ihre Firma jene Stunt- und Abenteuerfilme zu drehen bzw. zu produzieren, welche im indischen Kino alsbald Legendenstatus erlangten. Stile und Stilformen wandern also auf zwei Wegen ins indische Kino

---

25 Zu Joseph Wirsching vgl. Amrit Gangar: *Franz von Osten and the Bombay Talkies. A Journey from Munich to Malad*. Bombay 2001 und die Wirsching-Foundation: http://www.wirschingfoundation.blogspot.com/ (8.9.2011).
26 Vgl. Gangar, *Franz von Osten and the Bombay Talkies: A Journey from Munich to Malad*, S. 18.
27 Vgl. ebd., S. 17.
28 Zu Phalke vgl. Emmanuel Grimaud: *Bollywood Film Studio ou comment les films se font à Bombay*. Paris 2003, S. 39–41.

ein, über das Personal oder das Material – und beide skizzierten Migrationsvorgänge sind nicht zuletzt der kolonialen Situation des indischen Kinos in seinen Anfängen geschuldet.[29]

Abgesehen von der Mitarbeit von Joseph Wirsching ist PAKEEZAH für den hier skizzierten Zusammenhang aber auch deshalb interessant, weil er in der Literatur als nur mäßig gelungener Film gilt. Moniert wird insbesondere, dass der Film nicht aus einem Guss sei, was nicht zuletzt auf seine sehr lange Produktionszeit von gut dreizehn Jahren zurückzuführen ist. Wie Valentina Vitali in ihrem Aufsatz *The Families of Hindi Cinema: A Socio-Historical Approach to Film Studies*[30] beschreibt, begannen die Vorbereitungen zu PAKEEZAH zu einem Zeitpunkt, als die feudale Romanze das dominierende Genre des Hindi-Kinos darstellte.[31] Seine Fertigstellung beziehungsweise Erstaufführung im Jahre 1972 fiel in eine Zeit der Desillusionierung, als das nationalistische Modernisierungsprojekt Nehrus an seine Grenzen stieß und gesellschaftliche Ängste um sich griffen, die in dem neuen Genre des *angry young man*-Films mit ihrem Schlüsseldarsteller und großen Star Amitabh Bachchan ihren angemessenen Ausdruck fanden.[32]

PAKEEZAH lässt sich in diesem Sinne als Übergangsfilm zwischen der feudalen Romanze der 1950er Jahre und dem Genre des *angry young man-Films* der 1970er Jahre lesen.[33] Er steht symptomatisch für den Übergang von Nehru zu Indira Gandhi und ihrer ökonomischen Politik der so genannten grünen Revolution, ein Übergang, zu dessen Signatur auch die Herausbildung eines neuen Publikums, einer neuen Mittelschicht, gehört. Folgt man Vitalis Lesart, dann äußert sich die ästhetische Heterogenität von PAKEEZAH an unterschiedlichen Blickregimen, die um die weibliche Hauptfigur und ihre räumliche Positionierung aufgebaut werden. Vitali unterscheidet zwischen drei skopischen Regimes: einem hierarchischen, einem perspektivischen und einem theatral-frontalen. Sie schreibt:

> «Its formal uncertainties [...] are an effect of the fact that while the film addresses contradictions within nationalist modernisation that had began to become apparent in the 1960s, at the same time the film has not yet worked out the narrative strategies required to erase successfully perception of contradiction.»[34]

Vitalis Ansatz, die Stilistik von PAKEEZAH unter dem Gesichtspunkt einer sozial- und wirtschaftshistorischen Symptomatik zu lesen, hat ihre Evidenz. Gleichwohl möchte ich ihrer Lesart eine andere Lesart zur Seite und bis zu einem gewissen Grad auch entgegenstellen, die das Formproblem des Films dezidiert als Formproblem versteht und die beschriebenen

---

29 Vgl. Grimaud, *Bollywood Film Studio ou comment les films se font à Bombay* oder Jaikumar, *Cinema at the End of Empire: A Politics of Transition in Britain and India*.
30 Valentina Vitali: «The Families of Hindi Cinema: A Socio-Historical Approach to Film Studies». In: *Framework*, Nr. 42, 2000, http://www.frameworkonline.com/42vv.htm (26.5.2008).
31 Zum Genre der feudalen Romanze der goldenen 1950er Jahre vgl. Madhava M. Prasad: *Ideology of the Hindi Film. A Historical Contribution*. Neu Delhi 1998.
32 Vgl. Vitali, «The Families of Hindi Cinema: A Socio-Historical Approach to Film Studies», ohne Seitenangabe.
33 Oder, wie Allen und Bhaskar vorschlagen, als eine Art Meta-Kurtisanenfilm, der in sich die Befreiung der Kurtisane aus dem klaustrophobischen Milieu des Genre andenkt. Vgl. Allen/Bhaskar, «PAKEEZAH: Dreamscape of Desire».
34 Vitali, «The Families of Hindi Cinema: A Socio-Historical Approach to Film Studies», ohne Seitenangabe.

«Sprünge» und Brüche als Resultate eines Kompromisses liest, wie er nur unter den spezifischen Bedingungen der Entstehung des kommerziellen Spielfilms in Indien als eines peripheren Erzählkinos zustande kommen kann. Was ich damit meine, lässt sich am besten an einer Sequenz aus PAKEEZAH darlegen.

Die Kurtisane Nargis/Sahibjaan (Meena Kumari) und Salim (Raj Kumar), der sich auf den ersten Blick in die schöne Tänzerin und vor allem in ihre grazilen Füße verliebt hat, begegnen sich wieder. Die Szene spielt in einem Zelt. Der Zufall führt Sahibjaan zu Salims Zelt: Das Boot eines reichen Freiers erleidet Schiffbruch, als dieser in eine Herde badender Elefanten schießt, um seinem Boot die Weiterfahrt zu ermöglichen. Voller Wut fallen die Elefanten über das Boot her. Nun folgt ein Zeitsprung: Die scheinbar gerettete Sahibjaan treibt auf einem Stück des kaputten Schiffes ans Ufer und findet ein Zelt, in dem ein Bett steht, auf das sie sich erschöpft fallen lässt. Am Kopfende findet sie ein Tagebuch, das von einer Begegnung mit den Füßen einer schlafenden Schönheit erzählt, wofür der Schreiber keine Worte findet; Sahibjaan aber schon: Liebe. Hier setzt eine Gesangsnummer ein, aus der sich die Sequenz entwickelt, um die es mir im Folgenden gehen wird. Der vorangehende Song ist eine Art Tagträumerei über die Liebe, die in der Luft liegt. Die neue Sequenz beginnt mit der auf dem Feldbett liegenden Kurtisane, aus dem Off hört man den Hufschlag eines herannahenden Pferdes, zu dem sie sich langsam vom Bett aufrichtet; dazu erklingt eine hispanisierende Melodie, die sich dra-

1–4 PAKEEZAH (Indien 1972, R: Kamal Amrohi).

matisch steigert. Sahibjaan sinkt zurück auf das Feldbett, Salim tritt an die Zeltöffnung, doch sie kann ihn nicht sehen. Es folgt ein Umschnitt auf sein Gesicht, dann ein Schnitt auf die liegende Kurtisane. Mit dem Schwenk über das Gesicht hin zu seinen Füßen wird diese Einstellung zu seinem Point of View. Zurück auf ihn, zurück zu den hennabemalten Füßen, zurück auf ihn, dann wendet er langsam seinen Kopf von ihr weg, Umschnitt auf ihr Gesicht, ihre Augen sind nun wieder geschlossen und ihre Stimme ertönt als «innere

5–7 PAKEEZAH (Indien 1972, R: Kamal Amrohi).

Stimme», was sich an einem leichten Echo erkennen lässt. Sahibjaan spricht, als ob ihr Tagtraum weiter gehen würde: «Allah, er ist nah bei mir und ich drohe zu ersticken...» Es handelt sich um eine Art imaginäre Ansprache, wobei (noch) nicht klar ist, ob sie um Salims Anwesenheit wirklich weiß. Dann wechselt die Kamera wieder auf eine Halbtotale, eine Zweieraufnahme, in der er langsam den Zelteingang verlässt, um sich irgendwo hinter dem Zelt seine Pfeife anzuzünden. Mit dem Rücken zur Kamera beginnt er zu sprechen: Auch dies ist eine Art innerer Monolog. Salim wendet seinen Kopf nun wieder zum Zelt, und wir bekommen im Schattenriss zu sehen, wie sich Sahibjaan vom Bett aufrichtet. Nun scheint Salim Sahibjaan direkt anzusprechen. Wir sind wieder bei ihr im Zelt und hören ihm zu, wie er sie direkt begrüßt. Dann wechselt die Kamera wieder zu ihm nach außen vor das Zelt. Während Salim spricht, sehen wir abwechselnd die Kurtisane im Zelt und ihn, den Verliebten draußen vor dem Zelt. Die Einstellungsreihe entspricht nicht einem *eyeline-match*, wie ihn das klassische Hollywood an dieser Stelle zwingend einsetzen würde. Zwar ist zumindest über den Ton inzwischen klar, dass die beiden nun in der Tat miteinander sprechen – was sich im Verlauf der Szene weiter verdichtet, da sie auf seine Frage direkt zu antworten versucht. Doch auf der Ebene der Auflösung bleibt das monologhafte der beiden Sprechpositionen bestehen – was, wie erwähnt, als Folge des Nicht-Einhaltens von Blickachsen zu sehen ist. Auch wenn sich die beiden in zwei unterschiedlichen Räumen, vor und im Zelt, aufhalten, so wäre es für das klassische Hollywood nahe liegend, hier keine Achsensprünge zuzulassen, da diese den Status der Szene weiter untergraben: Wunsch, Traum, Realität, Fantasie? Vor allem der Einstieg in die Sequenz erfolgt in einer Art «Zwischenwelt», die nach und nach zu einer Realität für die Figuren wird.

Wenn nun Salim im weiteren Verlauf der Szene die briefliche Liebeserklärung anspricht, welche er Sahibjaan im Zug zu Füßen gelegt hatte, so verdeutlicht ihre Hand, die während dieser Erzählung aus dem Off langsam Richtung Hals hoch wandert, dass sie sich an besagten Brief erinnert. Und sogleich hören wir auch eine männliche Stimme, die «ihr» Teile des Briefes vorliest. In diesem Moment wird aber auch ein Dialog aus einer früheren Szene des Films wieder eingespielt, der mit dem Liebesbrief zu tun hat. Die Musik nimmt während der Briefepisode einen immer dramatischeren Klang an, bis sie abrupt abbricht und zugleich die Petroleumlampe im Zelt erlischt (Nahaufnahme). Dann sehen wir eine Einstellung der untergehenden Sonne, der nächste Schritt bringt uns (von den Lichtverhältnissen her betrachtet) zum nächsten Morgen. Man spürt die vergangene Zeit, aber klar kodiert ist diese abrupte Ellipse nicht. Noch sind die beiden Figuren durch eine Zeltwand getrennt, aber immerhin werden sie uns in einer gemeinsamen Einstellung gezeigt. Man gewinnt den Eindruck, als ob sich das Paar in der Ellipse näher gekommen ist: Der Rest der Szene wird nicht mehr so in der Schwebe gehalten. Salim und Sahibjaan scheinen in einer gemeinsamen Realität angekommen zu sein. Anschließend reitet er davon, er hat etwas zu erledigen. Auf der Tonspur erklingen dazu Anleihen an Italowestern, vermischt mit deutlich melodramatisch gefärbten Instrumentierungen, wie sie im Hindi-Kino zu dieser Zeit üblich waren.

Was mich an der geschilderten Sequenz interessiert, ist zunächst die andere Komposition von Raum und Zeit – verglichen mit den Erzählkonventionen des westlichen Kinos. Das hat zur Folge, dass ein großer Teil der Sequenz eine Art Zwischenstatus einnimmt: zwischen Song- und Rahmen- bzw. Erzählhandlung und zwischen subjektiver und objektiver Erzählhaltung bzw. Stimme. Die Szene springt zwischen interner und externer Fokalisierung, zwischen subjektivierenden Einstellungsfolgen und einem unsichtbaren Erzählen hin und her. Was den Raum anbelangt, so bewegen sich die beiden Figuren zunächst in zwei verschiedenen «Räumen», die punktuell auditiv verbunden werden. Erst am Schluss scheinen sie im selben Raum angekommen zu sein. Man könnte von einer Ästhetik der ‹verräumlichten Innerlichkeit› sprechen, die auf diese Weise mit den Stilmitteln des Films ins Werk gesetzt wird. In der Tat könnte man diese Sequenz auch primär in Hinblick auf ihre konkurrierenden Blickregimes lesen und sie als nicht präzise bzw. eindeutig erzählt charakterisieren. Diese «Uneindeutigkeit» wird nicht nur durch die Blickachsen, sondern auch durch die akustischen Analepsen und inneren Monologe forciert. Beides sind Stilmittel, die im populären Hindi-Kino häufig verwendet werden und die gerade in ihrem Verhältnis beziehungsweise in ihrer Abweichung von den Konventionen des psychologischen Realismus von Hollywood'scher Prägung systematisch untersucht werden könnten. Vor allem aber müsste man sich fragen, woher diese Vorliebe für Erzählweisen stammt, die das fest gefügte System von Subjektivität und Räumlichkeit zugunsten einer Räumlichkeit suspendieren, die von Affektgrößen bestimmt wird – also danach fragen, in welchen anderen Kinotraditionen, aber auch welchen anderen Kunstformen vergleichbare Erzählweisen auftreten. So zählt die verräumlichte Innerlichkeit der analysierten Szene zu den Erzählformen der Liebeslyrik. Ihre Umsetzung in die Formsprache des Films mag aus Sicht des westlichen Erzählkinos als defizitär und fehlerhaft erscheinen; sie folgt aber ihrer eigenen Formlogik. Die analysierte Sequenz wird als Formkompromiss lesbar, als ausgehandelte Lösung, welche regionale Erzähltraditionen in ein zugewandertes Erzählmedium überträgt. Entscheidend ist demnach: Eine Szene, wie die eben analysierte, gilt es nicht daraufhin zu befragen, was ihr fehlt, um als «richtige» Erzählsequenz in einem westlichen narrativen Film zu funktionieren. Vielmehr gilt es erst, ihre eigene Funktionslogik zu untersuchen und – im Falle dieses Beispiels – den spezifischen Sinn der Suspension der (westlichen) Blickregimes zu verstehen. Nur so wird es gelingen, das «Weltkino» nicht als Fächer von mehr oder weniger geglückten Deklinationen eines westlichen Erzählmodells zu verstehen, sondern in seiner geografisch spezifischen Formlogik zu begreifen.

Ausblick: Eine transkulturelle Komparatistik der Stilwanderung

In einem Aufsatz über die Abwesenheit der islamischen Welt in der westlichen (Wieder)-Entdeckung zeitgenössischer asiatischer Kunst, schreibt der indische Autor Ranjit Hoskote: «Wir sollten die herrschende Vorstellung von Asien – die zwar rituell in Frage gestellt wird, aber weiterhin als Arbeitsgrundlage dient – nehmen und ihre Glattheit durch den Vorschlag liminaler, widerspenstiger und potenziell brisanter Inhalte destabilisieren.»[35] Vielleicht, so Hoskote, braucht es auch ein neues Modell von Regionen, eine «kritische Transregionalität».

> «[Gebraucht wird die] strategische und imaginative Freiheit für Kulturschaffende, damit Regionen sich auf der Grundlage fakultativer Affinitäten verbinden können, die sich aus gemeinsamen kulturellen Situationen, gemeinsam bewältigten Krisen und gemeinsam ausgesuchten Praktiken ergeben. Als Gegenmodell zum Determinismus territorialer Zusammenhänge, die von einer militärischen und wirtschaftlichen Kartografie diktiert werden.»[36]

Ganz im Sinne einer solchen kritischen Transregionalität möchte ich das eben skizzierte Projekt einer an Migrationen des Stils interessierten Filmgeschichte des indischen Kinos ausweiten zum Vorschlag einer Komparatistik, die eine ganze Reihe von so genannt peripheren Erzählkinos mit berücksichtigt und die Methode der seriellen Analyse auf Kinotraditionen wie das ägyptische, das populäre sowjetische oder das türkische Kino ausweitet, alles vermeintlich «nationale» Filmproduktionen, die über ihre Herkunftsländer hinaus Verbreitung gefunden haben, aber – vor allem in der Breite und Dichte ihrer Produktion – in der Filmgeschichtsschreibung bislang kaum Berücksichtigung gefunden haben. Eine solche Untersuchung könnte unter anderem zutage fördern, dass die stilistischen Kompromissbildungen, aus denen die Formgebungen des populären Kinos in postkolonialen und anderen außereuropäischen (oder nur peripher europäischen) Ländern entstehen, keineswegs immer nur solche der Vermittlung zwischen westlichen Modellen und lokalen Erzähltraditionen sind. Vielmehr könnte sich erweisen, dass Stilformen auch in ganz andere Richtungen auf Wanderschaft gehen, als dies aus einem eurozentrischen Blickwinkel angenommen wird und erwartet werden kann. Es liegt indes auf der Hand, dass die Beantwortung solcher Fragen den Rahmen eines kurzen Aufsatzes sprengt. Wie das Beispiel von PAKEEZAH mir zu zeigen scheint, würde es sich allerdings lohnen, diese Arbeitshypothese einer – wie auch immer aufwändigen – Überprüfung zu unterziehen.

---

35 Ranjit Hoskote: «Den Fernen Westen wiedergewinnen: Repräsentationen des Hauses des Islam». In: Merali, *Re-Imagining Asia. A Thousand Years of Separation*, S. 120–139, hier S. 136.
36 Ebd.

Coda

Nun ist es nicht so, dass es wofür ich im letzten Abschnitt plädiert habe, noch keine konkreten Beispiele gäbe. Dazu gehören etwa die Arbeiten von S.V. Srinivas über panasiatische Zirkulations- und Austauschprozesse am Beispiel des Hong Kong Action Kinos in Indien, in denen er zeigt, wie bestimmte Aspekte des Hong Kong *martial art* Genres konstitutiv für den populären Telugu-Film sind.[37] Srinivas Arbeiten werden auch von Bhaskar Sarkar für eine globale Medientheorie produktiv gemacht. Sarkar hebt insbesondere den Begriff des Leihens hervor, er schreibt:

> «Srinivas points to the banality of the cinematic ‹influence› and of attempts to trace it. Originality has never been an absolute or even crucial requirement for Indian (or other) popular cinemas: as a modern cultural medium, cinema has thrived on cross-cultural interaction and pollination. (Srinivas) calls for a shift of focus to the ‹processes at work in the act of borrowing,› which get ‹obfuscated› by the ‹tracking of influence› in its misleading ‹attention to what is trivial›.»[38]

Sarkar selbst fügt seinem theoretischen und methodologischen Vorschlag eine kleine Fallstudie zur Rezeption Raj Kapoors in China hinzu, womit er nochmals unterstreicht, dass eine globale Medientheorie nicht Hollywood als Epizentrum und alle anderen Kulturindustrien als dessen Satelliten verstehen sollte. Vor diesem Hintergrund wäre es entsprechend auch sinnvoll, Morettis Vorschlag vom Wallersteinschen Begriffskorsett zu befreien und auf der Basis neuerer globaler sozioökonomischer Theorien zu denken.

Ein anderes Problem mit Morettis Vorschlag liegt zudem im Detail seiner Forderung nach einem *distant reading* bzw. der damit verbundenen Forderung nach Analysen von grossen Datenmengen.[39] Es mag wohl kein Zufall sein, dass Michele Lagnys Postulat für eine serielle Filmgeschichtsschreibung bislang eher ein Traum geblieben ist: Die Operationalisierbarkeit von komplexen ästhetischen Verfahren von multimodalen Werken, zu denen der Film gehört, gestaltet sich schwierig, weshalb filmwissenschaftliche Forschungen auf der Basis von grossen Datenmengen häufig mit reduktionistischen Modellen arbeiten.[40] Die Forderung nach einem *distant reading* birgt zudem die Gefahr, einem falsch verstandenen Empirizismus anheim zu fallen. Ein Ausweg bleibt die produktive Verbindung oder methodische Triangulation, in denen sich sozial- und geisteswissenschaftliche Methoden gegenseitig befruchten und wo Widersprüche und Ambivalenzen zulässig bleiben. Insofern kann man Dudley Andrews Lektüre von Moretti nur Recht geben: «A close analysis of key films from any locale should reveal a conflicted cinematic vocabulary and grammar.»[41]

---

37 S.V. Srinivas: «Hong Kong Action Film and the Career of the Telegu Mass Hero». In: Meaghan Morris u.a. (Hrsg.): *Hong Kong Connections: Transnational Imagination in Action Cinema.* Hong Kong 2006, S. 111–123.
38 Srinivas, «Hong Kong Action Film and the Career of the Telegu Mass Hero» zitiert nach Sarkar, «Tracking ‹Global Media› in the Outposts of Globalization», hier S. 57.
39 Für die Literaturwissenschaft siehe auch: *The Global Circulation Project*: http://www.blackwell-compass.com/globalcirculationproject (8.9.2011).
40 Vgl. etwa die von Manovich begründeten *Cultural Analytics* http://lab.softwarestudies.com/2008/09/cultural-analytics.html (9.9.2011).
41 Dudley Andrew: «An Atlas of World Cinema». In: Stephanie Dennison / Song Hwee Lim (Hrsg.): *Remapping World Cinema.* London 2006, S. 19–29, hier S. 23.

Katja Molís

Exotisch, unreif, kitschig?

Wie ‹westliche› Indienbilder und Bewertungen populärer Kultur den Diskurs über Bollywood prägen

Vorüberlegungen

Ebenso wichtig wie die Auseinandersetzung mit Ästhetik, Form und Geschichte indischer Filme ist die Beschäftigung mit dem Diskurs, der in Deutschland über das indische Kino – in erster Linie als Bollywood bezeichnet – vorherrscht. Die Analyse dieses Diskurses zeigt, welche Bedeutungen dem Bollywood-Kino in Deutschland zugeschrieben werden, wie Bollywood bewertet wird und wie diese Bewertungen strukturiert sind. Darüber hinaus wird deutlich, in welchen Kontexten in Deutschland über das indische Kino geforscht wird, also welcher Erfahrungshintergrund die deutsche Forschung zum indischen Kino antreibt und beeinflusst. Eine solche Diskursanalyse kann als Grundlage für selbstkritische Forschung dienen, indem sie den eigenen Standpunkt deutlich macht und Forschungsperspektiven aufzuzeigen vermag. Interessant ist insbesondere, wie dem indischen Kino aus ‹westlicher› Perspektive begegnet wird und inwiefern von einem typisch ‹westlichen› Blick auf Bollywood gesprochen werden kann. Die vorliegenden Ausführungen sollen schließlich für die sich als natürlich und selbstverständlich gebenden alltäglichen Äußerungen und Meinungen über Bollywood sensibilisieren.

Ich habe im Folgenden nicht vor, den deutschen Diskurs über Bollywood in seiner Gesamtheit zu erfassen. Stattdessen möchte ich mich auf einen Teilaspekt konzentrieren und zwar auf die Bewertung Bollywoods in deutschen Qualitätstageszeitungen. Den Kern bildet dabei eine Diskursanalyse nach dem Vorbild von John Fiske[1], die ich im Jahr 2007 mit 61 Artikeln aus der *Frankfurter Allgemeinen Zeitung (FAZ)*, der *Süddeutschen Zeitung (SZ)* und aus der *taz, die tageszeitung (taz)* durchgeführt habe, welche in einem Zeitraum von 18 Mo-

---

1 Die Diskursanalyse ist angelehnt an Fiskes textanalytische Verfahren. In: John Fiske: *Media Matters. Race and Gender in U.S. Politics.* Minneapolis, London 1996. Das analytische Vorgehen ist orientiert an Kerstin Goldbeck / Rainer Winter (Hrsg.): *Gute Unterhaltung, schlechte Unterhaltung. Die Fernsehkritik und das Populäre*, (Cultural Studies, Band 7), Bielefeld 2004. Zum Diskursbegriff Fiskes vgl. John Fiske: *Television Culture.* London/New York 2002, S. 5ff. Zusammengefasst versteht Fiske Diskurse als sozial genutzte Sprache, die mitbestimmt, welche Bedeutungen über ein Themengebiet erzeugt und verbreitet werden (vgl. Fiske, *Television Culture*, S. 14).

naten veröffentlicht wurden (vom 1.4.2005 bis 1.10.2006)². Die genannten Zeitungen sind als Untersuchungsmaterial interessant, weil davon auszugehen ist, dass sie wesentlich zur Unterstützung und sozialen Zirkulation von gesellschaftlichen Diskursen beitragen und mit ihren Artikeln über Bollywood einen entscheidenden Einfluss auf das deutsche Bild von Bollywood haben. Als sekundäre Texte verbreiten ihre Medienkritiken ausgewählte Bedeutungen von populären Texten wie Bollywood-Filmen und beeinflussen, welche der potenziellen Bedeutungen Bollywoods schließlich aktiviert werden und den Diskurs bestimmen.³ Die Bewertungen, die das Bollywood-Kino in deutschen Tageszeitungen erfährt, hängen in starkem Maße von den soziokulturellen Kontexten, dem Wissen und den Erfahrungen der Autoren dieser Zeitungen ab. Es ist davon auszugehen, dass zwei Kontexte im Bezug auf Bollywood von besonderer Relevanz sind: die vorherrschenden Bilder von Indien und dem so genannten Orient und die Vorstellungen von populärer Kultur, zu welcher Bollywood-Filme auf Grund ihrer zunehmenden Beliebtheit in Deutschland, ihrer leichten Zugänglichkeit und Unterhaltsamkeit sowie hinsichtlich ihres kommerziellen Charakters zu zählen sind. Für eine Bestimmung des Bollywood-Diskurses ist es also hilfreich, die Parallelen in den Blick zu nehmen, die der Diskurs über Bollywood zu verschiedenen deutschen Indien- und Orient-Diskursen und zu Diskursen über Populärkultur aufweist, und zu betrachten, wie die beteiligten Diskurse zusammenspielen und schließlich das Bild von Bollywood beeinflussen. Die Analyse ist ferner ein erster Schritt zur Beantwortung der Frage, inwiefern Bollywood mit seiner Präsenz in Deutschland die deutschen Diskurse über Indien und den ‹Orient› bedient oder verschiebt.

Deutsche Indienbilder und Vorstellungen von populärer Kultur

Welche deutschen Konzeptualisierungen von Indien und populärer Kultur den Kontext des deutschen Bollywood-Diskurses bestimmen, wird im Folgenden aufgezeigt. Die ältesten Überlieferungen zu Indien, auf die sich deutsche Denker stützen konnten, stammen aus der griechisch-römischen Antike. Sie enthalten ein sehr widersprüchliches und von Exotismen geprägtes Indienbild. Indien wurde einerseits als reizvoll und traumhaft schön, andererseits als barbarisch schrecklich und als Ort von Absonderlichkeiten beschrieben.⁴ Exotismus bedeutet zum einen, das Fremde als Fremdes zu idealisieren und als besonders anziehend zu beschreiben. Es heißt aber auch, das Fremde als reizvoll und zugleich als bedrohlich zu betrachten.⁵ Bis ins 16. Jahrhundert blieben die deutschen Indienbilder

---

2 Katja Molis: *Typisch Bollywood? Der Diskurs über Bollywood in deutschen Qualitäts-Tageszeitungen.* Magisterarbeit 06/07. Braunschweig 2008. http://opus.hbk-bs.de/volltexte/2008/41/ (10.5.2008).
3 Vgl. Fiske, *Television Culture*, 2002, S. 11, S. 108, S. 117f.
4 Vgl. Gita Dharampal-Frick: «Zwischen Utopie und Empirie: Indien im Spiegel deutscher Reisebeschreibungen der Frühen Neuzeit». In: *Utopie-Projektion-Gegenbild. Indien in Deutschland. Zeitschrift für Kulturaustausch* (herausgegeben vom Institut für Auslandsbeziehungen). 37, Stuttgart 1987, Nr. 3, S. 399–417; Jürgen Lütt: «Deutschland, Indien und das deutsche Indienbild». In: *Indien. Der Bürger im Staat* (herausgegeben von der Landeszentrale für Politische Bildung Baden Württemberg) 48, 1998, Nr. 1, S. 60f. www.buergerimstaat.de/1_98/bis981k.htm (9.5.2008).
5 Vgl. Thomas Koebner / Gerhart Pickerodt: «Der europäische Blick auf die andere Welt. Ein Vorwort».

derart ambivalent und bauten Nähe und Distanz zugleich auf.[6] Seitdem jedoch herrschte in Deutschland, im Gegensatz zu anderen europäischen Ländern, eine außergewöhnlich positive Perspektive auf Indien vor. Während Indien in England und Frankreich eher als unzivilisiertes und unterentwickeltes Land betrachtet wurde, stellte es in Deutschland vielmehr ein Vorbild dar und wurde als ‹heile Welt› und als ‹Ort der Träume und Sehnsüchte› verehrt. Diese «Indienschwärmerei» ist Jürgen Lütt zufolge heute noch typisch für den deutschen Umgang mit Indien.[7]

Lütt erklärt, dass das große deutsche Interesse für Indien in der Romantik seinen Anfang nahm und wesentlich von ihr geprägt wurde.[8] So war der Dichter und Philosoph Johann Gottfried Herder einer der ersten in Deutschland, der sich intensiv mit Indien befasste.[9] Er betrachtete das Land als den Ort des Ursprungs der Menschheit. Beeinflusst von Herder sowie von dem englischen Orientalisten Sir William Jones, begannen viele Vertreter der deutschen Romantik, wie zum Beispiel Schelling, Novalis und die Gebrüder Schlegel, sich mit dem antiken Indien auseinander zu setzen. Es wurde für sie zum Gegenbild der europäischen Gegenwart, an welcher sie Kritik übten: Dem Prinzip der Vernunft aus der Aufklärung, der voranschreitenden Säkularisierung und Industrialisierung sowie dem verbreiteten Fortschrittsglauben standen sie skeptisch gegenüber. In der indischen Philosophie suchten sie nach entsprechenden Alternativen und Lösungen gegen die drohende Entfremdung im modernen Europa.[10] Das – mit einem Terminus von Lütt gesprochen – «romantische Indienbild» sei bis in die 1950er Jahre in Deutschland dominant gewesen. Indien wird hier als ursprünglich und ideal betrachtet und mit einem Leben im Einklang mit der Natur in Verbindung gebracht. Religiöse Geborgenheit und Vollkommenheit sind

---

In: ders. (Hrsg.): *Die andere Welt: Studien zum Exotismus*. Frankfurt am Main 1987, S. 7; Urs Bitterli: «Die exotische Insel». In: Koebner/Pickerodt, *Die andere Welt: Studien zum Exotismus*, S. 11–30.

6   Vgl. Dharampal-Frick, «Zwischen Utopie und Empirie: Indien im Spiegel deutscher Reisebeschreibungen der Frühen Neuzeit», S. 403–405.

7   Lütt, «Deutschland, Indien und das deutsche Indienbild»; Jürgen Lütt: «Einleitung». In: *Utopie-Projektion-Gegenbild. Indien in Deutschland. Zeitschrift für Kulturaustausch* (herausgegeben vom Institut für Auslandsbeziehungen). 37, Stuttgart 1987, Nr. 3, S. 391–393; vgl. auch Suzanne Marchand: «German Orientalism and the Decline of the West». In: *Proceedings of the American Philosophical Society* 145, Dezember 2001, Nr. 4, S. 465–473. www.aps-pub.com/proceedings/1454/ 406.pdf (9.5.2008); Mishka Sinha: «Deutscher Orientalismus und die Neuorientierung des Westens. Kulturelle Übersetzung zwischen Indien und Deutschland im 19. und 20. Jahrhundert». In: Angelika Fitz / Merle Kröger (Hrsg.): *Import Export: Cultural Transfer: India, Germany, Austria*. Halle 2005, S. 231–236.

8   Vgl. Lütt, «Deutschland, Indien und das deutsche Indienbild»; Lütt, «Einleitung»; siehe auch Sinha, «Deutscher Orientalismus und die Neuorientierung des Westens. Kulturelle Übersetzung zwischen Indien und Deutschland im 19. und 20. Jahrhundert».

9   Vgl. Heimo Rau: «Indienbilder im 20. Jahrhundert». In: *Utopie-Projektion-Gegenbild. Indien in Deutschland. Zeitschrift für Kulturaustausch* (herausgegeben vom Institut für Auslandsbeziehungen) 37, Stuttgart 1987, Nr. 3, S. 394f.

10 Die indische Gegenwart dagegen wurde von vielen Romantikern (z. B. Friedrich Schlegel, Max Müller) als zurückgeblieben und unzivilisiert betrachtet. Europa dagegen galt als überlegene Kultur, die Indien durch koloniale Herrschaft erneuern müsse. Vgl. hierzu: Sinha, «Deutscher Orientalismus und die Neuorientierung des Westens. Kulturelle Übersetzung zwischen Indien und Deutschland im 19. und 20. Jahrhundert»; Vasudha Dalmia-Lüderitz: «Die Aneignung der vedischen Vergangenheit: Aspekte der frühen deutschen Indienforschung». In: *Utopie-Projektion-Gegenbild. Indien in Deutschland. Zeitschrift für Kulturaustausch* (Institut für Auslandsbeziehungen) 37, Stuttgart 1987, Nr. 3, S. 434–443.

weitere Merkmale. Das Bild beinhaltet die Bewunderung Indiens als eine Kultur, die etwas habe, was Europa bei sich bereits verloren glaubt.[11]

Im Gegensatz zu England und anderen europäischen Ländern besaß Deutschland wenige eigene Kolonien und keine Kolonie in Indien. Dies betrachtet Mishka Sinha als einen Grund für das besondere Verhältnis zwischen Deutschland und Indien, für die «unmaterialistische» Beziehung zwischen den beiden Ländern, die – anders als beispielsweise zwischen England und Indien – unbeeinflusst von ökonomischen und politischen Interessen und Erfahrungen funktioniert habe.[12] Zudem habe das 1870 neugegründete Deutsche Reich in Indien seine Ursprünge gesehen und sich eine eigene von den anderen europäischen Staaten unabhängige Identität geschaffen. Dies hatte zur Folge, dass Indien in Deutschland nicht als etwas ‹Anderes› und Exotisches, sondern durch das Ursprungsmotiv als etwas ‹Eigenes› betrachtet wurde und wird.[13]

In England bildete sich Lütts Beschreibungen nach ein «utilitaristisches Indienbild» heraus. Seit dem Jahr 1817, mit der Erscheinung des Buches *The History of British India* von James Mill und dem darauf folgenden Aufstieg Mills zum höchsten Beamten der Ostindien-Kompanie in London, hat der Utilitarismus in starkem Maße den Umgang Englands mit seiner Kolonie Indien beeinflusst. Mill verortete Indien auf einer «Stufenleiter der Zivilisation» weit unter Europa und betrachtete es als Land des Aberglaubens und der sozialen Unterdrückung. Es galt seither als verbesserungswürdig, entwickelbar und gleichzeitig als stagniert und passiv, weshalb der indischen Nation die Fähigkeit abgesprochen wurde, sich selbst weiter zu entwickeln. Also machte England es sich zur Aufgabe, Indien zu zivilisieren und konnte so die Kolonisierung des Landes rechtfertigen.[14]

Folgt man Lütt, verlor in Deutschland das romantische Indienbild seit den 1950er Jahren an Dominanz, wohingegen das utilitaristische Bild – vor allem seit den 1960er Jahren mit dem Einsetzen der Entwicklungshilfe und -politik – an Einfluss und Stärke gewann. In diesem Bild lag der Fokus auf Indiens Armut und Analphabetismus. Indien wurde als Entwicklungs- und Dritte-Welt-Land betrachtet, das von den Industrieländern wirtschaftlich aufgebaut werden müsse. Diese Vorstellungen haben das romantische Indienbild aber nicht verdrängt.[15] So erwähnen Lütt und Heimo Rau, dass in den 1960er Jahren parallel zum utilitaristischen Indienbild eine weitere Indienwelle aufkam, die das illusionäre romantische Indienbild wiederbelebte. Sie wurde in den USA unter anderem durch das Wiederentdecken der Schriften Hermann Hesses ausgelöst und ist etwas später auch nach Deutschland gekommen. In dieser Phase – der Zeit der Hippiebewegung – sind viele Deutsche auf der Suche nach religiöser Erfüllung und einer alternativen Lebensperspektive nach Indien gereist, auf der Flucht aus der «materialistischen» und «technischen» Wohlstandsgesellschaft. Gurus und Ashrams, Ayurveda und indische Musik waren die neuen Themen, die man seitdem mit Indien verband.[16]

---

11 Vgl. Lütt, «Deutschland, Indien und das deutsche Indienbild»; Lütt, «Einleitung».
12 Vgl. Sinha, «Deutscher Orientalismus und die Neuorientierung des Westens. Kulturelle Übersetzung zwischen Indien und Deutschland im 19. und 20. Jahrhundert».
13 Vgl., ebd., S. 231.
14 Vgl. Lütt, «Deutschland, Indien und das deutsche Indienbild»; Lütt, «Einleitung».
15 Vgl. Lütt, «Deutschland, Indien und das deutsche Indienbild».
16 Vgl. Lütt, «Einleitung»; Rau, «Indienbilder im 20. Jahrhundert».

In den 1970er Jahren ist Rau zufolge eine ganz neue Perspektive hinzugekommen: Indien als technologisch fortschrittliches Land mit starkem wirtschaftlichen Wachstum. Das erste Mal habe man Indien als ein Land betrachtet, das seine eigenen Probleme selbstständig bewältigen könne und nicht der Hilfe des ‹Westens› bedürfe.[17] Ende des 20. und besonders Anfang des 21. Jahrhunderts erreicht dieses Bild eine neue Stufe. Jetzt sieht man in Indien eine zukünftige Wirtschaftsmacht, wie u. a. die *FAZ* zu berichten weiß: «China und Indien machen den traditionellen Industrieländern die wirtschaftliche Führungsposition in der Welt streitig».[18] Es ist von globaler Öffnung, Aufstieg und Wachstumsmarkt die Rede. Des Weiteren wird Indien als «größte Demokratie der Welt»[19] und als Land der Gegensätze betrachtet. Zudem stehen indische IT-Spezialisten, die indische Hightech-Branche und die indische Stadt Bangalore als Zeichen des technischen Fortschritts im Blickpunkt.[20]

In den letzten Jahren lässt sich wieder eine Welle der Indienbegeisterung beobachten, die ungefähr im Jahr 2002 ihren Anfang nahm.[21] Vor allem Bollywood hat daran einen großen Anteil. In den heutigen Vorstellungen von Indien ist es häufig präsent: «Ayurveda, Bollywood, Computer. Dieses neue deutsche ABC zu Indien hat das alte Medien-Mantra von den 3Ks, Kaste, Konfession, Korruption, ersetzt.»[22] Dennoch existiert gegenwärtig eine Vielzahl verschiedener und auch widersprüchlicher Indienbilder parallel nebeneinander.[23] Zu den wichtigsten zählen nach wie vor das romantische und das utilitaristische Indienbild, zudem lassen sich exotische Vorstellungen sowie Bilder von Indien als religiösem Land und als zukünftiger Wirtschaftsmacht ausmachen. Häufig sind diese Bilder – am deutlichsten das utilitaristische – aus der Perspektive postkolonialer Theorie problematisch, da im Kolonialismus gewachsene Denkmuster und Hierarchien in ihnen fortbestehen. In seinem Buch *Orientalism* aus dem Jahr 1978 stellt Edward Said, nicht als Erster aber mit sehr großer Resonanz, fest, dass der Umgang des ‹Westens› mit dem ‹Orient› bis heute von abwertenden Stereotypisierungen gekennzeichnet ist:[24] «[...] the Orientalist reality is antihuman and persistant. It's scope as much as it's institutions and all pervasive influence, last up to the presence.»[25] Said übt Kritik daran, dass der ‹Orient› im westlichen

---

17 Vgl. Rau, «Indienbilder im 20. Jahrhundert».
18 Holger Steltzner: Angst vor China. In: *Frankfurter Allgemeine Zeitung*, Online-Publikation 29.9.2006. www.faz.net (29.9.2006).
19 Christoph Hein: «Der Aufstieg Chinas und Indiens verändert die Welt». In: *Frankfurter Allgemeine Zeitung*, Online-Publikation 28.9.2006. www.faz.net (28.9.2006).
20 Vgl. Navina Sundaram: «Innenansichten einer Außenseiterin oder Außenansichten einer Innenseiterin. Indien im Deutschen Fernsehen 1957–2005». In: Fitz/Kröger, *Import Export: Cultural Transfer: India, Germany, Austria*, S. 237.
21 Vgl. Nina Lobinger: «Bollywood Goes Germany – Deutschland entdeckt ein neues Indien». In: Jörg Becker / Werner Oesterheld (Hrsg.): *Realität und Illusion – Der indische Film im Globalisierungsstrudel*. Düsseldorf 2004, S. 42–45. http://www.nord-sued-netz.de/de/materialien-downloaden/aktuelle-brosch-ren/indien-realit-t-und-illusion-der-indische-film-im-globalisierungsstrudel/download.html (14.5.2008).
22 Sundaram, «Innenansichten einer Außenseiterin oder Außenansichten einer Innenseiterin. Indien im Deutschen Fernsehen 1957–2005», S. 237.
23 Dies stellt Rau in «Indienbilder im 20. Jahrhundert» 1987 auch schon für die 1980er Jahre fest.
24 Edward Said: *Orientalism. Western Conceptions of the Orient*. Middlesex 1995. Said nennt den ‹westlichen› Orient-Diskurs «*Orientalismus*».
25 Ebd., S. 44.

Diskurs als unterlegen und unterentwickelt eingestuft wird und zwar in erster Linie, um die Macht des ‹Westens› zu erhalten und auszudehnen.[26] Europa blicke noch immer mit einem Überlegenheitsdenken auf die ehemaligen Kolonien herab. Es begreife sich selbst als höchstentwickelte Gesellschaft und setze seine eigene Entwicklung als Maßstab und Ideal für andere Kulturen. Said kritisiert die Binarismen des ‹westlichen Denkens›, zum Beispiel die Annahme der Grund-Binarismen ‹Ost-West› und ‹Orient-Okzident›, welche die Kulturen der ehemaligen Kolonien von der europäischen Kultur klar abgrenzen und sie als anders, anormal und letztlich minderwertig konstruieren. Der ‹Orient› gelte als irrational, passiv, unveränderlich und unentwickelt. Said zufolge wurden diese Merkmale von den Europäern naturalisiert. Der ‹Orient› werde auf diese Weise essenzialisiert, was bedeutet, dass die genannten Merkmale aus Sicht der Europäer Teil seines Wesens seien, er sie also nicht ablegen könne, seine Entwicklung stattdessen vollständig von diesen Merkmalen determiniert sei. Aber auch das Selbstbild der Europäer sei dementsprechend essenzialistisch. Im Gegensatz zum ‹Orient› werde der ‹Westen› jedoch als maskulin, rational, überlegen, aktiv, fortschrittlich, entwickelt und als sich schnell weiterentwickelnd charakterisiert.[27] «Eurozentrismus» ist der heute vielfach verwendete Begriff für das beschriebene Denken, das neben Said auch von anderen Theoretikern wie Ronald Inden, Robert Stam und Ella Shohat scharf kritisiert wird.[28] Hinzu kommt die Behauptung Saids, dass der ‹Orient› von den Europäern homogenisiert werde, obwohl dieser heterogen und vielfältig sei.

Said wird zu Recht vielfach dafür kritisiert, selbst essenzialisierend und homogenisierend vorzugehen.[29] Ihm wird vor allem vorgeworfen, die von ihm kritisierten Ost-West-Binarismen weiter zu stabilisieren sowie die Konstrukte «Orientalismus», «Orient» und «Okzident» selbst zu essenzialisieren und vereinheitlichen.[30] Kritik geübt wird an der fehlenden Differenzierung zwischen den unterschiedlichen Orientalismus-Diskursen zugunsten einer Betrachtung des Gesamt-Diskurses, wobei Said hauptsächlich auf den arabisch-islamischen ‹Orient› Bezug nimmt, während Indien kaum Berücksichtigung findet. Saids zentrale Thesen verlieren deshalb jedoch nicht an Relevanz. In Anbetracht seiner Behauptungen scheint es wichtig, im Bollywood-Diskurs nicht nur nach Parallelen zu verschiedenen Indien- und Orientbildern zu suchen, sondern auch zu fragen, inwiefern der Diskurs eurozentrische, binaristische und homogenisierende Muster enthält, also welche Macht-

---

26 Vgl., ebd., S. 2f., 204.
27 Vgl., ebd., S. 2, 40, 108f., 300f.
28 Vgl. Ronald Inden: *Imagining India*. Oxford, Massachusetts 1994; Robert Stam, Ella Shohat: *Unthinking Eurocentrism. Multiculturalism and the Media*. London, New York 1994, S. 1–4.
29 Für weitere Kritikpunkte an Said vgl. Jürgen Lütt / Nicole Brechmann / Catharina Hinz / Isolde Kurz: «Die Orientalismusdebatte im Vergleich: Verlauf, Kritik, Schwerpunkte im indischen und arabischen Kontext». In: Hartmut Kaelble / Jürgen Schriewer (Hrsg.): *Gesellschaften im Vergleich. Forschungen aus Sozial- und Geschichtswissenschaften*. Frankfurt am Main 1998, S. 616 ff. In späteren Werken stellt sich Said der Kritik, arbeitet differenzierter und versucht, homogenisierende und essenzialisierende Betrachtungen zu vermeiden.
30 Im vorliegenden Text und der ihm vorausgehenden Analyse treten ähnliche Effekte auf: Die Fruchtbarmachung von Saids Ausführungen für eine Analyseoptik läuft stets Gefahr, ein binäres Verständnis von ‹Orient› und ‹Okzident› zu reproduzieren. Indem an vielen Stellen im Text Begriffe wie «Orient» und «Westen» in einfache Anführungsstriche gesetzt wurden, soll auf diese Problematik hingewiesen werden.

konstellationen sich zwischen Europa und den ehemaligen Kolonien bemerkbar machen. Wird Bollywood beispielsweise als unnormal und fremd abgewertet, oder als irrational und unentwickelt charakterisiert? Oder weicht der Diskurs über Bollywood von derartigen Bewertungsformen ab und weist in neue Richtungen?

Betrachtet man im Vergleich dazu, wie populäre Kultur in Deutschland beurteilt wird, ist die Problematik ähnlich, jedoch zunächst nicht im interkulturellen, sondern im intrakulturellen Bereich. Im 19. Jahrhundert konzeptualisiert, ist sie eine Kultur, die erstmals allen Schichten der Gesellschaft zugänglich war, die massenhaft produziert und konsumiert wurde.[31] Das Bürgertum betrachtete sie jedoch als Bedrohung der in ihren Augen ‹wahren› Kultur sowie ihrer eigenen Position als Bewahrer und Vermittler derselben. Daher wurde Populäres, ähnlich wie ‹der Orient› im Vergleich zu Europa, von Beginn an gegenüber der so genannten Hochkultur als niveaulos und minderwertig eingestuft und als ‹Schmutz›, ‹Schund› und ‹Kitsch› beschimpft. Insbesondere der kommerzielle Aspekt von Massenkultur wurde stark kritisiert. Zudem hat man ihr «Verführung zu Sinnlichkeit und Verbrechen, Realitätsverlust und Wirklichkeitsflucht, Vergnügungssucht und Verschwendung»[32] vorgeworfen. Dieses Konzept der Massenkultur habe Kaspar Maase zufolge bis in die 1960er Jahre nahezu konkurrenzlos bestanden. Seither sei jedoch zu beobachten, dass sich ‹Gebildete› Populäres vermehrt selbst aneignen, in ihren Alltag integrieren und als gute Unterhaltung schätzen. Laut Maase scheuen sie sich auch nicht mehr, ihre Vorliebe für populäre Kultur zu bekennen.[33] Aber er betont gleichzeitig: «[D]as Sprechen über populäre Kultur ist heute noch gebannt in einen Diskurs der Defizite und des Uneigentlichen.»[34] Maase, aber auch Rainer Winter und Knut Hickethier weisen darauf hin, dass vor allem die Kulturindustrie-These (1947) Adornos und Horkheimers[35] das gegenwärtige negative Bild der Medien von populärer Kultur präge.[36] Die Inhalte lebten jedoch in stark verkürzter Form weiter:[37] Populäres sei lediglich ein industrielles Produkt, welches zum Verfall der Kultur beitrage und mit dessen Hilfe die Menschen manipuliert und unterworfen würden. Die Rezipienten gelten als passiv, machtlos und beeinflussbar. Merkmale wie Standardisierung, Schematisierung und Wiederholungen werden als Anzeichen schlechter Qualität

---

31 Vgl. Hans-Otto Hügel: «Stichwort: Populär». In: ders. (Hrsg.): *Handbuch Populäre Kultur. Begriffe, Theorien und Diskussionen*. Stuttgart 2003, S. 342–347.

32 Kaspar Maase: *Grenzenloses Vergnügen. Aufstieg der Massenkultur. 1850–1970*. Frankfurt am Main 2001, S. 27.

33 Kaspar Maase: «Spiel ohne Grenzen. Von der ‹Massenkultur› zur ‹Erlebnisgesellschaft›: Wandel im Umgang mit populärer Unterhaltung». In: Rainer Winter / Udo Göttlich (Hrsg.): *Politik des Vergnügens. Zur Diskussion der Populärkultur in den Cultural Studies*. Köln 2000, S. 75–102.

34 Maase, *Grenzenloses Vergnügen. Aufstieg der Massenkultur. 1850–1970*, S. 26.

35 Theodor W. Adorno / Max Horkheimer: «Kulturindustrie. Aufklärung als Massenbetrug». In: dies.: *Dialektik der Aufklärung. Philosophische Fragmente*. Frankfurt am Main 1969.

36 Vgl. Maase, *Grenzenloses Vergnügen. Aufstieg der Massenkultur. 1850–1970*, S. 28f.; Knut Hickethier: *Geschichte der Fernsehkritik in Deutschland*. Berlin 1994, S. 154f.; Rainer Winter: *Der produktive Zuschauer. Medienaneignung als kultureller und ästhetischer Prozeß*. München 1995, S. 16.

37 Vgl. Winter, *Der produktive Zuschauer. Medienaneignung als kultureller und ästhetischer Prozeß*; Maase, *Grenzenloses Vergnügen. Aufstieg der Massenkultur. 1850–1970*, S. 28f.; Udo Göttlich: «Stichwort: Kulturindustrie». In: Helmut Schanze (Hrsg.): *Metzler Lexikon. Medientheorie. Medienwissenschaft*. Stuttgart/Weimar 2002, S. 172f.

betrachtet. Die hier zugrundeliegende Dichotomie zwischen Hochkultur und Populärkultur ist im Rahmen alternativer Perspektiven auf populäre Kultur aufgehoben. So lassen sich neuere Tendenzen – vor allem beeinflusst durch die Cultural Studies – feststellen, die von einer Hybridisierung der Hoch- und Populärkultur ausgehen, die den Rezipienten Aktivität zusprechen und der Ansicht sind, dass populäre Texte verschiedene Lesarten eröffnen. Der Wert eines populären Textes bemisst sich dann nicht mehr nach ästhetischen Gesichtspunkten, sondern nach dessen Bedeutung für den Alltag des Lesers.[38] Im Fall des Bollywood-Kinos ist schließlich danach zu fragen, welche Bewertungen es als Populäres erfährt und wie sich dies auf den Diskurs über Bollywood auswirkt.

Ergebnisse der Analyse

Im Rahmen dieses Aufsatzes können nicht alle Ergebnisse der Analyse im Detail dargelegt werden. Berichtet werden hier die folgenden drei Hauptergebnisse:

1. Der Diskurs über Bollywood fügt sich in verschiedene und auch gegensätzliche bereits bestehende Indien- und Orient-Diskurse ein. Er ist ambivalent und – anders als Saids Buch *Orientalism* vermuten ließe[39] – nicht ausschließlich abwertend.
2. Aus einer Verschränkung des Orient-Diskurses mit dem Diskurs über Populärkultur resultiert eine tendenziell negative Bewertung Bollywoods.
3. Als Alternativen zur Abwertung Bollywoods als emotional und formelhaft lassen sich zum einen die Exotisierung des indischen Kinos und zum anderen eine Art Spiel mit Mehrdeutigkeiten feststellen.

Zunächst stellt sich die allgemeine Frage, worüber in den Zeitungen *FAZ, SZ* und *taz* im Zusammenhang mit Bollywood berichtet wird. Ein großer Teil des Untersuchungsmaterials wird von Filmkritiken gebildet, die zumeist aus Anlass eines deutschen Kino- oder TV-Starts veröffentlicht wurden. Im relevanten Zeitraum standen vor allem die Filme VEER-ZAARA (VEER UND ZAARA – DIE LEGENDE EINER LIEBE, Indien 2004) und RANG DE BASANTI (DIE FARBE SAFRAN/JUNGE REBELLEN, Indien 2006) im Zentrum des Interesses, insgesamt wird nur eine kleine Gruppe von Filmen thematisiert. Des Weiteren spielt Bollywood als Teil des TV-Programms von RTL2 eine Rolle, und im Rahmen von Events und Festivitäten wie der Frankfurt Buchmesse, dem Bollywood & Beyond-Festival Stuttgart, der Bonner Biennale, der Indischen Woche in München und dem Filmfest in Goa. Hinzu kommen Artikel über die Filmdrehs in Hessen an der Bergstraße, über die Musicals *Bharati* und *Bollywood – Die Show* und einige Artikel zum indischen Kino und der indischen Filmindustrie im Allgemeinen.

---

38 Diese Sichtweise wird beispielsweise von John Fiske vertreten. Vgl. Fiske, *Media Matters. Race and Gender in U.S. Politics.* oder John Fiske: «Populäre Texte, Sprache und Alltagskultur». In: Andreas Hepp / Rainer Winter (Hrsg.): *Kultur-Medien-Macht. Cultural Studies und Medienanalyse.* Wiesbaden 2006, S. 41–60.

39 Said, *Orientalism. Western Conceptions of the Orient.*

Es ist auffallend, dass die meisten in der Analyse betrachteten Artikel mit dem Versuch beginnen, Bollywood zu definieren, was darauf hinweist, dass das Bollywood-Kino nicht als weithin bekannt angenommen wird, sondern als erklärungsbedürftig gilt. Hinzu kommt, dass einige wenige Merkmale als Essenzen Bollywoods immer wieder angeführt werden. Eine Zusammenstellung dieser Hauptmerkmale ergibt folgendes Bild: Bollywood-Filme sind kitschige und farbenfrohe Liebesfilme mit großen Emotionen und vor allem viel Tanz und Gesang. Bollywood ist ein großer bunter Mix aus Liebe, Komik und Action, aus westlichen und östlichen Elementen und aus verschiedenen Filmtraditionen. Die Handlung der Filme läuft immer auf ein Happy End hinaus. Bollywood-Filme sind harmlose Familienfilme mit einer Länge von mindestens drei Stunden. Darüber hinaus wird in vielen Artikeln explizit festgestellt, die Filme würden auf einer nachvollziehbaren Formel beruhen. So ist in einem *SZ*-Artikel von einem «Bollywood-Muster»[40] und von «Handlungsschemata»[41] die Rede. In der *FAZ* werden die «Hauptzugaben der bekanntesten Kassenschlager»[42] aufgezählt. Diese seien «romantische Liebe, Familienzwist, Herz und Schmerz.»[43]

Die beschriebene Art der Charakterisierung des Bollywood-Kinos kann als reduzierend und verallgemeinernd bezeichnet werden, da sie viele Filme und Aspekte Bollywoods ignoriert. Zunächst scheint hier die von Said und Ronald Inden kritisierte Essenzialisierung und Homogenisierung des ‹Orients› ihre Bestätigung zu finden.[44] Reduktion und Stereotypisierung sind jedoch als alltägliche Prozesse der Abgrenzung von allem als anders Empfundenem zu betrachten, welche nicht ausschließlich im Umgang des so genannten Westens mit dem so genannten Orient auftreten. Die Bestimmung von auffälligen Hauptmerkmalen ist Teil einer jeden vorgenommenen Kategorisierung, die wiederum als menschliches Verhaltensmuster zur Strukturierung und Orientierung in der Welt verstanden werden kann.[45] Das Herausstellen einer ‹Bollywood-Formel› ist daher als Versuch zu verstehen, die in Deutschland erhältlichen indischen Filme als Gruppe zu fassen und von anderen Filmen zu unterscheiden. Der Begriff «Bollywood» tritt damit als deutsche Genrebezeichnung auf und bündelt Filme mit gemeinsamen formalen, ästhetischen und inhaltlichen Charakteristika sowie mit einer geografischen Lokalisierung. Auf die deutsche Vermarktung von Hindi-Filmen mit Hilfe der Etablierung der Bezeichnung «Bollywood» als Filmgenre hat bereits Alexandra Schneider hingewiesen.[46]

---

40 David Weigend: «Traumland im Farbenrausch. Indien wird zum Thema für aufwändige Musical-Shows nach Bollywood-Muster». In: *Süddeutsche Zeitung*, 31.8.2006.
41 Ebd.
42 Lisa Nienhaus: «Barfuß Bhangra tanzen. Immer mehr Deutsche imitieren die Bollywood-Stars auf der Tanzfläche (Interview)». In: *Frankfurter Allgemeine Zeitung*, 22.6.2006.
43 Ebd.
44 Vgl. Said, *Orientalism. Western Conceptions of the Orient*; Inden, *Imagining India*.
45 Vgl. Stuart Hall: «The Spectacle of the Other». In: ders. (Hrsg.): *Representation. Cultural Representations and Signifying Practices*. London, Thousand Oaks/Neu Delhi 2003, S. 223ff.
46 Siehe Alexandra Schneider: «‹Echtes Indisches Kino›. Zur Bollywood-Rezeption in Deutschland und der Schweiz». In: Fitz/Kröger, *Import Export: Cultural Transfer: India, Germany, Austria*, S. 299f.

Exotisierung Bollywoods

Aus dem Untersuchungsmaterial tritt deutlich hervor, dass Bollywood häufig für seine Gefühlsbetontheit, seine leichte Verständlichkeit und seinen kommerziellen sowie industriellen Charakter abgewertet wird. Hierin zeigt sich die noch immer verbreitete Vorstellung, Populäres sei niveaulos und banal – verdumme und manipuliere die Menschen, worin sich noch ein Nachhall der Kulturindustrie-These von Adorno und Horkheimer[47] ausmachen lässt. Oftmals werden gegen Populäres auch dessen Schemata, die ihm eigenen Wiederholungen und Standardisierungen als Kritikpunkte angeführt. Kerstin Goldbeck zum Beispiel konnte dies für den Diskurs über die deutsche TV-Soap GUTE ZEITEN, SCHLECHTE ZEITEN (D seit 1992) feststellen.[48] Interessant an der Bewertung Bollywoods ist nun, dass es häufig gerade der Schemata und Formelhaftigkeit wegen eine positive Bewertung erfährt, indem die sonst verachteten Merkmale in ein märchenhaftes und geheimnisvolles Licht gerückt werden. Bollywood wird in diesen Fällen nicht als Populärkultur abgewertet, sondern vielmehr exotisiert. Dies wird auf zwei Weisen erreicht: Zum einen werden die Bollywood-Schemata wie ein Geheimrezept behandelt, das es aufzudecken gilt. Es ist oft von Zutaten und Gewürzen die Rede, sodass der Eindruck entsteht, das Produzieren eines Bollywood-Films bedürfe gewisser fachmännischer Fähigkeiten, vergleichbar mit denen eines guten Koches. In einem *FAZ*-Artikel vom 20.9.2006 heißt es zum Beispiel, dass für die Story des Musicals *Bollywood – Die Show* die Familiengeschichte der Choreografin in einen «typischen Bollywood-Film mit all seinen dramatischen und amourösen Zutaten gerührt» wurde und man diesen «dann mit würzigen Masalaelementen auf die Filmessenz heruntergekocht»[49] habe. Zum anderen werden die Filme immer wieder als vielfarbig und «sagenhaft bunt»[50] beschrieben, was an die leuchtenden indischen Gewänder, aber auch an den paradiesischen und glückseligen Zustand, der dem ‹Orient› zugeschrieben wird, erinnert. Bunt steht in diesem Zusammenhang also für Freude und Frieden. Europa bezieht zudem bereits seit mehreren Jahrhunderten Gewürze und Stoffe aus den Ländern des so genannten Orients, vor allem aus Indien, wo sich im 17. Jahrhundert europäische Handelsgesellschaften niederließen.[51] Das Bollywood-Kino erhält somit in der Verknüpfung mit dem Begriff «Gewürz» – vor allem mit dem indischen Ausdruck «Masala», der für Gewürzmischung steht – und mit den Attributen «bunt» und «vielfarbig», einen ‹orientalischen› Charakter. Mit Vielfarbigkeit ist letztlich auch die als typisch betrachtete Mischung aus verschiedenen Genres, kulturellen Einflüssen und Gefühlslagen im indischen Film gemeint, die häufig als «Bollywood-Mixtur»[52] oder «Masala»[53] bezeichnet wird: «Masala, wie

---

47 Siehe Adorno/Horkheimer, «Kulturindustrie. Aufklärung als Massenbetrug».
48 Goldbeck/Winter, *Gute Unterhaltung, schlechte Unterhaltung. Die Fernsehkritik und das Populäre.*
49 Sabine Löhr: «Shiva macht den Unterschied. Tanzen, bis der Prinz kommt: ‹Bollywood – Die Show› hat in Zürich Europa-Premiere». In: *Frankfurter Allgemeine Zeitung*, 20.9.2006.
50 Petra Schönhöfer: «Flimmernde Gewürzmischung. Bei der Indischen Woche sind fünf Filme aus Bollywoods glitzernder Traumfabrik zu sehen». In: *Süddeutsche Zeitung*, 10.10.2005.
51 Vgl. Dietmar Rothermund: *Geschichte Indiens: Vom Mittelalter bis zur Gegenwart.* München 2002, S. 53f.
52 «Immer für dich da. 2015 RTL 2» (Filmankündigung). In: *Süddeutsche Zeitung*, 27.5.2005.
53 Der Begriff wird in Indien für Filme verwendet, die sich aus verschiedenen Filmgenres (u.a. Musical, Actionfilm, Liebesfilm, Melodram) zusammensetzen.

die Gewürzmischung, nennen das die Insider: Eben eine gescheite Mischung aus Tragik, Komik, Kitsch und Künstlichkeit.»[54] Auf diese Weise impliziert das Merkmal «bunt» auch eine Formelhaftigkeit Bollywoods.

Parallelen zum romantischen Indienbild

Wie bereits zu Beginn erwähnt, ist der Hauptaspekt romantischer Indien-Vorstellungen die Betrachtung Indiens als Vorbild, als eine Art Bewahrer von Werten und Idealen. Diese Perspektive ist an verschiedenen Stellen auch im Umgang mit Bollywood zu beobachten. Dabei steht Bollywood weniger für etwas ‹Fremdes› und ‹Anderes›, sondern eher für etwas Bekanntes und tendenziell ‹Eigenes›.[55] Es erfährt als Kino eine Wertschätzung, weil es etwas besitze, was das Hollywood-Kino bereits verloren habe. An folgendem Beispiel aus der *SZ* wird dies ersichtlich: «Erkennbar gehorcht Bombays Filmindustrie anderen Gesetzen, die im westlichen Kino nur für gewisse inselhafte Genres noch Geltung haben, die James-Bond-Filme etwa.»[56] Hier scheint es als seien die Charakteristika, die das Bollywood-Kino besitzt, dem westlichen Kino nicht ganz abhanden gekommen. Aber die Worte «nur» und «noch» deuten auf einen Verlust hin. Auch in einem *FAZ*-Artikel bewahrt Bollywood etwas, das in westlichen Filmen nicht mehr zu finden sei: «Die Bildsprache, das hemmungslose Auskosten eines jeden Gefühls, wie es Hollywood sich seit Frank Tashlin nicht mehr traut, lässt erst stutzen und dann doch den Finger von der Umschalttaste nehmen.»[57] In beiden Beispielen kommt dem Bollywood-Kino eine Anerkennung als ‹Bewahrer› zu. Dieses romantische Bild von Bollywood basiert aber auf der gleichen Grundvorstellung wie die utilitaristische Perspektive: Bollywood sei stagniert und immer gleich geblieben. Dies geht jedoch nicht automatisch mit einer Geringschätzung einher. Beispielsweise wird oftmals zum Ausdruck gebracht, das Bollywood-Kino ähnele dem Kino der Stummfilmzeit, womit es als eine Art ‹Relikt (guter) alter Zeiten› präsentiert wird:

> «Am ehesten gewinnt man den Eindruck, dass Bollywood das Kino von 1920 konserviert; und in den Stummfilm kreuzt es die Oper ein. Damit scheint es nicht schlecht zu fahren. Beide Formen haben ihre besondere, gestisch-affektive Logik, und gerade aus ihrer Verschmelzung ergeben sich starke Wirkungen. Es entsteht eine Kunstgattung von beträchtlicher ästhetischer Stabilität.»[58]

---

54 Schönhöfer, «Flimmernde Gewürzmischung. Bei der Indischen Woche sind fünf Filme aus Bollywoods glitzernder Traumfabrik zu sehen».

55 Siehe dazu Sinha, «Deutscher Orientalismus und die Neuorientierung des Westens. Kulturelle Übersetzung zwischen Indien und Deutschland im 19. und 20. Jahrhundert», S. 231.

56 Burkhard Müller: «Wo der Mechaniker knödelt. Shashi Tahoors kluger Unterhaltungsroman ‹Bollywood›». In: *Süddeutsche Zeitung*, 4.9.2006.

57 Michael Seewald: «3,6 Milliarden können nicht irren. Sogar in den Tanzschulen prägen die Streifen aus Bollywood den neuesten Stil, bei RTL 2 tun sie es sowieso: ‹Veer und Zaara›». In: *Frankfurter Allgemeine Zeitung*, 11.11.2005.

58 Müller, «Wo der Mechaniker knödelt. Shashi Tahoors kluger Unterhaltungsroman ‹Bollywood›».

Bollywood wird hier mit dem Kino der 1920er Jahre verglichen und erscheint in Verbindung mit dem Verb «konservieren» und dem Ausdruck «beträchtliche ästhetische Stabilität» als eine Art wertvolles Museumsstück, welches die Spuren der Vergangenheit in sich trage und erhalte. Diese Vorstellung ist auch in einem *SZ*-Artikel über den Film VEER–ZAARA präsent: «Jede Einstellung setzt hier gewissermaßen am Nullpunkt an [...]. Die Gefühle sind intensiv wie in den großen Romanen des 19. Jahrhunderts, von ‹Wuthering Heights› bis zum ‹Grafen von Monte Christo...›.»[59] Durch das Wort «Nullpunkt» wird das Zurückgehen bis zu den Wurzeln deutlich.

Schließlich liegt einigen Argumentationen der romantischen Perspektive auch eine eurozentrische und binaristische Denkweise zugrunde, wie sie von Said kritisiert wird.[60] Eurozentrisch ist insbesondere die Aussage einiger Artikel, Bollywood sei das Produkt deutscher Technik und Kreativität[61], denn damit wird die Geschichte Bollywoods als deutsche Geschichte vereinnahmt.

Parallelen zum utilitaristischen Indienbild und dessen Verschränkung mit negativen Bewertungen populärer Kultur

Die utilitaristische Perspektive macht sich im Untersuchungsmaterial auf unterschiedliche Weise bemerkbar. So wird Bollywood unter anderem als emotional und irrational, als unterentwickelt und unterlegen, sowie als passiv und stagniert charakterisiert. Abgesehen von dem Merkmal der Emotionalität, welches in einem Großteil der Artikel sehr präsent ist, geschieht dies oft nicht ausdrücklich sondern unterschwellig. In einem Teil der Artikel wird das westliche Kino beispielsweise so dargestellt, als sei es selbstverständlich fortschrittlicher als das Bollywood-Kino. Zudem wird suggeriert, ‹der Westen› (das Hollywood-Kino und das ‹westliche› Publikum) sei das Ziel der Entwicklung des Bollywood-Kinos. Die genannten Betrachtungsweisen sind eurozentrisch, da sie auf der Annahme basieren, Europa sei der Ausgangspunkt filmischer Entwicklungen und der Maßstab aller Dinge.

Häufig tritt der Fall auf, dass Bollywood-Filme und -stars mit bekannten Filmen und Stars des westlichen Kinos verglichen werden. Die Autoren nutzen also etwas Bekanntes, um das eher unbekannte Bollywood zu erklären und dem Leser eine bessere Vorstellung von dem jeweiligen Film oder Star aus Bollywood zu geben. Es ist ein weiterer Hinweis darauf, dass Bollywood in Deutschland noch erklärungsbedürftig ist. So werden Bollywood-

---

59 Fritz Göttler: «Der geschenkte Tag. Kino der Grenzüberschreitungen – ‹Veer und Zaara›, ein großes Melodram aus Indien». In: *Süddeutsche Zeitung*, 7.6.2005.
60 Vgl. Said, *Orientalism. Western Conceptions of the Orient*.
61 Unter anderem wird die Bedeutung des deutschen Regisseurs Franz Osten für die Entwicklung des Bollywood-Kinos hervorgehoben: Zum Beispiel heißt es in der *SZ*, er habe als «Pionier» das indische Kino «aufgebaut und maßgeblich geprägt» (Felix Cornelsen: «Ein Bayer in Bollywood». In: *Süddeutsche Zeitung*, 17.08.2006). Osten war zwischen 1924 und 1940 mehrfach in Indien und drehte Filme für die indische Filmindustrie.

Filme in zwei Zeitungsartikeln mit James-Bond-Filmen verglichen[62] und in der *FAZ* wird der indische Schauspieler Shah Rukh Khan als «der Mann mit dem Jerry-Lewis-Gesicht»[63] bezeichnet. Durch die Verwendung eines Vergleiches wird dem Leser aber nicht nur eine konkretere Vorstellung von Bollywood gegeben, es sind auch andere Lesarten möglich: So suggerieren einige Artikel, dass Bollywood nur eine Nachahmung von Hollywood sei – ein Abklatsch. Beispiele sind Bezeichnungen wie «007 aus Bollywood»[64] für den Film MAIN HOON NA (ICH BIN IMMER FÜR DICH DA!, Indien 2004) und «Chopras Romeo-und-Julia-Geschichte»[65] für den Film VEER–ZAARA. Auch in einem *FAZ*-Artikel wird dem Leser nahegelegt, dass Bollywood das westliche Kino nur nachahme. Es wird erklärt, Bollywood-Filme seien Filme, die «in Indien Hollywood ersetzen»[66]. Hollywood wird hier als Original und Ausgangspunkt filmischer Ideen und Entwicklungen begriffen. Bollywood erscheint dagegen als unfähig, selbst kreativ zu sein. Letztlich ist die Aussage aber auch als ein Hinweis darauf lesbar, Bollywood sei so bedeutend, dass es sogar Hollywood ersetzen könne. Hier dient Hollywood als Referenz, um die Größe Bollywoods herauszustellen. Die Bewertung der Artikel ist also nie eindeutig, sondern stets leserabhängig.

Wie bereits zum Ausdruck gebracht, verstärken sich einige Diskurse, welche am Bollywood-Diskurs beteiligt sind, gegenseitig und führen zu einer eher negativen Bewertung Bollywoods. Ein Artikel aus der *FAZ* soll hierfür als Beispiel dienen. Zunächst verweist bereits der Titel auf dessen Grundhaltung: «Bollywood wird erwachsen. Noch schmachten sie bloß. Doch jetzt verlangt Indien von seinen Filmhelden Qualität.»[67] Emotionalität und Liebesthemen werden hier nicht nur als Hauptmerkmal von Bollywood-Filmen herausgehoben, sie werden auch als unreif und unentwickelt eingestuft und als eine Art Mangel an Qualität. Im Verlauf des Artikels stellt sich heraus, dass die neue Qualität Bollywoods das sei, was ‹der Westen› als Qualität empfindet. Das ‹Erwachsenwerden› von Bollywood bedeutet schließlich die Anpassung an ‹westliche› Standards. Hier zeichnet sich eine eurozentrische Sichtweise ab: «Die neuen Filme sollen London erreichen, auch New York, vielleicht Cannes und am Ende – natürlich – Hollywood. Doch dort verlangen die Auslandsinder und erst recht die Einheimischen bessere Plots. Der Charme des bloß Skurrilen hat sich abgenutzt.»[68] Der Autor beurteilt die Plots von Bollywood als verbesserungswürdig und unterstellt diese Sichtweise auch den «Auslandsindern» und «Einheimischen». Was ‹gut› und was ‹schlecht› ist, wird letztlich mit ‹westlichem› Maßstab gemessen. Den Versuch, die indischen Maßstäbe und Konzepte hinzuzuziehen, unternimmt er nicht. Gleich-

---

62 Vgl. «Das sollten Sie sehen: Herzklopfen (Filmankündigung)». In: *taz, die tageszeitung*, 27.5.2005; Müller, «Wo der Mechaniker knödelt. Shashi Tahoors kluger Unterhaltungsroman ‹Bollywood›».

63 Verena Mayer: «Ehe, wem Ehe gebührt. Indische Filme laufen immer auf die Hochzeit hinaus: Ein Besuch in den Studios von Bollywood». In: *Frankfurter Allgemeine Sonntagszeitung*, 10.9.2006.

64 «Das sollten Sie sehen: Herzklopfen (Filmankündigung)».

65 Mayer, «Ehe, wem Ehe gebührt. Indische Filme laufen immer auf die Hochzeit hinaus: Ein Besuch in den Studios von Bollywood».

66 Nienhaus, «Barfuß Bhangra tanzen. Immer mehr Deutsche imitieren die Bollywood-Stars auf der Tanzfläche (Interview)».

67 Christoph Hein: «Bollywood wird erwachsen. Noch schmachten sie bloß. Doch jetzt verlangt Indien von seinen Filmhelden Qualität». In: *Frankfurter Allgemeine Sonntagszeitung*, 1.10.2006.

68 Ebd.

zeitig wird suggeriert, das ‹westliche› Publikum habe höhere Ansprüche als das indische, da es sich nicht mit den Plots von Bollywood-Filmen zufrieden gebe. ‹Der Westen› wird auf diese Weise über ‹den Osten› gestellt, als anspruchsvoller und damit auch als ‹weiter entwickelt› charakterisiert. Der Artikel vermittelt alles in allem, dass Bollywood nur reifer werden könne, wenn es ‹westlicher› werde. Interessant ist in diesem Fall die Überlagerung der verschiedenen Diskurse. Denn ‹Westlicherwerden› bedeutet hier auch das Ende von bloßem ‹Lieben und Schmachten› im Film. Gefühlsorientierung erscheint also nicht nur als Merkmal des populären Produktes Bollywood, sondern darüber hinaus als Eigenschaft des ‹orientalischen› Kinos, das hier den Gegenpart zum ‹westlichen› Kino bildet. Diese Kopplung lässt sich an mehreren Stellen des Untersuchungsmaterials feststellen, so auch in einem *taz*-Interview mit der indischen Sängerin Asha Bhosle, in welchem der Interviewer feststellt: «In Europa ist es mitunter schwer nachzuvollziehen, wie ein System funktionieren kann, das auf dreieinhalbstündigen Schmachtfetzen aufbaut.»[69] Durch den Begriff «Schmachtfetzen», ein abwertender Ausdruck für Liebesfilme, wird außer Unverständnis auch die Geringschätzung gegenüber Bollywood-Filmen transportiert. Es ist zudem interessant, dass der Interviewer nicht nur für sich spricht, sondern für ganz Europa. Er macht deutlich, dass das indische System nach der Logik Europas eigentlich nicht funktionieren dürfte. Europa und dessen Verständnis von Filmen wird hier klar von Indien und den indischen Filmkonventionen abgegrenzt, eine Aufspaltung in ‹Eigenes› und ‹Anderes› kommt zum Vorschein. Dieser Ost-West-Binarismus, der unter anderem von Said, Inden, Stam und Shohat kritisiert wird, liegt vielen Argumentationen über Bollywood zugrunde.[70] So wird Bollywood häufig als etwas ‹Anderes›, Unnormales bis Unverständliches betrachtet und damit vom ‹Westen› und dem ‹westlichen› Kino klar unterschieden. Darüber hinaus ist in vielen Artikeln beobachtbar, dass Bollywood als seltsam und merkwürdig, aber als anziehend und herausfordernd zugleich dargestellt wird. Hier kommt eine weitere Form der Exotisierung zum Vorschein, die sich im Gegensatz zur oben vorgestellten durch Ambivalenz auszeichnet.

Die Repräsentation indischer und deutscher Rezipienten

Betrachtet man die in den Tageszeitungen getroffenen Aussagen über die Rezipienten von Bollywood-Filmen, fällt auf, dass ein signifikanter Unterschied zwischen der Beurteilung indischer und deutscher Rezipienten besteht. Dabei ist zu beachten, dass in den meisten Fällen entweder über das indische oder das deutsche Publikum berichtet wird. Eine direkte Gegenüberstellung beider Rezipientengruppen findet in keinem der Artikel statt.

Hinsichtlich der Bedeutung des Kinos in Indien wird häufig zum Ausdruck gebracht, dass Bollywood für Inder eine Art Religion, Droge oder ‹Lebensnotwendigkeit› sei. Hier wird in erster Linie auf das alte Bild vom ‹religiösen Inder› Bezug genommen, interessan-

---

69 Max Dax: «‹Das Kino ist unsere Religion›. Asha Bhosle ist die meistgehörte Sängerin der Welt: Mit ihrer Schwester ist sie seit fünfzig Jahren die musikalische Stimme des Bollywood-Kinos». In: *taz, die tageszeitung*, 26.8.2005.
70 Vgl. Said *Orientalism. Western Conceptions of the Orient*; Inden, *Imagining India*; Stam/Shohat, *Unthinking Eurocentrism. Multiculturalism and the Media*, S. 1–4.

terweise hauptsächlich innerhalb von Zitaten indischer Regisseure und Schauspieler. Dabei muss bedacht werden, dass die Autoren der Zeitungsartikel die Zitate auswählen, platzieren und diese letzten Endes zum Unterstützen der eigenen Argumentation einsetzen.[71] Beispielsweise äußert die indische Filmsängerin Asha Bhosle in einem *taz*-Interview «Das Kino ist unsere Religion»[72] und «Kino ist wie eine Gottheit: Es ist die einzige Unterhaltung, die die Menschen kennen. Dementsprechend ist es so wichtig, alles zu geben, wenn man in Indien fürs Kino arbeitet.»[73] Bhosle legt damit nahe, dass Inder das Kino bräuchten. Sie hebt es aus der Vielzahl indischer Religionen als *die* Religion der Inder heraus. Sicherlich stellt Religion für Bhosle etwas Großartiges dar und durch ihren Vergleich verleiht sie auch dem Kino eine entsprechende Größe. Im Kontext einer deutschen Tageszeitung kommt aber zusätzlich zum Ausdruck, Bollywood-Filme würden nicht hinterfragt oder angezweifelt werden, sondern ihnen werde Glauben geschenkt. Hier ist eher die Sichtweise Adornos und Horkheimers präsent, Kulturwaren würden die Menschen in einen Zustand der Zufriedenheit versetzen und jegliches Widerstandspotenzial ausschalten. Hinzu kommt die Beschreibung der Inder als ‹filmverrückt› und die Kennzeichnung Bollywoods als ‹Lebensnotwendigkeit›. Zum Beispiel wird in einem *SZ*-Artikel erklärt: «Der Besuch eines Lichtspielhauses ist in Indien fester Bestandteil des täglichen Lebens.»[74] In einer Bildunterschrift der *FAZ* heißt es: «In Indien sind Kino und Leben untrennbar.»[75] Im dazugehörigen Artikel beantwortet der Regisseur Yash Chopra die Frage «Und warum hat das Kino in Indien einen dermaßen hohen Stellenwert?»[76] mit dem Satz: «Es ist Teil des Lebens, man kann das nicht trennen.»[77]

Was durch die Bezeichnung Bollywoods als Religion und die Charakterisierung als ‹Lebensnotwendigkeit› angedeutet wird, kommt an anderer Stelle direkt zum Ausdruck: Das indische Publikum sei eine Art passive Masse, welche durch das Kino manipuliert und narkotisiert werde. Zum Beispiel wird das Bollywood-Kino in einem *FAZ*-Artikel als «glitzernd-klebrige Filmromantik» beschrieben, «die drei Stunden lang die Massen aus ihrem grauen Leben entführt.»[78] Das Verb «entführen» verdeutlicht, dass etwas mit dem Rezipienten gemacht werde und dieser nicht selbst aktiv sei. Außerdem ist, anders als in Artikeln über deutsche Betrachter, von «Massen» die Rede. Diese Begriffswahl weist darauf hin, dass der Autor das Publikum nicht als heterogen betrachtet, sondern vielmehr als einheitliche Masse. Verschiedene Lesarten von Bollywood gesteht er ihm nicht zu. Ein anderer *FAZ*-Artikel geht noch einen Schritt weiter, indem er äußert: «Das Wort vom

---

71 Die Zitate lassen keine Aussage darüber zu, wie indische Regisseure und Schauspieler über Bollywood denken, sondern zunächst nur darüber, wie die Autoren das Bollywood-Kino sehen und wie sie es präsentieren wollen.
72 Max Dax, «Das Kino ist unsere Religion». Asha Bhosle ist die meistgehörte Sängerin der Welt: Mit ihrer Schwester ist sie seit fünfzig Jahren die musikalische Stimme des Bollywood-Kinos».
73 Ebd.
74 Schönhöfer, «Flimmernde Gewürzmischung. Bei der Indischen Woche sind fünf Filme aus Bollywoods glitzernder Traumfabrik zu sehen».
75 Mayer, «Ehe, wem Ehe gebührt. Indische Filme laufen immer auf die Hochzeit hinaus: Ein Besuch in den Studios von Bollywood».
76 Ebd.
77 Ebd.
78 Martin Kämpchen: «Zielgruppe internationale Mittelschicht. Nicht nur Bollywood: Der indische Kunstfilm holt auf». In: *Frankfurter Allgemeine Zeitung*, 30.3.2006.

‹Opium fürs Volk› darf man beim indischen Kino ziemlich wörtlich nehmen.»[79] Durch den Vergleich mit einer Droge werden dem Bollywood-Kino ganz bestimmte Merkmale zugewiesen: zum Beispiel, dass es berauschend wirke, die Menschen tröste und Schmerzen lindere, eine Sucht auslösen könne, und vor allem, dass Bollywood die Menschen beeinflusse und manipuliere. Hinzu kommt, dass sich der Autor hier eines Mythos im Sinne von Roland Barthes bedient:[80] Der Ausdruck «Opium fürs Volk» verfügt über eine sekundäre Bedeutungsebene, die über das Bild der Droge hinausreicht. Es ist ein Ausspruch, mit dem Lenin die Funktion von Religion beschrieb:[81] Lenin stand Religion grundsätzlich ablehnend gegenüber, da sie von den Herrschenden und Reichen bewusst geschaffen worden sei, um die Menschen gefügig zu machen und zu unterdrücken. Im genannten FAZ-Artikel wird der Mythos, Religion sei ein Werkzeug der Macht, auf Bollywood übertragen. Damit entsteht ein neuer Mythos, welcher einerseits das Bollywood-Kino mit Religion gleichsetzt und andererseits zum Ausdruck bringt, Bollywood mache die schlechten Lebensumstände der Inder ertragbar, lasse die Inder zu passiven und widerstandslosen Menschen werden und stütze letztlich die herrschende Macht.

Das entworfene Bild von deutschen Bollywood-Fans unterscheidet sich von dem des indischen Zuschauers wesentlich. Zum einen werden die deutschen Rezipienten nicht als passiv eingeschätzt. Im Gegensatz dazu setzen sich einige Autoren sogar mit den Aktivitäten der Fans auseinander. Zum Beispiel wird in dem FAZ-Artikel Barfuß Bhangra tanzen über den Bollywood-Fan Sina und ihren Besuch eines indischen Tanzkurses berichtet.[82] Die Autorin bindet, wie mehrere andere Autoren auch, Zitate der Fans in ihren Artikel ein. Die Fans erzählen darin, warum sie Bollywood mögen und was sie von den Filmen erwarten.[83] Außerdem wird über die Fanszene, über deren Treffen, Rituale und Filmklassiker berichtet.[84]

Schließlich ist danach zu fragen, worauf die Unterscheidung zwischen deutschem und indischem Publikum gründet. Die Abwertung der indischen Kinozuschauer lässt sich auf zwei Sichtweisen zurückführen. Zum einen gleicht sie der Vorstellung eines durch Populäres in die Passivität und ‹Verdummung› getriebenen ‹Massenpublikums›, die in ähnlicher Form in der Kulturindustrie-These Adornos und Horkheimers[85] zu finden ist. Zum anderen zeigen sich hier utilitaristische Indien- und Orient-Diskurse, denen zufolge ‹der Orient›

---

79 Seewald, «3,6 Milliarden können nicht irren. Sogar in den Tanzschulen prägen die Streifen aus Bollywood den neuesten Stil, bei RTL 2 tun sie es sowieso: ‹Veer und Zaara›».
80 Vgl. Roland Barthes: Mythen des Alltags. Frankfurt am Main 1970, S. 86ff.
81 Vgl. Walther Bienert: Der überholte Marx. Seine Religionskritik und Weltanschauung kritisch untersucht. Stuttgart 1974, S. 68f; Erich Bryner: «Religionskritik und Religionspolitik bei Lenin». In: Hans-Jürg Braun / Erich Bryner / Norbert Meienberger (Hrsg.): Religionskritik und Religionspolitik bei Marx, Lenin, Mao. Zürich 1985, S. 76ff.
82 Vgl. Nienhaus, «Barfuß Bhangra tanzen. Immer mehr Deutsche imitieren die Bollywood-Stars auf der Tanzfläche (Interview)».
83 Ebd.; Schönhöfer, «Flimmernde Gewürzmischung. Bei der Indischen Woche sind fünf Filme aus Bollywoods glitzernder Traumfabrik zu sehen»; Weigend, «Traumland im Farbenrausch. Indien wird zum Thema für aufwändige Musical-Shows nach Bollywood-Muster».
84 Vgl. Schönhöfer, «Flimmernde Gewürzmischung. Bei der Indischen Woche sind fünf Filme aus Bollywoods glitzernder Traumfabrik zu sehen»; Weigend, «Traumland im Farbenrausch. Indien wird zum Thema für aufwändige Musical-Shows nach Bollywood-Muster».
85 Vgl. Adorno/Horkheimer, «Kulturindustrie. Aufklärung als Massenbetrug».

unterentwickelt und passiv und ‹die Orientalen› keine selbstständigen, aktiven und zu rationalem Denken fähigen Persönlichkeiten seien, sondern primitive, gutgläubige und sich unterwerfende Menschen. Die Europäer werden dagegen mit den Attributen Rationalität, Fortschrittlichkeit und Dynamik assoziiert. Wenn sie einen eskapistischen Film schauen, dann geschehe dies selbstbestimmt und aus eigenem Willen heraus, wie das folgende Zitat eines deutschen Bollywood-Fans aus einem *SZ*-Artikel besonders gut zeigt:

> «‹Mir gefällt, dass die Schauspieler auf eine total kindische Art romantisch sind›, sagt Palm. Die Realitätsferne der Bollywoodproduktionen stört sie nicht. ‹Ich erwarte Romanze, Liebe und Action. Wenn ich etwas über den indischen Alltag erfahren möchte, schaue ich mir einen Dokumentarfilm an oder mache mich selbst auf die Reise. Das sind zwei Paar Schuhe.›»[86]

Im Diskurs der Tageszeitungen über Bollywood greifen letztlich an vielen Stellen utilitaristische Indien- und Orient-Diskurse und kulturpessimistische Diskurse ineinander. Das Ergebnis ist die Abwertung des Bollywood-Kinos und seiner indischen Zuschauerschaft. Insgesamt jedoch ist feststellbar, dass Bollywood als ‹orientalisches› Kino nicht ausschließlich negativ bewertet wird, es erfährt daneben auf verschiedene Weise auch eine Wertschätzung. Der untersuchte Diskurs über Bollywood ist dahingehend sehr vielfältig.

Ambivalenz als elitäre Aneignung von Populärem

Auch an den verschiedenen Diskursen über Populärkultur, die am Diskurs der Tageszeitungen über Bollywood beteiligt sind, wird deutlich, dass Bollywood keine generelle Abwertung oder Wertschätzung erfährt. Insbesondere die stark hervortretende Charakterisierung Bollywoods als emotional, anspruchslos, kitschig und eskapistisch weist hinsichtlich der Bewertung verschiedene Facetten auf. Bezeichnend ist vor allem die Bewertung Bollywoods als Kitsch. An ihr wird deutlich, dass im Umgang mit dem Kitsch-Begriff[87] und mit populärer Kultur ein Wandel stattgefunden hat, wie er bereits von Kaspar Maase beobachtet wurde.[88] So ist der Kitsch-Begriff im Diskurs der Tageszeitungen über Bollywood nicht ausschließlich als Abwertung lesbar, sondern kann durch sein Auftreten in positiven und neutralen Zusammenhängen auch als Wertschätzung, als *camp*, als sachliche Information oder als ironische Anspielung verstanden werden. Es wird also eine Vielzahl an Lesarten eröffnet.

Ein *taz*-Artikel beispielsweise vergleicht den Roman *Glitzernacht* von Shoba Dé mit einem Bollywood-Film und beschreibt es als «genauso mitreißend kitschig.»[89] Kitsch wird

---

86 Weigend, «Traumland im Farbenrausch. Indien wird zum Thema für aufwändige Musical-Shows nach Bollywood-Muster».
87 Zur Definition und Bedeutung des Kitschbegriffs vgl. auch Molis, *Typisch Bollywood? Der Diskurs über Bollywood in deutschen Qualitäts-Tageszeitungen*, S. 87f.
88 Siehe Maase, «Spiel ohne Grenzen. Von der ‹Massenkultur› zur ‹Erlebnisgesellschaft›: Wandel im Umgang mit populärer Unterhaltung»; Maase, *Grenzenloses Vergnügen. Aufstieg der Massenkultur. 1850–1970*.
89 Susanne Messmer: «Das Licht geht an, das Lied beginnt». In: *taz, die tageszeitung*, 30.9.2006.

hier als anziehend dargestellt. Der Begriff tritt in einem positiven Zusammenhang auf. Die Textpassage kann damit sowohl als Wertschätzung der Unterhaltsamkeit Bollywoods aber auch als ironischer Hinweis auf das geringe Niveau der Filme gelesen werden. Diese Offenheit ist auch in einem *SZ*-Artikel zu beobachten. Der Bollywood-Mix wird hier als «gescheit» gelobt, die Filme werden als «kitschig» und «künstlich» bewertet: «Masala, wie die Gewürzmischung, nennen das die Insider: Eben eine gescheite Mischung aus Tragik, Komik, Kitsch und Künstlichkeit.»[90] Die Bedeutung dieser Textpassage hängt letztlich vom Leser und dessen Beziehung zum Begriff Kitsch ab. In einem zweiten Beispiel aus der *SZ* ermöglicht die Verbindung von «schmalzig» mit dem Adjektiv «schön» mehrere Lesarten. Sie beschreibt den indischen Schauspieler Shah Rukh Khan als «[s]chmalzig schön, aber nicht ohne Schalk im Nacken.»[91] Die Bewertung Bollywoods und seiner Schauspieler tritt in den genannten Beispielen nicht klar zum Vorschein. Das gleiche Phänomen ist in einem Artikel zu erkennen, in dem Bollywood nur kurz erwähnt wird. So schreibt die *taz*, dass in Indien «prächtiger Bollywood-Kitsch neben spiritueller Großmeisterei existiert.»[92] Das Adjektiv «prächtig» kann das Bollywood-Kino in ein positives Licht rücken oder aber auf ironische Weise den abwertenden Charakter des Kitsch-Begriffs betonen – je nachdem wie der Text gelesen wird. In einer anderen Gruppe von Artikeln wird Bollywood ohne nähere Beschreibung und Wertung als Kitsch bezeichnet. Dieser neutrale Umgang mit dem Begriff Kitsch ist besonders gut in einem *SZ*-Artikel zu erkennen, in welchem indische Tanzkurse und eine Tanzvorführung angekündigt werden:

> «So erfolgreich ist die indische Filmindustrie, dass das Kino vom Subkontinent sogar einen eigenen Namen hat: ‹Bollywood› steht für kitschige Liebesgeschichten mit Happy End, in denen viel gesungen und getanzt wird. Dieses ‹film dancing› zeigen Usah Vasanth Kumar und Unnikrishnan [...] von der Marga Dance Company aus Indien beim ‹Bollywood Dance› am Freitag, 30. Juni, um 20 Uhr im Meta Theater in Moosach bei Grafing.»[93]

Der Artikel ist insgesamt eher informativ. Auch hier hängt es vom jeweiligen Leser ab, ob er die Bezeichnung «kitschige Liebesgeschichten» als Geringschätzung begreift, sich damit als Fan angegriffen oder als Gegner Bollywoods bestätigt fühlt, oder ob diese Tanzveranstaltung genau nach seinem Geschmack ist.

Laut Maase eignet sich ein gebildeter Rezipientenkreis Populärkultur auf spezifische Weise an. Der im Bollywood-Diskurs zum Ausdruck kommende *camp*-Geschmack ist als ein Beispiel für elitäre Aneignung von Populärem, wie sie Maase erwähnt, betrachtbar. Von Susan Sontag wird *camp* als eine besondere Art der ästhetischen Erlebnisweise beschrieben, die einen gewissen Wohlstand voraussetze und dem Prinzip folge, dass eine Sache – in unserem Fall Bollywood – gerade deswegen so gut sei, weil sie schlecht sei: «The ultima-

---

90   Schönhöfer, «Flimmernde Gewürzmischung. Bei der Indischen Woche sind fünf Filme aus Bollywoods glitzernder Traumfabrik zu sehen».
91   Ebd.
92   Dorothea Marcus: «Verwirrende Decknamen. Terrorismus, Korruption und Fremdenfeindlichkeit: Die Fragen, die das indische Theater stellt, rücken Indien näher an den Westen. Die Biennale Bonn ermöglichte mit Theater und Ausstellungen einen umfassenden Einblick in die indische Kultur, die sich zunehmend mit politischen Themen befasst». In: *taz, die tageszeitung*, 22.5.2006.
93   «Bollywood in Oberbayern». In: *Süddeutsche Zeitung*, 28.6.2006.

te Camp statement: it's good because it's awful.»[94] *Camp* habe aber weder die Absicht schlecht zu sein, noch als *camp* betrachtet zu werden, sondern er habe das Ziel, ernst genommen zu werden, worin er jedoch scheitere.[95] Schließlich beinhalte diese Erlebnisweise auch kein Auslachen oder Belächeln der Verfehlungen, sondern eine Liebe zu den Dingen, ein echtes Vergnügen und eine ehrliche Freude an ihnen.[96] Es sprechen einige Aspekte dafür, dass Bollywood seitens der Autoren in den vorgestellten ambivalenten Formulierungen als *camp* angesehen wird. Denn wenn in den Artikeln von «prächtige[m] Bollywood-Kitsch»[97] die Rede ist, Bollywood als «mitreißend kitschig»[98] und die Schauspieler als «[s]chmalzig schön»[99] betrachtet werden, tritt das ein, was Sontag in ihrem Essay als *camp*-Geschmack beschreibt: Bollywood wird dafür geliebt, dass es ‹schlecht› ist. Außerdem ist die Nähe zwischen *camp* und Kitsch bezeichnend. Beide basieren auf einem ästhetischen Bewertungsmaßstab, fällen allerdings – angesichts ihrer ursprünglichen Bedeutung – genau entgegengesetzte Urteile über die gleiche Sache. Im Falle des neutralen Umgangs mit Kitsch ist die Interpretation als *camp* ebenso möglich. Hier übernimmt der Begriff Kitsch die Bedeutung von *camp*, er selbst steht für etwas, das genau deswegen ‹gut› ist, weil es ‹schrecklich› ist. Letztendlich steht es dem Leser in allen Fällen offen, ob er die Aussage als *camp*, Abwertung oder als etwas ganz anderes versteht.

Zusammenfassung

Insgesamt zeigt sich, dass auf Bollywood mit verschiedenen bereits vorhandenen Denkmustern und Bildern über Indien und den ‹Orient› reagiert wird und sich der Diskurs über Bollywood in bestehende Indien- und Orient-Diskurse einfügt. Bemerkenswert ist dabei, dass die romantische und die utilitaristische Perspektive in etwa gleich stark vertreten sind. Bollywood wird also zum Teil als eine Art ‹Bewahrer› und Vorbild wertgeschätzt und zu einem anderen Teil als unterentwickelt abgewertet. Gleichzeitig wurde deutlich, dass die Charakterisierung Bollywoods als romantisch, gefühlsbetont, eskapistisch und bunt nicht automatisch – wie es als Vermutung nahe liegt – dem romantischen Indienbild entspricht. Vielmehr wird Bollywood vielfach aufgrund dieser Merkmale abgewertet, als Populäres und auch als ‹Orientalisches›. In diesen Fällen kommt die Bewertung Bollywoods also eher dem utilitaristischen Bild von einem unterentwickelten, unaufgeklärten und ir-

---

94 Susan Sontag: «Notes on ‹Camp›». In: dies.: *Against Interpretation. And Other Essays*. New York 1966, S. 292.
95 Ebd., S. 283.
96 Vgl., ebd.
97 Marcus, «Verwirrende Decknamen. Terrorismus, Korruption und Fremdenfeindlichkeit: Die Fragen, die das indische Theater stellt, rücken Indien näher an den Westen. Die Biennale Bonn ermöglichte mit Theater und Ausstellungen einen umfassenden Einblick in die indische Kultur, die sich zunehmend mit politischen Themen befasst».
98 Messmer, «Das Licht geht an, das Lied beginnt».
99 Schönhöfer, «Flimmernde Gewürzmischung. Bei der Indischen Woche sind fünf Filme aus Bollywoods glitzernder Traumfabrik zu sehen».

rationalen ‹Orient› gleich. Auch zur Kulturindustrie-These Adornos und Horkheimers[100] sind hier Parallelen auszumachen. Es fällt zudem auf, dass sich die abwertenden Indien- und Orient-Diskurse und die abwertenden Diskurse über Populäres gegenseitig verstärken können und zu einer negativen Bewertung Bollywoods – als emotionales, banales und anspruchsloses Kino – führen. Ein besonders prägnanter Fall ist die Beurteilung des indischen Kino-Publikums als eine Art passive und naive Masse und des deutschen Kino-Publikums als quasi aktiv und selbstbestimmt. Auch die Geringschätzung Bollywoods als realitätsfernes Gefühlskino und gleichzeitig als minderwertig gegenüber dem westlichen Kino enthält diese Verschränkung. Emotionalität wird also nicht nur als Zeichen minderer Qualität von Populärkultur, sondern auch als Mangel der ‹orientalischen Kultur› ausgegeben. Ein wichtiges Ergebnis hinsichtlich des deutschen Bollywood-Diskurses ist zudem, dass Bollywood als Populäres und vor allem als Kitsch seitens Gebildeter nicht ausschließlich abgewertet wird. Stattdessen ist zu beobachten, dass es durchaus Wertschätzung erfährt, zum Teil in Form der Erlebnisweise *camp*. Eine weitere Sichtweise ist die Exotisierung des Bollywood-Kinos. Durch sie wird Bollywood entweder in ein reizvolles ‹orientalisches› Licht gerückt oder als merkwürdig fremd und als anziehend und herausfordernd zugleich dargestellt. Vor allem Erstere dient bei der Ankündigung von Musicals oder anderen Veranstaltungen als eine Art Lockmittel, da sie die Inhalte spannender und anregender werden lässt. Darüber hinaus ist im Untersuchungsmaterial die Vorstellung präsent, die indische Filmindustrie könne sich mit der amerikanischen Filmindustrie messen und sei eine ökonomische Größe, wodurch das Bild von Indien als Wirtschaftsmacht bestärkt wird – was in diesem Aufsatz jedoch nicht näher ausgeführt wurde.[101] Ein wichtiges grundlegendes Ergebnis der Analyse ist, dass der untersuchte Diskurs eine ausgesprochene Heterogenität aufweist. Saids These, dass der ‹Westen› vom ‹Orient› ein homogenes Bild zeichne[102], lässt sich für den Fall Bollywood also nicht bestätigen. Sie kann vielmehr als Homogenisierung eines eigentlich heterogenen Denkens betrachtet werden, wie dies von verschiedenen Theoretikern, wie zum Beispiel Homi K. Bhabha, bereits getan wurde. Der Diskurs über Bollywood entspricht damit eher den Vorstellungen Bhabhas, demzufolge der westliche Diskurs über den ‹Anderen› facettenreich und ambivalent ist, durchsetzt von Widersprüchlichkeiten und Paradoxien.[103] Schließlich sind die im Diskurs der Tageszeitungen über Bollywood stark vertretenen eurozentrischen Denkmuster äußerst problematisch, da sie unreflektiert sowie unhinterfragt bleiben und die Höherwertigkeit Europas als selbstverständlich ausgeben. Die Analyseergebnisse weisen auch darauf hin, dass die Präsenz der Bollywood-Filme in Deutschland allein nicht ausreicht, um die tief verwurzelten westlichen Diskurse über den ‹Orient› zu ändern oder eine Dekolonisierung des europäischen Denkens zu bewirken. Bollywood ist zwar indischer Herkunft und ist damit gewissermaßen eine Stimme für Indien, aber die Bedeutungen Bollywoods in Deutschland hängen letztlich von den deutschen Rezipienten und deren Kontexten ab.

---

100 Adorno/Horkheimer, «Kulturindustrie. Aufklärung als Massenbetrug».
101 Siehe hierzu Molis, *Typisch Bollywood? Der Diskurs über Bollywood in deutschen Qualitäts-Tageszeitungen*, S. 78f.
102 Vgl. Said, *Orientalism. Western Conceptions of the Orient*.
103 Homi K. Bhabha: *Die Verortung der Kultur*. Tübingen 2000.

Teil II
Im Fokus:
Figuren – Figurationen – Motive

Irene Schütze

Wasser, Wind und Regen

Bildwissenschaftliche Überlegungen zur Symbolik und Ästhetik der Naturphänomene in indischen Liebesszenen

In Mani Ratnams Film YUVA (THE YOUTH OF THE LAND, Indien 2004) trägt Gangster Lallan (Abhishek Bachchan) seine junge Ehefrau Sashi (Rani Mukherji) verliebt durch den strömenden Regen.[1] Sie schmiegt sich an ihn und hält schützend einen Schirm über beide Körper. Das Paar hat sich gerade versöhnt, und Sashi hat ihrem gewalttätigen Mann anvertraut, dass sie ein Kind von ihm erwartet. Die Szene ist mit dem Song *Kabhu Neem Neem* unterlegt. In ihm charakterisiert die Liebende ihren Geliebten als bitter-süß wie die Früchte des Neembaums. Prasselnd und dicht fällt der glänzende Regen auf die engen Gassen Kalkuttas. Das Wasser fließt in Strömen, das Straßenpflaster leuchtet hell auf. Das Paar bewegt sich als dunkle Silhouette im Gegenlicht vorbei an kleinen Geschäften mit verwaisten Außenständen (Abb. 1). Sashis langer geflochtener Zopf wippt im Rhythmus ihres Gesangs, während Lallan sie die Straße entlang trägt. Dann lässt Sashi den geöffneten Schirm für einen Augenblick zur Seite gleiten. Während sie weitersingt, wirft sie ihren Kopf in den Nacken, breitet ihre Arme aus und lässt den Regen lustvoll auf ihren Körper fließen (Abb. 2). Die Kamera zeigt das Paar in diesem Moment von oben. Sashi, die ein schlichtes dunkles Kleid trägt, erscheint im vollen Licht – ihr vor Glück strahlendes Gesicht, ihre selbstbewusste Körperhaltung und ihre Körperspannung beherrschen die Einstellung.

1–2 Yuva (Indien 2004, R: Mani Ratnam).

---

1   Vgl. YUVA, 0:20:18–0:20:56. DVD. Köln: Rapid Eye Movies 2004.

Für westliche Zuschauer ist es erstaunlich, dass Liebesszenen in indischen Filmen sehr oft in Wind und Regen dargestellt werden oder am Wasser spielen.[2] Die Szene aus YUVA ist symptomatisch für indische Filme. Regenschauer und Wind markieren in der indischen Natursymbolik dramaturgische Wende- und Höhepunkte: Sie untermalen wichtige Entscheidungen von Protagonisten, sie kündigen Begebenheiten an, die das Leben der Protagonisten grundlegend verändern, sie begleiten das Zusammentreffen von Liebenden. In YUVA symbolisiert die Gesangsszene im Regen die von Sashi ersehnte, gegenseitige liebevolle Hingabe, die sich im Laufe des Films jedoch als unmöglich erweisen wird. Der Film, der die Geschichten dreier junger Männer aus unterschiedlichen Gesellschaftsschichten im heutigen Kalkutta erzählt, ist ein in stilistischer Hinsicht ungewöhnlicher Hindi-Film. Die typische Gesangsszene im Regen führt der aus dem südindischen Tamil Nadu stammende Ratnam für Hindi-Filme untypisch fort, indem er Lallan und Sashi bei alltäglichen Verrichtungen zu Hause zeigt und sie im freien Stil im Wohnzimmer tanzen lässt – ohne erkennbare Choreografie und glamouröses Styling, wie es sonst in Hindi-Filmen zu erwarten wäre.

Filmwissenschaftler und -kritiker haben Liebesszenen im Regen mit der strengen Zensur erklärt, der indische Filme unterliegen. Das Zeigen nackter Körper im Film ist von der indischen Zensur untersagt.[3] Nackte Körper, die sich intimen Liebesspielen hingeben, kennt das offizielle indische Kino nicht, sieht man von wenigen zaghaften Ausnahmen ab.[4] Das Zeigen der Liebenden in nasser Kleidung oder im Wind ist deshalb als Versuch gewertet worden, den verhüllten Körper sichtbarer zu machen. Matthias Uhl und Keval J. Kumar schreiben beispielsweise in ihrem Buch *Indischer Film – Eine Einführung*:

> «Da ein Entblößen der Akteurinnen aus den schon erwähnten Gründen nur relativ begrenzt gestattet ist, wird recht häufig zu einem Trick gegriffen, der unter dem Begriff ‹Wet Sari Dance› ein stehender Terminus unter indischen Filmzuschauern ist. Die Darstellerin ist in einen Sari, ein traditionelles indisches Gewand, gehüllt, der auf Grund von wolkenbruchartigem Regen, Wasserfällen und anderen Umständen nass ist, hauteng anliegt und so trotz vollständiger Bedeckung des Körpers nur wenig verhüllt.»[5]

Die These, der *Wet Sari Dance* – oder allgemeiner gesprochen: die *Wet Sari Scene* – habe die Funktion, einen gewissen Grad an Nacktheit trotz Einschränkungen durch die staatliche Zensur zu inszenieren, geht auf Filme wie Raj Kapoors RAM TERI GANGA MAILI (Indien

---

2   Die Szene aus YUVA mag an Gene Kellys berühmten Tanz in dem Musical SINGIN' IN THE RAIN (USA 1952) erinnern, in dem Kelly den Schirm zuklappt und vor Liebesglück im Regen zu singen und tanzen beginnt. Wobei anzumerken ist, dass Regenszenen in amerikanischen Musicals außergewöhnlich sind.
3   Vgl. Matthias Uhl / Keval J. Kumar: *Indischer Film – Eine Einführung*. Bielefeld 2004, S. 25.
4   Aktuelle Filmproduktionen demonstrieren in dieser Hinsicht allerdings eine deutliche Liberalisierung. Zu den früheren Ausnahmen zählt z. B. die romantische Szene in HEY RAM (HEY RAM – AUGENBLICKE DER ZÄRTLICHKEIT, Indien 2000), bei der sich der Archäologe Saketh Ram (Kamal Hassan) und seine Frau Aparna (Rani Mukherji), nachdem sie gemeinsam Klavier gespielt haben, scheinbar nackt auf dem Fußboden liegend und nur von einer leichten Decke umhüllt, zärtlich lieben (0:29:30–0:30:00). Die Liebesszene geht jener Szene voraus, in der Aparna von radikalen Muslimen grausam ermordet wird.
5   Uhl/Kumar, *Indischer Film – Eine Einführung*, S. 25.

1985) zurück.[6] In diesem Film verlässt die von Mandakini gespielte unschuldige und «reine» Ganga, deren Name metaphorisch auf den heiligen Fluss Ganges verweist, ihre Kleinstadt Gangotri, um ihren Mann in Kalkutta zu suchen. Raj Kapoors letzte Regiearbeit sorgte insbesondere durch jene Sequenz in einer Gesangs- und Tanzszene für Furore, in der die Protagonistin auf ihrer Reise unter einem Wasserfall badet (Abb. 3). Mandakini trägt dabei ein dünnes weißes Gewand, das im Wasser transparent wird und ihren schönen jungen Körper fast vollständig preisgibt: Ihre Brüste werden sichtbar, ebenso schimmern ihre Oberschenkel durch den zarten nassen Stoff.

3 Szenenfoto aus RAM TERI GANGA MAILI (Indien 1985, R: Raj Kapoor).

Die These, dass Szenen im Wasser dazu angelegt seien, Körper – insbesondere weibliche Körper – zu enthüllen, stützen aber auch Filme, die nicht so deutlich nackte Haut inszenieren wie RAM TERI GANGA MAILI. Typisch ist zum Beispiel eine der Gesangs- und Tanzszenen in MOHABBATEIN (DENN MEINE LIEBE IST UNSTERBLICH, Indien 2000) von Aditya Chopra, in der die drei Protagonistinnen erkannt haben, dass sie verliebt sind. Sie werden vom Geist einer Frau (Aishwarya Rai), die sich aus unerfüllter Liebe das Leben nahm, umtanzt.[7] Preeti Jhangiani und Aishwarya Rai tragen in dieser Szene Saris, die durch das Wasser an den dünnen Stofflagen transparent werden und dadurch Bauch und Dekolleté erkennen lassen (Abb. 4). Kim Sharma und Shamita Shetty, die in eng anliegender Sportkleidung und im Mini-Kleid ohnehin nur leicht bekleidet sind, werden durch die Nässe nicht weiter enthüllt. Dennoch verändert der Regen ihre Körper: Die Haut erhält einen anmutigen Glanz (Abb. 5). In OM SHANTI OM (Indien 2007) hat Regisseurin Farah Khan zum gleichen Mittel gegriffen, um einen männlichen Körper effektreich zu inszenieren. Zum Song *Dard-e-Disco* lässt sie Shah Rukh Khan unter den Einflüssen der Elemente Erde, Wind, Wasser und Feuer tanzen. Vor allem unter perlendem Wasser ent-

4–5 MOHABBATEIN (Indien 2000, R: Aditya Chopra).

---

6 Vgl. zum Film Ashish Rajadhyaksha / Paul Willemen: *Encyclopaedia of Indian Cinema*. Neue, erweiterte Auflage. Oxford/New York 2002, S. 473.

7 Vgl. MOHABBATEIN, 2:21:26–2:22:28. DVD. Köln: Rapid Eye Movies 2000.

6 OM SHANTI OM (Indien 2007, R: Farah Khan).

wickelt Shah Rukh Khans gestählter Oberkörper eine stark erotische Ausstrahlung (Abb. 6).[8]

Die gängige These – «Regen bzw. Wasser ermöglicht Enthüllung» – greift trotz der möglichen erotischen Komponenten meines Erachtens allerdings viel zu kurz. Denn zu oft finden Liebesszenen am Wasser und im Regen statt, ohne dass die Protagonistinnen oder Protagonisten ihre Körperblöße preisgeben oder erotischer erscheinen würden – so wie Rani Mukherji in der eingangs beschriebenen Szene von YUVA durch den Regen nicht im geringsten enthüllt wird. Der Regen übernimmt in der Szene vielmehr die Funktion, für eine bestimmte Stimmung der Zweisamkeit zu sorgen, die für Sashi wie eine Befreiung wirkt.

Indische Filmemacher, so meine These, zeigen Liebesszenen in Wind und Regen und an Wasser vor allem aus metaphorischen und bildgeschichtlichen Gründen. Die Naturgewalten spielen im indischen Kino eine größere Rolle als im Westen, weil sie auch im Alltag in der Regel viel monströser auftreten und eine viel größere rituelle Bedeutung haben. In einem Land, das immer wieder an seinen Küsten und auch im Landesinneren, insbesondere im riesigen Deltagebiet des Ganges, von großen Überschwemmungen heimgesucht wird, in dem viele Bürger sich allein im Flusswasser reinigen können, in dem religiöse Handlungen im als heilig geltenden Ganges vollzogen werden, müssen Wasser, Wind und Regen andere Bedeutungen im Film haben als in der westlichen Kultur. Während in westlichen Filmen Wind und Regen zusammen mit Blitz und Donner als beliebtes Motiv eher für Spannung und Nervenkitzel sorgen (besonders in Grusel- und Horrorfilmen), zeigen sich die Naturgewalten im indischen Kino in allen Genres, sie begleiten aber vor allem Liebesszenen. Und sie sind in allen filmischen Traditionen des Subkontinents als Motiv fest verankert: im Bollywood-Film, im bengalischen und auch im südindischen Kino.

Santosh Sivan hat mit ASOKA (ASOKA – DER WEG DES KRIEGERS, Indien 2001) einen Film geschaffen, der in mythische Zeiten zurückversetzt: in die Zeit des legendären indischen Fürsten Asoka, der im 3. Jahrhundert v. Chr. lebte und weite Teile des indischen Subkontinents unter seine Herrschaft zwang. Nach einem Krieg um das östlich gelegene Land Kalinga, bei dem ein Großteil der Bevölkerung ins Unglück gestürzt wurde und starb, bekannte sich Asoka zum Buddhismus und schlug einen friedlichen Lebensweg ein.[9] Sivan erzählt Asokas Lebensweg in freier Dichtung nach und inszeniert zwischen dem jungen Königssohn Asoka (Shah Rukh Khan) und einer vertriebenen Prinzessin, Kaurwaki (Kareena Kapoor), eine tragische Liebesgeschichte. Die beiden Liebenden werden durch Verfolgung, Hass und Krieg von einander getrennt werden. Erst auf dem Schlachtfeld, nach sinnlosem, von Asoka veranlasstem Gemetzel um die Herrschaft von Kalinga, bei dem Kaurawakis

---

8 Vgl. OM SHANTI OM, 1:16:10–1:17:23. DVD. Köln: Rapid Eye Movies 2007.
9 Vgl. Hermann Kulke / Dietmar Rothermund: *Geschichte Indiens. Von der Induskultur bis heute*. Sonderausgabe, München 2006, S. 83–91.

kleiner Bruder Arya (Sooraj Balaji) tödlich verletzt wird, finden die beiden wieder zueinander.

Wasser, Wind und Wolken setzt Sivan als zentrale Motive seiner filmischen Erzählung ein.[10] Das erste Treffen der Liebenden findet so auch am Wasser statt. Asoka, der sich vom Königshof entfernen muss, da ihm seine Brüder nach dem Leben trachten, entdeckt die junge Kaurwaki auf einem grünen Hochplateau in Kalinga, als sie einen Gesang anstimmt, der den Wind auffordert, ihr einen Geliebten zu schicken.[11] Asoka beobachtet Kaurwakis tänzerische Kampfesübungen auf den steilen Abhängen und ihr anschließendes Bad im Fluss (Abb. 7). In dieser Szene kommt dem Wasser zwar ohne Zweifel die Funktion zu, den Körper der Protagonistin

7–8 ASOKA (Indien 2001, R: Santosh Sivan).

erotisch zu inszenieren: Nahaufnahmen zeigen die nasse Haut im Detail. Der Fluss wird in dieser Szene aber auch als geheimnisvoller, verborgener Ort präsentiert, der die Kämpferin aufnimmt und an dessen Ufern sie nach ihrer Entdeckung plötzlich spurlos verschwindet. Der Fluss erhält eine höhere symbolische Bedeutung als Ort der Liebessehnsucht.

Um unerkannt zu bleiben, gibt sich Asoka den Namen seines Schimmels, *Parvan* («Wind»), und kündigt damit zugleich metaphorisch an, dass er Kaurwakis gesungenem Wunsch entsprechen möchte. Erst einige Szenen später findet seine offen ausgesprochene Liebeserklärung, die für die Dramaturgie des Films so wichtig ist, statt.[12] Kaurwaki und Asoka haben sich hoch in die Berge zurückgezogen. Sie befinden sich auf der Flucht vor einer rivalisierenden Gruppe, die Kaurwakis Bruder, den kleinen Prinzen Arya, töten will. Das Wetter ist grau und neblig. Kaurwaki sitzt auf einem Felsen und beugt sich mit ironisch distanziertem Ausdruck zurück, als sie bemerkt, dass Asoka ihr eine wichtige Mitteilung machen möchte. Asoka steht vor der liegenden Kaurwaki und spricht die Worte: «Kaurwaki, ich habe mich in dich verliebt.» Just in diesem Moment zieht eine dicke, weißgraue Wolkenwand an dem Liebespaar vorbei (Abb. 8). Wenig später bekräftigt Asoka seine Liebe ein weiteres Mal. Nun stehen die Liebenden inmitten eines grauen Wolkenmeers zwischen den Berggipfeln. Kaurwaki ist durch Neuigkeiten über ihre wahre Herkunft tief verunsichert worden – sie ist nur ein Ziehkind ihrer Eltern –, aber Asoka beteuert, dass dies keinen Einfluss auf seine Liebe habe und verspricht ihr: «In der Liebe werden wir eins» (Abb. 9). Die romantische Szene findet genau wie die darauf folgende schlichte Vermählungszeremonie im tristen Grau der Hochgebirgsnebel statt. Feuchte Wolkenschleier

---

10 Der Film beginnt z. B. damit, wie Asoka als kleiner Junge das magische Schwert seines Großvaters aus dem Fluss holt, das Blutzoll fordert und deshalb im Wasser versenkt wurde.
11 Vgl. ASOKA, 0:21:30–0:24:40. DVD. Köln: Rapid Eye Movies 2001.
12 Vgl. ebd., 0:53:13–0:54:56.

9–11 ASOKA (Indien 2001, R: Santosh Sivan).

ziehen auch durchs Bild, als sich Asoka und Kaurwaki zu einer letzten unbekümmerten Tändelei einfinden, bevor sie durch die Wirren der Verfolgung getrennt werden.[13]

Die Erinnerung aneinander ist wiederum mit dem Fluss verbunden.[14] Asoka, der sich ein zweites Mal vermählt, da er annehmen musste, Kaurwaki sei getötet worden, kann sich von Kaurwakis Bild nicht losreißen. In Gedanken erscheint ihm das Gesicht der Geliebten, das sich in den Wellen des Flusses spiegelt. Auf ihrer Fahrt mit dem Floß ist Kaurwaki ihrerseits in Gedanken bei ihrem verschollenen Mann Asoka (Abb. 10). Die Gesangs- und Tanzszene auf dem Wasser verbindet die Gedankenwelt der beiden Liebenden miteinander: Der Fluss mit seinen Wasserfällen ist der Ort der Sublimation, der die körperlich erfüllte Liebe gedanklich wiederauferstehen lässt (Abb. 11).

Regisseur Sivan, der in ASOKA eine audiovisuelle Ästhetik zu entwickeln versuchte, die antike Formen aufnimmt und diese modern interpretiert[15], verbindet die Zeit der glücklichen, erfüllten Liebe mit den Motiven des Flusses und der Wolken. Mit dieser Motivik knüpft er an indische Bildtraditionen vor Entwicklung des Films an, die ihre literarischen Vorlagen in der antiken Mythologie des indischen Subkontinents haben.

Die Motive der Wolken und des sich meist durch Wind ankündigenden Regens und das Motiv des Flusses haben bildgeschichtlich eine lange Tradition für die Darstellung von Liebesszenen. Im Folgenden möchte ich einige indische Miniaturen vorstellen, die aus dem 16. bis 19. Jahrhundert stammen und damit zur klassischen Periode der indischen Miniaturmalerei gehören.[16] Die Miniaturen illustrieren religiöse Epen, deren Ursprünge in die vorchristliche Zeitrechnung hineinreichen.

Eine der bekanntesten mythologischen Szenen am Fluss stammt aus der Krishnalegende: Krishna vertreibt sich am Ufer der Yamuna (auch Jumna) mit Hirtinnen die Zeit,

---

13 Vgl. ebd., 1:00:12–1:01:21.
14 Vgl. ebd., 1:28:00–1:32:07.
15 Vgl. Aussagen im «Making of» des Films.
16 Vgl. im Folgenden Joachim Bautze (Hrsg.): *Lotosmond und Löwenritt. Indische Miniaturmalerei.* Ausst.-Kat. Linden-Museum Stuttgart. Stuttgart 1991; Daniel J. Ehnbohm: *Indische Miniaturen. Die Sammlung Ehrenfeld. Mit Beiträgen von Robert Skelton und Pramod Chandra.* Stuttgart/Zürich 1988.

Wasser, Wind und Regen

12 Illustration zum *Gitagovinda* von Jayadeva (Guler*kalam*, «einem Meister der ersten Generation nach Nainsukh zugeschrieben», ca. 1780, Bildmaß: 15, 3 cm x 25, 7 cm, Sammlung Horst Metzger, Museum Rietberg, Zürich).

während seine Geliebte Radha mit großem Liebeskummer Krishna herbeisehnt. Die Illustration des *Gitagovinda* (des Gesangs des Kuhhirten Krishna) nach Jayadeva, einem Dichter, der in der zweiten Hälfte des 12. Jahrhunderts lebte, ist um 1780 entstanden und zeigt Krishna, wie er im bunten Reigen mit jungen Damen ausgelassen am Fluss tanzt (Abb. 12). Der Fluss ist als breites geschlängeltes Band in differenzierten Blautönen im Mittelgrund

13 Buchdeckel aus Bundi (vermutlich Gopalji oder Schule, ca. 1800, Bildmaß: 10, 6 cm x 20, 1 cm, Sammlung Horst Metzger, Museum Rietberg, Zürich).

14 Folio aus einer Handschrift des *Gitagovinda* von Jayadeva (vielleicht aus Aurangabad in Dekhan, ca. 1650, Bildmaß: 13, 6 x 14, 8 cm, Sammlung Ehrenfeld).

15 Blatt aus einem Rasikapriya-Zyklus (Rukn al-Din zugeschrieben, Ende 17. Jahrhundert, Bildmaß: 22, 2 cm x 14 cm, Sammlung Ehrenfeld).

des Bildes dargestellt. Wie wichtig das Wassermotiv ist, verdeutlicht auch ein weiteres Bild, das einen Buchdeckel zierte und den Flöte spielenden, von Damen umringten, angebeteten vierarmigen Krishna darstellt (Abb. 13). Am unteren Bildrand ist ein Streifen blauen Wassers erkennbar. Der Maler malte diesen Streifen, obwohl kaum Platz vorhanden war. Der Fluss hat also eine wichtige motivische Bedeutung für die Darstellung des verliebten Krishna. Eine andere Illustration des *Gitagovinda* nach Jayadeva, um 1650 entstanden, zeigt das Liebespaar Krishna und Radha nachts im Wald an einem Fluss (Abb. 14). Radhas Haut, ihr Schmuck und ihre helle, fein gearbeitete Kleidung leuchten im Dunkel der Nacht, die sie zusammen mit Krishna durchschreitet. Über dem Paar brauen sich dichte Wolken zusammen, die den blauen Nachthimmel zusätzlich verdunkeln. Die Illustration versinnbildlicht sehr genau die zweite Strophe des *Gitagovinda* nach Jayadeva, die vermutlich auf einer der Illustration gegenüber liegenden Seite geschrieben stand.

> «‹Wolken verdüstern den Himmel.
> Tamalabäume verdunkeln den Wald.
> Die Nacht macht ihm Angst.
> Radha, führe ihn nach Hause!›
> Auf Nandas Befehl brechen sie auf,
> vorbei an Bäumen in Dickichten auf dem Weg,
> bis geheime Leidenschaften von Radha und Madhava
> am Ufer des Jumnaflusses triumphieren.»[17]

---

[17] Ehnbohm, *Indische Miniaturen. Die Sammlung Ehrenfeld. Mit Beiträgen von Robert Skelton und Pramod Chandra*, S. 94.

In einem weiteren Bild bestimmen große kugelige Wolken eine Liebesszene. Der muslimische Maler Rukn al-Din schuf es im späten 17. Jahrhundert für ein hinduistisches Publikum (Abb. 15). Rukn al-Dins Bild zeigt, wie eine Zofe ihre Herrin Radha ermutigt, den verliebten Krishna zu empfangen, der höflich vor Radhas Haus wartet. Das Liebeslager ist schon bereitet. Krishna muss nur noch hereingebeten werden. Das Wolkenmotiv wird in der rahmenden Bordüre des Bildes wieder aufgenommen: Sie ist mit kleinen goldenen Wölkchen geziert.

Es besteht also eine enge motivische Verbindung zwischen Liebenden und Wolken. Das verdeutlichen auch die Monatsblätter einer *Barahmasa* – einer poetischen Beschreibung der zwölf Monate. Dichter Keshavadasa erzählt die Geschichte einer liebenden Frau, die für jeden Monat einen Grund angibt, warum der Geliebte bei ihr verweilen und sie nicht verlassen sollte. In den Regenmonaten *ashadha* (Juni–Juli), *shravana* (Juli–August) und *bhadon* (August–September) nennt Keshavadasa Regen und Wind als Gründe, um zu Hause zu bleiben, es sich gemütlich zu machen und ein Liebesnest einzurichten. Beim Monat *ashadha* (Abb. 16) heißt es im begleitenden Text: «Überall geht ein starker Wind. Bei derartigem Wetter wird nur ein Mann schwachen Geistes Haus und Frau verlassen. (...) Der Herr Shri (d. i. Vishnu) verbringt diese Zeit mit Shri (d. i. die Frau Vishnus) im Bett.»[18]

Im Haus in der mittleren Bildebene ist ein Paar dargestellt – der Mann in der Gestalt Krishnas. Die Frau versucht ihren Geliebten zu überzeugen, wie Shri zu Hause zu bleiben. Sie zeigt auf ein kleines Gebäude hinab, in dem sich Shri mit seiner Geliebten auf einem Bett räkelt. Die Wimpel auf den Dächern der Häuser bewegen sich im Wind, der durch rötliche Schlangenlinien visualisiert wird.[19] Dunkle Wolkenformationen, durch wellenförmige graue Linien dargestellt, stehen am Himmel. Beim Monat *shravana* (Abb. 17) heißt es «Keshavadasa sagt, daß in diesem Monat es schön aussieht, wenn die (durch den Regen angeschwollenen) Flüsse ins Meer münden. (...) Alle Liebenden treffen sich.»[20] Der Maler hat zur Versinnbildlichung schlangenartige Blitze dargestellt und Wolken. Eine Prozession zu Ehren der Göttin Parvati findet statt,

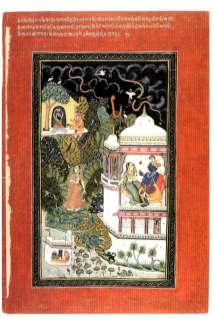

16 Bild für den Monat Ashadha (Juni-Juli) einer Barahmasa (unbekannter Maler, Uniara, ca. 1770–80, Bildmaß: 26, 2 cm x 15, 4 cm, Sammlung Horst Metzger, Museum Rietberg, Zürich).

---

18 Bautze, *Lotosmond und Löwenritt. Indische Miniaturmalerei*, S. 153.
19 In der indischen Mythologie des *Ramayana* kommt der Windgott Vayu vor, der in das Schicksal der Menschen eingreift.
20 Bautze, *Lotosmond und Löwenritt. Indische Miniaturmalerei*, S. 153.

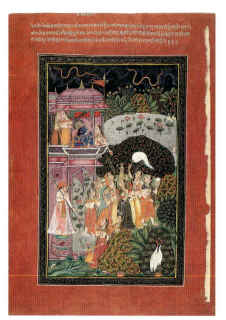 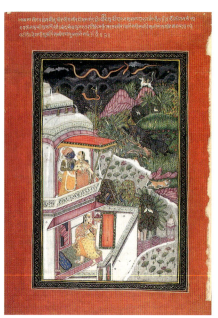

17 Bild für den Monat Shravana (Juli–August) einer Barahmasa (unbekannter Maler, Uniara, ca. 1770 – 80, Bildmaß: 25, 8 cm x 15, 3 cm, Sammlung Horst Metzger, Museum Rietberg, Zürich).

18 Bild für den Monat Bhadon (August–September) einer Barahmasa (unbekannter Maler, Uniara, ca. 1770 – 80, Bildmaß: 26, 2 cm x 15, 5 cm, Sammlung Metzger, Museum Rietberg, Zürich).

die an die körperliche Vereinigung Parvatis mit Shiva nach einer Zeit der langen Askese erinnert. Beim Monat *bhadon* (Abb. 18) hat der Maler Regen gemalt: Zarte, horizontal gesetzte Striche überziehen die Architektur- und Landschaftsdarstellung. Im Text heißt es: «In allen Gegenden haben sich Wolken angesammelt, aus denen laut der Donner grollt. Die Wolken entlassen heftige Regengüsse auf die Erde. Die Grillen zirpen ohne Unterlaß und starke Winde wehen.»[21] Auch in diesem Monat solle man zu Hause bei seiner Geliebten bleiben. Krishna steht mit einer Frau, der er verliebt in die Augen sieht, auf einem durch einen Baldachin geschützten Balkon, während draußen der Regen fällt. Die drei Blätter zeigen demnach deutlich, dass Wind und Regen unmittelbar mit körperlicher Anziehung und Liebe in der indischen Mythologie zusammengebracht werden.

Zu den «an Sinnlichkeit und sublimierter Erotik kaum zu übertreffende[n]»[22] Malereien zählt schließlich ein Blatt, das dem Atelier des Malers Sajnu aus Mandi zugeschrieben wird und ca. 1810 entstanden ist (Abb. 19). Es zeigt Krishna und seine Geliebte Radha in einem filigranen Schlafgemach. Es ist mit einem roten persischen Teppich mit floraler Ornamentik ausgelegt, auf dem ein mit kostbaren Decken ausgestattetes Bett steht. Der reich mit Krone, Ketten und Armbändern geschmückte Krishna liegt bereits im Bett. Seine gelben Kleider hat er teilweise ausgezogen und in eine neben dem Bett stehende Schale

---

21 Ebd., S. 156.
22 Ebd., S. 173.

gelegt. Den linken Arm winkelt er hinter dem Kopf an, der rechte ruht lässig auf der Brust. Seine Beine sind gekreuzt – vermutlich, um seine Begierde zu zügeln. Krishna schaut erwartungsvoll zu Radha hinüber. Radha, mit kostbarem Schmuck angetan und nur mit einem transparenten, roten Schleier bekleidet, steigt zu ihm, während sie in einen auf dem Bett stehenden Tiegel mit einer roten Substanz greift. Ihre Kleider hat sie wie Krishna in eine metallene Schale gelegt, die auf ihrer Seite des Bettes steht. Die Tür ist geschlossen, ein Licht brennt. Es ist Nacht, draußen zwischen den Büschen hockt ein einsamer Pfau. Über dem Haus zucken helle Blitze, es regnet, dicke graue Wolken treiben am Himmel. Zu diesem Bild heißt es:

19 Malerei aus Mandi (dem Atelier des Malers Sajnu zugeschrieben, ca. 1810, Bildmaß: 22, 3 cm x 15, 4 cm, Linden-Museum, Stuttgart).

«Wie bei jedem Meisterwerk indischer Malerei ist auch in diesem Bild nichts rein zufällig. So symbolisiert der schräg niedergehende, warme Regen des Monsuns die gleichzeitig auf Krishna zugehende Radha, jeweils in derselben Richtung. Die von den Blitzen gehöhten Wolkenrundungen sind ein Spiegel der Rundungen Radhas. Der Pfau hinter Krishna ist nicht nur ein Symbol des Gottes, von dem Krishna die Federn seiner Krone nahm, er symbolisiert – wie der Schwan den Zeus in der griechischen Mythologie – den Liebhaber, wovon zahlreiche Miniaturen aus der Pahari-Gegend ein beredtes optisches Zeugnis ablegen.»[23]

In diesem Bild sind die Liebesszene und das Regenwetter sowohl auf der Ebene der Bilderzählung (es regnet, während Radha und Krishna sich im Bett vergnügen) als auch auf der formalen Ebene (die Rundungen der Wolken entsprechen den Rundungen von Radhas weiblichem Körper, die Bewegungsrichtung ist dieselbe) miteinander verknüpft.

Die Liste der Bildbeispiele aus älterer Zeit ließe sich weiter fortsetzen. Die vorgeführten Malereien aus unterschiedlichen Jahrhunderten und unterschiedlichen Gegenden verdeutlichen, dass es eine lange und starke Bildtradition im indischen Kulturraum gibt, welche die Motive von Wasser, Wind und Regen mit Liebessehnsucht, Liebeständeleien und körperlicher Liebe verbindet.

Indische Filmemacher setzen diese visuelle Tradition fort, wenn sie Liebesszenen inszenieren. Ein interessantes Beispiel dafür ist Karan Johars KABHI ALVIDA NAA KEHNA (BIS DASS DAS GLÜCK UNS SCHEIDET, Indien 2006) – eine fulminante Liebesgeschichte, die sich, für Hindi-Filme sehr avanciert, mit dem Problem des Fremdgehens in der Ehe befasst und die

23 Ebd.

20–23 Kabhi Alvida Naa Kehna (Indien 2006, Regie: Karan Johar)

am Ende der Ehe nicht den Vorzug gibt. Der nach einem Verkehrsunfall arbeitsunfähige Fußballprofi Dev (Shah Rukh Khan) und die ungewollt kinderlose Lehrerin Maya (Rani Mukherji) sind beide mit sympathischen, beruflich äußerst erfolgreichen Partnern verheiratet und fühlen sich dennoch in ihren Beziehungen nicht wohl – vor allem, weil sie unter ihren eigenen Unzulänglichkeiten leiden. Devs und Mayas Lebenswege kreuzen sich durch Zufall. Zunächst können sie nicht viel miteinander anfangen, treffen sich dann aber fast täglich auf dem Weg zur Arbeit zu gemeinsamen Gesprächen, die immer intensiver werden. Maya bittet Dev schließlich, ihre Freundschaft weiter zu intensivieren und sie zu beraten, um ihre kriselnde Ehe zu retten, und bietet an, auch selbst als Ratgeberin bei Devs Eheproblemen zu dienen. Dieses offizielle Freundschaftsangebot erfolgt im Regen am Hudson River – also auch hier an einem Fluss, der motivisch auf Krishnas Liebeständeleien hinweist (Abb. 20). Der Zuschauer ahnt, dass die Beziehung zwischen Maya und Dev zu diesem Zeitpunkt bereits emotional viel bedeutsamer ist als eine normale Freundschaft. Der von Dev gesprochene Off-Kommentar verstärkt diesen Eindruck. In den Untertiteln heißt es: «So kamen Fremde zusammen, um zwei Beziehungen zu retten, und eine neue zu besiegeln. Den Sturm, der an diesem verregneten Tag aufkam, sah keiner von uns.»[24]

Es dauert Monate bis Dev und Maya, die inzwischen viele Versuche unternommen haben, mit ihren Ehepartnern besser auszukommen, zugeben müssen, dass sie gescheitert

---

24 Vgl. Kabhi Alvida Naa Kehna, 1:00:40–1:02:25. DVD. Köln: Rapid Eye Movies 2006.

sind. Und mehr noch: dass sie auf den Partner des jeweils anderen eifersüchtig sind. Endlich gestehen sich Dev und Maya ein, dass sie sich lieben. Diese Szene findet wieder am Ufer des Hudson statt (Abb. 21).[25] Für Dev ist die Loyalität gegenüber den Ehepartnern zur schmerzhaften Qual geworden. Er kann sich nicht mehr beherrschen und küsst Maya, die – wenn auch mit schlechtem Gewissen – den Kuss erwidert. Bei diesem leidenschaftlichen Kuss setzt ein starker Wind ein, der schließlich Regen mit sich bringt (Abb. 22). In strömendem Regen verlassen Maya und Dev den Fluss und gehen in ein Hotel, um ihre Liebe endlich auszuleben. Triefend nass geben sie sich körperlich hin (Abb. 23). Die Liebesnacht im Hotel ist sehr aufwändig als Parallelmontage mit subtilen Überblendungen an eine Discoszene geschnitten, in der Devs und Mayas Ehepartner ihr erfolgreiches Berufsleben feiern und deklamieren, wie wichtig ihre Ehen für ihr Leben sind.

Den die Liebesszene begleitenden Wind und den dann einsetzenden Regen würde ein westlicher Zuschauer, der sich mit indischem Kino nicht auskennt, wohl allein als Metaphorik für die Schuldkomplexe werten, die die beiden Protagonisten dramatisch belasten. Karan Johar hat KABHI ALVIDA NAA KEHNA, der ja in New York spielt, für einen globalen Markt gedreht, der bewusst das westliche Publikum mit einschließt. Somit ist es sicher nicht falsch, Wind und Regen als Metaphorik für das strapazierte Seelenleben der Protagonisten zu werten. Mit dem Wissen aber, dass Wind und Regen essenzielle Bildmotive für die Visualisierung einer Liebesgeschichte in Indien sind, muss diese Metaphorik weiter gedeutet werden. Wind und Regen künden bereits in dieser Szene an, dass am Ende die Liebe zwischen Maya und Dev siegen wird – über alle gesellschaftlichen Verpflichtungen und Konventionen hinaus. Sie künden von der Leidenschaft ihrer seelischen und körperlichen Vereinigung. Die filmische Erzählung entwickelt sich nach der Liebesoffenbarung am Hudson noch fünfzig Minuten weiter, bis das Paar endlich dauerhaft zueinander findet. Denn Maya und Dev gestehen ihren Partnern nach der Liebesnacht zwar, dass sie fremdgegangen sind und trennen sich konsequenterweise von ihnen – da Maya Devs Ehe nicht zerstören möchte und umgekehrt, unterrichten sie sich jedoch gegenseitig nicht von ihren Trennungen und ziehen es stattdessen vor, alleine zu leben, bis das Schicksal sie schließlich doch zueinander führt.

Meine Untersuchung hat also gezeigt, dass Bildmotive trotz fortschreitendem Zusammenwachsen des weltweiten Filmmarkts sehr unterschiedlich kodiert sein können und daher kulturspezifisch erfasst werden müssen. Indische Filmemacher schöpfen aus einem reichen Reservoir an Motiven, deren symbolisches Verständnis sich erst mit Kenntnis der Bildtraditionen des Landes erschließt. Ihre Filme gewinnen durch die starke Hinwendung zur eigenen Bildtradition an metaphorischer Dichte, die westliche Betrachter erst dann durchdringen können, wenn sie sich diese Bildtraditionen bewusst machen. Sonst stehen sie in der Gefahr, zum Beispiel die Motive von Regen, Wind und Wasser nur als ausschließliches Mittel zur Enthüllung eines (weiblichen) bekleideten Körpers zu interpretieren, und erkennen nicht, dass diese Motive auch symbolische, im kulturellen Kontext tief verankerte Funktionen haben – nämlich um Liebe und die damit einhergehenden Emotionen zu visualisieren.

---

25   Vgl. ebd., 2:02:00–2:10:50.

Rada Bieberstein

Göttin – Mutter – Frau – Wasser – Erde – Farbe

Sechs Elemente aus dem Bilderbuch Indiens

Glaube und Religion sind integrale Bestandteile des täglichen Lebens der indischen Menschen und tief in ihrem Bewusstsein verankert. Die Götter und Göttinnen des Hinduismus, z. B., werden in vielfältigen Traditionen und Bräuchen in Tempeln, an heiligen Stätten und im eigenen Heim verehrt. Auch wird Indien selbst immer wieder anhand von Mythen und Göttern evoziert, erzählt und versinnbildlicht. Das nationale Kino, z. B., bedient sich dieser Mythen und Göttergeschichten des indischen Subkontinents wie in der Inszenierung religiöser Feste und Riten oder der Verwendung entsprechender Namen für die Protagonisten.[1] Die Verortung der speziell im Hindi-Film präsentierten indischen Nation und Identität in tradierten Bildmotiven aus der hinduistischen Mythologie wie sie in den *Veden*[2], den ältesten heiligen Texten des Hinduismus[3], oder den großen Epen[4] wie der *Mahabharata* beschrieben sind, die Entwicklung von Bildsymbolen für die indische Nation in der nationalen Filmgeschichte sowie die Zuordnungen des nationalen und des ursprünglichen Indiens zu bestimmten filmischen Figuren stehen im Mittelpunkt des vorliegenden Beitrags.

Indien zeichnet sich durch eine religiöse Vielfalt aus, die z. B. Hinduismus, Islam, Christentum und Buddhismus umfasst.[5] Im Folgenden werden jedoch nur Filme, die auf den Hinduismus fokussieren, für eine exemplarische Bildmotiv- und Mythenanalyse bei der Konstruktion der indischen Identität im Hindi-Film herangezogen – SWADES: WE, THE PEOPLE (SWADES – HEIMAT, Indien 2004) und RANG DE BASANTI (DIE FARBE DER REBELLION / JUNGE REBELLEN, Indien 2006) mit Verweis auf das filmische Epos BHARAT MATA (MOTHER INDIA, Indien 1957). Die Darstellung von Nation und Identität in den ausgewählten Filmen wird unter zwei Aspekten betrachtet: die Bilder, die von der Nation gezeichnet werden und die Art, wie die nationale Identität und das nationale Selbstverständnis der Inder evoziert

---

1   Nähere Ausführungen zur Inszenierung von Religion, Glaube und Mythen im indischen Film in Rachel Dwyer: *Filming the Gods. Religion and Indian Cinema.* Abingdon 2006.
2   Für weitere Erläuterungen zu den *Veden* siehe Helmuth von Glasenapp: *Die Philosophie der Inder. Eine Einführung in ihre Geschichte und ihre Lehren.* 4. Aufl. Stuttgart 1985, S. 24; Heinrich von Stietencron: *Der Hinduismus.* 2001, 2. Aufl. München 2006, S. 17–20.
3   Vgl. Judith E. Walsh: *A Brief History of India.* New York 2006, S. 18.
4   Für Erläuterungen zu den Epen siehe Stietencron, *Der Hinduismus*, S. 17, 53f.; Walsh, *A Brief History of India*, S. 47.
5   Vgl. Walsh, *A Brief History of India*, S. 288.

werden. Die Analyse der Bildsymbolik in exemplarischen Hindi-Filmen ermöglicht eine Annäherung an diese Filmproduktionen und macht sie über ihren künstlerischen und ästhetischen Wert hinaus einem breiten Publikum kulturell zugänglich.

Indien, die Göttin

Im Diskurs über nationale Identität verweist die indische Kinematographie auch im Zeitalter von Internationalisierung und Globalisierung sowie zunehmender Migration und Mobilität auf Göttergeschichten oder tradierte Symbole des Landes. Das Pantheon der indischen Götter präsentiert viele Göttinnen[6], die in der nationalen Filmgeschichte immer wieder als Symbolträgerinnen und Personifikationen für die indische Nation und die indische Identität herangezogen werden. Aus vielen Textquellen und Mythen zu den Göttinnen geht hervor, «daß allen weiblichen Gottheiten eine einheitliche Kraft oder Essenz zugrunde liegt. Diese Kraft neigt darüber hinaus dazu, sich selbst in fast unzähligen Formen für eine Vielzahl von Zwecken zu entfalten.»[7] Es existieren somit zwei Konzepte zur Beschreibung der weiblichen Gottheiten: das eine spricht von der weiblichen Energie in Form der Großen Göttin, der Mahadevi[8], während das andere diese Energie auf einzelne Göttinnen, wie Parvati, Sita, Durga oder Kālī verteilt.[9] Das indische Kino bedient sich beider Konzepte, denn es präsentiert das Weibliche als heilig und göttlich, mit besonderer Stärke, Kraft und Erkenntnis. Ebenso ist die Darstellung der Vielfalt von einzelnen indischen Göttinnen verbreitet. Dies kann die Lesart eines Films und dessen Subtext in verschiedene Zusammenhänge stellen.

Aus den Verweisen auf die verschiedenen Göttinnen in den Analysen[10] von BHARAT MATA – der Erzählung der von Schicksalsschlägen gezeichneten Lebensgeschichte einer Frau in einem indischen Dorf – geht hervor, dass der Film in seiner Darstellung der weiblichen Hauptfigur z. B. auf Sita[11], die Gattin von Rama und Symbol für die treue Ehefrau; auf Radha, die Krishna liebt; auf Mutter Indien oder auf die erschreckende Kālī deutet. Speziell die Sakralisierung von Mutter Indien und ihre Verankerung in den Mythen verschiedener Göttinnen sollen in der Inszenierung Indiens in SWADES und RANG DE BASANTI kontextualisiert werden. Die Verweise auf eine bestimmte Göttin durch Naturelemente wie Erde und Wasser, die wiederum auf Mythen über Indien als heilige Geografie[12] beruhen, spiegeln sich in den Filmen als Bildmotive, die für ein mythen- und symbolverständiges Publikum eine besondere identitätsstiftende Wirkung haben können.

---

6   Alle Informationen und Mythen zu den indischen Göttinnen in diesem Beitrag entstammen David Kinsley: *Die indischen Göttinnen. Weibliche Gottheiten im Hinduismus.* Frankfurt am Main 2000.
7   David Kinsley: *Die indischen Göttinnen. Weibliche Gottheiten im Hinduismus.* Frankfurt am Main 2000, S. 182.
8   Laut Kinsley kann diese Göttin auch Devi, die Göttin, genannt werden. Siehe dazu Kinsley, *Die indischen Göttinnen*, S. 181.
9   Vgl. ebd., S. 181f.
10 Vgl. z. B. Rosie Thomas: «Sanctity and Scandal. The Mythologization of Mother India». In: *Quarterly Review of Film and Video.* Vol. 11, 1989, S. 11–30, bes. S. 21.
11 Vgl. Kinsley, *Die indischen Göttinnen*, S. 95.
12 Vgl. ebd., S. 238–261.

In Indien herrscht «eine bestimmte Ehrfurcht vor der Sakralität des Landes selbst und vor dem indischen Subkontinent als Ganzem»[13], wie David Kinsley in seinem Standardwerk zu den indischen Göttinnen ausführt. Die «ehrfurchtgebietende Stabilität der Erde und [ihre] scheinbar unerschöpflich[e] Fruchtbarkeit»[14] werden in vielen Hymnen an die Göttin Prthivi gepriesen. Prthivi wird «mit der Erde, der irdischen Sphäre, in der Menschen leben, assoziiert.»[15] Die Erde selbst ist somit eine Göttin. Diesen Mythos der Göttlichkeit der Erde ruft SWADES zu Beginn des Filmes ab. Die NASA, wo der Auslandsinder Mohan (Shah Rukh Khan) arbeitet, hält eine Pressekonferenz zur globalen Niederschlagsmessung und präsentiert dazu den Erdball. Kurz darauf ist, aus der subjektiven Sicht von Mohan, das indische Festland aus einem Flugzeug heraus zu sehen. Er ist auf dem Weg nach Hause, um sein indisches Kindermädchen, die nun eine alte Frau ist, zu sich zu holen. Ein kundiges Publikum assoziiert mit dem Top-Shot auf Indien den Subkontinent auch mit der Göttin Sati.[16] Diese gilt, gemeinsam mit Göttin Parvati, als Ehefrau von Gott Shiva.[17] Den Mythen nach hat Sati eine Auseinandersetzung mit ihrem Vater, denn dieser plant eine Opferung, zu der alle Götter geladen sind, außer Sati und Shiva. Da es zu keiner Übereinkunft mit ihrem Vater kommt, nimmt sie sich das Leben.

> «Er [Siva] hebt sie [Sati] auf und trägt sie, vor Trauer schluchzend, durch das ganze Universum. [...] Visnu [wird] beauftragt, Sivas Trauer zu beenden. Visnu folgt dem trauernden Siva umher und schneidet nach und nach Stücke und Teile von Satis Körper ab, bis nichts mehr davon übrig ist. Die Teile ihres Leichnams fallen auf die Erde; wo immer ein Stück ihres Körpers auf den Boden fällt, entsteht ein heiliger Ort [...].»[18]

Auf diese Weise wurde die Erde geheiligt und zum Körper der Göttin Sati.[19] Diese Sakralität Indiens wird in SWADES nochmal durch die Begegnung des Protagonisten mit der Natur und der geografischen Beschaffenheit des Landes in der ersten Song-and-Dance-Sequenz explizit gemacht. Inszeniert wird die Fahrt Mohans von Neu Delhi in das kleine Dorf, wo sein Kindermädchen lebt. Auf der Fahrt verliebt er sich in seine Heimat und ihre Schönheit, was der Liedtext unterstreicht: «Wer ist es, der nach mir ruft? Fluss, Berg, Bach, See, Wald und Tal, wessen lockende Hand seh' ich überall?»[20] In dieser Verehrung und Heiligsprechung der Natur und Indiens manifestiert sich nicht nur Sati, sondern auch das Konzept der Großen Göttin; denn die Mahadevi «erschafft die Welt, sie ist die Welt und sie belebt die Welt mit schöpferischer Kraft.»[21] Anhand eines weiteren natürlichen und heilig gewordenen Elementes, dem Wasser, wird inszeniert, wie Mohans Huldigung der Natur seines Heimatlandes und seine Liebe zu Indien zunehmen und ihn schließlich dazu bringen, sich gegen die Einbürgerung in die USA und für ein Leben in Indien zu entscheiden.

---

13 Ebd., S. 238.
14 Ebd.
15 Ebd., S. 18.
16 Vgl. ebd., S. 249.
17 Zur ausführlichen Darstellung des Mythos von Parvati und Sati siehe ebd., S. 57–71.
18 Ebd., S. 61.
19 Vgl. ebd., S. 249.
20 Zitiert nach Untertiteln in SWADES – HEIMAT. DVD. Köln: Rapid Eye Movies 2005.
21 Kinsley, *Die indischen Göttinnen*, S. 185.

Das Wasser hat im Hinduismus eine besondere, «reinigende Kraft»[22], weswegen rituelle Bäder und die Verehrung von Flüssen, vor allem des Ganges, von großer Bedeutung sind.[23] Dieses Verständnis von der Göttlichkeit des Wassers geht auf die vedische Tradition zurück, laut der die irdischen Flüsse, z.B. der Ganges, im Himmel entspringen.[24] Der mythische Fluss Sarasvati wird mit der gleichnamigen Göttin[25] assoziiert, die für das Lernen steht und «für ihre reinigenden als auch Fruchtbarkeit bringenden Eigenschaften»[26] gepriesen wird.[27] Die Göttin des Flusses Ganges ist zentral für das hinduistische Totenritual:[28] «Der himmlische Ursprung des Ganges und seine Herabkunft auf die Erde machten ihn zu einem Vermittler zwischen der irdischen und der himmlischen Sphäre.»[29] Diese vermittelnde und erleuchtende Funktion des Wassers und der Flüsse in der indischen Mythologie und Tradition ist ein wesentliches Element für die Figurenentwicklung und Bildsymbolik in SWADES.

Die ständige Präsenz des Elements Wasser im Film wird dadurch gerechtfertigt, dass Mohan Ingenieur für Niederschlagsmessungen ist und zusammen mit den Bewohnern des Dorfes eine Wasserturbine baut, um den häufigen Stromausfall zu beheben. Mohans anfängliche emotionale Distanz und schließlich die Annäherung an seine Heimat Indien werden durch seine Beziehung zu den Wasserquellen des Landes verdeutlicht: Schritt für Schritt überwindet er seinen Ekel davor. Im ersten Teil des Filmes trinkt er ausschließlich aus versiegelten Wasserflaschen und wäscht sich nur mit Brunnenwasser. Dann schickt ihn sein Kindermädchen in ein entferntes Dorf, wo er einen Vater kennenlernt, der nicht genug Geld verdient und dessen Kinder hungern. Erst nachdem Mohan mit dieser grausamen Realität Indiens hautnah konfrontiert wurde, beginnt er die Komplexität der gesellschaftlichen und ökonomischen Lage des Landes zu verstehen und macht die Veränderung dieser Missstände zu seinem persönlichen Anliegen. Dazu nimmt er im ersten Schritt Trinkwasser von einem Jungen im Zug an und verleibt sich damit symbolisch ein Stück Indien ein. Nachdem er die Dorfgemeinschaft davon überzeugt hat, vereint etwas gegen die Missstände vor Ort ausrichten zu können, z.B. selbst die lokale Stromversorgung zu sichern, taucht er in einem zweiten Schritt widerwillig seine Füße in den Fluss am Dorftempel ein. Hier lässt er erstmals nach dem Brunnenwasser die natürlichen Wasserquellen Indiens an seinen Körper. Aufgrund des verstopften Rohres der Wasserturbine ist er gezwungen, seinen Körper völlig in das trübe Wasser im Auffangbecken einzutauchen und vollzieht somit den dritten Schritt in seiner Identifikation mit der Heimat. Auch seine endgültige Rückkehr nach Indien und die Akzeptanz des Landes in all seiner Schönheit und seinen Gegensätzen werden durch Mohans Beziehung zum Wasser inszeniert. Nach einem traditionellen Ringkampf am Tempel setzt er sich an den Fluss, um sich den Staub

---

22 Ebd., S. 252.
23 Vgl. ebd.
24 Vgl. ebd., S. 250.
25 Vgl. ebd., S. 83–94.
26 Ebd., S. 83.
27 Vgl. ebd.
28 Vgl. ebd., S. 254f.
29 Ebd., S. 254.

1 SWADES: Mohan lässt das Wasser Indiens seinen Körper hinabfließen.

vom Körper zu waschen (Abb. 1)[30]. Wie in einem Ritual lässt er bewusst das Wasser seinen Körper hinabfließen und verbindet sich so mit dem Naturelement seiner Heimat, das er zu Beginn am stärksten ablehnte. Das Wasser hat durch seine göttliche Kraft Mohan zu Mutter Indien zurückfinden lassen und ihm die Erkenntnis über die Bedeutung des Indischen in seiner Identität gegeben.

Ähnlich wie in SWADES das Wasser, wird bereits früher in der indischen Filmgeschichte das Element der Erde zur Inszenierung der Identifikation der indischen Nation mit der Natur, dem Göttlichen und der Frau eingesetzt. BHARAT MATA erzählt die Geschichte einer Frau und ihrer beiden Söhne, ihrer Not und ihrer Standhaftigkeit, als Parabel auf das unabhängige und blühende Indien der 1950er Jahre.[31] Kaum eine andere Szene in diesem Film verbildlicht die Liebe zu Indien so kraftvoll, wie die, in der die Hauptfigur Radha (Nargis) als sich aufopfernde Mutter Indien mit Inbrunst und Demut einen Brocken Erde – das Land Indien – an ihren Mund führt und küsst (Abb. 2).

Anders als SWADES und BHARAT MATA stellt RANG DE BASANTI nicht eine bestimmte Materie in den Mittelpunkt der identitätsstiftenden Bildmotive mit Indien, sondern verbindet das Element Erde und die Farbe Safran in ihren Referenzen zu Mutter Indien mit der historischen Dimension des nationalen Unabhängigkeitskampfes[32] von der britischen Kolonialherrschaft und mit dem Kampf gegen Korruption im gegenwärtigen Indien. Erzählt wird die Geschichte von Studenten, die einen Film über indische Unabhängigkeitskämpfer drehen und nach dem Tod ihres Freundes durch den Absturz seines maroden Kampfjets gegen die Missstände im heutigen Indien rebellieren. Um die Identifikation mit der Heimat und das Bewusstsein für die eigene Geschichte zu stärken, fahren die Studenten aufs Land. Dort wird in einer langen Song-and-Dance-Sequenz die Göttlichkeit der indischen Natur hervorgehoben und mit verschiedenen Ele-

2 BHARAT MATA: Radha küsst die Erde Indiens.

---

30 Alle Filmstills in diesem Beitrag entstammen den DVDs SWADES – HEIMAT. DVD. Köln: Rapid Eye Movies 2005, MOTHER INDIA. DVD. Neu Delhi: Moser Baer Entertainment Limited 2009.
31 Nähere Erläuterungen zum Film unter anderem in Thomas, «Sanctity and Scandal», S. 11, 18–21; Sumita S. Chakravarty: *National Identity in Indian Popular Cinema 1947–1987*. Austin 1993, S. 149–152; Rachel Dwyer, Divia Patel: *Cinema India. The Visual Culture of Hindi Film*. London 2002, S. 64, 161–164.
32 Siehe dazu Walsh, *A Brief History of India*, S. 153–177.

menten und Motiven der indischen Tradition und Kultur assoziiert – z. B. dem Tanz und der Farbenvielfalt, dem Ringen, einem traditionellen Hochzeitszug. Zwei Aspekte der Inszenierung dieser Sequenz sind für die Evozierung des indischen Selbstbewusstseins im Film signifikant: die Verortung auf dem Land und der Text des Liedes. Durch die Lokalisierung eines vermeintlich authentischen Indien auf dem Land und somit in der Dorfgemeinschaft, wird ein Indien inszeniert, welches in der Einheit von Religion, Kultur und Tradition lebt.[33] Die Darstellung Indiens als ländliche Kultur geht einher mit dem Sinnbild des indischen Dorfstaates, welches seine Wurzeln in der Kolonialzeit und der darauf folgenden Periode hat, denn für viele der damaligen Intellektuellen symbolisierte das Dorf in der bewegten Zeit des Umbruchs und der Unabhängigkeitsbewegung Kontinuität, die Essenz Indiens und ein Gegenmodel zum Westen.[34] Was für das indische Dorf von damals galt, wird vom Hindi-Film, wie die Inszenierung Indiens in RANG DE BASANTI und SWADES zeigt, in die heutige Zeit der Globalisierung und der Verschmelzung verschiedener kultureller Einflüsse transportiert. Die Assoziation mit dem zugehörigkeitsstiftenden Motiv Indiens im Dorf wird durch den Text des Liedes in RANG DE BASANTI betont: «Nimm etwas Muttererde von meinem Land, etwas vom Duft seiner Winde, etwas vom Rhythmus seines Atems, etwas von dem Blut, das in unseren Adern brennt. Mischst du alles zusammen, entsteht daraus eine Farbe. Verleih mir die Farbe meines Landes, die Farbe Safran.»[35] In dieser Erfahrung von Ursprünglichkeit und in der Leidenschaft der Worte finden die Studenten den Zugang zu den historischen Figuren der indischen Unabhängigkeitsbewegung. Schließlich werden sie aus dieser Begegnung mit der Vergangenheit Indiens die Kraft für den Kampf um Gleichberechtigung der Religionen in Indien und für einen vom Volk regierten Staat in der Gegenwart schöpfen.

Die Heraufbeschwörung nationalen Bewusstseins durch die ideelle Kraft von Worten wie «Muttererde» verbindet der Film mit der Inszenierung der Farbe Safran. In vielen Einstellungen des Films findet sich ein Hinweis, z. B. ein Kleidungsstück, ein Koffer, eine Blume, ein Türrahmen oder ein Schriftzug, der safranfarben ist und somit direkt auf diese Farbe in der Flagge, auf Indien verweist. Weiterhin prägt die Farbe die Ästhetik des Films. Die Verfilmung der Geschichte der Unabhängigkeitskämpfer wird in safranfarbenen Tönen erzählt, während die Gegenwart in kalten Blautönen dargestellt ist, welche das warme Safran der einzelnen Objekte im Bild hervorstechen lassen.

Die zwei Zeitebenen der Handlung werden durch ein Fläschchen miteinander verbunden, in dem das Naturelement Erde abgefüllt ist. In der filmischen Ebene der Vergangenheit ist das dunkle, feuchte Material getränkt mit dem Blut des Volkes, ein Symbol der Freiheit, das den Indern Kraft zum Widerstand gibt, denn es steht für die Göttlichkeit ihres Landes. Dasselbe Fläschchen, gefüllt mit Erde, wird in der Gegenwart zum Katalysator für die Frage nach der heutigen Identität Indiens. Ein Teil der Antwort wird durch die Initiative der Studenten, selbst einen Wandel in Indien herbeiführen zu können, gegeben. Sie entschließen sich, das Volk über die staatliche Korruption zu informieren, indem sie den natio-

---

33 Vgl. Rumina Sethi: *Myths of the Nation. National Identity and Literary Representation*. New York 1999, S. 5, 23–28.
34 Vgl. Sethi, *Myths of the Nation*, S. 23–28; Walsh, *A Brief History of India*, S. 183.
35 Zitiert nach Untertiteln in RANG DE BASANTI. DVD. Köln: Rapid Eye Movies 2006.

3 BHARAT MATA: Kornfeld in Form des indischen Subkontinents.

nalen Sender All India Radio gewaltsam stürmen – ein Vorgehen und eine Inszenierung, die hinterfragt werden müssen – und von dem maroden Kampfflugzeug berichten, in dem ihr Freund starb. Sie werden alle ihr Leben bei dieser Aktion lassen, gleich den Unabhängigkeitskämpfern, die sie in ihrem Dokumentarfilm verkörpert haben. Für beide Zeitebenen der filmischen Erzählung ist jedoch die ideelle und emotionale Kraft zentral, die aus dem Element Erde zur Identifikation mit Mutter Indien, also auch der Göttin, hervorgeht.

Neben dieser mythenspezifischen und symbolischen Bedeutungsebene der Inszenierung Indiens in den vorgestellten Filmen können die angesprochenen Bildmotive auch auf einer modernen, zeitgenössischen Ebene außerhalb der Mythologie gelesen werden. Kulturen wie die indische, die eine von Eroberung, Unterjochung oder Kolonialisierung gezeichnete Geschichte haben, schöpfen aus der Verbildlichung des Landes durch seine Naturelemente Kraft. Für die vormals Unterdrückten ist die Habhaftwerdung, die materielle Zugehörigkeit, das körperliche Besitzen, das Sich-Einverleiben des eigenen Landes und seiner Früchte ein wesentliches Element in der Einigung mit dem Land und der Festigung der eigenen Identität. Die Filme finden Bilder und Motive, um dieses Konzept anhand einzelner Figuren und anhand der indischen Gemeinschaft, die ihr eigenes Land wieder in Besitz nimmt, zu verdeutlichen. In BHARAT MATA wird ein Getreidefeld in der geografischen Form Indiens[36], durchsetzt mit den Repräsentanten der Dorfgemeinschaft, zum Sinnbild für das Land (Abb. 3). In SWADES verleibt sich Mohan sein Land durch das Wasser ein und die Einheit Indiens wird symbolisiert, indem sich die Mitglieder der Dorfgemeinschaft so positionieren, dass sie dem Wasserstrom folgen, der ihnen Elektrizität gibt. Diese Form gleicht einem Dreieck, ähnlich der geografischen Form Indiens (Abb. 4). Die Menschen des indischen Subkontinents nehmen sich ihre Mutter und Göttin, das Land, zurück. In diesem Kontext drängt sich die Bedeutung von Gender bei der Inszenierung Indiens im Hindi-Kino auf, speziell des weiblichen Geschlechts – als Göttin Mutter Indien, als Symbolfigur für das Land und als Frau.

---

36 Zur Inszenierung der geografischen Form des indischen Subkontinents in diesem Zusammenhang siehe Dwyer, Patel, *Cinema India*, S. 136.

4 SWADES: Die Positionierung der Dorfbewohner entlang des Wasserstroms erinnert an die Form des indischen Subkontinents.

Mutter Indien

Die Darstellung Indiens und die Inszenierung der indischen Identität werden in den hier angeführten Filmen durch Figuren, die als Personifikationen des Landes symbolisch handeln, und Elemente der indischen Mythologie folgendermaßen miteinander verflochten: BHARAT MATA führt Radha, die symbolische Mutter Indien, gleich zu Beginn als die Mutter der gesamten Dorfgemeinschaft ein. Dies wird durch die zweigeteilte narrative Struktur des Films unterstützt. Der erste Teil schildert Radhas Not inmitten von Einsamkeit und Naturkatastrophen, wobei die Darstellung des Naturelementes Erde im Vordergrund steht – es wird also das Land Indien und sein Leid etabliert. Der zweite Teil positioniert Radha im Zentrum der Dorfgemeinschaft als Mutter, welche die Aufgabe hat, die Gemeinschaft zu erhalten und ihre guten Mitglieder vor den bösen zu schützen. So setzt der Film die Konzepte Erde, Mutter und Gemeinschaft mit Indien gleich. Dies wird z. B. in den Momenten deutlich, in denen Radha zuerst ihre Kinder essen lässt und dann an sich denkt. Ungeachtet dieser aufopfernden Fürsorge für ihre eigenen Kinder, muss sie ihrer Verantwortung der Gemeinschaft gegenüber gerecht werden. Ihr Sohn Birju (Sunil Dutt) stört die Einheit und das Gleichgewicht, den Status quo der Gemeinschaft als er eines der Dorfmädchen entführt. Somit ist Radha in ihrer symbolischen Rolle in letzter Konsequenz gezwungen, ihren eigenen Sohn zu erschießen, um die Gemeinschaft zu schützen und das Mädchen zu retten. Die Charakterisierung von Mutter Indien zwischen den Polen der fürsorgenden Liebe, also der schöpferischen Kraft, und der todbringenden Selbsterhaltung, also der zerstörenden Kraft, zeigt wie groß die Macht der Mutter bzw. der Frau ist.[37] Auch für dieses Konzept der indischen Kultur sind die Quellen in der Mythologie zu finden. Die Mahadevi, die Große Göttin, wird in verschiedenen Texten als die Urkraft beschrieben, aus der auch die Götter Brahma, Vishnu und Shiva hervorgegangen sind.[38] Hinzu kommt, dass die Mahadevi mit der *śakti*, der Kraft, assoziiert wird: «die göttliche Kraft, die der Fähigkeit der Gottheit, die Welt zu erschaffen und sich selbst zu entfalten, zugrunde liegt.»[39] Diese Kraft

---

37 Vgl. Thomas, «Sanctity and Scandal», S. 15, 18, 20, 25.
38 Vgl. Kinsley, *Die indischen Göttinnen*, S. 182.
39 Ebd., S. 183.

wird mit Bewegung und Dynamik identifiziert und ist somit Kontrapunkt zu Bewegungslosigkeit und Stagnation.[40] «Es ist ferner sehr geläufig, *sakti* mit einem weiblichen Wesen oder einer Göttin zu identifizieren und den anderen Pol mit ihrem männlichen Gefährten. Nach dem üblichen Verständnis sind beide Pole voneinander anhängig und haben, im Sinne der göttlichen Weltordnung, einen verhältnismäßig gleichen Status.»[41] Überträgt man das Konzept der zwei Pole auf die angeführten Filme, kann beobachtet werden, dass die Initiative zur Veränderung der gegebenen gesellschaftlichen Situation – im Dorf von SWADES oder in der Großstadt von RANG DE BASANTI – von den weiblichen Figuren ausgeht. Sie fungieren als Wegbereiter für ein anderes Indien.

In den 1990er Jahren wird im Hindi-Film diese Verbindung zwischen Mutter Indien und der Frau in der Inszenierung der Nation und ihrer Identität deutlicher hervorgehoben, wie Gita Viswanath ausführt:

> «[...] the woman is assigned specific roles, which she is shown to accept willingly. A return to roots formula may be a counter strategy to the anarchic uncertainty, flux, ambivalence and in-betweeness of postmodernism. However, what is unsettling is that such a move leaves little option for women who are forced back into the strait jacketed roles of several decades ago. [...] The women are shown in subordinate roles, upholding traditional values. They represent the community and are seen as repositories of community values.»[42]

Diese Identifizierung weiblicher Figuren mit den Werten der Tradition und der Gemeinschaft eines imaginär-wahrhaftigen Indiens, wie es bereits in BHARAT MATA angesprochen wurde und in Filmen der 1990er Jahre zu finden ist, wird auch in SWADES und RANG DE BASANTI fortgeführt, jedoch sind Veränderungen in den Frauendarstellung zu beobachten. SWADES inszeniert zwei Frauenfiguren. Kaveriamma (Kishori Balal), die ältere Frau und zugleich Mohans Kindermädchen, repräsentiert die weise Mutter Indien. Sie weiß, wie sie ihr Volk zusammenhält und welcher emotionalen Nahrung es dafür bedarf. Indem sie Mohan auf eine Reise durch das Land schickt – zuerst mit dem Zug und dann mit dem Boot – initiiert sie seinen Bewusstwerdungsprozess über die komplexe Realität Indiens und die Liebe zu seiner Heimat. Sie führt den emotionalen Zusammenprall zwischen Mohans idealisierter Vorstellung von Indien und jener gesellschaftlichen und sozialen Ungerechtigkeit herbei, die auf dem Kastenwesen beruht. So weckt sie seinen Drang, die Dinge selbst in die Hand zu nehmen und damit eine Veränderung zu bewirken. Dazu hatte ihn Kaveriamma zuvor dem Ältestenrat vorgestellt. Auf diesem Wege ist er Teil der Gemeinschaft und hat die Mittel, aktiv zur Veränderung der Missstände im Dorf, und damit symbolisch auch in Indien, beizutragen. Mohan wiederum fühlt sich als Teil seines Volkes und erfährt Zugehörigkeit, was einen positiven Ausgang seiner Suche nach der Heimat, wie sie sich bereits im Filmtitel ankündigt, verspricht. Das Dorf hingegen gewinnt durch die Integration Mohans in die Gemeinschaft an tatsächlichem Fortschritt; er steht für Veränderung und Verbesse-

---

40 Vgl. ebd.
41 Ebd.
42 Gita Viswanath: «Saffronizing the Silver Screen. The Right-Winged Nineties Film». In: Jasbir Jain, Sudha Rai (Hrsg.): *Films and Feminism. Essays in Indian Cinema.* Jaipur/Neu Delhi 2002, S. 42–43.

5 SWADES: Naturelemente symbolisieren die indische Kultur.

rung in Einklang mit den Traditionen. Kaveriamma ist somit die Anstoßfigur für die Auseinandersetzung Mohans mit den Missständen in Indien.

Gita (Gayatri Joshi), die junge Frau, die zusammen mit Kaveriamma lebt, erbt die Rolle der Mutter Indien von ihr und wird zu Mohans großer Liebe. Indem sie ihn an das Wasser, die Düfte und die Farben seiner Heimat heranführt, weist sie ihm den Weg zu ihr – zu Mutter Indien. Vor seiner Abreise nach Amerika schenkt sie ihm ein Kästchen, das die Naturelemente, welche die indische Kultur symbolisieren, enthält (Abb. 5): «[...] die leuchtenden Farben unseres Glaubens, der Staub der Erde, das Grün unserer Felder, die Ernte.»[43] Gitas klarer Verweis auf die Naturelemente in der Evozierung der indischen Identität siedelt ihre Figur im Bereich des Göttlichen an und verbindet auch sie mit verschiedenen mythologischen Symbolen. Gita ist Lehrerin. Vor dem Hintergrund des Motivs Wasser in SWADES wird sie direkt mit der Göttin des Flusses Sarasvati assoziiert, die wie schon erwähnt, auch die Göttin des Lernens ist.[44] Sie begegnet Mohan mit dem Vorurteil, dass Auslandsinder nichts über ihre Heimat wissen. Doch er belehrt sie eines Besseren, als er ihr fast alle großen Flüsse Indiens aufzählen kann. Auch streitet sie sich mit ihm darüber, dass das Fortkommen Indiens davon abhängt, im Kleinen, vor Ort, etwas zu leisten – anstatt ins Ausland zu gehen. Diese Überzeugung lebt sie vor, denn sie hat sich dafür entschieden, nicht in Neu Delhi zu bleiben, wo sie studiert hat, sondern in das kleine Dorf zurückzukehren und sich für die Bildung der Kinder dort einzusetzen. In diesem idealistischen Akt, etwas für ihr Land zu tun, ist sie jedoch kein eindimensionaler Charakter, der sich in die Sicherheit von Tradition und Kultur im Dorf zurückzieht. Als es um ihre Verheiratung geht, präsentiert sie sich als moderne Frau, die auch in der Ehe Selbstbestimmung, Freiheit und Unabhängigkeit für sich einfordert. Sie symbolisiert also ein Indien, das im Bewusstsein seiner Geschichte, Kultur und Tradition sich selbst kritisch gegenübersteht und auch die Fähigkeit hat, den Fortschritt anzunehmen. Diese Verschmelzung von Tradition und Fortschritt in der Figur von Gita wird in einer Song-and-Dance-Sequence thematisiert, wobei auch hier die symbolischen Elemente mit aller Deutlichkeit inszeniert sind. Gita erklärt ihre Liebe für Mohan und somit auch den Fortschritt, den er verkörpert, während sie in einem Kornfeld steht (Abb. 6). Dieses Motiv verbindet Gita mit den Göttinnen, speziell mit Prthivi, der Göttin, die die Erde darstellt.[45] In der Mythologie ist sie «die Quelle aller Pflanzen, insbesondere des Getreides, und ernährt auch alle auf ihr lebenden Wesen.»[46] Der

---

43 Zitiert nach SWADES – HEIMAT. DVD. Köln: Rapid Eye Movies 2005.
44 Vgl. Kinsley, *Die indischen Göttinnen*, S. 83.
45 Vgl. ebd., S. 18.
46 Ebd., S. 20.

6 SWADES: Gita im Kornfeld.

Kreis der Symbolik Indiens als Göttin, Nation und Frau schließt sich wie schon in BHARAT MATA in der Figur der Frau. Gita repräsentiert das Bewusstsein für die Traditionen und die Integration des unvermeidlichen Fortschritts.

Die Präsenz von Frauen als Identifikationsfiguren für Indien rückt in RANG DE BASANTI in den Hintergrund, markiert jedoch weiterhin die entscheidenden Momente der Identitätsfindung und des Gemeinschaftszusammenhalts. Auch hier werden mehrere weibliche Figuren, speziell Mutterfiguren, inszeniert, die mit der Zweiteilung der Handlung, die Zeit vor und nach dem Tod des Freundes, einhergehen: Zuerst dominiert die Inszenierung des Dokumentarfilms über die Unabhängigkeitskämpfer und danach der Einsatz der Freunde zur Aufdeckung von Korruption im Land. Im ersten Teil weist die Mutter (Kiron Kher) eines der Freunde die jungen Leute auf ihre Verantwortung für das Wohl Indiens hin und darauf, dass sie mit ihren eigenen Taten etwas verändern können und die Initiative ergreifen sollen. Mutter Indien will ihre Kinder wachrütteln. Sie führt die religiös gemischte Gruppe aus Hindus, Muslimen und Christen in den Goldenen Tempel der Sikh, der allen Gläubigen offensteht.[47] Damit weist sie den Studenten den Weg der Tradition und Kultur Indiens, die unter anderem in der religiösen Vielfalt dieses Landes besteht. Im zweiten Teil des Filmes zeigen die Mutter (Waheeda Rehman) des verunglückten Freundes und seine Verlobte Sonia (Soha Ali Khan) der Gruppe – die nun als Symbol für das indische Volk fungiert – den Weg, der eingeschlagen werden muss, um das Indien von heute zu verändern. Zum bisher angeführten Verständnis der Identifikation Indiens durch Naturelemente wie Erde und Wasser und die Personifizierung des Landes durch Göttinnen und Frauenfiguren, kommt in RANG DE BASANTI der Aspekt der «Nation» hinzu. Die dargestellte Gemeinschaft der Studenten wehrt sich gegen das Vorgehen des Staats und stellt eine Gegenposition dar, die aus den vielfältigen Traditionen des Landes schöpft, denen sie sich im ersten Teil des Films bewusst geworden sind. Das zentrale Symbol für diese Gegenposition ist wieder die Frau: Angeführt von der Mutter und Sonia demonstrieren die Studenten gegen die Fahrlässigkeit, durch die der Unfalltod des Sohnes und Freundes verursacht wurde. Die zwei Frauen stehen am Anfang des Demonstrationszuges. Während die Demonstration von der Polizei gewaltsam aufgelöst wird und die Mutter dabei verletzt wird und in ein Koma fällt, beschließen die Freunde, die Lügen des indischen Staates zu entlarven. Erst am Ende des Films, als der gewaltsame Tod der Freunde in der Radiostation die jungen Menschen im ganzen Land aufrüttelt, erwacht die Mutter aus dem Koma: So wie das indische Volk, so ist auch Mutter Indien erwacht.

---

47 Vgl. Hans-Joachim Aubert: *Indien. Der Norden.* Ostfildern 2008, S. 147–150.

Göttin, Mutter Indien

Das Hindi-Kino inszeniert das Land und seine Identität anhand von Bildmotiven und Symbolen, welche in der Mythologie ihren Ursprung haben: Mutter Indien; die Göttinnen Sarasvati, Ganga und Sati; das Element Wasser; die Farbe; die Erde selbst und das Getreide. Anhand dieser Motive werden in BHARAT MATA und RANG DE BASANTI die Leiden des Volkes dargestellt. Sie dienen aber auch dazu, die Wechselbeziehung zwischen der Verbundenheit der Inder zu ihrem Land, gleich wo sie sich auf der Welt befinden, und der seelisch-moralischen Nahrung, die Indien seinem Volk gibt, zu zeigen – wie in SWADES. Darum sind BHARAT MATA, SWADES und RANG DE BASANTI auch von dem Appell durchdrungen, dass die Inder selbst aktiv werden und sich für ihr Land einsetzen müssen. Wesentlich für die Darstellung der Nation ist die Bedeutung der Sakralität des indischen Subkontinents, die sich vor allem in der Verkörperung des Landes durch die Frau, speziell der Mutter, zeigt. In den Filmen obliegt es den weiblichen Figuren, das ursprüngliche, traditionelle Indien, wie es nur noch in einem imaginären Dorf inszeniert werden kann, zu repräsentieren und zu bewahren, ähnlich wie es die Göttinnen tagein und tagaus tun, und es mit dem unaufhaltsamen Fortschritt zu verbinden.

Adelheid Herrmann-Pfandt

Frauen mit Dreizack

Die Göttin Kālī und das Motiv des weiblichen Rachefeldzuges im zeitgenössischen Hindi-Film[1]

Der indische Kinofilm, der in seinem Ursprungsland eine trotz mancher Konkurrenz ungebrochene Popularität besitzt, erfreut sich seit einigen Jahren im deutschen Sprachraum auch unter Nichtindern steigender Beliebtheit. Am gefragtesten ist hier zweifellos der Liebesfilm. Wenig bekannt ist bei uns allerdings, wie groß in Indien der Marktanteil von Filmen ist, in denen nicht Liebe und Romantik, sondern Gewalt dominiert: Filme über Gangster und Unterweltbosse, über den Krieg, den Indien seit Erlangung der Unabhängigkeit ja schon mehrfach erlebt hat, über alle Arten von Gewalt gegen Frauen, über korrupte Politiker und brutale Polizisten, aber auch über Männer und Frauen im Kampf für Gerechtigkeit, sei es im Dienst des Staates, sei es in der Rolle des einsamen Rächers, der das Gesetz in die eigene Hand nimmt.

Ein bemerkenswerter Unterschied zum westlichen Kino liegt darin, dass auch in solchen Filmen Religion und Mythologie eine relativ große Rolle spielen. Während im westlichen Kino Gangster- und Kriminalfilme meist in religiös neutralem oder areligiösem Milieu angesiedelt sind, kann man indische Filmgangster in Moscheen und Tempeln beten sehen, und selbst blutige Rache findet nicht selten innerhalb eines religiös-mythologischen Kosmos statt, dem sich beide Parteien, die Guten wie die Bösen, zugehörig fühlen. Dieser religiös-mythologische Subtext wird insbesondere in der außerindischen Rezeption indischer Filme oft unterschätzt. So ließe sich z. B. ohne große Schwierigkeiten nachweisen, dass die englischen oder deutschen Untertitel von Hindi-Filmen religiöse Bedeutungen oder mythologische Anspielungen der Lieder und Dialoge nicht selten unterschlagen oder neutralisieren, so dass die religiöse Vielschichtigkeit von gesprochenen und gesungenen Texten durch nicht hindi-sprachige Zuschauer nicht wahrgenommen werden kann. Den westlichen Betrachtern fehlt aber zusätzlich jene für jeden Inder selbstverständliche Vertrautheit mit dem mythischen Kosmos seiner Kultur, die es ermöglicht, verbale und auch

---

[1] Dieser Aufsatz ist eine überarbeitete Fassung der «Käthe-Leichter-Vorlesung», die die Verfasserin am 22.6.2009 als Käthe-Leichter-Gastprofessorin für Frauen- und Geschlechterforschung im Bereich der Religionen Südasiens und Tibets an der Universität Wien gehalten hat. Für freundliche Unterstützung bei den Hindi-Transkriptionen und sachliche Hinweise ergeht herzlicher Dank an Herrn Gunjan Bhardwaj, Stuttgart, und Herrn Dr. Jayandra Soni, Universität Marburg, für die fruchtbare kritische Lektüre einer früheren Fassung des Artikels an Frau Dr. Donate Pahnke McIntosh, Bremen. Wenn nicht ausdrücklich anders vermerkt, stammen alle Übersetzungen aus dem Hindi von der Verfasserin.

nonverbale Anspielungen auf mythische Zusammenhänge sofort zu erkennen und in ihrer Bedeutung für die Filmhandlung einordnen zu können. Geschlechtsspezifische Zusammenhänge sind in besonderer Weise von dieser Problematik betroffen. Denn auch bezüglich der Männer- und Frauenrollen hat die religiös-mythologische Tradition eine ungleich stärkere Bedeutung als im Westen, und dies spiegelt sich natürlich im Film, besonders dort, wo die filmische Darstellung dem Ideal die Abweichung gegenüberstellt.

In meinem Artikel möchte ich ein Filmmotiv untersuchen, das Frauen in einer vom traditionellen Frauenideal besonders massiv abweichenden Rolle und Verhaltensweise präsentiert: als Rächerin. Die Frage, die sich aus der Perspektive westlicher säkularistisch-feministischer Forschung bei diesem Motiv sofort stellt, ist die, inwieweit solche abweichlerischen Frauengestalten im Film ein gesellschaftskritisches Potenzial, vielleicht sogar eine Bewegung in Richtung Frauenbefreiung und säkulare Moderne, erkennen lassen. Haben solche Filme ein bestärkendes Potenzial für widerständige Frauen? Oder stellen sie nur die machtlose Kehrseite einer allgegenwärtigen und allmächtigen Tradition dar?

Meine Ausführungen bestehen aus drei Abschnitten. Im *ersten Teil* beschreibe ich den mythisch-religiösen Rahmen, innerhalb dessen die drei ausgewählten Filme entstanden sind. Der *zweite Teil* stellt die Filme vor und ordnet sie in das beschriebene Spektrum ein. Im *dritten Teil* versuche ich, Antworten auf die Frage zu finden, wie unter den gegebenen Umständen die Aussage und Wirkung der drei Filme, insbesondere auf Frauen, zu bewerten sind.

Das hinduistische Frauenideal und die Göttin Durgā-Kālī

Das hinduistische Frauenideal

Anders als im Westen, wo in den letzten Jahrzehnten eine weitgehende ideologische Lösung der Geschlechterrollen von traditionellen religiösen Vorgaben und Vorbildern erfolgt ist, und wo jemand, der sich z. B. bezüglich einer Sexualbeziehung auf religiöse Moralvorstellungen beruft, fast nur noch Unverständnis erntet, sind die überkommenen Ideale und Vorgaben für die Geschlechterbeziehungen in Indien noch immer Teil der religiösen Verpflichtung des Individuums. Auch über den Hinduismus hinaus[2] sind für indische Männer und Frauen die mythischen Helden und Heldinnen des *Mahābhārata*, des *Rāmāyaṇa*, der *Purāṇas* und *Māhātmyas*, um nur einige besonders wichtige Quellen zu nennen, Rollenvorbilder, denen man und frau sich nicht entziehen kann oder will.

So ist Sītā, die Ehefrau des vergöttlichten Helden Rāma aus dem Nationalepos *Rāmāyaṇa*, für die meisten Männer und Frauen nach wie vor das Idealbild der indischen Frau. Sie ist die Gattin, die ihrem Mann in die Verbannung gefolgt ist, die entführt wird

---

2   Die hier gemachten Bemerkungen gelten genau genommen nur für Hindus. Es ist jedoch nicht zu übersehen, dass sich auch viele Nichthindus mit der hinduistischen Kultur verbunden fühlen und von deren Wertesystem beeinflusst sind. Siehe hierzu Adelheid Herrmann-Pfandt: «‹Der Gott, zu dem wir beten, versteht alle Sprachen›: Religion und Interreligiosität im populären Hindi-Film». In: Adelheid Herrmann-Pfandt (Hrsg.): *Moderne Religionsgeschichte im Gespräch. Interreligiös – Interkulturell – Interdisziplinär. Festschrift für Christoph Elsas.* Berlin 2010, S. 414–435, hier S. 429f.

und um die er einen fast kosmischen Krieg führt, nur um sie nach ihrer Befreiung zu verstoßen, weil er nicht sicher sein kann, dass sie ihm in der Gefangenschaft nicht doch untreu geworden ist, und die ihm in der Armut der Verbannung noch zwei Söhne, Zwillinge, gebiert.

Nach wie vor gehört zum hinduistischen Frauenbild die Unterordnung der Frau unter den Mann bis hin zur Verehrung des Ehemannes als Gott, die absolute Treue zu einem einzigen Mann, die Enthaltsamkeit vor und nach der Ehe. Die ideale Frau ist natürlich Mutter, und zwar möglichst nur von Söhnen. Das Verhalten einer Frau soll vor allem aus liebevoller Zuwendung, Dienstbereitschaft, Geduld und nicht endender Toleranz bestehen, selbst bei grobem Missverhalten des Ehemannes. Laute Forderungen der Frau, die Zurückweisung männlicher Wünsche oder gar Wutausbrüche gehören nicht zu diesem Idealbild[3].

Die zornvolle Göttin

Zu jedem Ideal gibt es ein Gegenbild. Dieses wird im Hinduismus durch die dunkle Göttin repräsentiert, die unter den Namen Durgā, Kālī oder auch Caṇḍikā bekannt ist. In der Gestalt dieser dunklen Göttin fließen zwei verschiedene Vorstellungen ineinander. Auf der einen Seite vertritt sie ein Weiblichkeitsbild, das in jeder nur möglichen Hinsicht gegen das hinduistische Frauenideal verstößt. Sie ist selbstbewusst, nicht bereit zur Unterordnung unter einen Mann, wohl aber zum Kampf gegen ein feindliches männliches Prinzip, etwa den Büffeldämon Mahiṣa, den die Göttin Durgā laut dem berühmtesten aller Göttinnentexte Indiens, dem *Devīmāhātmya* aus dem 4. bis 5. Jahrhundert n. Chr., besiegt und so die kosmische Ordnung wiederhergestellt hat. Im Verhältnis zu Śiva, dem männlichen Gott, mit dem sie oft assoziiert ist, ist Durgā oder Kālī häufig die Überlegene. Kālī entsteht übrigens im *Devīmāhātmya* als verkörperter Zorn der Göttin Durgā, ist also eine noch gefährlichere Göttin als jene. Der andere wichtige Aspekt der dunklen Göttin ist ihr Zusammenhang mit den furchterregenden Aspekten des Lebens und der Natur. Die mythologisch weiblich gefasste Mutter Erde oder Mutter Natur, die Gebärerin allen Lebens und auch aller Menschen, ist zugleich diejenige, die im Tod alle ihre Kinder zurückschlingt in den Mutterbauch, aus dem sie sie wieder neu gebiert.[4] Die düstere und bedrohliche Atmosphäre, die diese Göttin umgibt, wird sehr schön deutlich im Kālī-Gedicht des bengalischen Religionsgelehrten und Dichters Svāmī Vivekānanda (1863–1902), das ich nach der deutschen Übersetzung von Martin Kämpchen zitiere:

> «Die Sterne sind erloschen,
> Wolken schieben sich vor Wolken,
> das Dunkel erschaudert, von Dröhnen erfüllt.
> In dem brüllenden Sturmwind
> wehen die Seelen von Millionen Narren,
> gerade ihren Kerkern entkommen,

---

3   Siehe hierzu die aufgrund ihrer breiten Quellenbasis immer noch hervorragende Darstellung durch Moriz Winternitz: *Die Frau in den indischen Religionen*. I. Teil: *Die Frau im Brahmanismus*. Leipzig 1920.
4   Vgl. hierzu Erich Neumann: *Die große Mutter. Eine Phänomenologie der weiblichen Gestaltungen des Unbewußten*. Zürich 1956, viele Nachdrucke.

reißen Bäume an den Wurzeln aus,
>fegen alles beiseite.
Das Meer wirft sich in den Aufruhr,
>peitscht Wellen berghoch auf,
bis an den schwarzen Himmel.
>Fahles Licht lodert auf,
und rundum sieht man
>tausend, tausend Schatten
des Todes, schwarz und sudlig - -
>Seuchen und Nöte verbreitend,
in wilder Freude tanzen;
>komm, Mutter, komm!
Denn Schrecken ist Dein Name,
>Tod Dein Atem
und jeder stampfende Schritt
>zerstört eine Welt unwiederbringlich.
Du bist ‹Zeit›, die ‹Alles-Vernichterin›
>Komm, o Mutter, komm!
Wer's wagt, das Elend zu lieben
>und den Tod zu umarmen,
den Tanz der Zerstörung zu tanzen,
>zu ihm kommt die Mutter.»[5]

Dass die hinduistische Mythologie diese existenziell bedrohlichen Aspekte der Realität mit einer Göttin assoziiert, die zugleich die gesellschaftlich unbotmäßigen Eigenschaften pflichtvergessener Frauen verkörpert, zeigt nicht nur, dass der Tod hier als etwas erlebt wird, das der gesellschaftlichen Ordnung feindlich gegenübersteht. Es zeigt umgekehrt auch, dass gesellschaftlich abweichendes Verhalten von Frauen mit einer tödlichen Bedrohung assoziiert wird und damit einen geradezu existenziellen Grad an Furchtbarkeit erhält. Dieser Hintergrund dürfte für die Angst der klassischen indischen Tradition vor unbotmäßigen Frauen wesentlich verantwortlich sein.

Unter den berufsreligiösen Menschen war man dagegen seit jeher bereit, sich solchen Gefahren zu stellen. Es sind vor allem die Tantriker, die sich mit den zornvollen Göttinnen beschäftigen und die furchtlose Begegnung mit ihr als mystische Todeserfahrung erleben, durch die man hindurchgehen muss, um Erleuchtung zu erfahren.[6]

---

5   Martin Kämpchen (Hrsg.): *Krishnas Flöte. Religiöse Liebeslyrik aus Indien.* Freiburg i. Br. 1989, S. 88f.
6   David Kinsley: *Hindu Goddesses. Visions of the Divine Feminine in the Hindu Religious Tradition.* Berkeley u. a. 1988, S. 122–32, hier insbes. S. 123f., ders.: *Tantric Visions of the Divine Feminine: The Ten Mahāvidyās.* Berkeley u. a. 1997, S. 251f.

Die Verdrängung der zornvollen Göttin

Die Deutung dieser Göttin durch die westliche Forschung[7] habe ich bei einer Grazer Tagung 1996 folgendermaßen zusammengefasst:

> «Auf der Ebene der Gesellschaft dagegen, wo Göttinnen Züge menschlicher Weiblichkeit spiegeln, repräsentiert eine solche unbotmäßige Göttin jene weiblichen Wesenszüge und Verhaltensweisen, die dem hinduistischen Frauenideal zuwiderlaufen: weibliche Selbständigkeit, Zorn, Unabhängigkeit, weibliche Initiative auf sexuellem Gebiet usw. Und als Göttin *repräsentiert* sie diese ‹gefährlichen› Eigenschaften nicht nur, sondern sie *heiligt* sie, gibt ihnen ihren legitimen Platz in der Realität. Als weibliches Rollenmodell, die diese Verhaltensweisen auf göttlicher Ebene vorlebt, stärkt und schützt die dunkle Göttin somit all jene Frauen, die unter patriarchaler Unterdrückung zu leiden haben, und sie ermutigt Frauen dazu, sich in ihrem, der Göttin, Namen zur Wehr zu setzen. Männern auf der anderen Seite stellt sie die Aufgabe, sich mit dem, was das ‹dunkle Weibliche› auf existenzieller wie auch auf gesellschaftlicher Ebene repräsentiert, aktiv auseinanderzusetzen und mit der Furcht vor dem Tode zugleich die Furcht vor der Frau und vor weiblicher Sexualität zu überwinden.»[8]

Ich habe anschließend darauf hingewiesen, dass diese westliche Deutung mit der heutigen indischen Realität nur wenig zu tun hat. Denn wie die amerikanische Religionswissenschaftlerin Rachel Fell McDermott in einer Befragung bengalischer Gläubiger herausgefunden hat:

> «Most Bengalis do not view Kālī as a union of opposites, the worship of the dark side of whom will lead to spiritual transformation. Kālī is simply Mā, the all-compassionate Mother. If there is a part of the goddess which represents death, it is a part not readily noticed or emphasized by the majority of her votaries. Even Kālī's iconographic depiction is so familiar to people that it fails to inspire thoughts about the inevitability of destruction.»[9]

Weitere Nachforschungen McDermotts ergaben, dass seit wenigstens zwei Jahrhunderten in der Dichtung, Ikonografie und im populären Kālī-Glauben in Bengalen ein Prozess im Gange ist, den sie *sweetening of the goddess*, «Versüßlichung der Göttin», nennt und der

---

7   Darunter Kinsley, siehe Anm. 6. Zu ähnlichen Bewertungen verwandter Göttinnen im tantrischen Buddhismus siehe Adelheid Herrmann-Pfandt: *Ḍākinīs. Zur Stellung und Symbolik des Weiblichen im tantrischen Buddhismus.* Bonn 1992, 2. erw. Aufl. Marburg 2001 (Indica et Tibetica. 20), S. 184–283; Miranda Shaw: *Passionate Enlightenment. Women in Tantric Buddhism.* Princeton 1994, S. 41f.
8   Adelheid Herrmann-Pfandt: «Wo sind die Töchter der Kālī? Auswirkungen von Göttinnenbildern auf den religiösen Status von Frauen in Christentum, Hinduismus und Buddhismus». In: Manfred Hutter (Hrsg.): *Die Rolle des Weiblichen in der indischen und buddhistischen Kulturgeschichte. Akten des religionswissenschaftlichen Symposiums «Frau und Göttin» in Graz (15.–16. Juni 1997).* Graz 1998 (Arbeiten aus der Abteilung «Vergleichende Sprachwissenschaft» Graz. 13.), S. 86–119, hier S. 98f.
9   Rachel Fell McDermott: «Popular Attitudes Towards Kālī and Her Poetry Tradition. Interviewing Śāktas in Bengal». In: Axel Michaels / Cornelia Vogelsanger / Annette Wilke (Hrsg.): *Wild Goddesses in India and Nepal. Proceedings of an International Symposium, Berne and Zurich, November 1994.* Bern u. a. 1996 (Studia religiosa Helvetica. 2.), S. 385.

zu einem Rückgang des Bewusstseins für die existenziell dunklen Aspekte der Göttin Kālī geführt hat.

Wie kam es zu dieser «Versüßlichung der Göttin»? Eine Teilantwort erhalten wir von dem in Deutschland ausgebildeten indischen Psychoanalytiker Sudhir Kakar. In seinem bahnbrechenden Buch *Kindheit und Gesellschaft in Indien* diagnostiziert er in der Psyche indischer Männer eine große Angst vor aggressiver, sexuell fordernder Weiblichkeit, die in eine folgendermaßen beschriebene *Vermeidungshaltung* münde:

> «Die psychosexuelle Entwicklung und Intimitätsprobleme zwischen indischen Männern und Frauen offenbaren den Teufelskreis, der im indischen Unbewußten abläuft: Reife Frauen sind für die Männer sexuell abschreckend, was zu einer Meidungshaltung im Sexualverhalten führt, was seinerseits die Frauen dazu veranlaßt, ihre provokative sexuelle Gegenwart ihren Söhnen gegenüber zu verstärken, was wiederum erwachsene Männer entstehen läßt, die die Sexualität reifer Frauen fürchten.
>
> Angesichts des Zusammenwirkens dieser Phänomene müssen wir zu dem Schluß kommen, daß die sexuelle Gegenwart der ‹schlechten Mutter› in der unbewußten Erfahrung männlicher Kinder eine große Rolle spielt und deshalb für das Verständnis der indischen Psyche eine entscheidende Bedeutung hat.»[10]

Die von Kakar diagnostizierte «Vermeidungshaltung» könnte die «Versüßlichung» der Göttin zumindest mitverursacht haben.

Die Göttin und die Frau

Wenn aber die «Versüßlichung der Göttin» in erster Linie mit der spezifisch *männlichen* Angst vor aggressiver Weiblichkeit zu tun haben sollte, stellt sich die Frage nach der Kālī-Erfahrung der *Frauen*. «Müssten solche starken Göttinnengestalten», so habe ich in Graz gefragt, «mit ihrem Zorn auf männliche Widersacher, ihrer Erotik und wilden Freude am Tanz auf den Resten ihrer besiegten Feinde den wirklichen Frauen nicht – entgegen allen patriarchalen Verdrängungs- und Vermeidungsstrategien – die Kraft zur Entwicklung einer starken weiblichen Identität und zu einem mindestens heimlichen seelischen Widerstand gegen patriarchale Unterdrückung geben?»[11]

Ansätze für diese frauenbestärkende Wirkung der zornvollen Göttin fand ich damals nur in bestimmten weiblichen Asketinnen sowie in der berühmt-berüchtigten «Banditenkönigin» Phoolan Devi (1963–2001)[12], die gewaltsam gegen die frauenunterdrückerischen Strukturen der indischen Gesellschaft kämpfte und 1981 eine ihr angetane Massenvergewaltigung mit der Ermordung von 22 Männern durch ihre Räuberbande rächte.[13] Sie war

---

10 Sudhir Kakar: *Kindheit und Gesellschaft in Indien. Eine psychoanalytische Studie.* A. d. Engl. übers. v. Norbert Geldner. Frankfurt 1988, S. 120.
11 Herrmann-Pfandt, «Wo sind die Töchter der Kālī?» (siehe Anm. 8), S. 102.
12 Veena Kade-Luthra: *Phoolan Devi. Die Legende einer indischen Banditin.* Frankfurt a. M. 1983; Mala Sen: *India's Bandit Queen. The True Story of Phoolan Devi.* London 1991. Dazu Herrmann-Pfandt: «Wo sind die Töchter der Kālī?» (siehe Anm. 8), S. 103.
13 Ob und wie dieses Ereignis das Motiv des weiblichen Rachefeldzuges im indischen Kino beeinflusst hat, ist unklar. Der erste Film mit dieser Thematik kam mit INSAAF KA TARAZU (Indien 1980) schon vor

eine Verehrerin der Göttin Durgā[14], und es ist offensichtlich, dass es der dämonenbesiegende, Gerechtigkeit wiederherstellende Aspekt der Göttin war, durch den die «Banditenkönigin» sich unterstützt fühlte und mit dem sie sich selbst identifizierte, aber auch von den Zeitgenossen identifiziert wurde. Wo jedoch sind Hinweise auf die bestärkende Wirkung der zornvollen Göttinnen auf normale, alltägliche Frauen? Interessanterweise ist es das Kino, in dem ich darauf eine Antwort fand. Kurz vor meinem Grazer Vortrag waren – was ich erst viel später erfuhr – drei Filme ins Kino gekommen, die das Motiv des weiblichen Rachefeldzuges aus dem Dacoit-Milieu Phoolan Devis in Lebensgeschichten bürgerlicher Ehefrauen und Mütter übertrugen und dabei der zornvollen Göttin einen ausgesprochen breiten Raum gewährten. Diese drei, von denen der vorliegende Artikel handelt, sind die folgenden: ANJAAM (Indien 1994), KARAN ARJUN (Indien 1995), TRIMURTI (Indien 1995).

Die zornvolle Göttin in drei indischen Filmen

ANJAAM

ANJAAM handelt von einer Stewardess namens Shivani Chopra (Madhuri Dixit). Der reiche Vijay Agnihotri (Shah Rukh Khan[15]) verliebt sich in sie, aber sie heiratet einen anderen, Ashok (Deepak Tijori). Vijay kann das nicht akzeptieren und versucht in den folgenden Jahren immer wieder, sich in Shivanis Leben einzumischen und ihre Liebe zu gewinnen, wobei er sich zunehmend als gefährlicher Psychopath entpuppt, der vernichtet, was er nicht bekommen kann.

Nach und nach wird Shivanis ganze Welt durch Vijays Schuld zerstört: zuerst ermordet Vijay ihren Mann, und Shivani landet aufgrund einer Falschaussage Vijays im Gefängnis, dann sterben Shivanis kleine Tochter und ihre Schwester durch einen von Vijay verschuldeten Autounfall, und zuletzt verliert sie auch noch ihr ungeborenes Kind bei einer durch Prügel verursachten Fehlgeburt im Gefängnis. Außer Vijay selbst sind die sadistische Gefängnisdirektorin, ein korrupter Polizist und Shivanis geldgieriger Schwager an ihrem Unglück mitschuldig.

Als die gefangenen Frauen sich gerade zu einem Hindu-Ritual versammelt haben, wird Shivani ins Gefängnisbüro gerufen, wo man sie zur Prostitution zwingen will. Shivani aber greift unvermittelt die Direktorin an, von der sie bisher immer geschlagen wurde, verprü-

---

Phoolan Devis realem Rachefeldzug (1981) in die Kinos, allerdings noch ohne göttlichen Bezug der Rache; dieses Motiv findet sich erst später, z. B. in PRATIGHAAT (Indien 1987). Der von Shekhar Kapur nach Phoolan Devis Lebensgeschichte gedrehte Film PHOOLAN DEVI (BANDIT QUEEN (Indien/GB 1994), der ebenfalls eine vor ihrem Vergeltungsschlag zur Göttin betende Rächerin zeigt, entstand so gut wie gleichzeitig mit den hier besprochenen drei Filmen. Nach 1995 ist aber m. W. das Motiv des von der Göttin inspirierten weiblichen Rachefeldzuges wieder aus dem Hindi-Kino verschwunden.

14 Phoolan Devi mit Marie-Thérèse Cuny / Paul Rambali: *Ich war die Königin der Banditen. Die Autobiographie.* Übers. von Theresia Übelhör u. a. Bergisch-Gladbach 1995, S. 162, 296, 419, 424, 429, 439, 490, 515.

15 Die Tatsache, dass alle drei Filme in Shah Rukh Khan denselben männlichen Hauptdarsteller aufweisen, ist ein nicht beabsichtigter Zufall. Weitere weibliche Rachefilme mit religiösem Bezug sind mir über die in Anm. 13 genannten Titel hinaus bisher nicht bekanntgeworden.

gelt sie und jagt sie schließlich zum Gefängnisgalgen, wo sie sie erhängt. Da die Mitgefangenen ihr ein falsches Alibi geben, entgeht Shivani der Strafe für den Mord.

Nach ihrer Entlassung aus dem Gefängnis geht Shivani den Weg der Rache weiter, die der Reihe nach alle trifft, die an ihrem Schicksal mitschuldig sind. Schließlich ist nur noch Vijay übrig. Sie findet ihn schwerstverletzt durch den Unfall, bei dem er ihre Schwester und Tochter totgefahren hat. Er ist im Wachkoma, ohne Wahrnehmung seiner Umgebung. Nur intensive Liebe könne ihn wieder «zurückbringen», meinen die Ärzte.

Shivani will, dass ihr Feind den Tod und die Todesangst, die sie ihm zugedacht hat, bewusst erlebt. Ihre nun folgende hingebungsvolle Pflege des Verletzten, bei der nur ihre Augen zeigen, dass alles andere als Liebe sie antreibt, gehört zu den unheimlichsten Passagen des Films.

Der dramatische Höhepunkt findet in einem Felsentempel der Göttin Durgā statt, wo Shivani auf den dank ihrer Pflege schließlich genesenen Vijay wartet. Sie lässt ihn glauben, dass sie ihn liebe, aber als er sie umarmt, sticht sie ihm ein Messer in den Bauch. Danach ergreift sie den Dreizack vom Kultbild des Tempels und treibt Vijay mit wilden Stößen zum Felsabhang, während sie ihm alle seine Verbrechen aufzählt. Er fällt und hängt am Rand, schafft es jedoch, sich an ihr festzuklammern und sie mitzureißen. Mit den Worten, dass ihr sein Tod wichtiger sei als ihr eigenes Leben, lässt sie den Felsrand los, und sie stürzen gemeinsam in den Tod.

Religiös-mythologischer Subtext in ANJAAM

Ich habe eine Schilderung der Filmhandlung gegeben, wie sie jemand anfertigen könnte, der an religiösen Symbolen nicht sonderlich interessiert ist und sie als eher unwichtiges Beiwerk indischer Filme hinnimmt. Wer jedoch die religiösen Symbole und Handlungselemente bewusst wahrnimmt oder als indischer Zuschauer ohnehin mit ihnen vertraut ist, dem stellt sich die Filmhandlung anders dar: sie erhält einen Subtext, der sie in den religiösen und mythologischen Kontext einbaut, aus dem der Film stammt.

Bis zum Ritual im Gefängnis, das sich als Wendepunkt der Filmhandlung erweist, sehen wir eine Heldin, die sich trotz aller Unverschämtheiten und Zudringlichkeiten des Stalkers Vijay nicht darin beirren lässt, eine treue und pflichtbewusste Mutter und Ehefrau bzw. Witwe zu sein. Obwohl die Ereignisse dazu angetan sind, sie die Kontrolle über ihr Gefühlsleben verlieren zu lassen, und sie auch entsprechend leidet, bricht sie aus dieser Rolle nicht aus. Ihr Name bringt das symbolisch zum Ausdruck: Shivani, «die zu Shiva Gehörige», ist ein Name der Göttin als treue Ehefrau des Shiva.

Shivani hält diese Gattentreue durch, solange es noch irgendetwas gibt, das sie ihrem toten Ehemann gegenüber verpflichtet. Als sie schließlich dessen letztes Vermächtnis, ihr ungeborenes Kind, durch die Grausamkeit der Gefängnisleiterin verloren hat, sagt sie zu ihrer Mitgefangenen Nisha, die ihr als einziger Mensch in dieser Situation Mitgefühl entgegenbringt:

> «Weißt du, Nisha, warum eine Frau [so oft] Unrecht erleidet? Weil sie dieses Unrecht auszuhalten versteht. Aber die Welt weiß nicht, dass die Leidensfähigkeit der Frau wie die Erde ist, die alle Unterdrückung erträgt, die aber, wenn das Flammenmaul ihres Zorns [erst ein-

1–2 ANJAAM: Nonverbale Kraftübertragung zwischen Nisha und Shivani.

mal] ausgebrochen ist, alles zerstört. Die Welt hat die Frau in Gestalt der Mutter gesehen, in Gestalt der Schwester gesehen, in Gestalt der Tochter gesehen. Aber in der Gestalt der Caṇḍī hat sie sie nicht gesehen.»[16]

Indem Shivani den Namen der Caṇḍī bzw. Caṇḍikā («die Zornige») erwähnt, einen der im *Devīmāhātmya* genannten Namen der Göttin, bringt sie das Motiv der dämonenvernichtenden Göttin explizit in den Film hinein. Und dann kommt das Ritual.

Die Frauen versammeln sich unter Nishas Leitung vor einem Altarbild der friedlichen Göttin Vaiṣṇodevī, deren zornvolle Erscheinungsform jedoch keine andere als Caṇḍikā ist.[17] Da wird Shivani ins Büro der Direktorin gerufen. Während Nisha als Priesterin die Anrufung der Göttin anstimmt, tauscht sie einen langen Blick mit Shivani, der wie eine wortlose rituelle Kraftübertragung wirkt (Abb. 1–2): Über Nisha erhält Shivani von der Göttin die übermenschliche Kraft, die sie für ihr Vorhaben benötigt. Die nun folgende Racheszene im Büro und im Hof des Gefängnisses wird untermalt von dem ebenso monotonen wie düsteren, in Moll gesetzten Gesang der Frauen, zu dem Nisha, mit der blutroten Farbe der Rache auf der Stirn, eine Ritualflöte spielt (Abb. 3). Szenen aus den beiden zwar gleichzeitig, aber räumlich getrennt voneinander stattfindenden Handlungssträngen, nämlich Shivanis Rachefeldzug und Nishas Ritual, werden so zusammengeschnitten, dass die Ermordung der Direktorin wie ein Teil des Rituals, ja fast wie eine rituelle Opferung wirkt.

3 ANJAAM: Das Ritual…

---

16 Zitiert nach ANJAAM – HEUTE LIEBE, MORGEN RACHE. DVD. Ismaning: EuroVideo New KSM 2006: *Tu jāntī hai, Niśā, aurat par zulm kyoṅ hotā hai? Kyoṅki vah zulm sahtī hai. Magar duniyā yah nahīṃ jāntī, ki aurat ki sahnśakti dhartī kī tarah hotī hai, jo hār zulm sah letī hai, magar jab uske krodh kā jvālāmukhī phaṭṭā hai, to us sabko tabāh kar detī hai. Saṃsār ne aurat ko māṃ ke rūp meṃ dekhā hai, bahin ke rūp meṃ dekhā hai, beṭī ke rūp meṃ dekhā hai, magar caṇḍī ke rūp meṃ nahīṃ dekhā.* – Die Untertitel in verschiedenen DVD-Ausgaben lassen die religiöse Symbolik dieses Textes nur sehr lückenhaft erahnen, so wird z. B. der Begriff *jvālāmukhī* («Flammenmaul» und in übertragener Bedeutung: «Vulkan») nie wörtlich wiedergegeben, sondern der Satz, in etwa sinnentsprechend, z. B. mit «wenn ihr Zorn seine Grenze erreicht» übersetzt. Dabei fällt aber noch eine zusätzliche Nebenbedeutung weg: *Jvālāmukhī* ist auch ein Name der Göttin selbst, die in einem berühmten Pilgertempel gleichen Namens in Himachal Pradesh als aus der Erde kommende natürliche Flamme verehrt wird.

17 Freundlicher Hinweis von Herrn Gunjan Bhardwaj, Stuttgart.

4 ... macht die Rache möglich (ANJAAM).

Diese Gestaltung der Szene macht deutlich: das Ritual ermutigt und stärkt Shivani psychologisch und ermächtigt sie zu ihrer Rache. Ja mehr noch: Das Ritual bewirkt und markiert Shivanis Verwandlung in die Göttin selbst, erkennbar an ihrer Verhaltensänderung, ihrem abrupten, fast numinosen Machtzuwachs und der Hilflosigkeit ihrer zuvor so viel mächtigeren Gegnerin, später beim Kampf mit ihrem Schwager auch an ihrem blutverschmierten Mund, der sie ikonografisch der Göttin angleicht (Abb. 4). Diese Verwandlung in die Göttin spiegelt sich im Rituallied der Frauen (*Pratighaat ki jwala jale*), dessen erste Strophe lautet:

> «Wenn das Feuer des Gegenschlages brennt
> wenn sie geht, um Vergeltung zu fordern,
> tötend ist sie dann, zähnebewehrt,
> wenn die Frau zu Caṇḍikā geworden ist.»[18]

Die zentrale Wichtigkeit des Rituals wird auch daraus ersichtlich, dass der Film fortan das düstere Lied der Frauen als Hintergrundmusik bei jeder weiteren Rachetat der Heldin wiederholt. Symbolisch sind so auch Shivanis folgende Rachehandlungen noch Teil des ursprünglichen Rituals.

Überraschend ist, wie wenig Wichtigkeit dem Caṇḍikā-Ritual in der nicht sehr umfangreichen bisherigen Literatur zu diesem Film beigemessen wird. Der Wikipedia-Artikel zu ANJAAM erwähnt es überhaupt nicht, ebensowenig Shoma Chatterji in ihrer feministischen Studie zum indischen Film.[19] Es wäre aber eine völlige Verkennung der tatsächlichen Verhältnisse, wollte man das Ritual als bloße ästhetische Untermalung des Rachefeldzuges sehen, die lediglich die Unheimlichkeit von Shivanis plötzlicher Verhaltensänderung verstärken soll. Das Ritual ist nicht nur integraler Teil der Filmhandlung, sondern Ausgangspunkt für die abrupte Veränderung im Leben der Heldin, in der sie selbst zur zornvollen Göttin geworden ist.

5 ANJAAM: Auf dem Weg zu Vijay.

Die Identifikation der Heldin mit der zornvollen Göttin Caṇḍikā kulminiert in ihrer Konfrontation mit Vijay, dem Hauptschurken. Auf ihrem Weg zu ihm ergreift Shivani ein Krummesser, das dem der Göttin gleicht (Abb. 5), das sie aber dann un-

---

18 Zitiert nach ANJAAM – HEUTE LIEBE, MORGEN RACHE. DVD. Ismaning: EuroVideo New KSM 2006: *Pratighāt ki jvālā jale | pratiśodh jab le le cale | saṃhāriṇī tab dantikā | nāri bane jab Caṇḍikā ||*

19 Shoma Chatterji: *Subject: Cinema – Object: Woman. A Study of the Portrayal of Women in Indian Cinema.* Kalkutta 1998, S. 25 und 155. Vgl. auch Shohini Ghosh: «Deviant Pleasures and Disorderly Women. The Representation of the Female Outlaw in BANDIT QUEEN and ANJAAM». In: Ratna Kapur (Hrsg.): *Feminist Terrain and Legal Domains. Interdisciplinary Essays on Women and Law in India.* Neu Delhi 1996, S. 150–183.

benutzt fallenlässt, als ihr klar wird, dass sie die Rache verschieben muss. Das sinnfälligste Symbol der Göttin ist natürlich der große Dreizack der Göttin Durgā im Tempel, mit dem Shivani ihre Rache vollendet (Abb. 6). Der einzige Unterschied zur Göttin selbst bleibt zum Schluss, dass Shivani ihren Triumph nicht überlebt, sondern ihm selbst zum Opfer fällt.[20]

6 ANJAAM: Racheausübung mit dem Dreizack.

Sogar der Siegestanz der Göttin auf dem Schlachtfeld, jenes wichtige Motiv der Göttinnenmythologie, kommt im Film vor: in Shivanis Tanz für Vijay, den sie tanzt, als ihr Patient schließlich wieder aufzuwachen beginnt und ihr Ziel damit in greifbare Nähe rückt. Während sie zu einem erotischen Lied (*Barson ke baad*) triumphierend und fast höhnisch um den hilflos in seinem Rollstuhl sitzenden Vijay herumwirbelt und ihre scheinbar zärtliche Verführerinnenrolle mit einer geradezu atemberaubenden inneren Kälte erfüllt, da meint man für Momente, die Göttin leibhaftig vor sich zu sehen. Shivanis Tanz kündigt an, dass sie am Ende triumphieren wird, auch wenn sie es mit dem Leben bezahlen muss.

Wir sehen, dass bei einer Einbeziehung der religiösen Motive in die Deutung des Films die Funktion der Göttin als Rollenmodell und Identifikationsgestalt für Frauen erkennbar wird. Bemerkenswert ist, dass die aggressiven Aspekte der Göttin, ihre Waffen und ihre Grausamkeit, die wir als «symbolisch» zu interpretieren gewohnt sind, hier eine keineswegs symbolische Rolle spielen, sondern als mögliche Option für das Verhalten einer eigentlich «guten» Frau dargestellt werden, und das in einem gutbürgerlichen, sehr wenig «mythologisch» wirkenden Kontext.

Trimurti

Der zweite Film erzählt die Geschichte der Polizistin Satyadevi Singh (Priya Tendulkar), die mit ihrem Mann, ebenfalls einem Polizisten, und den beiden Söhnen Shakti und Anand in einem Bergort im Himalaya lebt. Der dortige Durgā-Tempel wird vom bösen Priester Kooka (Mohan Agashe) bewacht, der den Tempel als sein persönliches Eigentum ansieht und den Dörflern nicht erlaubt, dort zu beten. Indem sie selber im Tempel betet, erzwingt Satyadevi den Zugang für das Volk, aber bei der folgenden Schießerei werden ihr Mann und Kookas Sohn getötet. Daraufhin sorgt der Priester dafür, dass Satyadevi für 20 Jahre unschuldig hinter Gitter kommt, von denen sie 18 Jahre absitzt.

Im Gefängnis schenkt Satyadevi dem dritten Sohn, Romi, das Leben und erfüllt damit posthum den Wunsch ihres Mannes nach einer *trimurti* (oder göttlichen Dreiheit) aus drei Söhnen. Die drei Kinder wachsen mutterlos bei ihrem Onkel auf. Der älteste Sohn, Shakti (Jackie Shroff), versucht sein Bestes, die beiden Jüngeren zu einem ehrlichen Leben zu er-

---

20 Man könnte den Tod Shivanis allerdings auch so interpretieren, dass sie durch ihn ebenfalls ihrer Göttin nachfolgt: der Göttin Satī nämlich, einer früheren Inkarnation der Gattin Śivas, die sich ihres Mannes wegen freiwillig auf den Scheiterhaufen begibt und deren mythische Verbrennung zum Vorbild aller Totenfolgeriten im Hinduismus, insbesondere der sog. Witwenverbrennung, wurde.

7 TRIMURTI: Hinter der Göttin Kālī...

ziehen, jedoch wird Anand (Anil Kapoor) in Zusammenarbeit mit Kooka als Unterweltboss reich, und der Jüngste, Romi (Shah Rukh Khan), folgt ihm auf diesen Weg, weil er Geld für seine Heirat mit der reichen Radha braucht.

Kooka weiß von seinem Astrologen, dass ihm von einer *trimurti* der Tod drohe, und treffsicher identifiziert er diese mit Satyadevis Söhnen. Daher trachtet er ihnen insgeheim nach dem Leben, und nach der Entlassung Satyadevis aus dem Gefängnis auch ihr. Das führt bei Anand und Romi dazu, dass sie sich von der Verbrecherlaufbahn abwenden und, vereint mit Shakti, vehement um ihre Mutter kämpfen.

Die entscheidende Konfrontation findet in einer Kālī-Grotte statt (Abb. 7). Kooka kommt vor das Kultbild der Göttin, triumphierend in dem Glauben, dass er die Brüder besiegt habe. Da sieht er plötzlich Satyadevis Gesicht hinter dem der Kālī hervorkommen (Abb. 8). Mit Kālīs Waffe, dem Krummschwert, greift sie ihn an. Die Söhne kommen ihr zu Hilfe, aber es ist am Ende Satyadevi selbst, die den bösen Priester mit dem Dreizack der Kālī niederstreckt. Mit der Wiedervereinigung von Mutter und Söhnen endet der Film.

Der Sanskrit-Begriff *trimurti* bezeichnet im hinduistischen Pantheon die göttliche Dreiheit aus Brahmā, dem Schöpfer, Viṣṇu, dem Erhalter, und Śiva, dem Zerstörer. Die *trimurti* wird häufig als eine einzige Gottheit mit einem Kopf und drei Gesichtern dargestellt und symbolisiert die Idee, dass die drei größten männlichen Götter – trotz aller Unterschiede und Differenzen untereinander und unter ihren Anhängern – auf einer höheren Ebene eins sind, wie drei Aspekte desselben Wesens. Im Film stellt der Begriff *trimurti* Satyadevis Söhnen die Aufgabe, zusammenzustehen und diese göttliche Einigkeit zu leben. Dies gelingt ihnen erst, als ihre Mutter in ernsthafter Gefahr ist.

In TRIMURTI kommt die Göttin in den beiden Erscheinungsformen der Durgā und der Kālī vor. Die Göttin, um deren von Kooka vereinnahmten Tempel am Anfang des Films gestritten wird, ist Durgā, die vom Priester und allen Verehrern als «Mutter» angerufen wird. Am Ende des Films, passend zu Satyadevis Rache, steht jedoch ein Kultbild der Kālī, das ungleich furchterregender ist und sich nicht in einem Gebäude, sondern in einer Höhle befindet.

Satyadevi hat zur Göttin Durgā die Beziehung des Gegenübers, sie kommt mit

8 ... kommt plötzlich Satyadevi hervor (TRIMURTI).

Opfergaben in den Tempel und singt ein Lied zu Ehren der Göttin. Mit Kālī dagegen identifiziert sie sich, wie aus der Szene deutlich wird, in der hinter dem Kopf der Göttin Satyadevis Gesicht sichtbar wird (Abb. 8). Von Kālī stammen auch die beiden Waffen, die Satyadevi nacheinander gegen Kooka verwendet. Während sie als Polizistin bei ihrer Konfrontation mit Kooka eine Schusswaffe benutzt hat, greift sie im entscheidenden Kampf auf die alten traditionellen Waffen der Göttin zurück und trifft erst jetzt ihr Ziel. Auch hier ist also die Göttin eine Verbündete der Frau, die ihr bei der Vernichtung des Bösen die Hand führt.

KARAN ARJUN

KARAN ARJUN ist motivisch der vielseitigste und kommerziell der erfolgreichste der drei Filme. Er ist auch der einzige von ihnen, in dem die Göttin eigenständig agiert und ihr also eine von Menschen unabhängige Existenz gegeben wird.

Der Film erzählt die Geschichte der verarmten Witwe Durga Singh (Raakhee Gulzar) und ihrer beiden erwachsenen Söhne, der Tagelöhner Karan (Salman Khan) und Arjun (Shah Rukh Khan). Mutter und Söhne lieben sich sehr und sind überzeugt, schon in früheren Leben beisammengewesen zu sein. Im Felsentempel des Dorfes verehren sie die Göttin Kālī, deren vielarmige, überlebensgroße Statue bedrohlich vor einem künstlichen Wasserfall steht (Abb. 9). Durgas Söhne sind die rechtmäßigen Erben des größten Landbesitzes der Gegend, aber ihr Onkel Durjan Singh (Amrish Puri), der Erzschurke des Films, hat sich durch den Mord an ihrem Vater das Erbe unrechtmäßig angeeignet. Er ermordet nun auch Karan und Arjun, seine letzten lebenden Konkurrenten. Ihre Mutter Durga läuft verzweifelt zum Kālī-Tempel und verlangt in einem dramatischen Monolog von der Göttin, ihr ihre Kinder wiederzugeben. Durgas Bitte wird erhört, und die beiden werden noch in derselben Nacht in zwei Familien der nahen Kleinstadt als Ajay und Vijay wiedergeboren.

Aus Ajay (Salman Khan), der von seinem verwitweten, alkoholkranken Vater stark vernachlässigt worden ist und sich hat durchbeißen müssen, wird ein professioneller Ringer, er liebt das Mädchen Bindiya (Mamta Kulkarni) und tritt nach dem Tod seines Vaters in den Dienst des reichen Industriellen Saxena. Vijay (Shah Rukh Khan), der bei einem Freund seiner verstorbenen Eltern aufgewachsen ist, arbeitet als Reitlehrer. Er liebt seine Reitschülerin Sonia (Kajol), Saxenas Tochter, die aber mit Suraj, dem Sohn des Schurken Durjan Singh, verlobt ist. Als ihr Vater von ihrer nicht standesgemäßen Liebe zu Vijay erfährt, sperrt er sie ein und hetzt Ajay auf den unliebsamen Schwiegersohn *in spe*. Während des heftigen Zweikampfes von Ajay und Vijay fleht die Mutter im Tempel zu Kālī. Die Göttin verhindert mit einem Blitzschlag, dass die beiden früheren Brüder sich gegenseitig

9 KARAN ARJUN: Die überlebensgroße Statue der Göttin Kālī.

10 KARAN ARJUN: Durga präsentiert den Totenkranz.

umbringen, und Ajay rettet Vijay im Folgenden sogar das Leben. Beide verstehen nicht recht, warum sie sie sich eigentlich so verhalten haben, beginnen aber eine Freundschaft.

Vijay erfährt, dass Sonia auf dem Landsitz ihres künftigen Schwiegervaters Durjan Singh zwangsverheiratet werden soll. Er eilt dorthin und betritt dabei unwissentlich das Heimatdorf Arjuns, seiner eigenen letzten Inkarnation. Nach mehreren ihm unverständlichen *déjà-vu*-Erlebnissen erfährt er schließlich vom Kālī-Priester im Tempel die Wahrheit über seine frühere Geburt. Die Wiedervereinigung mit seiner alten Mutter, erst ohne, dann mit Ajay-Karan, bildet den emotionalen Höhepunkt des Films.

Es folgt die Befreiung Sonias und die Rache an den Verbrechern. In einem großen Kālī-Ritual mit unheimlichem Gesang und Tanz im Tempel, bei dem alle Kontrahenten anwesend sind, sieht Durjan Singh zum erstenmal die Gesichter der beiden Brüder, an deren «Rückkehr» er bis dahin nicht geglaubt hat, und wird dadurch auf beängstigende Weise mit seiner verbrecherischen Vergangenheit konfrontiert. Danach folgt, ausgelöst durch Sonias erfolgreiche Flucht aus dem Haus Durjan Singhs, ein listenreicher Kampf der beiden Helden, ihrer Freundinnen und des gesamten Dorfes gegen Durjan Singh, Saxena und ihre Männer. Durga, die Mutter, begleitet als eine Art unheimliche Nemesis-Figur die Kämpfe, warnt Durjan Singh und zeigt ihm den Totenkranz, den sie auf seine Leiche zu werfen gedenkt (Abb. 10). Als er schließlich auf Knien vor ihr liegt und um sein Leben fleht, befiehlt sie ihren Söhnen unerbittlich, ihn zu töten. Der Film schließt mit der Doppelhochzeit Arjuns mit Sonia und Karans mit Bindiya im Kālī-Tempel, bei der die vielen dort aufgehängten Glocken wie von selbst zu klingen beginnen.

Der mythische Rahmen

Auch in dieser Geschichte offenbaren die Namen der Hauptpersonen die Einbindung der Handlung in den mythologischen Zusammenhang: Die Gestalten des Karan und Arjun gehen auf das Nationalepos *Mahābhārata* (entstanden ca. 4. Jh. v. Chr. – 4. Jh. n. Chr.) zurück. Dort ist Karan, auf Sanskrit Karṇa, der erste, uneheliche und benachteiligte Sohn der Kunti, der berühmte Bogenschütze Ārjuna dagegen, einer der zentralen Helden des Epos, ihr ehelicher Sohn. Im Laufe des großen Krieges, den das Epos schildert, kämpft Ārjuna mit seinen Brüdern gegen seinen Verwandten Duryodhana und dessen Brüder. Dabei kommt es dazu, dass Ārjuna seinen Halbbruder Karṇa, der für den Feind kämpft, töten muss.

Auch im Film sind Karan und Arjun zunächst Brüder, aber beide ehelich und vom selben Vater. Ihr gemeinsamer Gegner heißt Durjan Singh und ist, wie Duryodhana im Epos, mit ihnen verwandt. Die den Namen Duryodhana und Durjan gemeinsame erste Namenssilbe *dur-* heißt übrigens «schlecht», «gegen» oder «schwierig» und macht somit eine Aussage über den Namensträger. Ein guter Schütze wie Ārjuna ist auch Arjun und später Vijay im Film, allerdings nicht mit dem Bogen, sondern mit einer Zwille.

Im nächsten Leben sind Ajay und Vijay zwar nicht mehr miteinander verwandt, dafür werden jetzt aber andere Motive ihrer Beziehung im Epos aufgegriffen, z. B. die Benachteiligung Karan-Ajays, der in einer dysfunktionalen Familie mit einem alkoholkranken Vater aufwächst, vergleichbar der Benachteiligung Karṇas im Epos, während Arjun zwar beide Eltern verliert, aber bei seinem Onkel in liebevoller Atmosphäre groß wird. Eine Parallele zum Epos ist auch die Anstellung Ajays auf der Seite der Bösen, nämlich bei Durjan Singhs Verbündetem Saxena.

Der Kampf der beiden gegeneinander ist ein Motiv, angesichts dessen sich der mythische Hintergrund als gut gewählt herausstellt. Der Kampf wird im Epos wie im Film als dramatischer Höhepunkt gestaltet, der allerdings in beiden Fällen völlig verschiedene Folgen hat: im Epos bewirkt er den Tod Karṇas von der Hand seines Bruders, im Film führt er die beiden Brüder zueinander. Der Grund für die Abweichung ist das Eingreifen der Göttin Kālī, das wiederum durch das flehentliche Gebet der Mutter ausgelöst wird. Es ist genau hier, dass die *Mahābhārata*-Mythologie im Film gebrochen wird, und zwar durch die Liebe der Mutter und die dadurch aktivierte Kraft der Göttin.

In KARAN ARJUN, so erkennen wir jetzt, kommt die Mythologie der Großen Göttin der männerdominierten *Mahābhārata*-Mythologie buchstäblich in die Quere und ist für die meisten vom Epos abweichenden mythischen Elemente des Films verantwortlich. Das wichtigste dieser Elemente ist die von der Mutter gestiftete Liebe zwischen den Brüdern, die im ersten Filmteil regelrecht gefeiert und im zweiten Teil infolge des Eingreifens der Göttin wiederhergestellt wird. Das Lied *Yeh bandhan to*, das diese Liebe zwischen Brüdern und Mutter besingt, ein Hit der Hindi-Charts des Jahres 1995, ist das Leitmotiv des Filmes; sein Refrain lautet: «Diese Bindung ist eine Bindung der Liebe, sie ist eine Beziehung aus vielen Geburten.»[21]

Die Repräsentantin der Göttin, die deren Einfluss in den Film hineinbringt, ist Durga selbst, die Mutter der beiden Helden, und das wird dadurch symbolisiert, dass sie den Namen der Göttin trägt, aus der im Mythos Kālī emaniert.

Ergebnisse und Fragen

Göttin und Frau in den Filmen

An dieser Stelle halten wir inne und betrachten noch einmal die drei Filme im Zusammenhang. Sie alle zeigen die Beziehung der Heldin zur furchterregenden Göttin in zwei Stadien: erstens als Ermutigung und Bestärkung der Frau durch die Göttin und zweitens als Verwandlung der Frau selbst in die Göttin.

In ANJAAM kulminiert die Ermutigung der Heldin durch die Göttin in dem langen Blick, den Nisha und Shivani beim Ritual tauschen, als Shivani auf dem Weg zu ihrem ersten Racheakt ist. Als Priesterin des Rituals repräsentiert Nisha hier die Göttin, die die Heldin zu ihrem Vorhaben

---

21 Zitiert aus KARAN ARJUN. DVD. Köln: Rapid Eye Movies 2011: Yah bandhan to pyār kā bandhan hai l janmom kā saṃgam hai ll

ermächtigt. Im nächsten Augenblick zeigt sich Shivani selbst als menschliche Verkörperung der Göttin, und nur als solche, ausgestattet mit übermenschlichen Kräften, erreicht sie ihr Ziel.

In KARAN ARJUN wird die Solidarität der Göttin mit der Frau regelrecht eingefordert, als die Mutter Durga nach dem Tod ihrer beiden Söhne die Göttin Kālī anfleht: «Mutter! Meine Söhne können nicht sterben! Das kann nicht sein! ... Du bist doch auch eine Mutter! Und eine Mutter kann der anderen nicht den Schoß verwüsten! Du musst mir meinen Karan und Arjun wiedergeben, Mutter, gib mir meinen Karan und Arjun wieder!»[22]

Wie ich ausgeführt habe, geschieht in KARAN ARJUN ein «Durchkreuzen» der männerzentrierten *Mahābhārata*-Mythologie durch die Göttin Kālī. Ausgelöst durch das Eingreifen der Göttin in den Kampf der beiden Helden gegeneinander kommt es zu einer Richtungsänderung der Handlung. Kālī wird zwar von beiden Parteien im Film um Hilfe angerufen, ihr Eingreifen in die Handlung geschieht aber jedesmal zugunsten der Frau – gegen die Männer.

Die Verwandlung der Heldinnen in die Göttin in allen drei Filmen ist der stärkste Beleg für die Funktion der Göttin als Rollenmodell. Und wenn die Heldinnen dann alle drei zu Frauen mutieren, die überhaupt nicht mehr nett und unterwürfig, sondern zornig und hasserfüllt sind, und wenn sie mit dieser Haltung ihr Ziel auch noch erreichen, dann geschieht das ganz eindeutig im Namen und mit der Unterstützung der zornvollen Göttin.

Sind diese Filme somit als versteckt feministische Filme zu werten, in denen sich der von mir 1996 als «ausgeblieben» diagnostizierte «Aufstand gegen das Patriarchat»[23] doch noch zeigt?

Der patriarchale Rahmen

Eine solche Annahme würde voraussetzen, dass sich die Gestalt der Rächerin in den Filmen im Gegensatz zu der der friedlichen, patriarchatsangepassten Frau befindet, dass sie sozusagen deren Verneinung darstellt. Dafür gibt es jedoch keinerlei Anzeichen. Viel eher wird vermittelt, dass die zornvolle Göttin eine legitime Erscheinungsform des Weiblichen sei, legitim gerade deswegen, weil die Heldin eine «gute Frau» ist, die eben durch ihre Patriarchatsangepasstheit ein moralisches Anrecht darauf erworben hat, die ihr vorenthaltenen Früchte ihrer Pflichterfüllung einzufordern, notfalls auch mit der Gewalt der Rächerin.

Indizien dafür, dass die Filme die zornige und die friedliche Heldin in Kontinuität zueinander und nicht so sehr als Gegensatz sehen, gibt es viele. In ihren oben zitierten Worten am Wendepunkt von ANJAAM sagt Shivani, dass die zornige Göttin ein von der Welt übersehener Aspekt der Frau als gute Mutter, Schwester und Tochter sei. In ihrer Klage vor Kālī nach dem Tod ihrer Söhne appelliert Durga in KARAN ARJUN an die Mutterrolle der Göttin und zeigt damit, dass sie gute Mutter und zornvolle Göttin miteinander identifiziert. Auch Satyadevis Rachegöttin Kālī ist letztlich identisch mit der liebenden und geliebten Durgā, die Satyadevi zu Beginn von TRIMURTI anruft.

---

[22] Zitiert aus KARAN ARJUN. DVD. Köln: Rapid Eye Movies 2011: Māṃ! Mere beṭe nahīṃ mar sakte, Māṃ! Aisa nahīṃ ho saktā! Māṃ, tu bhī ek māṃ hai. Ek māṃ dusrī māṃ ke god nahīṃ ujāḍ saktī! ... Tujhe mere Kāran Ārjun lauṭāne honge, Māṃ! Mere Kāran Ārjun ko lauṭā de, Māṃ!

[23] Herrmann-Pfandt, «Wo sind die Töchter der Kālī?» (siehe Anm. 8), S. 97.

All diese und viele weitere Hinweise zeigen: Der Kosmos, in dem die rächende Frau agiert, ist derselbe, in dem sie vorher ihre *Pflicht* als «gute Frau» erfüllt hat und hinterher wieder erfüllen wird. Damit wird deutlich, dass die weiblichen Rachefeldzüge nicht dazu dienen sollen, den frauenunterdrückerischen patriarchalen Rahmen zu bekämpfen, in dem das nach Vergeltung rufende Unrecht geschehen ist, sondern vielmehr, festzustellen, dass es *die patriarchale Ordnung selbst* ist, die durch jenes Unrecht gegen die Frau herausgefordert und angegriffen wurde. Das jedoch, und nur das, gibt den Heldinnen das Recht, Rache zu üben, eine patriarchatsimmanente Rache sozusagen. Auch im Mythos kämpfen Durgā und Kālī nicht für eine Veränderung der Weltordnung, sondern kommen auf die Erde, um die gestörte Weltordnung wiederherzustellen und gegen ihre Feinde zu verteidigen. Durga, Shivani und Satyadevi haben nur deswegen das Recht, aus dem normalen Verhaltenskodex der Frauen auszuscheren, *weil* sie pflichtbewusste Frauen sind, von deren Verwandlung in Kālī oder Caṇḍikā daher auch keine grundsätzliche Bedrohung der geltenden Ordnung zu erwarten ist.

Die dunkle Göttin ebenso wie ihre filmische Verkörperung in der zornigen und rächenden Frau ist somit keine Widerlegung der friedlichen Weiblichkeit, sondern *ihre zur kosmischen Ordnung gehörige andere Seite*, die hervortritt, wenn die gegen diese Ordnung verstoßenden, ‹bösen› Kräfte zu mächtig geworden sind. Die rächende Frau ist nicht die «böse» Frau, sondern diejenige, die gerade aufgrund ihres einwandfreien Lebens einer gesetzestreuen Hindu-Frau berechtigt ist, den Weg der Rache zu gehen, wenn ihr Unrecht geschieht. Das Bild der rächenden Frau steht in demselben mythologischen Kosmos wie das der «guten» Frau. Auch wenn die zornige Göttin verdrängt oder versüßlicht wird, ist sie Teil der Großen Göttin. Sie lässt sich jederzeit wieder aktivieren, und sei es durch einen Bollywood-Film.

Gesellschaftskritisches Potenzial der Filme?

Damit ist deutlich geworden, dass die besprochenen Filme keine Gesellschaftskritik im Sinne westlich-feministischer Erwartungen enthalten. Zwar stellt die indische feministische Filmkritikerin Shoma A. Chatterji über die Heldinnen weiblicher Rachefilme nicht ganz zu Unrecht fest:

> «But for all these women, once the vengeance is over, they creep back into their traditional shell of patriarchal dependence and subjugation, like Sita. [...] The woman does not sustain her anger. She not only liberates herself from vengeance and anger, but, in so doing, makes herself vulnerable to similar traumas again in the future. The cinematic images these women are vested with do not coincide with their characters as they unfold within the filmic narrative.»[24]

Die Frage ist jedoch andererseits, ob nicht gerade die Tatsache, dass in den Rachefilmen der sanktionierte Verhaltenskodex von Frauen aufgebrochen werden *darf* und dass die Hilfe der Göttin für ein solches Tun beansprucht werden *darf*, eine größere Durchlässigkeit des patriarchalen Rahmens für die Frauen zeigt, als wir sie ohne diese Geschichten feststellen könnten. Wenn eine Frau das Unrecht, das ihr und anderen Frauen zugefügt wurde, einmal hat rächen dürfen und dafür den Segen der Göttin bekam, dann heißt das, dass sie es je-

---

24 Chatterji, *Subject: Cinema – Object: Woman. A Study of the Portrayal of Women in Indian Cinema*, S. 49.

derzeit wieder tun könnte. Auch wenn sie in das «traditionelle Korsett» Chatterjis «zurückkriecht», wird ihr doch die Fähigkeit zugetraut, sich jederzeit erneut daraus zu befreien.

Wenn der Vorgang der «Versüßlichung der Göttin» tatsächlich, wie ich annehme, den Aspekt hat, die Identifikation der Frauen mit dem destruktiven Aspekt der Göttin zu erschweren und zu beschränken, dann jedoch hat ein solcher Film, der genau diese Beschränkung wieder aufbricht und die Identifikation der Frau mit der zornvollen Göttin ganz offen zeigt, möglicherweise einen *begrenzt emanzipatorischen Charakter*. Eine weitergehende Realisierung feministischer Gesellschaftskritik im Film würde bedeuten, sich nicht nur gegen die Ungerechtigkeiten der Gesellschaft, sondern auch gegen deren mythische Struktur zu stellen, und dazu ist, so scheint mir, derzeit noch kaum ein indischer Regisseur in der Lage, weder geistig noch kommerziell.

Es ist aber auch durchaus anzuzweifeln, ob eine solche Bekämpfung der mythischen Struktur, die wir hier im Westen möglicherweise für unabdingbar halten, überhaupt im Sinne der Mehrheit der indischen Frauen wäre. Die Kritik, die manche indischen Feministinnen an den Versuchen ihrer westlichen Schwestern üben, ihnen ihren Weg vorzuschreiben, hängt möglicherweise gerade mit diesem Problem zusammen.[25]

So sehr dieses Ergebnis aus feministischer Sicht ernüchternd wirken mag: Mir scheint es, als sei gerade das Verbleiben im religiösen Kosmos der eigenen Kultur ein wesentlicher Grund für das große Ansehen des indischen Films in seiner Heimat, bei Frauen wie bei Männern. Gerade angesichts der Unsicherheiten in einer globalisierten Welt hat das Verbleiben im vertrauten mythischen Kosmos immense Vorteile, z. B. der Orientierungsfindung, der Vertrautheit und des Maßhaltens, und das vermittelt sich oft genug auch jenen nichtindischen Zuschauern, die diesen mythischen Kosmos nicht kennen, sondern nur mehr oder weniger bewusst spüren oder ihn sich, z. B. als WissenschaftlerInnen, intellektuell erarbeiten.

Ein von Mythen getragener Film wird als grundsätzliches Lebensgefühl nie Sinnlosigkeit vermitteln, wie das so viele Filme des modernen westlichen Kinos tun. Im indischen Film findet die Darstellung des Negativen, mag sie auch noch so ausufernd sein, in der Regel ihre Begrenzung in dem Glauben an das Gute im Menschen und an die Sinnhaftigkeit der Welt, in dem Vertrauen darauf, dass es keine Situation gibt, die so hoffnungslos ist, dass der in Unordnung geratene Kosmos nicht mit göttlicher Hilfe wiederhergestellt werden könnte, und sei es durch den rachsüchtigen Zorn einer wilden Göttin.

Dies aber ist letztlich ein Glaube, den nicht nur die Helden und Heldinnen des Kinos, sondern auch die normalen Menschen im Alltag dringend benötigen, um die Kraft zum Überleben zu finden, in Indien mit seinen harten Lebensbedingungen für Arme vielleicht noch mehr als bei uns. Die Menschen in ihrem Glauben an das Gute zu bestärken – so lange Kino das bewerkstelligt, und es scheint, als würde die Bindung an Mythen dabei helfen, so lange wird der indische Film, allen Beschränkungen durch Tradition und soziale Normen zum Trotz, die Funktion behalten, die er nach der Auffassung vieler Inder derzeit in der indischen Gesellschaft einnimmt: neben der Religion und dem Kricket die einflussreichste geistige Kraft im Lande zu sein.

---

25 Siehe hierzu Madhu Kishwar: «A Horror of «Isms»: Why I do not Call Myself a Feminist», in: *Manushi* 61 (1990), repr. In: Maitrayee Chaudhuri (Hrsg.): *Feminism in India.* Neu Delhi 2004 (Issues in Contemporary Indian Feminism. 2.), S. 26–51; Mary E. John: «Feminism in India and the West: Recasting a Relationship». In: Ebd., S. 52–68.

Florian Krauß

«Dil Dosti Etc»
Männerbilder im zeitgenössischen Hindi-Kino

द IL Dosti Etc (Indien 2007) heißt Manish Tewarys Spielfilmdebüt aus dem Jahr 2007. Herzensfreundschaft – so die grobe Übersetzung – ist ein wichtiges Thema in dieser urbanen Coming-of-Age-Story und in meinen folgenden Überlegungen zu Männlichkeitsrepräsentationen im zeitgenössischen Hindi-Mainstreamkino. ‹Leinwand-*buddys*› arbeiten in ihrem Freundschaftsbündnis – *dosti* – verschiedenen Gender- und Männerkonzepten zu. Zugleich konstruieren auch andere Figuren in ihren Relationen zueinander – «Etc» – Männlichkeiten. Um eben diese Abhängigkeiten geht es in diesem Aufsatz. Er gliedert sich nach zentralen Akteursbeziehungen: Mann und Familie, Mann und Frau sowie Mann und Mann. Bevor ich näher auf diese Beziehungskonstellationen eingehe, werde ich kurz den Genderbegriff erläutern, auf dem die Aufschlüsselung in Interaktionsprozesse beruht und Dil Dosti Etc in einen filmhistorischen Kontext setzen.

Der Film ist nicht nur aufgrund seiner dezidierten Thematisierung von Männlichkeit ein fruchtbares Beispiel, sondern auch im Hinblick auf aktuelle Entwicklungstendenzen des kommerziellen Hindi-Kinos. An ihm lässt sich auf den ersten Blick eine Abkehr von *formulas* des *family films* ausmachen, jener Facette des Hindi-Films, die für die 1990er Jahre stilprägend war[1], aber nie die einzige Ausprägung dieser vielseitigen Kino-Kultur dargestellt hat. In Dil Dosti Etc geht es nicht mehr um die indische Großfamilie, sondern um ein Leben jenseits von dieser, personifiziert durch die Collegestudenten Apurv (Immaduddin Shah) und Sanjay (Shreyas Talpade). Sie wohnen im gleichen Hostel und freunden sich miteinander an. Ihre konträren Lebenseinstellungen treten zugespitzt in der Wette zutage,

1 Apurv (Immaduddin Shah).

---

1 Vgl. z.B. Alexandra Schneider: «Ein folkloristisches Straßentheater, das unbeabsichtigt einen Brecht oder Godard gibt. Zur Kodierung von Emotionen im zeitgenössischen Mainstream-Hindi-Film». In: Matthias Brütsch / Vinzenz Hediger / Ursula von Keitz u.a. (Hrsg.): *Kinogefühle. Emotionalität und Film*. Marburg 2005, S. 137–152, hier S. 140.

2 Sanjay (Shreyas Talpade).

die dem Film als Handlungsgerüst dient: Während Sanjay ankündigt, die Universitätswahlen zu gewinnen, will Apurv an einem Tag mit drei Frauen schlafen. Er erreicht sein Ziel, indem er mit Sanjays Freundin Sex hat. Der betrogene Freund entdeckt die beiden kurz nach der Verkündigung seines Wahlsiegs und stirbt, als er in tragischer Pose apathisch durch den Großstadtverkehr läuft. Ob er bewusst Selbstmord begeht oder sein Tod tatsächlich ein Unfall ist, bleibt offen.

Aktuelle Tendenzen im Hindi-Kino

Das dramatische Ende, das Setting an der Universität von Neu Delhi und die Protagonisten – heranwachsende Jungs zwischen Politik und Zynismus – erinnern an RANG DE BASANTI (DIE FARBE SAFRAN / JUNGE REBELLEN, Indien 2005). Die Studentenclique dieses Coming-of-Age-Films durchläuft einen Politisierungsprozess und protestiert schließlich mit Gewalt gegen korrupte Politiker. Die Studenten sterben im Kugelhagel der Polizei. «Nach der Ära der melodramatischen Family-Films ist RANG DE BASANTI vielleicht sogar zukunftweisend, insofern es dem Regisseur Rakeysh Omprakash Mehra tatsächlich gelungen ist, politisch anspruchsvolles Auteur cinema kommerziell erfolgreich mit Bollywood zu vereinen»[2], schrieb Dorothee Wenner in der *taz*. DIL DOSTI ETC bewegt sich im Fahrwasser von Mehras Coming-of-Age-Tragödie und scheint Wenners Prognose zu bestätigen, wenngleich die Zusammenkunft von Bollywood und Auteur Cinema, Pop und Politik hier verworrener und unschlüssiger wirkt. Nicht allein inhaltlich, sondern auch in ästhetischer Hinsicht sind Parallelen zwischen den Spielfilmen von Rakesh Omprakash Mehra und Manish Tewary sichtbar. Beide weisen einen «realistischen Look» auf, etwa indem sie Songs eher im Sinne von Backgroundmusik, ähnlich eines westlichen Erzählkinos, einsetzen. Zeitweise zirkulierten die Schlagworte *New Bollywood* oder *Convergent Cinema*, um die scheinbar neue Ausrichtung vieler Hindi-Filme zu betonen. Die vermeintliche Wirklichkeitstreue orientiert sich an Hollywood-Konventionen. Sie ist möglicherweise einer westlichen Filmsozialisation geschuldet, die viele der Nachwuchsregisseure durchlaufen haben und einer gewachsenen Bedeutung von Hollywood-Importen in urbanen Multiplexkinos. Von einem chronologischen Verlauf hin zu einer Ästhetik des westlichen Erzähl-/Mainstreamkinos ist allerdings nicht auszugehen. Der «Realismus» wird nicht die einzige, zwingende zukünftige Entwick-

---

2   Dorothee Wenner: «Ewig blüht der Raps». In: *die tageszeitung*, 3.7.2006.

3 RANG DE BASANTI – Prototyp des neuen Bollywood-Films?

lungstendenz darstellen.³ So weist etwa der Hit DABANGG (Indien 2010) mit seinen Reminiszenzen an den klassischen, actionlastigen Masala-Film wieder in eine andere Richtung.

Das kommerzielle Hindi-Kino hat sich in den letzten Jahren nicht nur in Hinblick auf Darstellungsweisen und einen Generationenwechsel bei den Filmemachern verändert, sondern auch bei seinen Zielgruppen. Das indische Branchenmagazin *Film Information* schrieb zu RANG DE BASANTI: «[...] exactly that which will be applauded by the class audience and the youth in a handful of cities will be almost rejected by the masses and the older generation in centres other than the few big cities.»⁴ Mit Protagonisten, die fluchen und Alkohol trinken, und mit einer Liebesgeschichte zwischen einer Britin und dem indischen Helden DJ (Aamir Khan) ließ es RANG DE BASANTI vielleicht bewusst darauf ankommen, manche Zuschauergruppen in Indien zu verprellen. Der All-India-Film scheint also passé: Noch deutlicher als RANG DE BASANTI wendet sich ein Low-Budget-Film DIL DOSTI ETC vorrangig an *multiplex audiences* aus der städtischen Mittelschicht. Schicke Großraumkinos in Ballungszentren bestehen aus mehreren Abspielstätten, was eine Distribution kleinerer Produktionen sowie eine Aufschlüsselung der Zuschauersegmente ermöglicht. Zugleich wird der Kinobesuch zur Klassenfrage, da sich nur eine Minderheit in der indischen Gesellschaft Tickets für die Multiplexe leisten kann – eine Minderheit, die allerdings besonders zahlungskräftig ist.⁵ Auch in diesem Kontext ist es zu verstehen, dass Nikhat Kazmi in der *Times of India* dem Kinojahr 2007 eine Experimentierfreudigkeit attestierte und resümierte: «This year goes down in Bollywood history as the ‚Year of Living Dangerously›.»⁶ Für die Zukunft prognostiziert Kazmi: «formula won't work.»⁷ Beispiele für diese Entwicklungstendenzen sind im Jahr 2007 neben der besagten Small-Budget-Produktion DIL DOSTI ETC,

---

3   Vgl. Alexandra Schneider: «Im Niemandsland von Affekt und Aspiration. Zum filmischen Raum im kommerziellen Hindi-Kino». In: Thomas Koebner / Fabienne Liptay / Susanne Marschall (Hrsg.): *Film-Konzepte 4. Indien.* München 2006, S. 38–50, hier S. 49.
    Zur Ästhetik und Dramaturgie von *New-Bollywood*-Filmen vgl. Katja Schulze: *Der kommerzielle Hindi-Film der 90er Jahre vs. New Bollywood. Eine vergleichende Filmanalyse.* Saarbrücken 2008.
4   o. A.: RANG DE BASANTI. In: *Film Information*, 28.1.2006, VOL. XXXIII, Bombay 2006, S. 1f., hier S. 1.
5   Vgl. Dorothee Wenner: «Der Kinobesuch als Klassenfrage». In: *die tageszeitung*, 27.5.2004.
6   Nikhat Kazmi: «Box office 2007: Year of Experiments». In: *Times of India*, 31.12.2007. http://timesofindia.indiatimes.com/India/Box_office_2007_Year_of_experiments/articleshow/2663521.cms (25.4.2008).
7   Ebd.

die bei urbanen *multiplex audiences* relativ profitabel war[8], die überraschend erfolgreiche *romantic comedy* JAB WE MET (JAB WE MET – ALS ICH DICH TRAF, Indien 2007) sowie der gefloppte Episodenfilm TRAFFIC SIGNAL (Indien 2007) – Filme, auf die ich hier ebenfalls kurz zu sprechen komme. Auch der weitgehend Song-and-Dance freie Shah-Rukh-Khan-Blockbuster CHAK DE! INDIA (CHAK DE! INDIA – EIN UNSCHLAGBARES TEAM, Indien 2007) aus dem «year of experiments»[9] (*Times of India*) 2007 weicht deutlich von klassischen *formulas* (und vom bis dahin bekannten Rollen-Repertoires Shah Rukh Khans) ab.[10] Filme, die jenseits etablierter Produktionshäuser entstehen oder ohne große Stars auskommen, und die mit Bollywood-*formulas* brechen, haben weiter an Bedeutung gewonnen – ein eindrückliches Beispiel ist das Gangsterepos GANGS OF WASSEYPUR (Indien 2012).

Durch solche Werke kann sich der westliche Blick auf das Hindi-Mainstreamkino weiten, der allzu oft bei wenigen Beispielen wie etwa KUCH KUCH HOTA HAI (UND GANZ PLÖTZLICH IST ES LIEBE, Indien 1998) und Bollywood-Stereotypen wie nassen Saris, Liebespaaren in Alpenkulissen oder weinenden Helden verharrt. Insofern ist der vorliegende Artikel auch als Weiterentwicklung meiner Arbeit *Männerbilder im Bollywood-Film* zu sehen. Diese befasst sich vorrangig mit «Hits» im deutschsprachigen Raum und ist dadurch relativ Karan-Johar- sowie Shah-Rukh-Khan-lastig geraten.[11] Aktuelle Hindi-Produktionen weisen vermutlich andere Beziehungen zwischen Leinwandakteuren als der *family film* und somit auch andere Männlichkeitsrepräsentationen auf.

Männlichkeit als interaktiver Konstruktionsprozess

Folgen wir dem Modell *doing gender*, das zwischen *gender display* und *gender attribution* unterscheidet, so geht Männlichkeit aus permanent vollzogenen Interaktionen hervor. Wir nehmen andere als Mann oder Frau wahr und treten selbst als geschlechtliche Wesen auf.[12] «Daß in Geschlechtsdarstellungen der Körper Medium seiner eigenen Darstellung ist, bedeutet, dass sich mit der kulturellen Konstruktion des Körpers die Kultur ihm einschreibt»[13], schreibt Stefan Hirschauer über das *gender display*. Ein kulturell konstruiertes Geschlecht und seine biologisch-körperliche Basis, von der das Begriffsmodell *gender/*

---

8   Vgl. Joginder Tuteja: «DIL DOSTI ETC. Surprises at Box Office». In: *Glamsham.com Enfotainment Magazin*, 6.10.2007. http://www.glamsham.com/movies/scoops/07/oct/06_dil_dosti_etc_prakash_jha_sreyas_100709.asp (12.5.2008).
    Vgl. auch Nation's blog/beetel786: *Bollywood box-office report of the week*. http://blogs.ibibo.com/junction/Bollywood-box-office-report-of-the-week-2.html (12.5.2008).
9   Ebd.
10 Zu Einspielergebnissen des Jahres 2007 vgl. *BoxOffice India.com*. http://boxofficeindia.com/showProd.php?itemCat=214&catName=MjAwNw== (12.5.2008) und *IBOS International Business Overview Standard* http://ibosnetwork.com/asp/topgrossersbyyear.asp?year=2007 (12.5.2008).
11 Vgl. Florian Krauß: *Männerbilder im Bollywood-Film. Konstruktionen von Männlichkeit im Hindi-Kino*. Berlin 2007.
12 Candace West / Don H. Zimmerman: «Doing Gender». In: Judith Lorber / Susan A. Farrell (Hrsg.): *The Social Construction of Gender*. London 1991, S. 13–37.
13 Stefan Hirschauer: «Die interaktive Konstruktion von Geschlechtszugehörigkeit». In: *Zeitschrift für Soziologie*, Heft 2, April 1989, S. 100–118, hier S. 111.

sex noch ausging[14], lassen sich demnach nicht klar voneinander trennen. Sie überlagern einander. Die Einschreibung der Kultur in den Körper beginnt bereits zu dem Zeitpunkt, wenn in die binären Kategorien männlich und weiblich unterschieden wird.

Robert W. Connell knüpft an diesen Gender-Begriff in seinem theoretischen Entwurf zum «gemachten» Mann an, der eine sinnvolle Basis für einen filmsoziologischen Blick auf Männerbilder bietet.[15] Connells Interesse gilt vor allem den sozialen Beziehungen, in die Maskulinität eingegossen ist und die einer hegemonialen Männlichkeit zuarbeiten. Letztere definiert er als «jene Form von Männlichkeit, die in einer gegebenen Struktur des Geschlechterverhältnisses die bestimmende Position einnimmt, eine Position allerdings, die jederzeit in Frage gestellt werden kann.»[16] Er richtet seinen Blick bewusst auch auf «sexuelle Minderheiten», die von der propagierten Norm abweichen, und wendet sich gegen die Vorstellung einer monolithischen und «natürlichen» Männlichkeit.[17]

Alternative Männlichkeit in der indischen Gesellschaft

Alternative Genderkonzepte in der indischen Gesellschaft wie die *hijras* bilden hier vielschichtige Anschauungsbeispiele. Sie unterlaufen – zumindest tendenziell – die Dichotomie Mann und Frau und können den Konstruktionscharakter dieser binären Geschlechterdifferenzierung illustrieren. Menschen, die ein westliches Begriffsmodell in Intersexuelle/Hermaphroditen, als Kind sexuell missbrauchte Männer, Transvestiten, Eunuchen oder zum Teil auch in Schwule einteilen würde, gehören der traditionellen Subkaste der *hijras* an.[18] Dieses so genannte «dritte Geschlecht Indiens» ist im kommerziellen Hindi-Kino relativ präsent[19], so etwa in dem Episodenfilm TRAFFIC SIGNAL, der im Folgenden noch näher beschrieben werden wird. Ein anderes Beispiel für Genderkategorien, die nicht den binären, biologischen Labels männlich/weiblich sowie hetero-/homosexuell entsprechen, sind *kothis*. Als solche (und alternativ auch *zenanas* oder *metis*) bezeichnen sich Männer, die ein «verweiblichtes» Verhalten an den Tag legen. Zentral für ihr Selbstverständnis und die Zuschreibung durch andere ist der «empfangende Part», den sie ausüben. Shivananda Khan von der NGO Naz Foundation International, die zu men who have sex with men (msm) in südasiatischen Ländern arbeitet, schreibt zu dieser Kategorisierung: «[...] the penetrated male sexual partner is seen as NOT-MAN, while the penetrator perceives himself, and is perceived by others,

---

14 Regine Gildemeister / Angelika Wetterer: «Wie Geschlechter gemacht werden. Die soziale Konstruktion der Zweigeschlechtlichkeit und ihre Reifizierung in der Frauenforschung». In: Gudrun Axeli-Knapp u. a. (Hrsg.): *TraditionenBrüche. Entwicklungen feministischer Theorie*. Freiburg 1992, S. 201–254, hier S. 209.
15 Vgl. Krauß, *Männerbilder im Bollywood-Film. Konstruktionen von Männlichkeit im Hindi-Kino*, S. 55–61.
16 Robert W. Connell: *Der gemachte Mann. Konstruktion und Krise von Männlichkeit*. Wiesbaden 2006, S. 97.
17 Vgl. ebd., S. 56f.
18 Vgl. Eva Fels: *Auf der Suche nach dem dritten Geschlecht. Bericht über eine Reise nach Indien und über die Grenzen der Geschlechter*. Wien 2005, S. 15.
19 Vgl. Nishma Hindocha: «Eunuchs in Indian Cinema.» http://media.opencultures.net/queer/data/indian/euunchs_in_bollywood.html (30.4.2008). Auch die Bollywood-Parodie BRIDE & PREJUDICE (LEBE LIEBER INDISCH, GB/US 2004) präsentiert in einer Song-and-Dance-Nummer *hijras*.

as a normative man.»²⁰ In solchen phallozentrischen, patriarchalen Kulturen, die Sexualität als Reproduktionsakt begreifen, werde Männlichkeit nicht über ‹sexuelle Orientierung› definiert, sondern über den Akt der sexuellen Penetration. Diejenigen, welche sich penetrieren ließen, würden folglich als verweiblichte, ‹entwertete› Männer angesehen.²¹

Andererseits gibt es in indischen Großstädten auch sexuelle Minderheiten, die sich als «gay» titulieren und damit die in westlichen Ländern gängige Differenzierung homo- versus heterosexuell aufgreifen. Auf die Bekanntheit eines «Gay-Seins» in bestimmten (eher urbanen und sozial besser gestellten) Kreisen weisen etwa die Filme des Starregisseurs Karan Johar hin, dem immer wieder nachgesagt wird, homosexuell zu sein.²² Seine Hochglanzproduktionen spielen in Nebenplots mit «schwulen Themen», etwa indem sie einen New Yorker Straßenpassanten «I'm gay» sagen lassen (KABHI ALVIDA NAA KEHNA (BIS DASS DAS GLÜCK UNS SCHEIDET, Indien 2006)) oder ein westliches, «weißes» Männerpaar in eine Song-and-Dance-Nummer über die Liebe integrieren (KAL HO NAA HO, (INDIAN LOVE STORY, Indien 2003)).²³ Noch deutlicher ist die ‹Klassifikation gay› in der von Johar produzierten Komödie DOSTANA (ECHTE FREUNDE – DOSTANA, Indien 2008) sichtbar.

Der Verweis auf Genderkonzepte in der indischen Gesellschaft soll nicht implizieren, dass Filme mit «realen» Begebenheiten gleichgesetzt werden können. Gerade das kommerzielle Hindi-Kino meidet in vielen Fällen die Nähe zur Wirklichkeit und spiegelt die skizzierte Diversität von Geschlechterrollen nur bedingt wider. Allerdings sprechen Rezeptionstheorien der Cultural Studies dafür, dass ein populärer Text eine gewisse Relevanz für sein Publikum besitzen muss, um populär zu sein.²⁴ Der gesellschaftliche Bezug mag sich beispielsweise in Genderbildern äußern, die mit der Lebenswelt vieler Zuschauer und Zuschauerinnen verknüpft sind, ohne diese zwingenderweise eins zu eins abzubilden. Außerdem bilden auch Filme und ihre Rezeption Elemente des umfassenden Prozesses *doing gender* beziehungsweise der Konstruktion von Männlichkeit, auf die ich mich an dieser Stelle konzentriere. *Gender display* und *gender attribution* setzen sich in filmischen Repräsentationen und ihrer Rezeption fort, insbesondere in einem cinephilen Land wie Indien, wo das Hindi-Kino eine zentrale gesellschaftliche Rolle einnimmt, etwa bei der Verbreitung der Sprache Hindi, bei der Konstruktion einer panindischen nationalen Identität oder indem es – zumindest lange Zeit und in vielen Kontexten – verschiedene Lebensmilieus vereint hat.

An den skizzierten alternativen Männlichkeits- und Genderkategorien zeigt sich die Pluralität der indischen Gesellschaft, die das Hindi-Kino zumindest traditionell in seiner größtmöglichen Breite zu erreichen versucht. Als kleinsten gemeinsamen Nenner der heterogenen Bevölkerung Indiens kann man vielleicht die Tendenz zur Familien- und Grup-

---

20 Shivananda Khan/Naz Foundation International: *MSM, HIV/AIDS and Human Rights in South Asia.* Lucknow, London 2004. http://www.nfi.net/NFI%20Publications/Essays/2004/MSM%20&%20 Human%20Rights.pdf (Stand 30.4.2008), S. 3.
21 Vgl. ebd., S. 3.
22 Vgl. z. B. o. A.: *Gay Times in Bollywood.* http://media.opencultures.net/queer/data/indian/gay_bollywood-gossip.htm (12.5.2008).
23 Zu einer genaueren Beschreibung von Männlichkeits- und Gender-Konzepten in der indischen Gesellschaft vgl. Krauß, *Männerbilder im Bollywood-Film. Konstruktionen von Männlichkeit im Hindi-Kino*, S. 61–68.
24 Vgl. John Fiske: *Understanding Popular Culture.* London/New York 1989, S. 141.

penkultur ausmachen, die nicht zuletzt mit ökonomischen Faktoren zusammenhängt. Die (Groß-)Familie bedeutet für viele Menschen die einzige soziale Absicherung. Auch die *communitys* sexueller Minderheiten sind – unter anderem aus wirtschaftlichen Gründen – oft familienähnlich organisiert.

Der *family film* der 1990er Jahre – romantische Filme, die von Familie handeln und sich vorrangig an ein familiäres Middle-Class-Publikum richteten – lässt sich als Spiegelbild und Bestandteil einer Familienkultur lesen. Die westliche und wohl besonders die deutsche Bollywood-Rezeption hat sich auf diese Ausprägung des Hindi-Kinos fokussiert.[25] In Filmen wie KABHI KHUSHI KABHIE GHAM... (IN GUTEN WIE IN SCHWEREN TAGEN, Indien 2001) erscheint der Held vor allem als Bestandteil der Großfamilie. Männlichkeit geht hier also deutlich aus familiären Interaktionen hervor.

Mann und Familie

Auch über die Familienmelodramen der 1990er Jahre hinaus sind Familienanhängsel des Helden omnipräsent. Speziell die Mutter ist eine ikonisierte Figur im Hindi-Kino, die etwa Farah Khans selbstreferenzieller OM SHANTI OM (Indien 2007) parodiert. Selbst im vordergründig *formula*-fernen RANG DE BASANTI darf die *ma* nicht fehlen.

Populäre Hindi-Filme zeichnen jedoch nicht nur Idealbilder eines Familienkollektivs, etwa in Form des engen, harmonischen Bandes zwischen Sohn und Mutter, sondern lassen sich in vielen Fällen auch als Traumbilder einer gewissen Freiheit begreifen. So treten viele Filme für die Liebesheirat ein und kritisieren patriarchale Strukturen (meist ohne diese vollkommen in Frage zu stellen). Zahlreiche Protagonisten befinden sich in einer Coming-of-Age-Zeit vor der Ehe und damit in einer Phase, die einen relativen Ausbruch aus familiären Rollen erlaubt. Settings sind immer wieder schicke Highschools und Colleges, also Orte jenseits des Familienbandes. Steve Dernés ethnografische Studie zu nordindischen männlichen Kinogängern weist entsprechend darauf hin, dass diese Hindi-Filme häufig als Ausbruch aus familiären Restriktionen erleben: Im Lichtspielhaus könnten junge Männer ihren familiären Verpflichtungen entfliehen und von individueller Liebe und Liebesheirat träumen. Zugleich wenden sich die meisten männlichen Kinobesucher Derné zufolge gegen solche individuellen Liebeskonzepte in ihrer eigenen Lebenswelt und erachten diese in der Praxis als egoistisch und gefährlich für den Familienzusammenhalt.[26]

DIL DOSTI ETC ließe sich als «realistische» oder «alternative» Variante entsprechender Traumbilder von Individualität deuten. Die Hauptfigur Apurv ist ein orientierungsloser *slacker* und ein Einzelgänger ohne finanzielle Sorgen, dessen Familie nur noch ökonomische Bedeutung hat. Der Vater steckt ihm bei einem Treffen, das wie ein Geschäftsessen anmutet, ein Bündel Geldscheine zu, und die Zusammenkunft mit der Mutter auf einer Party verläuft ähnlich sachlich. Nach oberflächlichem Smalltalk begrüßt sie die nächste Bekanntschaft und

---

25 Vgl. Florian Krauß: *Bollyworld Neukölln: Migrant/innen und Hindi-Filme in Deutschland*. Konstanz 2012, S. 74f.

26 Vgl. Derné, Steve: *Movies, Masculinity, and Modernity. An Ethnography of Men's Filmgoing in India*. Westport 2000, S. 96ff. und S. 24f.

4 Mann und Familie: Apurv, seine Mutter und deren Personal Trainer.

lässt Apurv mit ihrem männlichen Begleiter, ihrem gut aussehenden, jungen *Personal Trainer*, allein. In seinem Bestreben, ein «authentisches», «rebellisches» Generationenporträt zu zeichnen, verlässt DIL DOSTI ETC also *formulas* des Hindi-Kinos wie das lang ersehnte Wiedersehen von Mutter und Sohn und schlägt ins andere Extrem um. Zentrale Ausprägungen der Interaktion Mann und Familie, die ich in meiner Arbeit über Bollywoods Männerbilder an Karan-Johar-Blockbustern dargelegt habe, die patriarchale, die idealisierte und die integrative Familie[27], kann man hier um die abwesende, unvollständige oder zerbrochene Familie erweitern. Angesichts der disfunktionalen oder mangelnden Familienbeziehungen, die die Hauptfigur Apurv prägen, hat seine individuelle Männlichkeit auch abschreckenden Charakter.

Einige Rezensionen zu Manish Tewarys Regiedebüt lobten diesen realistischen Männertypus[28], andere kritisierten die Teilnahmslosigkeit der Hauptfigur und bemängelten «no charisma and energy»[29]. Die mangelnde Fallhöhe des Helden, seine Defizite in punkto Dramatik und Emotionalität, hängen mit den mangelnden Restriktionen zusammen, denen dieser unterliegt. Statt einer fordernden Verwandtschaft gibt es regelmäßige Finanzspritzen durch den Vater, statt der großen Liebe, die im Heirats-Happy-End die Großfamilie erweitert, herrscht das Thema Sex vor. Apurv sucht regelmäßig eine Prostituierte auf und schläft mit verschiedenen Frauen, anstatt ihre «indische Ehre» zu achten wie mehr als zehn Jahre zuvor der von Shah Rukh Khan gespielte NRI[30]-Yuppie-Held Raj im richtungsweisenden *family film* DDLJ – DILWALE DULHANIA LE JAGENGE (WER ZUERST KOMMT, KRIEGT DIE BRAUT, Indien 1995). Eine mangelnde Einbindung in die Familie – so lässt sich aus der Figur des Apurv schlussfolgern – korrespondiert mit mangelnden *family values*.

In diesem Protagonisten tritt offensichtlich zutage, dass Maskulinität auch über das Verhalten gegenüber der Frau gekennzeichnet ist. So bilden Männlichkeit und Weiblichkeit – wie anhand des Modells *doing gender* skizziert wurde – in sich relationale Konzepte.[31] Folglich müssen Männerbilder in Zusammenhang mit Weiblichkeitsrepräsentationen gedacht werden.

---

27 Vgl. Krauß, *Männerbilder im Bollywood-Film. Konstruktionen von Männlichkeit im Hindi-Kino*, S. 82–102.
28 Vgl. o. A.: «Dil Dosti Etc (2007) – Movie Wallpapers, Movie Information and Story». In: *Bollywood New Releases*. http://bollywoodnewreleases.wordpress.com/2007/09/30/dil-dosti-etc-2007-movie-wallpapers-movie-information-and-story/ (12.5.2008).
29 Ruchi Naresh: «Dil Dosti: Brainless College Flick». In: *Rediff News*, 28.9.2007. http://www.rediff.com/movies/2007/sep/28dil.htm (12.5.2008).
30 Non-Resident Indian.
31 Vgl. Connell, *Der gemachte Mann. Konstruktion und Krise von Männlichkeit*, S. 63f.

5 College-Boys und -Girls in DIL DOSTI ETC.

Mann und Frau

Das Abhängigkeitsverhältnis zwischen den Geschlechtern zeigt sich deutlich in Familienkonstellationen: Das männliche Familienoberhaupt erlangt seine Vormachtstellung durch die Macht über die Frau, wie etwa im Familienmelodram KABHI KHUSHI KABHIE GHAM. Wichtige weibliche Rollen im traditionellen populären Hindi-Kino wie die der aufopfernden Mutter (*ma*) oder der gehorsamen Tochter (*beti*) definieren sich wiederum in Beziehung zu patriarchalen sozialen Strukturen.[32] Neben solchen familiären Funktionen fällt der Frau im Hindi-Mainstream-Film oft die Aufgabe zu, heterosexuelles Objekt im Loveplot zu sein. Die amourösen Verwicklungen zwischen den Geschlechtern äußern sich in DIL DOSTI ETC in Sexszenen, die für Bollywood-Verhältnisse realistisch und freizügig geraten sind und dem Klischee von «Liebesfilme[n] ohne Küsse»[33] (*Stern*) widersprechen. Auch auf dieser Ebene erfolgt eine Abkehr von *family values* und *formulas* beziehungsweise eine Annäherung an Darstellungsweisen, die sich im Hollywood-Film für Sexualität etabliert haben. Für die Thematisierung von Sexualität sind also nicht länger fantastische Song-and-Dance-Nummern zuständig, in denen die Grenzen zwischen (filmischer) Realität und Traum verschwimmen.

Die Selbstsicherheit, mit der Apurv die Frauen begehrt und bekommt, erinnert andererseits an traditionelle Geschlechterstereotype Bollywoods. Sie lässt an einen der beiden klassischen Liebhabertypen denken, die Sudhir Kakar dem Hindi-Kino attestiert: den Krishna-Lover. Dieser ist der aufdringliche Verehrer, dessen Kontakt zu Frauen anfänglich an Belästigung grenzt. Er verfolgt die Heldin immer und überall. Sie reagiert zunächst verärgert und widerwillig auf seine Zuneigungen.[34] Apurv, der intellektuell angehauchte, krausköpfige, schlaksige Junge aus besserem Hause, mutet wie eine modernisierte Version dieses Liebhabertypus an – ein Macho ohne offensichtliches Macho-Gehabe, ein Held ohne pathetisches Styling à la Lederjacke und Sonnenbrille. Apurvs Selbstgewissheit und seine Subjektposition – der Film handelt vorrangig von ihm und aus seiner Perspektive – oder allgemeiner der Typus des Krishna-Lovers spiegeln die «patriarchale Identitätslogik»[35] wi-

---

32 Vgl. K. Moti Gokulsing / Wimal Dissanayake: *Indian Popular Cinema*. Neu Delhi 1998, S. 42.
33 Christina Horsten: «Liebesfilme ohne Küsse». In: *Stern*, 18.10.2005.
34 Vgl. Sudhir Kakar: *Intime Beziehungen: Erotik und Sexualität in Indien*. Frauenfeld 1994, S. 51.
35 Siegfried Kaltenecker: *Spiegelformen: Männlichkeit und Differenz im Kino*. Frankfurt am Main 1996, S. 23.

6 ‹Realistische› Sexszene in Dil Dosti Etc: Apurv und eine seiner Eroberungen, Kintu (Ishitta Sharma).

der, die Siegfried Kaltenecker in seiner Untersuchung von Männlichkeit und Differenz im Kino beschrieben hat. Diese begreift Männlichkeit als universelles Prinzip, das heterosexuelles Begehren zum selbstverständlichen Fundament von Liebes- und Lebensverhältnissen macht.[36] Dil Dosti Etc zeigt den Coming-of-Age-Prozess in diesem Sinne als männliche Suche nach Liebeslust und Lebenssinn, in der die Frau nur den Status eines Objekts innehat, das es zu erobern gilt. Die Gewissheit, dass Liebes- und Lebensverhältnisse auf dem heterosexuellen Begehren des Mannes beruhen, ist auch in der zweiten Ausprägung des Liebhabers sichtbar, den Sudhir Kakar anführt und der ein anderes Männerbild zeichnet: Der Majnun-Liebhaber wurzelt in einer Mischung aus islamischen und hinduistischen Strömungen und ist nach dem tragischen Helden einer islamischen Liebesgeschichte benannt. Dieser verkraftet es nicht, dass die Geliebte Laila einen anderen Mann heiratet.[37] Hegemoniale Männlichkeit kommt hier in Form des romantischen, leidenden, sensiblen Liebhabers daher. Im «Jungsfilm» Dil Dosti Etc scheint diese Facette der Männlichkeitsdarstellung weitgehend getilgt, sieht man vom abrupten, dramatischen Ende ab, in dem Sanjay, von Freundin und *buddy* betrogen, in den Tod schreitet.

Deutlicher sichtbar sind Züge des Majnun-Liebhabers in den Anfangsszenen von Jab We Met: Der tragische Held Aditya Kashyap (Shahid Kapur) ist dem Selbstmord nahe, da die von ihm Geliebte einen anderen heiratet. Dem unglücklich Verliebten mangelt es an einer intakten Familie, die ihm in dieser Krisenzeit Halt bietet. Männlichkeit wird also erneut im Kontext der disfunktionalen und abwesenden Familie präsentiert, die abermals eine Familie aus höheren Gesellschaftskreisen ist. Der melancholische High-Society-Sprößling läuft mit gebrochenem Herzen durch die Straßen Mumbais, steigt wahllos in einen Zug und trifft auf das fröhlich aufgedrehte Sikh-Mädchen Geet (Kareena Kapoor). «Jab We Met turned the Dilwale Dulhania Le Jayenge formula on its head»[38], schrieb Kazmi in der *Times of India* zu der *romantic* oder *screwball comedy*, die wie der 1990er Jahre-Hit von der Begegnung eines ungleichen Paares auf einer Zugreise erzählt. Zum Auf-den-Kopf-drehen des Klassikers DDLJ – Dilwale Dulhania Le Jayenge, der in einer märchenhaften Panjab-Landidylle und in den Schweizer Bergen spielt, gehören in Jab We Met relativ realistische Indien-Bilder, die kaum noch *family-film*-typisch sind (zu Beginn sehen wir etwa einen Bettler am Straßenrand) sowie eine Neupositionierung der Genderrollen. Wenn der immer und überall präsente Krishna- oder Macho-Liebhaber hier überhaupt vertreten

---

36 Vgl. ebd. S. 7.
37 Vgl. Kakar, *Intime Beziehungen: Erotik und Sexualität in Indien*, S. 51.
38 Kazmi, «Box office 2007: Year of Experiments», ohne Seitenangabe.

ist, dann nicht in Form des Helden, der die Geliebte hänselt, wie etwa Raj in DDLJ – DILWALE DULHANIA LE JAYENGE, sondern in Gestalt der weiblichen Hauptfigur. Tough, allein reisend, lautstark und willens, ihren Geliebten aus einer niederen Kaste heimlich zu heiraten, kontrastiert Geet den introvertierten, melancholischen Aditya. Das Casting betont diese Gegenüberstellung:

7 Majnun-Liebhaber reloaded? – Aditya Kashyap (Shahid Kapur) in JAB WE MET.

Die für Bollywood-Verhältnisse burschikose und freche Kareena Kapoor spielt neben dem zartgliedrigen, vergleichsweise schmächtigen Jungstar Shahid Kapur.[39]

Das zunächst platonische Verhältnis, das sich zwischen den beiden Protagonisten entwickelt, erinnert an ein Männer- und Frauenbild zahlreicher anderer Hindi-Filme. Besonders Familienmelodramen von Karan Johar propagieren die Freundschaft zwischen den Geschlechtern als Selbstverständlichkeit und als Ausgangspunkt der heterosexuellen Liebesheirat. «Liebe ... Liebe ist Freundschaft. Ich kann nur die lieben, die auch meine beste Freundin ist», philosophiert etwa Rahul (Shah Rukh Khan) in KUCH KUCH HOTA HAI und propagiert einen Liebesbegriff, der zumindest die relative Gleichberechtigung der Frau beinhaltet. Ähnlich wie «moderne», «individuelle» Helden jenseits familiärer Restriktionen ist dieses egalitäre Nebeneinander von Mann und Frau als Traum- oder Idealbild für indische Kinogänger deutbar. Die Geschlechtersegregation und die Benachteiligung von Frauen, die die Lebenswelt vieler Menschen in Indien prägen, scheinen aufgehoben. JAB WE MET pointiert die Gleichheit zwischen Mann und Frau, indem beide jeweils die Rollen des Anderen übernehmen. Sie wird zur leidenden Verlassenen, da ihr Geliebter nicht den Mut hat, mit ihr durchzubrennen. Er nimmt sich ihre positive Einstellung zum Vorbild und krempelt sein Leben um – ein Spiegelszenario in einem anderen Sinne als bei Siegfried Kalteneckers Theorieentwurf zu filmischen Männlichkeitsrepräsentationen.

Kaltenecker begreift das Spiegelszenario als Produkt einer patriarchalen Kultur. Der jedes Subjekt prägende symbolische Mangel wird dort allein der Frau zugeschrieben, während der Mann als vollständiges Wesen erscheint. Zahlreiche Hindi-Filme weisen eine entsprechende Männlichkeitsinszenierung auf, etwa wenn die Frau nur als «romantic interlude in the male-dominated three-hour storyline»[40] fungiert oder in Song-and-Dance-Nummern ausgestellt wird. Auch DIL DOSTI ETC beinhaltet den Auftritt eines *item girls*. Eine Männlichkeitsinszenierung gemäß dem Spiegelszenario zeigt sich in dieser stereotypen Frauenfigur, die von der restlichen Handlung losgelöst ist und in erotischer Pose tanzt, auf besonders signifikante Weise.

Speziell in *buddy movies*, die wie Tewarys Spielfilmdebüt von Männerbünden handeln, bürgen solche Einsprengsel in weiblicher Gestalt dafür, dass die männlichen Protagonisten heterosexuell sind. Frauen treten in DIL DOSTI ETC nicht nur als erotische oder romantische

---

39 Zwischen den beiden Darstellern hat es Medienberichten zufolge zeitweise auch im echten Leben gefunkt. Kareena Kapoors kontroverses sexy Image wird in KABHIE KHUSHI KABHIE GHAM deutlich.
40 Indu Ramchandani: «Women. Source of Strength or Stereotype?». In: Govind Nihalani Gulzar / Saibal Chatterjee (Hrsg.): *Encyclopaedia of Hindi Cinema*. Neu Delhi, Mumbai 2003, S.383–390, hier S. 386.

Beigabe in Erscheinung, sondern auch indirekt in Gesprächen und Liedern der jungen Männer. Ein Beispiel ist der sexistische Witz, den Sanjays *buddy*-Anhang– ein schmächtiger, hinkender Schnorrer – reißt: Er habe eine Geschäftsidee: Wenn man all die Mädchen mit ihren Löchern und unserem Stoff zusammenbrächte, könnte man Moskitonetze fabrizieren.

Eine frauenfeindliche Ideologie lässt sich nicht allein in solchen Dialogen ausmachen, die durch ihre Anzüglichkeit einem familientauglichen *All-India-Film* widersprechen und auch in Internetforen Kritik erfuhren.[41] Als misogyn könnte man auch einstufen, dass das «Geistige» eindeutig männlich charakterisiert ist. Besonders im Zusammenspiel mit dem Collegegirl Kintu (Ishitta Sharma), für die alles schwarz und weiß ist, erscheint Apurv als intellektueller Held, der auch die Grautöne anerkennt, wie es ein Dialog zwischen beiden explizit formuliert. Als sich beide das erste Mal begegnen, liest Kintu Modemagazine und Apurv ein Buch. Die Figurenzeichnung knüpft an eine stereotype Differenzierung zwischen männlichem Geist und weiblicher Unbeschwertheit an. Ähnlich wie im klassischen Hollywood-Kino finden sich vielschichtigere Frauen- bzw. Genderbilder vielleicht eher in der *romantic* oder *screwball comedy* als in einem männerdominierten *buddy movie*.

Verweise auf Texte westlicher Populärkultur wie den Hanif-Kureishi-Roman *Love in a Blue Time*, den Apurv durchblättert, die Kultfilme TRAINSPOTTING (GB 1996) und A CLOCKWORK ORANGE (GB 1971), deren Plakate sein Wohnheimzimmer zieren oder ein Che-Guevara-T-Shirt, das er trägt, unterstreichen die Intellektualität des «alternativen» Helden. Solche Insignien einer westlichen Populär- und Protestkultur illustrieren auch seine Zugehörigkeit zur *upper class*. Differente soziale Milieus spielen in den Kumpelfiguren des Films eine wichtige Rolle. Apurv und Sanjay zeichnen hier unterschiedliche Ausprägungen von Männlichkeit, die mit unterschiedlichen Verhaltensweisen gegenüber der Frau korrespondieren.

Mann und Mann

Der grundlegende Kontrast zwischen Apurv und Sanjay zeigt sich bereits in der erwähnten Wette, die DIL DOSTI ETC als Handlungsgerüst dient: Während Apurv in «love» nicht mehr als ein «four letter word» sieht (so seine englischen Worte in der Originalfassung) und mit vielen Frauen schlafen will, hält Sanjay Polygamie für falsch und ist auch sonst ein «Mann mit Grundsätzen». Er lebt nicht in den Tag hinein wie Apurv, sondern tritt bei den Collegewahlen an – wobei die Inhalte seines unipolitischen Engagements diffus bleiben. Neben der scheinbaren Abwesenheit politischer Inhalte fällt auch die brachiale, sadistische Gewalt auf, mit der das Ziel der Machtergreifung verfolgt wird. Als die beiden politischen Lager – zwei Cliquen von Jungs – sich eine Verfolgungsjagd liefern, kommt zufällig Prerna (Nikita Anand) dazu, Sanjays spätere Freundin, und beäugt die Schlägerei. Gewalt und Politik sind hier eindeutig männlich konnotiert, ähnlich wie in RANG DE BASANTI, wo die Helden einen Märtyrertod sterben und ihre Freundinnen als Witwen zurückbleiben.[42]

---

41 Vgl. Kommentar von Aksha Nanda: «Cult Film – No Stars Acting, no Big Publicity Just Pure Reality». In: *IMDb The Internet Movie Data Base*, 29.11.2007. http://www.imdb.com/title/tt1099196/usercomments (12.5.2008).

42 Es wäre allerdings verkürzt, dem kommerziellen indischen Kino im Allgemeinen eine entsprechende Genderstereotypisierung zu attestieren. Gegenbeispiele sind Shekar Kapurs BANDIT QUEEN (Indien/

In DIL DOSTI ETC ist die Involvierung in gewalttätige Ausschreitungen aber nicht nur eine Gender- sondern auch eine Klassenfrage. Nicht allein Prerna, die eine Karriere auf dem Catwalk statt auf politischem Parkett verfolgt, sondern auch Apurv hält sich aus den Schlägereien heraus – sein politisches Engagement beschränkt sich auf das Tragen eines Che-Guevara-T-Shirts. Sowohl Prerna als auch Apurv stammen aus reichem Elternhaus und schreiben Sanjay aus ihrer privilegierten Position

9–10 Mann und Mann: homosoziale ‹Späße› in DIL DOSTI ETC.

wortwörtlich «*middle class values*» zu. Ihre Schichtzugehörigkeit und die Ablehnung von «*middle class shit*» (Prerna) werden auch in einem sexuellen «*anything goes*» sichtbar, das schließlich im gemeinsamen Geschlechtsverkehr kulminiert.

Der indischen Tageszeitung *The Hindu* zufolge stellt Tewarys Jugenddrama in seinen beiden Männerfiguren, dem «traditional boy from Bihar» und dem «rich modern-looking guy»[43] das Liberale und das Konservative in der indischen Gesellschaft, gegenüber.[44] Diese Kontrastierung tritt auch in einer Auseinandersetzung zwischen Sanjay und seiner Modelfreundin deutlich zutage: Sie führt ihm den Bikini vor, den sie bei einem anstehenden Schönheitswettbewerb tragen will und er fragt entsetzt, was seine Familie dazu sagen soll und verweist, wenn man so will, auf *family values*. Das High-Society-Girl bricht in Lachen aus und antwortet auf Englisch: «Don't worry. No one is going to rape me there. They might just jerk off.» Sanjay holt einen Revolver aus der Schublade, hält ihn Prerna auf den blanken Bauch und präsentiert patriarchale Geschlechterhierarchien. Die Frau gilt es demnach zu kontrollieren.

Das Aufeinandertreffen zwischen «modernen» und «traditionellen» Lebenswelten ist ein grundlegendes Thema des Hindi-Kinos und wird oft über Genderthemen abgehandelt, beispielsweise über die Rolle der Frau (siehe Prerna), über die Kontrastierung von arrangierter Ehe und Liebesheirat oder über zwei unterschiedliche *buddys* wie in DIL DOSTI ETC.

Auch in TRAFFIC SIGNAL zeigt sich der Grundkonflikt. Der Episodenfilm versucht, die Mumbaier Bevölkerung in ihrer größtmöglichen Bandbreite am Beispiel einer Straßen-

---

GB 1994), Santosh Sivans THE TERRORIST (Indien 1999), Mani Ratnams DIL SE (DIL SE – VON GANZEM HERZEN, Indien 1997), aber auch eine Reihe von *revenge stories* aus den 1980er Jahren, in denen Frauen in eng anliegender Kleidung sexy Rache nehmen. Vgl. zu der letzten Gruppe von Filmen Lalitha Gopalan: *Cinema of Interruptions*. London 2002, S. 34–62.

43 Madhur Tankha: «Of Friendship, Voyeurism, Love and Betrayal». In: *The Hindu*, 20.3.2007. http://www.thehindu.com/2007/03/20/stories/2007032011070200.htm (12.5.2008).

44 Vgl. ebd., ohne Seitenangabe.

kreuzung abzubilden, was zur Betrachtung von «modernen» und «traditionellen» Lebenskonzepten führt. Das auf Realitätsnähe bedachte Unterfangen unterscheidet sich vom klassischen Hindi-Film und markiert zunehmende Schnittstellen zwischen indischem Kommerz- und Kunstkino; zugleich findet eine Anknüpfung an bekannte Stereotype statt: So sind Reiche etwa schurkenhaft negativ gezeichnet und dreht sich der Loveplot, wie in vielen anderen Hindi-Filmen, um den Jungen aus der Stadt und das Mädchen vom Land.[45] TRAFFIC SIGNAL findet an dieser Stelle allerdings weniger Beachtung, um eine entsprechende männliche Konnotierung von Moderne zu belegen, sondern vielmehr um *queere* Männlichkeitsrepräsentationen zu illustrieren.[46] Sexuelle Minderheiten sind hier als Bestandteil des heterogenen Mumbay-Ensembles vertreten und bestehen aus einem «tuntigen» Sexarbeiter, den man vielleicht als «schwul» titulieren könnte, aus einem Designer, der, salopp formuliert, als «Modeschwuchtel» in Erscheinung tritt sowie aus einer Gruppe von *hijras*. Männerrollen jenseits des «heterosexuellen Mainstreams» treten also deutlich feminisiert auf, eine Form der Repräsentation, die Marco Spiess auf der deutschsprachigen Bollywood-Website *molodezhnaja* kritisierte:

> «Was ich indes nie kapieren werde, ist, wann indische Filmemacher merken, dass auch maskuline Männer schwul sein können. TRAFFIC SIGNAL zeigt einen leicht weibischen Kerl als Gay-Callboy und Nervensäge Bobby Darling in seinem typischen Tuntenpart. Vielleicht passt es besser ins Bild, Schwule als Eunuchen und Freaks ins Abseits zu stellen, den Mut, dieses Klischee zu brechen, bringt auch Bhandarkar nicht auf.»[47]

Die Kritik scheint berechtigt, betrachtet man die aufgeführten Stereotype. Die Neigung, «alternative Männlichkeiten» als übertrieben «weibisch» darzustellen, ist aus älteren westlichen Filmen bekannt. Andererseits verkennt eine entsprechende Einordnung, dass queere Männerbilder im Hindi-Kino zum Teil womöglich auf anderen Kategorisierungen beruhen als auf der Dichotomie hetero- vs. homosexuell. In TRAFFIC SIGNAL lassen sich deutliche Hinweise darauf finden, dass skizzierte Genderrollen wie *kothis* und *hijras* relevant sind und dass hegemoniale Maskulinität über den Penetrationsakt definiert wird. Die Szene, in der der «Gay-Callboy» (*molodezhnaja*) Gullu (Manish Mehta) schweren Schrittes von der Arbeit zurückkehrt, spricht Analverkehr auf sehr deutliche Weise an. Gullus Freier wird dabei nicht als sexuelle Minderheit ausgewiesen, sondern ist «normal» gekleidet. Er fällt nicht durch affektiertes Verhalten auf, ist mit einem heterosexuellen Kumpel im Rotlichtviertel unterwegs, scheint sich prinzipiell auch für Frauen zu interessieren und bleibt in der zitierten Auflistung bei Spiess unerwähnt. Die Darstellung folgt vermutlich der Unterscheidung in «empfangende» *kothis* und «aktive», «männliche» *panthis*. Hegemoniale Maskulinität wird an dieser Stelle durch ihr Kontrastbild, die feminisierte, queere Nebenfigur konstruiert. Das gilt auch insofern, als das der heterosexuelle Held Silsilia (benannt nach Yash Chopras Ehedrama, gespielt von Kunal Khemu) im Film einen deutlich größeren

---

45 Vgl. z.B. Filme, in denen sich NRIs eine Ehefrau in der indischen Provinz suchen wie etwa PARDES (Indien 1997) oder auch SWADES – WE THE PEOPLE (SWADES – HEIMAT, Indien 2004).
46 Zu queeren Männlichkeits-Repräsentationen im indischen Kino vgl. u.a. auch die bengalische Produktion JUST ANOTHER LOVE STORY (Indien 2010) und den Kurzfilm PINK MIRROR (Indien 2006).
47 Marco Spiess: «Filmbesprechung zu TRAFFIC SIGNAL» unter http://www.molodezhnaja.ch/trafficsignal.htm (12.5.2008).

11 Hijras in TRAFFIC SIGNAL.

Stellenwert einnimmt als die *hijras, kothis* und «Modeschwuchteln» und im Gegensatz zu ihnen über eine Liebesgeschichte verfügt. Auch der von Kritikerliebling Konkona Sen Sharma gespielten Sexarbeiterin Noorie wird – im Gegensatz zu ihrem queeren Kollegen Gullu – ein Liebesbegehren gestattet (wenngleich ein unglückliches). Dieses Privileg heterosexueller Figuren ließe sich unter Rückgriff auf Ansätze der *Queer Theory* als popkulturellen Bestandteil eines «Regime[s] der Heterosexualität»[48] beschreiben. Allein die Heterosexualität wird als normale und vorhandene Form der Liebe präsentiert. Am Rande thematisiert TRAFFIC SIGNAL diese Marginalisierung sexueller Minderheiten in den Medien: In einer Szene kommentiert eine Gruppe von *hijras* Flyer für die Mrs. und Mr. India-Wahl mit der Frage, warum es für sie keine entsprechende Veranstaltung gebe. Die Bemerkung lässt sich als Verweis auf eine «mediale Zwangsheterosexualität» deuten, ist aber vermutlich primär auf ihre komödiantische Wirkung hin angelegt.

Witzfiguren und Bösewichte sind das traditionelle Rollenrepertoire, das dem so genannten «Dritten Geschlecht Indiens» und anderen queeren Figuren am Rande der Handlung zusteht. Aufgrund einer entsprechend negativen Stereotypisierung schlummern interessantere Fälle zu queeren Männerbildern oft eher in Subtexten. Ältere Beispiele sind Song-and-Dance-Nummern in Filmen des «*angry young man*» Amitabh Bachchan, die das *buddy*-Bündnis besingen. Die Lobpreisungen der Männerfreundschaft überschreiten in punkto Emotionalität und Pathos oft Grenzen, die ein westlicher Mainstreamfilm für eine heteronormative Männlichkeit setzen würde[49] und ermöglichen ein *queer reading*.

Etc.

Eine Betrachtung von Männerbildern im Hindi-Kino darf Maskulinität nicht als monolithisches Gebilde auffassen und muss ihr Augenmerk auch auf Abweichungen von der hegemonialen «Norm» richten. Ein «*queerer* Blick» auf das Hindi-Kino, der hier angeschnitten wurde, könnte neben Repräsentationen sexueller Minderheiten und ihrer Inter-

---

48 Andreas Kraß: «Queer Studies – Eine Einführung». In: ders. (Hrsg.): *Queer denken. Gegen die Ordnung der Sexualität (Queer Studies)*. Frankfurt am Main 2003, S. 7–28, hier S. 17.

49 Vgl. Krauß, *Männerbilder im Bollywood-Film. Konstruktionen von Männlichkeit im Hindi-Kino*, S. 100ff. und Gayatri Gopinath: «Queering Bollywood: Alternative Sexualities in Popular Indian Cinema». In: Grossman, Andrew (Hrsg.): *Queer Asian cinema. Shadows in the shade*. New York 2000, S. 283–297, hier S. 290.

aktion mit dem Helden auch formale Mittel untersuchen. «[M]it der intensiveren Wahrnehmung des nicht-westlichen Queer Cinemas wird deutlich, dass lesbische, schwule, bisexuelle und transgender Identitäten nicht überall gleich konstruiert werden, sondern im Plural gedacht werden müssen und auch verschiedene Formen der filmischen Darstellung herausfordern»[50], schreibt Jan Künemund. Gerade die Kino-Kultur Bollywoods – «ein folkloristisches Straßentheater, das unbeabsichtigt einen Bertolt Brecht oder Jean-Luc Godard gibt»[51] – bietet interessante Anschauungsmaterialien nach Fragen einer «queeren Ästhetik», wenngleich die Filme, abgesehen von wenigen Ausnahmen wie MY BROTHER... NIKHIL (Indien 2005), kaum *Queer Cinema* im klassischen Sinne sind. Susan Sontags *Notes on Camp* (1969)[52] ließen sich hervorragend mit Werken des Hindi-Kinos bebildern. Multiplexfilme, die sich eher an urbane, besser gestellte Bevölkerungsgruppen richten, nähern sich in vielen Fällen an Darstellungskonventionen des westlichen Erzählkinos an und weisen ihre Künstlichkeit weniger exzessiv aus. Vielleicht verlieren sie dadurch an Doppeldeutigkeiten. Ein Beispiel ist die Small-Budget-Produktion DIL DOSTI ETC, deren männlichen Charaktere weniger vielschichtig wirken als die sensiblen, romantischen, tränenreichen Heldenfiguren, die besonders Shah Rukh Khan verkörpert hat. Solche Brüche der Männlichkeitsinszenierung und eine Flucht aus patriarchalen Strukturen in emotionale Song-and-Dance-Nummern scheinen passé.

Allerdings verfügt auch das vergleichsweise realistische Jugenddrama DIL DOSTI ETC über ambivalente *buddy*-Konstellationen und homosoziale Gesang- und Tanzeinlagen. Sanjays schmächtiger Kumpel, der ihn hinkend begleitet, ist der *sidekick* von Sanjay und sein größter Bewunderer (ähnlich wie Shreyas Talpade, der Darsteller des Sanjays, wiederum in OM SHANTI OM dem von Shah Rukh Khan gespielten Titelhelden loyal verbunden ist). Der schwächere, kleinere *buddy*-Anhang arbeitet der hegemonialen Männlichkeit der männlichen Hauptfigur zu und trägt tendenziell weibliche Züge. Solche Kombinationen tragen Züge eines queeren Pärchens, besonders dann, wenn Songtexte die Männerfreundschaft glorifizieren. Pathetische Lobpreisungen wie in einstigen Amitabh-Bachchan-Filmen sucht man in DIL DOSTI ETC vergebens, aber auch hier wird das homosoziale Beisammensein besungen. In einer realistisch in die Handlung integrierten Song-and-Dance-Nummer fährt die Hostel-Truppe um Sanjay feiernd in einem Bus umher. Die Jungs machen anzügliche Gesten und grölen den Refrain, den die englischen Untertitel mit *Push it on, pump it up, give us a hand* wiedergeben. Die Möglichkeit, die ausgelassene Zusammenkunft junger Männer als Darstellung einer alternativen, queeren Männlichkeit zu deuten, machen weibliche Liebesobjekte am Wegesrand zunichte, aber auch homophobe Begriffe im Song und an anderer Stelle. «Bist du ein Homo?», will eine Jungsgruppe etwa wissen, die sich drohend vor dem ins Wohnheim heimkehrenden Apurv aufbaut.

---

50 Jan Künemund: «Queering What...? Was Queer Cinema ist – und warum es das noch gibt». In: *Teddy 22 Queer Film Award Programmheft*. Berlin 2008, S. 6–11, hier S. 10f.

51 Ashis Nandy: «Notes Towards an Agenda For the Next Generation of Film Theorists in India». In: *South Asian Popular Culture*, 1/2003, S. 79–84, hier S. 80. Deutsch zitiert in Schneider: «Ein folkloristisches Straßentheater, das unbeabsichtigt einen Brecht oder Godard gibt. Zur Kodierung von Emotionen im zeitgenössischen Mainstream-Hindi-Film», 2005, S. 137.

52 Susan Sontag: «Notes on Camp». In: dies.: *A Susan Sontag Reader*. New York 1982, S. 105–119.

Derné weist in seiner Medienethnografie darauf hin, dass Homophobie und Gerede über Frauen das erotische Band zwischen Männern neutralisieren und sieht hier eine Parallele zwischen den von ihm untersuchten nordindischen männlichen Kinogängern und westlichen Männerbünden wie Burschenschaften und Sportvereinen.[53] DIL DOSTI ETC spiegelt solche homosozialen Welten und ihre männlichkeitskonstruierenden Mechanismen wider.

Dernés Studie zeigt allgemeiner auf, wie auf der Rezipientenseite Gender- und Männerkonzepte «gemacht» werden. Die grobe Aufteilung in Interaktionsprozesse, nach der ich den vorliegenden Artikel strukturiert habe, ließe sich in Richtung der Zuschauerinnen und Zuschauer erweitern. *Gender display* und *gender attribution* gehen auch in der Rezeption von Filmen von statten. Bei aktuellen Multiplexfilmen stellt sich nicht nur die Frage nach neuen Darstellungsweisen, sondern auch nach Veränderungen beim Publikum. Wahrscheinlich konstruiert eine urbane, wohlhabende Zuschauerschaft Geschlechterrollen auf eine andere Art und Weise als das vorrangig aus Männern der Unterschicht und unteren Middle Class zusammengesetzte, homosoziale Publikum, dem sich Derné gewidmet hat[54] und das lange Zeit die wichtigste Zielgruppe der Mumbaier Filmindustrie bildete.[55] Durch Zielgruppen- und Distributionsverschiebungen wandeln sich also auch die Kontexte, in denen sich die Aneignung und Rezeption von Geschlechtersujets vollziehen.

An dieser Stelle standen Leinwandakteure im Mittelpunkt, die im Zusammenspiel bestimmten Formen von Maskulinität zuarbeiten. Das vorrangig betrachtete Coming-of-Age-Drama DIL DOSTI ETC weist misogyne Tendenzen auf und zeigt so, dass mit «neuen», auf «Realismus» ausgerichteten Darstellungsweisen im Hindi-Kino nicht unbedingt neue oder progressivere Genderrepräsentationen einhergehen. Zumindest der Episodenfilm TRAFFIC SIGNAL belegt, dass auch Multiplexfilme Gendergruppen wie *hijras* und *kothis* repräsentieren können. Ihre Bezeichnungen folgen anderen Regeln als das Begriffsmodell hetero-/homosexuell. Es ist anzunehmen, dass manche Zuschauerinnen und Zuschauer Gender-Konzepte entsprechend anders oder zusätzlich kategorisieren. Auch in diesem Sinne ist das «Etc» zu verstehen, das der Titel meines Aufsatzes zitiert.

---

53 Vgl. Derné: *Movies, Masculinity, and Modernity. An Ethnography of Men's Filmgoing in India*, S. 160.
54 Vgl. Steve Derné: *Movies, Masculinity, and Modernity. An Ethnography of Men's Filmgoing in India.* Westport 2000.
55 Vgl. R. Raj Rao: «Memories Pierce the Heart: Homoeroticism, Bollywood-Style». In: Andrew Grossman (Hrsg.): *Queer Asian Cinema. Shadows in the Shade.* New York 2000, S. 299–306, hier S. 303.

Meike Uhrig

Ins Blaue hinein
Übergangsmotive und Farbsymbolik kind(gött)licher Welten des indischen Films

der junge Krishna ziert als Motiv zahlreiche Poster. Seine Geschichten besitzen große Bedeutung im *Bhagavatapurana*[1] und werden traditionell im indischen Tanz nachgestellt. Dabei steht die Unbeschwertheit des verspielten Kindgottes mit der blauen Hautfarbe im Vordergrund, seine emotionale Hingabe und Liebe. Die Streiche, Frechheiten und wilden Abenteuer Krishnas werden als Symbole der Kindheit verehrt. In der indischen Gesellschaft steht die «schrankenlose und wohlwollende Nachsicht»[2] im Kindesalter der «unflexiblen Forderung nach absolutem Gehorsam und Anpassung an die familialen und sozialen Regeln»[3] späterer Jahre gegenüber und ist Sinnbild eines unbeschwerten, emotional geprägten Lebensabschnitts.

Um die Besonderheit der indischen Kindheit zu verdeutlichen, muss sie von der westlichen Vorstellung der Lebensphase unterschieden werden, in der diese in solcher Form schlichtweg nicht existiert. Der Indologe Axel Michales grenzt die beiden Konzepte in seinem Buch zum Hinduismus voneinander ab. Er schreibt:

> «Kindheit im Westen ist [...] im Grunde lebensfremd: Lernen wird von Erleben getrennt, Erziehung ist Erziehung mit Gleichaltrigen, und immer mehr Erwachsene haben keine Erfahrung mit Kindern. Kindheit in Indien ist anders: ein Leben mit vielen Kindern aller Altersstufen, in großen Familiengemeinschaften, mit relativ wenig schulischer Erziehung.»[4]

Die Kindheit in Indien besitzt einen Sonderstatus, der sie unterscheidet von der Alltagswelt späterer Jahre.[5] Ein indisches Sprichwort lautet: «Behandle Deinen Sohn in den ersten fünf Jahren wie einen Maharaja, in den nächsten zehn wie einen Freund, dann wie einen

---

1 12-teilige, heilige Schrift des Hinduismus mit besonderem Fokus auf die Inkarnationen Vishnus, speziell auf das Leben Krishnas.
2 Sudhir Kakar: *The Inner World. A Psycho-Analytic Study of Childhood and Society in India.* Neu Delhi 1978, S. 86f., übersetzt in Sudhir und Katharina Kakar: *Die Inder. Portrait einer Gesellschaft.* München 2006.
3 Ebd.
4 Axel Michaels: *Der Hinduismus. Geschichte und Gegenwart.* München 2006, S. 115.
5 Der Begriff der Kindheit findet sich in der westlichen Welt erst seit Zeiten der Industrialisierung, etwa seit Mitte des 19. Jahrhunderts. Zuvor galt das Kind als «kleiner Erwachsener», dem gleichberechtigte Rechte und Pflichte zukamen. Chudacoff beschreibt Kindheit entsprechend als kulturelles Konstrukt, dem spezifische Bedeutungen und Werte beigemessen werden. Vgl. Howard P. Chudacoff: *How Old Are You. Age Consciousness in American Culture.* Princeton 1992.

Sklaven.»⁶ Diese Einteilung deckt sich mit Schemata, wie sie sich in Sanskrit-Texten finden. Hier endet das Kindesalter, *kaumara*, mit dem fünften Lebensjahr, das Knabenalter, *pauganda*, mit zehn und die Adoleszenz, *kisora*, mit fünfzehn Jahren. «Danach beginnt die Jugend»⁷, so Indologe Axels Michaels – und damit eine neue Lebensphase. Gerade dieser Moment des Übergangs stellt in der indischen Kultur eine nahezu traumatische Erfahrung dar. Während die Kindheitsjahre besonders in der Obhut der weiblichen Familienmitglieder und anderer Kinder stattfinden – behütet bis verhätschelt und nahezu ohne festgelegte Grenzen – folgt mit der *yauvana*, der Jugend, der Schritt in die strenge, patriarchal geprägte Erwachsenenwelt.

Mit dem Übergangsmoment steht die Phase der Entwicklung des Ich-Bewusstseins aus dem kollektiven Unbewussten in Zusammenhang.⁸ Von Psychoanalytiker Jacques Lacan als «Spiegelstadium» bezeichnet, beschreibt diese die in den frühen Jahren der Kindheit stattfindende Bewusstwerdung der individuellen Identität bei Kleinkindern, die demnach in der Lage sind das «Selbst» vom «Anderen» zu unterscheiden.⁹ Dieser zentrale Konflikt zwischen dem «Ich» und dem kollektivistischen «Nicht-Ich» trifft in der indischen Gesellschaft auf das kulturell verankerte Bedürfnis nach Gemeinsamkeit. Denn: «Die Sehnsucht nach Gemeinschaft, die bestätigende Gegenwart anderer [...] ist das dominante Leitbild sozialer Beziehungen in Indien»¹⁰, so Psychoanalytiker Sudhir Kakar. Dieses Ideal bezeichnen die Psychologen Hazel R. Markus und Shinobu Kitayama als «Interdependent Construal of the Self»¹¹. Nach Markus und Kitayama besitzen unterschiedliche Kulturen unterschiedliche Auffassungen des Selbst, des Anderen und der Verbindung zwischen beiden Elementen. Im Gegensatz zum individualistischen, «Independent Self»¹², das besonders in westlichen Kulturen dominiere, basierten gerade asiatische Länder «on a fundamental *connectedness* of human beings to each other. A normative imperative of these cultures is to maintain this interdependence among individuals.»¹³ Damit einher geht ein Verständnis des Selbst als Teil einer sozialen Einheit, das jedes Verhalten des Individuums in Abhängigkeit setzt zu seinen Erwartungen bezüglich der Gedanken, Gefühle und des Verhaltens Anderer.

Diese Dualität zwischen Kollektiv und Individuum ist zentrales Thema im indischen Film, in dem kindliche Figuren eine Rolle spielen. Dabei lässt sich eine vergleichbare

---

6   Michaels, *Der Hinduismus. Geschichte und Gegenwart*, S. 117.
7   Ebd., S. 115f.
8   Vgl. Erich Neumann: *Ursprungsgeschichte des Bewusstseins*. Zürich 1949, vgl. auch Jacques Lacan: «The Mirror Stage». In: Anthony Easthope (Hrsg.): *Contemporary Film Theory*. London/New York 1993, S. 33–39; Carl Gustav Jung: *Die Archetypen und das kollektive Unbewußte. Gesammelte Werke*. Düsseldorf 1995; Freud, Sigmund: «Das Ich und das Es». In: ders. *Psychologie des Unbewußten, Studienausgabe*. Band III. Frankfurt am Main 1982, S. 273–325.
9   Bzw. das Unterscheiden des Ich – im Sinne des «*je*» – vom Ich – im Sinne des «*moi*», vgl. Lacan «The Mirror Stage».
10 Kakar, *The Inner World. A Psycho-Analytic Study of Childhood and Society in India*, S. 188., übersetzt in Sudhir und Katharina Kakar: *Die Inder. Portrait einer Gesellschaft*.
11 Hazel R. Markus, Shinobu Kitayama: «Culture and the Self: Implications for Cognition, Emotion and Motivation». In: *Psychological Review* 1991 (98), Nr. 2, S. 224–253, S. 226.
12 Ebd., S. 226.
13 Ebd., S. 227.

Struktur feststellen, nach der die Filme den Übergang auf allen ihren Vermittlungsebenen transportieren:[14] Während der zentrale Komplex des Antagonismus zwischen Kindheit und Erwachsenenwelt, bzw. zwischen kollektivistischem und individualistischem Ideal, auf *thematischer Ebene* dominiert, wird dieser auf *Handlungsebene* umgesetzt, indem eine Kindgottfigur stets einem oder mehreren Erwachsenen eine Welt der Emotionalität, des Übernatürlichen und des Kollektivs näherbringt. Dieser Übergang zwischen den Welten wird dabei realisiert durch wiederkehrende *Motive*, die eine grundlegende Gemeinsamkeit verbindet: Ihre Manifestation im Blauen. Es sind Motive wie der Himmel, das Wasser oder die Nacht, die einen Zugang zu einer kind(gött)lichen Perspektive ermöglichen. Diese Motive lassen sich wiederum mit dem Archetyp des Kindgottes bzw. seiner Inkarnation, dem blauhäutigen Krishna, in Zusammenhang bringen, der in Verbindung steht mit Assoziationen wie kindlicher Ausgelassenheit und Heiterkeit, aber auch mit dem Göttlichen oder dem Unendlichen – Assoziationen, die farbpsychologisch untrennbar mit der Wirkung der Farbe Blau und ihren Motiven verknüpft sind.[15]

Diese Motive möchte ich im Folgenden am Beispiel des Films TAARE ZAMEEN PAR (LIKE STARS ON EARTH, Indien 2007), des Kinderfilms THE BLUE UMBRELLA (Indien 2005) sowie des Familienfilms THODA PYAAR THODA MAGIC (EIN ENGEL ZUM VERLIEBEN, Indien 2008) untersuchen. Dabei werde ich bei der Analyse der Übergangsmotive auf psychoanalytische Ansätze zurückgreifen, die sich nach meiner Ansicht nicht zuletzt aufgrund ihrer starken Konzentration auf Phänomene wie die Entwicklung des Ich-Bewusstseins aus dem kollektiven Unbewussten besonders zur Untersuchung dieses, in Zusammenhang mit kollektivistischer und individualistischer Weltanschauung zentralen Komplexes des Übergangs zwischen Kindheit und Erwachsenenwelt eignen.[16]

Der Schirm in THE BLUE UMBRELLA

Der preisgekrönte Kinderfilm THE BLUE UMBRELLA von Vishal Bhardwaj erzählt die Geschichte der elfjährigen Biniya, die in einem kleinen Bergdorf im Norden Indiens lebt und überraschend Besitzerin eines mysteriösen blauen Schirmes wird, der eines Tages – wie durch ein Wunder – vom Himmel auf das Mädchen herabschwebt. Das «Erscheinen des blauen Schirms versetzt nicht nur Biniya ins Staunen – das gesamte Dorf blickt ehrfürchtig auf das wertvolle Stück. Besonders der habgierige Kaufmann des Dorfes, Nandkishore Khatri (Pankaj Kapur), versucht dem Kind den Schirm mittels Süßigkeiten, Rupien und faulen Tricks zu entlocken. Bis auch er schließlich realisieren muss, dass bestimmte Werte nicht mit Geld aufzuwiegen sind (Abb. 1). Die zentrale Bedeutung des Schirms wird be-

---

14 Zu Vermittlungsebenen des Films vgl. bspw. Per Persson: *Understanding Cinema. A Psychological Theory of Moving Imagery*. Cambridge 2003; Jens Eder: «Gefühle im Widerstreit: A Clockwork Orange und die Erklärung audiovisueller Emotionen». In: Anne Bartsch / Jens Eder / Kathrin Fahlenbrach (Hrsg.): *Audiovisuelle Emotionen. Emotionsdarstellung und Emotionsvermittlung durch audiovisuelle Medienangebote*. Köln 2007, S. 256–276.
15 Vgl. Susanne Marschall: *Farbe im Kino*. Marburg 2005; Eva Heller: *Wie Farben wirken. Farbpsychologie, Farbsymbolik, Kreative Farbgestaltung*. Reinbek bei Hamburg 2004.
16 Vgl. bspw. Neumann, *Ursprungsgeschichte des Bewusstseins*, aber auch Lacan, «The Mirror Stage».

1 Die Ankunft des Schirms: Bei ihrem Bad im Fluss – einem Initiationsritus im hinduistischen Glauben – erscheint Binya ein blauer Schirm, der scheinbar vom Himmel auf sie herabschwebt.

reits durch seine Ankunft verdeutlicht. Biniya wäscht sich am Fluss, als der Schirm auf sie herabschwebt. Ein Top-Shot zeigt das Mädchen, das die Ankunft des Schirmes bestaunt. Im Bildausschnitt rahmen Biniya und der herabschwebende Schirm den Fluss als kompositorischen Mittelpunkt des Bildes ein (vgl. Abb. 1). Der Fluss – als religiöses Symbol des Lebens und der Erneuerung – sowie das «Bad» Biniyas – ein traditioneller Ritus der Initiation – werden hier mit dem blauen Schirm als Motiv für das Übernatürliche und Göttliche bildkompositorisch verbunden.[17]

Die Wahl der Kameraperspektive, des Top-Shots, weist auf ein übernatürliches Geschehen hin. Als «göttlicher Blick» betont er die Untergebenheit und Bedeutungslosigkeit des Einzelnen. Auch durch die blaue Farbgebung, die den Schirm klar von seiner Umgebung unterscheidet, wird die Besonderheit dieses Motivs auf perzeptueller Ebene deutlich. Das idyllische Gebirge Nordindiens, in dem Biniya lebt, ist geprägt von erdigen Tönen. Besonders die Farben Braun und Grün dominieren die Landschaft. Gelbe Farbtöne sowie Facetten der Farbe Rot hingegen scheinen Biniya, der Hauptfigur des Films, vorbehalten. Nicht nur die Signalfunktion der roten Farbe, die das Mädchen schnell als Mittelpunkt der Handlung entlarvt, auch deren kontrastive Wirkung zum blauen Schirm sind hierbei elementar: Bereits Johann Wolfgang von Goethe stellte die Farben Rot und Gelb der Farbe Blau als gegensätzliche Pole seiner Skala «sinnlich-sittlicher Wirkungen»[18] gegenüber. (Abb. 2) Die aktive, lebhafte und energetische Wirkung von Biniyas Kostümierung steht demnach komplementär zu der des blauen Schirms, der mit passiveren Assoziationen wie der Reinheit, der Ferne oder der Distanz einhergeht.[19] Blau gilt in der Farbpsychologie entsprechend als die Farbe des Ungreifbaren und erhält hier zudem als hypothetisches Konstrukt der Unerreichbarkeit Bedeutung. Als «bilderloser Ort der Leere»[20] symbolisiert der blaue Schirm stets das, was auf ihn projiziert wird. Ähnlich einer Blue Box bietet er sich als Projektionsfläche für alle Facetten des Unterbewussten, die für jeden Betrachter das verkörpert, was in der Tiefe seines Herzens verborgen ist. Der Schirm ist Sinnbild der Träume und Wünsche, aber auch der Ängste des Projizierenden. So fungiert die Farbe als Leerstelle im Sinne Wolfgang Isers und erhält nicht zuletzt dadurch ihren besonderen, in-

---

17 Vgl. auch Irene Schütze: «Wasser, Wind und Regen: Bildwissenschaftliche Überlegungen zur Symbolik und Ästhetik der Naturphänomene in indischen Liebesszenen». In: Susanne Marschall / Rada Bieberstein (Hrsg.): *Indiens Kino-Kulturen*. Marburg 2013, S. 149–161.
18 Johann W. v. Goethe: *Farbenlehre. 3 Bände dtv Gesamtausgabe*. Bd. 40–42. München 1979.
19 Vgl. Marschall, *Farbe im Kino*, S. 59ff.
20 Marschall, *Farbe im Kino*, S. 65.

2 Bedeutungsvermittlung durch Farbgebung: Der blaue Schirm, der grüne Hintergrund, das rote Kostüm. Die Sequenz schafft Bedeutung durch ihre Farbgestaltung.

dividuellen Wert.[21] Der Wert des blauen Schirms in THE BLUE UMBRELLA liegt zudem in dessen Einzigartigkeit.[22]

Carl Gustav Jung bringt diese «schwer erreichbare Kostbarkeit»[23] in seiner Abhandlung zum Archetypen in Verbindung mit dem Spezialfall des in der indischen Mythologie zentralen Kindgott-Motivs. Nach Jung taucht dieser mythenbildende Komplex im kollektiven Unbewussten auf und «repräsentiert den vorbewussten Kindheitsaspekt der Kollektivseele.»[24] Er manifestiert sich demnach besonders in Zusammenhang mit dem sogenannten Individuationsprozess, einem Prozess, bei dem vorbewusste Vorgänge «allmählich in Form von mehr oder weniger gestalteten Phantasien direkt ins Bewusstsein übertreten oder in Form von Träumen bewusst werden, oder schließlich durch die Methode der aktiven Imagination bewusst gemacht werden.»[25] Der Komplex des Kindgotts ist demnach Symbol der Wandlung und «antizipiert im Individuationsprozess jene Gestalt, die aus der Synthese der bewussten und der unbewussten Persönlichkeitselemente hervorgeht.»[26] Als Symbol des Übergangs vereinigt er Vergangenheit und Zukunft gewissermaßen miteinander. Er ist Anfangs- und Endwesen und symbolisiert das «umfassende Wesen der seelischen Ganzheit»[27]. Er ist «ein Gegensätze vereinigendes Symbol, ein Mediator, ein Heilbringer, das heisst Ganzmacher.»[28] Nach Jung ist dieses «ewige Kind im Menschen»[29] zugleich Unangepasstheit und göttliche Prärogative.

Vor diesem Hintergrund wird der Besitzer des blauen Schirms zum Träger dieses kindgöttlichen Blicks auf die Welt. Dessen Bedeutung liegt in dem nicht greifbaren Wert des

---

21 Wolfgang Iser: «Die Appellstruktur der Texte. Unbestimmtheit als Wirkungsbedingung literarischer Prosa». In: Rainer Warning (Hrsg.): *Rezeptionsästhetik. Theorie und Praxis.* 4., unveränderte Auflage. München 1994, S. 229.
22 Den Ursprung der, mit der blauen Farbe einhergehenden, Assoziation des Wertvollen beschreibt Susanne Marschall in ihrem Buch zur Farbe im Kino. Sie schreibt: «Das echte Ultramarinblau der alten Meister zählt zu den teuersten Farben der Welt.» Grund dafür sei vor allem die Seltenheit blauer Blüten in der Natur. Vgl. Marschall, *Farbe im Kino*, S. 60.
23 Carl Gustav Jung / Lorenz Jung: *Archetypen*. München 2001, S. 173.
24 Ebd., S. 175.
25 Ebd., S. 173.
26 Ebd.
27 Ebd.
28 Ebd., S. 178.
29 Ebd.

Besonderen, «wie dem eines Regenbogens im Himmel oder eines Papierboots auf dem Wasser»[30] – wie der Ladenbesitzer Nandkishore Khatri überrascht feststellen muss – und steht den materiellen Werten der Erwachsenenwelt entgegen. Erst als der gierige Kaufmann der Geschichte eben diesen Schritt der geistigen Erkenntnis geht, indem er der Gier und dem Streben nach materiellem Wert entsagt und stattdessen einen kindlich-göttlichen Blickwinkel auf die Welt einnimmt, erhält er den Schirm: Im strömenden Regen überreicht Biniya dem Kaufmann die Kostbarkeit.[31]

Die Übergabe des Schirms als «Symbol des Firmaments und des Königs»[32] ist traditioneller Gegenstand im hinduistischen Übergangsritual der Asketenweihe. Dem Gläubigen wird bei diesem Initiationsritus der Schirm überreicht, um ihm Würde und Kraft zu verleihen. Diese «zweite, ‹wahrhafte› Geburt»[33] ist für Männer «die Geburt in den Veda[34] und aus dem Veda, dem heiligen Wissen.»[35] Erst durch diesen Schritt wird der nun «Zweimalgeborene», der *dvija*, volles Mitglied der Gemeinschaft.[36] Mit dem Erhalt des Schirms durch Biniya wird auch der Kaufmann in THE BLUE UMBRELLA wieder Teil der Dorfgemeinschaft.

Das Motiv des Regens betont in dieser Sequenz als Konvention des indischen Films zudem die Bedeutung des Augenblicks. Irene Schütze schreibt zur Funktion des Regens im indischen Film:

> «Regenschauer [...] markieren in der indischen Natursymbolik dramaturgische Wende- und Höhepunkte: Sie untermalen wichtige Entscheidungen von Protagonisten, sie kündigen Begebenheiten an, die das Leben der Protagonisten grundlegend verändern, sie begleiten das Zusammentreffen von Liebenden.»[37]

Der blaue Schirm macht seinen Besitzer also zum Träger seines göttlichen Blicks auf eine Welt, die der individualistischen Konformität der Erwachsenenwelt entgegensteht. Er ist Symbol des rituellen Übergangs, Gegenstand der «Zweitgeburt» und weckt – insbesondere in seiner blauen Farbgebung – Assoziationen der Bedeutsamkeit, des Königlichen und Unerreichbaren. Diese wird durch den Einsatz des Elements Wasser – in Form eines Flusses bzw. Regenschauers – noch betont. Neben der symbolischen Ebene vermittelt der Film die zentrale Thematik der Bedeutsamkeit zudem auf diegetischer sowie auf perzeptueller Ebene durch die kameraperspektivische Inszenierung seines Erscheinens und den kontrastiven Einsatz seiner Farbgebung.

---

30 THE BLUE UMBRELLA. DVD. Vishal Bhardwaj. UTV 2010.
31 Vgl. hierzu auch die in der Farbpsychologie mit dem Blauen assoziierte, entspannende und horizonterweiternde Wirkung.
32 Michaelis, *Der Hinduismus. Geschichte und Gegenwart*, S. 107.
33 Ebd.
34 Sammlung religiöser, hinduistischer Texte, nach Michales «Quelle geoffenbarter Wahrheit, die religiöses Verdienst verschafft und aus dem sich alles übrige Heilswissen sowie sittliches Handeln ableiten lässt.» Ebd., S. 34.
35 Ebd., S. 107.
36 Vgl. Michaels, *Der Hinduismus. Geschichte und Gegenwart*, S. 107, vgl. auch Jan Gonda: *Ancient Indian Kingship from the Religious Point of View*. Leiden 1969, S. 22.
37 Schütze, «Wasser, Wind und Regen: Bildwissenschaftliche Überlegungen zur Symbolik und Ästhetik der Naturphänomene in indischen Liebesszenen». In: Susanne Marschall / Rada Bieberstein (Hrsg.): *Indiens Kino-Kulturen*. Marburg 2014, S. 150.

Auf die Funktion des Elements Wasser, das nicht nur Symbol der Bedeutsamkeit ist, sondern auch eine höchst immersive Wirkung besitzt, die den Zuschauer in ein Gefühl kollektivistischer Grenzlosigkeit einzuziehen vermag, werde ich im Folgenden am Beispiel von TAARE ZAMEEN PAR Genauer eingehen.

Das Wasser in TAARE ZAMEEN PAR

In TAARE ZAMEEN PAR fungiert das Wasser als Motiv des Übergangs zur kindgöttlichen Sichtweise. Nicht zuletzt durch die höchst immersive Wirkung des Elements schafft Aamir Khan in seinem Regiedebüt einen Zugang zur Innenwelt des achtjährigen Ishaan (Darshell Shankar).

Der Schüler, der unter einer unentdeckten Lese-Rechtschreib-Schwäche leidet, droht an den Anforderungen seines Umfelds zu scheitern. Der verträumte Sonderling hinterfragt in seiner kindlichen Sichtweise auf die Welt die temporeiche Zielstrebigkeit des Erwachsenenlebens und verliert als Konsequenz in dieser seinen Platz. Als seine verzweifelten Eltern ihn aus dem familiären Umfeld reißen und auf ein Internat schicken, scheint Ishaan endgültig in der Alltagswelt seiner Umgebung unterzugehen. Nur mit Hilfe seines Lehrers Ram Shankar (Aamir Khan) schafft er es schließlich, dennoch gesellschaftliche Anerkennung zu finden.

Das Motiv des Wassers dominiert innerhalb Ishaans Lebens- und Gedankenwelt. Er beobachtet schwimmende Fische anstatt mit seinen Schulfreunden zu spielen, baut im Unterricht ein Boot, das sich selbst anzutreiben vermag und schafft den endgültigen Durchbruch zur gesellschaftlichen Anerkennung mit einem selbstgemalten Bild, das ihn sitzend an einem See zeigt. Neben dem Schwimmen bestimmt auch das Fliegen Ishaans Welt: Flugzeuge, Raumschiffe oder Hubschrauber zieren die Tapete seines Kinderzimmers und beherrschen seine Gedanken. Wenn Ishaan in seinem Bett hinter blauen, im Wind wehenden Vorhängen träumt, geht selbst die Kameraführung in schlingernde, fließende Bewegungen über und simuliert die Aktivität eines Fliegenden (Abb. 3). Bereits der erste Blick auf Ishaan wird über sein Spiegelbild auf der Wasseroberfläche eines Brunnens realisiert: Im Wasser schwimmen kleine Fische, eine Batterie liegt auf dem Grund, ein Flaschendeckel treibt an der Oberfläche. Eine langsame Pianomelodie aus dem Off übertönt das Kindergeschrei der Sequenz. Im Spiegelbild des Wassers taucht das gedankenverlorene Gesicht des Jungen auf; er teilt den Blick des Zuschauers. Ein Umschnitt erfolgt, die Blick-

3 Ishaans Traumwelt
Die Kamera nähert sich langsam dem schlafenden Ishaan: ihre schlängelnden Bewegungen sowie die wehenden Vorhänge und die Kinderzeichnungen von Flugzeugen, Hubschraubern und Raumschiffen an den Wänden des Kinderzimmers schaffen einen immersiven Zugang zu seiner Traumwelt.

richtung wechselt um 180 Grad und zeigt dem Zuschauer nun das Gesicht des achtjährigen Jungen in einer nahen Einstellung. Die Aufnahme wechselt dann in eine Halbtotale und zeigt, wie Ishaan gedankenverloren vor dem Brunnen seiner Schule kniet. Ein Perspektivwechsel lässt den Zuschauer erneut mit Ishaans Augen ins Wasser blicken, aus dem er mit einem kleinen Sieb die darin schwimmenden Fische fängt und diese dann in seine Trinkflasche gibt.

Der Zugang zur kindlichen Gedankenwelt Ishaans wird in dieser Eingangssequenz auf Ebene der filmischen Mittel geschaffen, die über die subjektive Kameraeinstellung eine identifikatorische Nähe zur Hauptfigur ermöglichen. Zudem wird der Übergang durch die immersive Wirkung des Wassers geschaffen. Romain Rolland beschreibt diesen Effekt des Elements in einem Brief an Sigmund Freud als «Ozeanisches Gefühl», als eine «Empfindung der ‹Ewigkeit›»[38], als Gefühl «von etwas Unbegrenztem, Schrankenlosen»[39], das einher gehe mit der Entsagung des Ich zugunsten des Kollektivs – dem «ego of the whole».[40] Im «Ozeanischen Gefühl» findet dieses kollektivistische Ideal der indischen Gesellschaft seine Entsprechung und ist zugleich unweigerlich verbunden mit der kindlichen Wahrnehmungswelt. Denn nach Freud basiert dieses Gefühl der Entgrenzung auf der Erinnerung des Menschen an das Säuglingsstadium, das keine «Loslösung des Ichs von der Empfindungsmasse»[41] seiner Umwelt kenne. Entsprechend dient das Motiv des Wassers als dessen Symbol.[42]

Die Simulation dieser Gefühle im Kino schafft so Gegenwartsmomente im Sinne des Psychoanalytikers David N. Stern.[43] Demzufolge unterteilen Menschen ihr Erleben in Gegenwartsmomente der subjektiven Erfahrung. Diese Gegenwartsmomente sind Phänomene des «intersubjektiven Kontakts»[44], Momente, in denen der Zuschauer auf tief in seinem Unterbewussten verankerte Komplexe trifft, die nach Freud zu einer «Auflösung des Ich-Gefühls in einem großen Ganzen»[45] führen. Das Element des Wassers wird dabei, als Archetyp im Sinne Jungs, universell als Ursprung des Lebens begriffen sowie als dessen Ende. Ähnlich ist auch die Fähigkeit zu fliegen ein universeller Wunsch, der im Menschen ebenso tief verankert ist, wie die Verbindung zur archetypischen Ikonografie des Wassers.[46]

Sowohl das Fliegen als auch das Schwimmen – sowohl das Element Luft als auch das Element Wasser – dienen der Inszenierung von «Kippmomenten»[47], indem sie eine höchst

---

38 Sigmund Freud: «Das Unbehagen in der Kultur». In: Freud Studienausgabe Band IX: Fragen der Gesellschaft, Ursprünge der Religion. Frankfurt am Main 2000, S. 197.
39 Ebd.
40 Stanley N. Kurtz: All the Mothers are One. Hindu India and the Cultural Reshaping of Psychoanalysis. New York 1992, S. 101; vgl. auch Michaels, Der Hinduismus. Geschichte und Gegenwart.
41 Sigmund Freud, «Das Unbehagen in der Kultur», S. 199.
42 Vlg. dazu auch Marschall, «Ozeanische Gefühle. Augenblicke der Ich-Entgrenzung im Film».
43 Daniel N. Stern: Der Gegenwartsmoment. Veränderungsprozesse in Psychoanalyse, Psychotherapie und Alltag. Frankfurt am Main 2007.
44 Ebd., S. 88.
45 Sigmund Freud: «Das Unbehagen in der Kultur», zitiert nach Marschall, «Ozeanische Gefühle. Augenblicke der Ich-Entgrenzung im Film», S. 89.
46 Vgl. hierzu Jung/Jung, Archetypen.
47 Marschall, «Ozeanische Gefühle. Augenblicke der Ich-Entgrenzung im Film», S. 90.

4 Immersion in die Gedankenwelt Ishaans: Ishaan betrachtet eine Wasserflasche, das Bild wechselt in eine subjektive Einstellung, die verschwimmt und schließlich in eine Trickaufnahme überblendet, die Ishaans Gedanken illustriert.

immersive Wirkung erzeugen, die den Zuschauer in TAARE ZAMEEN PAR in Ishaans Gedanken eintauchen lässt. Ishaan geht hier über das empirisch Mögliche hinaus und sprengt die Grenzen des Rationalen. Die Gedankenwelt Ishaans zeichnet sich dabei durch eine Irrationalität aus, die entwicklungspsychologischen Befunden zufolge der Wahrnehmungswelt von Kindern eigen ist. Demnach verändert sich diese primär sinnlich geprägte Wahrnehmung des Kindes erst im Laufe der Jahre in Richtung eines differenzierten, logischen und rationalen Denkvermögens, das die Wahrnehmungswelt Erwachsener bestimmt.[48] Ein Zugang zu dieser kindlichen Wahrnehmungswelt wird jedoch über das Motiv des Wassers ermöglicht.

Auf diese Weise funktioniert das Motiv auch in der Anfangsszene des Films: Der Zuschauer teilt Ishaans subjektive Sicht auf den Inhalt seiner Wasserflasche, in der kleine Fische schwimmen. Im Hintergrund toben Ishaans Schulfreunde ausgelassen. Die Aufnahme der Flasche verschwimmt und blendet über in ein Bild gezeichneter Fische, das lediglich in Ishaans Imagination existiert[49] (Abb. 4). Die Sequenz verdeutlicht den zentralen Konflikt zwischen Ishaan, der scheinbar als individuelles Selbst, dem «Ich», im Gegensatz zum indischen Kollektiv, dem «Nicht-Ich», steht.[50] Dieser Konflikt basiert auf dem zentralen kulturellen Bedürfnis nach Gemeinsamkeit. Ishaan hingegen verkörpert ein individualistisches Selbstverständnis und stellt damit ein Gegenbild zu dem kulturell tradierten Ideal dar. Über die immersive Wirkung des Wassermotivs schafft Khan eine Verbindung zu Ishaans Welt. Dieses dient dabei als eine gemeinsame Wahrnehmungsplattform und ermöglicht dem Zuschauer das, was dem Umfeld Ishaans scheinbar verborgen bleibt: Einen Zugang zu dessen kindlicher Sichtweise auf die Welt.

Die Dualität zwischen Außen und Innen, Individualität und Interdependenz, Anfang und Ende ist zentrales Thema des Films. Durch das Motiv des Wassers wird diese Dualität gebrochen. Das Wasser dient als Moment der immersiven Blickinszenierung, funktioniert als Symbol auf thematischer Ebene und stellt als archetypische Ikonografie eine Verbindung zu unterbewussten Komplexen des Zuschauers her, die eng mit der kindlichen Empfindungswelt verknüpft sind.

---

48 Vgl. bspw. Jean Piaget: *Der Aufbau der Wirklichkeit beim Kinde.* Stuttgart 1937.
49 Vgl. hierzu auch die filmische Konvention des Übergangs durch Blenden.
Vgl. auch die Darstellung der kindlichen Wahrnehmung Ishaans als nicht-realistische Form.
50 Vgl. zur Entwicklung des Ich-Bewusstseins aus dem kollektiven Unbewussten nach Neumann, *Ursprungsgeschichte des Bewusstseins.*

Der Himmel und die Nacht in Thoda Pyaar Thoda Magic

Das Motiv des Himmels und des Wassers sowie seine verwandten Aktivitäten des Schwimmens bzw. Fliegens finden sich als zentrale Elemente auch in Thoda Pyaar Thoda Magic. In diesem Film erscheint das Kindgöttliche in Form des Engels Geeta (Rani Mukerji), der aus dem Himmelreich auf die Erde herabsteigt, um den gefühllosen Unternehmer Ranbeer (Saif Ali Khan) zu bekehren. Der erfolgreiche Geschäftsmann, der unverhofft zum Vormund vierer Kinder erklärt wurde, findet keinen Zugang zu den Kleinen, die es sich ihrerseits zum Ziel setzen, dem gefühlskalten Ziehvater das Leben schwer zu machen. Mit Geetas Hilfe schafft Ranbeer jedoch das, was ihm seit frühester Kindheit verwehrt blieb – er beginnt zu fühlen und kann schließlich die Herzen der Kinder – und das Geetas – doch noch für sich gewinnen.

Der Engel Geeta verkörpert in dem Familienfilm Ideale der Kindheit, wie Emotionalität, aber auch das Übernatürliche und das Irrationale. Ähnlich dem Kindgott Krishna spielt Geeta Streiche und liebt das Freche und Wilde; sie steht für Unangepasstheit und göttliche Prärogative – das «göttliche Kind» im Sinne Jungs. Bereits der erste Blick auf den Engel entlarvt sie dabei als kindgöttlichen Archetypus: Der wilde Engel fliegt durch die Lüfte oder tanzt mit Delphinen und überschreitet dabei die Grenze des empirisch Möglichen. Ebenso verwischt in ihrer Umgebung jegliche Trennung zwischen den Elementen, wenn der tiefblaue Himmel ohne deutlich erkennbaren Horizont plötzlich in Form eines Wasserfalls in die Weiten eines schäumenden, türkisblauen Meers übergeht.[51] Auch das Himmelreich, aus dem Geeta herabsteigt, erscheint als laxe Mischung aus Elementen unterschiedlicher Weltreligionen in dessen Jenseits Engel leben, die gemeinsam mit einem bärtigen «Gott» in Menschengestalt Karma-Punkte an die Menschen auf der Erde verteilen. Geetas Welt ist dabei scheinbar – wie schon die Gedankenwelt Ishaans – geprägt durch die irrationale, phantastische Wahrnehmung ihrer kindlichen Perspektive.

Auch in Thoda Pyaar Thoda Magic ist der Einsatz der Farbe Blau zudem zentrales Motiv und symbolisiert den Übergang zwischen dieser kind(gött)lichen Dimension und der Erwachsenenwelt. Geeta, der ansonsten in «leerem» Weiß gekleidete Engel, trägt als einzigen Farbtupfer blauen Lidschatten um die Augen. Auch die Motive des Wassers und des Himmels werden universell mit der Farbe Blau verknüpft: Nach Wassily Kandinsky ist Blau «die Farbe des Himmels, so wie wir ihn uns vorstellen bei dem Klang des Wortes Himmel.»[52] Die Facetten ihrer monochromen Farbgebung sind vielfältiger als bei jeder anderen Farbe. Marschall und Fabienne Liptay schreiben: «Keine Farbe begegnet in solchen Größendimensionen wie das Blau des Himmels: Von Grauweiß, Graublau, Azur, Kobalt, Ultramarin bis zum tiefdunklen Blau der blauen Stunde, das mit Macht ins Schwarze zieht und dennoch leuchtet.»[53]

---

51 Vgl. hierzu die nicht rationale Wahrnehmung der Kindheit bspw. nach Piaget, *Der Aufbau der Wirklichkeit beim Kinde.*
52 Wassily Kandinsky: *Über das Geistige in der Kunst.* Bern 1952, S. 92.
53 Fabienne Liptay / Susanne Marschall: «Blau. Passage durch eine immaterielle Farbe»: In: *film-dienst* 2002, 10, S. 6–13, hier S. 8.

5 Das Blau der Nacht: Die Kinder schlafen im blauen Licht des nächtlichen Kinderzimmers. Hier schafft es Ranbeer, sich in die Gedankenwelt der Kleinen einzufühlen.

Kaum ein Motiv wird zudem so untrennbar mit dem Göttlichen in Verbindung gebracht wie der Himmel. Mit seinem Bild wird der Eindruck von Weite und Unendlichkeit verknüpft aber auch von Ferne. Der Himmel ist der Ort, an dem sich das Jenseits befindet und somit der Ort des Göttlichen. Er ist Hoffnungsträger auf ewige Glückseligkeit, auf das Übernatürliche, das Wunderbare. Entsprechend erfährt die Kindgott-Figur des Films – ebenso wie der Schirm in THE BLUE UMBRELLA – ihren Ursprung im Himmelreich.

In THODA PYAAR THODA MAGIC steigt der Engel auf die Erde herab, um Ranbeer, der Personifikation der Erwachsenenwelt mit ihren Pflichten, Reglements und ihrem Kalkül eine alternative Sichtweise, nämlich die des kind(gött)lichen Blickwinkels zu ermöglichen: Ein wenig Liebe – THODA PYAAR –, ein wenig Magie – THODA MAGIC. Dabei erfahren wir auch hier einen Augenblick des Übergangs: Im nächtlichen Schlafzimmer der Kinder beobachtet Ranbeer gemeinsam mit Geeta die schlafenden Kleinen. Der Raum erstrahlt in blauem Licht, als der Ziehvater sich zum ersten mal wirklich auf die Gefühlswelt der Kinder einlassen kann, in ihre Herzen blickt und ihre Träume wahrnimmt (Abb. 5). Das Blau des Raums gilt im Film seit Zeiten der Virage konventionell als Sinnbild der Nacht, das nach Jung wiederum elementares Motiv des Übergangs darstellt. Das Nächtliche symbolisiert demnach das Unbewusste, das «Dunkelheitsungeheuer»,[54] das der Kindgott in seinem Übergang zum Bewusstsein zu überwinden sucht. Die Nacht ist Ort der Dunkelheit und der vertieften Sinneseindrücke, in ihr findet das Unterbewusste der Träume, der Wünsche und Ängste statt. Darüber hinaus ist Blau «als reiner Farbraum ein bilderloser Ort der Leere, an dem es nichts mehr zu sehen gibt und der zugleich alles bedeutet, was sich nicht zeigen lässt.»[55] Das Blau der Nacht schafft so in THODA PYAAR THODA MAGIC einen Zugang zur Gedankenwelt der Kinder, die der Welt der Erwachsenen antagonistisch gegenübersteht.

Schlussbetrachtung

Ob der blaue Schirm in THE BLUE UMBRELLA, das Wasser in TAARE ZAMEEN PAR oder der Himmel und die Nacht in THODA PYAAR THODA MAGIC – alle drei Filme bedienen sich Motiven des Übergangs in kind(gött)liche Welten, die im Bild des blauen Kindgotts Krishna ihre Entsprechung finden.

---

54 Jung/Jung, *Archetypen*, S. 181.
55 Marschall, *Farbe im Kino*, S. 65.

Betrachtet man die verschiedenen Ebenen, auf denen Filme ihre Inhalte vermitteln, findet sich in allen drei behandelten Filmen zudem eine vergleichbare Struktur:[56] Auf thematischer Ebene behandeln sie die in der indischen Kultur zentrale Trennung zwischen der Kindwelt auf der einen und der Erwachsenenwelt auf der anderen Seite. Damit einher gehen Werte, Sichtweisen und Ideale, die sich komplementär gegenüber stehen. Auf zweiter, diegetischer Ebene findet stets ein Übergang der statischen, pflichtbewussten und regelkonformen Sichtweise der Protagonisten in die entgegenstehende kind(göttliche) Sichtweise statt, in der freigeistige Gedankenwelten, Emotionalität und Zeitlosigkeit dominieren. Sei es Ranbeer in Thoda Pyaar Thoda Magic, der Kaufmann in The Blue Umbrella oder die gesamte Gemeinschaft in Taare Zameen Par – stets werden die Akteure eines Besseren im Sinne Krishnas belehrt. Dabei steht immer eine kindgöttliche Figur im Vordergrund, die diese Werte verkörpert: Biniya, Ishaan und Geeta fungieren gewissermaßen als Inkarnationen Krishnas.

Die Übergänge in die kindgöttliche Sichtweisen dieser Figuren auf die Welt werden mittels wiederkehrender Motive geschaffen, die ebenfalls mit dem Göttlichen und dem Unendlichen in Verbindung gebracht werden: Das Übergangs-Motiv des Schirms als hinduistisches Symbol des Königlichen und des Firmaments, die Nacht als Übergang zwischen zwei Tagen, als Grenze zwischen dem Traumhaften und Unterbewussten und dem Bewusstsein, und das Wasser, das über das Ozeanische Gefühl eine Rückführung in die kindliche Empfindungswelt schafft – sie alle dienen als Motive des Übergangs in kind(gött)liche Sichtweisen.

Zudem stehen die Motive auf perzeptueller Ebene mit der Farbe Blau in Verbindung, die dem Kindgott-Motiv entsprechende Assoziationen weckt. Sie wird in Verbindung gebracht mit dem Königlichen, dem Wertvollen und dem Bedeutsamen und wirkt als Farbe der Unendlichkeit horizonterweiternd und entschleunigend.

So schaffen sowohl The Blue Umbrella, als auch Taare Zameen Par und Thoda Pyaar Thoda Magic durch den Einsatz dieser Übergangsmotive einen Zugang zu den kind(gött)-lichen Welten ihrer Protagonisten.

---

56 Vgl. hierzu das sechsstufige Modell der Filmverstehens von Per Persson in Persson, *Understanding Cinema. A Psychological Theory of Moving Imagery* bzw. das vierstufige Modell audiovisueller Emotionslenkung von Jens Eder in Eder «Gefühle im Widerstreit: A Clockwork Orange und die Erklärung audovisueller Emotionen».

Vera Cuntz-Leng

Kriket-Kriket
Cricket im zeitgenössischen indischen Kino

indi-Illustrierte wie *Kriket-Kriket*, *Cricket Samrat* oder *Cricket Today* fügen sich in ihrer Konzeption perfekt in den modernen indischen Lifestyle ein. Geboten werden dem Leser neben Informationen über den Sport an sich, aktuelle Turniere, Wissenswertes über die Stars der Mannschaften, auch Berichterstattung über andere Themengebiete wie Kino, Mode oder Fernsehen.[1] Dass Cricket in Indien ein fester Bestandteil der Populärkultur ist, wird in diesen Zeitschriften manifest. In ihnen offenbart sich die Fusion zweier Aspekte von Cricket, die im weiteren Verlauf dieses Essays von besonderem Interesse sein werden: Zum einen die tatsächliche Bedeutung des Sports für die heutige indische Gesellschaft und zum anderen seine vielfältige mediale Verwertung. Die mediale und die nationale Bedeutung des Sports gehören in Indien untrennbar zusammen, denn im indischen Kollektivverständnis ist Cricket weit mehr als nur ein Spiel.[2] Cricket in Indien und anderen Staaten des ehemaligen Commonwealths ist ähnlich wie der Fußball in Deutschland oder Großbritannien zu einem inoffiziellen Nationalsport und Massenphänomen avanciert. Während Cricket in Großbritannien nach dem Zweiten Weltkrieg mehr und mehr an Bedeutung verlor, stieg die Popularität von Cricket in Indien kontinuierlich an.[3] Besagte Magazine, Hörfunk, Fernsehen und das Kino thematisieren Cricket und machen den Sport zu einem essenziellen Bestandteil der indischen Alltagswelt und des indischen Selbstverständnisses. Ganz deutlich zeigt sich diese Verflechtung von Sport und Nation in der Darstellung von Cricket im Kino, wie nachfolgend an einigen einschlägigen Beispielen in eher episodischer Weise erläutert werden wird. Einblicke in die Geschichte von Cricket in Indien und seine gesellschaftliche Relevanz sollen dazu beitragen, die symbolische Verwendung des Sports in diesen Filmen deutbar zu machen. Es wird sich zeigen, dass Cricket ein nationaler Mythos ist, der über die Medien immer wieder neu beschworen wird[4]. Deshalb kommt auch der Darstellung von Cricket im Kino – beispielsweise in Form

---

1   Vgl. Arjun Appadurai: *Modernity at Large. Cultural Dimensions of Globalization.* Minneapolis/London 1996, S. 103.
2   Vgl. Boria Majumdar (Hrsg.): *Indian Cricket through the Ages. A Reader.* Neu Delhi 2005, S. 1.
3   Vgl. Michaela Maria Müller: *Cricket like Beckham. Cricket in Großbritannien und Indien seit dem 18. Jahrhundert.* Münster 2006, S. 3.
4   Vgl. Nalin Mehta: «Batting for the Flag: Cricket, Television and Globalization in India». In: *Sports in Society*, 12 No. 4/5, 2009, S. 579–599, hier S. 597ff.

von Radio- oder Fernsehübertragungen als Gruppenerlebnis – eine besondere Bedeutung zu. So nimmt das Kino selbst großen Anteil an diesem Prozess der Imagepflege – sowohl von Cricket als auch von dem damit zusammenhängenden indischen Selbstbild.

Sport und Kino – zwei indische Leidenschaften

Mumbai, die Millionenmetropole an der Westküste des Subkontinents, ist das Mekka der nationalen Filmindustrie. Bezeichnenderweise ist das heutige Mumbai auch die Geburtsstätte des indischen Crickets. Die Begeisterung der Inder für das Kino ist legendär, die Vorliebe für Cricket inzwischen schon regelrechtes Klischee. Doch die Beziehung von Indien zu dieser Sportart ist, vor dem Hintergrund der kolonialen Vergangenheit des Landes, eine Geschichte vieler Wandlungen. Im 19. Jahrhundert hatte Cricket noch die Funktion eines inoffiziellen Instruments der imperialen Kulturpolitik inne und diente zur Festigung der Bindung zum Empire, zur Erleichterung der Staatsgeschäfte zwischen den unterschiedlichen indischen Gemeinschaften und zur Vermittlung englischer Ideale wie Männlichkeit, Ausdauer und Vitalität, da die indische Gesellschaft von den Kolonisatoren als faul und verweichlicht betrachtet wurde.[5] Der indische Adel, der durch seine monetäre Stellung und ausreichende Freizeit zunächst als einzige Gesellschaftsschicht in der Lage war, das Spiel zu erlernen, nutzte Cricket, um mit den Mysterien des englischen Upper-Class-Lebens zu experimentieren.[6] Ab den 1930er Jahren musste Cricket aber zunehmend den unteren Schichten zugänglich gemacht werden, um genügend fähige Spieler zu finden und somit ein nationales Team aufstellen zu können, das es mit den britischen Gegnern würde aufnehmen können. Mit dieser Zielsetzung lag es auf der Hand, aus dem gesamten Pool indischer Crickettalente zu schöpfen. Cricket wie indischer Nationalismus wurden zu einer Massenbewegung. Ein homogenes Indien musste erfunden werden, um den Anforderungen des kolonialen Crickets entsprechen zu können.[7]

> «For the former colony, decolonization is a dialogue with the colonial past, and not a simple dismantling of colonial habits and modes of life. Nowhere are the complexities and ambiguities of this dialogue more evident than in the vicissitudes of cricket in those countries that were once part of the British Empire. In the Indian case, the cultural aspects of decolonization deeply affect every domain of public life, from language and the arts to ideas about political representation and economic justice. [...] there is a part of Indian culture today that seems forever to be England, and that is cricket.»[8]

Laut Edward Said endet Imperialismus nicht mit dem Abzug der Militärs, sondern wird auf politischer, ökonomischer und kultureller Ebene fortgesetzt.[9] Der Kulturanthropologe

---

5 Vgl. Appadurai, *Modernity at Large. Cultural Dimensions of Globalization*, S. 93.
6 Vgl. ebd.
7 Vgl. ebd., S. 98f.
8 Ebd., S. 89f.
9 Vgl. Edward W. Said: *Culture and Imperialism*. New York 1994, S. 9; María Do Mar Castro Varela / Nikita Dhawan: *Postkoloniale Theorie. Eine kritische Einführung*. Bielefeld 2005, S. 51.

Arjun Appadurai, der selbst indischstämmig ist, stellt jedoch im Verlauf seines Aufsatzes *The Decolonization of Indian Cricket* sehr eindrucksvoll heraus, dass im Falle des ‹Kulturguts Cricket› ein Prozess der Dekolonisierung stattgefunden hat, der den Sport von seinem imperialen Symbolgehalt abgelöst und in etwas «typisch Indisches» verwandelt hat.

Es lassen sich mehrere Gründe dafür finden, wieso ausgerechnet Cricket als Kulturprodukt einen Dekolonisierungsprozess erfahren hat. Nach dem niederländischen Kulturhistoriker Johan Huizinga – einem Vordenker der Game Studies – darf die Bedeutung von Sport für kulturschöpferische Prozesse gar nicht hoch genug eingeschätzt werden. Außerdem mobilisiert organisierter Sport gleichsam die Gefühle von Nationalität und Menschlichkeit, und im sportlichen Wettbewerb zeigt sich die Beziehung zwischen Freizeit und Vergnügen in modernen Industriestaaten.[10] Interessant ist, dass jedoch Huizinga die gesellschaftliche Wandlung der Bedeutung von Sport eher negativ bewertet:

> «Die Entwicklung des Sportwesens verläuft seit dem letzten Viertel des neunzehnten Jahrhunderts in der Richtung, daß das Spiel immer ernsthafter aufgefaßt wird. Die Regeln werden strenger und mit größeren Feinheiten ausgearbeitet. Die Leistungen werden höher geschraubt. Jedermann kennt die Stiche aus der ersten Hälfte des neunzehnten Jahrhunderts, auf denen die Kricketspieler Zylinderhüte tragen. Das spricht für sich selbst.»[11]

Durch die Verschiebung vom «heiligen»[12] zu einem fanatischen Ernst im Spiel sieht Huizinga eine zunehmende Sinnentleerung von Sport in seiner kulturschöpferischen Bedeutung, auch wenn er zeitgleich für die Teilnehmer und Zuschauer von sportlichen Wettkämpfen an Bedeutung gewinnt. Sport ist zu «einer unfruchtbare[n] Funktion geworden, in der der alte Spielfaktor zum großen Teile abgestorben ist.»[13] Auf dem Pitch geht es mittlerweile tatsächlich aggressiv und vielfach unsportlich zu, und zeitgleich ist das Publikum auf den unbedingten Sieg seines Teams aus. Die spielerische Komponente des Sports ist zugunsten des reinen Strebens nach Gewinn und technischer Finesse verdrängt worden. Man könnte behaupten, die kulturschöpferische Kraft von Cricket sei seit seiner Institutionalisierung in Indien auf seine nationalistische Wirksamkeit reduziert worden.

Die Medien sind an dieser Entwicklung nicht ganz unschuldig, und dies sollte im Hinblick auf die koloniale Vergangenheit Indiens differenzierter betrachtet werden. Bereits vor der Unabhängigkeit Indiens wurde der Prozess der Dekolonisierung von Cricket durch die Medien in Gang gesetzt. Ab 1933 konnten englische Cricketkommentatoren auf den Radios in ganz Indien empfangen werden[14], in den 1960er Jahren waren sie dann nicht mehr nur auf Englisch, sondern auch in Hindi, Tamil und Bengali zu hören. Die elementaren englischen Cricketvokabeln wurden landesweit bekannt und die englische Fachterminologie des Sports absorbiert. Die einheimische Literatur (Magazine, Lehrbücher etc.) übernahm die entscheidende Funktion, zwischen der englischen Sprache und den Einheimischen eine

---

10 Vgl. Appadurai, *Modernity at Large. Cultural Dimensions of Globalization*, S. 110.
11 Johan Huizinga: *Homo Ludens. Vom Ursprung der Kultur im Spiel.* Reinbek bei Hamburg 2006, S. 213.
12 Vgl. ebd., S. 27–30.
13 Ebd., S. 214.
14 Vgl. Richard I. Cashman: *Patrons, Players and the Crowd. The Phenomenon of Indian Cricket.* Hyderabad 1980, S. 145–146.

Brücke zu schlagen. So konnten auf Dauer die englischen Fachtermini des Sports fester lexikalischer Bestandteil der eigenen Sprache werden. Deshalb zeichnet sich die Sprache des indischen Crickets durch eine vielsprachige, hybride und postkoloniale Wirkung aus.[15] Seit Ende der 1960er Jahre veränderte sich die indische Cricketkultur durch das Fernsehen.[16] Der Sport war durch viele Pausen, sein Format und die räumliche Konzentration des Geschehens ideal für die Fernsehübertragung geeignet. Das Fernsehen vertiefte die nationale Begeisterung für Cricket – nicht zuletzt durch die visuelle Ikonisierung der Stars.

> «Television is at the cutting edge of the privatization of leisure in contemporary India (as elsewhere). As public spaces grow more violent, disorderly, and uncomfortable, those who can afford television consume their spectacles in the company of their friends and family. This is true of the great passions of the mass audience: sport and cinema. In the one case through live coverage and in the other through reruns and videocassettes, the stadium and the cinema hall are being replaced by the living room as the setting for spectacle.»[17]

Die Transformation von indischem Cricket seit der Unabhängigkeit 1947 in eine nationale Hauptattraktion hat vor allem den Grund, dass der Sport in Händen der indischen Medienwelt liegt, die die Begeisterung für Sport- und Cricketstars fördert. Es fand und findet eine Kommerzialisierung statt, wie sie Appadurai zufolge als exemplarisch für die Rekolonisierung der Welt durch die Kräfte internationalen Kapitals gesehen werden kann.[18] Der Unterhaltungswert trat zunehmend in den Vordergrund und wandelte auch das Spielverhalten an sich in entscheidendem Maße. Die Ablösung des Sports von viktorianischen Moralvorstellungen war notwendig, um das Spiel als Spektakel inszenieren und – in logischer Konsequenz – auch leinwandtauglich machen zu können.

Indische Cricketfilme, von denen seit dem Jahrtausendwechsel einige Produktionen in die Kinos kamen, folgen in der Regel typischen Standarddramaturgien des Sportfilms, wie sie auch vom Hollywoodkino mit Beispielen über Teamsportarten wie etwa dem Baseballfilm A LEAGUE OF THEIR OWN (EINE KLASSE FÜR SICH, USA 1992) oder der Filmkomödie COOL RUNNINGS (USA 1993) über die erste jamaikanische Bobmannschaft bekannt sind. Dabei hat die thematisierte Sportart zumeist nur marginalen Einfluss auf die Handlung – tatsächlich weisen all diese Filme große Ähnlichkeit in der Darstellung des Underdog-Mythos auf, unabhängig davon, ob es um Bobrennen oder um Cricket geht. Typisch für diese Filme ist die Verwendung eines einfach aufgebauten und wenig innovativen Rivalitäts-Plots[19], dessen glücklicher Ausgang zu Gunsten des Underdogs dem geschulten Genrezuschauer längst im Voraus bekannt ist. Dies mag einer der Gründe sein, warum Sport im Hollywoodkino, das sich aktuell vermehrt in alternativen Erzählexperimenten versucht, gegenwärtig nur im Bereich Einzelkämpfergeschichten/Kampfsport[20] erfolgreich ist. In Indien erfreut sich das Sportfilmgenre

---

15 Vgl. Appadurai, *Modernity at Large. Cultural Dimensions of Globalization*, S. 100.
16 Vgl. Müller, *Cricket like Beckham: Cricket in Großbritannien und Indien seit dem 18. Jahrhundert*, S. 55f.
17 Appadurai, *Modernity at Large. Cultural Dimensions of Globalization*, S. 101.
18 Vgl. ebd., S. 106.
19 Vgl. Ronald B. Tobias: *20 Masterplots. Woraus Geschichten gemacht sind*. Frankfurt am Main 1999, S. 177–186.
20 Als exemplarische Beispiele sollen an dieser Stelle das oscarprämierte Melodram MILLION DOLLAR BABY (USA 2004) von Clint Eastwood, die Neuaufgüsse ROCKY BALBOA (USA 2006) und THE KARATE

dagegen nach wie vor großer Beliebtheit. Der erfolgreiche Hockeyfilm CHAK DE! INDIA (CHAK DE! INDIA – EIN UNSCHLAGBARES TEAM, Indien 2007) mit Shah Rukh Khan, die indisch-britische Koproduktion DHAN DHANA DHAN GOAL (GOAL, GB/Indien 2007) über eine indische Fußballmannschaft in Großbritannien, außerdem die aktuellen Cricketfilmproduktionen FERRARI KI SAWAARI (Indien 2012), PATIALA HOUSE (Indien 2011) und DIL BOLE HADIPPA! (MEIN HERZ RUFT NACH LIEBE – DIL BOLE HADIPPA!, Indien 2009), in dem die cricketvernarrte Schauspielerin Veera (Rani Mukherjee) als Mann verkleidet im indischen Nationalteam mitspielt, sind Beispiele für den anhaltenden Trend der Mannschaftssportverfilmungen in Indien.

Aus dieser Aufzählung ist CHAK DE! INDIA der derzeit erfolgreichste Sportfilmexport. Hier trainiert Shah Rukh Khan in der Rolle des ehemaligen Starspielers Kabir Khan, der in Ungnade gefallen ist, die frisch zusammengestellte indische Hockey-Frauennationalmannschaft. Im Vorjahr war Khan bereits in KABHI ALVIDA NAA KEHNA (BIS DASS DAS GLÜCK UNS SCHEIDET, Indien 2006) als Profifußballer zu sehen gewesen, der nach einer Knieverletzung den Sport für immer hatte aufgeben müssen. Da auch Cricket nach wie vor ein präsentes Thema im indischen Kino ist, wird dieser Sport sowohl in CHAK DE! INDIA als auch in KABHI ALVIDA NAA KEHNA zumindest am Rande thematisiert. Dass es ausgerechnet in diesen beiden Erfolgsfilmen aber nicht hauptsächlich um Cricket geht, hat mutmaßlich zwei Gründe: Cricket ist zum einen als das «Gentleman's Game»[21] schlechthin nicht als reiner Damensport vermarktbar, obgleich Indien seit den 1970er Jahren auch über eine recht erfolgreiche Damen-Nationalmannschaft verfügt. Deshalb wurde für CHAK DE! INDIA der national wenig vorbelastete Hockeysport als Filmthema gewählt, denn auf diese Weise entzieht der Film sich der Gefahr, bei einem männlichen indischen Publikum auf Ablehnung zu stoßen und kann gleichzeitig ein junges, weibliches Publikum anlocken. KABHI ALVIDA NAA KEHNA wiederum wählt den Fußball als Sport, um auf einem internationalen Filmabsatzmarkt bestehen zu können, der die Faszination für Cricket nicht in dem Maße teilt wie Staaten des ehemaligen Commonwealth.

LAGAAN und danach: Cricket als indischer Mythos

Gegen die Vermutung, Cricket sei als Filmthema für die Zuschauer westlicher Industriestaaten unattraktiv, spricht allerdings Ashutosh Gowarikers Erfolgsfilm LAGAAN: ONCE UPON A TIME IN INDIA (LAGAAN – ES WAR EINMAL IN INDIEN, Indien 2001), der auch mit dem inhaltlichen Fokus auf Cricket ein internationales Publikum begeistern konnte. Das David-und-Goliath-Märchen um ein Cricketspiel, welches über Leben und Tod einer indischen Dorfgemeinschaft entscheidet, war einer der ersten indischen Filme, die in deutschen Kinos liefen und wurde mit zahllosen internationalen Auszeichnungen sowie einer Oscarnominierung bedacht.[22] LAGAAN bildete die Initialzündung für eine Welle von Sport- und

---

KID (USA/China 2010), das bewegende Wrestling-Filmdrama THE WRESTLER (USA/Frankreich 2008) mit Mickey Rourke und die Boxer-Biografie THE FIGHTER (USA 2010) genügen.

21 Der Begriff ist weitläufig für verschiedene Sportarten verbreitet, die im viktorianischen Zeitalter in Großbritannien populär waren: Cricket, Fußball, Rugby, Polo, Golf.

22 Srimati Basu hat die Gründe, warum LAGAAN im Endeffekt keinen Oscar gewann, sehr pointiert ausgedrückt: «That there would be no Oscar was a foregone conclusion, because too much of the

Cricketfilmen in Indien – so auch CHAK DE! INDIA – deren Produktion und Kassenerfolg vor LAGAAN undenkbar gewesen wären.[23]

> «Yet earlier films on cricket—KABHI AJNABI THE [1985][24], starring cricketer Sandeep Patil, ALL ROUNDER [1985][25], CRICKETER [1985][26], featuring Kapil Dev, India's cricket captain and the star of the 1983 victory, and English fast bowler Bob Willis in special appearances, and AWWAL NUMBER [1990][27]—have been some of the biggest disasters of recent times. [...] LAGAAN was the only sport/cricket film that not only achieved phenomenal success, but has also achieved cult status as the first ‹crossover› Bollywood film.»[28]

LAGAAN, übersetzt «Steuer», handelt von dem kleinen nordindischen Dorf Champaner zur Zeit der britischen Kolonialherrschaft. Die karge Landschaft von Rajasthan bestimmt das Leben der Dorfbewohner, und leider ist die Ernte nach langer Dürre sehr mager ausgefallen. Dennoch fordern die englischen Besatzer höhere Steuern ein. Da die Dörfler – allen voran der vorlaute Bhuvan (Aamir Khan) – sich aber gegen den unerfüllbaren Befehl nach höheren Abgaben auflehnen, werden sie alternativ von den Kolonisatoren zu einem Cricketmatch herausgefordert. Gewinnen sie, dann werden sie drei volle Jahre komplett von der Steuer befreit, wenn sie aber verlieren, müssen sie den dreifachen Lagaan berappen. Den Dorfbewohnern bleibt keine Wahl: Sie sind gezwungen, ein Team gegen den überlegenen Gegner aufzustellen und das Spiel zu erlernen.

Die tatsächliche Entstehung von Cricket konnte bisher nicht endgültig geklärt werden, und es gibt zwei vorherrschende Theorien, die bereits eine grundlegende Problematik des Sports aufzeigen. Der ersten Theorie zufolge entstand Cricket zwischen dem 10. und 13. Jahrhundert in Südengland als ein Spiel von Schafhirten und Bauern.[29] Die zweite Theorie zur Entstehung des Sports führt Cricket auf die Ball- und Schlagspiele zurück, die in Indien bereits seit dem 8. Jahrhundert bekannt waren und nach England importiert worden sein könnten. Spiele wie Gilli-Danda und Polo, die in der Punjab-Region ihren Ursprung hatten, könnten die Urväter

---

film's appeal remains untranslatable in the US context – not just the mystification with the nuances of the long, long cricket match, but also with the expectations of the song-and-dance sequences, anticipating the precise moment of each plot turn, giggling at the incomprehensible Hindustani spoken by the Brits. I have tried to imagine translating this as something like Kevin Costner leading a baseball team composed of Native Americans in the eighteenth century or Denzel Washington assembling a proto-NBA team before the Civil War, but neither of those images quite conveys the power of cricket as a colonial inheritance that is the sweetest mode of retaliation, the ultimate mark of both power and resistance.» Srimati Basu: «Aamir's Fables. LAGAAN as Phenomenon». In: Majumdar, *Indian Cricket through the Ages. A Reader*, S. 392–395, hier S. 395.

23 Vgl. Vera Cuntz-Leng: «LAGAAN – ES WAR EINMAL IN INDIEN». In: Kai Marcel Sicks / Markus Stauff (Hrsg.): *Filmgenres. Sportfilm.* Stuttgart 2010, S. 262–266, hier S. 263.
24 KABHI AJNABI THE (Indien 1985).
25 ALL ROUNDER (Indien 1985).
26 CRICKETER (Indien 1985).
27 AWWAL NUMBER (FIRST RANK, Indien 1990).
28 Sharmistha Gooptu: «Cricket or Cricket Spectacle? Looking beyond Cricket to Understand LAGAAN». In: Majumdar, *Indian Cricket through the Ages. A Reader*, S. 375–391, hier S. 376.
29 Vgl. John Leach: *From Lads to Lord's. The History of Cricket: 1300–1787*, www.jl.sl.btinternet.co.uk/stampsite/cricket/main.html (27.7.2011).

des heutigen Crickets sein.[30] Aus diesen gegenläufigen Ansichten lässt sich ein grundlegendes Problem des nationalen Anspruchs entnehmen, den sowohl die Briten als auch die Inder auf den Sport erheben. Allein dadurch ist Cricket schon ein Politikum und unabänderlich an die indische Nation gebunden, die Cricket als Teil ihres eigenen kulturellen Erbes begreift und die Briten als Nachahmer darstellt. Umgekehrt sieht es selbstverständlich nicht anders aus. LAGAAN greift die zweite Theorie der Entstehung des Cricketsports auf und deklariert seinen Ursprung im Ballspiel Gilli-Danda. Dadurch kann der Held Bhuvan argumentieren, dass die Dorfbewohner keine Ressentiments gegenüber dem Sport haben sollten. Es ist Teil ihres kulturellen Erbes, mit dem sie von klein auf herangewachsen sind und dessen Erlernbarkeit auch unter großem Zeitdruck und hohem gesellschaftlichem Druck im Bereich des Möglichen liegt.

Mit der Unterstützung einer jungen Engländerin (Rachel Shelley), die sich in den aufmüpfigen Bhuvan verliebt, und nach Überwindung der erwähnten Probleme bei der Teamaufstellung, gelingt es den Dorfbewohnern schließlich, eine Mannschaft zu bilden, die am Ende des Films siegreich hervorgeht. Die Vorbereitung auf den sportlichen Kampf und das eigentliche Match ziehen sich dann über die komplette zweite Filmhälfte hin, ohne dass der Film – auch für den Cricketlaien – an Kraft oder Spannung einbüßt. Es ist ein unfairer Wettkampf zwischen den reichen und cricketgeübten Besatzern und den verarmten indischen Bauern, bei denen der Ausgang des Matches nicht nur über die Ehre, sondern über ihr nacktes Überleben entscheidet.

Das Spielen und das Training helfen vor dem eigentlichen Turnier, die Aggressionen und schwelenden Konflikte innerhalb der Dorfgemeinschaft abzubauen. Selbst ein Unberührbarer (Aditya Lakhia) findet Zugang zum Team, damit macht der Film auf die Frühgeschichte des Sports in Indiens aufmerksam, wo eine Aufnahme talentierter Spieler niederer Herkunft gewährleistet sein musste, um die Erfolgschancen einer Mannschaft zu verbessern. Obwohl Cricket ein Elitesport war, verloren Klassenunterschiede beim Spiel an Bedeutung.[31] Dennoch darf der Unberührbare Kachra keine eigenen Entscheidungen fällen und unterwirft sich kritik- und widerstandslos den Anweisungen des selbsternannten Teamkapitäns Bhuvan. Frauen bleibt der Sport in LAGAAN und der Realität der damaligen Zeit vollständig verschlossen. Bhuvans vornehme, englische Verehrerin beherrscht zwar perfekt die Regeln, wahrt jedoch stets die gebotene Distanz; seine Geliebte Gauri (Gracy Singh) verkennt gar den Ernst der Lage, wenn sie die Mannschaftsmitglieder mit Essen wiederholt vom Training abzuhalten versucht.[32]

In Gestalt der Mannschaft skizziert der Film also das vermeintliche Idealbild einer geeinten indischen (männlichen) Nation, die für das gemeinsame Ziel – der Sieg über die Ausbeuter aus England – scheinbar alle religiösen, ethnischen und Kasten-Unterschiede überwindet (Abb. 1). Im Kampf gegen den imperialen Aggressor gelingt es ihnen, zumindest für die Dauer des Ereignisses, an einem Strang zu ziehen.[33] Cricket wird in LAGAAN

---

30 Cashman merkt jedoch an, dass Cricket in Indien rasch populär werden konnte, da andere institutionalisierte Sportarten der indischen Bevölkerung unbekannt waren. Gilli-Danda galt eher als Freizeitvergnügen für Kinder. Vgl. Cashman, *Patrons, Players and the Crowd: The Phenomenon of Indian Cricket*, S. 22ff.
31 Vgl. Appadurai, *Modernity at Large. Cultural Dimensions of Globalization*, S. 92.
32 Vgl. Gooptu, «Cricket or Cricket Spectacle? Looking beyond Cricket to Understand LAGAAN», S. 378–379.
33 Was Mikhail Bakhtin über den Karneval schrieb – Raum und Zeit, in der die gesellschaftlichen Nor-

1 Das Team aus LAGAAN überwindet alle ethnischen und religiösen Differenzen sowie Kastenunterschiede.

zur Waffe des Widerstands und des Kampfes und dann schließlich der Befreiung. Man kann argumentieren, dass der Film den Grund für die nationale Begeisterung für Cricket im Sieg über die Kolonialherren ausmacht. Die Niederlage ist für die Engländer in LAGAAN so gravierend, dass sie ihren Stützpunkt räumen und nach Europa zurückkehren. Formelhaft bricht der Film damit die komplexe Geschichte der Ablösung Indiens vom Empire auf ein einzelnes Cricketmatch herunter und deklariert die indische Unabhängigkeit zum Mythos, bei dem die Armen und Schwachen durch ihre Einigkeit ihre Macht zurückerhielten.[34]

Im Sinne Homi K. Bhabhas visualisiert LAGAAN, dass die Autorität der kolonialen Macht niemals ganz in den Händen der Kolonisatoren liegt.[35] Auch die Kolonisierten tragen so lange ihren Teil zum Erhalt des Kräftegefüges bei (z. B. durch Zahlung des Lagaan) bis diese Machtstrukturen durch das Cricketteam des Dorfes zerschlagen werden. LAGAAN stellt die Thesen Homi Bhabhas allerdings auch in Frage. Bhabha verwendete in seinem Werk *Die Verortung der Kultur* den Begriff Mimikry für das Anpassen der Kolonisierten an ihre Kolonisatoren als ein Indiz des Begehrens des reformierten, erkennbaren Anderen.[36] In LAGAAN begehren die indischen Dorfbewohner aber keineswegs die Privilegien der Kolonisatoren, sondern sie werden quasi zu einer Anpassung gezwungen, um ihr eigenes Überleben zu sichern. Außerdem reintegrieren sie Cricket – erst durch die Erwähnung von Gilli-Danda und dann durch den Sieg des Teams – in ihre eigene Geschichte und verdrängen damit Großbritanniens Vormachtstellung als *source-culture*. Auch auf visueller Ebene ist zwischen den englischen und den indischen Cricketspielern inszenatorisch höchster Wert darauf gelegt worden, dass keine Form der Mimikry von der indischen Mannschaft

men keine Gültigkeit haben – gilt in gewisser Weise auch für das Ereignis des Spiels. Vgl. Mikhail Bakhtin: *Rabelais and his World*. Bloomington 1984, S. 10.

34 Auf die Parallelen zwischen Appadurais Schilderung des Dekolonisierungsprozesses von Cricket und der Filmhandlung LAGAANS hat auch Mita Banerjee überzeugend hingewiesen. Vgl. Mita Banerjee: «Die Entkolonialisierung von Cricket in LAGAAN». In: Thomas Koebner / Fabienne Liptay / Susanne Marschall (Hrsg.): *Film-Konzepte 4: Indien*. München 2006, S. 61–74, hier S. 66ff.

35 Vgl. Do Mar Castro Varela, Dhawan, *Postkoloniale Theorie. Eine kritische Einführung*, S. 85.

36 Vgl. Homi K. Bhabha: *Die Verortung der Kultur*. Tübingen 2000, S. 125–136.

2 Die indischen Fans verfolgen euphorisch das Spiel in LAGAAN – ganz anders als die englischen Besatzer.

ausgeübt wird.[37] Gleiches gilt auch für das Publikum. Im Gegensatz zu den englischen Zuschauern, die sehr beherrscht und emotionslos das Spiel verfolgen, werden die indischen Fans als exaltiert und sportbegeistert inszeniert. In der Cricketrezeption entscheidet sich der Regisseur bewusst für eine Polarisierung zwischen indischen und britischen Fans und gegen die Darstellung von Mimikry. Indisches Cricket wird in LAGAAN zu einem bunten, wilden Spektakel und Gegenmodell zur förmlichen, professionellen Haltung der Kolonisatoren (Abb. 2). Diese Darstellung korrespondiert stark mit dem vorherrschenden Bild, das Cricketspiele heute haben. Damit kann und soll der Kinobesucher die Querverbindung herstellen, dass das zeitgenössische indische Cricket das «wahre» Cricket sei. Als kleine Randnotiz soll an dieser Stelle erwähnt werden, dass der Dreh des Cricketmatches allerdings kräftezehrend war, und es keine leichte Aufgabe gewesen ist, die Masse der Statisten in einen dauerhaften Zustand der Begeisterung zu versetzen:

> «The shooting makes no sense to the crowds. They are not watching a cricket match. What they are witnessing instead, are senseless swings of bat and ball, repeated randomly without apparent design or purpose, while they are keyed by Apu to manufacture various reactions. Their throats grow hoarse with senseless cheering, their facial muscles hurt with trying to put on the interested expression of spectators in the midst of a nail-biting match. They cannot understand the purposelessness of it all, the utter waste of time, money, resources, to shoot the same thing over and over again. They are bored, they are annoyed and it takes all of Apu's antics to keep them humored.»[38]

Dem fertigen Film ist die nachlassende Begeisterung des Publikums nicht anzumerken. Durch die jubelnde Zuschauermenge, aber auch durch die Zusammensetzung des Dorfteams ruft LAGAAN das Idealbild einer geeinten indischen Gemeinschaft auf der Leinwand ab – wie man es sonst nur bei Spielen der indischen Cricketnationalmannschaft finden kann. Der Prozess der Indigenisierung von Cricket ist das Emblem des Nationalgeistes, das in den Medien das Bild eines geeinten, unabhängigen Indiens beschwört. LAGAAN bedient sich dieses indischen Traums, und dies ist sicher einer der Hauptgründe für den nationalen Erfolg des Films.

> «The success of LAGAAN saw other Bollywood producers and directors toying with cricket. Leading actress Raveena Tandom made her debut as producer with STUMPED (2003), which fea-

---

37 Die beiden Teams unterscheiden sich nicht nur stark durch ihre Kostüme, einer der indischen Spieler «erfindet» sogar eine einzigartige neue Wurftechnik.
38 Satyajit Bhatkal: *The Spirit of Lagaan. The Extraordinary Story of the Creators of a Classic.* Mumbai 2002, S. 169.

tured the 1999 World Cup against the backdrop of the Kargil War. An interesting piece of ethnography, STUMPED depicted a cricket-crazy nation in its daily engagement with the game, where the ups and downs of cricket are reflected in the moments of triumph and defeat in the protagonists' lives. Cricket also functions as social unifier that survives all change.»[39]

STUMPED (Indien 2003) ist ein interessantes Beispiel für einen Post-LAGAAN-Cricketfilm, auch wenn der Film konzeptionell und inhaltlich vollkommen anders ausgerichtet ist und trotz eines Gastauftritts von Star Salman Khan und der Cricketlegende Sachin Tendulkar, der in Indien mindestens so leidenschaftlich verehrt wird wie Kapil Dev, an den Kinokassen und bei der Filmkritik durchfiel. Nicht nur die Siege und Niederlagen der Protagonisten werden mit den Ereignissen auf dem Pitch parallelisiert, sondern der Film funktioniert auch als leise Kritik gegenüber der cricketbesessenen indischen Gesellschaft, die die Sporthelden von 1999 noch lebhaft vor Augen, aber die gefallenen Soldaten des Kargil-Krieges längst vergessen hat. Major Raghav (Aly Khan) wird an die Front abkommandiert, und seine Frau Reema (Raveena Tandon) ist voller Sorge um seinen Verbleib, während die Nachbarschaft den politischen Konflikt zugunsten des sportlichen Großereignisses vollkommen ignoriert. Die eigentliche Absicht des Films, zu verdeutlichen, dass der Kargil-Krieg wichtiger hätte sein müssen als der Weltcup, bleibt leider nur an der Oberfläche erahnbar.

Ein herausragendes Beispiel für den zeitgenössischen Hindi-Cricketfilm ist Nagesh Kukunoors IQBAL (Indien 2005). IQBAL zeichnet sich durch eine dichte Atmosphäre, eine intelligente und gefühlvoll erzählte Story und eine bemerkenswerte schauspielerische Leistung des Hauptdarstellers Shreyas Talpade aus. Bereits in der Exposition des Films kommt Cricket eine überaus positive Bedeutung zu: IQBAL beginnt mit einer für das Hindi-Kino sehr ungewöhnlichen Stille. Das Land wirkt ausgestorben und verlassen, wie man es sonst nur aus dem Westerngenre oder dem australischen Film kennt, wenn die Endlosigkeit des Outbacks dargestellt werden soll. Auch die Panflötenmusik, die über den Landschaftsaufnahmen liegt, erinnert an australische Filme wie Peter Weirs PICNIC AT HANGING ROCK (PICKNICK AM VALENTINSTAG, Australien 1975). Der erste O-Ton in IQBAL ist dann das kratzige Geräusch eines Fernsehgeräts mit schlechtem Empfang, das mit einer merkwürdigen Antennenkonstruktion in einem Baum aufgehängt wurde. Das Fernsehbild ist stark verrauscht, aber mit ein wenig Fantasie lässt sich erkennen, dass dort die indische Cricketnationalmannschaft spielt. Ein Umschnitt verrät umgehend, warum die Häuser und Straßen vollkommen leergefegt sind: Das gesamte Dorf ist vor dem Bildschirm versammelt und verfolgt in stummer, ehrfürchtiger Spannung das Spiel, bevor das indische Team einen Punkt macht und das Publikum unisono in tosenden Jubel ausbricht. Wie in STUMPED wird auch in IQBAL die Wichtigkeit der medialen Berichterstattung über Cricket herausgestellt; die Fernsehgeräte werden zu Vermittlern mit hypnotischer Kraft. In ihrer Fähigkeit, eine Gemeinschaft aller Unterschiede zum Trotz zu versammeln und zu einen, scheinen diese Geräte fast über magische Kräfte zu verfügen. Unter den Zuschauern der Dorfgemeinde befindet sich auch die hochschwangere Saida (Prateeksha Lonkar), die in den Fokus der Kamera gerückt wird und wie alle anderen auch vollkommen cricketbesessen ist. Trotz ihres riesigen Bauches tanzt sie ausgelassen als die indische Mannschaft gewinnt. Doch dann treten unvorhergesehen die Wehen ein, und so

---

39 Gooptu, «Cricket or Cricket Spectacle? Looking beyond Cricket to Understand LAGAAN», S. 386.

3 Die Hütte in IQBAL ist ein heiliger Ort, der den Göttern des Crickets geweiht wurde.

wird die Geschichte des Jungen, der daraufhin auf die Welt kommen und der Titelheld des Films sein wird, von Anfang an mit Cricket und mit Sieg parallelisiert. Iqbals (Shreyas Talpade) Geburt am Tag des Triumphes der indischen Cricketmannschaft ist wie ein prophetisches Omen für sein zukünftiges Leben. Doch die Stille am Anfang des Films ist ebenfalls schon eine Vorahnung auf Iqbals Behinderung, denn er wird taubstumm geboren werden. Die Exposition, nach der ein großer zeitlicher Sprung innerhalb der filmischen Narration vollzogen wird, führt zu einer Mythifizierung der Hauptfigur. Getrieben von dem Wunsch, professioneller Cricketspieler zu werden, begegnet dem Zuschauer Iqbal viele Jahre später wieder. Er arbeitet als Kuhhirte, wodurch seiner Figur eine weitere mythische Komponente hinzugefügt wird, denn ein hinduistisches Publikum erkennt darin die Parallelisierung mit der Gottheit Krishna, der der Überlieferung zufolge in seiner Jugend bei den Hirten lebte und bis heute die Beinamen Govinda (Kuhhirt) und Gopala (Kuhschützer) trägt. Eine Vielzahl religiöser Darstellungen Krishnas zeigen diesen höchsten hinduistischen Gott, der als achter Avatar Vishnus gilt, Flöte spielend mit einer Kuh.[40] Konzeptionell gewinnt Iqbals Rolle dadurch einen göttlichen Aspekt hinzu. Die Kühe in IQBAL, um die sich der Protagonist kümmert, heißen außerdem alle nach bekannten nationalen Cricketspielern. Da die Kuh im Hinduismus ein heiliges Tier ist, hebt dieser Umstand den Sport zusätzlich auf eine sakrale Bedeutungsebene. Nicht nur der Figur Iqbals, auch dem Sport an sich, wird somit ein religiöser Wert beigemessen. Die Parallelisierung von Religion und Cricket wird in diesem Film zusätzlich durch die kleine Höhle gesteigert, in die sich der Protagonist mehrmals zurückzieht. Dort hortet Iqbal seine Sportmagazine, die er mit Ehrfurcht behandelt als seien es heilige Schriften. Die Strohhütte funktioniert als Rückzugshöhle, die mit den Bildern unterschiedlicher berühmter indischer Cricketspieler ausgekleidet ist und damit auf die polytheistische Konzeption des Hinduismus rekurriert. Iqbal sucht diesen sakralen Ort[41] auf, um sich zu besinnen und wichtige Entscheidungen zu treffen (Abb. 3). Als runder Raum symbolisiert die Hütte das kosmologische Idealbild eines Tempels, in dem alle Linien auf ein Zentrum, einen Mittelpunkt, zustreben, in dem sich der Protagonist befindet. Auch die diffuse Beleuchtung und der Eintritt, der nur in gebückter Haltung möglich ist, weisen die Hütte als sakralen Ort aus.

Wenn der taubstumme Iqbal tagsüber allein ist und seine Kühe versorgt weiß, übt er werfen, um eines Tages ein großer Cricketstar zu werden (Abb. 4). Die extradiegetische Musik ist in diesen Sequenzen immer dominant, und alle Originaltöne sind extrem herunter gepegelt,

---

40 Vgl. Egerton Sykes: *Who's Who in Non-Classical Mythology*. London/New York 1993, S. 110.
41 Vgl. Mircea Eliade: *Die Religionen und das Heilige*. Frankfurt am Main/Leipzig 1998, S. 423–444.

4 Die Tonebene ist in den Sequenzen, in denen der taubstumme Titelheld in IQBAL allein ist und seinen Traum vom Cricketstar auslebt, stets dominant. Diese Szenen beeindrucken durch die akrobatischen Fähigkeiten des Hauptdarstellers und die Virtuosität in der Kameraführung.

um Iqbals Isolation durch seine Behinderung aufzuzeigen. Nur den Jubel, der öfter eingespielt wird und zurück auf den Umstand seiner Geburt verweist, untermalt die Dringlichkeit von Iqbals Wunsch, in der Profiliga spielen zu dürfen. Seine Mutter und die kleine Schwester (Shweta Prasad) unterstützen ihn tatkräftig, doch sein Vater (Yatin Karyekar) muss mit viel Einfühlungsvermögen vom Crickettalent seines Sohnes überzeugt werden, der auf dem steinigen Weg zum Erfolg mit einigen Enttäuschungen und Niederlagen fertig werden muss und mehr als einmal frustriert zu seinen Kühen zurückkehrt. Denn erst durch seinen Trainer und Mentor Mohit (Naseeruddin Shah) gewinnt Iqbal das nötige Know-how und Selbstwertgefühl, um sich trotz seiner Behinderung im Profisport durchzusetzen. In IQBAL erfüllt sich am Ende der Underdog-Traum. Der einfache Kuhhirte wird in seinem Team schließlich das erste Mal in einer Gruppe von Männern anerkannt und trotz seines körperlichen Handicaps als gleichwertig geachtet. Der Film versucht Cricket von dem britischen Snobimage abzulösen. Cricket ist in IQBAL eine Chance zur Selbstverwirklichung, die nur mit Talent zu tun hat und nicht mit sozialem Status oder Vermögen. Der Film endet mit Iqbals erstem Wurf in einem Spiel als Nationalspieler, und dieses Mal jubeln die Menschen ihm nicht nur in seiner Fantasie zu.

Auch außerhalb Bollywoods ist das Genre des Cricketfilms von Bedeutung, wie die tamilische Produktion CHENNAI 600028 (Indien 2007) belegt. Der Film erzählt die Geschichte des Cricketteams der Sharks, das vier Jahre in Folge gegen seine größten Rivalen – die Rockers – verloren hat. Die Mannschaft versucht nun mit allen Mitteln, endlich wieder einen Sieg davonzutragen. Dies ist eines der gängigen dramaturgischen Strickmuster, und die Filmhandlung hält keinerlei Überraschungen bereit, auch schauspielerisch hat der Film leider wenig zu bieten. Der eindeutige Versuch von CHENNAI 600028, Bollywood zu imitieren, gelingt qualitativ aber mit den wirklich spannenden Bildfolgen und einer sehr dynamischen Montage. CHENNAI 600028 beginnt mit Straßenszenen, die Kinder und Jugendliche beim Cricketspiel zeigen. Dann blendet die Kamera über in ein Cricketstadion, wo der Zuschauer Zeuge der Niederlage der Sharks wird. Sobald das Match vorbei ist, also immer noch als Teil der Exposition, wird erneut in die Straßenszenen überblendet, und jeder einzelne Profispieler der Sharks wird mittels eines streckbriefartigen visuellen Portraits kurz vorgestellt. Closeups auf die Trikots verraten die Namen der Spieler, und auch die verschiedenen Posen und Cricketsportgeräte lassen die besonderen Stärken der jeweiligen Teammitglieder erahnen. Interessant an dieser Szenenabfolge ist, dass der Film den Aspekt von Cricket als Sport einer Nation und das Thema der Professionalität aufgreift: Durch die Überblendungen aus den und in die Straßenszenen hinein wird der Eindruck evoziert, dass der professionelle Sport noch immer nah an der einfachen indischen Lebenswelt und Teil des Freizeitspaßes ist. Die einzelnen

Spieler des Teams werden zwar exponiert als Stars in Siegerposen wie für ein Fotoshooting inszeniert, durch die Kulisse im Hintergrund ihrer Portraits aber – schmutzige, gemauerte Wände und Graffitis – werden sie in den Kontext des Every-Day-Lifes integriert. Cricketstars werden hierdurch als Helden zum Anfassen portraitiert, die nicht die Bodenhaftung verlieren. Die positive Wirkung der Profispieler und die dynamischen Szenen mit den begeisterten cricketspielenden Jugendlichen geben dem Sport generell positive Bedeutungskraft. Die Alltagswelt und der Wettkampf auf dem Sportplatz sind eng miteinander verzahnt, wodurch Cricket auch hier zum symbolischen Ausdrucksmittel wird, um Gegensätze und Widersprüche wie etwa Arbeit und Spiel zu überwinden. Mögen Kasten- und Klassenunterschiede noch so gravierend sein, während eines Cricketmatches zählt nur die sportliche Leistung und die Begeisterungsfähigkeit für einen Sport, der – so das Kino – inzwischen typisch indisch ist.

Cricket als genreübergreifende Metapher und universelles Stilmittel

Dass Cricket auch in anderen Sparten des indischen Kinos unabhängig vom Sportfilmgenre überaus präsent ist, soll nun anhand von einigen ausgewählten Beispielen verdeutlicht werden. In MUJHSE SHAADI KAROGI (ZWEI HERZEN FÜR RANI, Indien 2004) von Komödienregisseur David Dhawam, dessen größter internationaler Erfolg die Doppelgänger-Verwechslungskomödie AANKHEN (THE EYES, Indien 1993) ist, wird beispielsweise ein Cricketstadion vollkommen zweckentfremdet: Es soll gerade ein Cricketfreundschaftsspiel zwischen Pakistan und Indien stattfinden, als sich der liebeskranke Samir (Salman Khan) gewaltsam Zugang verschafft und versucht, an das Mikrofon zu kommen. Sowohl in MUJHSE SHAADI KAROGI als auch in IQBAL hat der indische Cricketspieler Kapil Dev einen kurzen Gastauftritt. Kapil Dev Ramlal Nikhanj ist ein Star und Volksheld in Indien, da er als Coach der indischen Nationalmannschaft zum Weltcupsieg im Jahre 1983 verholfen hat. 2002 wurde er für sein Lebenswerk mit dem *Wisden Indian Cricketer of the Century Award* ausgezeichnet.[42] Kapil Dev ist es dann auch, der Samir in MUJHSE SHAADI KAROGI das Mikrofon übergibt. In IQBAL wiederum ermutigt der Cricketer den Protagonisten, an sich selbst und sein sportliches Talent zu glauben. In beiden Filmen wird also ein realer Cricketstar zur Schlüsselfigur, den Protagonisten das nötige Selbstvertrauen zu vermitteln, um vom Underdog zum Helden aufzusteigen. Samir in MUJHSE SHAADI KAROGI macht seiner Angebeteten Rani (Priyanka Chopra), die zwischen zahllosen Fans im Stadion sitzt, durch das Mikrofon einen Heiratsantrag. Mittels Parallelmontage werden die Zuschauer im Stadion, die Reporter und verschiedene Fernsehzuschauer zu Hause gezeigt, um klarzumachen, wie ernst Samir sein Anliegen sein muss. Da Cricketspiele zwischen Indien und Pakistan aufgrund der politischen Lage von besonderer nationaler Bedeutung sind und fast wie kleine Kriege erscheinen, wo Cricket als Ventil für die seltsame Mischung aus Brüderlichkeit und Feindseligkeit ausagiert wird, die das Verhältnis beider Staaten zueinander charakterisiert[43], erhält Samirs Liebeserklärung erhebliches

---

42 Vgl. Gundappa Viswanath: «This is my finest hour: Kapil Dev», in: *The Sportstar* 25 No. 31, 2002.
43 Vgl. Appadurai, *Modernity at Large. Cultural Dimensions of Globalization*, S. 109 und Müller, *Cricket like Beckham. Cricket in Großbritannien und Indien seit dem 18. Jahrhundert*, S. 4.

Gewicht. Denn dass er das Cricketmatch als Rahmen für seine Liebeserklärung gewählt hat, impliziert, dass er dieses Geständnis vor dem gesamten indischen Subkontinent ablegt. Jeder in Indien und in Pakistan will dieses Spiel verfolgen, und so wird auch jeder Zeuge der Liebe zwischen Samir und Rani, die nach Aussage des Films relevanter ist als Sport und Politik.

Saket Chaudhary, der durch das Drehbuch zu dem Erfolgsfilm Asoka (Asoka – Der Weg des Kriegers, Indien 2001) mit Shah Rukh Khan bekannt wurde, erzählt in seinem Regiedebüt Pyaar Ke – Side Effects (Indien 2006) die komplizierte und ungewöhnlich inszenierte Liebesgeschichte eines jungen Paares, die an Irrungen und Verwicklungen der von Mujhse Shaadi Karogi in nichts nachsteht. Pyaar Ke – Side Effects berichtet von all den Stolperfallen, denen sich junge Paare ausgesetzt sehen, die heiraten wollen. Ähnlich wie in der britischen Komödie High Fidelity (GB/USA 2000), tritt der Protagonist Sid (Rahul Bose) zeitweise aus den Szenen heraus, durchbricht die vierte Wand und spricht direkt in die Kamera. Sid ist jung, gut aussehend, witzig und ein gefragter Discjockey. Er ist nicht besonders religiös, und seinem gesamten Habitus ist anzumerken, wie stark er durch die westliche Medienwelt geprägt ist und beeinflusst wird. Seine Freundin Trisha (Mallika Sherawat) will ihm einen Heiratsantrag machen, während er gerade Cricket im Fernsehen sieht. Er versucht ihr die Fernbedienung abzuluchsen, nachdem sie ausgeschaltet hat. Auf den Antrag reagiert er dann ganz und gar nicht so, wie sie sich das gewünscht hätte. Dies geschieht nicht nur, weil sie ihn überrumpelt hat und durch den Antrag seine normative gesellschaftliche Rolle als Mann gefährdet, als sie den Tabubruch begeht, als Frau um seine Hand anzuhalten, sondern symbolisch entmachtet das Ausschalten des Cricketspiels Sid noch weiter. Trisha stellt sich über Cricket als männlich konnotierten Nationalsport und wird damit zum Transgressor – sowohl in Fragen des Geschlechts als auch des nationalen Selbstverständnisses. Dies macht klar, dass Trisha umdenken muss, bevor sie eine akzeptable Gattin für Sid abgeben kann, aber auch er muss lernen, seine Rechte als Mann und als Inder trotz aller Verwestlichung wieder einzufordern, um die konventionellen Geschlechterbilder und damit die heteronormative Ordnung wiederherzustellen. Trotz allen Unmutes stimmt Sid der Heirat zu. Bei der voranschreitenden Hochzeitsplanung tritt er in jedes nur denkbare Fettnäpfchen. Beispielsweise trifft er Trishas Vater (Sharat Saxena), der ein begeisterter Golfspieler ist und Tiger Woods verehrt. Dieser fordert Sid auf, ebenfalls einen Schlag zu wagen und behauptet daraufhin, es sei viel schwerer als Cricket. Sid streitet das ab und will sich beweisen. Er ist dann aber so unkonzentriert, als er Trisha mit ihrem Exfreund sieht, dass er aus Versehen den Schläger beim Ausholen aus seinen Händen gleiten lässt. Der Schläger fliegt in hohem Bogen durch die Luft und trifft punktgenau die Windschutzscheibe des nagelneuen Autos von Sids Schwiegervater in spe. An einer anderen Stelle der Komödie wird im handfesten Konflikt mit Trisha plötzlich ein Cricketpunktezähler eingeblendet. Dieses visuelle Element unterstreicht den absurden Charakter der Streitsituation und funktioniert in etwa wie die Anleihen auf Computerspiele in Danny Boyles The Beach (USA/GB 2000), wo der Held Richard (Leonardo DiCaprio) im Drogenrausch durch den Dschungel läuft als sei es Donkey Kongs Insel. Als Trisha in Pyaar Ke – Side Effects das emotionale Cricketmatch durch Weinen zu gewinnen droht, ruft Sid «Foul! Foul!» und macht damit deutlich, dass der erste Schritt zurück in die Richtung traditioneller indischer Geschlechterrollen getan ist, weil Trisha die «Waffen einer Frau» einsetzt, anstatt den intellektuell unterlegenen Sid mit Argumenten zu besiegen. Am Ende bekommt ihre Liebe dann auch tatsächlich eine zweite Chance.

5 Cricket ist essenzieller Bestandteil des indischen Landidylls in ROJA.

Selbst in der Exposition von Mani Ratnams Melodram ROJA (Indien 1992) wird eine kurze Szene gezeigt, in der Cricket ein essenzieller Bestandteil des vielgestaltigen idyllischen indischen Landlebens und der sorglosen Alltagswelt ist, die zu Beginn des Films glorifiziert werden (Abb. 5). Cricket gehört in die Vision eines heilen Indiens und wird genau wie die aufgehende Sonne, die Weite der Landschaft, der Teich, in dem die Protagonistin badet, der Wasserfall, die Reisfelder und die Ernte nach dem fruchtbaren Regen, das Kuhmelken und das Tanzen, die Farbenfreude der Kleider oder das pittoreske Dorf als positiv konnotiertes Versatzstück benutzt, um im späteren Filmverlauf einen umso schockierenderen Bruch zu provozieren, wenn die harte Realität die junge Protagonistin Roja (Madhoo) einholt. Die Exposition ist außerdem gekennzeichnet durch eine erstaunliche Dynamik und Bewegung, wenn Roja die Zuschauer in ihre Welt einführt. Im späteren Verlauf der Handlung, wenn die dramatische Geschichte um sie und ihren Ehemann Rishi (Arvind Swamy) in Kaschmir eskaliert, fungieren die überstürzten Bewegungen – ausgelöst durch Flucht oder Schlägerei – als bitterböses Zerrbild auf die anfängliche Ausgelassenheit und das Spielerische des indischen Landidylls.

Diaspora und Cricket

Karan Johars KABHI KHUSHI KABHIE GHAM... (IN GUTEN WIE IN SCHWEREN TAGEN, Indien/GB 2001), eine dramatische Familiengeschichte um den jungen Rahul (Shah Rukh Khan), der sich gegen den Willen seines Adoptivvaters (Amitabh Bachchan) unter seinem Stand vermählt, versieht Cricket ebenfalls mit einer überaus positiven Bedeutung, als Teil eines unbeschwerten indischen Lebensgefühls. Der Held sieht seine zukünftige Gattin Anjali (Kajol) zum ersten Mal bei den Feierlichkeiten nach einem erfolgreichen Cricketmatch in den Straßen tanzen. Die Figur der Anjali wird hierdurch in den Bedeutungszusammenhang von indischer Nationalidentität und männlicher Erregung gesetzt und repräsentiert ein indisches Ideal: Sie gibt sich im Tanz deutlich als begehrenswerte, reizvolle Frau zu erkennen, als gleichzeitiger Cricketfan zeigt sie ihre Verbundenheit mit der indischen Nation. Es ist kein Wunder, dass Rahul sie sich zur Frau erwählt, auch wenn seine Adoptiveltern andere Pläne haben und Anjali aus verarmten Verhältnissen stammt. Der Konflikt mit Rahuls sehr wohlhabenden Eltern, die ihn stets wie ihr eigen Fleisch und Blut behandelten, treibt den Protagonisten dazu, Indien zusammen mit der Liebe seines Lebens zu verlassen. Er baut sich mit ihr in London ein neues Leben auf. Viele Jahre gehen ins Land, in denen die Familie zerrissen in zwei Welten lebt. Schließlich wird Rahul von seinem beträchtlich jüngeren Stiefbruder Rohan (Hrithik Roshan) aufgesucht, der die Familie wieder zusammenführen will. Bedingt durch die lange Trennung erkennt Rahul seinen Bruder nicht auf Anhieb und lässt ihn als fremden Gast bei sich wohnen. Ein wichtiges Thema des Films ist die Entwurzelung Rahuls – nicht nur von seiner Familie, sondern auch von seiner Heimat Indien. Cricket ist in diesem Zusammenhang das erste Anzeichen, dass Rahuls Verbundenheit mit Indien trotz des Lebens in London fortbesteht: Er fährt gemeinsam mit Rohan im Auto durch den dichten Londoner Verkehr, als über das Radio ein Cricketmatch übertragen wird. Beide Männer, die bis dahin eine sehr distanzierte Beziehung unterhielten, werden von plötzlicher Euphorie erfasst. Cricket fungiert also nicht nur als Erinnerung an die Traditionen der Heimat, sondern stellt auch ein verbindendes Element zwischen Indern – oder besser gesagt indischen Männern – im Ausland dar. Für Inder in der Diaspora ist Cricket ein Anker, der sie auch in der Ferne mit ihrer Heimat verbindet. Hier wird außerdem die Erregung durch die imaginierte Spielerfahrung sehr deutlich, die Appadurai als typisches Merkmal für das Vergnügen männlicher Inder an Cricket anführt.[44]

Interessant sind nicht nur Filme aus Indien über das Leben in der Diaspora sondern auch die Darstellung von Cricket in Filmen indischer Regisseure, die selbst im Ausland leben – wie die indischstämmige, in Kenia geborene und in England lebende Regisseurin Gurinder Chadha. Ihr Frauenfußballfilm BEND IT LIKE BECKHAM (KICK IT LIKE BECKHAM, GB/D/USA 2002) spielt wie KABHI KHUSHI KABHIE GHAM... in Großbritannien und verhandelt das Thema der kulturellen Gespaltenheit von Indern im Ausland. Die Protagonistin Jess (Parminder Nagra) verehrt den Fußballspieler David Beckham wie eine Gottheit. Sie hat ein Poster von ihm an der Wand angebracht und spricht zu ihm wie zu einem spirituellen Ratgeber. Interessanterweise ist dies nicht nur eine Parallele zwischen IQBAL und BEND IT LIKE BECKHAM, sondern Jess' Mutter (Shaheen Khan) zeigt ein Geschoss tiefer das gleiche Verhalten wie ihre Tochter: Allerdings handelt es sich bei ihrem spirituellen Berater um ein hinduistisches Ahnenbild. Das traditionelle Indien und das moderne Großbritannien prallen hier in einem Generationenkonflikt aufeinander. BEND IT LIKE BECKHAM parallelisiert weiterhin die Internalisierung von Cricket bzw. Fußball in die eigene kulturelle Identität. Die in England aufgewachsene Inderin Jess erkämpft sich in Großbritannien ihren Platz in der Gesellschaft durch das Fußballspiel, das dort Cricket als Nationalsport längst abgelöst hat. Sie träumt von einer Karriere als Profifußballerin – am besten an der Seite ihres großen Idols David Beckham bei Manchester United. Damit träumt sie von einer Auflösung der existierenden Rassen- und Gendernormen. Ihr Vater (Anupam Kher) vertritt die Werte und Traditionen der indischen Kultur, und seine Verbundenheit zu Indien zeigt sich durch Cricket, von dem er nicht annimmt, dass die Briten ein Vorrecht darauf haben. Ihnen gesteht er den Fußball zu, wodurch deutlich gemacht werden soll, wie weit der Prozess der Dekolonisierung von Cricket bereits fortgeschritten ist. Jess' Vater hat in England Ablehnung erfahren, als er versucht hat, in ein Cricketteam aufgenommen zu werden und abgewiesen wurde. Diese Erfahrung hat sein Verhältnis zu den Briten nachhaltig geprägt, und er versucht, seine Tochter vor einem ähnlichen Erlebnis zu schützen. Doch Jess bleibt beharrlich, und ihr eiserner Wille, sich ihren Traum zu erfüllen, wird schließlich belohnt. Am Ende spielt dann Jess' neue Liebe und Fußballtrainer Joe (Jonathan Rhys-Meyers), der sich

---

44 Vgl. Appadurai, *Modernity at Large. Cultural Dimensions of Globalization*, S. 111.

6 Das Cricketspiel fungiert als Versöhnungserfahrung zwischen der jungen Einwanderergeneration und dem ehemaligen Empire in BEND IT LIKE BECKHAM.

ebenfalls als Einwanderer – allerdings aus Irland – entpuppt, mit Jess' Vater gemeinsam Cricket. Es findet also auch für den Vater eine Art der Versöhnung mit dem Sport und der jungen Generation von Einwanderern statt (Abb. 6). Appadurai argumentiert, dass Männer in Indien mit Cricket Gruppenzusammengehörigkeit, potenzielle Gewalt und körperliche Aufregung verbinden, was parallel für Fußball in England gilt. Ausgehend davon ist BEND IT LIKE BECKHAM genauso ein Film über Cricket wie er ein Film über Fußball ist.

Der bereits erwähnte Fußballfilm DHAN DHANA DHAN GOAL stellt als typischer Underdog-Film ein erfolgloses indisches Fußballteam aus Southall in West London in den Mittelpunkt der Handlung. Nach Jahren der Niederlage muss das Team den Pokal gewinnen, da sonst der Fußballplatz verkauft und ein Freizeitzentrum errichtet werden wird. Der Fußballplatz bildet eine indische Enklave innerhalb Großbritanniens, an die die Mannschaft auch territoriale Ansprüche hat. Es wird in dem Film zudem explizit klar gemacht, dass es nicht um Fußball, sondern um die Situation von Indern in ihrer Beziehung zum ehemaligen Empire und ihren Rechten als Inder in der Diaspora geht. In DHAN DHANA DHAN GOAL hat sich der imperiale Konflikt von Indien nach Großbritannien verlagert. Die logische Folge dieser Konfliktverlagerung ist eben auch, wie der Film überzeugend visualisiert, dass der sportliche Kampf nicht mehr mit Cricket, sondern mit dem jetzigen Nationalsport der Briten – mit Fußball – ausgetragen werden muss.

In PATIALA HOUSE findet eine Rückbesinnung darauf statt, dass auch Cricket in England doch noch nicht bedeutungslos ist. Der Film zeigt, dass gerade für Immigranten aus den Staaten des ehemaligen Commonwealths Cricket fernab der Heimat weiterlebt. Im Gegensatz zu Jess' Vater in BEND IT LIKE BECKHAM gelingt es hier dem Protagonisten Gattu (Akshay Kumar) als Sikh in die englische Cricketnationalmannschaft aufgenommen zu werden – die Parallelen der Filmhandlung mit dem Leben von Monty Singh Panesar, der als erster Sikh für das englische Cricketteam auf dem Pitch antrat, sind schwer von der Hand zu weisen.[45] Bis zu seinem Eintritt in die Mannschaft war Gattu stets ein treuer und folgsamer Sohn, doch sein Vater (Rishi Kapoor) ist über dieses Verhalten so bitter enttäuscht, dass er seinen Sohn verstößt. Aufgrund von Rassismus in Großbritannien hat er großes Leid erfahren und sogar seinen eigenen Bruder bei einem gewaltsamen Übergriff verloren. Dass sein Sohn nun für die englische Mannschaft spielt, wertet er nicht als Zeichen für die gewachsene Toleranz

---

45 Vgl. Kunal M. Shah: «Cricketer Monty Panesar, Akshay's PATIALA HOUSE inspiration?». In: *Filmicafé*, 25.12.2010, www.filmicafe.com/news17308.html (27.7.2011).

in Großbritannien, sondern er sieht Gattu als Vaterlandsverräter. Jess' und Gattus Vater teilen also als Inder der ersten Generation in Großbritannien die Erfahrung von Ablehnung als Fremde, die in der zweiten Generation an Bedeutsamkeit verloren hat. Gattu und Jess haben beide ihre Nische gefunden. In beiden Filmen folgt aus der Teilnahme eines Inders in einem überwiegend englischen Team ein Konflikt zwischen den Generationen, der schlussendlich durch das gemeinsame Vergnügen am Spiel gelöst wird. Wie so oft im indischen Film wird die Frau/Mutter zur Vermittlerin zwischen den beiden Fronten: In PATIALA HOUSE muss sie dafür eigentlich nur den Fernseher anschalten, um diese mythisch-urindische Erfahrung des Cricketspiels aus dem Gedächtnis ihres Mannes hervorzulocken. Erst als er seinen Sohn bei der medialen Übertragung eines Länderspiels im Fernsehen sieht, ist er dazu fähig, dessen Entscheidungen zu akzeptieren und sich mit ihm auszusöhnen.

Schlusswort

Bei der Betrachtung von Sport im indischen Kino – insbesondere der Repräsentation von Cricket quer durch das filmische Spektrum von opulentem Bollywood-Epos über kleinere Produktionen bis hin zu Werken indischer Regisseure in der Diaspora – ist es unerlässlich, dieses Freizeitvergnügen in einen größeren politischen und kulturellen Kontext einzubetten und damit die sehr spezielle nationale Bindung der indischen Gesellschaft an den Sport zu entschlüsseln. Für das Verständnis des indischen Sportfilms ist es überaus wichtig, die geschichtlichen Hintergründe zu kennen und für die Filminterpretation zu berücksichtigen. Im Kino begegnen uns immer wieder historische Facetten des Sports und auch solche Gesichtspunkte, die längst mehr Mythos als Fakt sind. Und so wird der Mythifizierung des Sports mit jedem neuen Film auch ein neuer Aspekt hinzugefügt. Ashutosh Gowarikers LAGAAN hat in dieser Hinsicht die größte Wirkungskraft, da der Film nicht nur andere Regisseure beeinflusst hat sondern sogar zurück in die indische Alltagswelt hinein wirkt: «Another account, by Satyajit Bhatkal, a member of the production team of LAGAAN, describes the impact of the film thus: ‹Children playing cricket on the street name themselves Goli, Tipu, and Guran› [nach Charakteren aus dem Film].»[46]

Beispielhaft sollte in diesem Essay gezeigt werden, wie das Kino – vor allen Dingen das Kino nach LAGAAN – zur Mythifizierung des Sports beiträgt. Anhand einiger einschlägiger Filmbeispiele konnte die nationalistische Funktion des Sports und seine Darstellung auf der Leinwand diskutiert werden. Der hohe symbolische Wert von Cricket im indischen Kino wie auch in anderen Bereichen der indischen Kultur fußt vor allem auf dem Prozess der Dekolonisierung, den der Sport erfolgreich durchlaufen hat. Cricket ist nämlich inzwischen auch im internationalen Kulturverständnis eher mit Staaten des ehemaligen Commonwealths (allen voran Indien) assoziiert als mit dem ehemaligen Mutterland, das in den internationalen Turnier-Ranglisten nahezu bedeutungslos geworden ist. Insbesondere der Weltcupsieg 2011 hat die Begeisterung der Inder für Cricket noch einmal neu entfacht, und es wird spannend bleiben, inwiefern dieses Ereignis sich in zukünftigen Filmproduktionen reflektiert finden wird.

---

46   Gooptu, «Cricket or Cricket Spectacle? Looking beyond Cricket to Understand LAGAAN», S. 375.

Bernd Zywietz

Terrorismus in Bollywood
Die tragische Gewalt im populären Hindi-Kino

Einführung

Bollywood, das populäre Hindi- und Massenkino steht hierzulande noch – und nicht zu Unrecht – für Song-and-Dance-Sequences, Melodramatik, Romantik und Comedy, für bonbonbunte Kulissen, Lebensfreude und entwaffnende Naivität. Von den rund tausend Filmen, die in Indien jährlich gedreht werden, fallen zwar nur rund fünfundzwanzig Prozent auf das kommerzielle Kino Mumbais, des ehemaligen Bombay – daher die zunächst ironische, später selbstbewusste Bezeichnung Bollywood. Es ist jedoch maßgebend für die übrigen indischen Produktionen: Die Filme Bollywoods bilden den größten gemeinsamen Nenner, sind Vorbild und Vorlage für die übrigen Landesteile, wenn es um die breite Popularität geht, und zudem ist Hindi mit einer Quote von vierzig Prozent die am meisten gesprochene Sprache Indiens. Über Indien und gar Asien hinaus hat Bollywood einen enormen Einfluss und Erfolg in wirtschaftlicher und kultureller Hinsicht.[1]

Bollywood, das ist Unterhaltung, die so unbeschwert ist, weil ihre präsentierten Gefühle, Gesten und Schicksale so groß sind. Ein harmloses Vergnügen, ein unbedarfter Spaß, vordergründiger industrieller Kitsch und leutselig plumpe Standards, so die im Westen immer noch verbreitete Charakterisierung, die oft umso rigoroser gerät, je mehr Freunde und Liebhaber Bollywood in Europa findet (ganz zu schweigen von England mit seiner großen NRI[2]-Gemeinde). Wie sehr dieses Bild trügt, zeigt ein Element, das für den einfachen Kosmos dieser Unterhaltung eigentlich zu unbequem scheint: das heikle, allzu reale Thema des Terrorismus, das in Indien hoch präsent ist und gerade deswegen im Hindi-Kino mit seiner vermeintlich heilen Welt zunächst fehl am Platz wirken mag.

In diesem Beitrag möchte ich einen Einblick geben, wie Bollywood die überaus wirkliche Bedrohung durch den Terrorismus als Extremausdruck heimischer Konfliktlagen aufgreift, einbaut und auf seine Art verarbeitet. Ebenso wenig wie ‹den einen› Terrorismus gibt es freilich ‹die eine› Weise, politische, ethnoreligiöse und schließlich terroristische Ge-

---

1 Vgl. Matthias Uhl / Keval J. Kumar: *Indischer Film – Eine Einführung*. Bielefeld 2004, S. 17. Generell ist anzumerken, dass die Angaben zu den Produktionszahlen von Kinofilmen aus Indien je nach Quelle Schwankungen unterliegen.
2 Non-Resident-Indian.

walt im Film zu behandeln. Meine Absicht ist es allerdings, jene ungewöhnliche, aber nicht seltene Art Bollywoods im Umgang mit einem für eine Traumindustrie vordergründig ungeeigneten Thema vorzustellen, die vor allem im Vergleich mit dem Kino Hollywoods bemerkenswert ist. Terrorismus und seine Ursachen können und sollen dabei nicht losgelöst voneinander betrachtet werden.

Ich werde vor allem auf Filme neueren Datums näher Bezug nehmen, genauer gesagt auf Filme, die seit Beginn des neuen Jahrtausends produziert wurden. Im Zentrum stehen dabei der Kaschmirkonflikt und die Auseinandersetzung zwischen Hindus und Muslimen, insbesondere die ethnoreligiösen Auseinandersetzungen innerhalb Indiens, die von Hassgewalt und terroristischen Aktionen wie den Bombenanschlägen von Bombay 1993 begleitet wurden.

Krisen und Konflikte in Indien

Ulrich Schneckener definiert Terrorismus als eine «Gewaltstrategie nichtstaatlicher Akteure, die aus dem Untergrund agieren – und systematisch versuchen, eine Gesellschaft oder bestimmte Gruppen in Panik und Schrecken zu versetzen, um nach eigener Aussage politische Ziele durchzusetzen.»[3] Im Gegensatz zum Terror ist Terrorismus nichtstaatlich, es handelt sich bei ihm um eine asymmetrische Kampfstrategie, die auch als Kommunikationsform begriffen werden kann. Terrorismus als ein «zugespitzter Ausdruck von innergesellschaftlichen oder internationalen Konflikt- und Problemlagen.»[4] ist ein im öffentlich-politischen und alltäglichen Gebrauch negativ wertender Begriff und lässt sich als Phänomen in verschiedener Hinsicht systematisieren, z. B. ob er eher säkular oder religiös motiviert ist[5] oder in welcher Krisensituation und auf welcher Eskalationsstufe er auftritt.[6]

Auf dem indischen Subkontinent findet sich eine enorme Bandbreite dieser Konflikte. Indien ist eines der am meisten vom Terrorismus heimgesuchten Länder der Erde. 2009 rangierte Indien mit über 600 Toten nach Quasi-(Bürger-)Kriegsstaaten wie Irak und Afghanistan oder dem ‹failed state› Somalia an sechster Stelle der Länder mit den weltweit meisten Opfern terroristischer Akte.[7] Es gibt viele Faktoren, die in Indien den Boden für Konflikte bereiten: die ungeheure Größe des Landes und der Bevölkerung, die Vielzahl an Volksgruppen, Sprachen, Kulturen und Religionen sowie große soziale Unterschiede und Ungerechtigkeiten. Hinzu kommt die Vergangenheit unter Kolonialherrschaft und die Teilung des Subkontinents 1947 in das heutige Indien und das (damalige Ost- und West-) Pakistan, die je auf ihre Weise bis in die heutige Zeit nachwirken.

---

3   Ulrich Schneckener: *Transnationaler Terrorismus*. Frankfurt am Main 2006, S. 21.
4   Ebd., S. 24.
5   Vgl. ebd., S. 28ff.
6   Vgl. ebd., S. 24f.
7   US National Counterterrorism Center – NCTC (Report on Terrorist Incidents 2009), S. 18. www.nctc.gov/witsbanner/docs/2009_report_on_terrorism.pdf (20.9.2009). 2004 lag es mit rund 1.300 Opfern noch an zweiter Stelle (vgl. NCTC Report on Terrorist Incidents 2006), S. 24. www.fbi.gov/stats-services/publications/terror_06.pdf (1.8.2012). Je nach Definitions- bzw. Zählungsart fallen die Opferzahlen in anderen Quellen unterschiedlich – und zumeist noch höher – aus.

«Es gab schon viele Propheten, die dem Vielvölkerkonglomerat Indien ein Auseinanderbrechen voraussagten. Oder die größte Demokratie auf diesem Globus wie Pakistan in einer Militärdiktatur enden sahen. All diese düsteren Prognosen erwiesen sich bislang als falsch. Andere multiethnische Staaten zerfielen, etwa die Sowjetunion oder Titos Jugoslawien. Indien trotz seiner verwirrenden Vielfalt nicht.»[8]

Dabei belasten viele Krisen und Auseinandersetzungen den Zusammenhalt der Nation.[9] Im Nordosten kam und kommt es in den so genannten «Sieben Schwestern», den sieben Bundesstaaten Assam, Arunachal Pradesh, Manipur, Meghalaya, Mizoram, Nagaland und Tripura immer wieder zu Zusammenstößen zwischen verschiedenen Bevölkerungsgruppen und Stämmen sowie zu Abspaltungstendenzen gegenüber Neu Delhi.[10] Eine große innere Gefahr sieht man aktuell in den Aktivitäten maoistischer Gruppen, den Naxaliten, Sozialrevolutionären also, die vor allem gegen Großgrundbesitzer und Staatsbeamte im Osten Indiens agieren.[11]

Der Punjab im Nordwesten war vor allem in den 1980er Jahren ein Krisenherd aufgrund der von Pakistan unterstützten Sikh-Separatisten. Nach der blutigen Erstürmung des Sikh-Heiligtums, des Goldenen Tempels in Amritsar, wo sich die Militanten unter Jarnail Singh Bhindranwale einquartiert hatten, wurde 1984 die damalige Ministerpräsidentin Indira Gandhi von zweien ihrer Sikh-Leibwächter erschossen. Anschließende Ausschreitungen gegen Sikhs hatten allein in Neu Delhi 2.700 Tote zur Folge.[12] Auch Indira Gandhis Sohn und Nachfolger Rajiv wurde Opfer eines Attentats: 1993 tötete ihn eine tamilische Selbstmordattentäterin als Vergeltung für das indische Engagement in Sri Lanka.

Bei allen Auseinandersetzungen sind freilich die Menschenrechtsverletzungen von Seiten der Staatskräfte – also des Militärs, der Grenztruppen und der Polizei – zu erwähnen, welche die Krisen noch verschärfen und Radikalisierungen Vorschub leisten. Auch dies ist ein Thema, das in Bollywood durchaus nicht ausgespart wird. Auf zwei miteinander verbundene Konfliktsituationen, die auch im Bollywood-Kino besonders präsent sind, soll im Folgenden eingegangen werden: das gespannte Verhältnis Indiens zu Pakistan (mit Kaschmir als «Zankapfel» und Brennpunkt) sowie die Beziehungen von Muslimen und Hindus innerhalb Indiens.

Hindus und Muslime

Zusammenstöße zwischen Hindus und Muslimen stellen laut Christophe Jaffrelot[13] eine alte Größe dar, wenn nicht gar eine strukturelle Gegebenheit des sozialen und politischen Kosmos in Indien. Ihre wechselvolle Geschichte reicht zurück bis ins achte nachchrist-

---

8   Olaf Ihlau: *Weltmacht Indien. Die neue Herausforderung des Westens.* München 2006, S. 97.
9   Umfangreiches Datenmaterial, Hintergründe und Dokumente je nach Regionen bietet die Homepage *South Asia Terrorism Portal* (www.satp.org), betrieben durch das Institute for Conflict Management (Neu Delhi).
10 Siehe dazu u. a. Subir Bhaumik: *Troubled Periphery. Chrisis of India's North East.* Neu Dheli 2009.
11 Zum Thema Naxalismus und einzelnen Spielfilme dazu siehe die Website *Terrorismus & Film* des Verfassers (http://terrorismus-film.blogspot.com/search/label/Naxalismus).
12 Vgl. Olaf Ihlau, *Weltmacht Indien. Die neue Herausforderung des Westens*, S. 96 f.
13 Vgl. Christophe Jaffrelot: «Gewalttätige Zusammenstöße zwischen Hindus und Moslems. Versuch einer Gewichtung der kulturellen, wirtschaftlichen und politischen Faktoren». In: Christian Weiß et

liche Jahrhundert, und bereits Anfang des 19. Jahrhunderts findet sich die «Vorstellung von der Gliederung der indischen Gesellschaft in zwei homogene, einander entgegengesetzte, unversöhnliche Blöcke von Hindus und Moslems.»[14] Allerdings erfolgte dies erst unter britischer Kolonialherrschaft, unter deren Politik und Bürokratie sich eine übergreifende Identität mit entsprechendem Zusammengehörigkeitsgefühl ausprägte. Davor war «Hindu-Sein» eher ein «persönliches Konstrukt von lokaler Bedeutung»[15] – die «soziale Identität einer Person wurde in erster Linie durch Kaste und Heimatdorf bestimmt.»[16] Der antikoloniale Kampf um die Selbstbestimmung und der Gedanke der Nation einten und spalteten Hindus und Muslime zugleich. Die Selbstdefinition über die Religion war und ist dabei – wie auch in anderen Teilen der Erde – eine Frage konkreter sozialer und politischer Macht, weniger eine der Glaubensinhalte.

1947 kam es zur Teilung des Subkontinents in das mehrheitlich hinduistische Indien und das muslimische Pakistan (dessen Westteil das heutige Bangladesch bildet), die über eine Million Tote und zehn Millionen Vertriebene zur Folge hatte. «The Partition (...) has been the bloodiest and most traumatic event in the history of this part of the world.»[17] Sie hinterließ eine «infected wound that has proved difficult to heal»[18] und wird in Indien zu einem großen Teil der muslimischen Seite zugeschrieben.[19] Spannungen und Feindseligkeiten zwischen beiden Staaten bestehen zudem aufgrund der Ansprüche auf das überwiegend muslimisch besiedelte Kaschmir-Gebiet, dessen indischer Teil, der Bundesstaat Jammu und Kashmir (J&K), von Pakistan beansprucht wird. Zwei Kriege wurden darum geführt (1947–1948 und 1965); 1999 kam es zum kriegsnahen Kargil-Konflikt, zu einem Zeitpunkt also, da beide Staaten bereits Atommächte waren. Von pakistanischer Seite wurden entsprechende militante Gruppen in Jammu und Kashmir stellvertretend «eingesetzt» oder zumindest unterstützt.[20] Der terroristische Anschlagsüberfall im November 2008 durch Mitglieder der kaschmirzentrierten Laschkar e-Taiba («Armee der Reinen») auf Mumbai samt Geiselnahme in den Hotels Oberoi Trident und Taj Mahal Palace machte dies weltweit zum Thema.

---

al. (Hrsg.): *Religion – Macht – Gewalt. Religiöser ‹Fundamentalismus› und Hindu-Moslem-Konflikte in Südasien.* Frankfurt am Main 1996, S. 99–125, hier S. 99.

14 Shalini Randeria: «Hindu-‹Fundamentalismus›: Zum Verhältnis von Religion, Geschichte und Identität im modernen Indien». In: Christian Weiß u. a. (Hrsg.): *Religion – Macht – Gewalt. Religiöser ‹Fundamentalismus› und Hindu-Moslem-Konflikte in Südasien.* Frankfurt am Main 1996, S. 26–56, hier S. 46f.

15 Ebd., S. 34.

16 Ebd., S. 35.

17 Cecilia Cossio: «Dharmputra and the Partition of India». In: Heidi R.M. Pauwels (Hrsg.): *Indian Literature and Popular Cinema.* London, New York 2007, S. 220–238, hier S. 220.

18 Ebd.

19 Vgl. Cossio, «Dharmputra and the Partition of India», S. 220; außerdem Uhl / Kumar, *Indischer Film – Eine Einführung,* S. 140. Ein Film, der die Radikalisierung eines Hindus in dieser Zeit (angelehnt an Gandhi-Mörder Nathuram Vinaya Godse) zeigt, ist HEY RAM (HEY RAM – AUGENBLICKE DER ZÄRTLICHKEIT, Indien 2000) von und mit Kamal Hassan.

20 Zum Kontext des aktuellen islamistischen und dem separatistischen Terrorismus sowie Pakistans Rolle vgl. u. a. Irm Haleem: «Micro Target, Macro Impact: The Resolution of the Kashmir Conflict as a Key to Shrinking Al-Qaeda's Internationaler Terrorist Network». In: *Terrorism & Political Violence,* 16. Jg. (2004), Nr. 1, S. 18-47.

In Indien selbst leben heute neben den rund neunhundert Millionen Hindus rund einhundertfünfzig Millionen Muslime, die, so Sumita S. Chakravarty, seit der Teilung als die «undecidable» (also die Unentscheidbaren oder Unbestimmbaren) betrachtet werden.[21] Es besteht immer ein gewisser Argwohn, was die Loyalität der Muslime gegenüber Indien betrifft. «Wann immer es zu Zusammenstößen zwischen Hindus und Muslimen kommt, werden die Muslime aufgefordert, nach Pakistan zu gehen.»[22] Das Bloßstellen dieses Misstrauens findet sich in den Filmen Bollywoods immer wieder.

Verschärft wurde die Lage zwischen Muslimen und Hindus durch das Erstarken der Hindutva-Bewegung, dem Hindu-Fundamentalismus bzw. -Nationalismus.[23] Hinduismus wird dabei «als einzige Grundlage der indischen Kultur interpretiert»[24] und ein Geschichtsbild der von Muslimen unterdrückten Hindus konstruiert, in dessen Folge die Vorstellung von Aggression und Widerstand den Muslim zum «Inbegriff des anderen außerhalb der Gesellschaft, Kultur und Geschichte der Hindus»[25] macht. «Die monolithische Mehrheits-Identität für die Hindus beruht damit auf einer polarisierenden Abgrenzung gegen die Moslems, die als ‹Fremde› dargestellt und wahrgenommen werden.»[26] Mit dem bereits 1925 gegründeten «Nationalen Freiwilligenbund» RSS (*Rashtriya Svayamsevak Sangh*) – «eine militante rechte Organisation mit ausdrücklich faschistischem Charakter»[27] – der nationalistischen «Indischen Volkspartei» BJP (*Bharatiya Janata Party*) und weiteren Organisationen gewann die Hindutva-Bewegung in den 1980er Jahren Einfluss.

Ein tragischer Höhepunkt, Fanal und Trauma in der indischen Geschichte, was das Zusammenleben von Hindus und Muslimen betrifft, ist die Zerstörung der Babri-Moschee in Ayodhya durch Hinduaktivisten im Dezember 1992 und die anschließenden Ausschreitungen. Die Moschee im nordindischen Bundesstaat Uttar Pradesh stünde auf den Fundamenten der Geburtsstätte des mythischen Königs Rama, dem ein Tempel errichtet werden solle. Nach der Zerstörung kam es zu massiven Gewalttätigkeiten zwischen Hindus und Muslimen und den Aufständen in Bombay mit grausigen Exzessen,[28] die das Verhältnis zwischen beiden Bevölkerungsgruppen nachhaltig zerrütteten:

---

21 Vgl. Sumita S. Chakravarty: «Fragmenting the Nation: Images of Terrorism in Indian Popular Cinema». In: J. David Slocum (Hrsg.): *Terrorism, Media, Liberation.* New Brunswick (N.J.), London 2005, S. 232–247, hier S. 238.

22 Christina Oesterheld: «Kein Platz für Muslime in Indien?». In: Christian Weiß u. a. (Hrsg.): *Religion – Macht – Gewalt. Religiöser ‹Fundamentalismus› und Hindu-Moslem-Konflikte in Südasien.* Frankfurt am Main 1996, S. 172–196, hier S. 183.

23 Randeria wendet ein, dass die Bezeichnung «Hindu-Nationalismus» zutreffender sei, da Hindutva (nationalistisches Hindutum) zwar «in der Sprache der Religion artikuliert» sei, «aber hauptsächlich politische Ziele» verfolge. «Ihre Autorität gründet nicht in einem Kanon religiöser Texte, sondern in einer bestimmten Konstruktion der indischen Geschichte, Religion und Kulturen» – Randeria, «Hindu-‹Fundamentalismus›: Zum Verhältnis von Religion, Geschichte und Identität im modernen Indien», S. 29.

24 Ebd., S. 32.

25 Ebd., S. 33.

26 Ebd.

27 Ebd., S. 30.

28 Der Film BUMBAI (BOMBAY, Indien 1995) des tamilischen Regisseurs Mani Ratnam handelt von diesen Ereignissen wie auch von dem Zwist zwischen Hindus und Muslimen generell.

1 Sanjay Dutt (hier in MISSION KASHMIR), Sohn der Kinostars Nargis und Sunil Dutt, wurde nach den Bombenanschlägen von Bombay 1993 wegen Verdachts der Terrormithilfe angeklagt, schließlich aber 2009 «nur» wegen illegalen Waffenbesitzes verurteilt.

«It is within this culture of suspicion, which is at once ordinary and capable of erupting into extreme forms of violence, that the idea of strangeness is born. The Bombay riots saw the slaughter of thousands of Muslims by crowds that included their neighbors and former friends. The events of 1992–93 were a watershed in the imaginative rendering of a city, so crucial to Bombay cinema.»[29]

Den Unruhen folgten wiederum die Anschläge vom 12. März 1993: 13 Bomben explodierten u. a. in der Börse Bombays, auf Märkten und in Hotels. Über zweihundertfünfzig Menschen starben, siebenhundert wurden verletzt. Wegen Beihilfe zu diesen Anschlägen wurde auch der Bollywood-Star Sanjay Dutt angeklagt, wobei man davon ausgehen kann, dass Dutt nichts von den Plänen wusste. Nach 14-jährigen Ermittlungen und Verhandlungen wurde er im Sommer 2007 «nur» wegen Waffenbesitzes zu sechs Jahren Haft verurteilt (Abb. 1).[30]

Zwischen Muslimen und Hindus kam und kommt es immer wieder zu Pogromen (z. B. 2002 im Bundesstaat Gujarat mit zweitausend Toten), ebenso zu Anschlägen in Indien und seiner Metropole Bombay/Mumbai mit unterschiedlichen Hintergründen. Erinnert sei hier neben der durch den pakistanischen Geheimdienst ISI gesteuerten Attacke auf Mumbai 2008 an den verheerenden Parallelanschlag mit sieben Explosionen in Vorortzügen am 11. Juli 2006.[31]

Angesichts dieser realen Spannungen, Konflikte und Gewalt kann es verwundern, dass sich die Traumindustrie Bollywoods diesen Themen annimmt. Und es ist umso erstaunlicher, als die Wendung «Terrorismus im Kino» in Indien schrecklich wörtlich verstanden werden kann, insofern Kinos immer wieder zu Zielen von Bombenanschlägen werden (so während einer Vorstellung im Shingar Cinema von Ludhiana am 14. Oktober 2007).

Der Terrorist als Schurke

Ebenso wie im Hollywood-Kino finden sich im populären Hindi-Film Terroristen zunächst als simple Schurkenfiguren mit keinem oder stereotypem Hintergrund entsprechend der politischen Lage, die – ähnlich der Nazis und Kommunisten im Hollywood-Kino der 1930er

---

29 Ranjani Mazumdar: *Bombay Cinema: An Archive of the City*. Minneapolis 2007, S. 30.
30 Ein Film, der eindrucksvoll die Hintergründe und Ermittlungen vielschichtig nachzeichnet, ist BLACK FRIDAY (Indien 2004); auf ihn wird am Ende dieses Beitrags eingegangen.
31 Die Auswirkung der Anschläge auf das Leben und die psychische Verfassung verschiedener Einwohner hat das anspruchsvolle Drama MUMBAI MERI JAAN (MUMBAI MY LIFE, Indien 2008) zum Inhalt.

Terrorismus in Bollywood

2 Der Klischee-Terrorist aus Kaschmir mit langem schwarzen Bart und sinistrem Blick, hier im Actionwerk AsAMBHAV.

und 1940er Jahre – praktische, weil eindimensional vorgefertigte Feindbilder bieten. Diese Bösewichte treten auf als Agenten bzw. Auftragnehmer feindseliger pakistanischer Militärs, als fanatische Kaschmir-Rebellen mit langem Bart und finsterem Blick wie in ASAMBHAV (ASAMBHAV – DAS UNMÖGLICHE, Indien 2004) (Abb. 2) oder schlicht als Auftragskiller.[32] In MELA (Indien 2000), einem späten Curry-Western mit Aamir Khan in der Heldenrolle, stellt der Terrorist Gujjar Singh (Tinnu Verma) wiederum nichts anderes dar als den klassischen Banditen, der einen als Ehrengast im Dorf weilenden Politiker erschießt. Warum, wird nicht erläutert und ist ohne Belang (Abb. 3).

In Farah Khans Collegeromanze MAIN HOON NA (ICH BIN IMMER FÜR DICH DA!, Indien 2004) findet sich ein ebenso eindeutiger Schurke, mit dem schon differenzierter das Thema Terrorismus bzw. der Konflikt mit Indien aufgegriffen wird. Shah Rukh Khan spielt in diesem Film einen Elitesoldaten, der als Schüler getarnt die Tochter (Amrita Rao) eines Generals (Kabir Bedi) beschützen soll. Ihr Vater setzt sich für die Aussöhnung mit Pakistan ein, will dafür ohne Bedingungen Gefangene entlassen – was wiederum der finster fanatische Raghavan Datta (Sunil Shetty) zu verhindern sucht. Neben all den Irrungen und Wirrungen rund um einen neu gefundenen Stiefbruder und die Liebe zu einer schönen Lehrerin

3 Tinnu Verma als Schurke Gujjar Singh in MELA – weniger Terrorist als böser Räuber und Curry-Western-Schurke, der die «Prinzessin» raubt. Moderne politische Gewalt und ihre Akteure werden problemlos in traditionelle populäre Erzählformen gebunden.

---

32 So in JO BOLE SO NIHAAL (Indien 2005), in dem Sunny Deol einen trotteligen, aber schlagkräftigen Sikh-Polizisten spielt, der sich auf die Jagd nach dem «Terroristen» Romeo (Kamaal Khan) in New York macht, um seine Ehre wiederherzustellen. Der Film, eine derbe Action-Komödie, wurde nach zwei Bombenanschlägen auf Kinos in Delhi teilweise zurückgezogen. Hinter den Attentaten wurden sich verunglimpft fühlende Sikhs vermutet. Vgl. http://news.bbc.co.uk/1/hi/world/south_asia/4575267.stm (1.8.2011).

4 Collegekomödie mit kritischer Nebenfigur: Terrorist Raghavan Datta (Sunil Shetty) in MAIN HOON NA ist kein typischer Scherenschnittschurke von «außerhalb», sondern ein einstiger fanatischer Ex-Militär, Pakistan-Hasser und damit Feind der Versöhnung.

bekommt der von Sunil Shetty gespielte Raghavan ein ganz eigenes Gewicht. Es handelt sich bei dieser Figur um keinen bösen Pakistani, sondern um einen ehemaligen Major der indischen Armee, einen Fanatiker, der unehrenhaft entlassen wurde, weil er einfache pakistanische Bauern als «Spione» kaltblütig erschossen hat (Abb. 4). Den Grund für diesen Hass erfährt man in MAIN HOON NA ebenfalls fast beiläufig: Raghavans Sohn wurde in Kaschmir von Pakistanis getötet.

Solche Konstruktionen erscheinen nicht unbedingt subtil – und gerade auch bei MAIN HOON NA kann überdies die so genannte «Masala»-Mischung Bollywoods, der unbekümmerte Mix aus Genres und Stimmungen, den an westlichen Erzählregeln geschulten Blick irritieren. Dabei ist freilich zu berücksichtigen, dass das Bollywood-Kino nicht nur auf eine möglichst große Zuschauerschnittmenge (Alter, Bildung etc.) abzielt, sondern dass die indischen Erzähltraditionen auf gänzlich anderen Schlüsselkonzepten der Dramaturgie basieren – z. B. der *rasa*-Theorie mit ihren acht primären, zu bedienenden Emotionen – und eher auf das Multigenre ausgerichtet ist.[33]

Bei aller Leichtigkeit des Stils und der scheinbaren Oberflächlichkeit findet sich jedoch schon in MAIN HOON NA ein Grundthema, das in Bollywood möglicherweise einfach dargeboten wird, das aber tiefer gehende, positive Funktionen erfüllt und ein festes Motiv, fast einen Standard, darstellt: Das terroristische Töten wird in Bollywood oft als das Ergebnis einer Spirale von Gewalt und Gegengewalt erklärt – ein Muster, das dem Hinduismus mit seinem Verständnis von *karma* und *samsara*, also dem Prinzip des Zirkulären bzw. der Bedingtheit der Gegenwart durch die Vergangenheit, entgegenkommt.

Dieser tragische Kreislauf der terroristischen Gewalt basiert auf der Handlungsfolge, wie man sie in Bollywood auch findet, wenn es um die Darstellung von Auseinandersetzungen zwischen Bevölkerungsgruppen, vor allem zwischen Muslimen und Hindus, geht. Was also für den realen Terrorismus als Zuspitzung realer Konflikte und Krisen gilt, gilt entsprechend für die Filme; auch in Bollywood werden die Krisen verdichtet, ins Extrem getrieben und auf einzelne Figuren herunter gebrochen.

---

33 Vgl. Dinesh Bhugra: *Mad Tales from Bollywood. Portrayal of Mental Illness of Conventional Hindi Cinema*. Hove, New York 2006, S. 38; und Myriam Alexowitz: *Traumfabrik Bollywood. Indisches Mainstream-Kino*. Bad Honnef 2003, S. 36ff.

5 Hrithik Roshan als Amaan in FIZA: Der junger Schöngeist wird während den grausamen Ausschreitungen zwischen Hindus und Muslimen 1993 traumatisiert, muss selbst Blut vergießen und wird danach von Militanten radikalisiert.

6 Die Titelheldin Fiza (Karisma Kapoor) erschießt ihren tragischen Extremistenbruder (Hrithik Roshan) auf seinen Wunsch hin. Aus der Gesellschaft gefallen, ist er von den Mitstreitern verraten worden und wird nach seinen politischen Auftragsmord von der Polizei gehetzt.

FIZA, MISSION KASHMIR und DHOKHA

In FIZA (Indien 2000) lebt die titelgebende Heldin (Karisma Kapoor) zusammen mit ihrer verwitweten Mutter (Jaya Bachchan) und ihrem Bruder Amaan (Hrithik Roshan) in Bombay. Sie sind Muslime, und in der Nacht der Unruhen verlässt Amaan das Haus und verschwindet spurlos. Die Ungewissheit quält Mutter und Schwester, bis sich schließlich Fiza nach dem Ende ihres Studiums an die Presse wendet, dabei alte kollektive gesellschaftliche Wunden aufreißt und sich auf die Suche nach Amaan macht. Tatsächlich findet sie ihn – er ist ein Mujahid, ein Gotteskrieger, geworden. Zur Rede gestellt, berichtet Amaan über die Grausamkeiten, die Lynchmorde und Untätigkeit der Polizei, die er während der Ausschreitungen in der Nacht erlebte. Er selbst hat, aus Notwehr wie aus Hass, getötet und ist, von Extremisten gerettet, zum Freiheitskämpfer geworden (Abb. 5).

Amaan lässt sich von Fiza überreden, zurück nach Mumbai zu kommen. Dort kann er sich jedoch nicht wieder einleben, ebenso wenig wie der Gewalt entkommen. Im Auftrag seiner Kameraden erschießt er die negativ gezeichneten Anführer der Hindunationalen und Muslime: Beide Politiker, die Fiza mit ihrer Suche für ihre Ziele vereinnahmen wollten, haben sich aus politischem Kalkül gegen das Volk verbündet und nehmen dafür auch neue Unruhen in Kauf. Zuletzt muss Amaan feststellen, dass er von seinen Kampfgefährten abserviert werden soll, und er lässt sich ohne jede Hoffnung auf Frieden von seiner Schwester erschießen.

FIZA beginnt mit authentischen Schwarzweiß-Fotografien der Unruhen und ihrer Folgen. In eben diese Farblosigkeit der Realität verfällt schließlich auch der Film, wenn Amaan

7 Gewalt gebiert Gegengewalt, hier in MISSION KASHMIR: Aus Rache für seinen Sohn schafft der Polizist Khan (Sanjay Dutt) ein neues Opfer, das sich – auch und gerade in der melodramatischen Logik Bollywoods – als Ziehsohn gegen ihn wenden wird.

per Gewehr die Politiker erschießt: die Verknüpfung und Herleitung von Fiktion und Wirklichkeit, aktueller Aktion und Vergangenheit. Amaan ist eine durchweg traurige, zerstörte Existenz, die der attraktive Hrithik Roshan mit leidvollem Blick präsentiert. Dabei wendet er nur im Kampf gegen Regierungstruppen Gewalt an – nur gegen brutale, die Gemeinde terrorisierende Rüpel und in der nachgerade legitimen Ermordung der für das friedliche Zusammenleben gefährlichen Hindu- und Muslimführer. Gewalt, gar Töten, ist hier – auch in terroristischer Hinsicht und nicht nur in FIZA – Folge erlittenen Unrechts, Folge seelischer Verwundung oder Notwehr. Leidtragende sind die Frauen, wobei in FIZA gerade Karisma Kapoor und vor allem Jaya Bachchan Starqualität mitbringen.

MISSION KASHMIR (MISSION KASHMIR – DER BLUTIGE WEG DER FREIHEIT, Indien 2004), aus demselben Jahr wie FIZA, präsentiert erneut Hrithik Roshan als tragischen Terroristen. Seinen Gegenpart übernimmt Sanjay Dutt, gegen den zu dem Zeitpunkt bereits im Zuge der Bombayer Anschläge ermittelt wird. Dutt spielt Khan, einen Polizeioffizier in Kaschmir, dessen junger Sohn stirbt, weil er aufgrund der Fatwa eines Fanatikers im Krankenhaus nicht behandelt wird. Khan sucht Rache, stürmt mit seiner Einheit die Hütte, in der sich der Radikale aufhält. Dabei erschießt er jedoch nicht nur den Untergrundkämpfer und seine Männer, sondern auch die unschuldige Familie des Jungen Altaaf. Dieser wird nun, schwer traumatisiert, von Khan und seiner Frau Neelima (Sonali Kulkarni) an Sohnesstatt aufgenommen. Die Familienidylle leidet unter Altaafs Erinnerung an den vermummten Mann, der seine Eltern auf dem Gewissen hat – und zerbricht vollends, als der Junge herausfindet, dass dieser Mann sein Ziehvater ist (Abb. 7).

Altaafs dritter, «böser» Vater wird ein überzeichneter Terrorist (Jackie Shroff), der gegen Bezahlung und über die Vermittlung einer Figur im Schatten, die stark an Osama bin Laden gemahnt, einen Krieg in Kaschmir anzetteln will (Abb. 8). Dieser Plot wird nun verbunden mit dem Duell zwischen Khan und dem Rache suchenden Altaaf. Dabei kommt Neelima, Khans Frau bzw. Altaafs Ziehmutter durch eine Bombe, die Khan gilt, ums Leben – und trotzdem (oder gerade deshalb) verbünden sich die beiden Männer zuletzt, um ihr geliebtes Kaschmir zu retten: Gemeinsam vereiteln sie eine Raketenattacke auf eine Moschee und einen Hindu-Tempel. Am Ende steht die Versöhnung und gemeinsam mit Altaafs Jugendfreundin, dem Fernsehstar Sufiya (Preity Zinta), eine friedliche Zu-

8 Jackie Shroff als düsterer fanatischer Terrorist und neuer, böser Ersatzvater in MISSION KASHMIR.

kunft. Über die Texteinblendung am Schluss wird MISSION KASHMIR neben den Kindern des Regisseurs, Co-Drehbuchautors und Produzenten Vidhu Vinod Chophra gewidmet sowie «all the children of the conflict – may they dream without fear. May they someday rediscover that valley of love I grew up in, that haven of harmony, that paradise of Kashmir.»

Auch in FIZA ist die Mutter im wahnsinnigen Kampf zwischen Brüdern, Nachbarn (oder wie in MISSION KASHMIR zwischen Vater und Sohn) zum Opfer geworden, wenn auch weniger direkt: Wegen des Unglücks ihres Sohnes Aaman geht sie ins Wasser. Angesichts der traditionellen, fast heiligen Bedeutung der Mutterrolle in Indien samt ihres, freilich charakteristischen Leids vor allem im Hindi-Kino[34] – man denke an Mehboob Khans nahezu ikonischen Klassiker MOTHER INDIA (Indien 1957)[35] – ist diese Tragik fast nicht zu überbieten.

DHOKHA (Indien 2007) handelt von dem aufrechten Polizisten und Muslim Zaid Ahmed Khan (Muzammil Ibrahim in seiner ersten Rolle), der kraft seines Amtes zwischen Muslimen und Hindus vermittelt und nach einem Terroranschlag gegen den Willen des hinduistischen Vaters einem Mädchen sein muslimisches Blut spendet. Zaids Leben gerät aus der Bahn, als er erfährt, dass unter den Toten nicht nur seine Frau Sarah (Tulip Joshi) ist, sondern dass sie sogar die Selbstmordattentäterin war (Abb. 9). Zaid selbst wird als Mitwisser verdächtig. Er reist zu Sarahs Großvater Saeed (Anupam Kher), um zu verstehen, was seine Frau zu ihrer Bluttat getrieben hat. Saeed berichtet nun, wie Sarahs Vater als Terrorverdächtiger von Polizisten während des Verhörs tot geprügelt wurde, und wie er, der Großvater, sowie Sarah und ihr Bruder von denselben Polizisten misshandelt wurden, um ihr Schweigen zu erpressen. Die Beamten demütigten und entehrten Sarah, wobei auf die Misshandlungen der US-Soldaten im irakischen Abu Ghureib-Gefängnis angespielt

9 DHOKHA: Sarah (Tulip Joshi), die Frau des Polizisten Zaid und Opfer eines Selbstmordanschlags, entpuppt sich als die Täterin, die ihr Tun in medientypischer Adressierung post mortem kommentiert.

10 Bevor sie sich zum Märtyrer (also «Zeuge») und Medium der Gewalt macht, ist Sarah (Tulip Joshi) entwürdigtes Objekt des (schändenden) (Kamera-)Blicks und der grausamen «Antiterror»-Staatsbeamten geworden – ebenfalls ein bekannter realweltlicher Bild-Topos.

---

34 Vgl. Sudhir Kakar: «Der Film als kollektive Phantasie». In: Freunde der Deutschen Kinemathek (Hrsg.): *Filmland Indien. Eine Dokumentation*. o.O. 1992, S. 62–66, hier S. 64.

35 Vgl. Vijay Mishra: *Bollywood Cinema. Tempels of Desire*. New York 2002, S. 61ff.

11 Muzammil Ibrahim als muslimischer Polizist Zaid verliert in Dhokha beinahe auf moderne Terror-Weise vor der Kamera den Kopf – der Mord-Akt und seine Bilderkreation als medial symbolisches «Vermarktungsprodukt» fallen zusammen.

wird, wenn von der entblößten Frau Aufnahmen mit dem Foto-Handy gemacht werden (Abb. 10).

Zaid sucht nach seinem Schwager, der der Schwester nacheifern will und gerät in die Hände der islamistischen Terroristen. Nachdem er beinahe vor laufender Videokamera hingerichtet worden ist (hier wie auch über Sarahs Abschiedsvideo finden sich ebenfalls Rückgriffe auf reale Terrormedienbilder) (Abb. 11), empfängt ihn der Anführer der Islamisten bezeichnender Weise in einem leeren Kino. Dieser erläutert ausführlich die Gründe für den Jihad, nämlich die Ungerechtigkeit und Unterdrückung der Muslime, ehe er Zaid gehen lässt. Zaid kann seinem Schwager im letzten Moment den Selbstmordanschlag ausreden und hält eine staatsmännisch didaktische Rede zum Thema Gewalt und Gegengewalt vor seinen Polizeivorgesetzten. Die wahren Schurken werden dingfest gemacht – was heißt: Nicht die Islamisten, sondern die verbrecherischen Polizisten, die (zumindest im Film) Ausgangspunkt der Gewaltspirale sind.

In Dhokha wird deutlich, wie reale ethnische bzw. religiöse Spannungen und Kämpfe auf der einen, Machtmissbrauch, Brutalität und politische Ungerechtigkeit auf der anderen Seite populärtauglicher Dramenstoff für das indische Kino darstellen. Als geradezu pädagogischer Auftrag werden Wert und Sinn eines friedlichen Zusammenlebens verteidigt, ebenso wie die Gründe und Mechanismen für Hass und Gewalt benannt. Dabei wird die Ausgangsschuld häufig Vertretern des eigenen ordnenden Staates zugeschrieben. Gleichzeitig finden sich auf der anderen Seite Erklärungselemente für Formen der «gerechten» oder notständigen Gewalt. Wie dieser «Notwehr-» und «Gerechtigkeits-Terrorismus» historisch legitimiert wird, zeigt sich beispielhaft im Drama Rang de Basanti (Indien 2006).

Aamir Khan und Rang de Basanti

Aamir Khan ist einer der Superstars in Bollywood, allerdings einer, der sich eher rar macht: Während Shah Rukh Khan seit Beginn der 1990er Jahre rund achtzig Filme drehte, waren es bei ihm nur rund halb so viel. Unter ihnen befanden sich große Erfolge, vor allem Lagaan: Once Upon a Time in India (Lagaan – Es war einmal in Indien, Indien 2001), der Bollywood im Westen mit bekannt machte und den Aamir Khan auch produzierte.[36] Die sorgfältige Auswahl seiner Projekte macht Khan nicht nur für Produzenten interessant, weil

---

36 Zu Aamir Khan und seinen Filmen vgl. Mihir Bose: *Bollywood. A History*. Stroud 2006, S. 319ff.

Terrorismus in Bollywood

12 Aamir Khan als Anführer und Märtyrer der 1857er-Rebellion gegen die kolonialbritische East India Company in THE RISING: BALLAD OF MANGAL PANDEY.

13 Aamir Khan (mit Kajol) als so professionell kaltblütiger wie melodramatisch-tragischer Terrorist in FANAA.

kein Ärger durch sich überschneidende Drehpläne entstehen kann, was ansonsten in der indischen Filmindustrie durchaus vorkommt. Vergleicht man Khans wichtige Filme, ergibt sich innerhalb von sechs Jahren eine erstaunliche Bandbreite hinsichtlich der Bilder und des Verständnisses von Terrorismus bzw. Freiheitskampf und politischer Gewalt. War 2000 Khan noch der chaotische Held in MELA, der gegen den Terroristen-Räuber antrat, spielte er in dem aufwändigen Historienstück THE RISING: BALLAD OF MANGAL PANDEY (AUFSTAND DER HELDEN, Indien 2005) den Titelhelden und Märtyrer des Sepoy-Aufstandes 1857 gegen die Briten (Abb. 12). In FANAA (IM STURM DER LIEBE, Indien 2006) ist er der ebenso windige wie witzige Reiseführer Rehan, der in Neu Delhi die blinde Zooni (Kajol) umgarnt. Beide verlieben sich, wollen heiraten. Doch während Zooni dank einer Operation ihr Augenlicht erlangt, wird Rehan angeblich bei einem Bombenschlag getötet. Tatsächlich aber entpuppt sich Rehan als kaltblütiger Terrorist moderner Prägung. Jahre später flüchtet er verwundet und mit einem erbeuteten Atombombenzünder in ein Haus, in dem Zooni mit ihrem Vater und ihrem Sohn lebt, der in der einzigen Liebesnacht mit Rehan gezeugt worden war. Zwischen Liebe und Auftrag zerrissen, stirbt der gebrochene Held zuletzt angemessen dramatisch in den Armen seiner Liebsten, die ihn erschossen hat (Abb. 13). Die Negativseite von Khans Rolle wird ebenso wie sein Status als James-Bond-ähnlicher Topterrorist relativiert, indem Rehans Schandtaten sich als Pflichterfüllung gegenüber seinem Großvater entpuppen, dem Anführer der Kaschmir-Separatisten. Die eindrucksvollen Landschaftsaufnahmen FANAAS konnten aufgrund des realen Kaschmirkonflikts nicht vor Ort gedreht werden; man wich dafür nach Polen aus.

Die Verbindung von historischem nationalem Befreiungskampf und einem «positiven» Terrorismus heutzutage zeigt Khan in RANG DE BASANTI von 2006, einem ungeheuren Erfolg

253

14 Aamir Khan (mit Siddarth) als aufgebrachter Student und patriotischer Mörder am korrupten Verteidigungsminister in RANG DE BASANTI.

(Abb. 14). Der Film wurde ein Kassenschlager und als indischer Beitrag für die Oscar-Bewerbung auserkoren. In den Medien war bald von der «RANG DE BASANTI-Generation» die Rede, wobei sich die Diskussionen vor allem um die Orientierungslosigkeit einer Konsumjugend in der globalisierten Welt drehten.[37]

Die Engländerin Sue (Alice Patten) will in Indien einen Film über die jungen Freiheitskämpfer der 1920er Jahre rund um den Nationalhelden Bhagat Singh drehen. Als Darsteller findet sie die Langzeitstudenten DJ (Aamir Khan) und dessen Freunde. Hedonistisch und ignorant gegenüber den Mängeln ihres Landes, haben diese jungen Männer weder Interesse an der Vergangenheit noch an der Gegenwart Indiens. Das ändert sich jedoch während der Dreharbeiten und schlägt gänzlich um, als ein junger Mann aus dem Freundeskreis, Luftwaffenpilot Ajay (Madhavan Ranganathan), mit seinem Kampfjet tödlich verunglückt. Schuld an diesem Unfall und weiteren Flugzeugabstürzen, welche an die reale Serie der MiG-Unglücke in Indien gemahnen, sind der korrupte Verteidigungsminister (Mohan Agashe) sowie ein reicher Geschäftsmann (Anupam Kher), der zugleich der Vater von Karan (Siddharth) ist, einem der Studenten und Darsteller des Bhagat Singh in Sues Film. Als die Studenten und die Mutter des Toten gemeinsam mit anderen Demonstranten öffentlich die Aufklärung der Unfallhintergründe fordern, werden sie von der Polizei brutal niedergeknüppelt. Während Ajays Mutter im Koma liegt, erinnern sich DJ, Karan und ihre Freunde des Engagements von Bhagat Singh und werden selbst aktiv: Auf offener Straße erschießen sie den Verteidigungsminister, Karan tötet seinen Vater, und zusammen verschanzen sich die Studenten in einem Radiosender. Von dort aus erklären sie ihre Tat und rütteln damit das Land und vor allem die Jugend wach, um zuletzt als Märtyrer wie ihre Vorbilder von Polizeikräften vorsätzlich erschossen zu werden.

15 Ajay Devgan als offizieller Nationalheld und Märtyrer der Unabhängigkeit in THE LEGEND OF BHAGAT SINGH.

---

37 Vgl. ebd., S. 338ff.

16 Aamir Khan in RANG DE BASANTI als «DJ» und historischer revolutionärer Chandrashekhar Azad – oder dessen Interpretation durch «DJ» aufgrund seiner Film-im-Film-Rolle? Wird hier Gewalt als Realitätsverlust eines Amateurschauspielers kritisiert oder als historisch legitimierte Aktion goutiert?

Auch in RANG DE BASANTI findet sich ein Plädoyer für die Versöhnung von Hindus und Muslimen: Ein hindunationaler Aktivist und ein Muslim freunden sich trotz anfänglicher Feindschaft bei den Dreharbeiten an; sie stellen sich gegen die Familie bzw. die Kaderorganisation und sterben zuletzt Hand in Hand. Wichtiger ist in RANG DE BASANTI jedoch die Bedeutung der Vergangenheit, vor allem die Besinnung auf Bhagat Singh, dessen Leben und Tun bereits 2002 Gegenstand zweier Filme war: THE LEGEND OF BHAGAT SINGH (Indien 2002) mit Ajay Devgan und 23RD MARCH 1931: SHAHEED (Indien 2002) mit Bobby Deol (Abb. 15).

In RANG DE BASANTI wird Singh von Siddarth und Singhs Kampfgefährte Chandrashekhar Azad von Aamir Khan gespielt – teils als Film im Film, teils als historische Rückblende, wobei der Film RANG DE BASANTI ungebrochene Heldenverehrung betreibt: Bhagat Singh und seine Streiter werden als entschlossene Idealisten gezeigt, von der Grausamkeit der Briten zur Pflicht gedrängt, z. B. durch das berüchtigte Massaker an indischen Demonstranten in Amritsar im Jahre 1919. Dieses Ereignis wird hochemotional über den Einsatz von Zeitlupen und tragischen Chorälen auf der Tonspur filmisch nachgestellt. RANG DE BASANTI zeigt, wie die Freiheitskämpfer aus Vergeltung einen britischen Soldaten erschießen, wie sie ihre «harmlose» Bombe werfen und weitere historische Vorfälle, die man durchaus als terroristisch bezeichnen kann. Der Film würdigt seine Helden ausgiebig als Märtyrer: Bhagat Singh erwartet heldenmütig im Gefängnis die Hinrichtung, Azad erschießt sich selbst, ehe er festgenommen werden kann. Auf dieselbe Weise wird nun mit der Gegenwart des Films verfahren: Die Studenten werden sich nach und nach ihrer Tradition bewusst. Der Film setzt sie auch auf der Bildebene mit den historischen Revolutionären durch Überblendungen oder Split Screens gleich, wenn sie ein Attentat auf den skrupellosen Minister beschließen oder schließlich den Opfertod sterben (Abb. 16). Der Minister wird dementsprechend – in einer Traumsequenz – mit dem britischen Offizier verbunden, der 90 Jahre zuvor wehrlose Demonstranten niederschießen ließ. Eine Rückführung übrigens, die, was das allgemeine Phänomen Terrorismus betrifft, insofern stimmig ist, als der Ursprung des heutigen Terrorismus als «Erfolgsmodell» historisch vor allem auch auf das Ende des Empires und des (offenen) europäischen Kolonialismus bzw. den gelungenen Unabhängigkeitskampf wie in Irland, Israel oder Algerien zurückzuführen ist.[38] Man kann versuchen, RANG DE BASANTI als Tragödie über haltlose Jugendliche zu lesen, die den Bezug

---

38 Vgl. Bruce Hoffmann: *Terrorismus – der unerklärte Krieg. Neue Gefahren politischer Gewalt.* Frankfurt am Main 2006, S. 81ff.

zur Realität verlieren und von der Geschichtsschreibung zur Gewalt verleitet werden. Allerdings präsentiert der Film die Taten der Jungen doch sehr als hilfloses und schreckliches, aber in gewisser Weise legitimes und nützliches Opfer zum Wohl des Landes – ein Opfer, das schließlich auch die übrige Jugend aufrüttelt und sich für das Land (freilich über die Institutionen, mittels Reformen, nicht Revolution) einsetzen lässt. Öffentlicher Protest jedenfalls, so zeigt der Film, führt allein zu nichts, weil die Mächtigen ihn zumeist ignorieren oder schlicht mit Gewalt beenden.

Terrorismus und Bollywood – ein Modell

Der Umgang des populären Massenkino Bollywoods mit dem Thema Terrorismus und der ihm zugrunde liegenden politischen und ethnischen Spannungen und Eskalationen soll im Folgenden sortiert und davon ausgehend ein Modellansatz formuliert werden. Zunächst fällt die Ambivalenz der Filme auf, in denen unterschiedliche Arten der Gewalt dargestellt werden. Große Unterschiede bestehen in Bezug auf die Bewertung und Rechtfertigung, auch der verschiedenen Figurentypen: Auf der einen Seite steht die unrechtmäßige, verwerfliche Gewalt, die den Kreislauf von Aktion und Gegenaktion in Bewegung setzt. Sie wird entsprechend plakativen, negativen Figuren zugeschrieben: Strippenziehern und Intriganten, die ihren eigenen Vorteil suchen oder von sinnlosem, d.h. auch nicht näher erläutertem Hass getrieben werden – welcher wie in MISSION KASHMIR oft von finanziellen Eigeninteressen flankiert wird. Dem gegenüber stehen die tragischen Opfer, die zu Tätern gemacht werden. Deren Gewalt ist in gewisser Weise «entschuldbar»: Sie ist eine Reaktion bzw. das Ergebnis von Traumata, Folge von (mit-)erlebten Morden, Misshandlungen und Schändungen, deren Erlebnis schließlich zur Vergeltung bzw. Wiederherstellung der Ehre oder zur Beseitigung des Unrechts motiviert. Es fällt auf, dass es ausgerechnet diese legitimierte Art der Gewalt ist, die in den Filmen oft den Terroristen zugeschrieben wird. In gewisser Weise kann man dies als eine Art Versöhnungsangebot verstehen: Bollywood zeigt Verständnis und gesteht zumindest mildernde Umstände zu – anders als Hollywood, wenn man Samuel Peleg folgt: «The American culture denounces terrorism as acts of frantic and rootless individuals, thereby ignoring the community, ethnic or national origins of these activities as sources of sustenance.»[39] Doch auch, wenn es um Indien selbst und seine Glorifizierung geht, besteht ein Wechselspiel: Auf der einen Seite kommen häufig und geradezu pathetisch die Nationalflagge und ihre Farben zum Einsatz. In FANAA salutiert Kajol als Zooni zu Beginn des Films vor der gehissten indischen Trikolore und bietet in ihrem Auftritt zum Nationalfeiertag eine überschwängliche Lobpreisung der Großartigkeit und Vielfalt

---

39 Samuel Peleg: «One's Terrorist is Another's Blockbuster: Political Terrorism in American vs. European Films». In: *The New England Journal of Political Science*, 1, 2003, S. 81–108, hier S. 100. Allerdings lässt sich auch im populären US-Kino nach dem 11. September 2001 ein Umschwung feststellen, insofern nun auch dort verstärkt Terroristen als tragische Figuren skizziert und persönliche Leid- und Unrechtserfahrungen zu- (sowie überindividuelle Ungerechtigkeiten als Radialisierungsmotiv[ation] ein-) gestanden werden. Hollywood ist dahingehend «indischer» geworden. (Näheres dazu findet sich in der Doktorarbeit des Verfassers zum Thema Terrorismus und Filme, die voraussichtlich 2014 erscheinen wird.)

17 Das nahezu heilige Hindustan wird als paternalistisch-nationale Gesamtfamilie, in der jeder seinen Platz findet, propagiert und von den rechtschaffenen Protagonisten – wie hier Kajol in FANAA – verehrt.

ihres Landes dar (Abb. 17). Auch fällt auf, dass das Militär, welches das Land primär nach außen hin verteidigt, als Institution in Ehren gehalten wird, z. B. in RANG DE BASANTI. Auf der anderen Seite steht als Gegengewicht oft eine suspekte Polizei sowie Politiker bzw. Regierende, die als groteske, opportunistische Schurken vorgeführt werden, z. B. in FIZA und DHOKHA. Dadurch wird das traditionelle Misstrauen gegen politische Kräfte erkennbar, das durch reale Vorbilder der indischen Parlaments- und Regierungsgeschichte, wie z. B. den Bofor-Skandal oder die bisweilen unrühmliche Rolle der BJP, unterfüttert ist. Wahlen, Demonstrationen oder sonstigen demokratischen Prinzipien werden angesichts von Klüngel, Kalkül und Korruption jedenfalls keine große Wirkung zugemessen. Diese Stereotype der Machtausübung und ihre feste Verankerung im nationalen Bewusstsein erklären auch, weshalb sich in MAIN HOON NA ein General und nicht ein Politiker als uneigennütziger Entscheidungsträger für die Entspannung mit Pakistan einsetzt.

Gerade diese seltsame Zwiespältigkeit zeigt Bollywood als ein Kino der Versöhnung und Stabilisierung. Wie Partha Chatterjee in seiner Studie zur Nation und ihren Fragmenten feststellt,[40] ist Indien im politischen, säkularen Sinne mit einer Hindu-Nation gleichzusetzen. Dieser politische Hinduismus stellt zugleich eine Identität dar, mit der man sich kulturell gegen die britischen Kolonialherren abgrenzen konnte. Entsprechend ist die Unterscheidung zwischen Muslimen, Hindus und Sikhs auch weniger religiös oder ethnisch zu verstehen, als ganz direkt politisch-ideologisch – in dem Sinne, ob und inwiefern man an einer indischen Gesamtnation, einem «Ideal-Indien» teilhat. Wie wichtig dieser Aspekt ist, zeigt der Umstand, dass Separatismus und Terrorismus im modernen Indien zu einer Zeit markant wurden, als die (auch ökonomischen) Versprechungen des großen Indiens der Nehru-Zeit[41] nicht mehr griffen.[42] Ungerechtigkeit und Unterdrückung sind in der Geschichte Indiens tief verwurzelt, ebenso wie der gewaltsame Kampf dagegen. Es besteht ein gewisses traditionelles Verständnis für den Wunsch nach Unabhängigkeit und die Wehr gegen übermächtiges, autoritäres Unrecht. Gleichzeitig und in diesem Sinne ist das «heili-

---

40 Vgl. Partha Chatterjee: *National History and its Exclusion. Colonial and Postcolonial Histories.* Princeton (N.J.) 1993.

41 Jawaharlal Nehru, maßgeblicher Führer der indischen Unabhängigkeitsbewegung, war von 1947 bis 1964 erster Premierminister Indiens. Als solcher begründete er Indien als demokratische, sozialistisch orientierte und säkular orientierte Republik mit.

42 Zur Frage der Nation, ihrer Einbindung des bedrohenden «Anderen» in Form des Terroristen bzw. der Stellung der Muslime, mit der sich auch Mani Ratnams Trilogie ROJA (Indien 1992), BUMBAI und DIL SE (Indien 1998) befasst, vgl. Chakravarty, «Fragmenting the Nation: Images of Terrorism in Indian Popular Cinema»..

18 Unsympathische «Ersatzschurken» (wie hier in FIZA der Muslimvertreter und der Hindupolitiker, die zu ihrem Nutzen neue Hass- und Hetzgewalt zwischen ihren Religionen verabreden), entschuldigen als (Einzel-)Figuren nicht nur den tragischen, ideologisch korrekten Terroristen, sondern auch die einzelnen Bevölkerungsgruppen an sich.

ge» Hindustan selbst das kostbare, weil teuer erkämpfte und fragile Ergebnis eines solchen Unabhängigkeitskampfs, das es zu schützen gilt. Daraus ergibt sich das Dilemma, die Idee vom friedlichen, vielfältigen Indien zu verteidigen, zugleich aber anderen das Recht auf Selbstbestimmung und Selbstverteidigung gegen Unrecht zuzugestehen – Unrecht, welches sich im realen alltäglichen Indien in Form von Benachteiligung und Korruption, von Brutalität und Willkür der Sicherheitskräfte durchaus finden lässt.

Das Bollywood-Kino löst dieses Dilemma nun, indem es den üblichen ideologischen Frontverlauf kippt. Die Feindbilder, die das Land nicht zur Ruhe kommen lassen, sind vertikal angeordnet, d. h. sie trennen zwischen Staaten, Religionen und Volksgruppen. Im Film jedoch verlaufen die Grenzen zwischen «Gut» und «Böse» dagegen horizontal und unterscheiden gruppenübergreifend zwischen den fernen Mächtigen «da oben» – Politikern, Geschäftemachern, Ultranationalisten (Abb. 18) – und «uns», den friedliebenden einfachen Menschen «hier unten»: Angestellte, Bürger, Opferangehörige und verantwortungsvolle Beamte als Unterdrückte, Belogene. Die daraus entstehenden Deutungs- und Erzählmuster knüpfen an bekannte Feindbilder wie den britischen Kolonialherren oder den feudalistischen Großgrundbesitzer an. Vor allem aber stellen sie sowohl gute und schlechte Inder, wie auch entsprechende Pakistanis bzw. Muslime etc. dar. Die Filme benennen folglich Schuldige, ohne dafür bewusst gesamte Konfliktgruppen in Haft zu nehmen und Gräben zu vertiefen. Auch die realen Negativseiten Indiens können auf diese Weise mit dem «Ideal-Indien» und seiner Einheit versöhnt werden, ohne Vorurteilen und Rassismus zuzuspielen: Wenn das Volk – und damit Indien – nicht in Ruhe leben kann, sei es mit sich oder mit dem Nachbarn, dann sind daran machtgierige Volksvertreter, blindwütige Eiferer und Profiteure schuld. In Wahrheit sind weder Nationalitäten noch Religionen die Auslöser der Auseinandersetzungen, sondern der opportunistische Missbrauch der Spannungen und das gezielte Eskalieren durch die Feinde des Friedens. Bollywood propagiert in diesem Sinne (s)einen überschwänglichen Nationalismus, der in Actionfilmen bisweilen zu Chauvinismus wird, der zugleich aber mit einem starken Graswurzelpatriotismus und politischer Autoritätsskepsis einhergeht. Nicht selten wird dabei das ideelle Indien metaphorisch gleichgesetzt bzw. direkt in der Handlung verbunden mit der traditionellen Familie, ihren Werten der Ehre und Würde, also gänzlich vorstaatlichen Konzepten.

So wie die Beweggründe der «Oberen» entpolitisiert werden und im simplen Gut/Böse-Schema verhandelt und verhandelbar gemacht werden, findet sich auch «unten» eine

Reduktion auf persönliche Tragödien, Traumata und Motive der Vergeltung und der tragischen Gewalt. Wie die Gewaltspirale in Bollywood durch die Schurken einen Anfang hat, so hat sie auch ein Ende bzw. einen Ausgang bei den Opfern, die zu Tätern werden. Zwei Varianten gibt es dafür: die mitunter bemühte Aussöhnung und den tragischen Tod. Beide folgen ihrer Logik und berücksichtigen die Grenzen der lebbaren Toleranz. Besonders deutlich wird das mit Hrithik Roshan in seiner jeweiligen Rolle in Fiza und Mission Kashmir. In Fiza – vergleichbar mit den «erwachten» jungen Männern in Rang de Basanti – wird der tragische Terrorist durch ein Attentat auch wirklich schuldig. In Mission Kashmir bleibt Altaafs Gewaltengagement dagegen nur Behauptung, dementsprechend kann es auch ein Happy End geben.

In das Schema der Wehrhaftigkeit gegen Oben, gegen eine negative paternalistische Ordnung, fügt sich auch, dass die Gewalt immer mit Vaterfiguren verbunden ist. Sie geht häufig von ihnen aus, wird also quasi «vererbt» (Fanaa, Mission Kashmir) oder richtet sich gegen sie (Mission Kashmir, Rang de Basanti). Im ersten Fall ist die Gewalt eine unrechtmäßige, negative, im zweiten Fall eine tragische. Dies lässt sich ebenso als Kommentar zur Überwindung von überkommenen, weitergegebenen Feindbildern lesen wie als Ausdruck von sich auflösenden traditionellen Familienstrukturen und Machtverhältnissen. Dementsprechend erhält, wie bereits erwähnt, die Mutter als Opfer oder Leidtragende (Mission Kashmir, Rang de Basanti, Fiza), als Sinnbild der «Mutter Indien», besonderes Gewicht. Wenn also der Psychoanalytiker Sudhir Kakar in seiner Betrachtung des populären Hindi-Kinos feststellt, dass Bollywood die Spannungen quasi therapeutisch lindert, die aus den traditionellen, engen Familienbindungen samt ihren Rollen entstehen,[43] dann lässt sich dies auch auf die nationale «Familie» übertragen. In diesem Sinne sind Terrorismusfilme aus Bollywood vielleicht apolitisch zu nennen in dem Sinne, dass sie sich nicht systemischen Machtverhältnisse und damit die u. a. sozialen und ökonomischen Ursachen und Bedingungen der Gewalt widmen (freilich das Möglichkeitsproblem des narrativen Mainstreamkinos weltweit). Mit der Übersetzung in die «Struktur-Sprache» der – im Alltag und dem Wert-, Gefühls- und Vorstellungswelt Indies so eminenten – Familie finden sie jedoch einen nicht an sich weniger analytischen oder kritischen Ausdrucksansatz. Mit Terrorismus als Gefahr und Symptom der Zerrüttung ließe sich jedenfalls weitaus simpler und im wahrsten Sinne «effektiver» umgehen.

Schluss: Jenseits von Bollywood

Der Terrorismus und die ihm zugrunde liegenden Konflikte sind natürlich auch und gerade abseits des Massenkinos Gegenstand des indischen Films. Theeviravaathi: The Terrorist (Indien 1999) von Santosh Shivan (als Kameramann für Fiza tätig) folgt dem Weg einer Selbstmordattentäterin, ebenso Mani Ratnams Dil Se. Der tamilische Ratnam hat einen eigenen Weg zwischen Kunst und Kommerz gefunden und ist wohl der

---

43 Vgl. Kakar, «Der Film als kollektive Phantasie», S. 66.

19 Zuerst noch ist Meghna (Manisha Koirala) in DIL SE für Amar (Shah Rukh Khan), dessen Perspektive der Film – hier gar in der «Wunschtraum»-Song-and-Dance-Sequenz – einnimmt, die geheimnisvolle, scheue Schönheit, die es zu gewinnen und aus einer Welt der Gewalt zu retten gilt.

prominenteste Vertreter des «*Middle cinema*».[44] In DIL SE spielt Manisha Koirala[45] die verschlossene Meghna, in die sich der Radioreporter Amarkanth / «Amar» (Shah Rukh Khan) verliebt. Doch er ahnt nicht, dass sie sich durch Missbrauch, Gewalterfahrungen und den Mord an ihrer Familie entschieden hat, ihr Leben mit einem Selbstmordattentat zu beenden. Gerade im Umgang mit den Bollywood-Standards ist der Film eindrücklich: Shah Rukh Khan spielt den üblichen leichtherzigen und redseligen Helden, der der Überzeugung und Tragik Meghnas nichts entgegenzusetzen weiß als eine Traumweltlösung der Liebe, das Heil im Privaten also. Noch in Unkenntnis ihrer Mission «träumt» er in einer Song-and-Dance-Sequence, wie er sie in einer bürgerkriegsähnlichen Kulisse rettet. Später, am Ende, wird das Paar eng umschlungen von Meghnas Sprengstoffgürtel zerrissen (Abb. 19 u. 20).

Tragisch, poetisch und zugleich satirisch nimmt sich der Film ANWAR (Indien 2007) des jungen Regisseurs Manish Jha aus. Der Titelheld Anwar (Siddarth Koirala), ein junger Muslim, findet in einem ausrangierten Tempel in Uttar Pradesh Unterschlupf (Abb. 21). Am nächsten Morgen wird er prompt als Terrorist verdächtigt und sein Versteck belagert: von Hindunationalen, die ihn lynchen möchten, von der resignierten Polizei, von Schaulustigen, den Medien und schließlich sogar von einem Drehteam, das das ganze als Spielfilmkulisse für seine frivole Musikeinlage verwendet. Die Hintergrundgeschichte wird in ANWAR nach und nach enthüllt und besteht in einer Dreieckstragödie, in welcher der Zwist zwischen Muslimen und Hindus eine Rolle spielt. Zentrales Motiv des Films ist die unglückliche Liebe in jedweder (auch moderner) Form. Davor aber inszeniert Jha eine teilweise bitterböse, groteske bis surreale, gleichwohl sehr ruhig erzählte Geschichte um die Terrorhysterie,

20 Zuletzt ist es aber Meghna selbst, die – sinnbildliche Repräsentantin der «Peripherie» – die Gewalt tragisch *verkörpert*, ihren Geliebten (als Stellvertreter des zentralen Hindustan) mit in den gemeinsamen tragisch-romantischen Tod reißt und so die typische Bollywood-Lösung des Vergessens und Verzeihens verunmöglicht (Shah Rukh Khan und Manisha Koirala in DIL SE).

---

44 Uhl/Kumar, *Indischer Film – Eine Einführung*, S. 147.
45 Zur Deutung von DIL SE hinsichtlich des Nationalismus-Diskurses siehe Chakravarty, «Fragmenting the Nation: Images of Terrorism in Indian Popular Cinema».

21 Der traurige Muslim Anwar (Siddharth Koirala) im gleichnamigen Film zieht sich in den ausrangierten, bekritzelten und verdreckten ehemaligen Hindu-Tempel zurück, wo er zur Projektionsfläche und – für das Filmpublikum auf melancholisch-berührende Weise – zum Sinnbild für das nur Überkommene, Leere und Banale der Gewalt wird.

22 Chaotische Verheerung der Bombay Bombings 1993 und ihre dokufiktionale Aufarbeitung in BLACK FRIDAY.

aus der alle gesellschaftlichen Kräfte Kapital zu schlagen versuchen – inklusive des Lokalpolitikers, der einst ein Bollywood-Schauspieler gewesen ist.

BLACK FRIDAY von Anurag Kashyap (nach dem Buch von Hussain Zaidi) berichtete dagegen hart, fast unerbittlich und faktenreich über die Vor- und Nachgeschichte der Bombayer Bombenanschläge von 1993 (Abb. 22). Unter Einbezug von Originalaufnahmen, mit Ortseinblendungen, verschachtelt erzählt und ohne feste Hauptfigur, entspinnt er in der Manier des dokumentaristischen europäischen Politthrillers der 1960er und 1970er Jahre das komplizierte Netz der Täter, deren Verbindungen bis nach Dubai und Pakistan reichen, thematisiert aber auch die ungeschminkte Brutalität der Polizei: Verdächtigen werden die Finger gebrochen, sie und ihre Angehörigen gedemütigt und misshandelt. Das überaus trostlose Bild von BLACK FRIDAY gipfelt am Ende in einer umfassenden Darstellung der Zerrüttung des Landes: Die Attentate der muslimischen, mafiösen Gangster werden als Vergeltung für die Ayodhya-Pogrome, für Brandstiftung, Vergewaltigung, grauenhaftes Morden, Schande und Unterdrückung präsentiert. Kriminelles Profitdenken spielt hier keine Rolle mehr. BLACK FRIDAY ist in seinem lakonischen Realismus sicher einer der eindringlichsten Filme zum Konflikt zwischen Hindus und Muslimen, weil er deutlich macht, wie in dem Kreislauf der Gewalt, des Hasses und des Unrechts vor lauter Schuld letztlich nur Opfer bleiben.

Teil III
Vielfalt entdecken: Exemplarische Studien

Rada Bieberstein, Susanne Marschall

Start a Debate: A conversation with Mrinal Sen

Debate – Parallel cinema – Television and Cinema

Mrinal Sen (*1923) is one of India's most acclaimed art-house film directors.[1] The Bengali film legend came to Calcutta to study physics in 1940. In the university library he discovered intriguing literature such as the works by the German art and film theorist Rudolf Arnheim. Through these texts he became interested in film theory. It took some time, before Mrinal Sen began making films. His first film RAAT BHORE (THE DAWN, India 1956) was not very successful, but his breakthrough came with BHUVAN SHOME (MR. SHOME, India) in 1969. Amongst Mrinal Sen's films are INTERVIEW (India 1971), KOLKATA 71 (India 1972) and AKALER SANDHANE (IN SEARCH OF FAMINE, India 1981).

The following text reproduces extracts from a rare interview with Mrinal Sen conducted by Susanne Marschall and Rada Bieberstein in March 2010 in his home in Calcutta during an academic research journey on Indian film and its industry. The interview was recorded and can be seen in full length on the DVD enclosed in this book. During the interview the director was in poor health and was partially reading out from his autobiography *Always being born* first published by Stellar Publishers in 2005. The read out sections are marked as italics in the text.

Interviewers: Dear Mr. Sen, thank you very much for granting us this great opportunity of an interview with you. Let me say how honoured we are to speak to a true living legend of Indian and Bengali cinema, and not only. I will start with a big question. According to you, what is the function of cinema?

Mrinal Sen: [...] I am primarily a social being. As a social being I react to certain things around me and this is what I try to tell people – not to convince them, but to start a debate. That is what film does. If film becomes my subject of discussion, I will take up cinema and I raise questions. I give my answers in my own way and I am not afraid of being not liked by people. People may like it or may not like it. The point is to try and bring about a debate. That is how you grow. Debating is very important. My job as a filmmaker is not to tell you what is to be done and what is not to be done. You can do everything you like with

---

[1] The following information is taken from Sen, Mrinal: *Always being born.* 2nd ed., New Delhi 2006, pp. 16–33, and the website mrinalsen.org.

cinema. It being, to a large extent, a technological performance, you have the power to take up anything you like. [...] *Remember, when you touch your multifaceted medium, you touch man.* It is not just a machine. The machine can talk, the machine can feel, the machine can react. So you touch man. *As you serve your medium, you serve your conscience too. As you walk into the world, you take chances or play safe. By taking chances, you achieve or perish. Or, playing safe you just survive. The choice is yours.* [...] Whenever I make a film, I have to be the first viewer of my film. [...] What happens every time I watch my own film, I wish it were a dress rehearsal so that I could do it over again. What I mean is that you need to correct your own conclusions. Nothing is the last word in cinema. Nothing is the last word in any artistic design. You keep on changing yourself. That is what you do and you shouldn't be afraid of doing that. This is what I feel about myself. So that is why I say, every time I make a film, I wish this could be a dress rehearsal, so that I can do it over again. [...] [...T]he function of cinema is to react to what you have in your lifetime. [...] So, I keep on making films. To make films doesn't mean to convince other people about what you want to say – not to convince but to ask them to debate with me. That is how you go and that is how I go and that is how cinema also goes.

How do you remember the first film you made?

[...T]he first film I made, that was terrible. *Having made such a lousy film, I reckoned I had humiliated myself.* When he [Satyajit Ray] made [his] first [film], Pather Panchali [Song of the Road, India 1955], he had a long session with himself to learn cinema. [...] *The film that shook the world, Ray's all-time best. As in the world opinion, a classic of all times! But, for me, the most living, the most complex, the most contemporary of all of Ray's films and so the most important is the second of the Apu-Trilogy – Aparajito [The Unvanquished, India 1956], made a year later, in 1956.* [p. 33] The film is based on a story written in the 1930s and early 1940s, but the film was made in 1956 or 1957. [...] It is not time that suggests what films to see and what not to see and what is closer to you. It is the attitude. I remember many years ago. I don't know if you have seen that film. Many, many years ago I saw a film when I started making films. The film was called The Passion of Joan of Arc [France 1928], a French film, and it was made by Carl Theodor Dreyer. He made it in the 1920s, when there was no sound, and the film was excellent. I saw the film so many times. Every time I watched the film I felt this is the most contemporary of all contemporary films. So it all depends on the attitude you hold. [...] This is what I feel. Contemporaneity is not judged by time, it is judged by the attitude. When I saw the film, there was a lot of space, a lot of air on the screen. I find it is one of the most important films made in the history of cinema. So in that way Aparajito is also, to my mind, a very contemporary film, even today. That is how I look at films. That is how I learn. That is how I unlearn also.

What is the impact and significance of parallel cinema for Indian film history?

Well, any good cinema could be called a parallel cinema. It was Satyajit Ray, who with his films marked the beginning of parallel cinema to my mind. Many people will be really angry with me, but I don't care. It was Satyajit Ray who decided to make films like this. It was in 1956 that he made the film Pather Panchali and that was for the first time I could see a complete cinema. Before that there were Indian films, there were also Bengali films.

[...] There are so many languages that you can make films in India. [...] So, good cinema was very much in need. Very little films were good cinema. It was after Satyajit Ray that good cinema started being made. After him other people also came. Ritwik Ghatak is one. He made good and bad Indian films as I did. [...]

What does Calcutta mean to your films?

Well, I have made films in many languages and many states in India. But then, there is nothing like making a film in your own language, nothing like making a film in your own state. I was not born in Calcutta, but I was made in Calcutta. I was born in a small town, now in Bangladesh. Then I came to Calcutta to have further study and there I became slowly, gradually a Calcuttan. I liked Calcutta very much. I call Calcutta my El Dorado. I like Calcutta very very much. That doesn't mean I look at Calcutta as a sacred cow. I hate Calcutta, I love Calcutta. Love and hate kept together. [...]

You have been curious about new technologies during the era of television and video and you have made television and video films. What were your experiences with these new technologies?

If you ask me about television, I am not really happy with television. Television is good for the news. But otherwise [...] So when I watch a film on television I always look for air and space and that is not there. [...] *With all the limitations and possibilities of the small screen currently available, we came to grasp video technology through experiments and errors, and we felt excited. We found where its strength lay, in the keyhole play – all delightfully subdued, and in its intimate viewing, in its daily bits, in its secret drama. Within its confines, we took lessons from modern short stories and tried to successfully avoid emphasis on plots and incidents and focus primarily on feelings. We realized that Leo Tolstoy's* How much land does a man require? *should never be recommended for small screen because the subject needed a lot of space and air; whereas Anton Chekhov's* The Death of a Clerk *could be reasonably squeezed and ideally slotted in the much abused* idiot-box. *We learnt to play with* faces *because the small screen was most reluctant to accommodate* space. *In* GENESIS *[India, Switzerland, Belgium, France 1986] – my other film – on one extreme, we used a mythical, invented space, and reached its maximum extension, and now, going to the other extreme, we decided to almost discard space, within the limits of the available technology. By practically discarding* space *and focusing on* faces, *with words and silence as proactive agents, we built twelve more episodes [...].* [p. 263] So faces and space are very important. Space is very good for cinema, but faces are also very important for cinema. [...] Faces are a must for video and television. [...]

Are you working on a film project at present?

No. Everyday in the morning I wake up and think of writing a script, but it never comes out. I don't know why, but I wish I could make a film again. A lot of things have to be done, many things are left to be done. That is how I feel and look at it. [...]

Thank you very much!

Daniel Wisser

The Fourth Reel

Nationale Identität und Verwestlichung in den Filmen Guru Dutts

Das indische Kino nach 1947

das kommerzielle indische Kino nach der Unabhängigkeit, die am 15. August 1947 ausgerufen wurde, unterscheidet sich im Format nicht von den Filmen, die seit der Einführung des Tonfilms in Indien im Jahr 1931 gedreht wurden. Die als abendfüllend empfundene Filmlänge von etwa 150 bis 180 Minuten (jede Filmvorführung inkludiert eine Pause), die durchschnittlich sechs bis zehn Songs pro Film, welche von Playbacksängerinnen und -sängern gesungen und oft von Tanzszenen begleitet werden, und der starke Drang zum Melodrama bleiben dem indischen Kommerzfilm auch nach dem politischen Umbruch erhalten. Auch die zentrale Funktion des Kinos als wichtigstes Massenmedium des Landes bleibt bestehen: Das Kino erreicht auch die sozial Schwachen und die Analphabeten. Es bedient mit regionalen Filmindustrien die sprachliche Vielfalt Indiens. Und nicht zuletzt werden im Film mit Tanz, Musik und Poesie wichtige Elemente der Tradition in ein modernes Medium integriert. Es gibt zwar externe Einflüsse, die aus dem indischen Film nach der Unabhängigkeit nicht wegzudenken sind, wie etwa der direkte Einfluss des italienischen Neorealismus, der besonders gut an den Regiearbeiten von Bimal Roy zu sehen ist, oder der Einfluss des *film noir*, der im Frühwerk Guru Dutts starke Spuren hinterlässt; grundsätzlich bleibt aber der indische Film stark selbstreferenziell und eigenen Traditionen verpflichtet.

Was sich allerdings durch die Unabhängigkeit radikal ändert, ist der umfassende politische Referenzrahmen, der Politiker, Intellektuelle und Künstler stark dazu drängt, die neu entstandene Nation Indien zu definieren. Es muss dazu bemerkt werden, dass der Begriff der Nation (*desh*) als durchwegs positiv betrachtet wird. Die Unabhängigkeit von der britischen Kolonialherrschaft wurde aus eigener Kraft erreicht. Material zur Konstruktion von Konflikten in Filmen findet man in der extremen Heterogenität der indischen Bevölkerung: Die Unterschiede zwischen Stadt- und Landbevölkerung, die Unterschiede zwischen modernisierten oder industrialisierten Regionen und ruralen Gebieten, das starke soziale Gefälle, religiöse Konflikte und die Teilung Indiens und Pakistans, die mit der Gründung beider Staaten vollzogen wird, liefern diese Konflikte. Nationale Identität und Verwestlichung sind dabei zwei zentrale Themen, die das Schaffen der Filmemacher der Zeit nach der Unabhängigkeit determinieren. Dies ist besonders in der Zeit von 1947 bis etwa Mitte der 1960er Jahre zu beobachten, einer Zeit, in der sich jeder Film zwar innerhalb einer rein kapitalistischen Industrie behaupten muss, die aber Regisseuren, Drehbuchautoren, Dialogautoren und Dichtern, welche die Songtexte verfassen, immer noch die Möglichkeit bietet, einen eigenen Stil zu entwickeln und durch den Film politisch Stellung zu beziehen.

Die vier großen Filmemacher nach der Unabhängigkeit

Immer wieder werden vier große Filmemacher, die sich einerseits bewusst einem kommerziellen Format, andererseits aber auch der Formung eines eigenen Stils zum Transport ihrer Botschaften verschrieben haben, in einem Atemzug genannt. So etwa bezeichnet Thoraval sie als «The Four Greats of ‹Hindustani› Cinema»[1]:

> «Mehboob Khan, Guru Dutt, Bimal Roy and Raj Kapoor belong, in one way or another, to the humanist and crusading current of Indian cinema which existed much before the Independence of the country. If not politically, they were socially committed [...] citizens of an urban class who persuaded that the city was a source of ‹illumination› and ‹liberation› from the servitude of feudal and vitiated beliefs of the rural area.»[2]

Alle vier Regisseure sind auf international anerkannten Festivals zu Gast und gewinnen angesehene Filmpreise oder werden dafür nominiert. Alle vier entscheiden sich für das Format des kommerziellen Films, wie er seit Mitte der 1930er Jahre besteht, prägen ihren Filmen aber jeweils einen eigenen Stil auf, der sich von der Zeit der Unabhängigkeit bis Mitte der 1960er Jahre entwickelt.[3] Dass Guru Dutt unter diesen vier großen Regisseuren eine Sonderstellung zukommt, ist aber nicht zuletzt in seiner Filmsprache begründet. Selbst strenge – wenn nicht sogar bösartige – Kritiker des indischen Kommerzkinos wie Chidananda Das Gupta räumen dies ein:

> «Was auch unsere Filmemacher wie Mehboob Khan und Bimal Roy innerhalb des indischen Kontextes geleistet haben mögen, in allgemeiner Hinsicht haben sie nichts Neues zur Filmsprache hinzugefügt; von den weniger begabten Filmemachern, die heute die Kameras strapazieren, ganz zu schweigen. Nur Guru Dutt vermochte innerhalb des kommerziellen Rahmens mit seiner poetischen, wenn auch intellektuell unterentwickelten Sensibilität zu einem subjektiveren Kino zu gelangen.»[4]

Die ästhetische Relevanz der Filme Guru Dutts innerhalb des indischen Films steht also außer Frage. Das den Filmen der vier Regisseure zugrundeliegende Thema ist die Definition einer nationalen Identität und eine damit in engstem Zusammenhang stehende Bewertung von Modernisierung und Verwestlichung. Wie soll ein neu gegründeter Staat,

---

1   Yves Thoraval: *The Cinemas of India*. Neu Delhi 2000, S. 71.
2   Ebd.
3   Dies trifft ab dem Film SANGAM (Indien 1964) nicht mehr auf Raj Kapoor zu, der seine Filme bewusst entpolitisiert. Die drei anderen Regisseure überleben die 1960er Jahre nicht: Guru Dutt und Mehboob Khan sterben 1964, Bimal Roy 1966.
4   Chidananda Das Gupta: «Das indische ‹New Cinema›: Eine Bewegung mit Zukunft?». In: Chidananda Das Gupta, Werner Kobe (Hrsg.): *Kino in Indien*. Freiburg im Breisgau 1986, S. 55f.

der die lebendige Tradition viele Jahrtausende alter Kulturen beheimatet, jetzt, wo er seine Geschicke selbst in der Hand hat, die Synthese zwischen moderner und traditioneller Gesellschaft finden?

Verwestlichung als Chance und Gefahr

Die beiden wichtigsten Gründungsväter des modernen indischen Staates sind Mohandas Karamchand Gandhi und Jawaharlal Nehru, der auch Indiens erster Premierminister wird und es bis zu seinem Tod im Jahr 1964 bleibt. Die Ansichten Gandhis und Nehrus über die Modernisierung des Landes könnten unterschiedlicher nicht sein: Während Nehru die Modernisierung als Annäherung an Europa propagiert und diese im Rahmen eines sozialistischen Gesellschafts- und Wirtschaftsmodells umzusetzen trachtet, gilt Gandhis Augenmerk ganz der Landbevölkerung und landeseigenen Wirtschafts- und Kulturprodukten, die als *swadeshi* bezeichnet werden. Einigkeit zwischen den beiden herrscht allein in der Frage der religiösen Toleranz und der Überwindung des Kastensystems, in welchen Punkten auch Gandhis Standpunkt progressiv ist.

Nun ist in den Filmen der vier genannten Regisseure durchaus eine dezidierte Haltung zu diesen Fragen zu erkennen, was zeigt, dass die Filme des frühen unabhängigen Indiens durchaus politisch waren und politische Filme damals – trotz der rein profitorientierten Struktur des Filmbusiness – an der Spitze des Box-Office zulässig waren. Bimal Roy sieht man in dieser Frage eindeutig auf der Seite Gandhis. Spiegelt sein Film Do Bigha Zameen (Two Acres of Land, Indien 1953) noch deutlich den Einfluss des italienischen Neorealismus, so entwickelt er mit seinen zu Klassikern gewordenen Filmen Bandini (Indien 1963) und Sujata (Untouchable Girl, Indien 1959) einen eigenen Stil. In Sujata spielt die moderne Wissenschaft noch eine wesentliche Rolle, indem sie jenen, die am Kastensystem festhalten wollen, zeigt, dass jemand, der von einer Blutspende abhängig ist, nicht einen Blutspender aus seiner Kaste, sondern von derselben Blutgruppe benötigt, wenn dieser auch ein Unberührbarer ist. Mit Bandini, seinem stärksten Film, geht Roy entschiedener auf Distanz zur Modernisierung. Er symbolisiert das Opfer, das für die Unabhängigkeit gebracht werden muss, in der weiblichen Hauptfigur und betont den Stellenwert der Ehe von einem sehr traditionellen Standpunkt aus. Nach Bandini dreht Roy nur noch zwei Filme (einen über Swami Vivekananda und einen über das Leben des Buddha). Es ist also nicht verfehlt zu sagen, dass er sich immer stärker der Tradition zuwendet.

Mehboob Khan ist ein glühender Verehrer Jawaharlal Nehrus und beide sind stark vom Marxismus geprägt. Dennoch tragen Mehboobs Filme in Bezug auf die Modernisierung des Lebensstils und der Sitten eine deutlich konservative Handschrift. In der zweiten Hälfte seines Schaffens wendet er sich ohnehin ganz der Darstellung der ruralen Bevölkerung zu, wofür sein zum Klassiker gewordener Film Mother India (Indien 1959), aber auch andere Filme wie Aan (Mangala – Indische Liebe und Leidenschaft, Indien 1952) gute Beispiele sind. Bei der Darstellung der Mittel- und Oberschicht stellt er westliche Sitten als zerstörerisch dar, wofür sein Film Andaz (A Matter of Style, Indien 1949) und dessen von der Schauspielerin Nargis dargestellte Hauptfigur Nina ein Paradebeispiel sind. Die Verwestlichung des sozialen Umgangs mit Männern löst ein Missverständnis aus, dessen verheerende Folgen irreversibel sind. Die Ehe und letztendlich die Existenz der schuldlosen Nina werden zerstört.

Progressiver ist Raj Kapoor, der mit dem Schriftsteller K. A. Abbas an seinen beiden bedeutendsten Filmen AWAARA (AWARA – DER VAGABUND VON BOMBAY, Indien 1951) und SHRI 420 (MISTER 420, Indien 1955) arbeitet, in denen der Vagabund als Verkörperung der Migration vom Land in die Stadt im Zentrum steht. Kapoor stellt die Korruption in der Stadt dar, ortet aber im Proletariat positive Werte, die Bildung und Arbeit zum Ziel haben und damit auch den traditionellen Institutionen Ehe und Familie Bedeutung verleihen können.

Verglichen mit diesen drei Regisseuren ist Guru Dutt nun viel liberaler und kritischer. Zum einen differenziert er viel genauer zwischen Modernisierung und Verwestlichung. Er zeigt in AAR PAAR (ACROSS THE HEART, Indien 1954) wie das Automobil als Inbegriff der Technisierung einen ungebildeten Mann vom Land zu einem wichtigen Mann in der Stadt macht. Dabei ist Dutt auch in der Darstellung der Stadt sehr differenziert und zeigt urbane Mobilität und Modernisierung nicht als Bedrohung, sondern als positiven Aspekt, den er auch immer wieder von der komischen Seite betrachtet. Ebenfalls im Gegensatz zu den drei anderen Regisseuren stellt Guru Dutt die Gesellschaft und besonders ihre Wertesysteme als verlogen dar, teilt also den grundlegenden Optimismus seiner Epoche nicht.

Guru Dutts romantische Helden

Von Mehboob, Raj Kapoor und Bimal Roy hebt Guru Dutt sich auch insofern ab, als er das Verhältnis des Helden zur Gesellschaft neu definiert und dabei ein Bild entwickelt, das stark von der europäischen Romantik beeinflusst ist. Dies wird besonders in seinen drei wichtigsten Filmen deutlich, in denen Guru Dutt einen Künstler spielt: den Karikaturisten Preetam in MR. AND MRS. 55 (Indien 1955), den Dichter Vijay in PYAASA (THE THIRSTY ONE, Indien 1957) und den Regisseur Suresh Sinha in KAAGAZ KE PHOOL (PAPER FLOWERS, Indien 1959).

> «Preetam is the first of Guru Dutt's struggling artists. Like Vijay in PYAASA and Suresh Sinha in KAAGAZ KE PHOOL, he is an introverted man who is revolted by false social values and inequalities but is unable to take the world head-on. While Vijay uses poetry as his sword, Preetam's revolt is expressed through cartoons. Preetam is the lighter side of Guru Dutt's screen characters; yet he too, prefers withdrawal to confrontation.»[5]

Diese drei Filme bilden den zweiten und wichtigsten Teil seiner drei Schaffensphasen. Während die Filme BAAZI (Indien 1951), JAAL (Indien 1952), BAAZ (Indien 1953) und AAR PAAR als seine Frühwerke anzusehen sind, haben MR. AND MRS. 55, PYAASA und KAAGAZ KE PHOOL vieles gemeinsam: Guru Dutt ist bei allen drei Filmen Regisseur, Produzent und Hauptdarsteller. Dutt arbeitet mit einem handverlesenen Team aus Technikern und Künstlern, die über die Jahre zu seinen Vertrauten geworden sind – das sind besonders der Kameramann V. K. Murthy, der Cutter Y. G. Chawhan, der Schriftsteller Abrar Alvi und der Schauspieler Badruddin Qazi, der sich nach einer Whiskymarke Johnny Walker nennt. In der dritten Phase führt Dutt als Reaktion auf den kommerziellen Misserfolg seines Films KAAGAZ

---

5   Nasreen Munni Kabir: *Guru Dutt. A Life in Cinema*. Neu Delhi 1996, S. 69.

KE PHOOL nicht mehr Regie. Er produziert weiterhin Filme und spielt als Schauspieler in Produktionen anderer Filmfirmen. Seine Produktion CHAUDHVIN KA CHAND (FULL MOON, Indien 1960) hat großen Erfolg in Indien und schließlich auch in Europa: Guru Dutt wird zur Berlinale eingeladen, wo er Satyajit Ray begegnet. SAHIB BIBI AUR GHULAM (MASTER, MISTRESS AND SERVANT, Indien 1962), seine letzte Produktion, ist eine großartige Literaturverfilmung, die heute selbstverständlich zum Kanon der indischen Filmklassiker zählt. In beiden Filmen spielt Guru Dutt die Hauptrolle.

Betrachtet man nun die von Dutt dargestellten Charaktere in den Filmen seiner zweiten Schaffensphase, so wird deutlich, dass sich die Figuren immer auf der Kippe zwischen gesellschaftlicher Anerkennung und Ausgestoßensein, zwischen materiellem Erfolg und Misserfolg befinden. Die Motive des Streunens und der Heimatlosigkeit werden anders verwendet als bei Raj Kapoor: Die Figur des Vagabunden in Raj Kapoors Filmen AWARA und SHRI 420 ist ein eindeutiges Identifikationsangebot. Denn besonders jene Bevölkerungsschicht, die vom Land in die Stadt gezogen ist, wird in dieser Zeit das Zielpublikum des Kommerzfilms. So zitiert Paul Willemen nach A. Mammen:

> «Zwischen 1941 und 1951 nahm die Zahl der Städte mit über 100.000 Einwohnern um 36% zu. Kalkuttas Bevölkerung verdoppelte sich beinahe, und diejenige Bombays stieg um 168%. Dieser Prozeß dauert unvermindert an. Das Anwachsen der Bevölkerung und die Veränderung des Lebens auf dem Land zusammen bewirken, daß arme Arbeiter vom Land in die Städte strömen. (...) Die ärmsten Klassen in den Städten leiden nicht nur unter Wohnraumnot, Arbeitslosigkeit und dem Mangel an sozialer Förderung, sondern sie finden sich auch von dem traditionellen Leben des Dorfes völlig abgeschnitten. Traditionell hatten die Dörfer ein ‹Volksdrama›, wie die auf religiöse Epen zurückgehenden Geschichten ‹Ram Lila›, ‹Nautanki› und ‹Tamasha›, daneben auch ihre «Volkstanz» und die von einem Dorf zum anderen wandernden Geschichtenerzähler und Sänger. In den Städten hatten sie gar nichts. Ihre einzige Unterhaltung war das Kino. Ein Kinobesuch mußte ihnen alles zugleich sein, ihnen alles auf einmal geben: Tragödie, Komödie, Gesang, Tanz – und ihnen helfen, ihr gegenwärtiges Elend zu vergessen.»[6]

Raj Kapoor zeigt in seinen Filmen den guten Menschen vom Land, der durch die Schwierigkeiten, auf die er in der Stadt stößt, mit dem Gesetz und seinem eigenen Gewissen in Konflikt gerät. Gleichzeitig kontrastiert er die repräsentative nationale Identität mit einer subjektiven, emotionalen nationalen Identität: In SHRI 420 versucht der Trickbetrüger Raj auf der Straße in kleine Gläser abgefüllten Sand als wunderwirkendes Zahnpulver zu verkaufen, um so zu Geld zu kommen. Ihm gegenüber hat ein Politiker ein Podest erklommen, der den Zuhörenden stolz erklärt, seine gesamte Kleidung wäre *swadeshi* – also in Indien hergestellt. Raj sagt zu seinen Zuhörenden dann jene Zeilen, die auch den Refrain des wichtigsten Songs dieses Films bilden: «Meine Schuhe sind aus Japan, meine Hose ist aus England, mein roter Hut ist aus Russland, aber mein Herz ist indisch.»

Auch in Guru Dutts Figuren ist der Vagabund oder Streuner erkennbar. Wir begegnen ihm zum Beispiel sehr deutlich am Beginn des Films MR. AND MRS. 55, als Preetam unter

---

6   Paul Willemen: «Der Hindi-Film». In: *kino in indien II, 18. internationales forum des jungen films.* Berlin 1988, S. 15f.

der Tribüne eines Tennisplatzes aus dem Schlaf erwacht oder in der ersten Einstellung von PYAASA, in der wir den Dichter Vijay in einem Park übernachten sehen. Ähnlich begegnen wir der Hauptfigur von AAR PAAR namens Kalu Birju (ebenfalls von Dutt selbst gespielt) zu Beginn des Films als Insasse eines Gefängnisses. Aber alle diese Charaktere sind anders als die Figuren Raj Kapoors. Während es bei Kapoor immer um das persönliche Glück und den Einklang mit der Gesellschaft geht, um den Kampf um Arbeit, Kapital, Bildung und Selbstverwirklichung, weisen Guru Dutts Figuren alles, was ihnen die Gesellschaft bietet, zurück. Das Paradebeispiel dafür ist der Dichter Vijay im Film PYAASA, der auch als das zentrale Werk Guru Dutts angesehen wird.

Nicht nur werden Vijays Brüder und sein Verleger als nur an Materiellem interessierte Personen dargestellt, denen Vijays Poesie im Grunde gleichgültig ist. Selbst das Interesse der Öffentlichkeit an seiner Dichtung ist für Vijay wertlos. Die Prostituierte Gulabo (Waheeda Rehman) ist die einzige Person, die einen Zugang zu Vijay findet. Guru Dutt analysiert daher auch das nationale Selbstverständnis durch eine Kritik des Gesellschaftsbildes. Der stärkste Song in PYAASA kommt im Film mehrmals vor. Der erste Teil davon spielt auf einer Straße im Rotlichtmilieu von Kalkutta und beschreibt drastisch das schreckliche Schicksal der Prostituierten und ihre ausweglose Situation. Jede Strophe schließt mit dem Satz: «Wo sind nun jene, die auf Indien so stolz sind. Wo sind sie?»[7]

Der Text dieses Songs wird vom Dichter Sahir Ludhianvi geschrieben, der dafür eines seiner Urdu-Gedichte in ein leicht verständliches Hindi umschreibt, wie Raj Khosla berichtet.[8] Der Effekt auf das Publikum bleibt nicht aus und wiewohl PYAASA einen offenen Schluss hat, sieht Darius Cooper den Film als Guru Dutts Abwendung von seinen frühen leichteren Filmen hin zur Tragödie: «Since comedy did not have the equipment to deal with this alarming national predicament, Dutt chose melodramatic tragedy as his new instrument to dissect the nation's diseased corpus.»[9] Hinzu kommt, dass Guru Dutt immer mehr daran liegt, das menschliche Scheitern darzustellen. Dieses Scheitern wird aber nicht erklärt und ist auch nicht erklärbar – und damit unterscheidet sich Guru Dutt stark von den Messages und plakativen Ansätzen des indischen Kinos seiner Zeit. Das Scheitern des Dichters Vijay und des Regisseurs Suresh Sinha ist ein Scheitern an der Gesellschaft, ein Scheitern in der Liebe und letztendlich ein Scheitern an sich selbst. Lässt der Schluss von PYAASA noch einen Funken Hoffnung übrig, so wird die Hoffnung in KAAGAZ KE PHOOL mit dem einsamen Tod Suresh Sinhas zu Grabe getragen. Dies sind Bilder, die nicht in die Euphorie und Aufbruchsstimmung der jungen Nation passen und doch die weitere Geschichte des indischen Films prophetisch vorausahnen.

Guru Dutt stellt das Scheitern des Einzelnen nicht nur dar; er identifiziert sich mit der gescheiterten Figur, was so weit geht, dass Film und Leben teilweise ineinander übergreifen und nicht mehr unterscheidbar sind – ein archetypisches Merkmal der europäischen Romantik, das wesentlichen Einfluss auf die Moderne hatte. Woher Dutts Vorlage für diese romantisch melodramatische Dichterbiografie stammt, ist unklar. Klar ist aber, dass dieses Dichterbild europäischen Ursprungs ist: «The central theme of the film is the Romantic/

---

7 Pyassa. DVD. Neu Delhi: Moser Baer India Ltd. 2008.
8 Vgl. Kabir, *Guru Dutt. A Life in Cinema*, S. 82.
9 Darius Cooper: *In Black and White. Hollywood and the Melodrama of Guru Dutt*. Kalkutta 2005, S. 10.

burgeois conception of the artist in isolation. This is essentially a Romantic image that made its way into Indian literary consciousness (mediated no doubt by Bengal literary modernism) the moment the colonizer established his foothold in India.»[10] Nun scheint der progressive nationale Geist der ersten beiden Jahrzehnte des Staates Indien zunächst nicht zu einer importierten (noch dazu von der ehemaligen Kolonialmacht stammenden) Geisteshaltung zu passen. Betrachtet man aber die treibenden Kräfte der Unabhängigkeit und Modernisierung in Indien genauer, so ist wieder nichts nahe liegender, als dass die Mittelklasse als treibender Motor die Modernisierung als Kompromiss zwischen der Anpassung an westliche Standards und einem Beharren auf einer indischen Identität definieren muss. Man darf nicht vergessen, dass Indien vor der Zeit der britischen Kolonialherrschaft niemals als eine homogene politische Entität existiert hatte, dass die Vielfalt von Sprachen, Ethnien und Religionen auf dem Gebiet des heutigen Indiens bereits seit Jahrhunderten gegeben war.

Gegen Ende der 1950er Jahre macht sich jedoch auch in der Mittelschicht erste Skepsis breit. Viele sind enttäuscht von der wachsenden Korruption und der Geschwindigkeit der Modernisierung.

> «The bouyant mood in India started changing, however, after 1957. Nehru (...) began to be seriously questioned after the failure of many of his plans and India's disastrous defeat by China in 1961. The prevalent atmosphere of rampant corruption created a nationalized hypocrisy, especially amongst the affluent Indian middle class. The nation was betrayed and national interest was being replaced by personal interest.»[11]

Guru Dutt kommt aus einer Familie von *saraswats* (nach dem Kastensystem also Brahmanen); wirtschaftlich sind seine Eltern aber bestenfalls zur ärmeren Mittelschicht zu zählen. Innerhalb seiner Generation vollzieht die Familie aber einen unglaublichen Aufstieg. Guru Dutt wird berühmt. Sein Bruder Atma Ram, der nach Guru Dutts Tod die Geschicke der Produktionsfirma übernimmt, gehört damit ebenfalls einer wohlhabenden Schicht an. Guru Dutts Schwester Lalita Lajmi lebt heute noch als eine sehr bekannte und erfolgreiche Künstlerin in Bombay. Und Guru Dutts Frau Geeta Roy, die bereits zum Zeitpunkt der Heirat mit Guru Dutt in ganz Indien bekannt und gefeiert ist, bleibt bis zu ihrem frühen Tod im Jahr 1972 eine der größten indischen Sängerinnen. Gerade die aufstrebende Mittelschicht, die es in der Filmindustrie in kurzer Zeit zu großem Ruhm und Geld bringt – und zu der Guru Dutt und seine Familie und Freunde zweifellos gehören – repräsentiert zugleich mit der Euphorie des Aufbruchs einen extremen Individualismus, der im Widerspruch zu den traditionellen Werten der indischen Gesellschaft stehen muss und Familie und Ehe nicht in jener Form hochhalten kann, wie es die Tradition verlangt. Guru Dutts Filme ahnen die Folgen der rasenden Individualisierung und Entfremdung der städtischen Mittel- und Oberschicht Indiens auf grandiose Weise voraus. Geschieht das in Mr. and Mrs. 55 noch satirisch, so verfinstert sich das Bild in Pyaasa. In Guru Dutts letzter Regiearbeit Kaagaz Ke Phool wird es düster.

---

10 Vijay Mishra: *Bollywood Cinema. Temples of Desire.* London 2002, S. 112.
11 Cooper, *In Black and White. Hollywood and the Melodrama of Guru Dutt*, S. 9f.

Individualismus, Familie und Ehe

In KAAGAZ KE PHOOL spielt Guru Dutt den erfolgreichen Filmregisseur Suresh Sinha, der auf seinem beruflichen Höhepunkt mit einer DEVDAS-Verfilmung einen Flop landet, welcher seine Karriere und sein Privatleben in den Abgrund reißt. Verlassen von Frau und Kind verliert er das Sorgerecht, kann keine Filme mehr machen, wird Alkoholiker und schlittert in die Isolation – nur die junge Schauspielerin Shanti (Waheeda Rehman), die er entdeckt hat, feiert inzwischen große Erfolge. Suresh Sinha stirbt auf seinem Regiesessel. Obwohl Guru Dutt beim Erscheinen des Films im Jahr 1959 auf der Höhe seines Ruhmes ist und KAAGAZ KE PHOOL als erster Cinemascope-Film Indiens auch eine technische Innovation darstellt, wird der Film ein Flop. Daraufhin schwört Dutt, nie wieder bei einem Film Regie zu führen. Er bleibt Schauspieler und Produzent, gibt aber die Regie von CHAUDHVIN KA CHAND an Mohammed Sadiq und von SAHIB BIBI AUR GHULAM an Abrar Alvi ab. Auch die Liebesaffäre mit der von ihm entdeckten Waheeda Rehman, die zum weiblichen Star Bollywoods aufsteigt und dies bis Ende der 1960er Jahre bleibt, ist nicht von Glück gesegnet. Ebenso ist Dutts Ehe zerrüttet: Man lebt längst getrennt. Dass Guru Dutt Alkoholiker war, ist bekannt. Yves Thoraval schreibt über KAAGAZ KE PHOOL:

> «Here, everything is autobiographical, himself and Waheeda Rehman playing in some manner their own roles and when his marriage with Geeta is a failure, and a divorce, impossible. The once famous filmmaker is found dead, the day after his visit, huddled up in the armchair carrying the label ‹director›. Rarely has an autobiography by a filmmaker – here punctuated by splendid songs of an infinite melancholy – has been portrayed on the screen in a manner so intense and desperate! The film was a total commercial flop, for the public seemed to be put off by the character of a director and probably even more so by too sombre and lonely an anti-hero, at least in the context of the movies of that period. This failure, which seems ironically foreseen by the subject of the film itself, pushed Guru Dutt to refuse from now on to sign a film.»[12]

Die Position des Außenseiters entspricht Guru Dutts Biografie natürlich nicht. Eher ist er ein *self-made man*, ein Aufsteiger – jemand, der es, wie auch Mehboob Khan, aus ärmlichen Verhältnissen kommend, an die Spitze der Unterhaltungsindustrie Bombays gebracht hat. Guru Dutt ist ein extrem ehrgeiziger Mann, der nur für seine Karriere lebt. Aber über die neue Gesellschaft, in der er sich in Bombay wieder findet, will er in seinen Filmen nichts erzählen. Zu tief bewegt ihn das romantische Geniedenken, dass der Dichter und der Filmemacher zum Scheitern und zur Einsamkeit verurteilt sind; eine Überhöhung, der die Biografie Sahir Ludhianvis viel eher entspricht als die Guru Dutts.

Auch ist Guru Dutt am Erfolg seiner Filme beim Publikum sehr wohl interessiert. Er führt über Jahre eine Produktionsfirma mit oft über fünfzig Angestellten. Er hat in wirtschaftlichen Angelegenheiten klare Vorstellungen und setzt diese konsequent um. Auch die Filmdistribution in Indien und außerhalb Indiens beschäftigt ihn. So schreibt er zum Beispiel von einer Reise nach Teheran in einem Brief an seine Frau Geeta, wie populär

---

12 Thoraval, *The Cinemas of India*, S. 79.

Raj Kapoor im Iran wäre und dass er ebenfalls versuchen werde, seine Filme ins Persische synchronisieren zu lassen und im Iran zu zeigen.[13]

Guru Dutt hat das romantische Ich seiner Figuren also nicht repräsentiert und dennoch mit einer Besessenheit an seiner Darstellung gearbeitet. Der Grund dafür liegt darin, dass Guru Dutt als einziger der vier Regisseure die von Nehru angestrebte Modernisierung als Anpassung an den Westen auf ästhetischer Ebene vollzogen hat. Das bedeutet nicht, dass Guru Dutt sich alleine an westlichen Vorbildern orientiert hat; denn wie wir wissen, hat er sich auch sehr stark mit der Literatur Indiens und besonders der Bengalen auseinandergesetzt. Wohl sieht er aber, dass der indische Film sich mit der Unabhängigkeit ästhetisch nicht verändert hat und die Regisseure und Filmemacher nicht in der Lage sind, zu einem (wie Das Gupta es ausdrückt) «subjektiveren Kino»[14] zu gelangen.

Das Lebenswerk Satyajit Rays, der mit seinem ersten Film PATHER PANCHALI (APUS WEG INS LEBEN – AUF DER STRASSE, Indien 1955), der im Museum of Modern Art in New York zur Uraufführung gelangt, weltberühmt wird, gilt dem Versuch, in Indien ein realistisches Kino zu etablieren. Ray lehnt diese Form kommerzieller Filme mit aller Vehemenz ab. Er sieht wie viele andere im populären Kino eine rein eskapistische Maschinerie, die die Möglichkeit, das Leben in Indien darzustellen, ausschließt:

> «Da in einer Gesellschaft wie der Indiens die Industrialisierung des 20. Jahrhunderts nicht das Ergebnis einer selbsttragenden industriellen (oder technischen) Revolution ist, sondern einen über Korruption verlaufenden Modernisierungsprozess darstellt (ganz nach Art einer Mittelklassefamilie, die jeden Pfennig für den Kauf von Eigentum und Grundbesitz spart, um sich schließlich über die eigene ökonomische Klasse erheben zu können), können keine klaren Trennungslinien zwischen gesellschaftlichen Verhaltensweisen, kulturellen Werten und Lebensstilen gezogen werden. Realismus wird als Kunststil unmöglich.»[15]

Aber gerade dem populären Film hat Guru Dutt sich verschrieben und wiewohl er das Urteil der Massen ablehnt, ist er umgekehrt von der Ablehnung oder eher dem Desinteresse an KAAGAZ KE PHOOL schwer getroffen.

Guru Dutt ist ein durch und durch säkularer Denker. In der Tat ist säkulares Denken für ihn so selbstverständlich, dass ihm nicht einfällt, Säkularität plakativ darzustellen. Ob er mit Leuten zusammenarbeitet, die aus hinduistischen oder muslimischen Familien oder aus einem anderen religiösen Hintergrund stammen, er kümmert sich nicht um religiöse Zuordnungen. Das prägt er auch seinen Figuren auf und entwickelt es weiter zu einer universalen sozialen Toleranz. Schließlich ist die Prostituierte Gulabo in PYAASA am Ende die einzige Person, von der der Dichter Vijay sich verstanden fühlt. Die Familie, die bei Mehboob, Raj Kapoor und Bimal Roy eine zentrale Rolle spielt, tritt in Guru Dutts Filmen in den Hintergrund. Sie kommt als zerrüttete Familie in KAAGAZ KE PHOOL vor – eine Familie, wie Guru Dutt sie kennt. Sie ist in PYAASA eine Gemeinschaft, die den Dichter Vijay als nutzlose

---

13 Vgl. Nasreen Munni Kabir (Hrsg.): *Yours Guru Dutt. Intimate Letters of a Great Filmmaker.* Neu Delhi 2006, S. 121.
14 Chidananda Das Gupta: «Das indische ‹New Cinema›: Eine Bewegung mit Zukunft?». In: Chidananda Das Gupta, Werner Kobe (Hrsg.): *Kino in Indien.* Freiburg im Breisgau 1986, S. 55 f.
15 Anil Saari: «Aspekte des populären indischen Films». In: Chidananda Das Gupta / Werner Kobe (Hrsg.): *Kino in Indien.* Freiburg im Breisgau 1986, S. 81.

Person verstößt und in der er nur von der Mutter anerkannt wird. Und schließlich ist die Familie in Mr. and Mrs. 55 die Karikatur einer Anhäufung von Sachzwängen, welche die Aufgaben einer traditionellen Familie nicht mehr erfüllen kann.

In diesem Sinn ist auch die Ehe (man sehe vom viel kritisierten Ende des Films Mr. and Mrs. 55 einmal ab) in Guru Dutts Filmen nicht geschönt oder sentimental dargestellt. Die Ehe wird nicht mehr mit Liebe oder Nachwuchs gleichgesetzt. Diese sehr individualistischen Züge sind den aufgeklärten und gebildeten Klassen Indiens in den 1950er Jahren nicht fremd. Dass sie allerdings in dieser Form Eingang in den populären Film finden, ist bezeichnend. Es ist der Verdienst Guru Dutts, diese Position in den indischen Kommerzfilm eingebracht zu haben: Nachhaltig war sein Einfluss nicht. Nach seinem frühen Tod im Jahre 1964 galt er zwar als großer Mann der indischen Filmgeschichte, es dauerte allerdings bis in die 1980er Jahre, bis sein Werk neu entdeckt wurde. Im Zuge dieser Neuentdeckung und zahlreicher Retrospektiven seiner Filme in und außerhalb Indiens, kam es schließlich auch zu einer Neubewertung des Films Kaagaz Ke Phool, der heute als ein Klassiker der 1950er Jahre gilt.

Zusammenfassung

Die vier großen Regisseure der Zeit nach der indischen Unabhängigkeit, Mehboob Khan, Guru Dutt, Bimal Roy and Raj Kapoor, haben sich (jeder auf seine Weise) mit den Herausforderungen und Gefahren der Modernisierung der indischen Gesellschaft auseinandergesetzt. Guru Dutt gehört in ihre Reihe, weil man ihn heute zu den Klassikern dieser Zeit zählen muss. Er bricht aber auch aus der Reihe aus, weil er das Kino ästhetisch verändert hat und nicht bloß mit alten Mitteln auf die neuen Zeiten, die für Indien mit der Unabhängigkeit im Jahre 1947 angebrochen sind, reagiert hat.

Vieles von dem, was die Filme seiner drei Zeitgenossen explizit ausdrücken, ist in seinen Filmen implizit vorhanden und es ist wahrscheinlich ein Ideal Guru Dutts gewesen, die Grenze zwischen Fiktion und Realität zu verwischen. Das Eigentümliche an seiner Biografie ist aber, dass er, um seinen romantischen Standpunkt im kommerziellen Kino vertreten zu können, ein organisiertes und sehr materiell orientiertes Leben führen musste, dem sein Selbstmord schließlich ein tragisches Ende setzte.

Dennoch verkörperte Guru Dutt neben dem tragischen Romantiker auch den völlig säkularen Inder und zwar nicht in plakativer oder propagandistischer Art, sondern durch und durch – als Person, als Filmemacher und als Figur in seinen Filmen. Die Modernisierung, für viele das zentrale Element des neuen Staates Indien, ist für ihn an sich weder gut noch schlecht. Er begrüßt viele ihrer Effekte auf das tägliche Leben und klammert sie in seinen Filmen nicht aus, glaubt aber nicht daran, dass Modernisierung allein die Menschen verändern kann. In seinen die Masse stets anklagenden Filmen, ortet er in jeder Gesellschaft moralische Defizite.

Guru Dutts Filmen liegt ein romantisches Bild des Künstlers zugrunde, das er in seinem Werk eindrucksstark vermittelt und das in seinem subjektiven Kino aus heutiger Sicht mehr Einblicke in das Leben des damaligen Indiens gewährt, als es andere Kommerzfilme dieser Zeit zu transportieren vermögen.

Jennifer Bleek

Trainspotting

Das Bildmotiv der Eisenbahn in Satyajit Rays Apu-Trilogie und die westliche Technologie des Films

Gut sechs Monate nach der ersten öffentlichen Vorführung von Auguste und Louis Lumières bekanntem Eisenbahnfilm L'ARRIVÉE D'UN TRAIN EN GARE DE LA CIOTAT (ANKUNFT EINES ZUGES IN LA CIOTAT / ARRIVAL OF A TRAIN IN LA CIOTAT, Frankreich 1895) am 28. Dezember 1895 im Grand Café in Paris, erschien in der *Times of India* eine Anzeige, die für eine Vorführung bewegter Bilder als «The Wonder of the World»[1] warb. Veranstaltungsort war das Watson Hotel in Bombay.[2] Der Eintrittspreis betrug eine Rupie. Zur Aufführung gebracht wurde der so genannte Cinematograph der Brüder Lumière und Kurzfilme von ihnen, darunter auch ARRIVAL OF A TRAIN, wie sich der *Times*-Anzeige weiterhin entnehmen lässt.

Ein halbes Jahrhundert später, im Jahr 1955, sorgte der indische Regisseur Satyajit Ray mit der Vorführung seines Debütfilms PATHER PANCHALI (APUS WEG INS LEBEN: DAS KLAGELIED DER STRASSE, Indien 1952–1955) im Museum of Modern Art in New York für Aufsehen. Kurz darauf, 1956, lief der Film auf dem Festival in Cannes. PATHER PANCHALI handelt von einem Jungen namens Apu, der im ländlichen Indien der 1920er Jahre – im Indien vor der Unabhängigkeit – aufwächst.

«Im Mittelpunkt des Films stehen Apu und Durga, Sohn und Tochter einer armen Brahmanenfamilie in einem kleinen Dorf in Bengalen. Der Vater Harihar ist Laienpriester und Dorfdichter, schlecht bezahlt, oft ohne alle Einkünfte, ein Träumer, dessen Lebensfremdheit seine Familie in erniedrigender Armut hält. Die Mutter Sarbajaya hingegen ist eine praktische Frau, die sich verzweifelt bemüht, die Familie vor dem Verhungern zu retten. [...] Schließlich macht sich der Vater auf in die Stadt und verspricht, erst dann zurückzukehren, wenn er genug Geld verdient hat, um das Haus instandzusetzen. [...] Als die Regenzeit kommt, wird das Mädchen krank. [...] Das verfallene Haus bietet keinen Schutz mehr gegen die heftigen Regenfälle, und Durga stirbt. Als der Vater zurückkommt [...] erfährt er vom Tod seiner Tochter. Die Familie verlässt das Haus und das Dorf ihrer Vor-

---

1 Vgl. o.V., *Times of India*, 7.7.1896.
2 Zur Rezeptionsgeschichte des Lumière-Films in Bombay vgl. Ashish Rajadhyaksha: «Indien: Von den Anfängen bis zur Unabhängigkeit». In: Geoffrey Nowell-Smith (Hrsg.): *Geschichte des Internationalen Films*. Stuttgart/Weimar 1998, S. 363–372, hier S. 364.

1 Trainspotting im ländlichen Indien: Der junge Protagonist Apu und seine Schwester beobachten einen Zug.

2 Der Zug nähert sich.

fahren, um in Benares ein neues Leben zu beginnen.»[3]

PATHER PANCHALI setzte auf dem Festival in Cannes die in New York begründete Erfolgsgeschichte fort. Der Film wurde mit einem Preis für seine «menschlichen Werte»[4] ausgezeichnet, der Ray die Fortsetzung seiner Tätigkeit als Filmregisseur in Indien ermöglichte. Ray arbeitete an dem Thema seines Debütfilms weiter. Vorlage für die beiden folgenden Filme war – wie schon bei PATHER PANCHALI – ein Romanwerk des indischen Schriftstellers Bibhuti Bhusan Bandyopadhyay. Kurz nach Rays Erstling erschien der zweite Teil der Trilogie, APARAJITO (APUS WEG INS LEBEN: DER UNBESIEGTE, Indien 1956), über Apus Jugend. Darin muss Apu den Verlust beider Eltern verarbeiten. Sein Vater stirbt, als der Junge elf Jahre alt ist und seine Mutter verliert er mit etwa achtzehn Jahren. Apu wendet sich gegen die Tradition, den väterlichen Beruf zu ergreifen. Er setzt durch, dass er eine Schule besuchen darf und geht nach Kalkutta aufs College. Mit Apu als Erwachsenem beschäftigt sich der dritte Teil der Trilogie, APUR SANSAR (APUS WELT, Indien 1959). Apu lebt in ärmlichen Verhältnissen in Kalkutta, schreibt an einem Roman und heiratet. Bei der Geburt des Sohnes stirbt die geliebte Frau. Apu zieht verzweifelt fünf Jahre umher, bevor er sein Kind, das bei den Schwiegereltern aufwächst, erstmals sieht. Es kommt zu einer vorsichtigen Annäherung zwischen Vater und Sohn, an deren Ende Apu das Kind mit sich nimmt.

Das Bildmotiv der Eisenbahn zieht sich dabei wie ein roter Faden durch die Trilogie. Der wohl erste Anblick eines Zuges wird für den jungen Protagonisten zu einem großen, einschneidenden Erlebnis (Abb. 1–2). Diese Szene fehlt in kaum einer Rezension von westlichen Filmjournalisten. Wenn im Folgenden auch hier vor allem auf diese Szene eingegangen wird, liegt das daran, dass sie als zentral für PATHER PANCHALI und die beiden anderen Filme der APU-Trilogie angesehen wird und um eine bildwissenschaftliche Betrachtung erweitert werden soll. Später im Film sieht man Apu den Zug als Verkehrsmittel benutzen. So reist er etwa mit der Bahn nach Kalkutta, um dort zu studieren. Seine kleine Wohnung in Kalkutta, in der er eine glückliche Zeit mit seiner Frau verbringt, befindet sich neben

---

3 Freunde der Deutschen Kinemathek e.V. Berlin (Hrsg.): *Satyajit Ray. Texte zum Werk, zur Person, zu den Filmen*. Kinemathek-Heft Nr. 96, Berlin 2003, S. 52f.
4 Ebd., S. 49

einer Gleisanlage. Vom Dach des Hauses aus sind die regelmäßig vorbeifahrenden Züge zu sehen. Die Verabschiedung von seiner Frau, bevor sie zu den Schwiegereltern fährt, um dort die letzten Monate der Schwangerschaft zu verbringen, findet an der Tür eines Zuges statt. Als Apu seinen Sohn am Ende mit sich nimmt, blickt der Großvater auf eine Spielzeugeisenbahn, mit der sein Enkel immer gespielt hatte.

Die Eisenbahn ist das Produkt eines von Industrialisierung und Wissensfortschritt erstarkenden Bürgertums in Europa. Rays Interesse in der APU-Trilogie an dem Motiv lässt sich zum Teil aus seiner Biografie erklären. Ray, der am 23. April 1992 einen Oscar für sein Lebenswerk erhielt, wurde am 2. Mai 1921 in Kalkutta geboren. Von 1936 bis 1940 studierte Ray Wirtschaftswissenschaften am Presidence College in Kalkutta, danach schrieb er sich an der durch den indischen Schriftsteller Rabindranath Tagore gegründeten Universität in Santiniketan ein, um Kunstgeschichte und Malerei zu studieren. Ab 1943 arbeitete er als Grafiker und Art Director in einer britischen Werbeagentur in Kalkutta. 1950 war Ray für diese Werbeagentur in London, wo er in wenigen Monaten zahlreiche Filme sah, darunter viele Werke des italienischen Neorealismus. Vittorio de Sicas LADRI DI BICICLETTE (FAHRRADDIEBE, Italien 1948) beeindruckte ihn dabei besonders:

> «Dieser Film [...] hat auf mich einen entscheidenden Einfluss ausgeübt. Ich war direkt betroffen, zu entdecken, dass man einen Film ohne Atelier drehen kann, mit Laiendarstellern – ich dachte mir, dass man das, was man in Italien kann, auch in Bengalen kann, trotz Schwierigkeiten mit den Tonaufnahmen.»[5]

1950 war er darüber hinaus Regieassistent bei Jean Renoirs in der Umgebung von Kalkutta gedrehtem Film THE RIVER (DER STROM, USA 1950). Die Zusammenarbeit mit Renoir inspirierte Ray dazu, den ersten Teil der APU-Trilogie PATHER PANCHALI im neorealistischen Stil zu verfilmen.

Aus Satyajit Rays Biografie spricht eine selbstverständliche Offenheit für die westliche Kultur. Vielleicht ist das der Grund dafür, warum sein Erstling PATHER PANCHALI im Westen Resonanz fand. Man könnte aber auch provokativ sagen, Rays Erfolg im Westen basiere darauf, dass er ein Künstler ist, der sich mit der Bezugnahme auf den Neorealismus einem Trend eines westlichen Kunstsystems angepasst habe. Es gibt in der Trilogie aber auch nicht-westliche Elemente, die man gegen diese Sichtweise aufbieten könnte. Erwähnenswert ist hier die Titelsequenz mit der für westliche Sehgewohnheiten ungewöhnlichen indischen Schrift (Abb. 3). Vor allem aber ist hier der Ton zu nennen. Die gesprochene Originalsprache lässt sich mit westlichen Hörgewohnheiten kaum vermitteln. Auch die Filmmusik von Ravi Shankar ist für ein westliches Gehör eher ungewöhnlich und prägt viele Bilder nachhaltig.[6] Aber Rays erklärter Anschluss an den Neorealismus

---

5 Satyajit Ray zu Georges Sadoul: «De film en film». In: Cahiers du Cinéma 175, 1966, S. 52–57 u. S. 76–79. Zit. nach: Freunde der Deutschen Kinemathek e.V. Berlin (Hrsg.), *Satyajit Ray. Texte zum Werk, zur Person, zu den Filmen*, S. 57.

6 Auf diese wichtige klangliche Dimension der Bilder hat vor allem der Schriftsteller Salman Rushdie hingewiesen. Vgl. Salman Rushdie: «Satyajit Ray at 70». In: Alok B. Nandi (Hrsg.): *Satyajit Ray at 70 – as Writer, Designer, Actor, Director, Cameraman, Editor, Composer. Photographs by Nemai Gosh*, Brüssel 1991. Zit. nach: Freunde der Deutschen Kinemathek e.V. Berlin (Hrsg.), *Satyajit Ray. Texte zum Werk, zur Person, zu den Filmen*, S. 15.

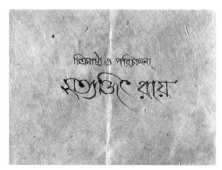

3 Indische Schönschrift: die Credits des Regisseurs Satyajit Ray in der Titelsequenz.

wäre etwa ein Beleg für eine mögliche angepasste Haltung. Der zentrale Stellenwert des Bildmotivs der Eisenbahn würde diese Sichtweise noch verstärken. Wie weiter oben schon erwähnt, ist sie westlichen Ursprungs. Sie breitete sich auch in Indien aus. Schon Ende des 19. Jahrhunderts verband das dortige Schienensystem alle wichtigen Landesteile miteinander. Auch heute noch spielt die Bahn hinsichtlich Mobilität und Transport für den Subkontinent eine zentrale Rolle. Die Relevanz der indischen Eisenbahn lässt sich zudem daran ermessen, dass sie weltweit einer der größten Arbeitgeber ist. Auch in der langjährigen Kolonialmacht England haben die Leute ein ganz eigenes Verhältnis zur Eisenbahn. Engländer lieben es, Züge zu beobachten. *Trainspotting* gilt auf der Insel als Volkssport. Vor diesem Hintergrund wirkt Rays erklärter Anschluss an den Neorealismus umso programmatischer. So gesehen, ließe der westliche Betrachter sich den Blick auf die ehemalige britische Kolonie Indien durch einen stark assimilierten Künstler vermitteln. Hinzu kommt das indische Publikum – so stieß Ray mit dem Film PATHER PANCHALI nur in Teilen der indischen Gesellschaft auf positive Resonanz. Während das ländliche Publikum diesen Film, der auf dem Land spielt und von den Leuten vom Land handelt, mit «Bestürzung, vielleicht auch Verlegenheit»[7] aufnahm, wurde der Kinostart des Films 1955 in der Metropole Kalkutta zu einem Erfolg. In Rays eigenen Worten: «Der Film lief sechs Wochen in einem großen Kino von Kalkutta. Anfangs lief der Film nicht gut, nach der dritten Woche jedoch setzte plötzlich der Erfolg ein, so dass man den Leuten frei gab, die sich nach Kinokarten anstellten.»[8] Möglicherweise hatte Ray in der Großstadt mit ihrer stärkeren Vernetzung mit anderen Nationen und Kulturen mehr Gleichgesinnte. Der Erfolg seines Films in der Metropole Kalkutta legt jedenfalls die Vermutung nahe, dass PATHER PANCHALI hier eher als ein Autorenfilm nach westlichen Standards wahrgenommen und geschätzt werden konnte.

Dahinter steht die generelle Frage nach der Auswirkung des Films auf Identitätsbildungsprozesse und kulturelle Repräsentationen. Um dieser Frage im Hinblick auf Rays Filmschaffen nachgehen zu können, ist es nötig, auch Bilder westlicher Provenienz zu fokusieren und sie mit der Eisenbahnsequenz in PATHER PANCHALI zu vergleichen. Methodisch lässt sich diese Erweiterung des Analysefokus durch Rays Beschäftigung mit westlicher Kultur begründen, eine Praxis, die für ihn etwas Selbstverständliches hatte: «I never had the feeling of grappling with an alien culture when reading European literature, or looking at European painting, or listening to western music, whether classical or

---

7   Arjun Aiyer: «Pather Panchali / 1955». In: Montage 5/6, Juli, Bombay 1966, ohne Paginierung. Zit. nach: Freunde der Deutschen Kinemathek e.V. Berlin (Hrsg.), *Satyajit Ray. Texte zum Werk, zur Person, zu den Filmen*, S. 55.
8   Sadoul, «De film en film», S. 59.

4 Adolph Menzel, *Berlin-Potsdamer Eisenbahn*, 1847, Berlin, Alte Nationalgalerie. Der Zug stürzt auf den Betrachter zu, die ästhetische Grenze scheint aufgehoben.

popular.»[9] Rays umfangreiche kulturelle Bildung lässt es sinnvoll erscheinen, auch eine Analyse westlicher Bildformen in die Untersuchung einzubeziehen.

Die westliche Kunst hat ganz unterschiedlich zu dem technologischen Fortschritt, wie er sich im Motiv der Eisenbahn kristallisiert, Stellung genommen. Die Eisenbahn wurde, wie später noch ausführlicher beschrieben wird, 1812 in England erfunden. Adolph Menzels Gemälde *Die Berlin-Potsdamer Bahn* von 1847 steht noch unter dem Eindruck des Neuen (Abb. 4). Die im Bild gezeigte Lokomotive stammt aus einer Schmiede im englischen Newcastle.[10] Menzel zeigt sie vor den Toren Berlins. Die Stadt war damals ‹Boomtown›.

> «Am Anhalter Bahnhof beginnt [...] die Strecke der Berlin-Potsdamer Eisenbahn. [...] Es ging darum, den radikalen Wandel der Erscheinung dieses Umfeldes zu dokumentieren. Menzel war fasziniert von Baustellen und Baugerüsten, von Zwischenzonen und Übergängen, sie waren ihm geradezu eine Metapher für den unaufhaltsamen Wandel, zugleich aber für permanente Unordnung. [...] Der Anhalter Bahnhof war ab 1841 funktionsfähig, er war die Veranlassung für die Anlage eines weiteren Neubauviertels. Die Schöneberger Straße wurde 1843 erschlossen. Berlin boomte. Zwischen 1816 und 1846 verdoppelte sich die Bevölkerung, die Stadt sprengte ihre Stadtmauern und wuchs ins freie Feld. [...] Menzel war von derartigen Übergangsphänomenen fasziniert und suchte sie festzuhalten. In der Berlin-Potsdamer Eisenbahn hat er diesen durchaus neuen Erfahrungen das einprägsamste Denkmal gesetzt.»[11]

Die diagonale Bahnlinie und die dynamische Darstellung des Gefährts vermitteln den Eindruck hoher Geschwindigkeit. Die ästhetische Grenze scheint aufgehoben: Es ist, als ob «der Zug [...] auf uns zu stürzt, um dann seitlich an uns vorbei zu rauschen und aus dem

---

9   Zit. nach Andrew Robinson: «Satyajit Ray: Biography». In: THE APU TRILOGY. DVD I (Pather Panchali), Special Features/Bonusmaterial. Universal/Artificial Eye 2000, S. 1–7, hier S. 2.
10 Vgl. Werner Busch: *Adolph Menzel. Leben und Werk*. München 2004, S. 75.
11 Ebd., S. 73f.

Jennifer Bleek

5   George Inness, *Lackawanna Valley*, um 1855, Washington D.C., National Gallery of Art. Ein ruhender Wanderer im Vordergrund genießt den Anblick einer Eisenbahn.

Bilde zu verschwinden.»[12] Menzels Darstellung macht neben den Übergangsphänomenen vor allem die Erfahrung von Dynamik deutlich. Das entspricht relativ genau dem Eindruck, den Reisende in der Frühzeit der Eisenbahn von dem neuen Transportmittel hatten. In diesen Eindruck mischte sich bei manchen Skepsis. Für sie hatte die Reise mit der Bahn aufgrund der ungewohnt hohen Geschwindigkeit etwas Gefährliches. In jedem Fall war es eine gänzlich neue Erfahrung von Mobilität.[13] Diese neue Erfahrung findet bei Menzel zudem eine Entsprechung auf maltechnischer Ebene: «Die Spontaneität des Malduktus ist Zeichen für Transitorisches. Transitorisches ist vom klassischen Bild per Definition ausgeschlossen, es würde dessen Einheit und Ganzheitlichkeit zerstören. Menzel legt es eben darauf an, dieses Transitorische hervorzukehren […].»[14] Auch vermittelt das Gemälde auf diese Weise in besonderem Maße die Erfahrung von hohem Tempo und damit von einer bestimmten Zeiterfahrung.

Im Gegensatz dazu steht die Bildauffassung des amerikanischen Malers George Inness. Sein Gemälde *Lackawanna Valley* (um 1855) zeigt die Bahn als einen sich vergleichsweise langsam bewegenden Gegenstand im Mittelgrund eines grünen Tales (Abb. 5). Der auf einer erhöhten Wiese im Vordergrund ruhende Wanderer betrachtet das Objekt wie einen natürlichen Bestandteil der Landschaft. Claude Monet wiederum betont in seinem Ge-

12   Ebd., S. 75.
13   Zu den Erfahrungsberichten früher Reisender vgl. Wolfgang Schivelbusch: *Geschichte der Eisenbahnreise. Zur Industrialisierung von Raum und Zeit im 19. Jahrhundert.* Frankfurt am Main 1993.
14   Busch, *Adolph Menzel. Leben und Werk*, S. 74.

6 Claude Monet, *La gare Saint-Lazare*, 1877, Paris, Musée d'Orsay. Impressionistische Erlebniswelten: Eine Lokomotive nähert sich in Licht und Dampfwolken.

mälde *La gare Saint-Lazare* von 1877 Beleuchtungseffekte und Atmosphäre des Bahnhofs (Abb. 6).

Anders verhält es sich mit dem schon eingangs erwähnten frühen Eisenbahn-Film L'Arrivée d'un train von 1895 (Abb. 7). Das Motiv der Eisenbahn bleibt von dem Medienwechsel nicht unberührt. Wichtig ist hier das Moment der Bewegung. Erscheint es in den beschriebenen Gemälden von Menzel, Inness und Monet im Modus einer je eigenen Zeitlichkeit und Prozesshaftigkeit, gelangt in dem Lumière-Film die tatsächliche Bewegung zur Anschauung. Während die Kamera starr bleibt, bewegt die Lokomotive mit den angehängten Wagen sich aus dem oberen rechten Bildhintergrund diagonal in den mittleren Vordergrund, wird immer größer, überschneidet den Bildrahmen nach vorne zum Betrachter hin und kommt im Off zum Stehen. Reisende, die zuvor wartend am Bahnsteig standen, setzen sich jetzt in Bewegung. Von innen werden Türen geöffnet, Passagiere steigen aus, ein Mann eilt zum Zug. Nachdem zu Beginn des Films eine diagonal gerichtete Bewegung zu sehen war, gibt es zum Ende hin lebhafte Bewegung in unterschiedlicher Richtung. Die Bewegungsart des Motivs ist in dem Film ganz anders als in den Gemälden.

7 Sichtbarkeit moderner Technik: Der Lumière-Film L'Arrivée d'un train en gare de la Ciotat von 1895 zeigt erstmals einen Zug in Bewegung.

In dem Lumière-Film wird das Objekt abgefilmt. Für die Kamera wird dabei ein bestimmter Aufnahmewinkel gewählt. Der Filmwissenschaftler David Bordwell hat auf die sich schon früh etablierende Aufnahmepraxis einer «Bewegung nach vorn» hingewiesen:

> «Lumière hätte den Zug von seinem hinteren Ende aus filmen können, [...] aber das tut er nicht. Er lässt das Ereignis auf uns zu–, in den Vordergrund kommen und erzeugt dadurch so etwas wie eine «Kunst der Erwartung». [...] Diese Bewegung nach vorn ist im frühen Kino eine der gebräuchlichsten Techniken, um Zeit und Raum im Filmbild visuell zu strukturieren [...].»[15]

Neu ist die von Bordwell angesprochene Bewegungsrichtung nicht. Auch in den besprochenen Gemälden ist eine Bewegung nach vorn zu sehen. Einen Unterschied macht, rezeptionsästhetisch gesprochen, die Art der Involvierung des Betrachters in das Bildgeschehen und wie unser Zeitgefühl adressiert wird. Während die Bewegung des Objekts in den Gemälden im Modus unterschiedlicher Zeiterfahrung repräsentiert wird, ist sie in dem Lumière-Film als tatsächliche Fortbewegung des Objekts im Raum erfahrbar. Die Zeit ist hier identisch mit der Bewegung.

Der Lumière-Film ist durch die betonte Wahl des Bildausschnitts keine reine Dokumentation, es wird aber auch noch nicht eine Handlung inszeniert. Einer der ersten Zugfilme mit einer inszenierten Handlung ist bekanntlich Edwin S. Porters THE GREAT TRAIN ROBBERY (DER GROSSE EISENBAHNRAUB, USA 1903). Räuber entern hier den Pack- oder Postwagen eines Zuges; sie rauben erst den Wagen, dann die Reisenden aus. Im Vergleich zu Lumières Film, der etwa fünfzig Sekunden dauert, ist die erwähnte Sequenz bei Porter deutlich länger. Während in ersterem die Ankunft eines Zuges in einer Einstellung mit starrer Kamera gefilmt wird, gibt es bei Porter mehrere Einstellungen. Bordwell hat auf die besondere räumliche Kontinuität in der Montage dieser Einstellungen hingewiesen: «Jede Einstellung, die wir sehen, ist räumlich mit der anderen verkettet, da es sich jeweils um benachbarte Räume handelt.»[16] Wie der Titel des Films schon andeutet, spielt das Motiv der Eisenbahn in diesem frühen Gangsterfilm eine – wenn auch nicht die zentrale – Rolle.

Um zeigen zu können, wie der Filmregisseur Satyajit Ray mit dem Bildmotiv der Eisenbahn umgeht, gilt es zunächst der Frage nachzugehen, welchen Stellenwert es im indischen Kino hat. Das Motiv kommt hier häufig vor. Schon während der Stummfilmära wurden von lokalen indischen Filmfirmen subventionierte Dokumentar- und Werbefilme für staatliche Institutionen wie die Eisenbahn gedreht. Auch in vielen Spielfilmen ist das Motiv zu sehen. Aus der Fülle der in Frage kommenden Spielfilme eignet sich für einen Vergleich mit Rays Trilogie vielleicht besonders gut Bimal Roys Filmmelodram DEVDAS (Indien 1955). Darin geht es um einen Mann aus der indischen Oberschicht, der am Ende des Films an der Tür seiner einst von ihm abgewiesenen Angebeteten stirbt. Der Stoff wurde erstmals 1937 von P. C. Barna verfilmt, einem der prominentesten Regisseure der Zeit vor der Unabhängigkeit. Bimal Roy war bei den Dreharbeiten dieser ersten Verfilmung Regieassistent. Sein Remake von 1955 eignet sich für einen Vergleich mit der APU-Trilogie besonders gut,

---

15 David Bordwell: *Visual Style in Cinema. Vier Kapitel Filmgeschichte.* Frankfurt am Main 2001, S. 16f.
16 Ebd., S. 24.

weil es ebenfalls im neorealistischen Stil verfilmt wurde, in etwa zur selben Zeit entstand und im letzten Drittel eine ausführliche Zugsequenz aufbietet.

Der Zug fungiert in DEVDAS zunächst als ein bloßes Verkehrsmittel. So sieht man den Helden einmal, wie er nach einem Familienereignis in einem Zimmer in Kalkutta die Sachen packt, um vorübergehend in sein Heimatdorf zurückzukehren. Aus dem Innenraum folgt ein Schnitt auf die Totale eines fahrenden Zuges, der sich in untersichtiger Aufnahme aus dem rechten Bildhintergrund der Kamera im Vordergrund nähert. Als der Zug an der Kamera vorbeifährt, gibt es einen Schwenk entsprechend der Bewegungsrichtung des Zuges nach links. Es folgt ein Schnitt auf eine Landschaft und das Dorf. Auf den ersten Blick zeigt die Einstellung mit dem Zug bloß den Ortswechsel des Protagonisten an. Bei genauerem Hinsehen zeigt sich jedoch, dass in dieser Einstellung eine zusätzliche Bedeutungsdimension angelegt ist: Durch die untersichtige Aufnahme, die zunehmende Ausfüllung und schließlich die Überschneidung des Bildrahmens durch den sich nähernden Zug und den dynamisierenden Schwenk der Kamera entsprechend der Bewegungsrichtung des Objekts nach links sowie das lauter werdende Geräusch des Triebwerks, werden Eigenschaften des Gefährts wie Kraft und Bewegung betont. Auf diese Weise stellt Roy schon hier ein Bedeutungspotenzial bereit, das er später im Film aktivieren wird.

Im letzten Drittel des Films befindet der Protagonist sich auf einer ziellosen Reise. In einer Montagesequenz ist zu sehen, welche Orte der Zug passiert: Delhi, Madras, Bombay, Lahore. Dazwischen werden Ansichten aus dem Fenster des fahrenden Zuges geschnitten: die diagonalen Verstrebungen einer eisernen Brücke, eine von Palmen gesäumte Flusslandschaft, Lichter in einer dunklen Nacht. All das gleitet scheinbar ungesehen vorbei an dem Mann, der sich in einem Zustand völliger Apathie befindet. Zufällig trifft er auf einen trinkfreudigen Bekannten. Es wird mittels Bildern angedeutet, was dann geschieht. Der Moment ihrer Begegnung wird gegengeschnitten mit der Großaufnahme eines von Feuer hell erleuchteten Ofens, in den Kohle geschippt wird. Zudem ertönt ein Signalhorn. Es folgen weitere psychologisch aufgeladene Bilder von dem rauchenden Schornstein der Lokomotive und dem Zug in der Nacht. Der Rückschnitt auf das Innere des Abteils zeigt die inzwischen eingeschlafenen Bekannten, um sie herum ein Zustand der Unordnung.

Der Exkurs in die Bildgeschichte des Motivs der Eisenbahn wurde gemacht, um die Analyse dieses zentralen Motivs bei Ray vorzubereiten. Ähnlich wie in den meisten analysierten Darstellungen des Motivs nähert der Zug sich in der einschlägigen Sequenz in PATHER PANCHALI aus dem rechten Bildhintergrund. Eine Erwartungshaltung wird geschaffen. Doch anders als etwa in dem Lumière-Film wird diese Haltung zuvor im Film vorbereitet. So hat man bereits zu einem früheren Zeitpunkt im Film das Geräusch eines Zuges in der Ferne gehört, ohne etwas zu sehen. Das freudige Aufmerken der Schwester bei diesem Geräusch erzeugt in Apu bereits eine gewisse Vorfreude. Diese positive Erwartungshaltung wird noch verstärkt in der extrem gedehnten Sequenz der ersten Begegnung des Kindes mit dem Zug. Apu und seine Schwester haben sich gestritten. Das Mädchen läuft aus dem Dorf ins Grüne. Apu folgt ihr. Als sie beide schon weit draußen in einer von hohen Gräsern mit fedrigen Blütenständen durchsetzten Landschaft sind, hält das Mädchen plötzlich inne. Von einer Hochspannungsleitung geht ein seltsames Geräusch aus (Abb. 8). Apu watet durchs flache Wasser eines Tümpels. Dies wird von einem plätschernden Geräusch

8 Hochspannungsleitung im ländlichen Indien.

9 Apu lauscht an dem Strommast.

10 Apu rennt vor dem Zug parallel zu den Gleisen.

begleitet. Die Schwester beugt sich vor, um an dem Strommast zu horchen. Bald darauf hält auch Apu sein Ohr an den Mast (Abb. 9). Erstmals im Film wird durch diese Handlungen des Horchens ausdrücklich inszenatorisch betont, dass die Protagonisten mit Technologie in Berührung kommen. Die Erwartungshaltung der Kinder wird noch verstärkt durch den betonten Gegensatz zwischen Technologie und Natur: Der fest gefügte, stählerne Strommast bildet einen Kontrast zu den sich im Wind biegenden Gräsern. Das elektronische Surren ist kontrastiv angelegt zu dem Geräusch von plätscherndem Wasser. Die Hochspannungsleitung überträgt offenbar den Schall des herannahenden Zuges; elektrische Leitungen über den Bahngleisen sind nicht zu erkennen; der Zug selber wird offenbar von einer Dampflokomotive betrieben. Den Streit scheinen die Geschwister über dem sich anbahnenden Ereignis vergessen zu haben. Wenn der Zug dann hinter den leichten, filigranen Gräsern sichtbar wird, ist dies der bislang deutlichste Kontrast zwischen Natur und Technik (vgl. Abb. 2). Apu rennt vor dem Zug parallel zu den Gleisen (Abb. 10). Die Kamera folgt seiner Bewegung mit einem Reißschwenk nach links. Dann gibt es einen Achsensprung der Kamera zur anderen Seite der Gleise. Man sieht den Zug nun direkt vor der Kamera bildparallel in umgekehrter Richtung nach rechts fahren (Abb. 11). Für einen Augenblick gerät der Junge aus dem Blickfeld. Als der Zug vorbei gefahren ist, sieht man Apu wieder (Abb. 12). Der Zug entfernt sich unter dunklen Rauchwolken (Abb. 13).

Die Sequenz wurde so ausführlich beschrieben, weil sie ein Schlüssel für die Deutung nicht nur dieses Films, sondern der gesamten Trilogie ist. Darüber hinaus lässt sich über sie indirekt viel über Rays Einstellung zum westlichen Kunstsystem sagen. Ray zeigt, dass die erste Begegnung mit der Eisenbahn für den Jungen den Charakter einer Zäsur hat. Doch anders als in dem zuvor näher besprochenen Film DEVDAS wird dieser Eindruck nicht durch psychologische Überformung der Bilder erreicht, sondern durch analytische

Durchdringung. Ray begibt sich förmlich in das Innere des Bildes selbst, nimmt es wie ein Ingenieur auseinander und setzt es auf neue Weise wieder zusammen. Am deutlichsten markiert dies vielleicht der Achsensprung der Kamera. Wir sehen den Zug erst von der einen, dann von der anderen Seite, erst in Bewegung in die eine Richtung, dann in die andere. Die räumliche Verkettung der Bilder, wie sie in Porters THE GREAT TRAIN ROBBERY zu sehen war, scheint für Momente aufgelöst. Ray schafft durch die Montage eine gegenläufige Bewegung im Kontinuum der Bilder. Auf diese Weise wird die gewöhnliche Wahrnehmung des Zuschauers unterlaufen und mit spezifisch filmischen Mitteln das einschneidende Erlebnis für den Jungen markiert.

11 Nach einem Achsensprung der Kamera versperrt das Gefährt für wenige Sekunden den Blick auf den Protagonisten.

Die Markierung einer doppelten Dimension des filmischen Dispositivs verdankt sich hier auch und vor allem einer Einsicht in die technischen Möglichkeiten des Mediums Film. Im Folgenden gilt es, den Status dieser Markierung genauer zu untersuchen, und zwar im Hinblick auf das, was hier besonders bemerkenswert ist, das technologische Moment. Es wurde schon angemerkt, dass in der Frühzeit der Eisenbahn in Europa durchaus skeptische Stimmen zu vernehmen waren. Insgesamt aber überwog Technikgläubigkeit. Die Eisenbahn stand für Werte wie Emanzipation von Traditionen und Fortschritt von Wissen. Ray schreibt in seiner Inszenierung des Motivs diese aufklärerische Idee der Emanzipation des Subjekts in gewisser Weise fort. So zeigt er auf der Handlungsebene, welchen Einfluss die erste Begegnung des Protagonisten mit der Eisenbahn auf dessen Leben hat.

12 Apu blickt dem Zug hinterher.

13 Der Zug verschwindet unter dunklen Rauchwolken in der Ferne.

Apu setzt durch, eine richtige Schule besuchen zu dürfen. Sein Talent fällt auf, er wird gefördert. Später reist er im Zug nach Kalkutta, um ein naturwissenschaftlich-technisches Studium zu beginnen. Die Bahn als durchgängiges Motiv wird so zum Zeugen für ein neues Zeitalter, in dem die alten Bräuche wie etwa die religiösen Rituale, die der Vater pflegt, für den Protagonisten keine bindende Kraft mehr haben.

Darüber hinaus wird das technologische Moment des Motivs in Beziehung zur Technologie des Films gesetzt. Denn es ist nicht der Zug selbst, der von Ray wie ein Ingenieur auseinander genommen und wieder neu zusammengesetzt wird, sondern das kameratechnisch erzeugte Bild eines Zuges. Durch den beschriebenen Achsensprung der Kamera und die diskontinuierliche Montage der Bilder, durch die Art und Weise, wie Kamera und Schnitt eingesetzt werden, wird das Motiv zu dem Bildproduzenten in Beziehung gesetzt: der Technologie des Films. Diese Sichtweise wird im weiteren Verlauf des Films Pather Panchali erneut ins Spiel gebracht. Vor der Zugszene hatte man diverse Episoden des ländlichen Lebens mit den Augen Apus gesehen. Zwei davon waren für das Kind etwas Besonderes: der Besuch eines Verkäufers von Süßigkeiten und der Auftritt einer Gruppe von Wanderschauspielern. Nach der Zugszene wird der Junge von einem weiteren Ereignis in Bann gezogen: Ein Schausteller besucht das Dorf, dessen Attraktion ein Guckkasten ist. Um die besondere Wirkkraft dieser Szene verstehen zu können, ist es hilfreich, mit einer Erläuterung schon früher im Film anzusetzen. Hier sind vor allem die Einstellungen von Relevanz, in denen der Prozess des Sehens betont wird: Der Blick von Apus Schwester, gefilmt aus dem Inneren eines Kruges. «[D]as einzelne Auge des kleinen Apu, gesehen im Moment seines Erwachens.»[17] Die Ankunft des Süßigkeitenverkäufers, beobachtet durch eine Lücke in einer Mauer. All diese Einstellungen thematisieren dezidiert den Vorgang des Sehens. Auf diese Weise stellt der Film schon früh ein Bedeutungspotenzial bereit, das in der Sequenz mit dem Guckkasten aktiviert wird. Das Unterhaltungsmedium kam zu Beginn des 18. Jahrhunderts in Europa in Mode und offenbart durch eine Linsenöffnung kolorierte Stiche oder Zeichnungen im Inneren. Die Mehrzahl der Blätter zeigte Stadtansichten, Landschaften, Seefahrt-, Fischerei- und auch Jagdszenen sowie Katastrophen wie Überschwemmungen, Erdbeben, Brände, Einstürze von Bauten oder auch Schiffsunglücke. Ebenfalls verbreitet waren historische Motive wie Schlachten, Ballonaufstiege oder Feste sowie Darstellungen aus der antiken Mythologie, dem Alten und Neuen Testament.[18] Im Film ist zu sehen, wie die Kinder aufmerksam in das Innere des Guckkastens blicken (Abb. 14). Durch die Art der Aufnahme gewinnt man einen Eindruck von der Wirkung der Bilder im Inneren. Eine größere Anziehungskraft haben in der Folgezeit erst wieder die bewegten Bilder des Films entfaltet.[19] Ray hätte die Einstellung mit dem Kasten auch vor der Zugszene zeigen können. Dass er sie jedoch ausgerechnet danach zeigt, lässt sich als ein weiterer Beleg dafür werten, dass die zugrundeliegende technisch-apparative Dimension des Mediums Film als integraler Bestandteil der Bilder angesehen wird.

Auf den vorangegangenen Seiten wurde die These entfaltet, dass der indische Regisseur Satyajit Ray in seinem Debütfilm PATHER PANCHALI das Bildmotiv der Eisenbahn in Beziehung setzt zur Emanzipation des Protagonisten von Traditionen und mit diesem Motiv darüber hinaus einen Bezug zur Technologie des Films herstellt. Weiter oben wurde die Frage gestellt, ob Ray ein Regisseur ist, der sich den Trends des westlichen Kunstsystems

---

17 Salman Rushdie, «Satyajit Ray at 70», S. 15.
18 Vgl. Wolfgang Seitz: «Guckkastenblätter». In: Georg Füsslin u.a. (Hrsg.): *Der Guckkasten. Einblick – Durchblick – Ausblick*. Stuttgart 1995, S. 24–35, hier S. 25 f.
19 Zum Guckkasten als Vorläufer des Kinos vgl. Werner Nekes: «Das Loch, die Kammer, der Spiegel und die Linse». In: Georg Füsslin u.a. (Hrsg.): *Der Guckkasten. Einblick – Durchblick – Ausblick*, S. 98–107, hier S. 106.

angepasst habe. Bedenkt man, dass es sich bei der Eisenbahn und beim Film um genuin westliche Technologien handelt, ließe sich die Frage um die Aspekte nationaler Identität und kultureller Repräsentation erweitern. Diese Frageperspektive wird umso kritischer, wenn die koloniale Vergangenheit Indiens mit in Rechnung gestellt wird. Indien wurde nach der wirtschaftlichen Ausbeutung durch die Ostindien-Kompanie in Folge des Sepoy-Aufstandes 1857 der Kontrolle durch die britische Krone im Jahr 1858 unterstellt und politisch in ein Kaiserreich umgewandelt.[20] Das Land blieb bis 1947 britische Kolonie.

14 Kinder drängen sich neugierig um einen Guckkasten.

Das besondere Potenzial der Betonung der Technologie der Eisenbahn und der technischen Qualitäten des Films in PATHER PANCHALI soll abschließend kurz vor dem Hintergrund der kolonialen Vergangenheit Indiens diskutiert werden. Dass es sich in beiden Fällen um westliche Technologien handelt, lässt sich historisch belegen. Die Eisenbahn wurde in Europa erfunden. Die erste Dampflokomotive kam zu Beginn des 19. Jahrhunderts, 1812, in England im Kohlerevier von Newcastle zum Einsatz. Sie diente dazu, geförderte Kohle zum nächsten schiffbaren Fluss zu transportieren. Zeitnah gab es bereits erste Bestrebungen, die Eisenbahn zum allgemeinen nationalen Verkehrsmittel zu machen.[21] Auch der Film wurde im Westen erfunden. Nach Experimenten mit der Camera obscura im 15. und 16. Jahrhundert in Italien, Neuerungen in der Konstruktion optischer Apparate im 18. Jahrhundert in Italien, England, Frankreich und Deutschland, intensivierten sich im letzten Jahrzehnt des 19. Jahrhunderts in verschiedenen westlichen Ländern die Bemühungen, bewegte Bilder auf eine Leinwand zu projizieren und dies ökonomisch zu verwerten.[22] Filmhistorisch lässt sich die erste öffentliche Aufführung von Filmen zwischen 1893, als Edison in den Vereinigten Staaten sein Kinetoscope perfektionierte, und 1895, als die Brüder Lumière in Frankreich mit ihrem Kinematographen reüssierten, datieren.[23] Das wusste man in der indischen Filmproduktion. Schon die Anfänge in den frühen 1910er Jahren waren von einem Konflikt zwischen westlicher Technologie und östlicher Tradition geprägt. In der Politik zeigte sich das auch: So war etwa der Ende der 1880er Jahre in London ausgebildete Mahatma Gandhi der Ansicht, die einheimische Industrie müsse sich radikal von der kolonialen unterscheiden und sich stattdessen etwa auf ländliche Verbesserungsmaßnahmen verlegen.[24] Deshalb

---

20   Vgl. Hermann Kulke / Dietmar Rothermund: *Geschichte Indiens. Von der Induskultur bis heute.* München 1998, S. 303ff.
21   Vgl. Schivelbusch, *Geschichte der Eisenbahnreise. Zur Industrialisierung von Raum und Zeit im 19. Jahrhundert*, S. 9–20.
22   Vgl. Roberta Pearson: «Das frühe Kino». In: Geoffrey Nowell-Smith (Hrsg.): *Geschichte des internationalen Films.* Stuttgart/Weimar 1998, S. 13–25, hier S. 14.
23   Vgl. ebd.
24   Vgl. Rajadhyaksha: «Indien: Von den Anfängen bis zur Unabhängigkeit», S. 366.

hegte er auch keine Sympathien für den Film.[25] Im Gegensatz dazu war sein Mitstreiter Jawaharlal Nehru, der ebenfalls unter anderem in London studiert hatte und von 1947 bis 1964 erster Ministerpräsident eines unabhängigen Indiens war, willens, ein nicht-kommerzielles Kino zu akzeptieren. Nehrus Position war eine, die «im Wesentlichen nur den Autorenfilm nach westlichen Standards gelten lassen will.»[26]

Die Auswirkung des Films auf Identitätsbildungsprozesse und kulturelle Repräsentationen wäre auch auf dieser Ebene zu betrachten. Ray mag den westlichen Standards des Autorenfilms bis zu einem gewissen Grad folgen und insofern eher zur Position Nehrus passen. Letztlich lässt er sich aber keiner der beiden Positionen zuordnen. Das zeigt sich besonders deutlich an seinem Umgang mit dem Bildmotiv der Eisenbahn. Weder kann man diesen gegen Gandhis modernitätskritische Sicht des Kinos ins Feld führen, noch für die modernistische Position Nehrus verwenden. Der Grund dafür ist der, dass Ray das Bildmotiv nicht ausdrücklich politisch inszeniert. Die Handlung spielt im Indien vor der Unabhängigkeit. Der Protagonist löst sich von den Traditionen. Aufklärung und Emanzipation sind ein Thema der Trilogie und sie verbinden sich mit dem Bildmotiv der Eisenbahn. Hinzu kommt, dass die technisch-industriellen Aspekte des Motivs in einer Schlüsselszene der Trilogie, wie gezeigt werden konnte, auf eine Weise angeeignet und transformiert werden, eine eher transkulturelle Perspektive auf den Gegenstand ins Spiel bringt. Es ist die mit den Mitteln des Films systematisch und analytisch erarbeitete Kennerschaft der Bilder, die für den Rezipienten als eine der Voraussetzungen für einen erwachsenen Liberalismus erkennbar wird.

---

25 Vgl. Alexandra Schneider: «Zum filmischen Raum im kommerziellen Hindi-Kino». In: Thomas Koebner / Fabienne Liptay / Susanne Marschall (Hrsg.): *Film-Konzepte 4. Indien.* München 2006, S. 38–50, hier S. 45f.
26 Ebd., S. 46.

Rada Bieberstein, Susanne Marschall

Tell a Story First:
A Conversation with Loveleen Tandan

Shooting SLUMDOG MILLIONAIRE – About film casting – The future of Indian cinema

Loveleen Tandan is one of India's young women filmmakers. She gained international recognition as co-director of the Oscar winning film SLUMDOG MILLIONAIRE (GB 2008, D: D. Boyle, L. Tandan). The first time Loveleen Tandan stepped on a set was for Deepa Mehta's EARTH (India/Canada 1998). From then on she worked successfully as casting director for productions as diverse as Mira Nair's MONSOON WEDDING (India/USA/France/Italy/Germany 2001), VANITY FAIR (GB/USA/India 2004) and THE NAMESAKE (as casting consultant; India/USA 2006) as well as Terrence Malick's THE NEW WORLD (as casting consultant; USA/GB 2005) and Sarah Gavron's BRICK LANE (GB/India 2007).

The following text presents extracts from an interview with Loveleen Tandan conducted by Susanne Marschall and Rada Bieberstein in July 2009 in Mainz where she was invited to the screening of SLUMDOG MILLIONAIRE. The interview was recorded and can be seen in full length on the DVD enclosed in this book.

Interviewers: Loveleen Tandan, you were Danny Boyle's Indian co-director for the British film production SLUMDOG MILLIONAIRE, an adaptation of the Indian best-selling novel Q and A. The film received eight Academy Awards – Best Picture among others – did you expect such a success?

Loveleen Tandan: Not at all actually! I mean, each time you put something together you hardly ever think of the outcome, the process of making is so intense. But in this specific case and in the way that it's gone, it's been completely beyond everyone's imagination.

How did your collaboration with Danny Boyle come about and what was it like to work with him?

It was a very interesting, very enlightening process. I think, the moment I started working with Danny on the film, I knew that this was going to be a unique experience because he has a disarming openness. He is brimming with ideas that are not at all bound by where he comes from. He wants the best out of everything, so he took his time, asked a lot of questions. That helped me to drive myself further as well, because I myself am a bit like that. I like to try everything and arrive at decisions in a fully informed way. That is really the only thing that worries me when I work with people: that they might expect me to finish things quickly, might expect me to make compromises along the way. I hate that. But on this one, I never felt short of time, there was room to explore, and that was immensely gratifying and fulfilling. As far as co-direction goes, it was Danny's idea to have me on the set of the movie the whole time, which I wasn't otherwise supposed to do, as casting director of the film. But he came up with this idea for me to be, in his words a sort of "cultural compass", and more specifically, to work on the performances of the little kids in the film during the shooting. They are Hindi speaking kids, and the lines they delivered were also all Hindi. I was, of course, more than happy to contribute, to make it as authentic as possible. It has been a great learning.

What were the responses the film received from the Indian critics as well as the Indian audience regarding the film itself, regarding its director, before and after its great success?

You know, it has had an interesting reaction. Most critics in India are great fans of Danny's work. That's a good starting point, always! But also being Indian and watching an Indian story made for an international audience by an international film crew, one is more sensitive about what it says about India and how India is interpreted – which is a very different way of looking at it from how the West sees it. The feeling is, «this is about us, it's our story». So the reaction has also been from that point of view. It's passionate, it's more subjective, slightly self-conscious but it makes some very useful points. All in all, the critics have been largely positive, and celebratory. As far as Indian audiences go, by and large, they are extremely proud of the film. The film was released in India on the day the Oscar nominations were announced, and it had already won four Golden Globes. So everyone knew that it was a spark and that people around the world were gearing up for it, appreciating it. This bit of information created a lot of anticipation, a really exciting sort of response from the audience. India has a hugely film-friendly audience and is very passionate about movies – especially movies about India, movies that seem to be transporting our world to the rest of the world. So it is seen with much enthusiasm. For me, as someone interested in creating films within and about India, SLUMDOG reaffirms the belief that you have to tell a story first. The rest, you can figure out as you go along. A story told with authenticity and heart, that is the key.

How did you cast the film and in particular the part of Dev Patel?

Dev Patel was cast by Gail Stevens who is from London and has cast, I think, most of Danny's films. She brought Dev on board. He was picked from all the young actors that we had looked at in India, as well as in London and America. In purity, in openness, in spirit, he came closest to Jamal.

And how did the casting of the other main roles proceed?

It was quite a process, you know. We looked everywhere, in various residential colonies, neighbourhood parks, in small dance schools, in yoga rooms, in summer theatre workshops, in karate classes, all kinds of spaces that young people gather in. We sort of just went for it, because we didn't want to leave anyone out, because who knew who could look

Loveleen Tandan during her interview in Mainz in summer 2009.

like ‹Salim› and who could look like the middle ‹Jamal› or the youngest ‹Jamal›. Once we decided to do a third of the film in Hindi, the web had to be spread further and we went into slums and started looking, especially for the youngest age group of actors. That was a remarkable exercise. The heart of the film lay in these spaces. So being there and searching for our main players there taught us, certainly me, a lot about the film itself. So that was great. [...]

Did the success of SLUMDOG MILLIONAIRE have an influence on the life conditions of the child actors?

Well, even before the film became a success, we knew it would have an influence on the child actors, because it's a big change from what their lives are like: to be with a film crew over a long period, interact with foreigners, it would have had an impact in any case. Christian Colson, the producer, was very aware of that from day one, and very sensitive. He was clear he wanted a way of giving back something substantial and long term to these kids and their families. He has been able to set up the Jai Ho Trust in India for the two kids, Azharuddin Mohammed Ismail and Rubina Ali, who play the youngest ‹Salim› and youngest ‹Latika›. This trust is looking to provide for their education and a sustainable kind of input into their lives including homes for them. On a much broader level – as far as Mumbai as a city is concerned, its slums, its kids, especially their health and education – the producers have collaborated with Plan India, which is this wonderful non-governmental organization that works with street children. So money has been put in to help, in sort of bettering the lives of so many people, which is great I think. [...]

Indian cinema is also associated with dance sequences. In SLUMDOG MILLIONAIRE there are hardly any dance sequences apart from the final credits' sequence. Was there a particular reason for this choice?

This is an interesting collaboration of cultural expression. It is British and it is Indian. To me, it has always felt like a homage to Indian cinema of the 1970s, particularly in its expression of love and joy, and of victory. The song at V.T. [Victoria Terminus] Station at the end of the film is a tribute to that in a way. As a culture, you know, we Indians are a song-and-dance people. It's a strong part of who we are. Song and dance seeps into all our festivals, our folk culture and oral traditions. So it comes naturally to us. To a Western audience, it might seem like a different kettle of fish, because it doesn't find that kind of expression in the West, except in the musicals of course. But for us, songs have always been a key element in our movies. If the music is good and sells really well, it can almost be predicted that the film is going to do well. So we sort of expect it in a movie. We love it, and enjoy it. [...]

Could you tell us more about the preparation and the shooting of the riot sequence, about its difficulty, about the delicacy of the sequence?

I think that communal riots, and riots in general, are a sensitive issue for humanity, anywhere in the world. Violence is never easy to portray, never easy to represent, I think. Especially when it is communal violence, which is such dangerous terrain in today's world that you have to be very careful not to take sides, not to represent it in a way that seems biased or a false representation of the larger reality. So I think, it was always an important element to be considered. I remember having long discussions with both Danny Boyle and Simon Beaufoy, the film's writer, about how we were going to portray it, what the speaking lines would be and what the actions could say. It's a particularly sensitive issue in India, especially in the last 15 years or so. We've had a solid tradition of secularism in India but in the recent past, there has been a growing sense of religious identity in the country. So it was important that it would be dealt with in a way that was not pandering to the fundamentalist way of thinking and being. It was important. Preparing the kids for it was extremely critical too, so they wouldn't feel threatened by it in any way. A lot of stunts were involved in the shooting. Setting men on fire, beating up people around these kids, when they're in the middle of all that chaos – running, looking around. And their mother is killed in the same sequence. These are all very sensitive issues for children. So it required preparation. It required repeated chats and making sure they were ok. It was important to explain to them that it was a staged thing, just a part of the story, and was going to be over very soon.

Which developments do you expect for the Indian film industry in the next future?

I think that we are getting stronger and stronger in our presence as a film community in the world. There is a growing sense of confidence, a growing sense of power in contemporary storytelling. Also the technology is fantastic and it compares with the rest of the world in every way: in terms of machines and software, and in terms of talent. I think it's immense and it's only going to get better – in its own unique way. [...]

Thank you very much!

Lisa Gadatsch

«Bollywood» als Lebensretter in Mira Nairs SALAAM BOMBAY!

Die indisch-amerikanische Regisseurin Mira Nair wurde 1957 im indischen Orissa geboren. Mit 19 Jahren verließ sie ihr Heimatland, um in Harvard Soziologie zu studieren. Zum Abschluss ihres Studiums drehte sie ihren ersten Film, die Dokumentation JAMA MASJID STREET JOURNAL (USA 1979). Heute lebt und arbeitet sie abwechselnd in den USA, Indien und Uganda, woher ihr Ehemann stammt. Mittlerweile umfasst das Werk Mira Nairs 21 Langspiel-, Kurz- und Dokumentarfilme. Spätestens seit MONSOON WEDDING (Indien 2001), für den sie den Goldenen Löwen in Venedig gewann, ist sie einem breiteren Publikum bekannt. Doch bereits SALAAM BOMBAY! (GB/Indien/Frankreich 1988), der erste Spielfilm der ehemals reinen Dokumentarfilmerin Nair, begründete ihre internationale Karriere. Neben anderen Auszeichnungen gewann sie hierfür die Goldene Palme in Cannes.

SALAAM BOMBAY! nimmt nicht nur einen besonderen Platz im filmischen Werk von Mira Nair ein, weil dieser Film sie schlagartig berühmt machte und weil er als semi-dokumentarisches Werk ihren Übergang vom Dokumentarfilm zum fiktionalen Fach markiert. Ich habe SALAAM BOMBAY! auch deshalb zum Ausgangspunkt des Essays gewählt, weil dieser Film als frühes Meisterwerk bereits wesentliche Aspekte der Inszenierungskunst Mira Nairs zeigt. Die Besonderheit der Lebensgeschichte Mira Nairs liegt in der Erfahrung der Diaspora, welche ihr filmisches Werk, sowohl hinsichtlich ihrer Sujets, als auch hinsichtlich ihrer Filmsprache, maßgeblich geprägt hat. Viele Filme der Regisseurin beschäftigen sich mit der gesellschaftlichen Realität Indiens und, auch aus postkolonialer Perspektive, mit der Problematik, indische Identität zu definieren.

In SALAAM BOMBAY! begleitet Nair eine Gruppe von Straßenkindern in Mumbai und zeigt sie in ihrem alltäglichen Kampf ums Überleben. Zu einem zentralen Thema des Films wird darüber hinaus das Phänomen des «Bollywood-Kinos», dem in der Sprache Hindi gedrehten indischen Mainstreamkinos. Diese Filmkultur erhält in SALAAM BOMBAY! eine große, nahezu überlebenswichtige Bedeutung für die Kinder. Auch wenn sich Mira Nair mit dem sozialkritischen Sujet ihres Films und in seiner Ästhetik radikal von den *formula*-Filmen des Hindi-Kinos abgrenzt, würdigt sie mit SALAAM BOMBAY! dennoch deren soziale Funktion. In dieser widersprüchlichen Haltung spiegelt sich ihre eigene, ambivalente Beziehung zu ihren indischen Wurzeln.

Lisa Gadatsch

Zum Inhalt des Films

SALAAM BOMBAY! erzählt die Geschichte von Krishna (Shafiq Syed), einem Jungen, der auf den Straßen von Mumbai lebt. Zunächst beginnt der Film jedoch mit einer kurzen Episode, die Krishna bei seiner Arbeit im Zirkus in der Provinz zeigt. Während er von dem Zirkusdirektor in ein nahegelegenes Dorf geschickt wird, um Tabak zu besorgen, reist die Zirkusmannschaft ohne ihn weiter. Er wird einfach vergessen. Später im Film wird man aus Krishnas Erzählungen erfahren, warum er beim Zirkus gelandet ist: Weil er von seinem älteren Bruder immerzu geschlagen wurde, zündete er eines Tages dessen Motorrad an. Daraufhin schickte ihn die Mutter zum Zirkus und erlaubte ihm erst dann zurückzukehren, wenn er 500 Rupien für ein neues Motorrad aufgetrieben habe. In der weiten, leeren Provinzlandschaft von der Zirkusmannschaft allein gelassen, macht sich Krishna auf den Weg zu dem nächstgelegenen Bahnhof. Nach dem Zufallsprinzip kauft er sich eine Fahrkarte nach Mumbai. Dort angekommen, findet er schnell Anschluss an eine Gruppe von Straßenkindern. Vor allem freundet er sich mit Chillum (Raghuvir Yadav) an, dessen Name Programm ist: Er handelt mit Drogen und ist ihnen selbst verfallen. Krishna versucht ihm zu helfen, doch Chillums Verderben durch die Drogen ist nicht aufzuhalten. Wenig später stirbt er.

Um sich das Nötigste für sein Überleben zu sichern, arbeitet Krishna als Teejunge. So erhält er den Namen «Chaipau», was von *Chai guy*, Teejunge, kommt und ihn damit nach seiner Funktion benennt. Als Teejunge beliefert Krishna unter anderem ein Bordell. Eines Tages wird er Zeuge wie ein aus Nepal verschlepptes Mädchen (Chanda Sharma) dort einquartiert wird. Sie ist erst sechzehn Jahre alt, weswegen ihr nun der Name «Solasaal», sechzehn auf Hindi, gegeben wird. In dieser Umgebung machen ihre Schönheit und ihre Unschuld ihren einzigen Wert aus; die Bordellchefin wird sie aufgrund ihrer Jungfräulichkeit zu einem hohen Preis weiterverkaufen können. Dass Solasaal kein Hindi spricht, macht sie noch hilfloser. In Krishna findet sie ihren einzig wahren Freund. Er ist verliebt in sie und will ihr zur Flucht verhelfen, indem er ihr Zimmer anzündet. Die Flucht misslingt, Solasaal muss bleiben. Später wird sie von Baba (Nana Patekar) umgarnt, einem brutalen Zuhälter des Bordells. Er staffiert sie mit Geschenken aus, um sie gefügig zu machen. Baba lebt ebenfalls in dem Bordell, zusammen mit seiner Ehefrau Rekha (Anita Kanwar), einer Prostituierten, und ihrer gemeinsamen Tochter Manju (Hansa Vithal). In ihnen findet Krishna eine Art Ersatzfamilie. Rekha lässt ihm von Zeit zu Zeit mütterliche Zuwendung zuteil werden, indem sie etwa mit ihm Tänze einübt oder ihn abtrocknet, wenn er vom Regen durchnässt zu ihr kommt. Manju, die heimlich in Krishna verliebt ist, wird zu seiner ständigen Gefährtin. Er zieht mit ihr auf den Straßen Mumbais umher, sie säubern Hühnerställe und bedienen die Gäste einer Hochzeit. Wie ein älterer Bruder nimmt Krishna sich ihrer an, halb belästigt von ihrer Bewunderung und Anhänglichkeit, halb liebevoll Verantwortung wahrnehmend.

Krishna lässt Manju auch nicht alleine, als sie eines Nachts vor der Polizei fliehen müssen. Während es den anderen Kindern gelingt, davon zu laufen, bleibt Krishna bei der kleinen, langsameren Manju. Sie werden von der Polizei aufgegriffen und in zwei verschiedene Kinderheime gebracht. Krishna fühlt sich dort wie in einem Gefängnis. Auch Manju ist unglücklich, sie spricht nicht mehr. Ihre Eltern besuchen sie, dürfen sie aber nicht mit nach Hause nehmen. Als Prostituierte wird Rekha die Befähigung abgesprochen, ihre Tochter großzuziehen. Die Erziehungsberaterin legt ihr nahe, sie zur Adoption freizugeben. In ihrer

Verzweiflung über den Verlust ihres Kindes entschließt sich Rekha, ihren gewalttätigen Ehemann Baba, das Bordell und die Stadt zu verlassen und an einem anderen Ort neu zu beginnen. Währenddessen gelingt es Krishna aus dem Heim zu fliehen. Seine erste Anlaufstelle ist Rekha. Er erreicht sie, als sie gerade mit ihrem gepackten Koffer das Haus verlassen will. Sie ist in einen heftigen Streit mit Baba verwickelt, der vehement versucht, ihre Abreise zu verhindern. Ein Messer fliegt zu Boden, Krishna greift danach und sticht im Affekt zu. Er tötet Baba. Von ihrem Unterdrücker befreit, ergreift Rekha gemeinsam mit Krishna die Flucht. Draußen auf den Straßen wird zu Ehren des Elefantengottes Ganesha das alljährliche, große Ganesha-Fest gefeiert. In den wogenden Menschenmassen können Krishna und Rekha sich nicht mehr aneinander festhalten. Sie werden auseinandergerissen und verlieren sich endgültig.

So endet Krishna wieder allein. In einer Nebenstraße kommt er zur Ruhe. Alles was ihm geblieben ist, ist ein Spielzeugkreisel. Es ist das einzige Hab und Gut seiner Kindheit, einer vergangenen und verlorenen Zeit. Plötzlich bricht seine ganze Verzweiflung aus ihm heraus und er beginnt bitterlich zu weinen. Dann erstarrt sein Gesichtsausdruck und er blickt stumm und unbestimmt ins Leere. Das Ende ist offen und kehrt damit zum Anfang zurück.

Ein semi-dokumentarischer Film

SALAAM BOMBAY! wurde ausschließlich an Originalschauplätzen gedreht. Bis auf drei erwachsene Schauspieler, die aus dem Hindi-Film bekannte Schauspielerin Anita Kanwar in der Rolle der Rekha, Nana Patekar als Baba und der ebenfalls im Hindi-Kino bekannte Raghuvir Yadav als Chillum, sind alle anderen Darsteller Laienschauspieler, die im Grunde sich selbst spielen. Bei Streifzügen in und um Mumbai sprachen Mira Nair und ihre Regieassistentinnen Nilita Vachani und Dinaz Stafford nahezu hundertdreißig Kinder an und luden sie zu Castings ein. 24 Kinder wurden schließlich ausgewählt und in Theaterworkshops geschult. Über mehrere Wochen hinweg lernten die Kinder Grundfertigkeiten des Schauspiels.[1] Da fast alle von ihnen Analphabeten waren, wurden die Dialoge aus dem Film gemeinsam eingeübt. Die Kinder wurden außerdem dazu animiert, aus ihrem eigenen Leben zu erzählen und zu versuchen, die erlebten Situationen in ihre schauspielerischen Improvisationen einfließen zu lassen. Gemeinsam mit der Drehbuchautorin Sooni Taraporevala, die in Mumbai geboren und aufgewachsen ist, entwickelte Mira Nair den Plot des Films aus einer Serie von Entwürfen, die aus den von den Kindern erlebten Geschichten stammten.[2] Soziale Realitäten in einem Spielfilm darzustellen, indem man das Erfundene mit dem Vorgefundenen vermischt, ist eine Methode, die im Ursprung auf den italienischen Neorealismus der fünfziger Jahre zurückgeht. Die klare Orientierung Mira Nairs an neorealistischen Stilelementen ist auch in ihrem Einsatz filmischer Mitteln erkennbar. Ebenso wie die Regisseure des Neorealismus stützt sie sich in vielen Einstellungen auf innere Montage, Plansequenzen und Tiefenschärfe, um die Vielschichtigkeit der spezifischen Lebenswelt zu erfassen und ihre Dynamik spürbar werden zu lassen. Auch durch häufige

---

1 Vgl. John Kenneth Muir: *Mercy in Her Eyes. The Films of Mira Nair.* New York 2006, S. 44.
2 Vgl. ebd., S. 46f.

1 Die Straßenkinder von Mumbai. Innere Montage erfasst ihre Lebenswelt.

Totalen und Topshots gelingt es in SALAAM BOMBAY!, die vorgefundene Realität in ihrem ganzen Detailreichtum zu erfassen (Abb. 1).

Verantwortlich für die Bilder ist die Kamerafrau Sandi Sissel, eine der ersten drei Frauen, die in die American Society of Cinematographers aufgenommen wurde.[3] Nair und Sissel entstammen beide dem geistigen Umfeld der Dokumentarfilmrichtungen des Cinema Verité und des Direct Cinema. Letzteres wurde in den 1960er Jahren unter anderem von dem Filmemacher D.A. Pennebaker entwickelt. Pennebaker war ein großes Vorbild für die junge Mira Nair. Er wurde ein Unterstützer und Freund für sie. Sandi Sissel hatte zuvor mit dem Dokumentarfilmer Nick Broomfield zusammengearbeitet, ebenfalls ein Bewunderer und Bekannter Pennebakers.[4] Nair und Sissel erwiesen sich als kongeniale Partnerinnen. Begünstigend kam hinzu, dass Sissel bereits auf der ganzen Welt Erfahrungen als Kamerafrau gesammelt hatte. Unter anderem hatte sie einen Film über Mutter Theresa in Kalkutta gedreht.[5] Beide Filmekünstlerinnen befanden sich zu dem Zeitpunkt der Entstehung von SALAAM BOMBAY! in einer Phase des Übergangs vom Dokumentarfilm zum fiktionalen Fach. So machten gerade die besonderen Bedingungen eines semi-dokumentarischen Filmprojekts auch für Sandi Sissel den Reiz aus, sich an dem Projekt zu beteiligen.[6] Als besondere Herausforderung des Drehs kann zum Beispiel das Filmen der Schlusssequenz gewertet werden, das inmitten der realen Feierlichkeiten des Ganesha-Fests auf den Straßen von Mumbai stattfand. Sissel und ihr Team drehten innerhalb der großen und sich bewegenden Menschenmasse, während Farbpulver umher geworfen wurde, das sie in die Augen traf. Ein weiteres Problem ergab sich, als sie Aufnahmen von der traditionellen Versenkung der Ganesha-Statuen im Meer machen wollten. Sichtbar für die Festbesucher agierten sie dabei von einem Kran aus. Plötzlich entbrannte unter einigen von ihnen Wut; sie begannen, Sissel und ihr Team mit Steinen zu bewerfen. Die Filmaufnahmen der Statuen, die umgedreht im Wasser schwammen, empfanden sie als eine Diffamierung der göttlichen Würde Ganeshas. So musste die Entscheidung getroffen werden, die Aufnahmen abzubrechen, auf diese Bilder zu verzichten und das Drehbuch umzuschreiben.[7]

---

3   Vgl. ebd., S. 42.
4   Vgl. ebd., S. 42f.
5   Vgl. ebd., S. 42.
6   Vgl. ebd., S. 55.
7   Vgl. ebd., S. 48ff.

2 Realität und Fiktion fallen zusammen, der Hunger nach Zuwendung ist echt.

Als großer Gewinn für den Film erwies sich die Fähigkeit der ehemaligen Dokumentarfilmerinnen zu einem beobachtenden Blick, der das Abschweifen in scheinbar nebensächlichen, kleinen Episoden erlaubte und der die eigene Atmosphäre der Lebenswelt dieser Kinder greifbar macht. Die Abkehr von einer strikt linearen Erzählstruktur zugunsten einer episodenhaften Aufsplitterung und eines im Tempo gemäßigten Erzählflusses kann ebenso als neorealistisches Stilideal gelten. Auf welche wunderbare Weise in SALAAM BOMBAY! die Umsetzung dieser Inszenierungsprinzipien gelingt, lässt sich besonders eindrucksvoll an einer bestimmten Szene und ihrer Entstehungsgeschichte verdeutlichen. Diese Szene zeigt das kleine Mädchen Manju, wie sie in einem Flurwinkel des Bordells steht und Kekse isst. In der Geschichte des Films hat sie die Süßigkeit von Krishna bekommen. Er bat Manju darum, sie als ein Geschenk an die von ihm verehrte Solasaal zu überbringen. Doch anstatt sich daran zu halten, versteckt sich Manju und verspeist mit großer Hast alle Kekse auf einmal. In einer Einstellung von großer Tiefenschärfe sehen wir sie im Vordergrund, während sich im Hintergrund eine alltägliche Situation des Bordells abspielt. Man sieht Prostituierte, die sich unterhalten und frisieren. Indem der Fokus auf beiden Handlungselementen liegt, erhält Manjus Handlung zunächst scheinbar eine gewisse Beiläufigkeit. Tatsächlich stellt sich jedoch ein anderer Effekt ein: Der Blick wird auf sie gelenkt, weil ihre Situation eine spürbare Dringlichkeit bekommt. Hansa Vithal, welche die Rolle der Manju spielte, bekam von Mira Nair für diese Szene die Regieanweisung, nur einen der Kekse zu essen.[8] Was geschah, war, dass das kleine Mädchen ob dieser Gabe den Rahmen der Filmaufnahme für einen Augenblick vergaß. Hier reagierte also Hansa Vithal, das tatsächliche Straßenkind, instinktiv. In ihrer realen, existenziellen Not hatte sie offensichtlich den Reflex ausgebildet, zuzugreifen und alles zu sichern, was sich ihr bietet. So verschlingt sie also alle Kekse auf einmal. In diesem Zusammenfallen von Realität und Fiktion liegt das Anrührende der Szene. Es ist die echte Bedürftigkeit dieses Kindes und sein echter Hunger nach Zuwendung, die nicht mehr zu bremsen waren und die in dieser Szene so greifbar werden. Anstatt eine Unterbrechung der Szene einzuleiten, ließ Mira Nair das Leben sich entfalten, wie es sich eben vorfand, und erfüllte damit ihren eigenen Anspruch an eine semi-dokumentarische Form (Abb. 2).

8   Vgl. ebd., S. 53.

Lisa Gadatsch

Indisches Autorenkino

Mit ihrem ersten Spielfilm reiht sich Mira Nair in die Tradition des indischen Autorenkinos ein. Zu ihren großen Vorbildern zählt sie die indischen Autorenfilmer Satyajit Ray und Ritwik Ghatak, die sogenannten Väter des indischen New Cinema. Als Ausdruck ihrer Bewunderung für sie widmete sie ihnen ihren späteren Spielfilm THE NAMESAKE (Indien/USA 2006). Während sich Satyajit Ray und Ritwik Ghatak in ihren Filmen auf inhaltlicher Ebene mit indischen Realitäten auseinandersetzten, wendeten sie sich in der Gestaltung ihrer Filme von den ästhetischen Konventionen und den dramaturgischen Mustern des populären indischen Kinos ab. Eher kann man ihre Filmsprache vom europäischen Autorenkino abgeleitet verstehen. Satyajit Ray berichtete immer wieder, es sei Vittorio de Sicas LADRI DI BICICLETTE (FAHRRADDIEBE, Italien 1948) gewesen, ein neorealistischer Film par excellence, der ihn im Ursprung zum Filmemachen inspiriert habe. Auch in SALAAM BOMBAY! fließen europäische und indische Einflüsse zusammen.

SALAAM BOMBAY! ist nicht allein aufgrund seines Sujets und aufgrund der kulturellen Wurzeln der Regisseurin und vieler ihrer Mitarbeiter als indischer Film zu bezeichnen. In seiner dramaturgischen Grundstruktur weist SALAAM BOMBAY! zyklische Formen auf, was einer zutiefst indischen Vorstellung entspricht. Der Glaube an Wiedergeburt ist ein prominentes Beispiel dafür, dass in Indien im Gegensatz zu einem westlichen Verständnis Zeit nicht als etwas Lineares verstanden wird. Sich wiederholende Motive machen darauf aufmerksam, dass das Ende von SALAAM BOMBAY! an seine Ausgangssituation anknüpft. Zum einen gibt es das Elefantenmotiv, das in der Eingangssequenz des Films auftaucht, als Krishna von dem Zirkusdirektor losgeschickt wird, um die Tabaksorte «Ganesha brand paan masala» zu besorgen. Der Film endet mit dem Ganesha-Fest zu Ehren des Elefantengottes. Der Kreisel, den Krishna in der letzten Szene in seinen Händen hält, taucht ebenfalls in der Eingangsszene auf. Krishna spielt damit, während er seine Besorgung für den Zirkusdirektor erledigt.

In seiner ewigen Drehung fungiert der Kreisel als ein Sinnbild für die Ausweglosigkeit, der die Kinder auf den Straßen Mumbais ausgeliefert sind, beziehungsweise für die ewige Wiederholung ihrer Schicksale. Nach seinen misslungenen Versuchen ein neues Zuhause zu finden, ist Krishna am Ende genauso allein und auf sich gestellt, wie zu Beginn seiner Geschichte. Auch die Geschichten der anderen Kinder setzen sich in dieser Weise fort, sogar über ihren Tod hinaus: Gegen Ende des Films taucht ein neuer Chillum auf, der den Verstorbenen in seiner Funktion als Babas Drogendealer und in seiner lässigen, abgeklärten Attitüde ersetzt. Der Kreisel dient natürlich auch als ein Symbol der Kindheit. Seine Inszenierung jedoch erzählt von deren Verlust. Während er zu Beginn des Films noch als Spielzeug zum Einsatz gekommen ist, ruht er in der letzten Szene als totes Objekt in Krishnas Händen. Er erinnert auch Krishna selbst an seine verlorene Kindheit; er beginnt zu weinen, nachdem er ihn in seiner Hosentasche entdeckt hat (Abb. 3).

Am Beispiel des Kreisels ist das Prinzip des Kontrapunktes erkennbar. In der Musiktheorie bezeichnet der Kontrapunkt eine Tonfolge, die gleichzeitig mit einer gegebenen Melodie erklingt, dabei jedoch als Gegenstimme fungiert. Sie bewirkt nicht nur einen harmonischen Zusammenklang, sondern bildet auch eine neue Melodie. Es findet eine Verknüpfung statt und gleichzeitig macht sich ein eigenständiger Ton bemerkbar, oder in

3 Das Spielzeug liegt als totes Objekt in seinen Händen.

einem übertragenen Sinn: ein eigenständiger Blickwinkel. In dem übertragenen Sinn weist Mira Nair hier ausgehend von einem Symbol mit bekanntem Sinngehalt, dem Spielzeugkreisel, auf einen anderen, neuen Kontext hin und formuliert damit eine neue und eigene Aussage. Sie macht auf das traurige Schicksal des Straßenkindes aufmerksam. Dieses Prinzip findet sich vor allem auch in ihrem Umgang mit der hinduistischen Mythopoetik wieder. Vor dem Hintergrund mythischer Geschichten und Bilder der bekannten Götterlegenden erzählt Mira Nair eine neue Geschichte, die ihrer eigenen Sichtweise auf die Welt entspricht. Ihre Sichtweise ist die einer Filmemacherin, die die gesellschaftliche Realität ins Visier nimmt.

In der populären Kultur Indiens zählt Ganesha zu den Gottheiten, die am häufigsten im Kleinkindalter abgebildet werden.[9] Die Geschichte seiner Kindheit handelt zunächst von einem großen Unrecht. Von seiner Mutter, der Göttin Parvati, wurde er aus Salben und Ölen erschaffen und durch ein Bad in der heiligen Ganga zum Leben erweckt, weil sie ihn als Türwächter vor ihrem Baderaum brauchte. Als solcher versperrte er eines Tages Shiva, dem Ehegatten Parvatis, den Weg. Aus Zorn darüber schlug dieser ihm den Kopf ab. Parvati trauerte um ihren Sohn und verlangte von Shiva, er möge ihn erneut zum Leben erwecken. Daraufhin versprach Shiva, Ganesha mit dem Kopf des nächsten Lebewesens, das ihnen begegnen würde, auszustatten. So kam Ganesha zu seinem Elefantenkopf und wurde wieder lebendig.[10] Einerseits kann eine Verbindung zwischen dem Schicksal Ganeshas und der Geschichte der Filmfigur Krishna gezogen werden. So wie Ganesha seine Mutter zu verteidigen versuchte, will Krishna in der finalen Szene des Films seine Ersatzmutter Rekha vor deren gewalttätigem Ehemann schützen. Auch Mira Nair hat das Unglück dieses Kindes im Blick, auch ihm widerfährt immer wieder großes Unrecht. In der mythischen Geschichte wird Ganesha jedoch ab dem Moment seiner Wiederbelebung von Shiva als Sohn anerkannt und lebt ein zufriedenes, sogar verwöhntes Leben. Darauf weist hin, dass er in Abbildungen stets als Emblem eine Süßigkeit in seiner Hand hält und dass er einen wohlgenährten, kugelrunden Bauch vor sich her trägt. Diese Darstellung seines Bauchs stellt ihn außerdem in den Kontext der Fruchtbarkeit.[11] Zu Ganesha betet man

---

9   Vgl. Patricia Uberoi: *Freedom and Destiny. Gender, Family and Popular Culture in India*. Neu Delhi 2006, S. 99.
10 Vgl. Anneliese und Peter Keilhauer: *Die indische Götterwelt und ihre Symbolik*. Köln 1986, S. 178.
11 Vgl. ebd., S. 180.

in Indien, wenn man sich für ein bestimmtes Vorhaben Glück wünscht. Er, dem es sogar gelungen ist, den Tod zu überwinden, wird auch als Gott verehrt, der Hindernisse beseitigt und einen neuen Anfang ermöglicht.[12] An eben dieser Stelle lässt Mira Nair im Sinne des Kontrapunkts ihre eigene Melodie erklingen: Das Ende ihres Films lässt das zukünftige Schicksal der Filmfigur Krishna offen. Ob er sein Unglück überleben wird, ob es jemals eine Verbesserung seiner Lebensverhältnisse geben wird, bleibt ungewiss. Ein Anzeichen für eine Rettung Krishnas aus seiner elenden Situation gibt es jedenfalls nicht. All seine Versuche, ein neues Zuhause zu finden, sind gescheitert; so auch sein letzter Versuch, als er sich mit einer Ersatzmutter zusammen tun möchte. Er bleibt verloren und vernachlässigt. Zwar umrahmt der Glücksbringer Ganesha den Film als motivische Erscheinung und mag deshalb zunächst als eine Art Schutzpatron der Figuren erscheinen. Mit ihrer Verweigerung eines Happy Ends umgeht Mira Nair jedoch diesen scheinbaren Automatismus. Sie enthebt den allseits anerkannten Gott Ganesha seiner Machtposition und stellt seine heilbringende Wirkung in Frage.

Auch an einer weiteren Stelle der Mythopoetik setzt Mira Nair einen Kontrapunkt. Die Benennung ihrer Filmfigur Krishna ist eine eindeutige Referenz an den hinduistischen Gott Krishna. Dieser Gott, der zu den beliebtesten Göttern in Indien zählt, war in seiner Kindheit ebenfalls großen Gefahren ausgesetzt. Krishna gilt als irdische Inkarnation des Urgottes Vishnus.[13] Mit übernatürlichen Fähigkeiten ausgestattet gelang es ihm in seiner Kindheit und Jugend zum Beispiel, den Schlangendämon Kaliya zu bekämpfen. Auch Putana, die Tochter des Dämonenkönigs Bali, die ihn mit vergifteten Brüsten stillen wollte, konnte er besiegen. Seine wichtigste Inkarnationsaufgabe bestand jedoch in der Tötung des Tyrannenkönigs Kansa. Kansa war seine Tötung durch Krishna schon vor dessen Geburt geweissagt worden, weswegen er ihn zeitlebens suchte und ermorden lassen wollte. Sicherheitshalber befahl er, alle Neugeborenen zu töten. Um Krishna zu retten, hatte ihn sein Vater als Säugling in einem Korb auf die andere Seite des Flusses Yamuna gebracht und gegen ein anderes Neugeborenes, ein kleines Mädchen, ausgetauscht. Dieses andere Kind legte Krishnas Vater neben Krishnas Mutter, um den Tyrannenkönig zu täuschen. Das Baby konnte seiner Tötung jedoch auf wundersame Weise entkommen. Plötzlich zur Göttin geworden schwebte es in den Himmel empor. Krishna wuchs bei seinen Adoptiveltern auf. Von ihnen behütet entwickelte er sich zu einem verspielten und schelmischen Kind, das die berühmten Abenteuer erlebte.[14] In dieser Geschichte steckt ein mythopoetischer Kern, der in Variationen zum Beispiel auch im Christentum wiederzufinden ist. So ist der Dämonenkönig Kansa mit Herodes vergleichbar, der nach der Geburt Jesus den Mord an allen Neugeborenen Bethlehems befahl. Und so wie Krishna als Baby von seinen Eltern weggegeben wurde, wurde auch Moses nach seiner Geburt am Ufer des Nils ausgesetzt und schließlich von einer fremden Mutter großgezogen. Auch über ihm schwebte ein Unheilorakel und auch er galt schließlich in dem Glück seines Überlebens als «Heldenkind» oder «Königskind».

---

12 Vgl. Hans Wolfgang Schumann: *Die großen Götter Indiens. Grundzüge von Hinduismus und Buddhismus.* München 2004, S. 126.
13 Vgl. ebd., S. 90.
14 Vgl. Keilhauer, *Die indische Götterwelt und ihre Symbolik*, S. 98f.

Zunächst besteht eine teilweise Parallele zwischen Mythopoetik und Filmdramaturgie. Auch Nairs Filmfigur Krishna ist im Grunde ein ausgesetztes Kind, das viele Gefahren überstehen muss. Die Tötung des gewalttätigen, tyrannischen Baba durch Krishnas Hand zum Schluss des Films erscheint als Parallele zu der Tötung Kansas in der mythischen Geschichte. Es gibt jedoch eine entscheidende Abweichung: Die übernatürliche Überlebenskraft der mythischen Figur Krishnas, die ihn grundsätzlich alle Gefahren überstehen lässt, ist der Filmfigur Krishnas nicht zueigen. Die wundersame Rettung des «göttlichen Kindes» Krishna, die auch dem «Königskind» Moses widerfährt, erlebt das Straßenkind Krishna nicht. Er bleibt ausgesetzt, elternlos, heimatlos und schutzlos. Im Gegensatz zu der mythischen Figur Krishna, die nach der Tötung des Tyrannenkönigs als Fürst auf der Festung Dwarka weiterlebt,[15] ist für Krishna in SALAAM BOMBAY! keine glorreiche Zukunft absehbar.

Die mythische Figur Krishna dient im indischen Film vielfach als Vorlage; seine zahlreichen Abenteuer und seine schillernde Persönlichkeit bieten viele filmdramaturgisch verwertbare Facetten. Im populären Hindi-Film wird mit besonderer Vorliebe auf das Bild des leidenschaftlich liebenden, jugendlichen Krishna zurückgegriffen. Der Film SCHATTEN DER ZEIT (D 2004) von Florian Gallenberger ist ein Beispiel aus der jüngeren Filmgeschichte, das eindeutige Bezüge zu der mythischen Figur Krishna erkennen lässt. Die deutlichste Referenz bietet eine Szene, in der sich der Protagonist Ravi (Sikandar Agarwalvon) am ganzen Körper mit blauer Farbe bemalt. In Abbildungen wird Krishna in der Regel mit blauer Hautfarbe dargestellt, sein Name ist Sanskrit und bedeutet «Der Schwarze» oder «Der Dunkle».[16] Die Geschichte des Jungen Ravi, der von seinen Eltern verlassen wurde und der sich als Arbeiter in einer Teppichfabrik durchschlagen muss, weist einige Parallelen zu der Geschichte von Mira Nairs Krishna auf. Auch Ravi widerfährt große Ungerechtigkeit seitens der Erwachsenen. Er gilt ihnen als anonyme «Ware», die namenlos und nummeriert bis zum Äußersten ausgenutzt wird. Ähnlich wie Krishna sich in Solasaal verliebt und sie nicht vor der Zwangsprostitution bewahren kann, versucht Ravi seine Freundin Mascha (Tumpa Das) erfolglos vor der Kinderprostitution zu retten. Die beiden Filme unterscheiden sich jedoch im Umgang mit der mythischen Vorlage: Anders als Nairs Krishna kann Ravi immer wieder über seine Unterdrücker triumphieren und bleibt damit nahe an dem mythischen Vorbild. Es gelingt Ravi schließlich sogar, sich freizukaufen und sich mit einem florierenden Teppichgeschäft eine unabhängige und angesehene Existenz zu schaffen. Der Film entwickelt sich außerdem bald zu einer großen Liebesgeschichte zwischen dem erwachsenen Paar Ravi (Prashant Narayanan) und Mascha (Tannishtha Chatterjee). Dessen Tragik, beide begegnen sich als anderweitig Verheiratete und können sich nur im Geheimen lieben, bezieht sich auf die mythische Liebesgeschichte zwischen Krishna und seiner verheirateten Geliebten Radha. In Mira Nairs kontrapunktischem Umgang mit dem mythischen Vorbild zeigt sich eine andere künstlerische Perspektive. Indem sie mit traditionellen Mustern bricht, öffnet sich Raum für die eigene filmische Vision der Autorenfilmerin, welche darin besteht, dass sie eine in eine Erzählung eingebettete, realistische Einschätzung der Situation dieser Kinder wiedergibt. Ihr Blick ist auf die Grausamkeit der Lebenssituation ihrer Filmfigur Krishna gerichtet, in der er sich nicht nur in der filmischen

---

15 Vgl. ebd., S. 100.
16 Schumann, *Die großen Götter Indiens. Grundzüge von Hinduismus und Buddhismus*, S. 78.

4 Der Kampf beginnt für Krishna von vorn.

Fiktion, sondern auch in der Realität befindet. Sie erinnert dabei an den Wert des Kindes und sie erinnert daran, dass dieser in der realen Welt auf den Straßen Mumbais tagtäglich missachtet wird.

In dieser realistischen Einschätzung kann es keine Auflösung der Geschichte in Form eines Happy Ends geben. Das Verharren im Nichts, Krishnas plötzliche Bewegungslosigkeit, erscheint plausibel. Seine Erstarrung steht im Kontrast zum Rest des Films, in dem er ständig in Bewegung ist: Er rennt, um vor etwas zu fliehen, oder er rennt, um etwas einzufangen. Der Moment seiner Regungslosigkeit ist eine kurzzeitige Unterbrechung des traditionellen Erzählmusters des Kreislaufs. Es entsteht eine Zäsur, die die Wirkung des gesamten Films auf die Zuschauer nachhaltig verstärkt, indem sie die Perspektive des Kindes, als Ausdruck der Vision der Regisseurin, einmal mehr und explizit in den Mittelpunkt stellt. Der konzentrierte Blick der Kamera, der auf ihm verweilt, zwingt zur Identifikation mit dem Kind. Sein stummer Blick kommt einem Blick nach innen gleich. Krishnas Gesicht ist abzulesen, wie seine Verzweiflung etwas anderem weicht. Es verhärtet sich und es scheint, als würde er sich zusammennehmen, aufraffen, den Kampf erneut aufnehmen wollen. Dennoch erscheint dieser Moment nicht als kraftvoller Neuanfang, sondern lediglich als eine Atempause Krishnas, bevor sich die Mühlen weiter drehen (Abb. 4).

John Kenneth Muir deutet Krishnas plötzliche Bewegungslosigkeit als Resignation, als Ausdruck der traurigen Erkenntnis, dass die Bewegung doch zu keinem Ziel führen kann.[17] Außerdem stellt er den treffenden Vergleich zwischen Krishna und Antoine Doinel (Jean-Pierre Léaud) an, der Hauptfigur aus Francois Truffauts LES 400 COUPS (SIE KÜSSTEN UND SIE SCHLUGEN IHN, Frankreich 1959).[18] In der Schlussszene dieses Films wird das Bild des aus dem Kinderheim fliehenden Antoine plötzlich eingefroren, die Figur Antoine also ebenfalls in ihrer Bewegung gestoppt. Auch in diesem Film gibt es für das Kind auf seiner Suche nach einem Zuhause und nach einer kindgerechten Existenz kein Happy End. Das letzte Bild in LES 400 COUPS suggeriert: Der Junge wird ewig weiter rennen und suchen.

Die fragile Kostbarkeit Kindheit

Die Orientierung an Francois Truffauts LES 400 COUPS fand bewusst statt. Mira Nair führte den Film ihren jungen Schauspielern zur Vorbereitung auf ihre Rollen vor.[19] In LES 400 COUPS wird ebenso wie in SALAAM BOMBAY! auf sensible Weise offengelegt, wie es den Kindern an Wertschätzung und emotionaler Versorgung fehlt und wie sich ihre Welt mit der der Erwachsenen auf eine Weise vermischt, die eine schonende Behandlung gemäß ihrem Status vermissen lässt. In beiden Filmen sind die kindlichen Protagonisten über weite Stre-

---

17 Vgl. Muir, *Mercy in Her Eyes. The Films of Mira Nair*, S. 66.
18 Vgl. ebd., S. 66f.
19 Vgl. ebd., S. 47.

cken sich selbst überlassen und von zu viel Eigenverantwortung überfordert. Doch geht es in dem französischen Vorbild für die Kinder weniger um einen existenziellen Überlebenskampf, als es in SALAAM BOMBAY! der Fall ist; an einer Grundversorgung mit Lebensmitteln, Wohnraum und Bildung mangelt es ihnen nicht. Den Kindern

5   Manju, ausgeschlossen und allein gelassen.

aus SALAAM BOMBAY!, in ihren Filmrollen wie in ihrem realen Leben, ist tatsächlich gar keine Kindheit gegeben; ein besonderer Schutz für Körper und Seele wird ihnen abgesprochen. Sie sind gezwungen ganz und gar selbstständig zu leben, eine Anbindung an Erwachsene in Form eines elterlichen Verhältnisses gibt es für sie kaum (Abb. 5). Stattdessen werden sie in ihrer Wehrlosigkeit ausgenutzt, sie werden ausgebeutet und gelten den Erwachsenen beinahe als eine Art Allgemeingut. Ihr Wert ist abhängig von ihrem Nutzen und von ihrer Fähigkeit, nicht zu stören. Dass Krishna in Mumbai nur noch Chaipau, «der Teejunge», genannt wird und Solasaal nach ihrem Alter und damit ihrem sexuellen Missbrauchswert betitelt wird, bringt die Reduktion zu Objekten der skrupellosen Ausbeutung auf den Punkt.

Um zu verstehen, was Kindheit in SALAAM BOMBAY! zu einem derart fragilen Gebilde macht, lohnt sich der Blick auf die sozialhistorische Geschichte der Kindheit, wie sie von Philippe Ariès und einige Jahre später von Neil Postman dargestellt wurde. Dass der Blick der beiden Autoren dabei auf die westliche Welt gerichtet ist, hindert nicht daran, nach den Mechanismen zu suchen, die Kindheit als sozialen Status im Allgemeinen, so auch in dem indischen Kontext, entstehen lassen oder aber gefährden können. Kindheit hat sich erst in der Renaissance als eine soziale Struktur herausgebildet und als gesellschaftliche Kategorie, wie wir sie heute verstehen, existiert sie kaum länger als hundertfünfzig Jahre.[20] Noch gänzlich unsichtbar war Kindheit im Mittelalter: Sobald ein Kind physisch in der Lage war, selbstständig zu leben, wurde es übergangslos zu den Erwachsenen gezählt. Kindheit war in dieser Zeit keine Eigenheit, die eine besondere Behandlung entsprechend der kindlichen Entwicklungsstadien bedeutete.[21] In der Regel wurden die Kinder zu anderen Familien gegeben, um dort in einer Art Lehrverhältnis aufzuwachsen. Eine affektive Bindung der Familienmitglieder untereinander, die mit heutigen Verhältnissen vergleichbar wäre, gab es nicht. Ein Kind wurde nicht als «vollständige menschliche Persönlichkeit»[22] wahrgenommen. Diese gewisse Gleichgültigkeit, mit der man den Kindern beegnete, hat ihren Ursprung sicherlich auch in der hohen Kindersterblichkeit dieser Zeit. Weil die Wahrscheinlichkeit des frühen Todes eines Kindes so hoch war, wurde erst gar keine enge, gefühlsmotivierte Be-

---

20   Vgl. Neil Postman: *Das Verschwinden der Kindheit*. Frankfurt am Main, S. 7f.
21   Vgl. Philippe Ariès: *Geschichte der Kindheit*. 16. Aufl., München 2007, S. 209.
22   Ebd., S. 99.

ziehung zu ihm aufgebaut.²³ Anstelle der emotionalen Verbindung innerhalb einer Familie bestand eine andere Art des sozialen Zusammenhalts, wie Ariès es beschreibt:²⁴

> «Für gefühlsmäßige Bindungen und soziale Kontakte war außerhalb der Familie gesorgt; sie entwickelten sich in einem sehr dichten und warmen «Milieu», das sich aus Nachbarn, Freunden, Herren und Dienern, Kindern und Greisen, Männern und Frauen zusammensetzte und wo man seine Neigung einigermaßen ungezwungen sprechen lassen durfte. Die auf der Ehe basierenden Familien gingen darin auf.»²⁵

Vor allem durch die Verbreitung der Schulbildung konnte sich eine Vorstellung von Kindheit durchsetzen. Die Kinder wurden nun einer eigenen Institution zugewiesen, während sich ihre Welt zuvor durch den Arbeitszusammenhang mit den Erwachsenen wesentlich mehr mit deren Welt vermischt hatte.²⁶ Diese Entwicklung wurde durch die Industrialisierung und ihren großen Bedarf an Kinderarbeitern zwar gebremst, konnte letzten Endes aber nicht verhindert werden.²⁷ Die Trennung der Kinder von den Erwachsenen im Kontext der Schule wird von Ariès, ganz im Gegenteil zu Postman, negativ bewertet. Er bezeichnet die Schule als eine Art «Quarantäne», in dem «ein langer Prozess der Einsperrung der Kinder»²⁸ stattfindet. Die Herausbildung der modernen Familie, die schon gegen Ende des 17. Jahrhunderts beginnt, korrespondiert mit dieser Entwicklung. Es gibt ein neues Bedürfnis nach Intimität. Die Familie definiert sich jetzt durch einen gefühlsmäßigen Zusammenhalt und ihre Abgrenzung nach außen. Das Gemeinschaftsleben außerhalb des Hauses verliert an Bedeutung, stattdessen gibt es eine Konzentration auf den Innenraum.²⁹ In diesem Moment, beschreibt Ariès, tritt das Kind aus seiner Anonymität heraus; es befindet sich nun im Zentrum der Aufmerksamkeit der Familie.³⁰ Dieser gesamte Prozess wird von Ariès als Freiheitsverlust für die Kinder gewertet:

> «Die Familie und die Schule haben das Kind mit vereinten Kräften aus der Gesellschaft der Erwachsenen herausgerissen. [...] Die Besorgnis der Familie, der Kirche, der Moralisten und der Verwaltungsbeamten hat dem Kind die Freiheit genommen, deren es sich unter den Erwachsenen erfreute. Sie hat ihm die Zuchtrute, das Gefängnis, all die Strafen beschert, die den Verurteilten der niedrigen Stände vorbehalten waren.»³¹

In SALAAM BOMBAY! gibt es keine familiäre Konstellation, die als Einheit funktioniert und die das Kind in den Mittelpunkt rücken würde. Die einzige verwandtschaftlich verbundene Familie, die in dem Film auftaucht, setzt sich aus der Prostituierten Rekha, ihrem Ehemann und Zuhälter Baba und ihrer gemeinsame Tochter Manju zusammen. Als Familie bilden sie jedoch kein geschlossenes System und das Kind Manju wächst ebenso wie die elternlosen

---

23 Vgl. ebd., S. 99.
24 Vgl. ebd., S. 46f.
25 Ebd., S. 47.
26 Vgl. ebd.,, S. 47f.
27 Vgl. Postman, *Das Verschwinden der Kindheit*, S. 65f.
28 Ariès, *Geschichte der Kindheit*, S. 48.
29 Vgl. ebd., S. 61.
30 Vgl. ebd., S. 48.
31 Ebd., S. 562.

6 Krishna und Chillum, wie zwei Brüder.

Kinder zu einem großen Teil als Straßenkind auf. Das Zusammenleben der Menschen in SALAAM BOMBAY! ist in größeren und loseren Gemeinschaften als die klassische Familie organisiert, so wie Ariès es für die traditionellen Gesellschaften beschrieben hat. Das Bordell erscheint zwar in Momenten als ein «Heim», doch besteht hier jederzeit eine große Durchlässigkeit zur Außenwelt. Deutlich wird dies zum Beispiel darin, dass die Zimmer von mehreren Seiten aus zugänglich sind; der Wohnsituation fehlt eine Zentrierung nach innen, die Schutz vor der Außenwelt bedeuten würde. Das Zusammenleben der Kinder auf den Straßen organisiert sich in Gruppierungen, deren Verbindungen unabhängig von tatsächlich verwandtschaftlichen Verhältnissen sind. SALAAM BOMBAY! erzählt davon, wie die Kinder sich auf diese Weise arrangieren; es wird deutlich, dass ihr Zusammenschluss mehr als eine reine Überlebensstrategie ist. In den von ihnen selbst gewählten Beziehungen finden die Kinder friedliche, geborgene und ausgesprochen lebensfrohe Momente (Abb. 6). Ihre Lebendigkeit pulsiert in diesem gemeinschaftlichen Zusammensein. So wird ihr Leben auf den Straßen von Mumbai, fern eines elterlichen Schutzraums und fern einer schulischen Erziehung, von Mira Nair nicht ausschließlich als trauriger und grausamer Existenzkampf dargestellt. Als Krishna und Manju von der Polizei aufgegriffen und in staatliche Obhut genommen werden, wird dies wie eine Inhaftierung inszeniert (Abb. 7). Die Kinderheime erscheinen wie Gefängnisse. Als Krishna schließlich die Flucht ergreift, wird seine eigentlich beschränkte Existenz als Straßenkind plötzlich zur herbeigesehnten Freiheit (Abb. 8).

Neil Postman bezieht sich in *Das Verschwinden der Kindheit* immer wieder auf Philippe Ariès. Er weicht allerdings entschieden von ihm ab, wenn es darum geht, die Erfindung der Kindheit zu beurteilen. Während Ariès sie als grundsätzliche Einschränkung der Le-

7 Transport zum staatlichen Kinderheim.

8 Krishna sehnt sich nach Freiheit.

bendigkeit der Kinder bedauert, hält Postman sie für «[...] eine der großen Erfindungen der Renaissance, vielleicht ihre menschlichste.»[32] Dementsprechend wertet er die fehlende Trennung zwischen der Welt der Erwachsenen und der Welt der Kinder, welche die Kindheit im Mittelalter noch negierte:

> «Einer der Hauptunterschiede zwischen dem Erwachsenen und dem Kind, so könnte man sagen, besteht darin, dass der Erwachsene bestimmte Seiten des Lebens – seine Geheimnisse, seine Widersprüche, seine Gewalttätigkeit, seine Tragik – kennt, von denen, wie man meint, das Kind nichts wissen soll und die ihm ohne weiteres zu offenbaren schamlos wäre. In der modernen Welt enthüllen wir den heranwachsenden Kindern diese Geheimnisse nach und nach, so dass sie sie, wie wir annehmen, psychisch verarbeiten können. Aber eine solche Idee kann es erst in einer Kultur geben, in der eine scharfe Trennung zwischen der Erwachsenen- und der Kinderwelt besteht und in der es Institutionen gibt, die diesen Unterschied zum Ausdruck bringen. Die mittelalterliche Welt machte eine solche Unterscheidung nicht und verfügte auch nicht über derartige Institutionen.[33]

Das Schamgefühl hält Postman für einen zentralen Bestandteil des Schutzwalls, der Kindheit bewahrt. Diese Trennlinie zu der Welt der Erwachsenen bleibt erhalten, wenn deren Geheimnisse, insbesondere die sexuellen Geheimnisse, vor den Kindern verborgen bleiben.[34] In SALAAM BOMBAY! ist offensichtlich, wie es eben daran in dem Zusammenleben der Kinder und der Erwachsenen mangelt. Anstatt vor den Erfahrungen des Erwachsenendaseins abgeschirmt zu werden, sind die Kinder ihnen voll ausgeliefert. Ihr Leben auf den Straßen bedeutet eine ständige Öffentlichkeit. Die einzigen Rückzugsorte, die sich den Kindern in SALAAM BOMBAY! bieten, sind zum einen das Kino und zum anderen ausgerechnet ein Bordell. Die kleine Manju wird von ihrer Mutter sogar zu ihren Freiern mitgenommen. Kinderprostitution, wie es Solasaal widerfährt, stellt das negativste Extrem dieser Schutzlosigkeit und des Missbrauchs der Kinder in SALAAM BOMBAY! dar.

Die Idee der Kindheit sieht Postman untrennbar mit der Vorstellung verbunden, dass jedes Individuum einzigartig ist und aus sich heraus einen Wert besitzt. Als Anzeichen der steigenden Wertschätzung der Kinder ab dem 17. Jahrhundert nennt Postman die Tatsache, dass

---

32 Ariès, *Geschichte der Kindheit*, S. 8.
33 Postman, *Das Verschwinden der Kindheit*, S. 25.
34 Vgl. ebd., S. 19.

der Akt der Namensgebung in dieser Zeit zunehmend an Bedeutung gewann.[35] In SALAAM BOMBAY! wird den Kindern dagegen verweigert, mit dem eigenen Namen angesprochen zu werden. Auch sonst werden sie nicht als unverwechselbare Individuen behandelt, sie werden sogar tatsächlich einfach ausgetauscht. Es gehört zu der Regieleistung Mira Nairs, dass die Kinderdarsteller in SALAAM BOMBAY! dennoch als stark konturierte Persönlichkeiten zu erkennen sind. Ihre Wertschätzung der Kinder und ihr Interesse an ihnen sind unübersehbar.

Neben der Idee des Schamgefühls ist für Postman die Literalität eine notwendige Bedingung, die Welt der Kindheit zu wahren. Im Gegensatz zu Ariès stellt Postman schulisches Lernen als ein positives Wesensmerkmal der Kindheit heraus, da es die kontrollierte, stückweise Entschlüsselung der Geheimnisse der Erwachsenenwelt bedeutet. In ihrer Unfertigkeit, das heißt in ihrem Bedarf an Bildung, unterscheiden sich die Kinder von den Erwachsenen.[36] Sie müssen die Instrumente der Entschlüsselung erst noch erlernen. Dass die Vorstellung von der Notwendigkeit der Schulbildung der Kinder und damit überhaupt die Idee der Kindheit die Ausbeutung der Kinder als Arbeitskräfte in der Industrialisierung überdauern konnte, sieht Postman dem Bürgertum zu verdanken.[37] «Zweifellos war die Kindheit Ausdruck einer bürgerlichen Idee, zum Teil auch deshalb, weil das Bürgertum es sich leisten konnte.»[38]

Der Analphabetismus der Kinder in SALAAM BOMBAY! ist nicht nur als Ausdruck einer geringen Wertschätzung dieser Kinder und dem Fehlen eines Verantwortungsgefühls der Erwachsenen ihnen gegenüber zu verstehen. Es ist vor allem auch Ausdruck des sozialen Elends, in dem sie alle leben. Es ist die Armut, die hier bewirkt, dass zwischen Kindern und Erwachsenen nicht unterschieden wird. SALAAM BOMBAY! zeigt, dass das moderne Konzept von Kindheit abhängig vom Wohlstand einer Gesellschaft ist, beziehungsweise, dass in der Moderne je nach Verteilung des Wohlstands verschiedene Modelle von Kindheit parallel existieren können. Es wird deutlich, dass, wie von Ariès und Postman beschrieben, die moderne Familie nur in einer verbesserten ökonomischen Lage Gestalt annehmen kann, was zur Folge hätte, dass Kindheit einen eigenen und geschützten gesellschaftlichen Status erlangt. Postman betont im Zusammenhang mit der sich steigernden Humanität im Umgang mit den Kindern außerdem die Rolle des Staates. Im 18. Jahrhundert wurde sich der Staat, Postman schreibt vor allem über England als Vorreiter, zunehmend einer Verantwortung für die Kinder bewusst.[39] In SALAAM BOMBAY! greift der indische Staat in das Leben der Kinder ein, indem er sie in staatlichen Erziehungsheimen einquartiert. Der Film zeigt, dass diese Maßnahme entgegen ihrer Deklaration als Schutzmaßnahme in ihrer tatsächlichen Auswirkung eine Verschlechterung der Lebensverhältnisse für die Kinder bedeutet. Die Staatsmacht tritt hier bestrafend in Erscheinung und scheint auf Seiten derer zu sein, die diese Kinder nicht im alltäglichen Straßenbild sehen wollen. Es wirkt, als würden die Kinder weggesperrt, weil man ihre Existenz und die Existenz der Unterschicht im Allgemeinen damit ausblenden wollte. Im Hinblick auf den realen Hintergrund des semi-dokumentarischen Films übt Mira Nair also Kritik an der Sozialpolitik ihres Heimatlandes Indien (Abb. 9).

---

35 Vgl. ebd., S. 55.
36 Vgl. ebd., S. 53.
37 Vgl. ebd., S. 67.
38 Ebd., S. 57.
39 Vgl. ebd., S. 69.

9 Manju darf nicht mehr zu den Eltern zurück.

Postman unterscheidet sich von Ariès auch insofern fundamental, als dass er nicht in der Hauptsache die Entdeckung der Kindheit nachverfolgt, sondern vor allem das von ihm befürchtete Verschwinden der Kindheit zum Thema macht. Verantwortlich dafür sieht er zum einen den Erfindungsstrom der modernen, elektronischen Medien, die in ihrer «Übermittlungsgeschwindigkeit die kontrollierte Handhabung von Informationen unmöglich macht»[40] und zum anderen ein Phänomen, das er nach Daniel Boorstin die «optische Revolution» nennt. Gemeint ist «die Entstehung einer Symbolwelt aus Bildern, Karikaturen, Plakaten und Reklame»[41] in der modernen Welt.[42] Beiden Entwicklungen ist es eigen, dass sie für die Aufhebung von Informationshierarchien sorgen. In dem Medium des Fernsehens sieht Postman die größte Bedrohung für den Fortbestand der Kindheit, weil sich in ihm elektronische und optische Revolution kreuzen.[43] In der undifferenzierten Zugänglichkeit des Fernsehapparats und in der leicht zu begreifenden, konkreten Bildersprache, die keine kognitive Funktion erfüllen muss, kann es keine Unterscheidung mehr zwischen Erwachsenen und Kindern geben.[44] Im Gegensatz zu Büchern, die exklusives Wissen kontrolliert vermitteln können, bedeuten nach Postman diese modernen Entwicklungen die Verhinderung einer schonenden Konfrontation der Kinder mit der Realität der Welt der Erwachsenen und damit die Zerstörung der Idee des Schamgefühls.[45] Postman sieht die Literalität also als das Hauptkriterium, nach dem Kindheit als soziale Kategorie steht oder fällt.[46]

In ihrem Analphabetismus müssen die Kinder aus SALAAM BOMBAY! auf die Bildersprache des Kinos zurückgreifen, um einen Zugang zu den Rätseln der Welt zu finden. Doch obwohl die Kinder in ihrem Konsum der Kinofilme eine Welt mit den Erwachsenen teilen und sie ihnen im Erkenntnisgewinn gleichgestellt sind, scheint Mira Nair die Auffassung Postmans von der Gefahr, die von den Medien für die Kinder ausgeht, offensichtlich nicht zu teilen. Im Gegenteil: Den Kindern in SALAAM BOMBAY! scheint sich gerade durch das

---

40 Ebd., S. 87.
41 Ebd.
42 Vgl. ebd., S. 86f.
43 Vgl. ebd., S. 89.
44 Vgl. ebd., S. 94f.
45 Vgl. ebd., S. 101.
46 Vgl. ebd., S. 139.

Konsumieren der Filme die seltene Möglichkeit zu eröffnen, eine kindgerechte Leichtigkeit auszuleben, ohne von den Sorgen und Überforderungen ihres realen Existenzkampfs beschwert zu werden.

Das Kino als Lebensretter

Die Kinder aus SALAAM BOMBAY! und die Kinder aus LES 400 COUPS ähneln sich vor allem auch darin, wie sie auf ihre Lebensumstände reagieren. In beiden Fällen führt die erzwungene Selbstständigkeit zu einer Solidarität der Kinder untereinander. Sie schließen Freundschaften und bilden damit einen eigenen sozialen Raum, dessen innere Dynamik von zentraler Bedeutung in ihrem täglichen Leben ist. Außerdem ist in beiden Filmen zu beobachten, wie die erzwungene Selbstständigkeit zu einer besonderen Souveränität führt, mit der die Kinder sich in ihrem alltäglichen Umfeld, auf den Straßen der Großstadt, bewegen. In beiden Fällen strahlen sie dabei ein erstaunliches Selbstbewusstsein aus und haben sich eine Verspieltheit und Fröhlichkeit trotz alledem erhalten. Sie machen sich den urbanen Raum, als einen im Grunde für Kinder nicht adäquaten, schutzlosen Raum, zueigen. In ihrer Imagination wird er zu ihrem eigenen Reich, in dem sie regieren: «Ich bin der König von Bombay!» ruft einer der Straßenjungen zu Beginn des Films in der Szene aus, in der Krishna in Mumbai ankommt. Währenddessen dirigiert er spielerisch den Straßenverkehr, scheinbar als Souverän über die gesamte Verkehrslage (Abb. 10).

Der Satz, mit dem SALAAM BOMBAY! auf den offiziellen Internetseiten von «Mirabai Films», der Produktionsfirma Mira Nairs, beschrieben wird, ist bezeichnend für die Fokussierung des Films: «Shot entirely on location, this narrative film tells the story of a group of children surviving on the streets of Bombay.»[47] Hier werden zwei zentrale Punkte offenbar. Erstens betont diese Aussage die Besonderheit der Kombination aus fiktionalen Elementen und Originalschauplätzen. Zweitens betont er den Aspekt des Überlebens. Offenbar steht das Überleben dieser Kinder und eben nicht ihre Ausbeutung, ihr Leiden und Sterben für Mira Nair im Zentrum. Ohne ihr Leiden zu verleugnen – schließlich ist es Gegenstand des Films – hat sie die elementare Lebenskraft dieser Kinder fokussiert und damit einen für sie typischen Schwerpunkt gelegt. In allen Filmen Mira Nairs ist der Blick auch auf den Überlebenswillen der Menschen gerichtet und auf ihre Lebenslust, die sich ihren Weg

10 «Ich bin der König von Bombay!»

---

47 http://mirabaifilms.com/frameset_8.html (5.8.2008).

durch manches Elend hindurch bahnt. Die Geschichte der Inspiration Mira Nairs zu SA-
LAAM BOMBAY! ist in diesem Zusammenhang signifikant. So befand sie sich eines Tages
in einem Taxi auf einer Straßenkreuzung in Mumbai. Während der Wagen an der roten
Ampel stoppen musste, beobachtete sie einen Straßenjungen, dem beide Beine fehlten und
der sich auf einem Brett mit Rollen vorwärts bewegte. Er überquerte die Kreuzung und als
er auf der anderen Seite angekommen war, wendete er sich ihnen mit einer salutierenden
Geste zu. Er erhob die Hand zu einem Victoryzeichen und drehte sich einmal um die eigene Achse.[48] Sein Selbstbewusstsein, der freche Witz, die Ironie und seine ganze freudige
Lebendigkeit hinterließen bei ihr einen tiefen Eindruck. Und sie hatte das Thema für ihren
ersten Spielfilm gefunden: Die Würde und Souveränität, mit der diese Ausgestoßenen ihre
Existenz bestreiten, und ihr Wille, den Umständen zu trotzen.

Bei der Eroberung des urbanen Raums spielt in SALAAM BOMBAY! wie in LES 400 COUPS
das Kino eine entscheidende Rolle. Als Institution bietet es den Kindern einen Schutzraum,
es ist ein Ort des Rückzugs vom alltäglichen, existenziellen Überlebenskampf. Es ist auch
ein Ort der Gleichheit und der Gleichberechtigung. Hier teilen sie, die Ausgestoßenen,
ausnahmsweise die Welt mit den Anderen. Ein Gefühl der Zugehörigkeit bietet die Filmwelt für die Kinder aber auch in einer weiteren Hinsicht. In ihrem ständigen Zitieren von
Filmdialogen oder Gesangspassagen und dem Imitieren ihrer Helden offenbart sich die
emotionale Bedeutung der Filmfiguren für diese Kinder. Durch die eingenommenen Rollen
bilden sie sich eine imaginäre Schutzhülle. Sie können aus dem Konsum dieser Filme ein
Wertgefühl ziehen, das über die Dauer der jeweiligen Kinovorstellungen hinaus wirkt. Es
entsteht eine Parallelwelt, als deren Mitglieder sie sich empfinden können.

Die Egalität des Mediums Film ist tatsächlich ein Phänomen, das Indien insgesamt betrifft. In dem leidenschaftlichen Konsumieren von Filmen sind sich Inder aus allen sozialen
Schichten und Teilen des Landes gleich. Speziell das populäre Hindi-Kino, das die dominan-
teste Kino-Kultur Indiens darstellt, ist nicht nur für die Straßenkinder, sondern in allen Gesellschaftsschichten und für Alt und Jung von großer Bedeutung. Der indische Psychoanalytiker
Sudhir Kakar hält es mehr als das Kino vieler anderer Länder für besonders geeignet, den
Menschen eine alternative Welt zu bieten. Für ihn sind die in Hindi gedrehten Mainstreamfilme «[...] primäres Vehikel für die gemeinsamen Phantasien der riesigen Menschenmasse des
indischen Subkontinents, die kulturell und psychologisch miteinander verbunden sind.»[49]

Auch wenn sich SALAAM BOMBAY! in seiner formal-ästhetischen Gestaltung und in der
Wahl seiner Thematik deutlich von den gängigen Formeln des populären Hindi-Kinos ab-
hebt, ist diese Filmkultur als Subtext jedoch ständig präsent. «Nach Bombay! Komm als
Filmstar wieder!» sind die Worte des Ticketverkäufers zu Beginn des Films, als Krishna ein
Zugticket nach Mumbai löst. Krishnas Hoffnung auf ein besseres Leben und sein Bedürfnis
nach einem Heimatort sind von Anfang an mit den Verheißungen der Filmwelt verwoben.
Am Bahnhof in Mumbai angekommen, fällt sein Blick unmittelbar auf einen Fernsehbild-
schirm, auf dem die Tanz- und Gesangsszene eines Films zu sehen ist. Der Monitor befin-
det sich direkt neben der Bahnhofsuhr. Die Orientierung wird hier klar vorgegeben: Der
Film taktet das Leben. Sein erster Anblick der Großstadt, nachdem er das Bahnhofsgebäu-

---

48 Vgl. Muir, *Mercy in Her Eyes. The Films of Mira Nair*, S. 36.
49 Sudhir Kakar: *Intime Beziehungen. Erotik und Sexualität in Indien*. Frauenfeld 1994, S. 38.

de verlassen hat, ist ein überdimensionales Filmplakat. In einer der nächsten Szenen sitzen Krishna und einige andere Straßenjungen in einer Kinovorstellung. Es wird zwischen den Kindern auf ihren Zuschauerplätzen inmitten des übervollen Kinosaals und den Filmbildern hin und her geschnitten. Der Filmausschnitt, eine Tanz- und Gesangssequenz, wurde MR. INDIA (Indien 1987) entnommen, einem Kassenschlager des Hindi-Film-Regisseurs Shekhar Kapur. Krishna und seine Freunde sind von dem Film in den Bann gezogen. Selbstbewusst und vergnügt singen und tanzen sie lautstark mit. Ein Mann aus der Reihe hinter ihnen fühlt sich gestört, er schlägt ohne zu zögern auf sie ein. Doch die Kinder verteidigen sich, sie appellieren an ihren gleichberechtigten Status als zahlende Gäste und singen weiter. Selbst hier sind sie also den Übergriffen der Erwachsenen ausgeliefert. Dennoch fühlen sie sich gewappnet; in diesem Augenblick sind sie weniger angreifbar, weil

11 Das Kino als geschützter Raum.

12 Der Film taktet das Leben.

13 Bollywood ist überall.

sie vollkommen in der Filmwelt aufgehen. Sie sind ungebändigt und unbeschwert, ihre Lebensfreude überwiegt. Das Kino verfügt für die Kinder über die Kraft, ihre existenziellen Nöte für Momente vergessen zu machen und sie zu stärken (Abb. 11–13).

Nair zeigt in SALAAM BOMBAY! immer wieder, dass es ganz besonders Tanz, Gesang und Musik sind, die den Kindern Leichtigkeit und Seelenfrieden schenken. Tatsächlich spielen diese Komponenten in ihrem gesamten Werk eine herausragende Rolle. Auch damit weist sich Nair als eine indische Künstlerin aus. Die Bedeutung von Tanz, Gesang und Musik als essenzielle Bestandteile eines indischen Films lässt sich auf das *Natyashastra* zurückführen. Dieses *Heilige Buch der Dramaturgie* ist zwischen 200 v. Chr. und 200 n. Chr. entstanden und wird dem Schöpfergott Brahma als Autor zugeschrieben.[50] Es ist ein primärer Bestandteil der Theater- und Filmgeschichte Indiens. Ein wesentliches Element, auf dem die dramatischen Lehren beruhen, ist der Tanz. Dies zeigt schon der etymologische Zusammenhang: Die Sanskritbezeichnung für Schauspiel ist «*natya*», was aus dem Wort «*nrit*» hergeleitet wird und Tanz bedeutet.[51] Dass Tanz, Gesang und Musik in der Regel essenzielle Bestandteile eines indischen Films darstellen, hängt außerdem damit zusammen, dass sie in Indien essenzielle Bestandteile des alltäglichen Lebens und der Festkultur sind, deren Ereignisse den Jahreskalender in hoher Frequenz säumen. Tatsächlich sind es häufig Hochzeitsfeste oder andere religiöse Feste, die in populären Hindi-Filmen eine Song-and-Dance-Sequence auslösen.[52]

In den Filmen Mira Nairs lassen sich die musischen Elemente als grundsätzliche Werte des Lebens verstehen und stellen die individuelle Entfaltung einer Figur dar. Ihre Protagonistinnen und Protagonisten tanzen, singen oder musizieren, um einem Überschwang an Gefühlen Ausdruck zu verleihen. Tanz, Gesang und Musik übernehmen aber auch die Funktion, Identität zu stiften und einen kulturellen Zusammenhang zu markieren. Besonders eindrucksvoll lässt sich das in SALAAM BOMBAY! in einer Szene beobachten, in der Krishna, Manju und ihre Mutter Rekha die aus dem Film HOWRAH BRIDGE (Indien 1958) berühmt gewordene Tanz- und Gesangsnummer *Mera Naam Chin Chin Choo* imitieren. Die Szene beginnt damit, dass Krishna völlig durchnässt aus dem strömenden Regen in Rekhas Zimmer kommt, um ihr Tee zu bringen. Sie fordert ihn auf sich zu setzen, damit sie ihn abtrocknen kann. Im Radio wird Manjus Lieblingslied gespielt. Entzückt springt die Kleine auf, zieht an ihrer Mutter und beginnt mit ihr zu tanzen. Rekha animiert Krishna, mit ihnen zu tanzen, und bald bilden sie einen Reigen. Ein Gefühl der Geborgenheit vermittelt sich durch die gesamte Inszenierung der Szene. In warmes Licht getaucht und in Kontrast zu dem unbehaglichen Wetter draußen wirkt Rekhas Raum wie eine Schutzhöhle.

Eine vergleichbare Szene gibt es in Deepa Mehtas Film WATER (WASSER, Kanada/Indien 2005). Dieser Film spielt im Jahr 1938 und erzählt die Geschichte des kleinen Mädchens Chuyia (Sarala), das sehr früh verheiratet wurde und bereits im Alter von acht Jahren zur Witwe wird. Ihre Eltern bringen sie daraufhin in ein Ashram für Witwen. Weil ein altes Hindugesetz ihr nach dem Tod des Ehemanns ein schlechtes Karma zuschreibt, muss sie von nun an dort leben, fern ihrer Familie und von der Gesellschaft verstoßen. Das Mädchen freundet sich mit der ebenfalls noch relativ jungen Witwe Kalyani (Lisa Ray) an, die von den anderen Witwen gezwungen wird, für sie alle Geld als Prostituierte zu verdienen. In der betreffenden Szene hat gerade der Monsun eingesetzt. Chuyia und Kalyani werden plötzlich von einem Übermut gepackt, der sie ihre elende Situation vergessen und sie vergnügt durch den kargen, gefängnisartigen Raum, der Kalyanis Zuhause darstellt, tanzen lässt. Dass sich die erwachsene Kalyani von Chuyias kindlicher Verspieltheit und Energie anstecken lässt, hat sicher auch etwas damit zu tun, dass sie sich gerade verliebt hat. In der vorangehenden Szene hat Kalyani von ihrem Verehrer Besuch bekommen, es zeichnet sich eine Liebesgeschichte zwischen ihnen ab. Dementsprechend ist hier auch der einsetzende

---

50 Myriam Alexowitz: *Traumfabrik Bollywood. Indisches Mainstream-Kino.* Bad Honnef, 2003, S. 36.
51 Matthias Uhl / Keval J. Kumar: *Indischer Film – Eine Einführung.* Bielefeld, 2004, S. 31.
52 Katharina Görgen: «*Die Sehnsucht des Körpers. Tanz im indischen Film*» S. 55. In: Thomas Koebner / Fabienne Liptay / Susanne Marschall (Hrsg.): *Film-Konzepte 4: Indien.* München 2006.

Regen konnotiert, als ein in indischen Liebesgeschichten klassisches Signal dafür, dass ein Liebespaar sich näher kommt. In SALAAM BOMBAY! dagegen dienen die Regenfälle als Kulisse, die das unbehauste Dasein Krishnas betont. Chuyia und Kalyani drehen sich im Kreis, hüpfen auf einem Bein und spielen schließlich das klassische «Abklatschspiel» kleiner Kinder: Sie sitzen sich gegenüber und klatschen sich gegenseitig rhythmisch in die Hände. Ihr Sitzplatz ist dabei vor dem vergitterten Fenster, so dass sie im Gegenlicht nur als schwarze Umrisse zu erkennen sind. Das Bezeichnende an dieser Einstellung ist, dass die beiden Tanzenden beziehungsweise Spielenden einander zugewandt sind und die Gitter des Fensters, die in dem Kontrast des Gegenlichts ebenfalls deutlich hervortritt, von ihnen wortwörtlich links beziehungsweise rechts liegen gelassen wird. In dieser Szene wenden sich Kalyani und Chuyia in ihrem Gefangenendasein nicht sehnsüchtig nach außen, sondern finden in der Zentrierung, das heißt in ihrer gegenseitigen Zuwendung, einen Moment der Lebensfreude und der Unabhängigkeit von aller Missachtung und Demütigung.

Während ihre Beziehung eher den Charakter einer Freundschaft unter Mädchen hat, kommt in Rekhas Tanz mit den beiden Kindern Manju und Krishna etwas Fürsorgliches zum Ausdruck. Die Szene ihres gemeinsamen Tanzes ist tatsächlich die einzige Szene des gesamten Films, in der Krishna als Kind behandelt und mütterlich umsorgt wird. Die Handlung des Abtrocknens als eine Form der mütterlichen Zuwendung lässt erneut an LES 400 COUPS erinnern. In einer Szene dieses Films erfährt Antoine das äußerst seltene Glück, von seiner Mutter liebevoll betreut zu werden, indem sie ihn badet und anschließend trocken reibt. Nachdem in SALAAM BOMBAY! die vorangehenden Szenen eine einzige Abfolge von Zurechtweisungen und Maßregelungen Krishnas darstellen, wird er in dieser Szene ausnahmsweise bedingungslos und warmherzig aufgenommen. Krishna, das verlorene Kind, erfährt hier nicht nur konkret in der Gemeinsamkeit ihres Tanzes, sondern auch in einem übergeordneten Kontext eine Zugehörigkeit, indem er zu einem Mitglied der Gemeinschaft wird, die alle Konsumenten dieser Filmkultur als kulturelle Heimat umfasst.

Indisches Kino aus der Diaspora

Durch die zahlreichen Zitate und das Integrieren von Filmausschnitten räumt Mira Nair dem Hindi-Film in SALAAM BOMBAY! viel Raum ein. Nicht zuletzt erfährt diese Filmkultur hier auch in seinen eskapistischen Tendenzen eine wertschätzende Anerkennung, indem er als Refugium der zutiefst bedürftigen Kinder erscheint, als eine Welt, in der sie sich beheimatet und bestärkt fühlen können. Diese Filme bedeuten ihre Rettung, sie sind seelische Nahrung für sie. Gleichzeitig stellt SALAAM BOMBAY! mit seiner sozialrealistischen Thematik sowie in seiner Formensprache den totalen Gegenentwurf zum Hindi-Mainstreamfilm dar. Zwar stützt sich Nair für ihren Film auf Elemente der Mythopoetik des Hinduismus, ebenso wie im Hindi-Film die hinduistische Götterwelt als eine Quelle dient, um Rollenmuster und Dramaturgien zu konzipieren. Im Gegensatz zu den *formula*-Filmen nutzt die Autorenfilmerin Nair diese Elemente jedoch, um ihre eigene, kritische Sicht auf die Welt zum Ausdruck zu bringen. Auch setzte Nair in SALAAM BOMBAY! aus dem Hindi-Film bekannte Schauspieler auf ihre eigene Weise ein. Bei ihr spielen sie eine Prostituierte oder einen Drogensüchtigen, ohne allerdings als solche moralisch verurteilt zu werden. Auf den

Webseiten des Fanmagazins *Planet Bollywood* liest sich das so: «In effect, SALAAM BOMBAY! takes Bollywood conventions and pees on it.»[53]

Tatsächlich äußerte Mira Nair in Interviews, unter anderem anlässlich des Erscheinens ihres Films MONSOON WEDDING im Jahr 2001, der in der westlichen Rezeption vielfach mit einem Hindi-Mainstreamfilm verwechselt wurde, ihre Anerkennung dieser Filmkultur, aber auch ihre bewusste Unterscheidung davon:

> «Es ist eine große Kunst, einen Bollywood-Film zu drehen. Ich tue nichts, was andere besser können. Ich mache mein eigenes Ding.»[54]

> «Eines Tages werde ich vielleicht einen richtigen Bollywood-Film drehen, aber noch können die Bollywood-Regisseure das viel besser als ich. Bollywood ist heute ein wesentlicher Teil unserer indischen Kultur. Im modernen Indien gilt Bollywood als trendy und hip, sogar bei den jungen Leuten. Als ich jung war, haben wir diese indischen Kino-Seifenopern als «high kitsch» abgetan – das damalige Bollywood-Kino erschien uns als eine Art DR. SCHIWAGO auf Indisch. Heute sind diese Filme viel raffinierter und anspruchsvoller gemacht; heute gehören die Tänze und Songs aus dem Bollywood-Kino in den besseren Familienkreisen zum Kulturgut. Für mich ist MONSOON WEDDING eine ironische Hommage an Bollywood.»[55]

So wie Mira Nair als Persönlichkeit ihren Weg gefunden hat, in den verschiedenen Kulturen zu leben, hat sie als Künstlerin in ihrem Filmschaffen eine eigene Lösung gefunden. Sie verzichtet auf Eindeutigkeit. Sie mischt Dokumentarisches mit Fiktionalem, europäische mit indischen Filmtraditionen. Auf direkte Weise macht sie ihre Situation in der Diaspora zum Thema ihres Filmschaffens und entwickelt eine Handschrift. Mit Deepa Mehta und Gurinder Chadha befindet sich Mira Nair in guter Gesellschaft weiterer indischstämmiger, im Ausland lebenden Regisseurinnen, die sich in ihren Filmen mit Fragen der kulturellen Identität auseinandersetzen und soziale Realitäten darstellen. Die Künstlerinnen verbindet ein vergleichbarer Lebensweg und sie entstammen in etwa einer Generation. Durch ihre Verankerung in der indischen Kultur haben sie ein tiefes Verständnis für die gesellschaftliche Realität Indiens. Gleichzeitig haben sie durch die Außenperspektive ihrer Diasporaexistenz einen geschärften Blick für Eigenheiten dieser Realität, das heißt auch für soziale Missstände, für Ungerechtigkeiten und Unverhältnismäßigkeiten, die durch traditionelle Denkmuster legitimiert erscheinen. Ihre Filme brechen Tabus. Auf konservative Kreise in der indischen Gesellschaft wirken die Filme dieser Regisseurinnen provozierend, sie lösen ganze Protestwellen aus und führen zur Zensur. SALAAM BOMBAY! war der erste dieser Filme. Auf das Hindi-Kino, von dessen Formelhaftigkeit sich die Filmemacherinnen unterscheiden wollen und das sie doch so inbrünstig lieben – wie viele andere Inder auch –, haben sie einen weiteren Effekt, nämlich den der Rückkopplung. Die Filme der Diasporakünstlerinnen mit ihrem durchschlagenden Erfolg im Westen wie auch in Indien mögen einen nicht unwesentlichen Anteil an einem Prozess der Liberalisierung gehabt haben. Sie haben keine isolierte Position im indischen Kino, sondern führen zu einem Austausch.

---

53 Vgl. Muir, *Mercy in Her Eyes. The Films of Mira Nair*, S. 68.
54 Marli Feldvoß: «Ich bin eine Kämpferin. Die indische Regisseurin Mira Nair über Yoga, Bollywood und das Leben zwischen den Kulturen.» In: *epd Film*, 6, 2007, S. 26.
55 Marli Feldvoß: «Ich bin von Natur aus unabhängig». In: *Berliner Zeitung*, 18.4.2002.

Zlatina Krake-Ovcharova

«I'm just a mere technician.»[1]
Über die Choreografie- und Regiearbeit von Farah Khan

«An astronaut! When I was a very little girl I wanted to be an astronaut and when I [had] grown up a little more I wanted to be a director. I would never say I wanted to be a dancer or choreographer, I never imagined or had any intention of going into it.»[2]

den Weltraum erforschen! Dieser Traum von Farah Khan ging nicht in Erfüllung. Stattdessen erforscht, verändert und entwickelt sie weiter eine andere Traumwelt – die Welt des Bollywood-Kinos. Geboren 1965 in der Familie von Regisseur Kamran Khan zählt Farah Khan zu den Top-Choreographen Indiens und dank ihrer Arbeit als Regisseurin der Filme MAIN HOON NA (ICH BIN IMMER FÜR DICH DA!, Indien 2004) und OM SHANTI OM (Indien 2007) gehört sie mittlerweile zu den wichtigsten und bekanntesten Filmemachern in der Bollywood-Filmindustrie. Ihre Arbeit ist innovativ und lebendig, klassisch und gleichzeitig modern, enthält typisch indische Elemente, wirkt trotzdem multikulturell und weckt Begeisterung sowohl beim anspruchsvollen indischen Zuschauer als auch bei internationalen Künstlern und Kritikern.

Die gefragteste Choreografin Bollywoods hat in Wirklichkeit nie eine tänzerische Ausbildung genossen:

«I saw Michael Jackson doing Thriller and something happened making me feel this is what I want to do. I started copying the dance steps and became quite good at it and I started dancing at parties and socials, then taking part in dance competitions and eventually formed a dance group with all the winners of the competitions. That's when I really got into it and enjoyed it.»[3]

Im Jahr 1992 bekommt sie unerwartet die Möglichkeit, bei der Produktion des Films JO JEETA WOHI SIKANDAR (Indien 1992) von Mansoor Khan mitzuwirken. Drei Jahre später wird sie bei den Dreharbeiten der wohl berühmtesten Produktion in der Geschichte des kommerziellen hindi-sprachigen Films einspringen müssen – DDLJ – DILWALE DULHANIA

---

1 Madhureeta Mukherjee: «Farah Khan: I'm waiting for Spielberg to call me; after that, I'll retire.» *India Times Movies*. http://movies.indiatimes.com/News-Gossip/Interviews/Others/Farah-Khan-Im-waiting-for-Spielberg-to-call-me-after-that-Ill-retire/articleshow/msid-1072801.curpg-3.cms (13.8.2009).
2 Fuad Omar: «Bombay Dreamer: Farah Khan». http://www.asiangigs.com/farhakhan.htm (13.8.2009).
3 Ebd.

Le Jayenge (Wer zuerst kommt, kriegt die Braut, Indien 1995). Das Regiedebüt von Yash Chopras Sohn Aditya Chopra zählt zu den erfolgreichsten Filmen der Bollywood-Filmindustrie. Nach seinem Start am 25. Oktober 1995 läuft der Film immer noch ununterbrochen im Maratha Mandir Theatre in Mumbai, wo er seit mehr als 500 Wochen regelmäßig vor vollem Kinosaal vorgeführt wird.⁴ Dank der ausgezeichneten Arbeit des ganzen Teams gilt DDLJ – Dilwale Dulhania Le Jayenge als Meilenstein in der Geschichte des kommerziellen hindi-sprachigen Films.

> «Farah joined the DDLJ unit for the last song, ‹Ruk Ja›. Saroj, older and less sophisticated, had never become one of the DDLJ gang; she attributes it to a generation gap. But Farah, young and trendy, fitted in effortlessly. [...] Farah was perfect for ‹Ruk Ja›, a foot-tapping Number Raj sings in a Paris nightclub. Above everything, the song had to be cool. [...]‹Ruk Ja› wasn't what Aditya had visualized, but it had an infectious energy that worked. The song created a collaborative team that refashioned Bollywood songs in the 1990s.»⁵

Der Durchbruch als Choreografin gelingt Farah Khan aber erst im Jahr 1998 mit der Inszenierung des Songs *Chaiya Chaiya* aus dem Film Dil Se (Von ganzem Herzen, Indien 1998). Seitdem arbeitet sie mit den bekanntesten Regisseuren und Schauspielern Bollywoods zusammen. Mehrere Jahre hintereinander bekommt sie die Auszeichnung des Filmfare Awards für die beste Choreografie. Ihre Arbeit an Mira Nairs Film Monsoon Wedding (USA/Indien/Frankreich 2001) wird durch die Nominierung für den American Choreographers Award mittlerweile auch international anerkannt. Seitdem hat Farah Khan neben A. R. Rahman an dem von Andrew Lloyd Webber produzierten Musical Bombay Dreams mitgewirkt und Bühnenshows für Künstler wie Shakira oder Filmauftritte für Stars wie Kylie Minogue choreografiert.

Der vorliegende Aufsatz konzentriert sich auf die Analyse der Choreografiearbeit von Farah Khan. Das besondere Augenmerk auf der Ästhetik der ausgewählten Sequenzen fußt vor allem auf dem Faktum, dass Farah Khan zu den wenigen Regisseurinnen in der männerdominierten indischen Filmindustrie zählt – ein Status, den sie sich vor allem durch ihre ausgezeichnete Arbeit als Choreografin erkämpft hat.⁶ Dabei ist wichtig zu berücksichtigen, dass genau die Filmchoreographen diejenigen sind, die für die Bebilderung oder die so genannte «picturization»⁷ der Lieder verantwortlich sind. Aufgrund der separaten Ausarbeitung der einzelnen Teile des Films, die vor allem mit dem spezifischen Produktionsprozess in der indischen Filmindustrie verbunden ist, wird die Inszenierung der Tanzse-

---

4 Vgl. Anupama Chopra: *Dilwale dulhania la jeyenge* (The brave hearted will take the bride). London 2002, S. 8f.

5 Ebd., S. 46f.

6 «The Bombay film industry is primarily a male-dominated one where the most prominent women in the past have been actresses and playback singers. In the contemporary industry, women have made their mark as choreographers, costume designers, editors, screenwriters, and art directors, but their male counterparts still outnumber them in each category.» Tejaswini Ganti: *Bollywood. A Guidebook to Popular Hindi Cinema*. New York 2004, S. 94. Dabei gibt es einen kleinen Teil von Filmemacherinnen, die ursprünglich in anderen Bereichen der Filmproduktionen tätig geworden sind und sich erst danach getraut haben, ihre Regiedebüts zu geben. Vgl. Myriam Alexowitz: *Traumfabrik Bollywood*. Bad Honnef 2003, S. 131.

7 Ganti, *Bollywood. A Guidebook to Popular Hindi Cinema*, S. 82.

quenzen[8] getrennt vom Rest des Films durchgeführt.[9] Dabei arbeiten die Choreographen, oder wie sie öfter genannt werden – die «dance-master», eng mit den Regisseuren des Films zusammen. Die Choreographen entscheiden dabei nicht nur über die Bewegung der Tänzer, sondern auch über die Kostüme, Make-up, die Kameraeinstellungen und auch über die visuellen Effekte, die später in der Sequenz eingesetzt werden. Farah Khan gehört zu den wenigen Choreographen, die mittlerweile die Möglichkeit bekommen haben, auch die Montage der Tanzsequenzen zu überwachen.[10] Durch die spezifische Ausarbeitung agieren die Song-and-Dance-Sequences wie selbständige Erzählelemente, die die Themen des Films zusammenfassen und seine Handlung auf einer Meta-Ebene kommentieren. Eine Besonderheit der Sequenzen besteht durch die Komplexität der Inszenierung. Zudem gehört zu den spannenden Punkten einer Analyse der Arbeit von Farah Khan die starke Prägung ihres eigenartigen Regiestil durch die Erfahrung als Choreografin – eine Entwicklung, die im Mittelpunkt des vorliegenden Textes steht.

Filmchoreografie oder «running around the trees»[11]

Dass die Bollywood-Choreographen genau wie die anderen Stars des Films vom indischen Publikum vergöttert werden, liegt vor allem darin begründet, dass Song-and-Dance-Sequences zu den wichtigsten Attraktionen des kommerziellen hindi-sprachigen Films gehören:

«Where the hand goes, there also should go the eyes,
Where the eyes go, there should go the mind,
Where the mind goes bhava should follow,
And where bhava goes, there ras arises.»[12]

Der Tanz gehört genauso wie die Musik zu den universellen Zeichensystemen, die von einem heterogenen Massenpublikum verstanden werden können und besonders im Kontext des indischen Films mehrere Funktionen erfüllen. Song-and-Dance-Sequences werden immer dann eingesetzt, wenn bestimmte seelische Zustände, Emotionen und Gefühle nicht mehr in Worte gefasst werden können oder wenn Träume, Wunsch- oder Alptraumvorstellungen visualisiert werden müssen. Die Einführung einer solchen Sequenz unterbricht die kontinuierliche filmische Narration und führt meistens zu nicht realistisch motivierten Zeitsprüngen und Ortswechseln. Song-and-Dance-Sequences sind in allen populären indischen Filmen zu finden und deren Anwendung als stilistische Mittel wird von der Handlung des Films nicht beeinflusst, vielmehr wird eine abgeschlossene narrative Sequenz-Luftblase geschaffen, die als Interpretation der filmischen Erzählung verstanden werden kann. Dabei dienen die musikalischen und tänzerischen Nummern vor allem zur

---

8   Anderweitig werden diese Sequenzen als Song-and-Dance-Einlagen oder Song-and-Dance-Nummern bezeichnet.
9   Vgl. Ganti, *Bollywood. A Guidebook to Popular Hindi Cinema*, S. 66–75.
10 Vgl. Alexowitz, *Traumfabrik Bollywood*, S. 85.
11 Ganti, *Bollywood. A Guidebook to Popular Hindi Cinema*, S. 82f.
12 Reginald Massey / Jamila Massey: *The Dances of India: A General Survey and Dancers' Guide*. London 1989, S. XVIII.

Visualisierung von Emotionen, die in den restlichen Sequenzen nur angedeutet werden. In Anlehnung an die klassischen indischen Tänze wie Bharata Natyam, Kathak, Kathakali und Kuchipudi wird zudem eine zusätzliche Verschlüsselung der Darstellung durch Körperbewegung und Gesichtsausdruck eingeleitet. Damit besteht die Arbeit der Choreographen vor allem darin, die klischeehaften Filmplots durch spektakuläre Tänze zu beleben.

Ausgehend von der narrativen Funktion formuliert Anjum Rajabani eine Liste mit grundlegenden Situationen, bei denen die kontinuierliche Filmhandlung von Song-and-Dance-Sequences unterbrochen wird.[13] Man unterscheidet dabei zwischen einem nahtlosen Übergang von der narrativen Kontinuität zu den Song-and-Dance-Einlagen, wobei die Einführung mit der Darstellung eines in der Handlung integrierten musikalischen Ereignisses verbunden werden kann. Andere Möglichkeiten bieten Disco- oder Nachtclubsequenzen, die Inszenierung von Hochzeitsfeierlichkeiten oder Szenen, in denen eine der Figuren zur gesanglichen oder tänzerischen Darbietung aufgefordert wird. Dadurch wird die zeitliche und räumliche Kontinuität eingehalten. Die Sequenzen werden meistens von parallelen Handlungssträngen durchbrochen und können dadurch die Handlung des Films vorantreiben. Die aufgeführten Räumlichkeiten lassen sich in ihrer Funktionalität zu Showbühnen umwandeln. Die Kameraarbeit und Montage bei diesen musikalischen Nummern passt sich dem ästhetischen Stil des restlichen Films an und sorgt nicht selten für die Steigerung der Spannung.

Eine Alternative zum nahtlosen Übergang bieten Tanznummern, die eine zeitliche und räumliche Trennung präsentieren, die durch einen Bruch in der Erzählung initiiert wird. Dabei visualisieren solche Sequenzen Traum- oder Wunschvorstellungen der Protagonisten. Diese Art von Tanzsequenzen setzen in dem Moment, in dem die Handlung des Films durch einen harten Schnitt unterbrochen wird und die Figuren aus der abgeschlossenen narrativen Einheit an einen anderen Ort geführt werden. Der Handlungsortwechsel wird nicht selten von Änderungen in Kostümen und Make-up der Schauspieler begleitet. Meistens werden diese Fantasievorstellungen im Kontext einer Liebesgeschichte eingesetzt.

Im Unterschied zu den so genannten Performance-Sequenzen, die fast immer in geschlossenen Räumlichkeiten stattfinden, wobei die Betonung auf der Bewegung der Tänzer und der kunstvollen Inszenierung der Innenräume liegt, spielen sich die Traumvorstellungen der Liebespaare oder die Wunschvorstellungen der leidenden Protagonisten in der freien Natur ab. Der Ursprung solcher Fantasievorstellungen, die vor dem Hintergrund erhabener Berge und grüner Wiesen stattfinden, ist in der Mythologie und der Religion zu finden und visualisiert die romantische Liebe zwischen Krishna und Radha.[14] Dabei ist

---

13 Vgl. Shanti Kumar: «Bollywood and Beyond. The Transnation Economy of Film Production in Ramoji Film City Hyberabad». In: Sangita Gopal (Hrsg.): *Global Bollywood. Travels of Hindi Song and Dance*. Minneapolis 2008, S. 132–152, hier S. 139f.

14 «Die immer wieder in Gemälden, Liedern und Gedichten erzählte Liebesgeschichte zwischen dem blauhäutigen Gott und dem Milchmädchen beginnt damit, dass er sie von einem Baum aus beim Baden beobachtet, dann ihren Sari stiehlt und sie damit vor die Wahl zwischen Sittsamkeit und der Liebe zu einem Gott stellt. Die schöne Radha entscheidet sich für Krishna – und fortan ist ihr Dasein eine Aufeinanderfolge von amourösen Episoden, die sämtlich in pastoraler Landschaft spielen: in einem blühenden, wasserreichen, grünen und hügeligen Paradies.» Dorothee Wenner: «Das populäre Kino Indiens». In: Alexandra Schneider (Hrsg.): *Das indische Kino und die Schweiz*. Zürich 2002, S. 20–29, hier S. 29.

es wichtig darauf hinzuweisen, dass Erotik in den kommerziellen hindi-sprachigen Filmen fast ausschließlich in den Tanzsequenzen zu finden ist. Der eigenartige Umgang mit der Sexualität und deren Nicht-Thematisierung in den Filmen geht auf das Jahr 1918 zurück, als in Großbritannien der «British Code of Cencorship» eingeführt und zur Grundlage des «Indian Cinematograph Act» wurde.[15] Die eingeführte Regelung sorgte vor allem dafür, dass westliche Frauen in keiner Weise frivol oder unanständig gezeigt wurden. Das beeinflusste die Arbeit der indischen Filmemacher so sehr, dass es selbst heute noch unüblich ist, auf der Leinwand nackte menschliche Körper, leidenschaftliche Küsse oder sogar annähernd sexuelle Handlungen zu zeigen. Der Höhepunkt der Erotisierung, die als reine optische Befriedigung für den Zuschauer zugelassen ist, ist die so genannte *Wet-Sari-Scene*, bei der die Heldin in einem nassen Sari tanzend inszeniert wird. Der direkte Blick auf den nackten weiblichen Körper wird dadurch umgangen. Der eng sitzende Stoff lässt trotzdem voyeuristische Blicke zu. Diese Tabuisierung der Sexualität im Film wird dadurch reflektiert, dass stellvertretende Bewegungen, Gesten und Attribute in die Choreografie der Tänze eingebaut werden, die zweideutig auf das Erfüllen des sexuellen Verlangens der Protagonisten hindeuten.

Die kurze Zusammenfassung der grundlegenden Elemente der narrativen Struktur und Ästhetik der Song-and-Dance-Sequences dient vor allem als Einführung zur Analyse der Choreografiearbeit von Farah Khan. Ihre Filmografie weist mehr als siebzig Filme auf, bei denen sie als Choreografin mitgewirkt hat. Eine übersichtliche Anzahl an Song-and-Dance-Sequences auszusuchen, die für ihre Arbeit ausschlaggebend sind, stellte sich als keine einfache Aufgabe dar. In der Komposition des Films waren vor allem die Verbindung zwischen Narration und Song-and-Dance-Einlagen, die Präsentation des tanzenden Körpers, das zeitliche und räumliche Verhältnis der Tanzsequenz zum Rest des Films, die Kameraführung, die Funktion der Montage, die Kostüme der Protagonisten und die komplexe Rolle der Choreografie für die Dynamisierung der Erzählung zu beachten. Die richtige Herangehensweise an die Problematik der Song-and-Dance-Sequences ist aus mehreren Gründen besonders wichtig. Solche Sequenzen können sowohl die Handlung auf einer Meta-Ebene, die eine entsprechende Interpretation der verschiedenen Zeichen erfordert, kommentieren oder als reine Attraktionsmomente funktionieren. Die gewünschte Unterbrechung der Narration zielt auf die zeitliche Ausdehnung des emotionalen Augenblicks und stimuliert durch visuelle und auditive Reize die verschiedenen Gemütszustände, die laut der *rasa*-Theorie[16] im Zuschauer immer angesprochen werden müssen, damit das Vergnügen an der Darstellung gesteigert wird. Meistens wird das dadurch erreicht, dass Standardsituationen durch einzigartig choreografierte Tänze künstlich hervorgehoben werden. Um das zu erreichen, finden die Choreographen ihre Inspiration sowohl in den klassischen indischen Tänzen als auch in einer Mischung von lateinamerikanischen und Standardtänzen bis hin zu Jazz Dance, Modern Dance, westlichem klassischem Ballett, Hip-Hop, orientalischem Tanz

---

15 Vgl. Matthias Uhl / Keval J. Kumar: *Indischer Film – Eine Einführung*. Bielefeld 2004, S. 131f.
16 Zu den Grundzügen der *rasa*-Theorie vgl. Katja Schulze: *Der kommerzielle Hindi-Film der 90er Jahre vs. New Bollywood: Eine vergleichende Filmanalyse*. Saarbrücken 2008, S. 22 und Armit Gangar: «Mythos Metapher Masala. Kulturgeschichtliche Aspekte des Bollywood Films». In: Alexandra Schneider (Hrsg.): *Das indische Kino und die Schweiz*. Zürich 2002, S. 40–53, hier S. 49.

oder Tribal Bellydance.¹⁷ Solistische Darbietungen oder Massenchoreografien, im Freien, in üppig gestalteten Innenräumen oder auf Showbühnen, bieten dem Zuschauer eine Flut von schönen Bildern, die zu den Hauptattraktionen des Hindi-Films zählen.

Poesie der Bewegung

Wie schon erwähnt, arbeitet Farah Khan im Jahr 1995 neben Saroj Khan als zweite Choreografin an dem Film DDLJ – DILWALE DULHANIA LE JAYENGE und ist nur für eine Song-and-Dance-Sequence zuständig. *Ruk Jaa O Dil Deewane* ist eine musikalische Einlage, die vor der Unterbrechung im ersten Teil des Films angesiedelt ist. Die Sequenz wird zu einem Zeitpunkt in die Erzählung eingefügt, nachdem die Protagonisten des Films und die wichtigsten Anhaltspunkte für die bevorstehenden Konflikte dargestellt wurden. Nachdem Raj (Shah Rukh Khan) und seine Kumpels in einem Restaurant in Paris auf Simran (Kajol Mukherjee) und ihre Freundinnen stoßen, wird Raj von Simran aufgefordert, auf der Bühne sein angebliches musikalisches Talent zu beweisen. Die Analyse dieser Song-and-Dance-Sequence ist besonders interessant, weil die Inszenierung der Sequenz für die Arbeit von Farah Khan bezeichnend ist. Die von ihr choreografierten Sequenzen stellen keine reine Tanzdarbietung dar und die komplexe Inszenierung erinnert an die Tanzsequenzen der alten Hollywood-Musicals. Dabei wird sowohl auf Tanz und Gesang, aber auch auf Schauspiel geachtet. Die Mimik und Gestik der tanzenden Figuren wird besonders akzentuiert. Die Charaktereigenschaften, die vor allem durch die Tanzdarbietung unterstützt werden, spiegeln sich in der Choreografie des tanzenden Körpers wieder. Die Choreografie, bestehend unter anderem aus vielen Hebungen, Drehungen und Sprüngen, basiert auf einer Reihe von Tanzschritten, die weniger Bezüge zu den traditionellen indischen Tänzen, sondern vielmehr zu den Bewegungen des Twists, der Tanzakrobatik, Gesellschaftstänzen und lateinamerikanischen Tänzen aufweisen. Die so choreografierten Tanzschritte der Figuren werden zum Bestandteil eines geordneten Darstellungssystems, das die Verbindung aller Figuren im Raum definiert. Der Protagonist wird von einer übersichtlichen Anzahl von Tänzern in einheitlichen Kostümen begleitet, die zu einem homogenen Hintergrund verschmelzen. Im Laufe der Sequenz wird die Bühne des Restaurants immer wieder in einer totalen Einstellung gezeigt, damit die Tanzbewegungen gut erkennbar sind (Abb. 1). Die Intensität der Darstellung wird erzeugt, indem die Bewegungen der tanzenden Figuren im Raum durch Fahrten festgehalten werden. Der komplette Raum des Restaurants wird langsam zur Showbühne der Tanzdarbietung umgewandelt. Die fast reine Performance-Tanzdarstellung der Figur wird durch die Montage nur unterbrochen, um die Zuschauerreaktionen zu zeigen. Dadurch wird eine abgeschlossene Erzähleinheit konstruiert, die sowohl in die Haupthandlung integriert wird, als auch innerhalb der Tanzsequenz sinnvoll wiedergegeben werden kann. Kurz bevor die Tanzsequenz endet, wird mit einer dem Establishing Shot ähnlichen Kameraeinstellung der komplette Raum des Restaurants prä-

---

17 Vgl. Dorothee Ott: *Shall we dance and sing? Zeitgenössische Musical- und Tanzfilme*. Konstanz 2008, S. 220.

«I'm just a mere technician.»

1 DILWALE DULHANIA LE JAYENGE (WER ZUERST KOMMT, KRIEGT DIE BRAUT, Indien 1995, R: Aditya Chopra)

sentiert. Der vorher durch die Tanzbewegung fragmentierte Raum wird erst zum Ende der Sequenz als ein realer Schauplatz etabliert.

Die auffällige Betonung der Künstlichkeit der Sequenz, nicht zuletzt durch die Mischung von verschiedenen Tanzstilen in der Choreografie, die Umwandlung eines realen Raums in eine Showbühne, die fiktive Bestätigung durch den bemalten Hintergrund des Raumes, dass die Handlung tatsächlich in einem Pariser Restaurant stattfindet, die ausgesprochen elegante und nicht indische Kleidung der Protagonisten, die mit den akrobatischen Tanzbewegungen kontrastiert, tragen dazu bei, dass die sonst standardisierte Übertreibung der Darstellung zusätzlich ästhetisiert wird. Farah Khan hält sich sowohl bei diesem Film als auch bei der Choreografie der Tanzsequenzen für Filme wie DIL TO PAGAL HAI (MEIN HERZ SPIELT VERRÜCKT, Indien 1997), KUCH KUCH HOTA HAI (UND GANZ PLÖTZLICH IST ES LIEBE..., Indien 1998), BAADSHAH (BAADSHAH – DER KÖNIG DER LIEBE, Indien 1999) oder PHIR BHI DIL HAI HINDUSTANI (MEIN HERZ SCHLÄGT INDISCH, Indien 2000) selten an die üblichen Konventionen, die Song-and-Dance-Sequences nur als rein optische Attraktionen zu gestalten. In den meisten Standard-Tanzsituationen versucht sie neue Wege der Inszenierung zu finden. Meistens wird das dadurch gekennzeichnet, dass sie auf einen harten Bruch in der Narration verzichtet. Die musikalischen Sequenzen sind immer unauffällig in die Handlung integriert. Spannung wird meistens nicht durch das gebrochene Zeit- und Raumverhältnis erzeugt, sondern mehr durch das Einsetzen der Parallelmontage. Auf diese Weise kann man die Diskontinuität in der Narration geschickt umgehen, was nicht unbedingt heißen muss, dass die Inszenierung der Song-and-Dance-Einlagen dadurch vereinfacht, oder deren Rolle im Rahmen des Films abgewertet wird. Anstatt eine Massenchoreografie mit vielen Tänzern im Vorder- und Hintergrund zu inszenieren, konzentriert sich Farah Khan auf kleine Gruppen von Tänzern, welche verteilt im Rahmen der gesamten Tanzsequenz kleine Stücke der Choreografie ausführen. Wichtig dabei ist, dass die Bewegungen der Figuren und vor allem der Protagonisten, die meistens auch im Mittelpunkt der Darstellung stehen, nach dem Muster eines Kanons im Raum strukturiert sind. Dadurch wird die Choreografie als Teil der Weiterbewegung des Körpers inszeniert, eine Besonderheit der Darstellung, die die Rezeption der Tanzbewegungen erleichtert.

Drei Jahre nach dem Erfolg von DIL SE arbeitete Farah Khan als Choreografin an dem beeindruckenden Historienepos ASOKA (ASOKA – DER WEG DES KRIEGERS, Indien 2001), das

2 AŚOKA (ASOKA – DER WEG DES KRIEGERS, Indien 2001, R: Santosh Sivan).

im 3. Jahrhundert v. Chr. spielt und die Geschichte des altindischen Herrschers Asoka erzählt. Die Song-and-Dance-Einlagen des Films sind vollkommen auf den epischen Charakter der Geschichte abgestimmt und fließend in die Handlung integriert. Als besonders interessant für die Analyse stellt sich die Inszenierung der Song-and-Dance-Sequence *Roshni Se* heraus. Der Anfang wird durch ein symbolisches Element eingeleitet, in dem Asoka (Shah Rukh Khan) über den Verlust seiner Liebe spricht und eine Pfauenfeder in der Hand hält. Ein Zwischenschnitt zeigt eine Nahaufnahme seiner Geliebten Kaurwaki (Kareena Kapoor). Sie dreht sich überrascht um, als hätten sie die Worte von Asoka tatsächlich erreicht. Im Hintergrund ist die Figur einer hinduistischen Gottheit zu sehen. Dabei handelt es sich um den Kriegsgott Skanda-Kārttikeya, der Sohn des Gottes Shiva und seiner Gemahlin Parvati. Das Reittier genau dieser Gottheit ist der Pfau. Die Pfauenfeder als Symbol wird dadurch schon am Anfang der Sequenz doppelt kodiert. In der altchristlichen Kunst symbolisierte der Pfau die Unsterblichkeit und die Auferstehung.[18] In den hinduistischen und buddhistischen Vorstellungen ist der Pfau ein heiliger Vogel, dessen Federn unter anderem magische Kräfte zugeschrieben werden.[19] Darüber hinaus ist der Pfau ein Symbol für Widerstandskraft und langes Leben.[20] Allein durch den Auftakt wird die musikalische Sequenz mythologisch konnotiert. Durch die Verbindung von Elementen als unterschiedliche «Bedeutungsträger» entsteht ein komplexes Zeichensystem, das in Abhängigkeit vom kulturellen Hintergrund unterschiedlich interpretierbar ist. Das Symbol der Pfauenfeder wird zu einem dritten Auge umfunktioniert, das Asoka den Blick in eine utopische Welt ermöglicht. Er schaut seiner Geliebten zu. Kaurwaki liegt in einem weißen Gewand auf einem abgestorbenen Ast. Aus dieser starren Körperhaltung heraus setzt die erste Bewegung ein (Abb. 2). Die Zeit scheint sich zurückzudrehen. Das Motiv der Auferstehung wird durch

---

18 Später wird er als Symbol der Eitelkeit bekannt. Abergläubische Vorstellungen besagen, dass das Aufbewahren von Pfauenfedern Unglück bringen soll. Vgl. Tamara Aberle: «Der Pfau als Symbol in Asien». http://www.asienhaus.de/public/archiv/symbolpfau.pdf (17.3.2009).
19 Er ist das Begleittier von Göttern, und sein Schrei dient zum Schutz vor Kobras und Tigern. Vgl. ebd., ohne Seitenangabe.
20 Vgl. o. A: «Glückssymbole in Indien». http://www.wdr.de/tv/abenteuerglueck/indien_glueck_symbole.phtml (17.3.2009).

3 AŚOKA (ASOKA – DER WEG DES KRIEGERS, Indien 2001, R: Santosh Sivan).

die rückwärts laufenden Bilder verstärkt. Asoka und Kaurwaki finden in einer gefühlvollen Pose zueinander. Die Welt der beiden Verliebten ist nicht die paradiesische Welt von Krishnas Liebesspiel mit Radha. Es ist eine düstere Welt. Die Natur scheint abgestorben zu sein. Feuerflammen erscheinen im Bild. Umgeben von Wasser und Nebel erstarren Asoka und Kaurwaki in sinnlichen Positionen. Eine Lotusblüte schließt ihre Blätter und verschwindet unter der Wasseroberfläche. Die Tanzsequenz wird dadurch an einen ungewöhnlichen Ort übertragen. In einem Unterwasserspiel tauschen die beiden Verliebten Zärtlichkeiten aus. Wieder auf der Oberfläche schweben sie in einer Nebelwolke. Der Raum, in dem sich die Liebenden befinden, bleibt ständig in Bewegung. Eine Illusion, die einerseits durch die Kamerabewegung und andererseits dadurch, dass die Figuren ständig von Rauch, durch die Luft gewehtem Laub oder vom Himmel fallenden vertrockneten Pappelfeigenblättern umgeben sind, geschaffen wird. Vor dem Hintergrund dieser ständigen Veränderung werden die Figuren der beiden immer wieder in sinnlichen Stellungen zueinander gezeigt, die auf ein unverwechselbares erotisches Spiel hindeuten. Ob unter dem fließenden Wasserfall oder liegend auf der Erde – die Kamera ist immer aus einer Top-Shot-Perspektive auf die beiden gerichtet (Abb. 3). Kaurwaki wirft ihren Schleier in die Luft und daraus entspringt eine weiße Taube. Das biblisch konnotierte Symbol deutet auf eine frohe Botschaft hin. Die Auflösung wird für den Zuschauer vorweggenommen. Asoka wird erfahren, dass seine Kaurwaki noch am Leben ist. Ab diesem Moment schweben die tanzenden Körper bildlich in der Luft. Sprünge werden in der Choreografie eingebaut und in Zeitlupe festgehalten. Die Bewegungen erinnern an einen fließenden *contemporary dance*, in dem die Körper von einer extremen Leichtigkeit gekennzeichnet sind. Eine solche Bewegungskombination endet in einer Interpretation der PIETÀ, in der Asoka um seine verstorbene Kaurwaki trauert. Ein katholisches Bildmotiv wird in der Choreografie mit Tanzbewegungen gleichgesetzt, die buddhistische oder hinduistische Skulpturen nachstellen. Was man früher in der Choreografiearbeit von Farah Khan als Mischung von unterschiedlichen Tanzstilen beobachtet hat, spiegelt sich in dieser Tanzsequenz in der Mischung von verschiedenen Bedeutungsträgern wieder. Kultur- und religionsübergreifende Sinnbilder werden nebeneinander gestellt und dienen einer assoziativen Kontextualisierung der Liebesgeschichte. Die Rahmenhandlung der Song-and-Dance-Sequenz endet wieder mit einer Assoziationsmontage. Eine Pfauenfeder schwebt über dem Wasser. Im nächsten Moment bewegen sich die Federn eines echten Pfaus, den Asoka töten will. Der Wunsch, den Vogel zu vernichten, bringt zum Ausdruck, wie tief Asoka den Schmerz und die Trauer in sich verbergen will. Der Pfau wird durch die Einmischung der buddhistischen Tempeldienerin Devi gerettet, die später zu Asokas Ehefrau wird.

Roshni Se steht exemplarisch für die Choreografiearbeit von Farah Khan, die durch eine besonders dichte Erzählweise gekennzeichnet ist. Die Sequenz weist eine visuelle Sprache auf, die der modernen Musikvideoästhetik sehr ähnlich ist. Der Schnittrhythmus orientiert sich am Musiktempo. Durch die Assoziationsmontage und symbolische Nebeneinanderstellung von aussagekräftigen Bildern wird der Zuschauer zum kreativen Sehen aufgefordert. Die Bilder stehen in keiner zeitlichen oder räumlichen Beziehung zur Handlung des Films und vermitteln mehr denn je abstrakte Vorstellungen von der Liebe zwischen zwei Menschen. Die Song-and-Dance-Einlage entwickelt sich zu einer Aneinanderreihung von kurzen Einstellungen, die im wechselseitigen Verhältnis zueinander montiert werden. Die Kamera hält sich in dieser Sequenz nicht zurück und gestaltet aktiv das filmische Bild. Viele Schwenks und Fahrten begleiten die Bewegungen des Liebespaars und erzeugen das Gefühl von Schwerelosigkeit. Durch das veränderte Verhältnis zwischen oben und unten, dem extremen Wechsel zwischen Naheinstellung und Top-Shot werden die Bewegungen der tanzenden Figuren entfesselt. Die Körper schweben zwischen den Grenzen in einer utopischen Welt.

Die geschilderte Sequenz ist ein Beispiel für eine musikalische Einlage, die zur Visualisierung der Traumvorstellungen des Protagonisten dienen soll. Dabei verzichtet Farah Khan auf die typischen Elemente einer solchen Tanzsequenz. Die übliche grüne, paradiesische Landschaft wird durch eine düstere irreale Welt ersetzt. Farben treten in den Hintergrund oder werden von der Dunkelheit verschluckt. Die Farben der Kleidung variieren zwischen Weiß und Schwarz – Farben, die sowohl für die Trauer als auch für die Unschuld und den Neuanfang stehen. Der künstliche Raum wird durch das ausgezeichnete Beleuchtungsspiel zu einer utopischen Welt gestaltet. Der relativ helle Hintergrund des Bildes kontrastiert mit der Schattierung des Vordergrunds. Der Horizont ist nicht zu sehen. Am Himmel toben Blitze. Es fällt aber kein Regen, sondern nur die vertrockneten Blätter der Pappelfeige. Farah Khan greift wieder auf ein visuelles Element zurück, das auf einer Meta-Ebene das Geschehen kommentieren soll.[21] Die Sequenz mischt mehrere Erzählungsebenen ineinander und spielt mit dem Vorwissen der Zuschauer. Dabei bleibt die visuelle Sprache derartig präsent, dass sie den einzigen Ausgangspunkt für die verschlüsselte Bedeutung der einzelnen Elemente bildet. Die Körper der Tänzer werden fragmentiert und das leidenschaftliche Spiel wird nur durch die Montage erzeugt. Spannung in der Körperhaltung ist nur dann zu beobachten, wenn die Tänzer in skulpturähnlichen Posen erstarren. Sowohl der weibliche als auch der männliche Körper werden zum Objekt des Interesses. Ein gemeinsames Un-

---

21 Bei der Pappelfeige handelt es sich um den so genannten heiligen *Bodhi*-Baum. Im buddhistischen Glauben ist das der Baum, unter dem Siddhartha Gautama sein Erwachen erlebte und dadurch zum Buddha wurde. Laut historischen Angaben war es der Herrscher Asoka, der den heiligen Baum beschützte und nach Sri Lanka brachte. Die Vernichtung des Originalbaums wird in den Überlieferungen mit der Eifersucht der Gattin von Asoka in Verbindung gebracht. Vgl. http://www.hdamm.de/buddha/bl_bodhi.php (18.3.2009).

«I'm just a mere technician.»

4   AŚOKA (ASOKA – DER WEG DES KRIEGERS, Indien 2001, R: Santosh Sivan).

terwasserspiel und zärtliche Berührungen unter dem Wasserfall ersetzen die obligatorische *Wet-Sari-Scene* und erlauben vor allem einen neugierigen Blick auf den männlichen Körper. Trotz der leidenschaftlichen Elemente in der Choreografie des Tanzes wird die Vereinigung zwischen Mann und Frau fern von der Oberflächlichkeit der Darstellung gehalten. Die Körper von Asoka und Kaurwaki werden oft aus verschiedenen Kameraperspektiven dicht nebeneinander gezeigt (Abb. 4). Dadurch wird die Visualisierung der Figur von *ardha-nārī* erzielt, in der der Gott Shiva mit seiner Gemahlin Parvati eine Gestalt bildet.[22] Die starke Anlehnung an die Funktionalität der technischen Mittel, die eine visuelle Verschlüsselung der Bedeutungsträger erlauben, hilft Farah Khan, bei der Ausarbeitung der Tanzeinlage sowohl neue Elemente einzufügen, als auch bestehende Techniken umzudefinieren. Die rückwärts abgespielten Filmszenen wurden schon in den Zeiten der Revuefilme von Busby Berkeley[23] eingesetzt, um die «Illusion von Schwerelosigkeit»[24] zu erzeugen und nicht zuletzt bei der Visualisierung von Rock- und Pop-Musik, wobei hier die ungewöhnlichen Kamerabewegungen und die Montage zur Verfremdung der laufenden Bilder genutzt werden. Farah Khan verwendet die Technik, um eine eindeutige Rückbewegung zu simulieren. Asoka erinnert sich an Kaurwaki, und das Filmbild visualisiert diese Rückbesinnung auf die vergangene Zeit. Der direkte Umgang mit einem solchen stilistischen Mittel und die angestrebte Doppelkodierung der Elemente, hier einmal durch die Pfauenfeder als Symbol der Auferstehung und dann durch die angedeutete Umkehr der Zeit, sind vor allem für die künftige Arbeit von Farah Khan als Regisseurin charakteristisch. Die Elemente werden mehrfach kodiert, die Narration verdichtet sich an den Stellen der Tanzsequenzen und die ohnehin komplexe Erzählweise wird durch Verweise oder Zitate zusätzlich intensiviert.

Diese Eigenarten der Darstellung, in der die optische Attraktivität der Bilder in den Vordergrund rückt, hat Farah Khan mit besonderer Präzision in den Tanzsequenzen ihres Regiedebüts MAIN HOON NA eingesetzt. Die Geschichte von Major Ram Prasad Sharma (Shah Rukh Khan), der die unschuldigen Studenten des St. Paul's College vor dem Bösewicht Raghavan Dutta (Sunil Shetty) retten wird, wird insgesamt von acht Song-and-

---

22   «[...] Shiva ‹halb als Weib› (Śiva ardha-nārī). Hier vereinigen sich die antagonistischen Prinzipien zur Bildung eines einzigen paradoxen Organismus, der die im Innern zweifaltige Natur des Alls und seines Einwohners, des Menschen, darstellt.» Heinrich Robert Zimmer: *Indische Mythen und Symbole*. Düsseldorf 1972, S. 240.

23   «Der Choreograph und Regisseur Busby Berkeley (1895–1976) erhob das Ensemble zum Protagonisten: Seine Tänzer fungierten lediglich als bewegliche Teile eines kaleidoskopartigen Musters.» Andrea Gronemeyer: *Film*. Köln 1998, S. 79.

24   Ott, *Shall we dance and sing? Zeitgenössische Musical- und Tanzfilme*, S. 54.

Dance-Einlagen unterbrochen. Das erste Lied des Films ist eine fröhliche Einführung in den Schulalltag des St. Paul's College. *Chale Jaise Hawairm* ist auch die einzige Tanzeinlage, die nahtlos in die Handlung eingefügt wird. Die Kamera nähert sich der Fotografie der Tochter des Generals Bakshi Sanjana (Amrita Rao) und das starre Abbild des Mädchens wird zum Leben erweckt. Sanjana präsentiert dem Zuschauer sich selbst und ihre Schule, die dadurch als Hauptschauplatz der Handlung etabliert wird. Die Sequenz ist sehr stark an die Inszenierung und Bildsprache der Song-and-Dance-Sequences wie *Yeh Ladka Hal Deewana* und *Koi Mil Gaya* aus dem Film KUCH KUCH HOTA HAI angelehnt, bei denen Farah Khan auch für die Choreografie verantwortlich war. Die Ästhetik der musikalischen Sequenz ist besonders interessant, weil die durchsynchronisierte Choreografie, der unsichtbare Schnitt und der fließende Übergang von einer zur anderen Tanzeinheit die Illusion einer Plansequenz erzeugen, in der freier Spielraum für den durchgehenden Fluss der Bewegungschoreografie gelassen wird. Farah Khan weicht von den bestehenden Modeerscheinungen in der Ästhetik der gegenwärtigen Tanzsequenzen ab. Schneller Schnitt und variierende Kameraeinstellungen, synchrone und asynchrone Verbindung von Ton- und Bildebene, fragmentierte Darstellung des tanzenden Körpers, rasanter Wechsel zwischen subjektiver und objektiver Kameraperspektive, Variation des Abspieltempos, präzise Lichtgestaltung und abwechselnde Aneinanderreihung von chronologischen und achronologischen Erzählsegmenten ersetzt sie durch eine durchgehende Konzentration auf die Hauptfigur Sanjana. Die Kamera bewegt sich im Raum, verliert aber niemals ihren Bezugspunkt und fügt die Figur in eine Kombination von Bewegungsmustern ein, indem die Befreiung des Körpers durch den Tanz eingeleitet wird. Die «kreisförmig choreografiert(e)»[25] Song-and-Dance-Einlage verzichtet auf den obligatorischen Top-Shot auf das Mandala-Ornament[26] und erzielt eine vollkommene Verschmelzung von Mustern, bunter Farbigkeit und tanzenden menschlichen Körpern.[27]

Farah Khan etabliert dadurch zum Anfang des Films eine ungewöhnliche Darstellungsform der Tanzsequenz, um sie wenig später erneut durch die Videoclip-Ästhetik der Sequenz *Tumhein Jo Maine Dekha* zu ersetzen. In dieser Song-and-Dance-Einlage werden auf plakative Art und Weise unterschiedliche Elemente in Szene gesetzt, um die Künstlichkeit der Darstellung und die Einwirkung der Technik zu unterstreichen. Bei dem Lied handelt es sich um eine Variante des *Qawwali*-Liedes[28], dessen ursprüngliche Funktion zur Ehre Gottes hier eindeutig umdefiniert wird. Die Traumvorstellung wird durch eine Gruppe Musiker, die das Pop-*Qawwali* auf einer gesonderten Bühne ausführen[29], eingeleitet. Wasser und

---

25 Susanne Marschall / Irene Schütze: «Das Ornament der Farben. Zur Bildästhetik des Hindi-Films». In: Thomas Koebner / Fabienne Liptay / Susanne Marschall (Hrsg.): *Film-Konzepte 4: Indien*. München 2006, S. 19–37, hier S. 27.

26 «Mandalas sind geometrisch ausgerichtete, meist kreis- oder quadratförmige Gebilde mit einem immanenten ‹Zug› ins Zentrum der Gestalt.» Ralf T. Vogel: *C. G. Jung für die Praxis*. Stuttgart 2008, S. 94.

27 Vgl. zum Mandala-Ornament auch Susanne Marschall: «Farbe – Raum – Bewegung im indischen Film». In: Reinhold Görling / Timo Skrandies / Stephan Trinkaus (Hrsg.): *Geste. Bewegungen zwischen Film und Tanz*. Bielefeld 2009, S. 83–100.

28 Vgl. o. A.: «Qawaali». http://www.economicexpert.com/a/Qawaali.html und David Courtney: «Qawaali – Islamic Devotional Music». http://www.chandrakantha.com/articles/indian_music/kawali.html (24.3.2009).

29 «Traditionally, the qawwal performed at the same level as the audience and needed no stage. Their area of performance was marked out with a white circular sheet (chindni). The urbanization of the

«I'm just a mere technician.»

5–6 MAIN HOON NA (ICH BIN IMMER FÜR DICH DA!, Indien 2004, R: Farah Khan).

pinkfarbene Lotusblüten sind die mythischen Elemente, die die tanzenden Figuren umgeben. Aus der Top-Shot-Kameraperspektive wird Sanjana im Zentrum eines Mandala-Bildes dargestellt. Die im Hintergrund leuchtenden Farben eines Sonnenuntergangs, Wasser, Lotusblüten, Schwäne und weiße Tauben sind nur einige der Elemente, woraus die künstliche Welt dieser Traumvorstellung besteht (Abb. 5). Die Kamera schwebt über der Wasseroberfläche und hält mehrere Darstellungsebenen fest. Fast jedes Bild, in dessen Mittelpunkt die Protagonisten zu sehen sind, wird bis zum Rande mit Details überfüllt (Abb. 6). Die «ausgefeilte Bildästhetik»[30] unterstützt die Bewegungschoreografie und vermittelt den Eindruck von «bewegte(r) Malerei»[31]. Durch die Bewegungen im Hintergrund wird der Raum optisch tiefer gestaltet. Von diesem mythisch konnotierten Schauplatz wird die Handlung

qawwali and the increase in technology such as the introduction of public address systems brought with it innovations. The stage today is fairly high (about 2 metres), so that people sitting at a distance can see the qawwal while they hear their performance from loudspeakers.» http://meheralisherali.com/history.html (24.3.2009).

30 Susanne Marschall: «Mit Herzblut und Ironie – Bollywood und mehr». In: Thomas Koebner / Fabienne Liptay / Susanne Marschall (Hrsg.): *Film-Konzepte 4: Indien*. München 2006, S. 3–5, hier S. 5.

31 Ebd.

7 OM SHANTI OM (Indien 2007, R: Farah Khan).

der Tanzsequenz in die «ornamental geschmückten und strukturierten»[32] Innenräume eines Palastes übertragen. Durch die aufwendige Inszenierung und die videoclipartige Montage stellt *Tumhein Jo Maine Dekha* ein beeindruckendes Beispiel für die besondere visuelle Ästhetik der Choreografie von Farah Khan dar. Traditionelle Elemente der Song-and-Dance-Einlagen werden modernisiert. Die visuelle Ebene wird durch den Einsatz technischer Mittel erweitert und die Komplexität der Darstellung gesteigert.

Drei Jahre nach ihrem Debüt als Regisseurin kommt im Jahr 2007 der zweite Spielfilm von Farah Khan in die Kinos. OM SHANTI OM erzählt die Geschichte von Om Prakash Makhija (Shah Rukh Khan), der Ende der 1970er Jahre stirbt, um als Om Kapoor im modernen Bollywood wiedergeboren zu werden. Im Unterschied zu ihrer Arbeit an MAIN HOON NA verzichtet Farah Khan hier auf die plakative Aneinanderreihung von Bildzitaten in der Erzählung. Dafür sind die Song-and-Dance-Sequences diejenige Komponente der Narration, welche durch eine überspitzte Inszenierung gekennzeichnet sind. Alles, was Farah Khan im narrativen Teil des Films nicht zeigen und thematisieren kann, bringt sie umso deutlicher in den Tanzsequenzen zum Ausdruck, welche reichlich in den beiden Teilen des Films verteilt sind. Auch wenn man in allen Song-and-Dance-Einlagen die Handschrift von Farah Khan erkennen kann und jede einzelne Sequenz durch die Präzision der Ausarbeitung glänzt, sind zwei Songs aus dem zweiten Teil des Films besonders interessant. *Dard-E-Disco* wird als Song-and-Dance-Number angekündigt und trotzdem durch einen Bruch in der Handlung initiiert. Die fiktive Tanzsequenz für den aktuellen Film von Om Kapoor soll den Schmerz seiner Figur darstellen. Farah Khan parodiert den frivolen Umgang mit den Tanzsequenzen als reine Showelemente, die anstatt Gefühle zu visualisieren, als optischer

8 OM SHANTI OM (Indien 2007, R: Farah Khan).

32 Marschall/Schütze, «Das Ornament der Farben. Zur Bildästhetik des Hindi-Films», S. 26.

«I'm just a mere technician.»

Reiz in die Handlung integriert werden. Dabei thematisiert sie nicht nur den unmotivierten Einsatz dieser Erzähleinheiten, sondern auch den Umgang mit dem menschlichen Körper als Projektion der erotischen Gefühle im Film. Im Mittelpunkt der Inszenierung steht nicht ein «Item-Girl», sondern ein «Item-Boy» (Abb. 7). Sie dreht das Spiel mit der verborgenen Sexualität im Film um, indem sie den freien Blick auf einen nackten männlichen Oberkörper erlaubt. Der männliche Körper wird aus einer voyeuristischen Perspektive gezeigt, die vor allem mit einer Änderung in den Konventionen der indischen Filmästhetik verbunden ist.[33] Die Inszenierung konzentriert sich auf die Fragmentierung des menschlichen Körpers und die ästhetisierte Darstellung von erotischen Bewegungen. Dabei muss die Regisseurin nicht einmal auf die obligatorische *Wet-Sari-Scene* verzichten. Diesmal ist der nasse männliche Oberkörper das Objekt der erotischen Befriedigung des Zuschauers (Abb. 8). Abgesehen von der neuen Ausrichtung des erotischen Blicks ist die Tanzsequenz eine abgeschlossene Erzähleinheit mit einfachen Tanzschritten, eindrucksvoller Bildgestaltung und clipartiger Montage, die sowohl innerhalb als auch außerhalb des Filmkontextes selbständig funktionieren kann.

Die zweite Sequenz, die besondere Aufmerksamkeit verdient, ist die letzte Song-and-Dance-Einlage des Films. Das Lied *Datsaan-E-Om Shanti Om* stellt eine theatralische Zusammenfassung der Handlung aus dem ersten Teil des Films dar. Dabei ist die Tanzsequenz eine Hommage an die Filmästhetik, die Baz Luhrmann in MOULIN ROUGE! (Australien/USA 2001) geprägt hat. Om Kapoors Auftritt wird genau wie Satines (Nicole Kidman) Erscheinung auf der Bühne des Moulin Rouge in Szene gesetzt.[34] Dabei fungiert die Figur von Om Kapoor als eine Mischung aus Darsteller und Conférencier, der die tragische Geschichte einer Dreiecksbeziehung dem Publikum präsentiert (Abb. 9–10). Die Choreografie der maskierten Tänzer, mit dem direkten Blick in die

9–10 OM SHANTI OM (Indien 2007, R: Farah Khan).

---

33 «Dementsprechend wandelte sich auch der physische Typus der männlichen Hauptdarsteller. Was jetzt gefragt war, waren hübsche, sozial gewandte und relativ kleine Männer. Auch wurde der männliche Körper nun zu einem Objekt des visuellen Interesses. So ist zum Beispiel Salman Khan, der über einen sehr durchtrainierten Oberkörper verfügt, in jedem seiner Filme, z. B. HUM APKE HAIN KOUN (WER BIN ICH FÜR DICH, Indien 1994) ohne Hemd oder zumindest im eng anliegenden Unterhemd zu sehen.» In: Uhl/Kumar, *Indischer Film – Eine Einführung*, S. 52.

34 «Er inszeniert Satine in ihrem ersten Auftritt als Star, sie sitzt auf einer Schaukel hoch über den Köpfen der anderen [...].» Ott, *Shall we dance and sing? Zeitgenössische Musical- und Tanzfilme*, S. 243.

Kamera, verweist auf die erste *Cancan*-Szene in MOULIN ROUGE! und präsentiert eine Mischung aus «Bühnenschautanz für Varietés, Cabarets und Revuetheater.»[35] Dafür weist das Ineinandergreifen der Geschichte und der Showpräsentation Bezüge zu der finalen Inszenierung des Stücks *Spectacular, Spectacular* auf der renovierten Bühne des Moulin Rouge am Ende von Luhrmanns Film auf. Allein in dieser Tanzsequenz gelingt es Farah Khan, ohne explizit auf die Filmtechnik hinzuweisen, eine metaphorische Beschreibung der Macht des Films zu geben. Dabei bleibt die Kamera ständig in Bewegung: Einmal ist sie unter den Tänzern auf der Bühne, plötzlich hängt sie von der Decke und zeigt eine Top-Shot-Aufsicht auf die Tanzdarbietung. Vorder- und Hintergrund des Bildes präsentieren zwei getrennte Erzählebenen und bilden die Basis für die intertextuellen Verweise der Darstellung. Die Sequenz, bestehend aus unterschiedlichen visuellen und thematischen Zitaten und Verweisen, wird dadurch als eine komplexe Wiedergabeform der Narration genutzt, wodurch die dramatische Zeitausdehnung des Höhepunktes auf der Basis der bestehenden Regeln des indischen kommerziellen Films weiterentwickelt wird.

Resümee

Auf die Frage, welche drei Sachen sie am meistens faszinieren, antwortet Farah Khan: «Cinemas, movies and UFOs or alien life or something! Outer space I guess.»[36] Als eine der berühmtesten Choreografinnen Indiens und eine der erfolgreichsten indischen Regisseurinnen ist Farah Khan nicht nur eine Träumerin (worauf ihre Aussage über den Weltraum schließen ließe), sie ist in erster Linie eine Visionärin, die es geschafft hat, in den letzten Jahren das Gesicht des kommerziellen hindi-sprachigen Films zu verändern. Ihre Filme und choreografierten Song-and-Dance-Sequenzen begeistern mit der äußerlichen Attraktion und der erleichterten Rezeption der Inhalte durch die Einbindung von Reproduktionen, Zitaten, Verweisen und Klischees. Farah Khan entwickelt durch die eigenartige Zusammenstellung von Sinnbildern der Realität und der Imagination eine komplexe visuelle und kontextuelle Sprache, die intellektuell den Zuschauer fordert, ohne dabei auf den Unterhaltungswert des Gezeigten zu verzichten. Zu einem Zeitpunkt, in der Entwicklung der indischen Filmindustrie als nichts Neues mehr definiert werden kann, das die Anforderungen der Zuschauer nicht enttäuschen würde, gelingt es Farah Khan, genau die Ungewissheit des gegenwärtigen Zustands zu reflektieren, indem sie auf die Meta-Ebene der Narration die Rückbesinnung auf die produktive Vergangenheit des indischen Unterhaltungsfilms initiiert. Sie bringt den kommerziellen hindi-sprachigen Film auf ein neues Rezeptionsniveau, das für internationale Zuschauer von besonderem Interesse sein kann. In der Kombination aus indischer Tradition und westlicher Moderne findet die Regisseurin einen universellen Zugang zu der Problematik des aktuellen indischen populären Films, indem sie sich auf die alten Sehgewohnheiten der Zuschauer bezieht und diese durch technische Erneuerungen erweitert.

---

35 Ebd., S. 238.
36 Omar, «Bombay Dreamer: Farah Khan», ohne Seitenangabe.

Rada Bieberstein, Susanne Marschall

Cinema Is Us
A Conversation with Javed Akhtar

Indian poetry – LAGAAN – What is missing – The distance is decreasing

Javed Akhtar (*1945) is one of India's most popular lyricists and scriptwriters.[1] He was born into a family of known Urdu lyricists and poets in the present state of Madhya Pradesh. Javed Akhtar made his entrance into the Indian film industry as a scriptwriter. He is the co-author of classics such as SHOLAY (India 1975) and DON (India 1978). Javed Akhtar's lyrics are heard in films such as LAGAAN: ONCE UPON A TIME IN INDIA (India 2001), KAL HOO NA HO (INDIAN LOVE STORY, India 2003), MAIN HOON NA (India 2004), VEER-ZAARA (India 2004), SWADES: WE, THE PEOPLE (India 2004), THE RISING: BALLAD OF MANGAL PANDEY (India 2005), UMRAO JAAN (India 2006), OM SHANTI OM (India 2007), JODHAA AKBAR (India 2008), SLUMDOG MILLIONAIRE (GB 2008) and LUCK BY CHANCE (India 2009).

The following text presents extracts from an interview with Javed Akhtar conducted by Susanne Marschall and Rada Bieberstein in March 2010 in Mumbai during an academic research journey on Indian film and its industry. The interview was recorded and can be seen in full length on the DVD enclosed in this book.

Interviewers: Mr. Akhtar, thank you very much for granting us this conversation. We would like to know, where do you get the inspiration for your work, for your texts, for your lyrics from and do you transport much of your personal life into them?

Javed Akhtar: [...] I suppose the inspiration when I am writing for films comes through the situations. The story tells me what kind of lyric I should write, what kind of metaphor, what kind of language I should use – and what kind of emotion I should try to capture. On the other hand, what I write for myself, there the inspiration is life. I write what I think or feel very strongly. So that is how it is. There is no dearth of inspiration if you are receiving, if you are open to receive experiences: good experiences, bad experiences, sweet and bitter and every kind of experience or feeling that is around you. All you have to do is to receive it. [...] But ultimately, how do you write? Whatever your output is, it comes from inside you.

---

1 The following information is taken from Akhtar, Javed: *Talking Songs. Javed Akhtar in conversation with Nasreen Munni Kabir.* 2nd ed., New Delhi 2007.

From your ethics, your beliefs, your morality, your choices, your experiences. So I suppose, all literature, all art, to some extent, is autobiographical.

Which traditional forms of lyric or poetry are you inspired by?

My mother tongue is Urdu. I write in Urdu. In Urdu there are twelve to fourteen meters in which poetry is written. Besides that, since the last perhaps fifty or sixty years, Urdu poetry has taken up what you would call free verse. A lot of poetry is written in free verse and most of my poems are in free verse. But there is another style of writing that is called *ghazal*, which is an Arabic word but had come to India with the Persians. In India ghazal is written in many languages: Urdu, Punjabi, Marathi, Hindi, Gujarati and so on. It is more tradition-bound in its structure than the free verse. But ultimately, I suppose, it is the content. The content is the idea, which tells you what kind of structure you should have. One should not be totally tradition-bound, because if you are too constrained by tradition, then nothing new will happen. But at the same time if you break all the barriers, all the rules, then you can go wild. So there has to be a kind of a tension between tradition and revolt with tradition. Both are necessary at the same time.

When and how was your first encounter with cinema?

We are a film loving nation. As a matter of fact India was perhaps one of the first countries in the world, third, fourth, or fifth at the most, that made films. It is part of the culture. Cinema is us. Indians can't live without films. When I was in school and in college, particularly in school, I used to see these films with big stars doing wonderful things. So I wanted to be like them. But as I grew up, I had two interests: on the one hand cinema, on the other hand literature. I come from a family where the last seven generations are of writers – seven generations of known writers, established writers. So literature was all around us where we were brought up. If you are interested in literature and fiction and cinema, then obviously you put them together and you find yourself in films. [...]

What was the first film you remember watching?

The first film I remember was AAN [PRIDE, India 1953]. That was perhaps in 1951, 1952. I was five or six years old. I remember that morning I was admitted in first standard and in the evening I saw that film. AAN, made by Mehboob Khan and the hero was Dilip Kumar.

When writing lyrics for cinema, do you actually visualize the dance sequence?

No, I don't. I only feel that – I don't know if you are aware of it – that most of these songs that you hear, Hindi film songs, are written not only for a situation, but to a tune. So I internalize the situation, the feeling of the character who is singing at that particular stage in the story as well as the language the character uses, the ethos of that particular film, what kind of culture that film has. Also, I internalize the language of that film and I try to write that song within that language. [...]

What happens when you see the song you have written in the film?

To be honest, more often I am dissatisfied. But that's how it is. You can do your work, hopefully with a certain competence and hope for the best from others. That's about all.

The Indian film LAGAAN is very famous. You wrote the lyrics to it. Would you tell us about your work with director Ashutosh Gowariker?

That was a challenge. It was a film set in the past, but made for today. It was a rural film, set in a village, but made for the urban audiences. I am familiar with the particular dialect of North India called *Awadhi*, because I am from that part of the country – Lucknow area, Uttar Pradesh. But I knew, if I use that dialect in total honesty, then most of the people will not understand it. So, one had to give the impression that these characters are singing that language, that dialect, but it was not pure. By using some words and metaphors one could create the impression, the atmosphere that it is that language, that dialect. It worked. So, ultimately it was a kind of language, which can be understood by most Indians and at the same time, it had that bend to that particular dialect. I must appreciate A.R. Rahman's efforts also, because it was a big challenge for him, too: to give a rural tune which will appeal to urban people. So he, I think, created a balance between the composition and the orchestration. That was rather effective.

You have been in the film business for a very long time scripting films like SHOLAY and writing the lyrics for films such as KAL HO NAA HO and OM SHANTI OM. Would you say there has been a change in how music and lyrics have been used in Indian film over the decades?

Yes, there is a change. Films are changing slowly and surely their structure and the usage of music is also changing. Life offers you package deals. It gives you a package with certain good things and bad things. And, the package that you are losing also has some good things and bad things. You just get confused, which package is the better one. Now, with time, we are getting rid of that crude melodrama that we used to have. Films are becoming ostensibly more sophisticated. There is less rhetoric, less melodrama. But at the same time there are certain things, which we should not let go like using lyrics in a story. This is not invented by Hindi cinema. It has been inherited by Indian cinema. It is a tradition which is millenniums old. We have always narrated stories since times are known – through lyrics, through songs. Whether you take Sanskrit plays like *Mirch Katikam* or *Śākuntalam* – which are almost 3000 years old – or if you take our folk theatre that is called *Nautanki* or mythological theatre like *Rāmlīlā* or *Krishnalīlā*. Then, we have another very interesting recipe before the emergence of talkie that was called Urdu-Parsi theatre. It was called like that by the virtue of the fact that these theatres were owned by Parsi gentlemen and the language of the plays was Urdu. Now, these Urdu plays were extremely interesting. They were very Victorian in their temperament and many times they had taken stories, which were Victorian plays adapted to Indian conditions: stories, where the hero is a Roman soldier and the heroine is the daughter of the Jewish high priest. They tell their romance and are singing Indian songs. It was a strange synthesis of *Nautanki* and Victorian theatre. So, it was always there. Later, it was refined by people like Raj Kapoor and Guru Dutt. Their use of songs in their stories was novel and beautiful. Now it is going away. I think the younger generation has developed some kind of embarrassment towards it. So now, what they are doing – like any Hollywood movie – is: they are using songs more often than not in the background. But why should they do it? It is like making operas without music. Why? This is different form of storytelling – like Kabuki, like opera. You should understand this kind of cinema keeping those norms in your mind. If you look at the level of realism, it is not in Kabuki, it is not in opera. So shall we reject them? In the same way, this is also a unique style of storytelling. I don't see any reason that the cinema should imitate the West. Why should they? [...]

You just spoke about contemporary Indian cinema and you had your remarks about its use of music. However, do you see things or developments in contemporary Indian cinema worth mentioning?

Yes, the kind of variety of films that you see in Indian cinema now, the variety of stories and subjects. I don't think it was ever there before. But at the same time, in spite of all this variety, what is missing is the social concern. What is missing is the image of the common man of India or the aspiration of the common man of India. So, again, it's a paradox. On the one hand, yes, you are being offered varieties. On the other hand, the real issue is missing. I don't know whether one should feel happy or sad.

In this light, what would you say is the contribution Indian film can make to the global development of cinema?

I don't know. I really don't know, honestly. Let's see what happens. I think the distance between Indian cinema and Western cinema – when you say global obviously you don't mean films from Hong Kong you mean Europe and America – the distance is decreasing. Indian directors are looking in their direction and they are becoming more and more ambitious. They feel that it is possible for them to enter that market now. On the other side, the Disneys and Warner Brothers of the world are looking towards India, because India has one of the largest middle-classes – a lot of dispensable money is here. So, they are entering here and we are trying to go there. I think, sooner or later, there will be a meeting point. [...]

Thank you very much!

Autorenviten

Dr. Rada Bieberstein (*1979) ist Akademische Rätin am Institut für Medienwissenschaft der Universität Tübingen. Sie studierte Filmwissenschaft und Kunstgeschichte an den Universitäten Dresden und Mainz. 2007 promovierte sie zum Thema *Female Representations in New Italian Cinema and National Television 1995–2005* (Marburg 2009). Sie ist Autorin (gemeinsam mit S. Marschall und K. Schneider) der Filmdokumentation LOTTE REINIGER – TANZ DER SCHATTEN (2012, Universität Tübingen, Eikon Südwest, arte).

Hannah Birr, M.A. (*1982) ist seit 2011 Akademische Mitarbeiterin am Institut für Medienwissenschaft der Universität Tübingen. Sie studierte Medienkultur, Anglistik und Psychologie an der Universität Hamburg und am Trinity College in Dublin, Irland. 2009 schloss sie ihr Studium mit einer Arbeit zum Thema «Masala Pur? Emotion und Genre im zeitgenössischen Hindi-Mainstreamkino» ab. Nach dem Studium folgten die Tätigkeit als Redakteurin der internationalen TV-Programm- und Trendbeobachtung beim Norddeutschen Rundfunk (NDR) und ein mehrmonatiger Aufenthalt am Goethe Institut in Neu Delhi. Hannah Birr ist Mitherausgeberin des Sammelbandes *Probleme filmischen Erzählens* (Berlin 2009); zurzeit arbeitet sie an einer Dissertation zu den Auswirkungen digitaler Live-Distribution auf Ästhetik und Rezeption traditioneller performativer Künste.

Dr. Jennifer Bleek (*1971) ist Lehrbeauftragte am Institut für Kunstgeschichte der Rheinisch-Westfälischen Technischen Hochschule Aachen (RWTH). Sie promovierte am kunsthistorischen Institut der FU Berlin über das Frühwerk des US-amerikanischen Filmregisseurs Terrence Malick und arbeitet zurzeit an einem Forschungsprojekt über das Helldunkel in bildender Kunst, Fotografie und Film. Ihre Interessen gelten Fragen der Bildwissenschaft und Methodik, vor allem in der Kunst der Frühen Neuzeit in Italien sowie der Moderne, hier mit Schwerpunkten auf Fotografie und Film.

Vera Cuntz-Leng, M.A. (*1979) studierte Film- und Theaterwissenschaft in Marburg, Wien und Mainz, wo sie 2007 mit einer Arbeit über «Standardsituationen in der ALIEN-Filmreihe» ihr Studium abschloss. Sie bereitet zurzeit eine Dissertation zum Thema «Verque(e)re Fantasien: Fantasyfilm, Queer Reading, Slash-Fandom» mit besonderem Fokus auf *Harry Potter* vor. Außerdem arbeitete sie als Lehrbeauftragte, Tanz/Theater-Dramaturgin und als Discjockey. Ihre Forschungsinteressen sind Filmgenres, Standardsituationen, Fanfiction und Fancommunities im Internet, Filmregisseurinnen, Genderstudien, Männlichkeit und Homosexualität im Kino.

Dr. Daniel Devoucoux studierte Geschichte/Germanistik-Skandinavistik und Mathematik in Paris und promovierte im selben Fach an der Sorbonne, Paris. Seit 1990: Freiberuflicher Publizist und Universitätsdozent in der Bundesrepublik Deutschland im Bereich der Kulturwissenschaft. Forschungs- und Lehrschwerpunkte: Kulturanthropologie, Körpergeschichte, Modeforschung, Bild-, Film- und Mediengeschichte. Jüngste Veröffentlichungen: «Film und Kleidung. Zur Kulturanthropologie zweier Medien». In: Gabriele Mentges (Hrsg.): *Kulturanthropologie des Textilen*. Dortmund 2005, S. 39–58; «Uniformen gegen Uniformität. Das Beispiel Kubrick». In: Gabriele Mentges und Birgit Richard (Hrsg.): *Die Schönheit der Uniformität*. München 2005, S. 139–170; «Modewelt – Weltmode». In: *Fortschritt Europa, Kulturreport*, Stuttgart 2007, S. 263–275; *Mode im Film. Zur Kulturanthropologie zweier Medien*. Bielefeld 2007; «Die Kunst des Andeutens. Die Dinge und ihr Double im Film und Fernsehen». In: Gudrun M. König und Gabriele Mentges (Hrsg.): *Medien der Moden*. Berlin 2010, S. 76–97.

Lisa Marie Gadatsch, M.A., geboren 1981, studierte Filmwissenschaften und Pädagogik in Berlin und in Mainz, wo sie ihr Studium 2006 mit einer filmwissenschaftlichen Magisterarbeit abschloss. Während ihres Studiums arbeitete sie unter anderem für die Kindernachrichtensendung LOGO! (ZDF). Seit ihrem daran anschließenden Graduiertenstipendium lebt sie in Berlin, arbeitet weiterhin für verschiedene Fernsehredaktionen (ARD, ZDF) und ist als freie Autorin für filmdidaktische Materialien sowie als Medienpädagogin tätig (unter anderem für Vision Kino, Farbfilm Verleih, Bundeszentrale für politische Bildung), zudem als Dozentin für einen berufsbegleitenden Bachelorstudiengang in Frühpädagogik und als Lehrkraft für inklusiven Unterricht an einer Grundschule. Aktuell beendet sie ihre Doktorarbeit zum interkulturellen Filmschaffen Mira Nairs.

Prof. Dr. Adelheid Herrmann-Pfandt (*1955) ist außerplanmäßige Professorin für Religionswissenschaft an der Universität Marburg. Studium der Religionswissenschaft, Geschichte, Klassischen Philologie, Indologie, Tibetologie und Indischen Kunstgeschichte in Erlangen und Bonn, seit 1978 regelmäßig längere Indien-Aufenthalte. Promotion 1990 mit der Arbeit *Dakinis: Zur Stellung und Symbolik des Weiblichen im tantrischen Buddhismus* (Bonn 1992, 2. Aufl. 2001). 1991–1994 wissenschaftliche Assistentin für Indologie/Tibetologie an der Universität Marburg, seither zahlreiche Lehraufträge in Marburg, Bremen, Hannover, Göttingen, Frankfurt am Main, Fribourg/Schweiz. Habilitation 2001 in Marburg. 2006–2009 Konzeption und Leitung der Ausstellung *Tibet in Marburg*. 2009 Käthe-Leichter-Gastprofessorin für Frauen- und Geschlechterforschung im Bereich der Religionen Südasiens und Tibets am Südasieninstitut der Universität Wien. 2009–2014 Forschungsprojekt der Horst- und Käthe-Eliseit-Stiftung zur tibetisch-buddhistischen Nyingmapa-Ikonografie. 2010 mit dem Bereich «Indische Fans» Teilnahme an der Ausstellung *Shah Rukh Khan & Fankulturen* anläßlich der internationalen Konferenz «Shah Rukh Khan and Global Bollywood» in Wien. 2010 Gründung und Vorsitzende von «Darshan – Gesellschaft für südasiatische Filmforschung e. V.». Forschungsschwerpunkte: Hinduismus, Buddhismus, politischer Hinduismus, Religion und Gewalt, destruktive Kulte sowie Religion, Mythologie und interreligiöse Beziehungen im Hindi-Film. Zahlreiche Publikationen (siehe www.dakini.de), darunter: «Der Gott, zu dem wir beten, versteht alle Sprachen: Religion und Interreligiosität im populären Hindi-Film». In: dies. (Hrsg.): *Moderne Religionsgeschichte im Gespräch. Festschrift Christoph Elsas*, Berlin 2010, S. 414–435; «‹And I Love Hinduism

Also›. Shah Rukh Khan – A Muslim Voice for Interreligious Peace in India». In: Elke Mader, Rajinder Dudrah und Bernhard Fuchs (Hrsg.): *Shah Rukh Khan and Global Bollywood* [Tagungsband der internationalen Konferenz 30.9.–2.10.2010] (im Druck).

Zlatina Krake-Ovcharova, M.A. (*1980) studierte Filmwissenschaft und Betriebswirtschaftslehre an der Johannes Gutenberg-Universität Mainz. 2009 schloss sie ihr Studium mit einer Arbeit zum Thema «Postmoderne Tendenzen im kommerziellen hindi-sprachigen Film: am Beispiel der Choreografie- und Regiearbeit von Farah Khan» ab. Sie lebt seit 2001 in Mainz.

Dr. Florian Krauß (*1977) lebt in Berlin und arbeitet als Dozent und Medienwissenschaftler. 2013 unterrichtete er als Lehrkraft für besondere Aufgaben an der Universität Siegen am Seminar für Medienwissenschaft. 2011 promovierte er in Medienwissenschaft über *Bollyworld Neukölln: MigrantInnen und Hindi-Filme in Deutschland*. Seine Dissertation wurde 2012 publiziert. 2007 legte er eine Arbeit zu «Männerbildern im Bollywood-Film: Konstruktionen von Männlichkeit im zeitgenössischen Hindi-Kino» vor. Außerdem veröffentlichte er verschiedene Artikel zum populären Hindi-Kino. Weitere Forschungsschwerpunkte: Rezeptionsforschung/Medienethnografie, insbesondere Mediennutzung von MigrantInnen; Gender und Medien; Medienpädagogik, Klimawandel und Medien. Von Oktober 2009 bis Oktober 2012 war Florian Krauß als wissenschaftlicher Mitarbeiter bei der interdisziplinären *Climate Media Factory (CMF)* an der Hochschule für Film und Fernsehen Potsdam-Babelsberg beschäftigt.

Prof. Dr. Susanne Marschall (*1963) hat den Lehrstuhl für Film- und Fernsehwissenschaft am Institut für Medienwissenschaft der Eberhard Karls Universität Tübingen inne. Sie ist Direktorin des dortigen Zentrums für Medienkompetenz sowie Sprecherin des neu gegründeten Tübinger Forschungszentrums für Animation. Sie studierte Deutsche Philologie, Komparatistik und Philosophie in Köln und Mainz und promovierte als Stipendiatin im DFG-Graduiertenkolleg „Drama und Theater als Paradigma der Moderne" über Tanz und Körperdiskurse im Drama der Jahrhundertwende (TextTanzTheater, 1996). Sie lehrte und forschte nach der Promotion am Seminar für Filmwissenschaft an der Johannes Gutenberg-Universität in Mainz und habilitierte sich dort mit einer Forschungsarbeit zur Bildästhetik des Kinos (Farbe im Kino, 1. Aufl., 2005, 2. Aufl. 2009). 2003 erhielt sie den Lehrpreis für exzellente Leistungen in der Lehre, 2012 wurde sie von der Zeitschrift Unicum zur Professorin des Jahres 2012 gewählt. Zahlreiche Veröffentlichungen zur Bildkomposition im Film, zur Bildsymbolik im interkulturellen Vergleich, zum indischen Kino, zu TV Serien, Tanzgeschichte und Schauspielkunst, Dokumentarfilm, Wahrnehmungstheorie und Emotionsforschung, Mythentheorie und moderner Poetik. Autorin (gemeinsam mit R. Bieberstein und K. Schneider) der Filmdokumentation LOTTE REINIGER – TANZ DER SCHATTEN (2012, Universität Tübingen, EIKON Südwest, arte). Ihre aktuell zentralen Forschungsschwerpunkte sind die indische Film- und Medienkultur sowie das weite Feld der Animation.

Katja Molis, M.A. (*1983) promoviert im Graduiertenkolleg «Selbst-Bildungen. Praktiken der Subjektivierung» an der Carl von Ossietzky Universität Oldenburg über Subjektivierungspraktiken von KuratorInnen. Sie studierte Medien- und Kunstwissenschaften an der Hochschule für Bildende Künste Braunschweig und der TU Braunschweig. Außerdem absolvierte sie einen Semesteraufenthalt am Central Institute of English and Foreign Languages (CIEFL) in Hyderabad (Indien). Anschließend verfasste sie eine Magisterarbeit mit dem Titel *Typisch Bollywood? Der Diskurs über Bollywood in deutschen Qualitäts-Tageszeitungen.* Ihre Forschungsschwerpunkte sind kuratorische Praxis, postkoloniale Theorie, Populärkultur und indisches Kino.

Andrea Nolte, Dr. (*1971) studierte Neuere deutsche und Allgemeine Literaturwissenschaften, Anglistik sowie Medienwissenschaften an der Universität Paderborn. Seit 1999 ist sie Mitarbeiterin am dortigen Institut für Medienwissenschaften. Ihre Arbeitsschwerpunkte innerhalb der Film- und Fernsehwissenschaften bilden die Theorie und Geschichte des Dokumentarischen sowie die Analyse außereuropäischer Kino-Kulturen.

Dr. Alexandra Schneider (*1968) ist Associate Professor und Koordinatorin des filmwissenschaftlichen Studiengangs am Media Studies Department der Universität Amsterdam. Ihre aktuellen Publikationen als Mitherausgeberin umfassen *Fasten Your Seatbelt: Bewegtbilder vom Fliegen* (Münster 2009), *Transmission Image: Visual Translation and Cultural Agency* (New Castle 2009). Sie verfasste Aufsätze unter anderem in *Montage/av*, *Film History*, *Bianco e Nero*, *Cinema & Co*, *Projections* und *Visual Anthropology*.

Dr. Irene Schütze (*1968) studierte Kunstgeschichte, Theater-, Film- und Fernsehwissenschaft und Romanistik an den Universitäten Köln, Mailand und Bochum. Danach DAAD-Stipendiatin in Antwerpen und Mitglied im Graduiertenkolleg in Konstanz; museumspädagogische Mitarbeit in der Kunsthalle Mannheim. Promotion an der Albert-Ludwigs-Universität Freiburg mit *Sprechen über Farbe: Rubens und Poussin* (Weimar 2004). Von 2005 bis 2008 zunächst Stipendiatin und dann wissenschaftliche Mitarbeiterin am Institut für Filmwissenschaft, Johannes Gutenberg-Universität Mainz. 2008–2011 wissenschaftliche Mitarbeiterin der Kunsttheorie an der Kunsthochschule Mainz, Johannes Gutenberg-Universität; seit 2011 Vertretungsprofessorin für Kunsttheorie an der Kunsthochschule Mainz. Aktuelles Forschungsprojekt: Kunst und künstlerischer Schaffensprozess im Film. Visuelle Reflexionen über Bildentstehung, Bildlichkeit und Medialität. Veröffentlichungen zu Kunsttheorie, Gegenwartskunst und Film; zum indischen Film (zusammen mit S. Marschall): «Das Ornament der Farben. Zur Bildästhetik des Hindi-Films». In: Susanne Marschall (Hrsg.): *Indien im Kino*. München 2006, 19–37. Jüngste Buchveröffentlichungen als Herausgeberin: *Über Geschmack lässt sich doch streiten. Zutaten aus Küche, Kunst und Wissenschaft* (Berlin 2011); *Gianni Caravaggio. Über das Essenzielle in der Kunst* (Weimar 2011); (zusammen mit A. Krause-Wahl) *Aspekte künstlerischen Schaffens der Gegenwart* (Weimar 2014).

Meike Uhrig, M.Sc., M.A. (*1980) ist Akademische Mitarbeiterin am Institut für Medienwissenschaft der Universität Tübingen. Sie studierte Publizistik und Filmwissenschaft an den Universitäten Marburg, Mainz und Edinburgh und verfasste ihre Magisterarbeit zum Thema *Ist die Katharsisthese zu retten? Eine empirische Untersuchung* (In: *Publizistik* 55/1, 2010, S. 5–23). 2010 verbrachte sie ein Forschungsjahr am Psychologischen Institut der Stanford University, USA. Außerdem arbeitete sie mehrere Jahre als Freie Mitarbeiterin bei der dpa und dem SWR. In ihrer Promotion, die sie 2013 mit Auszeichnung beendete, untersucht sie in einem disziplinübergreifenden Ansatz die Darstellung und Wirkung von Emotionen im Film. Ihr Forschungsschwerpunkt ist die interdisziplinäre Medien- und Emotionsforschung.

Daniel Wisser (*1971) studierte Germanistik und Theater- und Filmwissenschaften in Wien, arbeitet als freier Schriftsteller und beschäftigt sich seit 1993 intensiv mit audiovisuellen Medien in Indien. Er ist als Filmkurator (Retrospektive der Filme Guru Dutts im Österreichischen Filmmuseum 2006) und wissenschaftlicher Berater zum indischen Kino tätig. Zusammen mit Gerald Schuberth und Werner Paruzek gründete er 2003 den Verein SPICE, der eine Gesamterfassung aller indischen Kinoproduktionen anstrebt.

Bernd Zywietz, M.A. (*1975) studierte Filmwissenschaft und Publizistik in Mainz. Er promoviert derzeit zum Thema «Terrorismus im Film». Seit 2011 arbeitet er in der Filmwissenschaft der Universität Mainz als Lehrkraft für besondere Aufgaben. Er ist Vorstandsmitglied des Netzwerks Terrorismusforschung e.V., Redakteur und Mitherausgeber von *Screenshot – Texte zum Film* und *Screenshot-Online* sowie der Website Terrorismus & Film (www.terrorismus-film.de). Zahlreiche Praktika und Hospitationen im Medienbereich (u.a. ZDF, Hessischer Rundfunk, epd Film). Publizist, Filmjournalist und -kritiker (u.a. für *film-dienst*, *F.A.Z.*, *Film-Konzepte*, *cinefacts*), Mitherausgeber von *Mythos 007. Die James-Bond-Filme im Fokus der Popkultur* (Mainz 2007) und *Ansichtssache – Zum aktuellen deutschen Film* (Marburg 2013), Autor von *Tote Menschen sehen. M. Night Shyamalan und seine Filme* (Mainz 2008). Weitere seiner Forschungs- und Interessenschwerpunkte sind unter anderem das irische sowie das aktuelle deutsche Kino, kognitive Filmtheorie, Dramaturgie, Narratologie und transmediales Erzählen.

Summaries

Rada Bieberstein

Goddess – Mother – Woman – Water – Earth – Colour
Six Elements from India's Picture Book

Faith and religion remain central features of life in contemporary India. This essay contextualizes within Hindi mythology the representations of India as depicted in present Hindi film. It traces visual motives of the Indian people and investigates which specific film figures have become representations of it. The films SWADES: WE, THE PEOPLE (India 2004) and RANG DE BASANTI (India 2006) serve as case studies and are referenced to the epos BHARAT MATA (MOTHER INDIA, India 1957). One particular image, that of mother India and her rootedness in various mythic goddesses, explores the way national identity is visually evoked for the contemporary audience. The references to the goddesses through natural elements such as earth and water are also reflected in the visual motives of the films. This also leads to the identification of female figures as those who personify India's symbolic actions.

Hannah Birr

A Roller Coaster of Emotion
Thoughts on the Masala Film Genre

A masala film can have the spectator cry over a tragically separated family's fate, cheer for the dancers of a carefully orchestrated song sequence while tapping the rhythm of a catchy tune, be appalled at a villain's horrific deeds, pine for the coy heroine or admire the bravery of a hero, laugh at a sidekick's slapstick jokes or grip his seat during a breathtaking car chase – all in the course of just one film.

A distinct genre of popular Indian cinema, the masala film poses several interesting questions, regarding both culturally specific strategies of audiovisual emotion elicitation and the applicability of Western notions of genre distinction. The term masala, coined in reference to the characteristically diverse and varied yet unmistakably Indian curries, captures their most essential characteristic, the particular *mix* of different ingredients. This synthesis of seemingly incongruous generic elements not only poses a challenge to genre theory, but offers an explanation of how abrupt shifts between generic modi can hinder success in cross-cultural film reception.

Trying to grasp the masala film as more than a pejorative term for a mere cinema of attraction, the article aims for an differentiated understanding of the masala's generic status in relation to a culturally particular Indian genre system, as well as defining its characteristic trait via its specific reception. The focus is put on the essentially hybrid nature of its intended emotional effect, stressing the relevance of the artifact level in eliciting emotional responses that are less linked to predominantly narrative aspects and further a side-by-side of different emotions rather than a homogeneous affective response.

Drawing on genuinely Indian theories of aesthetic reception and affective response, i.e. aspects of the *rasa* theory, the article strives to illustrate potential differences in the underlying principles of aesthetic organization and emotional structuring, up to and including the masala film's societal potential in employing irony and a highly self-reflexive use of Western formulae in an ongoing process of re-negotiation of both cultural and film-aesthetic identity.

Jennifer Bleek
Trainspotting
The Railway as an Image Motif in Satyajit Ray's Apu-Triology and the Western Technology of Film

This essay investigates the relationship between aesthetics and politics in an Indian *film d'auteur* from an iconographic (visual-cultural) perspective – the Apu-Trilogy by Satyajit Ray. The analysis focuses mainly on Pather Panchali, the first part of the trilogy from 1955. The film deals with a boy from a traditional, high-caste but poor family, growing up in rural India in the 1920s. An experience of particular significance is the boy's first encounter with the railway. The railway is a genuinely Western product, and furthermore a symbol of progress. Satyajit Ray was expressly influenced by the European *film d'auteur* (for example neorealism).

Did Ray frankly adapt himself to the Western art system by his determined emphasis on the railway as a visual motif? To answer this question I investigate the Western tradition of representation based on examples of paintings (Adolph Menzel, George Inness, Claude Monet). Then I analyze the relationship between the painted pictures and comparable (early) film sequences of the West (Lumière, Porter). As a next step, I take a closer look at corresponding sequences from another Indian film, the melodrama Devdas (India 1955). Against the backdrop of the tradition of representation, Ray's position as a director develops a more distinct profile. Consequently, we should rather rephrase the original question about the director's adaptation to the Western system. What we see here is a sovereign revocation of the old contrast between «Western technology» and «Eastern tradition».

Vera Cuntz-Leng
Kriket-Kriket
Cricket in Contemporary Indian Cinema

Cricket has an immense symbolic meaning and is of great relevance to Indian society. This has been accelerated through the media exploitation of the sport in magazines, radio, television and cinema. On the one hand, this article seeks to give an overview of the changeful history of cricket in India; on the other hand, it episodically explores the media representation of cricket within contemporary Indian cinema. It will be shown how the concepts of sport, myth and nation are interwoven in the filmic portrayal of the sport. Film plays an important role in the ongoing process of the national mythification of Indian cricket. While mainly focussing on the blockbuster LAGAAN: ONCE UPON A TIME IN INDIA (India 2001) and Nagesh Kukunoor's IQBAL (India 2005), many other movies like the Tamil production CHENNAI 600028 (India 2007), Gurinder Chadha's soccer movie BEND IT LIKE BECKHAM (GB/DE/US 2002) and the recent PATIALA HOUSE (India 2011) will be briefly discussed regarding their metaphorical use of cricket. Furthermore, cricket will be detected as a metaphor for unity of the Indian nation in movies not mainly focussing on sports – like in the comedy PYAAR KE – SIDE EFFECTS (India 2006), Karan Johars KABHI KHUSHI KABHIE GHAM... (India/GB 2001) or MUJHSE SHAADI KAROGI (India 2004) where a cricket stadium becomes the place to unite lovers while the whole subcontinent watches a game between Pakistan and India.

Daniel Devoucoux
Historicity and Modernity
Costume strategies in Bollywood Cinema since the 1990s

The article deals with two perspectives on the Mumbai cinema of today. Most theories on «Orientalism» discuss the construction of «Orientalism» through the Western gaze. My article argues that the Bollywood movies display a particular way of «Orientalism» in which «Self-Orientalism» and «Occidentalism» become crucial strategies in order to situate the Indian movie within the global market. The costumes provide key elements to deal with historicity through Oriental visions and with modernity by the means of fashion and consumption.

Lisa Gadatsch
«Bollywood» as a life-saver

SALAAM BOMBAY! (GB/India/France 1988) has a special position in Mira Nair's work as a director. The semi-documental movie initiated her international career and marked her transition from documentaries to fictional movies. This early masterpiece already indicates major aspects of her talent to put stories on screen. As it is typical for her work, she is not only mixing documentary and fiction but also brings together European and Indian cinematic traditions in her own, very natural way. In SALAAM BOMBAY! Nair accompanies a group of street children in Mumbai and depicts their everyday struggle for survival.

Another main aspect of the movie is the phenomenon of «Bollywood movies», as this cinematic culture has a huge almost existential importance for the children. Thereby, Nair acknowledges the social function of the formula-movies of Hindi cinema. Though, at the same time, she drastically refuses its subjects and its aesthetics by using neo-realistic stylistic elements for her own work. This contradictory attitude reflects Nair's own ambivalent relationship to her Indian roots as well as her own independent perspective as a movie artist. This perspective also becomes visible in her use of Hindu mytho-poetics. Against the background of known mythical stories and pictures of Hindu tales, Mira Nair is telling a new story, reflecting her own vision of the world. This vision is one of a movie artist facing social realities.

Adelheid Herrmann-Pfandt

Women with Tridents

The Goddess Kālī and the Motive of Female Revenge in Contemporary Hindi Film

In my paper I intend to show how the mythology and cult of the Goddess Kālī has influenced stories about female revenge in three Hindi films of the mid-1990s: ANJAAM (India 1994), KARAN ARJUN (India 1995), and TRIMURTI (India 1995). The original idea behind the Black Goddess is that she represents the dark forces of nature like sickness and death on the one hand and the rebellious, insubordinate woman who threatens male dominance in society on the other hand. That the dangerous aspects of Kālī, Caṇḍikā and similar goddesses are, in spite of patriarchal attempts to «sweeten» them, still present in Indian popular consciousness can be taken from these three films. They show the goddess on the side of revengeful women in their quest to catch and kill enemies who have before deprived them of their husbands and children. The goddess helps a woman on two levels: firstly by granting her prayer for help against her tormentors, and secondly by offering the woman the possibility to identify with her, thus to embody – and act as – the revenge goddess herself. However, in all three movies, the female revenge campaign and the divine support are not shown as «feminist» in the sense of challenging patriarchy. The films do not criticize a system that has victimized women, but instead show the perpetrators themselves as being violators of the patriarchal system to which each of these women has always been a loyal servant. The women who take revenge on these perpetrators are in fact not fighting against the injustice of patriarchy, but defending the existing system against its enemies. Thus the films show how deeply mythology and religion affect and permeate even those Indian film stories that would, at least from a Western point of view, be expected to show a fight against the traditional system.

Zlatina Krake-Ovcharova
I'm just a mere technician.[1]

Song-and-dance-sequences belong to the main attractions of commercial Hindi film and Farah Khan is one of the top choreographers in India. Based on her work as director of movies like MAIN HOON NA (India 2004) and OM SHANTI OM (India 2007) she belongs to the most important and well-known filmmakers in the Bollywood film industry. The essay focuses on six song-and-dance-sequences, which are representative of the work of Farah Khan.

The narration of the movie is interrupted by song-and-dance-numbers, which aim to extend emotional scenes and underline the characters' feelings. One aspect of the *rasa* theory is that different mind conditions of the spectator must be stimulated by visual and auditive attractions, so that pleasure emotional and experience is increased. To achieve this effect Farah Khan is working with a mixture of different dance styles, a sophisticated film technology and multi-coded visual elements, which compress the narration into the dance sequences. The selected dance sequences in the movies DILWALE DULHANIA LE JAYENGE (LOVERS WILL WALK OF WITH THE BRIDE, India 1995), AŚOKA (ASOKA THE GREAT, India 2001), MAIN HOON NA and OM SHANTI OM are good examples to show that her eye-catching movies and choreographies develop a complex visual language by unique compositions of symbols for reality as well as for imagination.

Florian Krauß
«DIL DOSTI ETC»
Representations of Men in Contemporary Hindi Film

This essay analyses images of men in selected current Hindi films by focussing on gendered interactions between on-screen protagonists. Recent developments in the film industry are taken into account: Many contemporary productions do primarily address *multiplex audiences* from the urban upper/middle class and approximate the «realistic» aesthetics of Hollywood mainstream giving up classical Bollywood-*formulas* and touching on supposedly daring topics. The small budget film DIL DOSTI ETC (India 2007) is one example including premarital sex and comparatively explicit scenes. The essay primarily uses this particular film and its ensemble of college buddies and female love/sex interests to illustrate that all masculinities ultimately derive from interactions between people.

This assumption builds on the model *Doing Gender* and Robert W./Raewyn Connell's related concept of *Masculinities*. Connell looks at sexual minorities as an important component of the interactive construction process and stresses that there is no such thing as *one*

---

1 Madhureeta Mukherjee / INDIATIMES MOVIES: «Farah Khan: I'm waiting for Spielberg to call me; after that, I'll retire.» http://movies.indiatimes.com/News-Gossip/Interviews/Others/Farah-Khan-Im-waiting-for-Spielberg-to-call-me-after-that-Ill-retire/articleshow/msid-1072801.curpg-3.cms (13.08.2009).

masculinity. Its heterogenity may be particularly obvious in Indian society: There are other categorizations than the Western dichotomy straight vs. gay, namely *hijras* and *kothis*. These minority groups respectively their representations can partly be found in Hindi cinema (e.g. in the episodic film TRAFFIC SIGNAL (India 2007)) and must be taken into account as well when discussing filmic portrayals of men.

The essay explores images of masculinity by looking at male leads in interaction with different on-screen protagonists. Men are investigated in relationship to their family, to women and to other men (including queer ones respectively people blurring the male/female binary). DIL DOSTI ETC and other recent productions with an «realistic» approach do clearly differ from the *family film* of the 1990s by frequently depicting family as a loose, dysfunctional institution and the hero as an individualist (though idealised images of individual freedom are hardly a new phenomenon in Hindi cinema). A departure from the *family film* and its rather conservative family values might also be seen in relatively bold depictions of heterosexuality shaping portrayals of men and women. Sexual relations are no longer only indirectly focused on in song and dance numbers. But it would be too easy to automatically diagnose a chronological movement to more libertine, progressive images of masculinity and gender. The relative sexual laxity in DIL DOSTI ETC for example comes along with misogynous tendencies. Additionally, more «realistic» depictions in *multiplex films* may belittle the ambiguousness that could be found especially in song and dance numbers shifting between reality and dream. Such breaks in the representations of masculinity and linked options for a *queer reading* might be rather passé in nowadays multiplex cinema.

Susanne Marschall
Variety and Synthesis
Acting in Indian Cinema as Paradigm of Transculturality

The essay focuses on the influence of traditional dance and body techniques as well as exemplary aspects of transculturality in the cinematic cultures of India. Analysing different styles of performance and their emotional effects on the audience, the text also reflects the increasing interests in Indian film, especially by European film fans, discussing possible reasons for this on-going development. Observing some of the variations of acting in Southern and Northern Indian cinema one can recognise the growing influence of Hollywood or European acting techniques on Indian directors and actors as well as the other way round.

Hollywood can not ignore India, the biggest film market world wide. Australian director Baz Luhrmann adapted the rules of Masala movies for his film MOULIN ROUGE! in 2001 opening the eyes of the Western audience for a completely unusual form of breaking with the rules of continuity or genre identity. Indian cinema has conquered film markets of Africa, Australia and parts of Europe like Greece and Turkey. As one effect of globalisation the visual aesthetic of many contemporary films all over the world is characterised by cultural hybridity. This transcultural quality can also be observed in Indian films, for example of the famous South Indian director Mani Ratnam or the newcomer Rajnash Domalpalli who shot his debut film VANAJA in 2006. The aim of the essay is to deepen the understanding of the varieties of film culture by comparing styles of acting and visual culture considering historical traditions and global transformations of cinema.

Katja Molis

Exotic, immature, kitschy?
The Influence of ‹Western› Images of India and of Popular Culture on the German Discourse on Bollywood

In European countries, Bollywood does not only stand for Indian films from Bombay (today Mumbai) but also for Indian lifestyle articulated by music, food and clothing. Since 2002 Bollywood has increasingly become a part of Germany's everyday life and entertainment. This essay determines and questions the meanings Bollywood is given in Germany and asks for the basic patterns of its appraisal. It presents the main results of a discourse analysis based on articles in the German daily newspapers *Frankfurter Allgemeine Zeitung (FAZ)*, *Süddeutsche Zeitung (SZ)* and *die tageszeitung (taz)* between 2005 and 2006. The analysis, influenced by perspectives from postcolonial and cultural studies, draws on the assumption that two contexts have a strong impact on the German discourse on Bollywood: on the one hand predominantly German images of India and the ‹Orient› and on the other hand prevalent ideas of popular culture.

Based on many examples it can be shown that the perspective on Bollywood often resembles romantic and utilitarian discourses on India and the ‹Orient› originating in the 19th century. Thus Bollywood is either appreciated as a kind of preserver and role model or devalued as abnormal, undeveloped and irrational. Yet the prevalent characterization as «romantic», «emotional» and «colourful» does not necessarily match the traditional romantic images of India. Quite the opposite, Bollywood is in fact often rather dismissed by these terms – not only as Oriental but also as popular. This essay points out how the devaluing discourses on the ‹Orient› and on popular culture reinforce each other in different ways leading to a negative image of Bollywood as trivial and lowbrow. Beyond that, there are ambivalent descriptions of Bollywood as «exotic» and «kitschy» that open up alternative meanings describable as ‹camp› and ‹popular pleasures›. Another perspective stresses that the Bollywood industry can compete with the industry of Hollywood and thereby resembles the view on India as an economic power. The discourse on Bollywood all in all appears to be as heterogeneous and conflicting as the ‹Western› discourse on the ‹Other› according to Homi K. Bhabha. Finally it is argued that many of the analysed articles are problematic because of their Eurocentric patterns of thought, which are unquestioned and reinforce the naturalization of Europe as superior.

Andrea Nolte

Where you are not, I cannot be?
Representations of ‹Heimat› and ‹Lebenswelt› in Popular Hindi Films

More than one billion people inhabit India, over 24 million Indians or people of Indian origin live outside the subcontinent. Although their individual notions of ‹Heimat› (home) might differ, they are always based on a feeling of mutual cultural belonging.

Regardless of their social status, whether they come from the Panjab or Kerala, live in New Delhi or New York, have an Indian passport or not; for most of them India is more than just their country of origin. Many elements of their everyday culture are internalized moments of a more or less conscious, collective cultivation of ‹Heimat›, even though they sometimes seem to be incompatible with their specific ‹Lebenswelt› (living environment).

This term refers to the sociologist Alfred Schütz and his concept of a socially determined, intersubjective surrounding, in which each individual has to locate itself to establish a relation between the personal idea of ‹Heimat› and the given social reality. Additional complexity is caused by the processuality of the personal and collective living conditions, through which self-positioning and feelings of belonging have to be modified continuously.

During the last years some popular Hindi films have dealt with these tensions. Although they still belong to the kind of ‹all-India cinema› that Bollywood stands for, they show an increasing degree of cultural Westernization concerning their issues. Referring to the blockbusters KAL HO NA HO (INDIAN LOVE STORY, India 2003) and KABHI ALVIDA NA KEHNA (NEVER SAY GOODBYE, India 2006) the article discusses the different symbolic inscriptions of ‹Heimat› and ‹Lebenswelt› in the filmic texts and the deep emotional impact that these concepts initiate.

Alexandra Schneider

Travelling Styles
Towards a Comparative Analysis of Popular Hindi Cinema

Self-explanatory on the surface but riddled with conceptual complexities, the concept of national cinema is one of the key concepts of film studies, and Hindi cinema is a test case for the concept's pitfalls. In particular, Hindi cinema reveals an inherent contradiction in the concept. While film clearly is a medium for the invention of tradition in the sense of Hobsbawm and others, it is also an agent of modernization that challenges and transcends tradition. Indian cinema, and Hindi cinema in particular, is marked by a conflict that is characteristic of most postcolonial cinematographies, i.e. the conflict between the indigenous and the cultural other.

In order to grasp the specificity of Hindi cinema and its style, this article proposes an approach that goes beyond both the essentialist intimations of the idea of national cinema as an expression of an indigenous culture, and the idea, that Hollywood cinema is the global standard against which other national cinemas can (and have to) be measured. The approach proposed in this article draws on the work of literary scholar Franco Moretti who, in his work on the literary form of the novel, argues that the novel always represents a compromise between a foreign or alien form and local material and forms. Taking PAKEEZAH (PURE ONE, India 1971) as its example and transposing Moretti's ideas to film, this article argues that the question is not how Indian films measure up against Western models but rather which connections and fusions so-called «Eastern» forms of narration and representation and «Eastern» materials produce when they come in contact and merge with Western forms.

Irene Schütze
Water, Wind and Rain
Visual Studies on Symbolism and Aesthetics of the Natural Phenomena in Indian Love Scenes

The article is a contribution to visual studies. It focuses on the symbolism and the aesthetics of rain as a visual motif in Indian love scenes. In many Indian movies (from Mumbai as well as from Bengal or from Southern India) the protagonists – especially female performers – are shown in wet clothes. This observation has until now been explained with censorship: since it is still forbidden to display naked bodies, directors present their actresses in soaked clothes in order to reveal at least the silhouettes of their well shaped bodies. This explanation is not fully sufficient, because lots of Indian love scenes play in rain or in cloudy and stormy weather without a strong bodily presence aroused by wet clothes – as scenes prove from Mani Ratnam's YUVA (THE YOUTH, India 2004), Aditya Chopra's MOHABBATEIN (LOVE STORIES, India 2000), Santosh Sivan's ASOKA (ASHOKA THE GREAT, India 2001) or Karan Johar's KABHI ALVIDA NAA KEHNA (NEVER SAY GOODBYE, India 2006). The article illustrates the long Indian tradition of visualizing love scenes in stormy and rainy weather – totally contrary to Western visual tradition. Already in miniature paintings from the 16th to the 19th century, which come from different regions of India, love scenes from religious-epical contexts are presented with conventionalised clouds and rain drops. These paintings characterize the monsoon period as time of shared longing, desire and love.

Meike Uhrig
Into the blue
Motives of Transition and Colour Symbolism in Indian Movies

The duality between the collective and the individual is a central issue in many Indian movies featuring child characters. A recurring filmic structure can be observed: The antagonistic complex of childhood and adulthood – of collectivism and individualism respectively – is presented on a diegetic level by a child-god character, who represents a world of emotions, the supernatural and collectivistic ideals in a regulative world of rules and restrictions. The transition into this child's perspective is realized on a symbolic level by recurring, highly immersive motives – all linked together in their blue manifestation. Motives such as the sky, water or the night allow for a passage into the world of the child. The child again – a representation of the child-god archetype and its incarnation, the blue-coloured Krishna – is closely linked to associations such as cheerfulness as well as divinity and endlessness that are conventionally associated with the colour blue. The essay examines these motives using TAARE ZAMEEN PAR (LIKE STARS ON EARTH, India 2007), THE BLUE UMBRELLA (India 2005) and THODA PYAAR THODA MAGIC (A LITTLE LOVE, A LITTLE MAGIC, India 2008) as examples.

Daniel Wisser
The Fourth Reel
National Identity and Westernization in the films of Guru Dutt

The Fourth Reel – National Identity and Westernization in the films of Guru Dutt is a lecture held by Daniel Wisser in the Austrian Film Museum in 2006 following a retrospective of Dutt's movies. The lecture discusses the influence of politics and economy of the State of India, which came into being in 1947, on the films of Guru Dutt.

Dutt's political and aesthetical view points are compared with the three most important contemporary film directors of the Post-Independence Era: Mehboob Khan, Bimal Roy and Raj Kapoor.

Bernd Zywietz
Terrorism in Bollywood
Tragic Violence in Current Popular Hindi Cinema

Conflict-ridden India knows all forms of terrorism and political violence. Especially the struggle in and about Kashmir along with communalist tensions between Hindus and Muslims are a dangerous and traumatic part of India's multi-ethnic national history, its integration and identity. This article delineates how these delicate subjects are revisited in Indian films – even in Bollywood, India's Mumbai based popular Hindi cinema industry and its mainstream products, which are mostly associated with evasive, colourful, more or less naïve and light-hearted entertainment. Its conventional storytelling presents fiercely evil terrorists as stock characters and the hostile *other*, often backed by Pakistan in attacking the Indian nation. However, so this article argues, Bollywood developed another way to cope in its narratives with its more complicated internal problems: Likewise stereotypical, formulaic and overtly nationalistic, yet much more conciliatory, Bollywood introduces the tragic terrorist. He is portrayed as a victim e.g. of police brutality or communalist violence.

She is often traumatized and thereby radicalised, less driven by ideology then by her wish for retaliation and to restoring his honour. The movies confront her with distinct vicious high ranking antagonists – sadist policemen, corrupt politicians – who are punished in the end. With this terrorist-framing Bollywood, following a certain political agenda, provides a de-escalating (counter-) narrative: It acknowledges individual and collective grievances and offers single culprits, thereby affirming idealised Hindustan as a concept of identity and integration – but also offering new and healing conflict lines as alternative to the delicate social and political «real» borders between ethnic or other groups.

Abbildungsnachweis

Hannah Birr: 1–3 Screenshots aus AMAR AKBAR ANTHONY (Bollywood Entertainment / Apollo Videos); 4–12 Screenshots aus MAIN HOON NA (Rapid Eye Movies)

Susanne Marschall: 1–6 Screenshots aus VANAJA (Mit freundlicher Genehmigung der Deutschen Kinemathek / Pressefoto Hr. Peter Latta); 7–16 Screenshots aus DIL SE (Rapid Eye Movies); 17–19 Screenshots aus ROJA (Digital Cinema Interactive)

Daniel Devoucoux: 1 SWADES (http://www.google.de/imgres?imgurl=http://www.indien-reisen.ch/cms/images/bollywood3.jpg&imgrefurl=http://www.indien-reisen.ch/cms/index.php%3FFaszination_Bollywood&usg=__VyERixYBYdIAzlclAL1gra4U46g=&h=468&w=500&sz=68&hl=de&start=0&zoom=1&tbnid=dDh5vcE5AwfOuM:&tbnh=131&tbnw=136&ei=AjFMTtqsA8n34QT25fGfCg&prev=/search%3Fq%3DBollywood%2BSchweiz%2BBilder%26hl%3Dde%26lr%3Dlang_de%26sa%3DX%26biw%3D1024%26bih%3D546%26tbs%3Dlr:lang_1de%26tbm%3Disch%26prmd%3Divnsfd&itbs=1&iact=rc&dur=188&page=1&ndsp=19&ved=1t:429,r:2,s:0&tx=87&ty=69); 2 RANG DE BASANTI (UTV Motion Pictures); 3 KUCH KUCH HOTA HAI (Dharma Productions); 4 HUM AAPKE HAIN KOUN (Rajshri Productions); 5–6 DEVDAS (Mega Bollywood); 7 (http://en.wikipedia.org/wiki/File:Jesuits_at_Akbar%27s_court.jpg); 8–9 JODHAA AKBAR (Ashutosh Gowariker Productions); 10–11 LAGAAN (Aamir khan Productions); 12 OM SHANTI OM (Red Chillies Entertainment); 13 MAIN HOON NA (Red Chillies Entertainment); 14 BEND IT LIKE BECKHAM (Redbus Film Productions); 15 KAL HO NAA HO (Dharma Productions); 16 SWADES (Ashitosh Gowariker Productions); 17, 20 Privatbilder Daniel Devoucoux; 18 MAQBOOL (Kaleidoscope Entertainment); 19 PAHELI (Red Chillies Entertainment)

Andrea Nolte: 1–5 Screenshots aus KAL HO NAA HO (Rapid Eye Movies); 6–10 Screenshots aus KABHI ALUIDA NAA KEHNA (Rapid Eye Movies)

Alexandra Schneider: 1–7 Screenshots aus PAKEEZAH (Shemaroo)

Irene Schütze: 1–2 Screenshots aus YUVA (Rapid Eye Movies); 3 Szenenfoto aus RAM TERI GANGA MAILI (Yash Raj Films); 4–5 Screenshots aus MOHABBATEIN (Rapid Eye Movies); 6 Screenshots aus OM SHANTI OM (Rapid Eye Movies); 7–11 Screenshots aus ASOKA (Rapid Eye Movies); 12, 13, 16, 17, 18 aus Joachim Bautze (Hrsg.): Lotosmond und Löwenritt. Indische Miniaturmalerei. Ausst.-Kat. Linden-Museum Stuttgart. Stuttgart 1991, S. 194, 217, 154, 155, Sammlung Horst Metzger, Museum Rietberg, Zürich; 14, 15 aus Daniel J. Ehnbohm: Indische Miniaturen. Die Sammlung Ehrenfeld. Stuttgart und Zürich 1988, S. 95, 147; 19 Linden-Museum, Stuttgart; 20–23 Screenshots aus KABHI ALVIDA NAA KEHNA (Rapid Eye Movies)

Rada Bieberstein: 1, 4–6 Screenshots aus Swades (Rapid Eye Movies); 2–3 Screenshots aus Mother India (Neu Delhi: Moser Baer Entertainment Limited)

Adelheid Herrmann-Pfandt: 1–6 Screenshots aus Anjaam (Shemaroo); 7–8 Screenshots aus Trimurti (Shemaroo); 9–10 Screenshots aus Karan Arjun (moser baer)

Florian Krauß: 1–2, 4–6, 8–9 Screenshots aus Dil Dosti Etc (Adlabs); 3 Screenshot aus Rang De Basanti (Rapid Eye Movies); 7 Screenshot aus Jab We Met (Rapid Eye Movies); 10 Screenshot aus Traffic Signal (Bollywood)

Meike Uhrig: 1–2 Screenshots aus The Blue Umbrella (UTV); 3–4 Screenshots aus Taare Zameen Par (Rapid Eye Movies); 5 Screenshots aus Thoda Pyaar Thoda Magic (Rapid Eye Movies)

Vera Cuntz-Leng: 1–2 Screenshots aus Lagaan (Rapid Eye Movies); 3–4 Screenshots aus Iqbal (Ultra Distributors); 5 Screenshot aus Roja (Shemaroo Video); 6 Screenshot aus Bend it Like Beckham (Highlight)

Bernd Zywietz: 1, 7–8 Screenshot aus Mission Kashmir (Rapid Eye Movies); 2 Screenshot aus Asambhav (Laser Paradise); 3 Screenshot aus Mela (Eros International); 4 Screenshots aus Main Hoon Na (Rapid Eye Movies); 5–6, 18 Screenshots aus Fiza (Video Sound); 9–11 Screenshots aus Dhokha (Adlabs); 12 Screenshots aus The Rising: Ballad of Mangal Pandey (Stardust/WVG); 13, 17 Screenshots aus Fanaa (Rapid Eye Movies); 14, 16 Screenshots aus Rang De Basanti (Rapid Eye Movies); 15 Screenshots aus The Legend of Bhagat Singh (Tip Top Video); 19–20 Screenshots aus Dil Se (Rapid Eye Movies); 21–22 Screenshots aus Black Friday (Adlabs)

Jennifer Bleek: 1–3, 8–14 Screenshots aus Pather Panchali (Artificial Eye); 4 Berlin, Alte Nationalgalerie; 5 Washington D.C., National Gallery of Art; 6 Paris, Musée du Louvre; 7 Screenshots aus L'Arrivée d'un train en gare de la Ciotat (BFI)

Rada Bieberstein, Susanne Marschall: Screenshot aus DVD zum vorliegenden Buch (Bonusmaterial Talking about Indian Cinema)

Lisa Gadatsch: 1–13 Screenshots aus Salaam Bombay! (Universum Film)

Zlatina Krake-Ovcharova: 1 Screenshots aus Dilwale Dulhania Le Jayenge (Rapid Eye Movies); 2–4 Screenshots aus Asoka (Rapid Eye Movies); 5–6 Screenshots aus Main Hoon Na (Rapid Eye Movies); 7–10 Screenshots aus Om Shanti Om (Rapid Eye Movies)

Neuerscheinung

Verena Schmöller/Birgit Aka (Hg.)
¡muestra! Kino aus Spanien und Lateinamerika in Deutschland
224 S. | Pb. | € 24,90
ISBN 978-3-89472-869-4

Das Kino aus Spanien und Lateinamerika ist auf dem Vormarsch. Immer mehr Produktionen schaffen es auf den deutschen Kinomarkt, und auch innerhalb der internationalen Filmfestivallandschaft tun sich die Lateinamerikaner mit beeindruckenden Filmen hervor. Der Band gibt einen aktuellen Überblick über die Filmografien Spaniens und Lateinamerikas.

Universitätsstr. 55 · D-35037 Marburg
Fon 06421/63084 · Fax 06421/681190
www.schueren-verlag.de

Neuerscheinung

Edgar Reitz
**Chronik einer Sehnsucht –
DIE ANDERE HEIMAT**
Das Filmbuch |Klappbr.,
viele teils farb. Abb.
296 S., € 19,90
ISBN 978-3-89472-868-7

In seinem ausgezeichneten und hochgelobten Film DIE ANDERE HEIMAT – CHRONIK EINER SEHNSUCHT lässt Edgar Reitz das Leben der Vorfahren der Familie Simon lebendig werden. Das Filmbuch enthält eine ausführliche Nacherzäh-lung des Films aus Sicht des Regisseurs und zeigt, wie das Schabbach-Universum entstanden ist. Ein umfangreicher Anhang informiert über die große Zahl der Mitwirkenden.

Universitätsstr. 55 · D-35037 Marburg
Fon 06421/63084 · Fax 06421/681190
www.schueren-verlag.de

Neuerscheinung

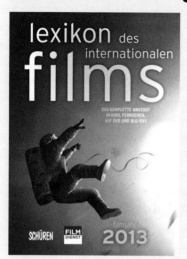

**Lexikon des internationalen Films
– Filmjahr 2013**
Mit Zugang zur kompletten film-
dienst Datenbank
544 S. | Pb. | € 24,90
ISBN 978-3-89472-871-7

Für jeden Filminteressierten
unverzichtbar: Auch für das Jahr
2013 bietet das Filmjahrbuch für
jeden Film, der in Deutschland und
der Schweiz im Kino, im Fernsehen
oder auf DVD/Blu-ray gezeigt wurde,
eine Kurzkritik und zeigt mit klaren
Maßstäben inhaltliche Qualität und
handwerkliches Können.
Schwerpunktthema im Jahrbuch 2013
ist der Animationsfilm.

Universitätsstr. 55 · D-35037 Marburg
Fon 06421/63084 · Fax 06421/681190
www.schueren-verlag.de

Neuerscheinung

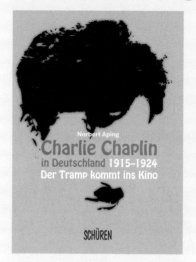

Norbert Aping
Charlie Chaplin in Deutschland
1915-1924: der Tramp kommt ins Kino
Mit einem Vorwort von
Daniel Kothenschulte
280 S, Pb. 100 Abb. € 29,90
ISBN 978-3-89472-880-9

Wie wurde Chaplin im Deutschen
Kaiserreichund während des Ersten
Weltkrieges wahrgenommen, und
warum dauerte es danach noch fast
drei Jahre dauerte, ehe der erste
Chaplin-Film in Deutschland zu sehen
war? Chaplin war schon vor seinem
Filmdebüt ein Lieblingskind deutscher
Intellektueller und wurde schnell auch
zu einem des breiten Kinopublikums.
Allein der Name Chaplin ließ die
Kassen klingeln – ein idealer
Werbeträger!

Universitätsstr. 55 · D-35037 Marburg
Fon 06421/63084 · Fax 06421/681190
www.schueren-verlag.de

Neuerscheinung

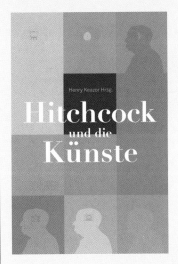

Henry Keazor (Hg.)
Hitchcock und die Künste
224 S. | 164 tw farbige Abb.
€ 19,90, | Pb.
ISBN 978-3-89472-828-1

Das meisterhafte filmische Schaffen von Alfred Hitchcock hat Bezüge zu zahlreichen anderen Disziplinen, deren Betrachtung den Facettenreichtum seines Oeuvres erst wirklich klar werden lässt. Seine Filme weisen Bezüge zur Bildenden Kunst, zur Literatur, Theater, Architektur, Musik, Tanz, aber auch zur Kochkunst auf. Sie zeigen die vielfältigen Interessen Hitchcocks und sein Bestreben, für seine Filme eine möglichst breite Palette an Anregungen zu einem Gesamtkunstwerk zu verarbeiten.

Universitätsstr. 55 · D-35037 Marburg
Fon 06421/63084 · Fax 06421/681190
www.schueren-verlag.de

Neuerscheinung

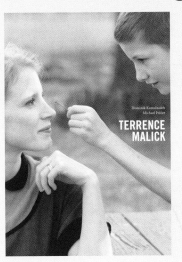

Dominik Kamalzadeh/Michael Pekler
Terrence Malick
208 S. | Pb. | zahlr. Abb. | €19,90
ISBN 978-389472-819-9

Terrence Malick ist der visionäre Außenseiter unter den US-Filmregisseuren der Gegenwart. Sein Stil ist unverwechselbar, fordernd und bildgewaltig. Seit vierzig Jahren verhandelt Malick in seinen poetisch verschlungenen Filmerzählungen *Badlands, Days of Heaven, The Thin Red Line, The New World* und *To the Wonder* die Geschichte vom „Traum" Amerika, die Sehnsüchte und Begierden des Menschen, das Schauspiel der Natur und die Verführung durch Gewalt. Dieses Buch untersucht in mehreren Essays das außergewöhnlich sinnliche Kino von Terrence Malick.

Universitätsstr. 55 · D-35037 Marburg
Fon 06421/63084 · Fax 06421/681190
www.schueren-verlag.de